중학교

역사 ①
자습서

박근칠 교과서편

구성과 특징

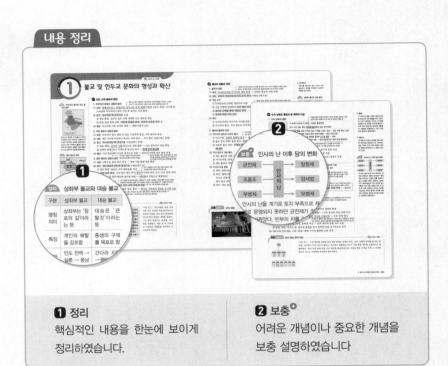

| 개념 정리 |
교과서의 내용을 한눈에 파악할 수 있도록 정리하였습니다. 또한 해설을 첨삭으로 달아 보다 쉽게 이해할 수 있도록 하였습니다.

| 자료 이해하기 |
교과서에 제시된 사진, 개념, 자료에 대해 보충 설명과 해설을 제시하였습니다.

내용 정리

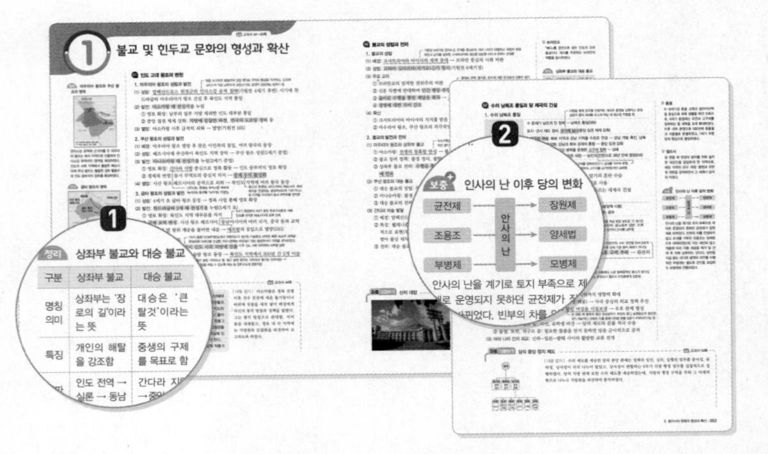

❶ 정리
핵심적인 내용을 한눈에 보이게 정리하였습니다.

❷ 보충⁺
어려운 개념이나 중요한 개념을 보충 설명하였습니다

| 활동 정답 |
도입 및 탐구 활동의 답안을 제시하였습니다. 〈친절한 활동 길잡이〉를 통해 탐구 풀이에 도움을 주고, 〈자료 이해 확인 문제〉를 통해 탐구 자료의 이해도를 점검할 수 있습니다.

| 대단원 마무리 정답 |
한눈에 정리하기 및 수행 평가의 답안을 제시하였습니다.

활동 풀이

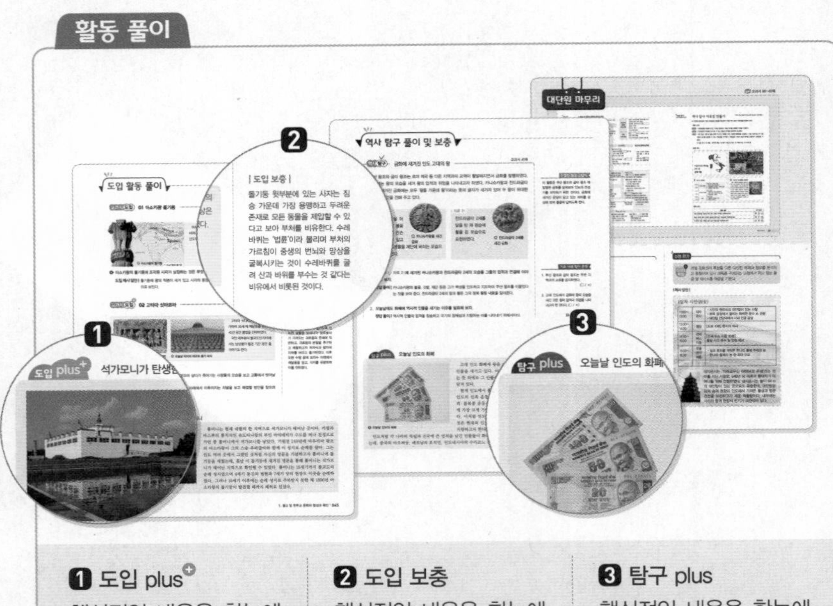

❶ 도입 plus⁺
핵심적인 내용을 한눈에 보이게 정리하였습니다.

❷ 도입 보충
핵심적인 내용을 한눈에 보이게 정리하였습니다.

❸ 탐구 plus
핵심적인 내용을 한눈에 보이게 정리하였습니다.

문제

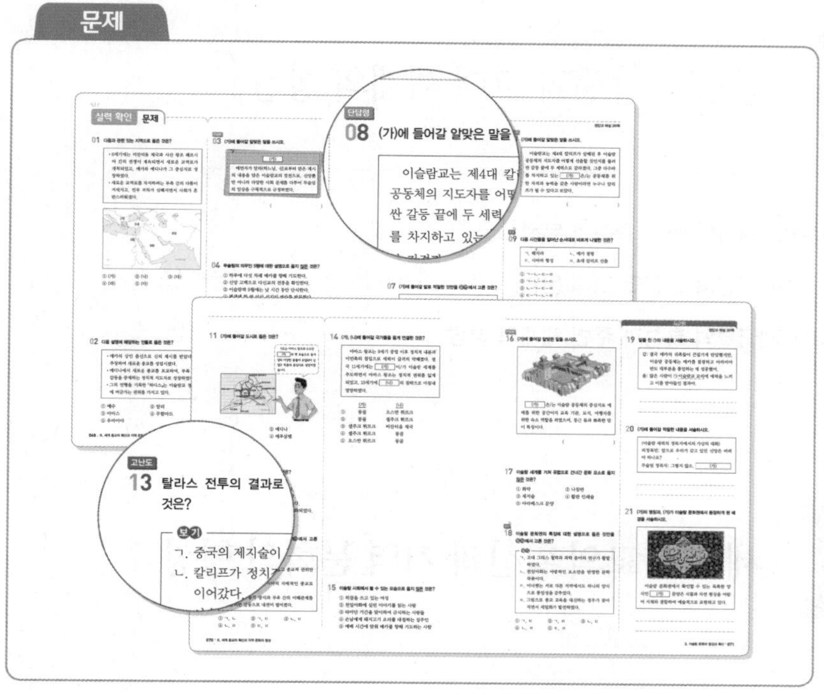

| 다양한 문제 유형 |

객관식, 단답형, 서술형 등 다양한 유형의 문제로 내신 시험에 대비할 수 있습니다.

| 중요/고난도 |

단원의 핵심 내용을 다루는 빈출 문제와 고난도 문제를 수록하여 시험에 폭넓게 대비할 수 있게 하였습니다.

핵심 수행 평가 & 읽기 자료 & 정답과 해설

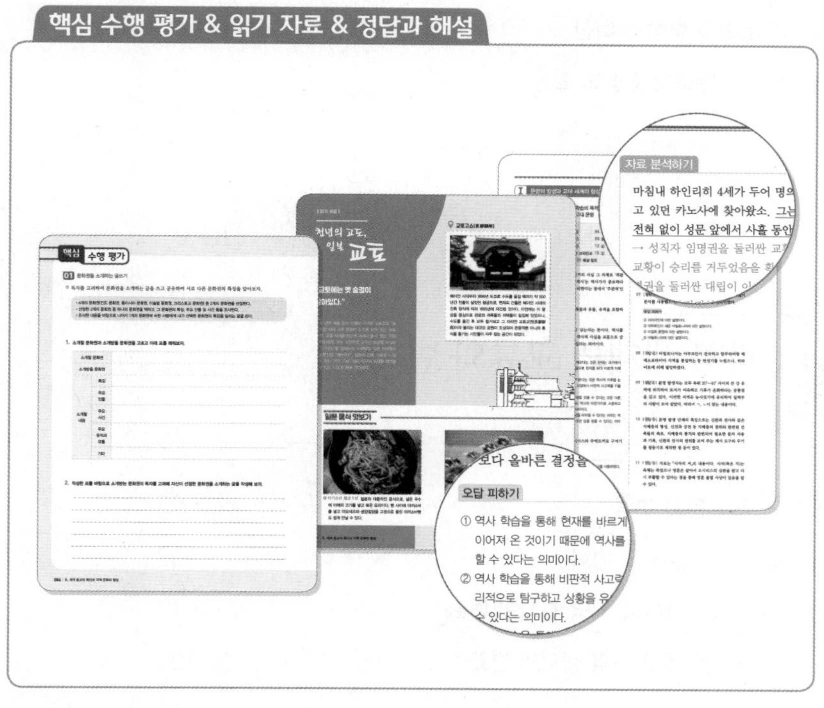

| 핵심 수행 평가 |

단원의 핵심 주제를 다루는 수행 평가를 제시하였습니다.

| 읽기 자료 |

대단원의 주제를 잘 보여 주는 나라의 주요 관광지를 소개하여 흥미를 돋게 하였습니다.

| 정답과 해설 |

문제마다 명확하고 깔끔한 해설을 제시하였습니다.
〈자료 분석하기〉로 자료를 자세히 분석하고, 〈오답 피하기〉로 오답 선지를 설명하였습니다.

이 책의 차례

I 문명의 발생과 고대 세계의 형성

1. 역사의 의미와 역사 학습의 목적
~2. 세계의 선사 문화와 고대 문명 8
3. 고대 제국들의 특성과 주변 세계의 성장 20

II 세계 종교의 확산과 지역 문화의 형성

1. 불교 및 힌두교 문화의 형성과 확산 42
2. 동아시아 문화의 형성과 확산 52
3. 이슬람 문화의 형성과 확산 62
4. 크리스트교 문화의 형성과 확산 72

III 지역 세계의 교류와 변화

1. 몽골 제국과 문화 교류 92
2. 동아시아 지역 질서의 변화 102
3. 서아시아·북아프리카 지역 질서의 변화 112
4. 신항로 개척과 유럽 지역 질서의 변화 120

IV 제국주의 침략과 국민 국가 건설 운동

1. 유럽과 아메리카의 국민 국가 체제 ···· 138
2. 유럽의 산업화와 제국주의 ···· 148
3. 서아시아와 인도의 국민 국가 건설 운동 ···· 158
4. 동아시아의 국민 국가 건설 운동 ···· 168

V 세계 대전과 사회 변동

1. 제1차 세계 대전과 이후의 세계 ···· 188
2. 파시즘의 등장과 제2차 세계 대전 ···· 198
3. 민주주의의 확산
~4. 인권 회복과 평화 확산을 위한 노력 ···· 208

VI 현대 세계의 전개와 과제

1. 냉전 체제와 제3 세계의 형성 ···· 230
2. 세계화와 경제 통합 ···· 240
3. 탈권위주의 운동과 대중문화의 발달 ···· 250
4. 현대 세계의 문제 해결을 위한 노력 ···· 258

I

문명의 발생과 고대 세계의 형성

이 단원의 구성

중단원	소단원	핵심 미리 보기
1 역사의 의미와 역사 학습의 목적~ 2 세계의 선사 문화와 고대 문명	❶ 역사의 의미 ❷ 역사 학습의 목적 ❸ 선사 문화의 발전 ❹ 세계 고대 문명의 발생	역사, 사료, 구석기 시대, 신석기 시대, 문명
3 고대 제국들의 특성과 주변 세계의 성장	❶ 고대 페르시아 제국의 발전 ❷ 고대 그리스 세계의 발전 ❸ 고대 로마 제국 ❹ 진·한 통일 제국의 성립	페르시아, 폴리스, 민주정, 공화정, 제정, 제자백가, 진·한 제국

교과서 | 8쪽~9쪽

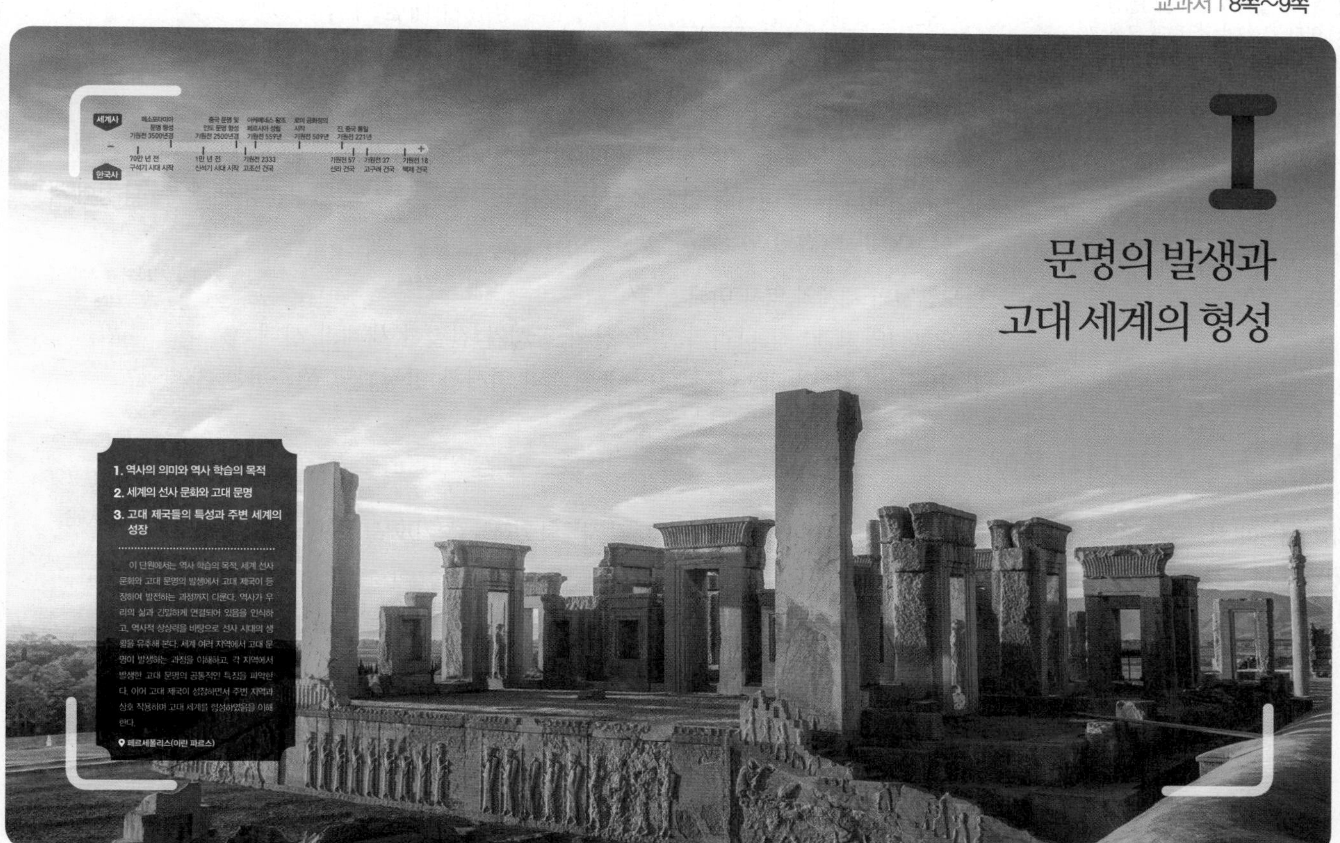

세계사
메소포타미아 문명 형성 기원전 3500년경
중국 문명 및 인도 문명 형성 기원전 2500년경
아케메네스 왕조 페르시아 성립 기원전 559년
로마 공화정의 시작 기원전 509년
진, 중국 통일 기원전 221년
70만 년 전 구석기 시대 시작
1만 년 전 신석기 시대 시작
기원전 2333 고조선 건국
기원전 57 신라 건국
기원전 37 고구려 건국
기원전 18 백제 건국
한국사
I
문명의 발생과
고대 세계의 형성
1. 역사의 의미와 역사 학습의 목적
2. 세계의 선사 문화와 고대 문명
3. 고대 제국들의 특성과 주변 세계의 성장
이 단원에서는 역사 학습의 목적, 세계 선사 문화와 고대 문명의 발생에서 고대 제국이 등장하여 발전하는 과정까지 다룬다. 역사가 우리의 삶과 긴밀하게 연결되어 있음을 인식하고, 역사적 상상력을 바탕으로 선사 시대의 생활을 유추해 본다. 세계 여러 지역에서 고대 문명이 발생하는 과정을 이해하고, 각 지역에서 발생한 고대 문명의 공통적인 특징을 파악한다. 이어 고대 제국이 성장하면서 주변 지역과 상호 작용하며 고대 세계를 형성하였음을 이해한다.
페르세폴리스(이란 파르스)

사진으로 살펴보기

사진은 다리우스 1세 때부터 페르시아 제국의 새로운 수도로 건설된 페르세폴리스 유적입니다. 알렉산드로스의 동방 원정으로 도시는 파괴되었으나 유적의 웅장한 규모만으로도 제국의 강력했던 힘을 느낄 수 있습니다.

단원 열기

이 단원에서는 역사의 의미와 역사 학습의 목적, 구석기·신석기 등 선사 문화의 발전과 고대에 형성된 세계 4대 문명에 대해 알아보고, 페르시아·그리스·로마·진·한 등, 고대 제국의 발전과 주변 세계의 성장에 대해 다룹니다.

교과서 10~21쪽

역사의 의미와 역사 학습의 목적 ~세계의 선사 문화와 고대 문명

01 역사의 의미

1. 역사의 두 가지 의미 (랑케, "편견을 갖지 말고 역사를 있는 그대로 서술하라.")

(1) 사실로서의 역사: 인간이 살아온 지난날의 사실과 남긴 유물 그 자체 (과거의 사실과 유물, 역사가는 과거의 사실을 객관적으로 기술)

(2) 기록으로서의 역사: 역사가가 의미 있다고 평가하고 선택한 기록, 과거 사실에 대한 현재 역사가의 주관적인 해석이 개입 (카, "역사란 역사가와 과거에 일어난 사실 간의 상호 작용이며, 현재와 과거의 끊임없는 대화이다.")

2. 사료의 종류와 역사 서술

(1) 사료의 종류: 기록물(돌, 대나무, 종이 등에 문자로 쓰인 것), 유적과 유물 (사료: 과거를 연구하는 데 사용되는 역사적 자료)

(2) 역사 서술: 중요한 사료를 선택하고 자신의 논리로 재구성 (사실의 선택과 평가는 역사가의 가치관이나 시대에 따라 변화)

유물과 유적의 구분

유물의 예시 (중국 토기)

유적의 예시 (광화문)

유물은 조상들이 남긴 공예품이나 서적 등이며, 유적은 조상들이 남긴 건물 등을 가리킨다. 유물은 크기가 작고 가벼워 이동이 가능한 것이고, 유적은 크기가 크고 자연과 함께 자리 잡은 경우가 많아 이동이 불가능한 것이다. 한편 문화재는 유물과 유적 가운데 역사적·예술적 가치가 뛰어나 지정되는 것이며, 유물·유적 외에도 탈춤 등이 지정되는 경우도 있다.

02 역사 학습의 목적

1. 역사의식: 과거의 사례를 근거로 한 사고와 판단, 다른 사안과의 관련성 파악 → 올바른 선택의 지침, 정체성 파악, 미래의 방향에 대한 예측 (정체성: 존재의 본질 또는 이를 규명하는 성질)

2. 역사 학습의 목적

(1) 현재에 대한 바른 이해: 역사를 배워 현재 상황 파악 및 이해에 도움

(2) 삶의 지혜와 교훈 습득 및 반성: 이전의 업적 계승, 과거를 통한 더 나은 미래 건설

(3) 역사적 사고력과 비판력 함양: 역사적 자취를 논리적으로 탐구, 상황 유추 과정에서 사고력과 비판력 함양 (유추: 두 개의 사물이 여러 면에서 비슷하다는 것을 근거로 다른 속성도 유사할 것이라고 추론하는 것)

3. 오늘날의 세계와 역사 이해

(1) 오늘날의 세계: 각 나라와 민족 간의 관계가 긴밀한 세계화 시대 (국경의 의미가 사라지고 하나의 지구촌으로 통합되는 시대)

(2) 오늘날의 역사 이해: 다른 나라나 민족의 역사를 인정하고 존중하는 자세

중단원 핵심 확인하기 풀이

교과서 13쪽

1. 다음 내용이 사실로서의 역사이면 '사', 기록으로서의 역사이면 '기'라고 써 보자.

(1) 1945년 8월 15일에 일제가 항복하면서 우리나라는 광복을 맞이하였다. (사)

(2) 우리나라의 광복은 우리 민족이 벌여 온 독립 투쟁의 결실이었다. (기)

(3) 2018년 평창 동계 올림픽은 남북한의 정치 관계를 개선하는 중요한 계기가 되었다. (기)

2. 옳은 내용은 ○표, 틀린 내용은 ×표를 해 보자.

(1) 사료에는 유형·무형의 다양한 것들이 포함된다. (○)

(2) 역사에는 역사가의 주관적 가치로 과거 사실을 평가한 내용도 반영되어 있다. (○)

3. 각 사료의 형태를 〈보기〉에서 찾아 기호를 써 보자.

보기: ㉠ 기록물 ㉡ 유물 ㉢ 유적

(1) 경복궁 (2) 삼국유사
(3) 고려청자 (4) 조선왕조실록
(5) 수원 화성 (6) 신라 금관

(1) ㉢ (2) ㉠ (3) ㉡ (4) ㉠ (5) ㉢ (6) ㉡

4. 제시된 용어를 3개 이상 사용하여 역사 학습의 목적을 문장으로 완성해 보자.

현재 사료 교훈 반성 사고력 비판력

과거의 역사를 배워 현재를 바르게 이해하고, 부끄러운 과거에 대한 반성을 토대로 더 나은 미래를 만들 수 있으며, 과거를 참고하여 현재의 상황을 판단하는 과정에서 사고력과 비판력을 키울 수 있다.

03 선사 문화의 발전

1. 구석기 시대

(1) 뗀석기의 사용

① 제작: 약 200만 년 전, 몸돌과 몸돌을 깨뜨리는 과정에서 나오는 격지 활용

(몸돌은 격지를 떼어 내는 몸체가 되는 돌이고 격지는 몸돌에서 떼어 낸 돌 조각임)

② 종류: 주먹도끼, 외날찍개, 긁개, 밀개 등

(주먹도끼, 외날찍개 – 몸돌로 만든 석기 / 긁개, 밀개 – 격지로 만든 석기)

(2) 구석기 시대의 생활

① 식량 마련: 나무 열매나 식물 뿌리 채집, 짐승 사냥

② 주거: 식량을 찾아 이동 생활(동굴, 바위 그늘, 강가의 막집에 거주)

(막집 – 구석기 시대에 나뭇가지와 가죽 등을 이용해 만든 집)

③ 동굴 벽화 제작: 매머드, 들소 등을 그림 → 사냥의 성공과 풍요 기원, 프랑스의 라스코 동굴 벽화, 에스파냐의 알타미라 동굴 벽화가 대표적임

(매머드 – 코끼리과의 화석 포유류. 몸의 길이는 4 m 정도이며, 털로 덮였고 굽은 어금니가 있음)

2. 신석기 시대

(1) 간석기의 제작: 기후의 변화로 작고 빠른 동물 증가 → 사냥을 위해 돌을 용도에 맞게 갈아서 사용

(창과 활·화살을 만들고 창촉, 화살촉을 뾰족하게 만들기 위해 돌을 갊)

(2) 다양한 도구의 사용: 사냥(창, 화살), 어로(낚시바늘, 그물, 작살), 직조(가락바퀴, 뼈바늘)

(어로 – 물고기나 수산물 따위를 잡거나 거두어들이는 일 / 직조 – 천을 짜는 일)

(3) 신석기 시대의 생활: 기원전 8000년경 농경과 목축의 시작, 정착 생활(움집, 촌락 형성), 토기를 제작하여 식량 저장, 음식물 조리 등의 용도로 사용

(토기 – 점토를 물에 개어 빚은 후 불에 구워 만든 용기 / 움집 – 땅을 파서 바닥을 다진 뒤 기둥을 세우고 풀이나 갈대, 짚 등을 덮어 만든 집)

04 세계 고대 문명의 발생

1. 문명의 형성

(1) 도시 형성: 관개가 쉬운 큰 강 유역에서 도시 발전

(2) 문명 발생

① 지배층 등장: 신관이나 전사 등으로 구성, 궁전과 신전 건축

(궁전과 신전 – 지배층(신관, 전사)의 권위를 상징적으로 보여주는 건축물)

② 문자 사용: 통치와 상업 활동에 대한 기록

③ 청동기 제작: 지배층의 필요에 따른 무기, 제사 도구 제작

(청동기 – 구리와 주석의 합금, 알루미늄이나 납 등을 첨가하기도 함 / 무기, 제사 도구 – 신관, 전사의 권위를 보여 주는 도구)

④ 도시 국가 등장: 도시가 발전하여 국가의 형태를 갖춤 → 청동기와 문자를 사용하며 급속한 발전 → 문명 형성

(3) 4대 문명의 발생

① 공통점: 큰 강 유역, 온화한 기후, 비옥한 토지 등

② 4대 문명의 발생지: 메소포타미아 문명(티그리스강, 유프라테스강), 이집트 문명(나일강), 인도 문명(인더스강과 갠지스강), 중국 문명(황허강)

동굴 벽화의 주술적 의미

구석기 시대의 대표적 유적인 라스코 동굴과 알타미라 동굴에는 들소, 황소, 말, 멧돼지 등이 그려져 있다. 이 시대 사람들은 사냥을 나가기 전 동굴에서 동물상에 주술적 공격을 하여 실제 사냥감을 쉽게 잡을 수 있을 거라고 믿었을 것이다.

정리 구석기 시대와 신석기 시대

구분	구석기 시대	신석기 시대
도구	뗀석기	간석기
식량 마련	채집, 사냥	농경·목축의 시작
주거	이동 생활(동굴, 바위 그늘, 막집)	정착 생활(움집, 촌락 형성)
기타	동굴 벽화 제작(사냥의 성공과 풍요 기원)	가락바퀴와 뼈바늘(직조), 토기 제작(식량 저장, 조리)

농경 시작의 역사적 의미

인류는 농경을 시작하면서 스스로 식량 공급을 통제할 수 있게 되었다. 자연환경에 철저히 순응하며 살아온 인류가 자연을 통제하기 시작했다는 역사적 의의가 있다.

문명의 의미

청동기의 사용과 이로 인한 잉여 생산물의 증가와 활발한 정복 전쟁 등으로 빈부의 차이, 계급의 발생 등이 나타났으며, 정치적 지배 구조를 정착시키는 과정에서 도시 국가가 등장하였다. 또한 이 과정에서 문자가 만들어지고 종교가 발전하게 되므로, 문자 및 국가의 등장은 문명 발생의 중요한 요소로 볼 수 있다.

자료 이해하기 빌렌도르프의 비너스

교과서 14쪽

| 내용 알기 | 높이 약 11 cm의 작은 조각상으로 가장 특징적인 점은 유방과 복부, 둔부가 과장된 표현이다. 가슴 위에 올려놓고 있는 팔은 거의 눈에 띄지 않을 정도이며 땋아 올린 머리 아래에 있어야 할 눈은 아예 조각되지 않았거나 머리에 가려 보이지 않는다. 이러한 여성의 인체에 대한 왜곡과 과장된 묘사를 볼 때 이 조각상이 사실적인 인체의 모습을 나타내려 한 것이 아니라 출산을 상징하는 원시적인 주술의 도구, 혹은 숭배의 대상이라는 의견이 지배적이다. 이에 '출산의 비너스'라고도 불린다.

수메르인
메소포타미아 문명 발생의 주역으로 그들의 거주 지역도 수메르라고 부른다. 수메르 지역은 메소포타미아의 최남단으로 추정된다. 이들이 사용한 쐐기 문자, 태음력 등은 이후 메소포타미아 지역에서 널리 사용되었다.

신정 정치
지배자가 신의 뜻을 받들어 다스리는 정치 형태로 지배자는 신의 대리인으로 간주되고 절대적 권력을 가진다.

히타이트
기원전 약 18세기에서 13세기 사이 아나톨리아 고원 지대를 중심으로 형성되었다. 제철 기술이 발달하여 철제 무기를 가지고 오리엔트 세계를 지배했던 제국이다.

피라미드
고대 이집트 묘의 한 형식으로 사각뿔의 형태로 되어 있다. 묘실은 평면상으로는 중앙에 있으며 묘실 입구는 북쪽면에 있다. 매장 후 통로는 돌로 채워지거나 돌문으로 봉쇄되어 입구까지도 완전히 막아졌다.

미라
고대 이집트에서는 영혼 불멸 사상에 따라 시신에는 혼이 깃들어 있다고 믿어 이를 보존하기 위해 미라를 만들었다. 미라를 만드는 과정은 시기와 지역에 따라 매우 다양한데, 주로 장기 처리, 송진 등의 약물 처리, 붕대 감기 등이 널리 사용되었다.

2. 메소포타미아 문명

(1) 지형적 특징: 티그리스강과 유프라테스강 유역, 개방적 지형으로 농업과 상업 발달 → 활발한 교류로 일찍부터 도시 발달

(개방적 지형: 지형적 특징으로 인해 이민족의 침입이 잦고 복잡한 정치 전개가 이루어짐)

(2) 수메르 문명

① 수메르인의 도시 국가 건설: 우르, 라가시 등(기원전 3500년경)

② 신정 정치: 왕은 신의 대리자, 지구라트라는 신전 건축

(지구라트: 메소포타미아의 각지에서 발견되는 고대의 건축물로 점점 작아지는 사각형 테라스를 여러 개 겹쳐서 기단으로 하고, 그 꼭대기에 신전을 안치하는 구조)

③ 쐐기 문자 사용: 점토판에 기록

(쐐기 문자: 점토 위에 갈대나 금속으로 만든 펜으로 새겨 썼기 때문에 문자의 선이 쐐기 모양으로 되어 있음)

④ 쇠퇴: 이민족의 침입 ― 엘람인, 아카드인에게 정복됨

(3) 바빌로니아 ― 함무라비 법전을 통해 바빌로니아 사회는 개인의 생명과 재산을 중시하고, 가부장적인 가족 제도가 있으며, 신분 차별이 있는 계급 사회임을 알 수 있음

① 성립: 오늘날 이라크 지역에 아무르인들이 건설(기원전 1800년경)

② 함무라비왕: 메소포타미아 전역 통일, 법전 편찬 등 전성기를 이룸

③ 쇠퇴 및 멸망: 함무라비왕 사후 쇠퇴, 히타이트에 의해 멸망(기원전 1500년경)

3. 이집트 문명

(1) 문명의 발생

① 배경: 나일강의 정기적 범람에 따른 관개 시설 마련 과정에서 노동력의 조직적 동원 필요

② 결과: 나일강을 따라 여러 도시 국가가 성립하면서 문명 발생

(2) 통일 왕국의 성립과 발전

① 성립: 기원전 3000년경 나일강의 도시 국가를 아우르는 통일 왕국 건설

② 발전: 주위가 바다와 사막으로 둘러싸인 폐쇄적 지형 → 오랫동안 통일을 유지하며 발전

③ 신정 정치: 지배자인 파라오는 태양의 아들로 숭배, 거대한 신전과 피라미드 건축

(파라오: 고대 이집트의 최고 통치자로서 파라오가 지상에서 신을 대신한다는 의미로 '모든 신전의 수장'이라는 칭호도 겸함)

(3) 이집트 문명의 특징

① 영혼 불멸 신앙: 「사자의 서」, 미라 제작

② 상형 문자 사용: 파피루스에 기록

(상형 문자: 사물의 모양을 본떠 만든 글자)

(파피루스: 이집트 특산의 카야츠리그사과(科)의 식물 또는 이것을 재료로 해서 만든 필기 재료(일종의 종이)와 이것에 쓴 문서 등을 뜻함)

자료 이해하기 사자의 서

교과서 18쪽

| 내용 알기 | 고대 이집트에서 미라와 함께 매장한 사후 세계의 안내서로 그 안에는 삶과 죽음에 대한 당대 이집트인의 생각과 내세관이 담겨 있다. 「사자의 서」를 구성하는 주요 내용은 다음과 같다.

사자는 해질 무렵 육체와 분리된 수많은 혼령을 태우는 태양신 '라'의 배를 타고 공포의 계곡을 건너 서쪽으로 가서 저승의 왕인 오시리스의 법정에 이르게 된다. 오시리스의 법정에 도달한 사자의 심장은 저울에 올려져 생전에 지은 죄의 무게를 재고, 여러 신들 앞에 차례로 나아가 생전의 행위에 대한 심판을 받는다. 이 모든 과정을 무사히 거치고 나면 비로소 부활의 자격이 주어진다. 영혼이 부활하기 위해서는 온전한 육체가 있어야 하는데, 이것이 미라 제작의 이유이기도 하다.

고대 이집트인들은 죽음을 육체와 영혼의 분리 현상으로 보았으므로 죽음이란 분리된 영혼이 잠시 저승으로 가서 심판을 받는 기간에 불과하였다. 그러나 심판의 결과가 부활이 아닌 '영원한 지옥'으로 판정되면 영혼은 육체가 남아 있는 현세로 돌아오지 못하고 부활할 수 없는 진정한 죽음을 맞게 된다.

4. 인도 문명

(1) 인더스 문명

① 문명의 발생: 오늘날 파키스탄 지역의 인더스강을 따라 하라파와 모헨조다로를 중심으로 문명 발생(기원전 2500년경)

② 특징: 반듯한 도로망 등의 도시 시설, 그림 문자 사용, 상업과 교역 활발

└ 상형 문자보다 전 단계의 문자로 어떤 대상을 관찰한 뒤에 이를 묘사하거나 이와 관련되는 의사를 표현함

(2) 아리아인의 이동과 국가 건설

① 아리아인의 이동: 기원전 1500년 무렵 중앙아시아로부터 인더스강 유역으로 침입, 기원전 1000년경 갠지스강 유역으로 이동

② 국가 건설: 농경 사회를 바탕으로 도시 국가 건설

인도·유럽 어족에 속하는 인종을 통틀어 이르는 말로, 중앙아시아의 초원 지대에서 살다가 기원전 1500년 무렵 인도와 이란에 정착함

(3) 고대 인도 문명의 토대 형성

┌ 인더스 문명을 창조하였으나 아리아인에 밀려 남방으로 이동함

① 카스트제: 아리아인들이 피정복민인 드라비다인들을 지배하는 과정에서 만든 엄격한 신분제, 브라만·크샤트리아·바이샤·수드라로 구분

② 브라만교: 아리아인들의 생활과 의식, 역사와 규율 등을 기록한 『베다』를 경전으로 삼음, 복잡한 제사 의식을 기반으로 성립

고대 인도의 종교 지식과 제례 규정을 담고 있는 문헌으로 브라만교의 성전(聖典)을 총칭하는 말로도 쓰임

5. 중국 문명

(1) 문명의 발생: 황허강 유역에서 농경과 청동기 문화 발달, 도시 국가 등장

(2) 상

① 발전: 기원전 1600년경 황허강의 중·하류를 중심으로 성장

② 청동기 사용: 청동으로 무기와 제사 도구 제작

③ 신정 정치: 점을 쳐 신의 뜻을 물음, 갑골문으로 기록

┌ 거북 배딱지와 소의 어깻죽지 뼈에 새긴 글자로 점친 내용이 기록되어 있음

④ 은허 발굴: 상의 마지막 수도였던 은허에서 궁전터, 갑골문 등 발견

(3) 주

┌ 주로 왕의 형제와 친척들을 제후로 임명함

① 발전: 기원전 11세기 중반에 상을 무너뜨리고 세력 확장

② 봉건제 실시: 혈연 중심, 수도인 호경과 주변 지역은 왕이 직접 통치, 나머지 지역은 제후를 임명하여 통치

┌ 주의 천자로부터 각 지역을 분봉받아 그 지역을 실질적으로 지배하던 사람을 일컫는 말

③ 쇠퇴: 후대로 갈수록 왕실과 제후의 혈연관계가 멀어짐 → 왕실의 통제력 약화

카스트제

브라만은 제사에, 크샤트리아는 정치와 군사에, 바이샤는 농업과 상업에 종사하였으며, 수드라는 세 신분에 봉사한다.

갑골문

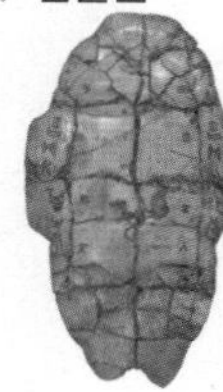

상의 역사, 사회, 문화를 기록한 갑골문이 발견되면서 상은 중국 역사 시대의 최초의 왕조로 평가를 받게 되었다.

봉건제

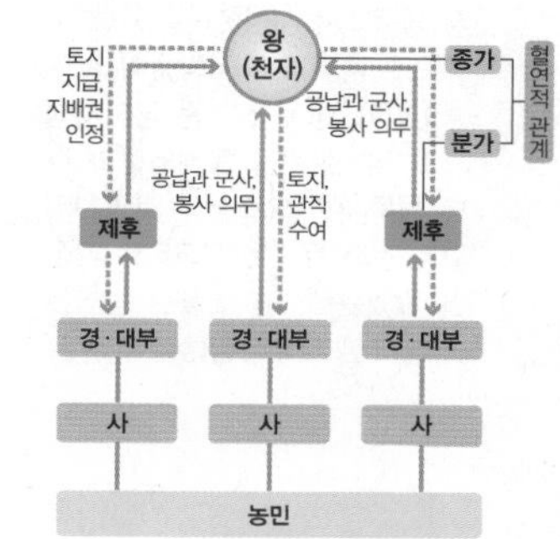

중단원 핵심 확인하기 풀이

교과서 21쪽

1. 빈칸에 들어갈 알맞은 말을 써 보자.

(1) 고대 이집트에서는 □□□이/가 태양의 아들로 숭배되며 정치를 지배하는 신정 정치가 이루어졌다.

(2) 고대 인도에서는 베다를 경전으로 삼고 복잡한 제사 의식을 특징으로 하는 □□□□이/가 성립하였다.

(1) 파라오 (2) 브라만교

2. 관련 있는 내용을 옳게 연결해 보자.

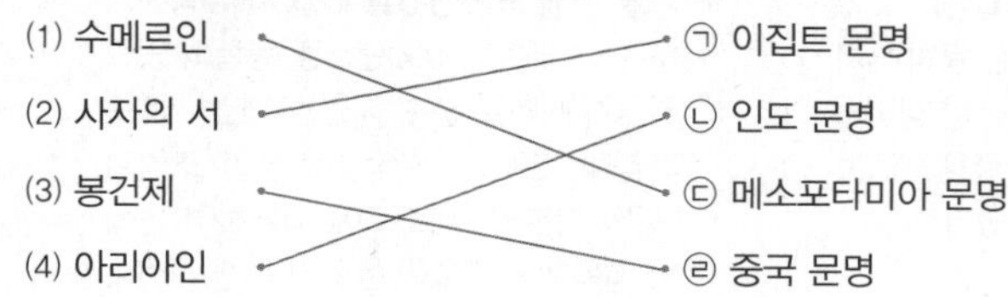

3. 옳은 내용은 ○표, 틀린 내용은 ×표를 해 보자.

(1) 신석기 시대 사람들은 주로 이동 생활을 하며 동굴이나 강가의 막집에서 살았다. (×)

(2) 인도의 카스트제는 개방적인 신분 제도이다. (×)

(3) 중국의 상에서는 점친 내용을 갑골문으로 기록하였다. (○)

4. 제시된 개념을 3개 이상 사용하여 신석기 시대 사람들의 생활 모습을 문장으로 완성해 보자.

청동기 채집 간석기 농경 동굴 벽화

뗀석기 이동 생활 목축 도시 움집

신석기 시대 사람들은 간석기로 된 도구를 사용하고 농경과 목축을 시작했으며, 농경을 시작하면서 정착 생활을 하게 되어 움집을 짓고 살았다.

도입 활동 풀이

교과서 10쪽

교과서 도입 01 역사학의 아버지 헤로도토스

| 도입 보충 |

『역사』에는 서사시와 비극의 영향을 받은 것으로 여겨지며, 일화와 삽화가 많이 담겨 있는 것이 특징이다. 헤로도토스는 그리스인 최초로 과거의 사실을 시가(시와 노래)가 아닌 실증적 학문의 대상으로 삼았다.

기원전 5세기에 살았던 그리스의 역사가 헤로도토스는 '역사학의 아버지'라고 불린다. 그는 『역사』라는 책에서 페르시아 전쟁을 상세히 서술하였다. 자신이 직접 조사한 것과 들어서 알게 된 것들을 근거로 전쟁에 대한 구체적인 사실과 전쟁의 승패 원인을 분석한 자신의 평가도 함께 기술하였다.

헤로도토스는 왜 『역사』에 페르시아 전쟁의 사실과 함께 평가를 담았을까?

도입 예시 답안 | 역사가는 과거의 객관적 사실 중에서 의미 있다고 생각한 사실을 선택하여 역사를 서술하기 때문이다.

교과서 12쪽

교과서 도입 02 베를린 장벽

| 도입 보충 |

동·서독의 분단이 완전히 고착되자 동독에서 서베를린을 통해 서독으로 넘어가는 사람들이 날로 늘어났다. 동독 정부는 궁여지책으로 서베를린을 동베를린과 주변 동독 지역으로부터 고립시키고자 길고 두꺼운 콘크리트 담장을 쌓았는데, 이 베를린 장벽은 곧 동서 냉전의 상징물이 되었다.

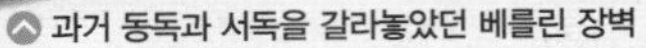

과거 동독과 서독을 갈라놓았던 베를린 장벽

오늘날 베를린 장벽 기념 공원(베를린 포츠담 광장)

독일은 1945년 제2차 세계 대전에서 항복한 이후, 동독과 서독으로 나뉘었다. 그러나 1990년 10월 3일 독일은 다시 통합되었다. 1961년부터 베를린을 동서로 갈라 독일 분단을 상징했던 베를린 장벽도 허물어졌다.

동독과 서독이 통합된 이후에도 베를린 장벽의 일부를 남겨 놓은 까닭은 무엇일까?

도입 예시 답안 |
- 독일 통일의 역사적 교훈을 기억하기 위해서이다.
- 분단의 아픔에 대해 기억하며 통일의 의미를 되새기기 위해서이다.

독일의 분단과 통일

연합국 점령

제2차 세계 대전에서 패한 독일은 미국·영국·프랑스·소련 4개 연합국의 점령하에 놓이게 되었다. 수도 베를린은 소련이 관할하는 동베를린과 서방 3국 관할의 서베를린으로 나뉘어졌다. 이후 미국과 소련의 관계가 악화되면서 소련은 1948년 6월 동독 내에 위치한 서베를린의 육로와 수로를 봉쇄하고 서독으로 연결되는 철도 및 도로를 모두 차단하는 '베를린 봉쇄'를 감행하였다. 이에 맞서 서방 3국은 1949년 5월까지 200만 서베를린 시민의 생활 물자를 항공기로 수송하는 '베를린 대공수'를 실시하였다.

분단

1949년 5월 12일 소련은 11개월 만에 '베를린 봉쇄'를 해제하였다. 이후 1949년 9월 미국·영국·프랑스 연합국 점령 지구에는 서독 정부의 연방 공화국이 들어섰고, 한 달 뒤인 1949년 10월 소련의 점령 지구에 동독 정권의 독일 민주 공화국이 선포되면서 분단 국가가 되었다. 그 후 1952년부터 동독에서 국경을 넘어 서독 행정 구역인 서베를린으로 탈출하는 인파가 수천 명에 육박하자, 1961년 8월 동독 정부는 '베를린 장벽'을 쌓아 올리고 무장 감시 병력을 배치하여 동독인의 이탈을 봉쇄하였다.

통일

1985년 시작된 소련의 당서기장 고르바초프가 개방·개혁 정책을 실시하면서 동독도 변화를 겪게 되었다. 1989년 11월 9일 동베를린 주민의 대규모 국경 탈출에 동독 정부는 아무런 통제도 하지 않았고 급기야 사람들은 베를린 장벽을 무너뜨리기 시작하였다. 동독에서는 민주적인 통일 협상을 할 민주 정부의 구성을 위해 1990년 3월 18일 자유 총선거를 실시하였다. 1990년 8월 동독의 인민 위원회는 빠른 흡수 통합을 선언하였고, 마침내 1990년 10월 3일 통일 조약과 「서독 기본법」 제23조에 의거하여 동독이 서독에 편입되어 통일이 완성되었다.

교과서 도입 03 라스코 동굴 벽화

교과서 14쪽

프랑스 라스코 지방의 동굴 벽면과 천장에는 구석기 시대 사람들이 그린 100여 마리의 말, 사슴, 들소 등의 동물들이 펼쳐져 있는데, 그중에는 크기가 5 m가 넘는 것도 있다.

구석기 시대 사람들이 동물을 그리며 바랐던 것은 무엇이었을까?

도입 예시 답안 |
- 말, 사슴, 들소와 같은 짐승을 사냥하는 데 성공하기를 바랐을 것이다.
- 사냥에 성공하여 풍족하게 음식을 먹을 수 있기를 바랐을 것이다.

| 도입 보충 |

프랑스의 도르도뉴 지방에 있는 동굴의 벽화로, 1940년에 발견된 구석기 시대의 유적이다.
말·사슴·들소 등 약 100점의 동물상이 빨강·검정·노랑 등으로 그려져 있는데, 이는 사냥의 성공과 풍요를 기원하는 주술적 의미가 담겨 있는 것이다.

교과서 도입 04 이집트는 나일강의 선물

교과서 16쪽

올해도 홍수가 났으니 상류의 고운 흙이 강 주위에 쌓이겠군.
물이 빠졌으니 땅을 고르고 씨앗을 뿌리자.
나일강 덕분에 올해도 풍년이구나.

'이집트는 나일강의 선물'이라고 하는 까닭은 무엇일까?

도입 예시 답안 | 나일강이 해마다 정기적으로 범람하여 비옥한 흙을 실어 날라 농경이 발달할 수 있었기 때문이다.

| 도입 보충 |

헤로도토스는 그의 저서 『역사』에서 '이집트는 나일강의 선물'이라며 다음과 같이 기록하였다.

> "이 지역 주민들은 다른 지역 주민들과 비교해 가장 적은 노력으로 풍작을 이룰 수 있다. …… 강물이 저절로 흘러 들어가 그들의 경지에 물을 대어주고 다시 빠져나가고 나면 남는 것은 수확을 기다리는 일일 뿐 ……"

도입 plus+ 나일강의 정기적 범람이 이집트 문명에 끼친 영향

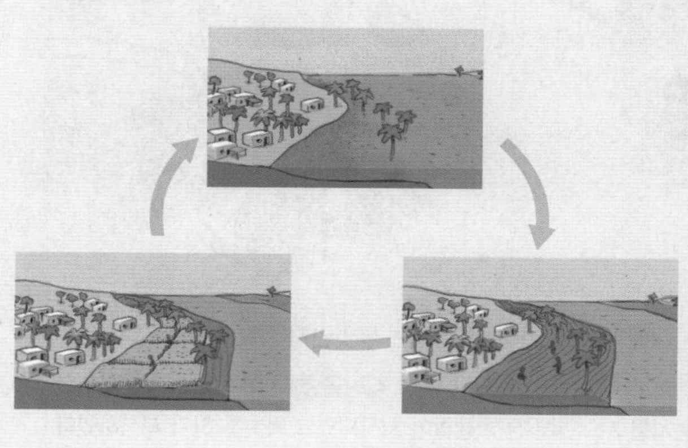

나일강의 범람은 농토를 비옥하게 만들어 풍요로운 수확을 가능하게 하였을 뿐만 아니라 수학 등 학문의 발달에도 영향을 끼쳤다.

나일강의 범람 후에는 농지 경계가 사라지므로 사람들은 매년 농지를 다시 측량해야 했다. 이 과정에서 도형과 공간을 연구하는 기하학이 발달하였고, 밭의 모서리를 직각으로 하려면 각 변의 비례가 3 : 4 : 5인 삼각형 모양이어야 한다는 사실도 알았다. 이러한 지식은 피라미드 축조에도 이용되었다.

또 나일강의 범람 시기를 정확히 예측하기 위해 태양과 별의 움직임을 관찰하는 천문학이 발달하였고, 시간과 계절이라는 개념을 알아내 1년 365일의 태양력을 만들었다.

역사 탐구 풀이 및 보충

역사 탐구 과거의 사실은 어떻게 알려지는가

교과서 11쪽

친절한 활동 길잡이

이 활동의 핵심은 역사 연구에서 사료의 중요성을 이해하는 것이다. 사료 해석을 통해 당시 사람들의 삶을 보다 정확하게 파악할 수 있음을 이해하도록 한다.

1799년 이집트를 침공한 나폴레옹 원정대의 한 육군 장교가 나일강 하구의 로제타에서 흑색의 돌 비석을 발견하였다. 1 m 남짓 길이의 비석에는 같은 내용의 문장이 고대 이집트의 상형 문자, 상형 문자의 흘림체(고대 이집트 민중이 사용했던 문자), 고대 그리스 문자 등 세 가지 문자로 새겨져 있었다. 나폴레옹을 수행하던 학자들은 이 비석에 많은 관심을 보였지만 쉽게 해독하지 못하였다.

이후 1822년에 프랑스의 언어학자 샹폴리옹이 수년간의 연구 끝에 로제타석에 쓰여 있는 문자의 뜻을 밝혀냈다. 고대 이집트 사람들이 4,000여 년간 사용한 문자를 해독하게 되면서 이집트 문명의 신비가 조금씩 밝혀졌다.

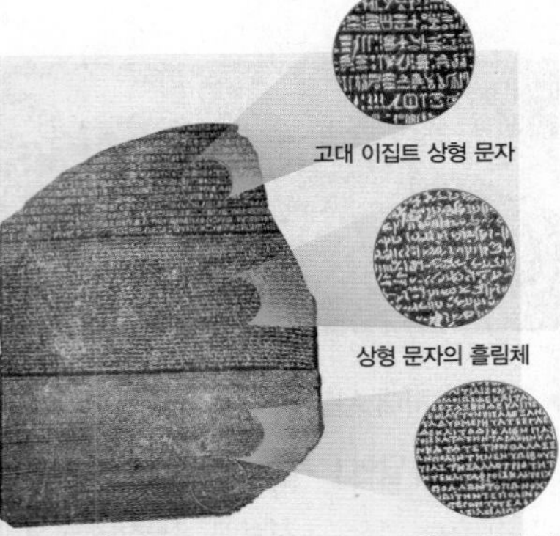

로제타석(영국 박물관)과 확대된 부분

예 K(C)LI(E)OPAD(T)RA / 클레오파트라

로제타석의 상형 문자

1. 자신의 영문 이름을 로제타석의 상형 문자로 표기해 보자.
2. 로제타석에 쓰여 있는 상형 문자를 해독하는 것이 어떤 의미를 가지는지 말해 보자.

정답 풀이 | 로제타석의 상형 문자를 해독할 수 있게 되면서 고대 이집트 문명의 비밀이 풀렸다.

자료 이해 확인 문제

1. 고대 이집트 문명의 신비가 밝혀지게 된 것은 로제타석에 쓰여 있는 상형 문자를 해독할 수 있었기 때문이다. (○ / ×)
2. 로제타석의 문자를 해독한 사람은 나폴레옹이다. (○ / ×)

>> 정답 1. ○ 2. ×

역사 탐구 신석기 시대 인류의 생활 모습

교과서 15쪽

친절한 활동 길잡이

이 활동은 문자 기록이 존재하지 않는 선사 시대 인류의 생활 모습을 유물과 유적을 통해 추론하는 것이다. 각 유물과 유적을 통해 신석기 시대의 생활 모습을 알아보고 구석기 시대와 비교해 보도록 한다.

1. 구석기 시대와 비교하여 신석기 시대에 나타난 가장 큰 변화는 무엇인지 말해 보자.

정답 풀이 | 구석기 시대에는 주로 채집과 수렵으로 식량을 구하고 식량을 찾아 이동하는 생활을 하였다. 한편 신석기 시대에는 농사를 지으면서 정착 생활이 시작되었고 목축을 하기 시작하였다.

2. 신석기 시대에 살았던 사람들의 일상을 가상 일기로 써 보자.

자료 이해 확인 문제

1. 가락바퀴를 통해 농사를 지었음을 알 수 있다. (○ / ×)
2. 뼈작살 유물을 통해 신석기 시대에 고기잡이를 했음을 유추할 수 있다. (○ / ×)

>> 정답 1. × 2. ○

『함무라비 법전』을 통해 알아보는 바빌로니아의 모습

교과서 17쪽

1조 | 남을 살인죄로 고발하고도 그 증거를 제시하지 못한 자는 죽인다.
8조 | 신전이나 궁전의 것을 훔치면 30배, 평민의 것을 훔치면 10배로 갚게 한다.
195조 | 아들이 아버지를 때리면 그의 손을 자른다.
196조 | 귀족이 귀족의 눈을 멀게 하면 그의 눈도 멀게 한다.
198조 | 귀족이 평민의 눈을 멀게 하거나 뼈를 부러뜨리면, 은 1미나(약 80 g)를 지급한다.
199조 | 남의 노예의 눈을 멀게 하거나 뼈를 부러뜨리면 그 노예 가격의 반을 지급한다.

함무라비왕 태양신

▲ **함무라비왕이 태양신으로부터 왕권의 상징인 긴 막대기와 반지를 받는 모습**

◀ **함무라비 법전 돌기둥(프랑스 루브르 박물관)** 앞면과 뒷면에 형법, 민법, 상법에 관한 282개 조의 법 조항이 쐐기 문자로 새겨져 있다.

1. 위의 자료를 보고 『함무라비 법전』에 나타난 처벌의 원칙을 말해 보자.

정답 풀이 | 증거 재판주의(1조), 신분적 차별주의(8조, 198조, 199조), 동해 보복주의(196조) 등

2. 바빌로니아 사회의 특징을 오늘날과 비교하여 말해 보자.

정답 풀이 | 바빌로니아 사회도 오늘날처럼 생명과 사유 재산을 중요하게 생각하였으나, 당시는 가부장제적인 가족 제도로 신분 차별이 있는 계급 사회였다.

친절한 활동 길잡이

이 활동의 핵심은 『함무라비 법전』을 통해 바빌로니아의 사회 모습을 이해하는 것이다. 법전에 나타난 처벌 원칙을 바탕으로 당시 사회의 모습을 추론해 보도록 한다.

자료 이해 확인 문제

1. 『함무라비 법전』에는 보복주의 원칙 등이 있다. (○ / ×)
2. 바빌로니아는 신분적 차별이 없는 평등 사회이다. (○ / ×)

>> 정답 1. ○ 2. ×

세계 여러 지역에서 발생한 문명의 다양한 요소

교과서 21쪽

1 메소포타미아 문명

◀ **우르의 스탠더드** 왕실 묘지에서 출토된 것으로 마차와 갑옷으로 무장한 군대 모습이 보인다.

◀ **쐐기 문자**

2 중국 문명

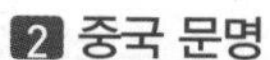

◀ **은허의 대규모 무덤** 깊이가 수십 미터를 넘는다. 많은 사람이 무덤의 주인인 왕과 함께 묻혀 있었으며, 청동기와 옥기 등이 출토되었다.

◀ **갑골문**

3 이집트 문명

◀ **룩소르 신전** 신에게 제물을 바치며 제사하던 곳으로, 파라오의 힘을 보여 주려고 거대한 규모로 만들었다.

▲ **상형 문자**

4 인도 문명

◀ **통치자나 제사장으로 보이는 석회석 인물상**

▲ **인장 문자**

1. 세계 여러 지역에서 발생한 고대 문명의 공통적인 요소에는 어떤 것들이 있는지 정리해 보자.

정답 풀이 | 큰 강 유역 발생, 도시 국가 형태, 지배층과 피지배층 형성, 청동기 사용, 문자 사용, 지배층의 대형 건조물 등이 있다.

2. 고대 문명의 공통적 요소 가운데 문자 사용이 가지는 의미를 말해 보자.

정답 풀이 | 고대 문명 단계에서 사용된 문자는 주로 특수 계층이 특수 목적을 위해 사용한 경우가 많다.

친절한 활동 길잡이

이 활동은 고대 문명의 공통 요소를 찾아 정리하고 각 문명에서 사용한 문자가 문명의 발전 과정에 끼친 역할에 대해 생각해 보는 것이다.

자료 이해 확인 문제

1. 중국 은허에서 갑골문이 발견되었다. (○ / ×)
2. 인도 문명에서 사용한 문자는 쐐기 문자이다. (○ / ×)

>> 정답 1. ○ 2. ×

실력 확인 문제

01 (가), (나)에 들어갈 말을 옳게 연결한 것은?

> 역사는 크게 두 가지 의미를 가지고 있다. 하나는 '사실로서의 역사'로 과거에 있었던 사실 그 자체로 (가) 인 역사이고, 다른 하나는 '기록으로서의 역사'로 역사가가 의미 있다고 생각한 사실을 선택하여 정리한 것으로, (나) 인 역사에 해당한다.

	(가)	(나)
①	구체적	추상적
②	객관적	주관적
③	과거적	미래적
④	논리적	해석적
⑤	체계적	비판적

02 다음에서 설명하는 것은?

> • 과거를 연구하는 데 사용되는 역사적 자료로 역사 서술의 근본이 됨
> • 역사 연구에 필요한 기록물이나 유적, 유물을 포함함

① 문자 ② 사료 ③ 사서
④ 종이 ⑤ 문화재

고난도

03 다음에서 설명하는 역사 학습의 목적으로 가장 적절한 것은?

> 동아시아의 역사책에는 『자치통감』, 『동국통감』처럼 책 이름에 '통감'이 들어가는 경우가 많이 있다. '통감'이란 역사를 본보기(거울)로 삼아 본받을 모범이 된다는 뜻이다.

① 현재를 바르게 이해할 수 있다.
② 비판적 사고력을 키울 수 있다.
③ 상호 존중의 인류애를 갖출 수 있다.
④ 소속 집단의 정체성을 파악할 수 있다.
⑤ 교훈을 얻고 올바른 선택을 할 수 있다.

04 다음 유물과 관련 있는 시대에 대한 설명으로 옳은 것은?

① 간석기로 된 농기구를 사용하였다.
② 움집을 짓고 정착 생활을 시작하였다.
③ 청동기로 무기를 만들어 전쟁을 하였다.
④ 채집과 사냥을 통해 식량을 마련하였다.
⑤ 신관과 전사들이 등장하여 지배층을 이루었다.

중요

05 (가) ~ (라)에 대한 설명으로 옳은 것만을 보기에서 고른 것은?

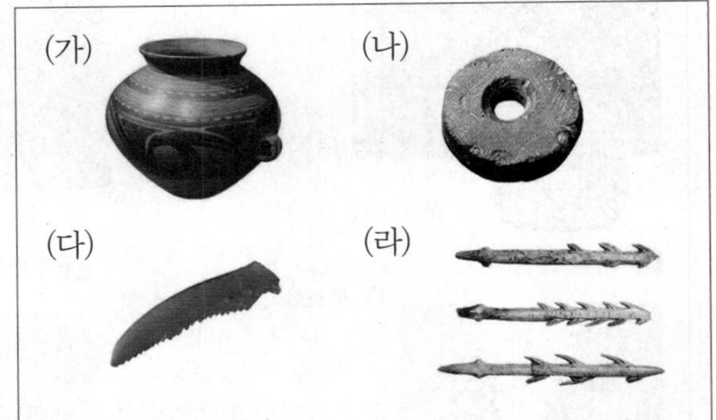

보기

ㄱ. (가) – 돌을 갈아 간석기를 만들었다.
ㄴ. (나) – 실을 뽑아 옷을 지어 입었다.
ㄷ. (다) – 농사를 지어 식량을 마련하였다.
ㄹ. (라) – 동물을 길들여 키우는 목축을 하였다.

① ㄱ, ㄴ ② ㄱ, ㄷ ③ ㄴ, ㄷ
④ ㄴ, ㄹ ⑤ ㄷ, ㄹ

06 밑줄 친 '도구'로 적절한 것만을 **보기**에서 고른 것은?

> 약 1만 년 전쯤에 기후가 따뜻해지면서 작고 빠른 동물들이 증가하였다. 사람들은 작은 짐승과 물고기를 잡고자 짐승의 뼈나 돌을 용도에 맞게 갈아서 만든 <u>도구</u>를 사용하였다.

보기

ㄱ. 창과 화살　　ㄴ. 갈돌과 갈판
ㄷ. 낚싯바늘과 작살　　ㄹ. 뼈바늘과 가락바퀴

① ㄱ, ㄴ　② ㄱ, ㄷ　③ ㄴ, ㄷ
④ ㄴ, ㄹ　⑤ ㄷ, ㄹ

07 (가) 민족에 대한 설명으로 적절한 것은?

> 기원전 3500년경 [(가)] 은/는 메소포타미아의 남부 지역에 우르, 라가시 등 여러 도시 국가를 세웠다. 이들은 도시 주변에 성을 쌓고 지구라트라는 신전을 세워 도시의 수호신을 받들었다.

① 쐐기 문자를 사용하였다.
② 『베다』를 경전으로 삼았다.
③ 메소포타미아 전 지역을 통일하였다.
④ 스핑크스를 도시의 수호신으로 숭상하였다.
⑤ 철제 무기를 앞세운 히타이트에 멸망하였다.

08 다음에서 설명하는 나라는?

> • 기원전 1800년 무렵 아무르인들이 건국
> • 함무라비왕 때 메소포타미아 전 지역을 통일
> • 함무라비왕이 죽은 후 유목 민족들의 침입으로 쇠퇴

① 테베　② 우르크
③ 이집트　④ 히타이트
⑤ 바빌로니아

고난도

09 다음 지도에 나타난 문명 발생지의 공통점으로 옳은 것만을 **보기**에서 고른 것은?

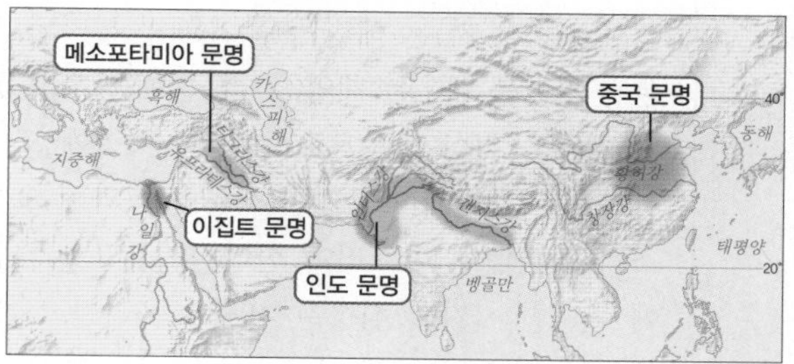

보기

ㄱ. 큰 강 유역에 위치하였다.
ㄴ. 토지가 비옥하여 농사짓기에 적합하였다.
ㄷ. 냉대 기후로 사람들은 무더위를 피할 수 있었다.
ㄹ. 산맥으로 둘러싸여 이민족의 침략을 막기에 유리하였다.

① ㄱ, ㄴ　② ㄱ, ㄷ　③ ㄴ, ㄷ
④ ㄴ, ㄹ　⑤ ㄷ, ㄹ

중요

10 (가), (나)에 들어갈 말을 옳게 연결한 것은?

> 정착 생활을 시작한 사람들이 농사를 잘 지을 수 있는 지역에 모여 살면서 촌락은 점차 도시로 발전하였다. 도시에는 신관이나 전사들이 등장하여 지배층을 이루었고, 농민과 노예를 동원하여 궁전과 신전을 세웠다. 또 도시 생활을 통제하기 위해 [(가)] 을/를 만들어 통치와 상업 활동에 관한 것을 기록하였다. 그리고 이 무렵에 사용한 [(나)] 은/는 지배층의 필요에 따라 무기나 제사 도구로 만들어졌다.

	(가)	(나)
①	문자	철기
②	문자	청동기
③	문자	간석기
④	경전	청동기
⑤	경전	간석기

11 **다음 자료를 통해 알 수 있는 이집트 문명의 특징으로 가장 적절한 것은?**

> 사자(죽은 자)는 해질 무렵 육체와 분리된 수많은 혼령들을 태우는 태양신 '라'의 배를 타고 공포의 계곡을 건너 서쪽으로 향한다. 서쪽에 도달한 사자들은 곳곳에 가로막힌 성문을 통과해 오시리스의 심판대에 이르러야 한다. 오시리스의 법정에 도달한 사자의 심장은 저울에 올려지고, 생전에 지은 죄의 무게를 재고, 여러 신들 앞에 차례로 나아가 생전의 행위에 대한 심판을 받는다. 이 모든 과정을 무사히 거치고 나면 비로소 부활의 자격이 주어진다.

① 영혼 불멸 사상
② 폐쇄적 계급 구조
③ 정치와 종교의 결합
④ 현세 지향적 세계관
⑤ 중앙 집권적 정치 제도

고난도

12 **다음 상황의 원인을 파악하기 위한 탐구 활동으로 가장 적절한 것은?**

> 메소포타미아 지역은 기원전 3500년경 문명이 발생한 이래 이민족의 침입이 자주 있었고 국가의 흥망과 민족의 교체가 극심하였다. 반면 이집트는 기원전 3000년경 통일 왕국이 성립된 이후 왕조가 바뀌면서도 오랫동안 통일을 유지하며 발전하였다.

① 지구라트와 피라미드 건축의 특징을 비교한다.
② 쐐기 문자와 상형 문자의 구조적 차이점을 비교한다.
③ 함무라비 법전과 사자의 서의 내용을 비교한다.
④ 메소포타미아 지역과 이집트 지역의 지형적 특징을 비교한다.
⑤ 티그리스·유프라테스강과 나일강의 계절별 유량의 변화를 비교한다.

13 **밑줄 친 '이 지역'에서 볼 수 있는 유물과 유적으로 옳은 것은?**

> 기원전 2500년 무렵 오늘날의 파키스탄 지역에 위치한 인더스강을 따라 고대 도시들이 들어섰다. 도시들은 사전 설계에 따라 잘 정리되어 반듯한 도로망으로 연결되어 있었다. <u>이 지역</u>은 농업과 목축 생활 외에 상업 또한 발달하여 멀리 메소포타미아 지역과도 교역하였다.

①
②
③
④
⑤

단답형

14 **(가), (나)에 들어갈 알맞은 말을 쓰시오.**

> 기원전 1500년 무렵 인더스강 유역에는 중앙아시아로부터 아리아인들이 침입해 들어와 새로운 문화를 발전시켰고, 기원전 1000년경 갠지스강 유역으로 이동하여 도시 국가들을 건설하였다. 아리아인들은 [(가)](이)라는 엄격한 신분제를 만들었으며, 『베다』를 경전으로 하고 복잡한 제사 의식을 특징으로 하는 [(나)]을/를 만들었다.

(가): (　　　　), (나): (　　　　)

서술형

정답과 해설 274쪽

15 다음에서 설명하는 나라는?

- 기원전 1600년경 황허강의 중·하류를 중심으로 성장
- 청동으로 무기와 제사 도구를 만들고 달력을 제작하여 제사와 농경에 이용
- 마지막 수도였던 은허에서 거대한 무덤과 궁전 터 등이 발견

① 하 ② 상 ③ 주
④ 진 ⑤ 한

단답형

16 다음에서 설명하는 제도의 명칭을 쓰시오.

- 주가 넓어진 영토를 효율적으로 통치하기 위해 실시한 제도
- 수도인 호경과 그 주변 지역은 왕이 직접 다스리고 나머지 지역은 왕족이나 공신을 제후로 임명하여 다스림
- 주로 왕의 형제와 친척들을 제후로 임명하여 혈연 중심의 성격이 강함

( )

17 다음 보기에서 문명과 문명에서 사용한 문자 사진을 바르게 짝지은 것은?

보기

ㄱ. 메소포타미아 문명 ㄴ. 이집트 문명

ㄷ. 인도 문명 ㄹ. 중국 문명

① ㄱ, ㄴ ② ㄱ, ㄷ ③ ㄴ, ㄷ
④ ㄴ, ㄹ ⑤ ㄷ, ㄹ

18 다음은 라스코 동굴 벽화이다. 구석기인들이 벽화에 들소 등을 그린 이유를 서술하시오.

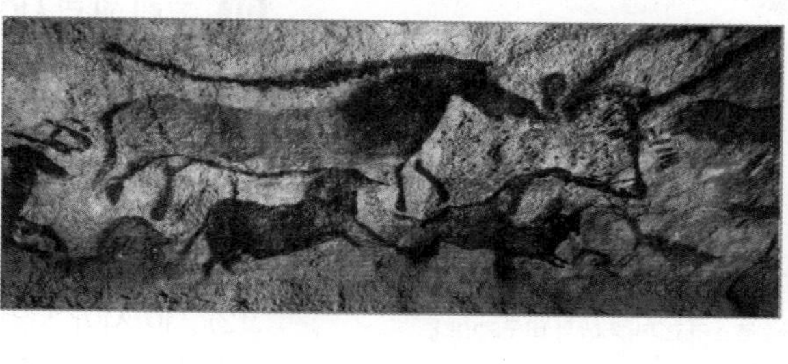

19 다음은 함무라비 법전의 일부이다. 이를 통해 알 수 있는 바빌로니아 사회의 특징을 근거를 들어 서술하시오.

196조 귀족이 귀족의 눈을 멀게 하면 그의 눈도 멀게 한다.
198조 귀족이 평민의 눈을 멀게 하거나 뼈를 부러뜨리면 은 1미나(약 80 g)를 지급한다.

20 다음을 통해 알 수 있는 상의 정치 특징에 대해 서술하시오.

왕이 (점괘를 보고) 말씀하시기를 "좋지 않은 일이 있을 것이다."라고 하였다. 팔일 후인 경술일에 과연 구름이 동쪽으로부터 이르렀다. 하늘이 어두웠다.

교과서 22~39쪽

고대 제국들의 특성과 주변 세계의 성장

페르시아
고대부터 서양인들 사이에서 이란 민족, 혹은 이란 민족에 의한 고대 제국을 가리키는 말로 사용되었다. 이 명칭의 기원은 고대 그리스인들이 이란 남서부 해안 지역에 사는 사람들을 파르스라고 부른 데서 비롯되었다.

아시리아
기병과 전차를 갖춘 강력한 군사력으로 서아시아 지역을 통일했으나 점령지에 억압적인 통치와 무거운 세금으로 국민의 반발을 사 멸망하였다.

보충 페르시아 제국의 영역

이집트에서 인더스강에 이르는 대제국을 건설한 다리우스 1세는 전국의 주요 지점을 잇는 도로망을 건설하였다. 특히 수사에서 사르디스에 이르는 '왕의 길'은 페르시아의 중심 도로였다.

01 고대 페르시아 제국의 발전

1. 페르시아 제국의 출현

(1) 이란고원 지역의 변화

① 기원전 3000년 무렵: 부족 국가 형성, 아리아인들이 중앙아시아 지역에서 이동

② 기원전 6세기 무렵: 조로아스터교의 확산, 지역의 핵심 종교로 발전
└ 유일신 아후라 마즈다를 믿는 고대 페르시아 종교

(2) 서아시아 지역 통일 왕국 등장

① 아시리아: 서아시아 지역 최초 통일 → 가혹한 통치로 오래가지 못하고 멸망

② 아케메네스 왕조 페르시아: 아시리아 멸망 후 서아시아 지역 재통일, 다리우스 1세 때 페르시아 제국의 팽창으로 그리스와 충돌
└ 페르시아 전쟁 시작

2. 페르시아 제국(아케메네스 왕조 페르시아)의 통치

(1) 키루스 2세: 각 지역 공동체 존중 → 제국 내 다양한 언어, 문자, 종교, 문화 공존
└ 주변국들을 점령하여 페르시아 제국의 초석을 다짐

(2) 다리우스 1세

① 중앙 통치력 강화: 행정 구역마다 지방관 파견, 지방관 감시('왕의 눈', '왕의 귀')

② 정보와 물자의 유통 촉진: 도로('왕의 길' 수도인 수사와 국경의 사르디스 연결)와 역 건설

③ 지역 간 활발한 교류: 제국의 전 지역에서 금·은 등의 공물을 수사로 보냄

(3) 통치의 특징: 중앙 집권 정책 강화, 피정복민에 관용적 정책
└ 지방관 파견, 지방관 감시
└ 복종하는 피정복민은 고유의 문화와 전통 유지 가능

3. 페르시아 제국의 계승

(1) 파르티아: 알렉산드로스 사후 파르티아계 유목민이 페르시아 지역 통합, 로마와 한 사이의 중계무역으로 번영, 사산 왕조 페르시아에 멸망(226)

(2) 사산 왕조 페르시아: 페르시아의 부흥 추구, 동서를 잇는 중계무역으로 번영, 비잔티움 제국과의 전쟁으로 쇠퇴, 7세기 중엽 이슬람 세력에 정복(651)
└ 로마 제국이 동서로 분열된 이후 동로마 제국을 다르게 부르는 말
└ 7세기 초 아라비아반도에서 무함마드가 완성한 종교로 이슬람은 '유일한 신 알라에 절대적으로 복종하는 것'을 의미함

4. 페르시아의 국제적 문화

(1) 배경: 페르시아 제국의 정복지 문화 존중

(2) 특징: 제국 내외의 다양한 문화가 교류하며 조화, 동아시아 지역으로 전파

(3) 분야: 건축과 조각, 유리 공예, 금속 세공술 발달

자료 이해하기 페르세폴리스 유적을 통해 본 페르시아 문화의 국제적 성격 교과서 23쪽

페르세폴리스

| 내용 알기 | 페르세폴리스는 다리우스 1세가 즉위하여 내란이 진정된 후 건설한 수도로 페르시아가 고대 메소포타미아 문명을 중심으로 이집트·아시리아·그리스 문화를 수용했음을 잘 보여 준다. 궁전은 경사지에 터를 닦아 계단식으로 건물을 지었는데 이는 바빌로니아식 건축법에 기초한 것이고, '만국의 문' 양쪽의 인면 수신상에서는 아시리아 미술 양식을 볼 수 있다. 돌기둥에는 그리스와 이집트 양식이 혼합되어 있으며, 조공 행렬도 등을 돋을새김으로 표현한 것은 아시리아식의 영향을 받은 것이다.

02 고대 그리스 세계의 발전

1. 에게 문명과 폴리스의 형성

에게해 주변의 청동기 문명으로 크레타로 대표되는 남방계의 도서 문화와 미케네로 대표되는 북방계의 본토 문화로 나뉨

(1) 에게 문명: 기원전 2000년경부터 이집트·메소포타미아 문명과 교류하며 발전 → 기원전 1200년경 파괴

그리스 계열의 도리아인이 남하하여 파괴

(2) 폴리스 형성

시기	기원전 8세기경 그리스인이 서아시아에 건설
특징	• 시민이 정치권력 소유, 왕과 귀족의 권력 독점 반대 • 하나의 폴리스로 통합되지 않았으나 종교 공유, 비슷한 언어와 생활 방식
규모	대부분 소규모 공동체, 예외적으로 아테네와 스파르타는 큰 규모

2. 아테네 민주정의 발전

거주지를 중심으로 10개 부족이 부족당 50명 추첨, 민회에서 결의할 사안을 마련하는 등의 역할

(1) 클레이스테네스(기원전 6세기 말): 500인 협의회 창설, 민주정 체제 수립

(2) 페리클레스(기원전 5세기 중반): 민주정 발전

전문적 능력이 필요한 경우를 제외하고는 제비뽑기로 선출

① 시민의 의사 반영: 공적인 사안은 민회에서 처리, 법정의 판결은 배심원이 주도

② 공직 참여 기회 확대: 공직자는 추첨으로 선출, 공직자와 배심원에게 수당 지급

(3) 아테네 민주정의 특징: 직접 민주정, 제한된 민주정(여성, 외국인, 노예는 제외)

└ 다수가 참여하는 정치(데모크라티아) └ 참정권을 가진 시민은 전체 주민의 약 1/10 가난한 시민도 공적인 일에 참여 가능

3. 페르시아 전쟁과 펠로폰네소스 전쟁

(1) 페르시아 전쟁: 기원전 5세기 초 페르시아의 그리스 공격 → 그리스의 승리(1차: 마라톤 전투, 2차: 살라미스 해전과 미칼레 전투) → 독자성 유지, 그리스와 페르시아 문화 교류 활발

대표자에게 권한을 위임하지 않고 시민이 교대로 공직을 담당

(2) 펠로폰네소스 전쟁(기원전 431~기원전 404): 아테네와 스파르타를 중심으로 대다수의 폴리스 간 전쟁 → 그리스의 쇠퇴, 북방의 마케도니아가 그리스 정복

4. 그리스 고전 문화

신들의 영향력을 믿는 동시에 신들을 인간과 같은 모습과 감정을 가진 존재로 파악

(1) 인간 중심적 성격: 인간이 가진 능력과 가능성 발휘

(2) 문학, 역사, 철학, 수학의 발전: 합리적 정신의 모범 제시, 서양 학문의 토대

(3) 조각과 건축: 균형과 비례 강조, 고전적 아름다움의 기준

5. 헬레니즘 시대의 전개

마케도니아, 시리아, 이집트 등

(1) 시기: 알렉산드로스의 동방 원정 이후 알렉산드로스 사후 분열된 제국이 로마에 정복될 때까지의 시기

세계 시민주의

(2) 헬레니즘 문화: 국제적, 현실적이고 개인적 측면 강조(문학과 예술), 본질에 대한 탐구보다 잘 사는 법에 치중(철학), 수학·천문학·지리학·의학 발달

└ 이성적인 삶을 추구하는 스토아학파와 개인의 정신적 즐거움을 추구하는 에피쿠로스 학파가 등장함

보충 아테네 민주정의 구조

장군 (부족당 1명) ← 선거 / 아르콘 (9명) ← 추첨

민회 (성인 남자 시민 참여)

↑ 안건 제출

500인 평의회 (부족당 50명) ← 추첨 / 배심원 (부족당 600명) ← 추첨

아테네 10개 부족

페르시아 전쟁

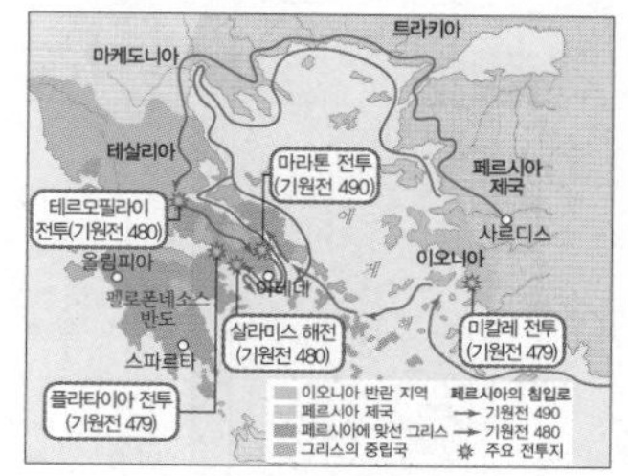

페르시아는 세 차례에 걸쳐 그리스를 침략하였으나, 그리스 연합군이 마라톤 전투와 살라미스 해전에서 대승을 거두면서 전쟁은 그리스의 승리로 끝났다. 아테네는 페르시아 전쟁에서 승리한 이후 크게 번성하였고, 페리클레스의 지도 아래 민주 정치가 더욱 발전하였다.

보충 헬레니즘 미술

라오콘 군상

그리스 미술은 조화와 균형의 아름다움을 표현하였고, 헬레니즘 미술은 인간의 육체와 격한 감정을 사실적으로 표현하였다.

자료 이해하기 폴리스

교과서 25쪽

| 내용 알기 | 그리스는 산이 많고 평야가 적었기 때문에 그리스인들은 해안 가까이에 있는 평지를 중심으로 촌락을 형성하였고 몇몇 촌락들이 한 도시를 중심으로 연합하였다.

폴리스 안에서 시민은 모두 동일한 시민 공동체의 일원으로서 공통의 시민권을 누렸으며, 시민은 정무·군무에도 종사하였다. 정치적·사회적 기본 조직으로 완성된 폴리스에서 이와 같은 시민단의 지위는 외국인과 노비는 제외된 특권적인 것이었다. 따라서 폴리스는 군사적, 정치적, 경제적, 사회적, 종교적인 유대로 결합되고, 법에 의해 규제되는 완전한 독립성과 주권을 가진 시민 공동체였다.

공화정
세습 군주나 선거로 뽑힌 군주 이외의 개인 또는 집단이 통치하는 정치 형태로 군주제에 상대되는 개념이다.

카이사르
영어단어 시저(Caesar)는 독일에서는 카이저(kaiser), 러시아에서는 차르(czar)라고 하지만 모두 황제를 뜻하는 말이다. 황제를 뜻하는 시저라는 단어는 실은 로마의 정치가였던 카이사르로부터 비롯되었으나 실제로 카이사르는 황제가 아니었다.

보충+ 로마의 도로

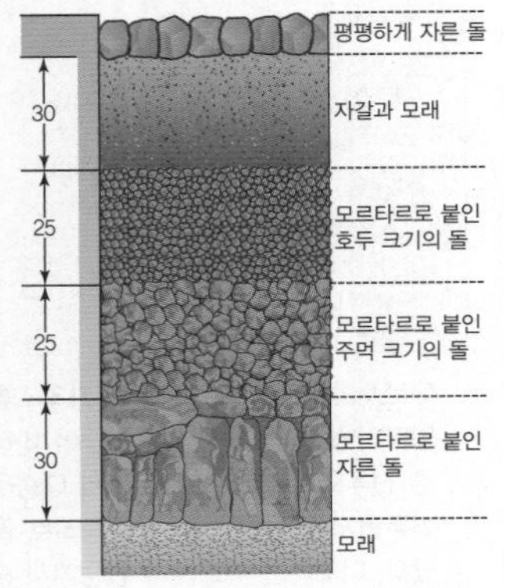

로마 공병대가 만들어 놓은 도로는 견고하게 닦여 있는데, 이는 당시 로마인의 '영원한 로마' 건설에 대한 집념을 보여 준다. 로마를 중심으로 뻗은 도로는 제국의 통치와 번영을 떠받치는 동맥이 되었다.

03 고대 로마 제국

1. 로마 공화정의 발전

(1) 로마의 기원: 기원전 8세기경 이탈리아 중부에 건설(왕정) → 공화정의 수립(기원전 6세기 말)
- 공화정의 수립: 에트루스키 왕을 몰아내고 왕이 장악했던 행정, 군사, 사법권을 집정관 2인에게 넘겨주면서 성립함

(2) 공화정의 정치적 발전: 귀족의 권력 독점 → 귀족과 소수의 부유한 평민이 원로원과 실제적인 권력 장악 → 평민에게 점진적 양보
- 원로원: 고대 로마에서 내정과 외교를 지도하던 입법 및 자문 기관임

(3) 로마 공화정의 영토 확장: 기원전 1세기 말 지중해 지역 전체 지배
① 영토 확장에 따른 문제점: 유력자의 이익 확대(대토지, 노예 소유), 소규모 자영농의 몰락, 빈민 급증, 사회 불안
② 그라쿠스 형제의 개혁: 자영농 계층 복원 시도 → 실패 → 로마 공화정의 위기 심화
- 그라쿠스 형제의 개혁: 귀족들의 대토지 소유 억제, 토지 재분배, 곡물 배급제 실시를 주장함

2. 공화정의 몰락과 제정의 시작

- 자영농의 몰락으로 군대 모집이 어려워지자 군 지휘관들이 전리품과 토지 분배를 약속하며 개별적으로 군대를 모집하면서 지휘관의 사병 집단의 성격을 띰

(1) 내전의 심화: 군대의 사병화 → 유력한 장군들 간의 경쟁 및 내전 → 카이사르의 권력 장악과 개혁 추진 → 카이사르 사망 이후 다시 내전 발생

(2) 제정의 시작: 옥타비아누스의 권력 장악, 원로원의 권력 인정, '아우구스투스(존엄자)'의 칭호 바침(기원전 27) → 공식적으로는 공화정 유지, 사실상 제정
- 공화정 유지: 자신을 '제 1시민'이라 부름
- 제정: 군대의 재정 장악

3. 로마 제국의 지중해 세계 지배

(1) 통치 기반: 로마식 도시와 도로 건설, 효율적이고 실용적인 법률과 행정
(2) 문화적 통합 시도: 낙후된 서부에는 라틴어와 로마식 문화 보급, 유서 깊은 동부에는 기존의 문화와 체제 존중
(3) 팍스 로마나(로마의 평화): 1~2세기 지중해 전역의 안정, 통합, 번영 시기

4. 로마 제국의 분열과 서로마 제국의 멸망

(1) 로마 제국의 동요: 3세기부터 군대에 의한 황제의 빈번한 교체로 동요
(2) 로마 제국의 분열: 디오클레티아누스가 통치의 효율성을 높이고자 동서로 분리 → 제국 안정 회복 → 세금 증가, 도시의 몰락
(3) 서로마 제국의 멸망: 게르만족 용병 대장이 서로마 황제를 폐위(476)
- 게르만족: 게르만어를 사용하는 민족의 총칭으로 오늘날 스웨덴인·덴마크인·노르웨이인·아이슬란드인·앵글로색슨인·네덜란드인·독일인 등이 이에 속함

5. 크리스트교의 성립과 전파

성립	예수의 제자들이 예수를 신의 아들이자 인류의 구원자라고 주장
교리	신의 사랑과 은총 강조, 신과 이웃에 대한 사랑 가르침
박해	다신교 문화인 로마 사회와 갈등, 황제 숭배와 병역 문제로 국가와 충돌 → 박해
공인	콘스탄티누스 대제의 박해 중단, 공인(313) → 4세기 말 국교로 선포

자료 이해하기 그라쿠스 형제의 개혁 교과서 30쪽

"이탈리아에는 짐승들도 몸을 피할 동굴이나 은신처가 있습니다. 그러나 이탈리아를 위해 싸우고 죽는 사람들은 공기와 빛 외에는 누리는 것이 없습니다. 그들은 집도 없이 아내와 자식들을 데리고 유랑합니다.", "인민에게 속한 것을 인민이 공유하는 것이 정당하지 않습니까?"
– 플루타르코스, 『영웅전』 외

| 내용 알기 | 기원전 133년 호민관이 된 티베리우스 그라쿠스는 농지법을 제정하여 유력자의 대토지 소유를 제한하고 농민에게 토지를 재분배하고자 하였다. 기원전 123년 호민관이 된 그의 동생 가이우스 그라쿠스는 곡물법을 통해 빈민들에게 곡물을 싼값으로 분배하고자 하였다. 그러나 이들의 개혁은 원로원 귀족의 반발로 실패하였고 형제는 죽음을 맞이하였다.

04 진·한 통일 제국의 성립

1. 춘추 전국 시대의 변화(기원전 770~기원전 221)

북방 민족의 침입으로 주가 수도를 호경에서 낙읍(뤄양)으로 옮긴 이후부터 진이 중국을 통일하기 전까지를 말함

정치	주 왕실의 권위 약화, 제후국 간의 전쟁 증가, 체제 개혁(변법)
사회·경제	철제 농기구와 소를 농사에 활용, 관개 시설 정비, 시장과 도시 성장, 다양한 화폐 유통
문화	'제가백가' 사상가의 다양한 대안 제시

2. 진의 통일과 제도 정비

(1) 진의 통일: 진이 전국 시대의 분열 통일, 왕은 '시황제'라는 호칭 사용

(2) 시황제의 정책: 군현제 시행, 도량형·화폐·문자 통일, 법치주의, 분서갱유, 만리장성 축조

- 군현제: 중앙에서 관리를 파견하여 지방을 통치하는 제도임
- 만리장성: 흉노의 침입에 대비하여 전국 시대에 건설된 장성을 연결하여 만듦

(3) 진의 멸망: 대규모 공사와 강압적 통치에 대한 불만 → 시황제 사후 반란으로 멸망

- 진 왕조 통일 후 15년 만에 멸망함

3. 한의 재통일과 황제 지배 체제 확립

(1) 유방(고조): 한 건국, 중국 통일(기원전 202), 군국제 시행(봉건제와 군현제 절충)

(2) 한 무제의 정책

군현제 실시	군현제 전국으로 확대, 연호 사용 → 황제권 확립
유교의 국교화	• 동중서의 건의 수용, 태학 설립, 오경박사를 통한 유학 교육 • 황제 지배 체제를 이념적으로 뒷받침 – 지위에 따른 역할 강조로 황제에 대한 충성을 요구함
소금과 철의 전매제 실시	대외 원정으로 인한 재정 고갈에 대한 대책

- 전매제: 국가가 주로 재정 수입을 주목적으로 특정한 물품의 제조와 판매 등을 독점 경영하는 것임

(3) 한의 쇠퇴: 무제 사망 이후 국력 약화 → 왕망, 신(8~25) 건국 → 후한(25~220)

4. 한과 주변 이민족과의 관계

(1) 흉노와의 관계: 한 초기에 흉노 우위의 화친, 한은 흉노에 궁녀와 비단 등 공물을 보냄 → 한 무제의 공격과 내분으로 흉노의 세력 약화

(2) 다른 이민족과의 관계: 영토를 확장하고 점령지에 군현제를 적용

(3) 비단길 개척: 장건의 서역 파견 → 비단길을 통해 서역 국가들과 활발히 교류

- 서역: 중국의 서쪽에 있던 여러 나라를 통틀어 이르는 말. 넓게는 중앙아시아·서부 아시아·인도를 포함함

보충 황제 칭호의 의미

삼황오제는 중국 고대의 전설적 제왕을 칭하는 말로 일반적으로 삼황은 복희씨·신농씨·여와씨를, 오제는 황제·전욱·제곡·요·순을 말한다. 황제는 '삼황'과 '오제'보다 뛰어난 존재라는 의미에서 만든 칭호이다.

만리장성

연호

중국을 비롯한 아시아의 군주 국가에서 사용하는 연도 계산 방법이다. 중국에서는 군주의 재위에 따라서 해를 세었는데, 처음에는 특별한 명칭의 연호는 없었으나 한 무제 때 동중서의 건의로 연호를 사용하게 되었다.

장건

한 무제의 명으로 대월지에 파견되었으나 흉노에 협공할 동맹을 맺는 데는 실패하였다. 그러나 대원의 우수한 말에 대해 무제에게 보고하자 흉노 정벌에 말이 필요했던 무제는 서역으로 영역을 확대하여 한과 서역 사이에는 활발한 교류가 이루어졌다.

중단원 핵심 확인하기 풀이

교과서 36쪽

1. 빈칸에 들어갈 알맞은 말을 써 보자.

(1) 고대 그리스의 정치 체제는 소수가 아니라 다수가 지배한다는 뜻에서 □□□□□□□(으)로 불렸다.

(2) 중국 최초의 통일 제국을 건설한 진 왕은 군주를 뜻하는 새로운 칭호로 □□을/를 처음으로 사용하였다.

(3) 제정을 시작한 옥타비아누스에게 원로원은 '존엄자'라는 의미의 □□□□□□□(이)라는 호칭을 주었다.

(1) 데모크라티아 (2) 황제 (3) 아우구스투스

2. 관련 있는 내용을 옳게 연결해 보자.

(1) 다리우스 1세 — ㉢ 왕의 길

(2) 장건 — ㉠ 비단길

(3) 로마 — ㉡ 원로원

3. 옳은 내용은 ○표, 틀린 내용은 ×표를 해 보자.

(1) 페르시아 제국에서는 정복지 주민의 고유문화와 전통을 억압하였다. (×)

(2) 아테네 민주정에서 모든 주민은 참정권을 가졌다. (×)

(3) 한 무제는 동중서의 의견을 반영하여 유교를 통치 이념으로 채택하였다. (○)

4. 제시된 핵심 용어를 3개 이상 사용하여 중국 고대 제국의 특징을 문장으로 완성해 보자.

군현제 | 유교 | 황제 | 연호 | 시황제 | 한 무제

- 시황제는 '황제'라는 새로운 군주 칭호를 만들었고, 한 무제는 연호를 사용하였다.
- 시황제와 한 무제는 전국적으로 군현제를 실시하여 중앙 집권적인 정치 체제를 갖추었다.

도입 활동 풀이

교과서 22쪽

교과서 도입 01 페르시아 제국의 통치 방식

| 도입 보충 |

다리우스 1세부터 건설되기 시작한 페르세폴리스는 알렉산드로스에 의해 파괴되었으나 건물에 다양한 부조가 남아 있어 그 당시의 역사와 생활을 추측할 수 있다. 공물을 들고 오는 사신이 왕을 알현하고 있으며, 옥좌에 앉은 왕과 그 뒤의 왕자는 권위를 상징하는 연꽃형의 잔을 들고 있다.

페르시아 제국의 전성기에는 28개 속국에서 사신들이 정기적으로 공물을 바쳤습니다. 사진은 페르세폴리스 건축물에 새겨진 부조의 한 부분으로, 공물을 들고 오는 사신들을 묘사하고 있습니다.

페르시아 제국은 다양한 특성이 있는 넓은 지역을 어떻게 통치하였을까?

도입 예시 답안 | 넓은 지역을 연결하는 교통로를 건설하는 한편, 지방을 효과적으로 통제할 수 있는 제도를 마련하여 통치하였다.

교과서 25쪽

교과서 도입 02 왕정, 귀족정, 민주정의 장점과 단점

| 도입 보충 |

왕정은 군주제라고도 하며 국가의 최고 결정권을 군주가 갖는 정치 체제를 말한다. 귀족정은 혈통·문벌·재산 등에 의해서 특권이 인정된 귀족이라고 불리는 소수가 지배하는 정치 체제이다. 민주정은 국가의 주권이 국민에게 있고 국민이 권력을 가지고 그 권력을 스스로 행사하는 정치 체제이다.

민주정은 평등한 시민이 함께 책임지는 정치를 하는 것입니다.
가장 훌륭한 자들이 모여 훌륭한 의견을 모아 정치해야 합니다.
훌륭한 왕이 통치할 때 가장 효율적인 정치가 됩니다.

민주정 지지자 / 귀족정 지지자 / 왕정 지지자

각 지지자들이 주장하는 정치 형태의 장점과 단점은 무엇일까?

도입 예시 답안 |

- 귀족정은 합리적인 판단에 유리하다는 장점이 있지만, 소수 귀족이 자신들의 이익만 추구할 수 있다는 단점이 있다.
- 민주정은 모든 시민의 역량이 발휘될 수 있으므로, 뛰어난 소수보다 더 나은 판단을 내릴 수 있고 결집력도 높아진다. 그러나 국익보다 시민 개개인의 이익을 앞세울 수 있다.
- 왕정은 훌륭한 왕이 통치하면 효율적이나 그렇지 못한 왕이 통치하면 국가 전체를 어렵게 할 수 있다.

도입 plus⁺ 고대 학자의 정치 체제 구분

플라톤

그리스의 정치 철학자들은 국가를 구성하는 왕, 귀족, 인민의 3요소에 따라 군주정, 귀족정, 민주정을 기본적인 정치 체제로 파악하였다. 이러한 인식을 처음으로 체계화한 플라톤은 정치 체제를 군주정, 귀족정, 민주정으로 나누고, 이들 정치 체제는 각각 참주정, 과두정, 중우정으로 타락할 수 있다고 경고하였다.

아리스토텔레스

아리스토텔레스는 정치 체제를 군주정, 귀족정, 혼합정으로 구분하고, 각각 타락한 형태를 참주정, 과두정, 민주정으로 보았다. 그는 『정치학』에서 '참주정은 통치자 한 사람의 이익을 위한 통치 형태이고, 과두정은 부자의 이익을 위한 통치 형태이며, 민주정은 빈자의 이익을 위한 통치 형태'라고 하였다.

폴리비오스

헬레니즘 시대의 역사가인 폴리비오스는 플라톤과 아리스토텔레스의 사상을 계승하여 정체 순환론을 주장하였다. 그는 인간이 발달, 흥성, 쇠퇴의 순환을 거치듯이, 단일한 정치 체제는 '군주제 → 참주제 → 귀족제 → 과두제 → 민주제 → 중우제 → 군주제 ……'처럼 순환한다고 하였다.

교과서 도입 03 로마 제국의 영향

교과서 30쪽

로마의 금화

독일의 상징

미국의 상징

러시아의 상징

로마인은 라틴어로 '아퀼라(aquila)'라 불리는 독수리를 군대의 깃발로 사용하였다. 오늘날에도 독일, 미국, 러시아 등지에서 독수리를 국가의 상징으로 사용하고 있다.

많은 국가가 독수리를 상징으로 삼은 까닭은 무엇일까?

도입 예시 답안 | 로마가 큰 제국을 건설한 것처럼 각 국가도 크고 강력한 국가를 건설하고 싶기 때문이다.

| 도입 보충 |

아퀼라는 '독수리', '주피터의 번개를 지니고 다닌 독수리'를 의미하며 로마 군단의 깃발에도 사용되었다. 도시 국가였던 로마가 지중해 세계를 제패하고 제국으로 성장한 데는 로마 군단의 힘이 컸다. 로마 군단은 시민들로 구성되었으며 시민 병사들은 각자 자기 무기와 갑옷을 준비하여 싸우고, 그러한 장비를 휴대한 사실 자체를 자랑스럽게 생각하였다.

교과서 도입 04 진시황릉과 병마용

교과서 33쪽

시황제라고 들어 봤지?
그 무덤의 규모가 어마어마하대.
전체를 짓는 데 약 39년이 걸렸고, 최대
약 72만 명의 인부가 동원되었대.
그 유명한 병마용도 진시황 무덤
주변에 묻혀 있대. 당시의 군대를 거의
그대로 지하 세계에 재현했는데,
병사들만 수천 명이 있대.

진시황릉과 같은 대규모 공사를 완성하기 위해서는 무엇이 필요할까?

도입 예시 답안 | 많은 자원과 인력, 이를 동원하기 위한 권력과 제도가 필요하다.

| 도입 보충 |

중국 최초의 황제인 진시황제의 무덤 유적지는 산시성의 고도 시안 동북쪽에 있다. 현재 발견된 유적지는 진시황릉과 3곳의 병마용갱이다. 병마용 지하 유적지 일부를 제외한 나머지 유적지는 아직 발굴이 끝나지 않은 상태이다. 진시황제가 잠들어 있는 높이 76 m의 거대한 무덤은 발굴을 시작하지도 않았다.

도입 plus+ 진시황릉

진시황릉의 병마용

진시황릉은 43 m 높이의 거대한 봉분으로 시안(西安)에서 35 km 떨어진 곳에 있다. 동서남북 각각에 문이 달린 최초의 정방형 담장 안에 지어져 있는데, 이는 더 큰 장방형 담장으로 에워싸여 있다.

근처에서 우물을 파던 농부 3명이 진흙으로 만들어진 실물 크기의 병사 도용이 있는 갱을 우연히 발견하였고, 곧바로 발굴 작업이 시작되었다. 1호 갱에서는 측면을 보호하는 궁수들과 함께 전투 대열로 서 있는 보병대와 기병대의 병사 1,087명이 나왔다. 길이 230 m에 이르는 이 하나의 갱에만 하더라도 6,000개의 병마용이 있을 것으로 추정된다.

두 개의 다른 갱은 1호 갱의 바로 북쪽에서 발견되었고 비슷한 유물들이 출토되었다. 2호 갱에서는 병사 1,500명과 수레와 말이, 3호 갱에서는 지휘관과 고관 68명과 네 마리의 말이 끄는 전차가 나왔다. 이 갱들은 임시로 다시 메워졌고 갱에서 꺼낸 물건들은 박물관에 전시되었다.

역사 탐구 풀이 및 보충

역사 탐구 스파르타식 교육과 생활

교과서 26쪽

친절한 활동 길잡이

이 활동의 핵심은 스파르타식 교육과 생활의 특징을 이해하고, 아테네와 비교하여 이상적 공동체의 모습에 대해 생각해 보는 것이다.

폴리스가 발전하면서 대부분의 경우 시민 사이에 경제적 불평등이 심화되었고, 교육도 사교육만 존재하였다. 그러나 스파르타에서는 전면적인 개혁으로 경제적 평등성을 높이고, 공교육 제도를 마련하여 동질적이고 공동체에 헌신하는 시민을 기르고자 하였다. '채찍과 몽둥이'로 대표되는 스파르타 교육은 절제, 용기, 법에 대한 복종 등을 강조하였고, 스파르타 시민들은 매일 '공동 식사'에서 한 끼를 함께 먹었다. 이러한 체계적인 교육과 엄격한 생활 방식을 기초로 스파르타는 그리스 최강국이 되었다. 그러나 스파르타식 교육과 생활은 육체적 강인함과 용기를 과도하게 강조한다고 비난을 받기도 하였다.

스파르타의 아르테미스 오르티아 성소 이곳에서 스파르타 소년들은 채찍질 시험을 받았다. 채찍질을 꿋꿋이 견디는 것이 스파르타 시민이 되는 데 필요한 입회 의식이었다.

1. 스파르타식 교육과 생활의 장점과 단점을 말해 보자.

정답 풀이 | 잘 훈련된 인재를 양성하는 장점이 있지만, 명령이 없으면 제대로 움직이지 못하는 사람이 될 수 있다는 단점이 있다.

2. 내가 고대 그리스의 시민이라면 아테네와 스파르타 중 어디에서 살고 싶은지 이유와 함께 이야기해 보자.

정답 풀이 | • 자율성을 최대한 발휘할 수 있는 아테네에서 살고 싶다.
• 질서 정연한 공동체 생활을 하는 스파르타에서 살고 싶다.

자료 이해 확인 문제

1. 스파르타는 공교육 제도를 마련하여 동질적이고 공동체에 헌신하는 시민을 기르고자 하였다. (○ / ×)
2. 체계적인 교육과 엄격한 생활 방식을 기초로 그리스 최강국이 된 나라는 아테네이다. (○ / ×)

>> 정답 1. ○ 2. ×

역사 탐구 아우구스투스의 이미지 정치

교과서 31쪽

친절한 활동 길잡이

이 활동은 각 이미지가 아우구스투스를 어떻게 선전하는지 분석하고, 아우구스투스와 그 후계자들이 이러한 이미지를 통해 목적했던 바가 무엇인지 생각해 보도록 하는 것이다.

아우구스투스는 단독 지배를 정당화하고자 자신이 관대한 보호자라는 이미지를 만들려고 노력하였다. 화폐에 '자유의 회복자'라는 문구를 새기고, 거대한 공공건물의 건축을 후원하였으며, 자신의 경력과 업적을 기록한 글을 제국 전체에 배포하였다. 그의 후계자들도 이러한 노력을 계속하였다. 오른쪽 조각상들은 그러한 이미지 정치의 일부로서, 정치적 상황과 필요에 따라 아우구스투스의 이미지를 다르게 강조하고 있다.

장군의 모습

원로원 의원의 모습

신과 같은 모습

1. 각각의 조각상에서 강조하고자 하는 아우구스투스의 이미지가 무엇인지 말해 보자.

정답 풀이 | 승리하는 장군, 지혜로운 정치가, 유피테르(제우스) 신의 모습

2. 아우구스투스와 그의 후계자들은 왜 여러 가지 이미지를 만들고자 했을지 생각해 보자.

정답 풀이 | 공화정이라는 전통을 붕괴시키고 새로운 정치 체제를 도입한 상황에서 황제 지배를 정당화해야 했기 때문이다.

자료 이해 확인 문제

1. 로마의 실제적인 최초 황제는 아우구스투스이다. (○ / ×)
2. 아우구스투스는 단독 지배를 정당화하고자 정치적으로 획일적인 이미지를 강조하였다. (○ / ×)

>> 정답 1. ○ 2. ×

역사탐구 염철론 논쟁에 참여하기

교과서 35쪽

▲ 유학자

"백성을 잘 다스리려면 도덕을 강조하고 상업을 억제해야 합니다. 상업이 발달하면 사람들이 서로 이익을 다투어 선량한 풍습이 사라지기 때문입니다. 그런데 지금은 오히려 국가에서 전매 정책을 시행하여 백성들을 상대로 장사를 하면서 순박한 풍습을 해치고 있습니다.

따라서 ______________________."

▲ 관료

"무제께서는 변경 주민들이 오랫동안 오랑캐들의 침략에 시달려 온 것을 불쌍히 여기셔서 변경에 대한 방비를 강화하셨습니다. 그런데 이러한 변경 방어에 필요한 비용이 부족하였기 때문에, 소금과 철, 술에 대한 전매 제도를 시행하신 것입니다.

따라서 ______________________."

1. 상업에 대한 각 입장을 파악해 보고, 밑줄 친 부분에 들어갈 결론을 추론해 보자.

정답 풀이 | • 백성들을 상대로 이익을 취하여 순박한 풍습을 해치고 도덕을 타락시키는 전매 정책을 폐지해야 합니다.

• 변경 방어에 필요한 비용 마련을 위해 전매 제도 시행은 불가피한 결정이었습니다.

2. 나였다면 당시에 어떤 주장을 했을지 생각해 보고, 그 이유를 말해 보자.

정답 풀이 | 나라면 시장 질서를 깨트리는 전매 정책에 반대했을 것이다.

친절한 활동 길잡이

이 활동은 한 무제의 소금과 철에 대한 전매 정책 실시를 둘러싼 논쟁을 통해 유교적 통치 이념이 목표하는 바와 국가 운영에 필요한 재정 마련 대책이 서로 충돌함을 알아보는 것이다. 당시 상황에서 자신의 주장을 근거를 갖추어 제시해 보도록 한다.

자료 이해 확인 문제

1. 한 무제는 대외 원정으로 고갈된 국고를 회복하고자 소금과 철에 대한 전매 정책을 실시하였다. (○ / ×)

2. 유학은 국가적 차원에서 상업 활동을 적극 장려할 것을 주장하였다. (○ / ×)

>> 정답 1. ○ 2. ×

탐구 plus 한무제의 경제 정책이 중국 사회에 끼친 영향

한 무제의 적극적 대외 정책과 대규모 토목 공사는 재정 궁핍을 초래하였다. 무제는 이를 극복하기 위해 상인 출신 관료를 등용하여 새로운 재정 정책을 펼쳤다. 기원전 119년 소금과 철에 대해 전매제를 실시하였고, 여러 가지 명목을 붙여 상인에게 세금을 더 거두어들였으며, 물가 조절을 목적으로 균수법과 평준법을 실시하기도 하였다. 균수법은 각 지방에서 많이 나는 물자를 세금으로 거두고 해당 물자가 부족한 지방에 팔아 유통을 원활하게 하는 한편 국가가 그 이득을 취하는 정책이었다. 평준법은 각 지방 관청에서 특정 생산물이 저렴할 때 사들였다가 그 생산물이 부족해 물가가 오르면 판매하여 물가를 안정시키고 그 차익을 국가의 수입으로 삼는 정책이었다.

전매제와 균수법, 평준법 등의 실시는 국가 수입의 안정적 확보라는 측면에서 순기능이 있었지만, 이 정책은 결국 이전에 상인이 얻어가던 이익을 국가가 가져가는 방식이었다. 개인인 상인이 이익을 가져가는 것보다 국가가 이익을 취하는 것이 낫다고 볼 수 있으나, 정부가 원하는 사업을 위해 중요한 물품을 판매하다 보면 결국 그 부담이 백성들에게 돌아가는 경우도 많았다.

한 무제의 경제 정책을 실시한 결과 많은 상공업자가 파산하였다. 많은 세금을 거두고, 숨겨진 재산을 고발하고 사소한 죄도 엄하게 다스리는 과정에서 범죄자가 많이 양산되어 사회 불안을 가중시켰다. 결국 무제 말년에는 지방을 중심으로 크고 작은 반란이 일어나 사회가 불안해졌다. 이에 무제는 기원전 90년 외국과의 전쟁을 중시하고 내정에만 치중하겠다는 교서를 발표하였다.

실력 확인 문제

단답형

01 다음에서 설명하는 국가를 쓰시오.

- 기원전 7세기 서아시아 지역을 최초로 통일
- 가혹한 통치로 오래가지 못하고 멸망

( )

중요

02 (가)에 들어갈 왕에 대한 설명으로 적절한 것만을 보기에서 고른 것은?

아케메네스로부터 시작된 페르시아 왕조는 키루스 2세에 이르러 제국을 건설하였다. 기원전 6세기 말 (가) 때에는 동쪽으로 인도, 서쪽으로 흑해 일대까지 진출하는 등 크게 팽창하였고, 이로 인해 그리스와 충돌하게 되었다.

보기

ㄱ. 그리스를 통일한 알렉산드로스의 침입을 막아냈다.
ㄴ. '왕의 눈', '왕의 귀'라 불리는 관리를 보내 지방관을 감시하였다.
ㄷ. 주요 도시를 잇는 '왕의 길'을 건설하여 물자의 유통을 촉진하였다.
ㄹ. 피정복지 주민에게 조로아스터교를 강요하는 등 억압 정책을 펼쳤다.

① ㄱ, ㄴ ② ㄱ, ㄷ ③ ㄴ, ㄷ
④ ㄴ, ㄹ ⑤ ㄷ, ㄹ

03 다음을 통해 알 수 있는 페르시아 문화의 특징은?

- 페르세폴리스 유적의 돌기둥은 그리스와 이집트 양식이 혼합되었고 돌을 조각한 기법은 아시리아식이다.
- 사산 왕조 페르시아의 물병과 유리잔은 신라 고분에서도 발견된다.

① 국수적 ② 국제적 ③ 내세적
④ 사대적 ⑤ 서민적

04 다음에서 설명하는 국가는?

- 페르시아 제국의 부흥을 내세우며 메소포타미아에서 인더스강에 이르는 지역을 통일하였다.
- 동서를 잇는 중계 무역으로 번영하였다.
- 비잔티움 제국과의 전쟁으로 쇠퇴하다가 7세기 중엽 이슬람 세력에 정복되었다.

① 박트리아 ② 파르티아
③ 아시리아 ④ 마케도니아
⑤ 사산 왕조 페르시아

단답형

05 (가)에 들어갈 단어를 쓰시오.

(가) 은/는 기원전 2000년경부터 이집트 문명, 메소포타미아 문명과 교류하며 발전하였으나, 기원전 1200년경에 파괴된 문명이다.

( )

06 (가)에 대한 설명으로 옳은 것만을 보기에서 고른 것은?

기원전 8세기경 그리스인은 서아시아에서 시작된 도시 국가를 수용하여 만든 공동체로 대부분의 (가) 은/는 소규모였으나 아테네나 스파르타처럼 예외적으로 큰 규모도 있었다.

보기

ㄱ. 왕이 권력을 독점하였다.
ㄴ. 시민이 정치권력을 소유하였다.
ㄷ. 서로 통합되지 않고 자주 다투었다.
ㄹ. 유일신 신앙을 바탕으로 종교를 공유하였다.

① ㄱ, ㄴ ② ㄱ, ㄷ ③ ㄴ, ㄷ
④ ㄴ, ㄹ ⑤ ㄷ, ㄹ

중요

07 (가), (나)에 들어갈 말을 옳게 연결한 것은?

> 기원전 5세기 중반 (가) 시대에 아테네의 민주정은 더욱 발전하였다. 공직자 대부분은 (나) (으)로 뽑아 권력 독점을 막았고, 공직자와 배심원에게 수당을 지급하여 가난한 시민도 공적인 일에 참여하도록 하였다.

	(가)	(나)
①	페리클레스	선거
②	페리클레스	추첨
③	클레이스테네스	선거
④	클레이스테네스	추첨
⑤	디오클레티아누스	선거

08 다음 전쟁 이후 그리스의 상황에 대한 설명으로 적절한 것은?

> 기원전 5세기 초 그리스는 두 차례 페르시아의 공격을 받았다. 그리스는 1차 침입 때 마라톤 전투에서, 2차 침입 때는 살라미스 해전과 미칼레 전투에서 승리하였다.

① 북방의 마케도니아를 정복하여 영토를 확장하였다.
② 페르시아의 침입에 대비하여 아테네가 그리스를 통일하였다.
③ 페르시아 문화가 들어오면서 헬레니즘 문화는 쇠퇴하게 되었다.
④ 외부 세력에 대한 반감이 커져 주변 지역과의 교류가 단절되었다.
⑤ 번영을 누리는 가운데 아테네와 스파르타 간의 경쟁이 심화되었다.

고난도

09 (가)에 들어갈 내용으로 적절한 것만을 보기에서 고른 것은?

> 알렉산드로스의 원정으로 그리스 문화가 동쪽으로 확산되어 새로운 국제적인 문화가 탄생하였고 그리스 문화의 성격도 바뀌었다.
>
> (가)

보기

ㄱ. 문학은 보다 현실적이고 개인적인 측면을 강조하였다.
ㄴ. 철학은 본질에 관한 탐구보다 잘 사는 법에 집중하였다.
ㄷ. 종교는 다신교를 대신하여 유일신 신앙이 널리 확산되었다.
ㄹ. 조각과 건축은 감정을 배제하고 균형과 비례를 강조하였다.

① ㄱ, ㄴ ② ㄱ, ㄷ ③ ㄴ, ㄷ
④ ㄴ, ㄹ ⑤ ㄷ, ㄹ

중요

10 (가), (나) 사이 시기에 로마에서 있었던 사실로 옳은 것만을 보기에서 고른 것은?

> (가) 로마는 기원전 6세기 말 왕을 몰아내고 공화정을 수립하였다.
> (나) 로마 원로원은 옥타비아누스에게 '아우구스투스' 칭호를 바쳤다.

보기

ㄱ. 전쟁을 통해 지중해 지역의 영토를 장악해갔다.
ㄴ. 군대에 의해 황제가 빈번하게 교체되면서 쇠퇴하기 시작하였다.
ㄷ. 그라쿠스 형제가 자영농 계층을 복원하고자 개혁을 시도하였다.
ㄹ. 게르만족이 로마의 영역으로 들어오면서 많은 혼란이 초래되었다.

① ㄱ, ㄴ ② ㄱ, ㄷ ③ ㄴ, ㄷ
④ ㄴ, ㄹ ⑤ ㄷ, ㄹ

11 (가)에 들어갈 내용으로 적절한 것은?

기원전 27년 로마 원로원은 옥타비아누스에게 '존엄자'라는 뜻의 '아우구스투스' 칭호를 바쳤다. 그는 공식적으로 공화정을 유지하면서 공화정의 전통을 회복했다고 주장하였다. 그러나 그는 [(가)] 사실상 황제였다.

① 원로원을 폐지했으므로
② 군대와 재정을 장악했으므로
③ 지중해 세계를 제패했으므로
④ 자신을 '제1 시민'이라 불렀으므로
⑤ 적장자 상속의 왕조를 세웠으므로

고난도

12 다음에서 설명하는 종교가 로마 제국 초기에 박해받았던 이유로 가장 적절한 것은?

- 십자가에 처형된 예수가 부활했고 신의 아들이자 인류의 구원자라고 주장하면서 성립되었다.
- 신의 사랑과 은총을 강조하고, 신과 이웃을 사랑하며 살라고 가르치면서 로마 제국 전체에 퍼져 나갔다.

① 황제 숭배와 병역을 거부하여 국가와 정면으로 충돌하였다.
② 덕치주의에 입각한 정치를 내세워 황제의 권위에 도전하였다.
③ 다신교를 내세워 유일신 신앙에 기초한 로마 사회와 갈등을 빚었다.
④ 형식적인 계율을 중시하여 실용적인 성향의 로마인들에게 배척을 받았다.
⑤ 노예제 폐지를 요구하여 로마 사회의 경제적 기반을 무너뜨리려 하였다.

13 (가) 시기에 대한 설명으로 적절한 것은?

기원전 8세기경 북방 민족의 침입으로 주가 수도를 호경에서 낙읍(뤄양)으로 옮긴 이후부터 진에 의해 중국의 통일이 이루어지기 전까지를 [(가)](이)라고 부른다.

① 전쟁이 증가하면서 수공업과 상업은 쇠퇴하게 되었다.
② 혼란한 사회를 안정시키고자 조로아스터교를 수용하였다.
③ 교역 규모가 커지면서 중국 전역에 단일한 화폐가 유통되었다.
④ 철제 농기구와 소가 농사에 활용되어 농업 생산력이 발달하였다.
⑤ 제후들이 부국강병을 추진하는 과정에서 새로운 사상을 억압하였다.

중요

14 (가)가 실시한 정책으로 옳은 것만을 보기에서 고른 것은?

전국 시대를 통일한 진의 왕은 군주를 가리키는 새로운 칭호로 '황제'라는 용어를 사용하였다. 그리고 자신을 '첫 번째 황제'라는 의미에서 '[(가)]'(으)로 부르게 하였다.

보기
ㄱ. 군현제 실시
ㄴ. 비단길 개척
ㄷ. 도량형, 화폐, 문자 통일
ㄹ. 유교를 통치 이념으로 채택

① ㄱ, ㄴ　② ㄱ, ㄷ　③ ㄴ, ㄷ
④ ㄴ, ㄹ　⑤ ㄷ, ㄹ

서술형

정답과 해설 275쪽

15 (가)에 해당하는 민족은?

> • 진의 시황제는 (가) 의 침입에 대비해 전국 시대에 건설된 장성들을 연결하여 만리장성을 완성하였다.
> • 한의 무제는 (가) 와/과의 전쟁에 필요한 동맹 세력을 찾고자 장건을 서역으로 파견하였다.

① 강 ② 저 ③ 선비
④ 흉노 ⑤ 대월지

단답형

16 다음에서 설명하는 제도의 명칭을 쓰시오.

> • 한을 세우고 중국을 다시 통일한 유방(고조)이 실시하였다.
> • 봉건제와 군현제를 절충한 제도로, 통일에 공을 세운 공신들에게 봉토를 지급하여 제후 왕국을 승인하고 나머지 지역에는 관리를 파견하여 통치하였다.

( )

17 (가)에 들어갈 내용으로 적절한 것은?

> 한 무제는 유교를 통치 이념으로 채택하였다. 유가 사상은 (가) 황제 지배 체제를 이념적으로 뒷받침하기에 유리하였다.

① 지위에 따른 역할과 규범을 강조하여
② 엄격한 형벌을 통치의 근본으로 삼아
③ 심신의 수련을 통한 불로장생을 내세워
④ 가족의 경계를 초월한 겸애의 정신을 내세워
⑤ 이론과 실재의 관계에 대한 논리적 분석을 통해

18 다음의 아테네 민주정에 대한 설명을 바탕으로 아테네 민주정의 특징을 두 가지 서술하시오.

> • 공적인 사안은 민회에서 시민의 토론과 표결로 처리되었고, 법적인 판결도 추첨으로 배심원이 된 다수 시민이 주도하여 내려졌다.
> • 참정권을 가진 시민은 전체 주민의 약 10분의 1로 당시로서는 매우 높은 수준이었다.

19 다음 크리스트교 교리의 특징을 바탕으로 로마 제국이 크리스트교를 공인하고 국교로 인정한 이유를 서술하시오.

> 크리스트교는 나사렛 예수를 그리스도(메시아)로 믿는 종교로 신분과 민족을 초월한 사랑과 믿음을 중시하였다.

20 (가)에 들어갈 경제 정책의 목적과 내용을 서술하시오.

> 한 무제는 대외 원정으로 북으로는 흉노를 장성 이북으로 몰아내는 등 영토를 확장했으나 곧 국고가 고갈되었다. 이에 (가)

대단원 마무리

교과서 40~41쪽

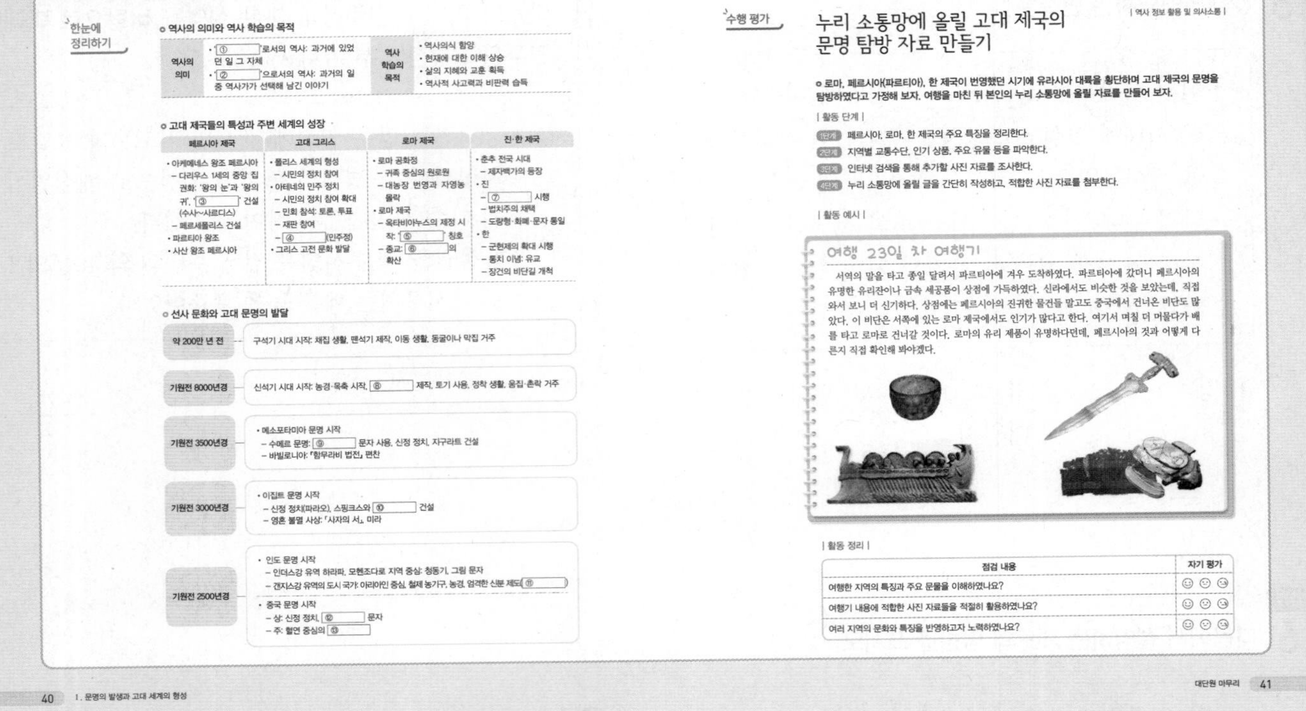

한눈에 정리하기

| 예시 답안 |

① 사실
② 기록
③ 왕의 길
④ 데모크라티아
⑤ 아우구스투스
⑥ 크리스트교
⑦ 군현제
⑧ 간석기
⑨ 쐐기
⑩ 피라미드
⑪ 카스트제
⑫ 갑골
⑬ 봉건제

수행 평가

이것이 핵심: 가상으로 고대 제국들을 여행하며 현재 관점에서 과거를 재현하는 과정에서 역사 정보 활용 및 의사소통 능력을 기를 수 있다.

| 예시 답안 |

10일 차 여행기

오늘은 드디어 한(漢)나라의 수도 장안에 도착하였다. 듣던 대로 성벽이나 건축물의 규모가 엄청나게 크고, 길거리는 사람들로 가득하다. 흥미로운 점은 길거리에서 아주 다양한 사람들을 마주칠 수 있다는 것이다. 특히 서역에서 온 상인들이 아주 많은데, 이 사람들은 눈썹이 짙고 눈도 부리부리하다. 장안에서는 이 사람들이 가져온 페르시아의 물건들도 어렵지 않게 찾아볼 수 있다. 장안에 일주일 정도 머무를 예정인데, 신기하고 새로운 것을 많이 구경할 수 있을 것 같아 기대된다.

대단원 마무리 문제

정답과 해설 277쪽

❶ 역사의 의미와 역사 학습의 목적

01 역사 서술에 대한 설명으로 적절한 것만을 보기에서 고른 것은?

보기
ㄱ. 역사 서술의 자료가 되는 사료는 문자 기록뿐이다.
ㄴ. 과거 사실이 변하기 때문에 역사 서술이 달라지는 것이다.
ㄷ. 역사 서술은 사료를 선택하고 재구성하는 과정을 거쳐야 한다.
ㄹ. 역사 서술에서 사실의 선택과 평가는 가치관이나 시대에 따라 달라질 수 있다.

① ㄱ, ㄴ ② ㄱ, ㄷ ③ ㄴ, ㄷ
④ ㄴ, ㄹ ⑤ ㄷ, ㄹ

02 다음과 관련된 역사 학습의 목적으로 적절한 것은?

역사를 배우는 과정에서 다양한 역사적 자취를 논리적으로 탐구하고 당시 상황을 유추하며 생각할 수 있다.

① 삶의 지혜와 교훈 습득
② 현재에 대한 바른 이해
③ 상호 존중의 인류애 실현
④ 소속 집단의 정체성 파악
⑤ 역사적 사고력과 비판력 함양

❷ 세계의 선사 문화와 고대 문명

03 ㉠~㉤ 중 옳은 것은?

구분	구석기	신석기
도구	뗀석기, ㉠토기	간석기
식량 마련	㉡농경·목축의 시작	㉢채집, 사냥의 시작
주거	㉣이동 생활(동굴, 바위 그늘 등)	㉤정착 생활(막집, 촌락 형성)

① ㉠ ② ㉡ ③ ㉢
④ ㉣ ⑤ ㉤

04 다음에서 설명하는 왕은?

• 바빌로니아의 왕으로 메소포타미아 지역을 통일하였다.
• 그의 재위 기간에 만들어진 법전에는 '눈에는 눈, 이에는 이'의 동해 보복주의 원칙 등이 있다.

① 함무라비 ② 키루스 2세
③ 알렉산드로스 ④ 다리우스 1세
⑤ 디오클레티아누스

05 다음 유적을 남긴 문명에 대한 설명으로 적절한 것은?

① 쐐기 문자를 사용하여 기록을 남겼다.
② 카스트제라는 엄격한 신분제를 만들었다.
③ 빈번한 외세의 침입으로 혼란이 거듭되었다.
④ 갑골문의 해석으로 문명의 실체가 밝혀졌다.
⑤ 지배자인 파라오는 태양의 아들로 숭배되었다.

06 고대 인도 문명에 관한 보고서 작성에 필요한 자료 검색어로 적절한 것만을 보기에서 고른 것은?

보기
ㄱ. 베다 ㄴ. 아무르인
ㄷ. 모헨조다로 ㄹ. 유프라테스강

① ㄱ, ㄴ ② ㄱ, ㄷ ③ ㄴ, ㄷ
④ ㄴ, ㄹ ⑤ ㄷ, ㄹ

07 다음에 나타난 상의 정치적 특징에 대한 심화 학습으로 적절한 것은?

> 상은 신의 뜻을 빌려 나라를 다스리는 신정 정치를 펼쳤다. 나라에 중요한 일이 있을 때는 점을 쳐 신의 뜻을 물어 결정하였다.

① 사자의 서 내용을 분석한다.
② 지구라트의 분포도를 조사한다.
③ '왕의 길'의 운영 체계를 조사한다.
④ 유럽과 중국의 봉건제를 비교한다.
⑤ 해석된 갑골문의 내용을 분석한다.

❸ 고대 제국들의 특성과 주변 세계의 성장

08 다음 종교에 대한 설명으로 옳은 것은?

> • 유일신 아후라 마즈다를 섬긴 종교이다.
> • 이란고원에서 기원전 6세기 무렵에 확산된 종교이다.

① 베다가 주요 경전이었다.
② 페르시아 제국의 중심 종교였다.
③ 로마 제국의 국교로 인정받았다.
④ 이슬람교의 영향으로 성립되었다.
⑤ 예수의 제자들에 의해 성립되었다.

09 아테네 민주정의 특징으로 옳은 것만을 보기에서 고른 것은?

> 보기
> ㄱ. 공직자 대부분은 선거로 선출하였다.
> ㄴ. 법정에서의 판결은 배심원이 주도하였다.
> ㄷ. 공직자와 배심원에게 수당을 지급하였다.
> ㄹ. 여성과 외국인에게도 참정권을 부여하였다.

① ㄱ, ㄴ ② ㄱ, ㄷ ③ ㄴ, ㄷ
④ ㄴ, ㄹ ⑤ ㄷ, ㄹ

10 다음에서 설명하는 폴리스는?

> • 시민들은 매일 '공동 식사'에서 한 끼를 함께 먹으며 공동체 의식을 키워 나갔다.
> • '채찍과 몽둥이'로 대표되는 교육을 통해 절제, 용기, 법에 대한 복종 등을 강요하였다.

① 테베 ② 델포이 ③ 아테네
④ 스파르타 ⑤ 올림피아

11 고대 그리스 문화에 대한 설명으로 옳은 것만을 보기에서 고른 것은?

> 보기
> ㄱ. 유일신에 기초한 크리스트교를 바탕으로 종교적인 통합을 이루었다.
> ㄴ. 균형과 비례를 강조한 조각과 건축은 고전적 아름다움의 기준이 되었다.
> ㄷ. 실제 생활과 관련이 깊은 법률, 토목, 건축 등 실용적인 분야가 크게 발달하였다.
> ㄹ. 문학, 역사, 철학 등은 합리적 정신의 모범을 제시하여 서양 학문의 토대가 되었다.

① ㄱ, ㄴ ② ㄱ, ㄷ ③ ㄴ, ㄷ
④ ㄴ, ㄹ ⑤ ㄷ, ㄹ

12 (가)~(라)의 사실들을 시기 순으로 바르게 나열한 것은?

> (가) 로마 원로원은 크리스트교를 국교로 선포하였다.
> (나) 왕정이었던 로마는 왕을 몰아내고 공화정을 수립하였다.
> (다) 그라쿠스 형제는 자영농 계층을 복원하고자 개혁을 시도하였다.
> (라) 로마 원로원은 옥타비아누스에게 '아우구스투스' 칭호를 바쳤다.

① (가)-(나)-(다)-(라)
② (나)-(다)-(라)-(가)
③ (다)-(나)-(가)-(라)
④ (다)-(라)-(나)-(가)
⑤ (라)-(다)-(가)-(나)

서술형

정답과 해설 277쪽

13 (가)가 실시한 정책으로 옳은 것만을 <보기>에서 고른 것은?

> 흉노와의 전쟁에 필요한 동맹 세력을 찾고자 [(가)]은/는 장건을 서역에 파견하였다.

보기

ㄱ. 불교 수용　　ㄴ. 태학 설립
ㄷ. 봉건제 실시　　ㄹ. 전매 정책 실시

① ㄱ, ㄴ　② ㄱ, ㄷ　③ ㄴ, ㄷ
④ ㄴ, ㄹ　⑤ ㄷ, ㄹ

14 (가)는 진의 통치를 비판하는 시의 일부이고, (나)는 진 말기에 반란이 발생하는 과정의 일부이다. 이를 통해 알 수 있는 진의 멸망 원인으로 적절한 것은?

> (가) 장성은 3천 리 무정히 이어지고
> 땅끝의 젊은이는 노역에 쓰여
> 고향의 아내들 독수공방
> 붓 빌어 소식을 아내에게
>
> (나) 변경을 수비하게 된 900명의 사람들이 야영을 하게 되었다. 마침 큰 비가 내려 길이 끊겨 버려 일정을 계산해보니 도저히 기한 내에 목적지에 도착할 수 없었다. 정해진 날짜보다 늦게 도착하게 되면 법에 따라 참수형이 될 것이 뻔하였다. ……

① 중농억상 정책의 실시로 상인들의 반발을 가져왔다.
② 세습적 특권을 가진 봉건 제후 세력을 장악하지 못하였다.
③ 유교를 통치 이념으로 채택하고 다른 사상을 탄압하였다.
④ 중앙 집권 정책의 실시로 봉건 제후 세력의 불만을 가져왔다.
⑤ 무리한 토목 공사와 강압적인 통치로 백성들의 불만이 높아졌다.

15 지도를 통해 알 수 있는 문명 발생지의 공통점과 이러한 지역에서 문명이 발생한 이유를 서술하시오.

16 다음을 참고하여 페르시아 제국이 넓은 영토의 제국을 안정적으로 통치할 수 있었던 이유를 서술하시오.

> • 피정복민들은 제국의 지배에 복종하면 고유의 문화와 전통, 종교 등을 유지할 수 있었다.
> • 페르시아인 지방관을 파견하고 '왕의 눈', '왕의 귀' 등을 보내 지방관을 감시하는 한편, 주요 도시를 잇는 '왕의 길'을 건설하였다.

17 다음 두 제도의 차이점을 제후와 관리의 권한 측면에서 서술하시오.

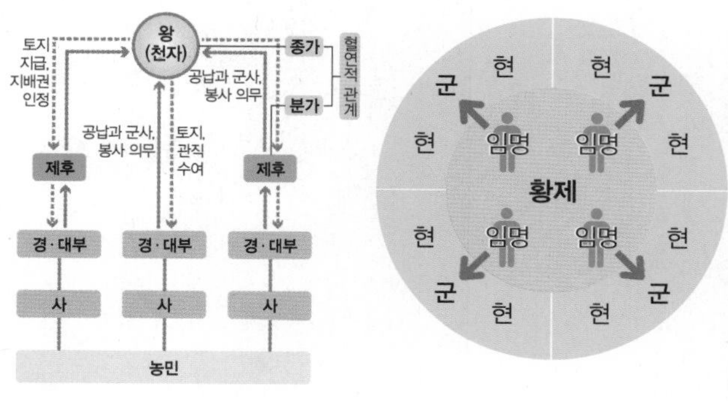

핵심 수행 평가

01 4대 문명 마인드맵 그리기

◦ 제시된 단어와 관련 이미지를 활용하여 4대 문명을 정리하는 마인드맵을 만들어 보자.

메소포타미아 문명, 이집트 문명, 인도 문명, 중국 문명
황허강, 티그리스강·유프라테스강, 나일강, 인더스강·갠지스강
드라비다인, 아리아인, 수메르인, 아무르인
은허, 우르, 라가시, 하라파, 모헨조다로
피라미드, 미라, 지구라트, 함무라비 법전 돌기둥, 사자의 서
바빌로니아, 상, 주, 파라오, 신정 정치
갑골문, 그림 문자, 상형 문자, 쐐기 문자
브라만교, 카스트제, 『베다』, 봉건제

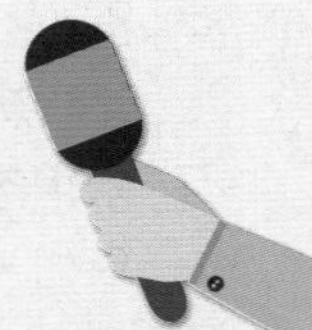

정답과 해설 279쪽

02 고대 제국의 통치 제도(정책) 알아보기

◦ 다음은 각 인물들이 제국을 통치하는 과정에서 실시한 제도(정책)이다. 뇌 구조 안에는 각 인물이 고민했던 내용을 작성하고, 고안한 정책을 말풍선 안에 써 보자.

(예시) 다리우스 1세의 '왕의 눈', '왕의 귀' 파견

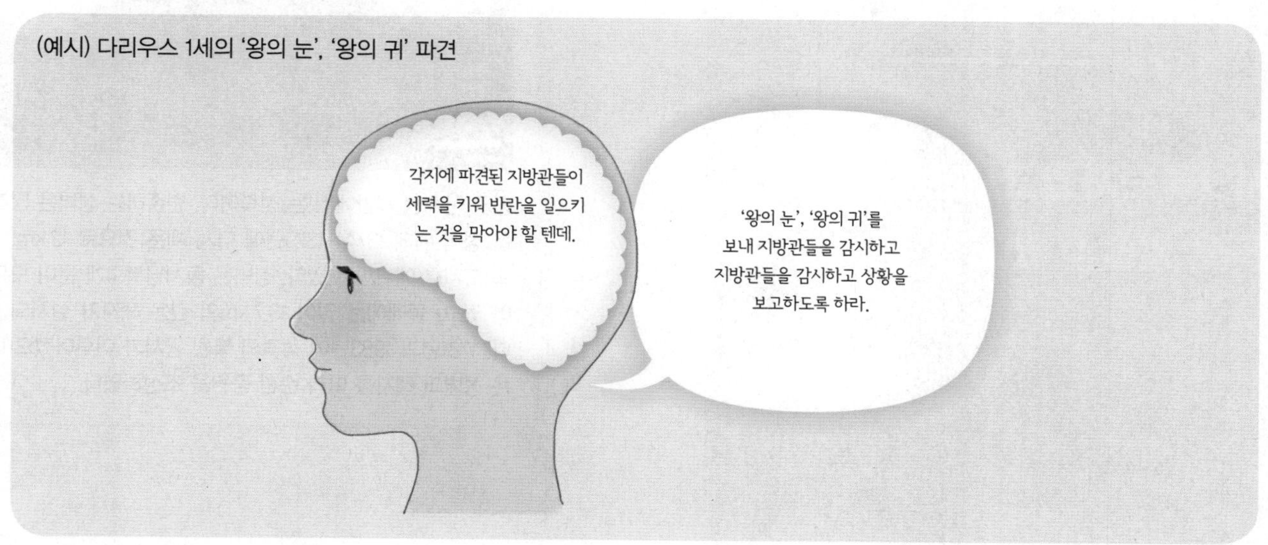

1. 페리클레스의 수당 지급

2. 콘스탄티누스의 크리스트교 공인

3. 시황제의 군현제 실시

4. 한 무제의 유교 통치 이념 채택

| 읽기 자료 |

천 년의 고도, 중국 시안

"시안을 보지 않고서는 중국을 말할 수 없다."

당대 세운 성벽의 기초 위에 명대 다시 쌓은 둘레 13.5 km의 '시안성', 항우가 유방을 제거할 절호의 기회를 놓쳤던 '홍문연 유적지', 현종과 양귀비의 사랑 이야기가 전해지는 '화청지(화칭츠)', 현장법사가 인도에서 가져온 경전을 보관하기 위해 세운 '대안탑(다옌타)'을 살펴보자. 이외에도 전통적인 건축 양식의 상점에서 골동품 등을 구경할 수 있는 '고문화가(구원화제)' 당의 풍경을 재현한 고전 거리로 특히 야경이 화려한 '대당불야성' 등도 찾아보자.

시안성

중국 산시성 시안에 있는 성곽이다. 현존하는 성벽은 당대 세운 성벽 위에 1374~1379년에 다시 세운 것으로 12 km² 규모의 도시를 에워싸고 있다. 성벽은 동서남북 4개 문이 모두 남아 있고, 둘레에는 길이 13.7 km의 깊은 해자가 설치되어 있다. 1781년과 1983년에 성곽의 복원 공사가 이루어졌으며, 높은 성벽과 해자를 따라 순환 공원을 조성하였다.

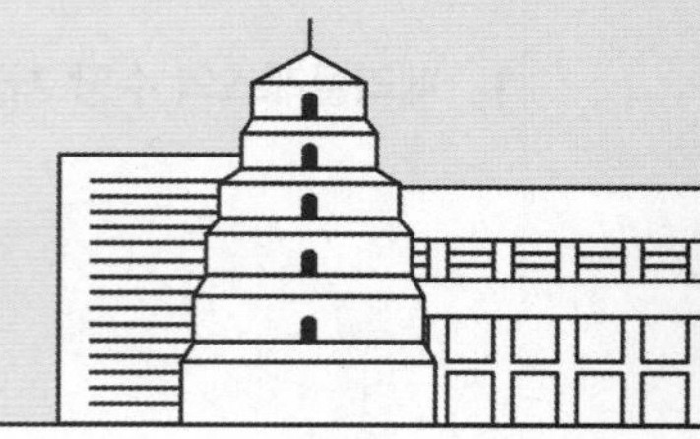

중국 음식 맛보기

❶ 뱡뱡면 중국 산시성의 전통 국수로 면의 폭이 넓고 매운 고추를 얹는 게 특징이다. 한편 뱡뱡면의 '뱡'자는 중국에서 가장 복잡한 한자로 57획이나 된다.

❷ 양러우파오모 담백하고 쫄깃하게 구운 빵을 잘게 뜯어서 양고기국에 넣어서 먹는 음식으로 시안의 거리에서 장사하거나 허드렛일을 하는 사람들이 즐겨 먹었다고 한다.

홍문연 유적지

홍문연은 '홍문의 회(鴻門之會)'라고도 하며 중국 진 말기에 항우와 유방이 진의 수도 함양 쟁탈을 둘러싸고 홍문에서 회동한 일을 말한다. 유방이 항우에 한발 앞서 함양을 점령한 사실에 격노한 항우는 함곡관을 돌파하고, 홍문에 진을 쳤다. 이때 유방이 항우에게 사과하는 뜻으로 열린 회동이 홍문지 회이다.

화청지

주의 유왕이 이곳에 궁을 지으면서 역대 왕실의 보양지로서의 역사가 시작되었고 여러 황제들도 별궁을 두고 이용했다고 한다. 특히 화청지는 당의 현종과 양귀비가 생활했다는 당 왕실 원림으로 유명하다.

대안탑

당 고종이 어머니를 기리기 위해 건립한 츠언쓰(慈恩寺) 경내에 현장법사가 인도에서 가져온 경전을 번역하고 보관하기 위해 세운 탑이다. 그러나 당 말기에 전쟁을 겪으며 절이 심하게 훼손되었고, 후에 중국 정부의 주도로 복원되었다.

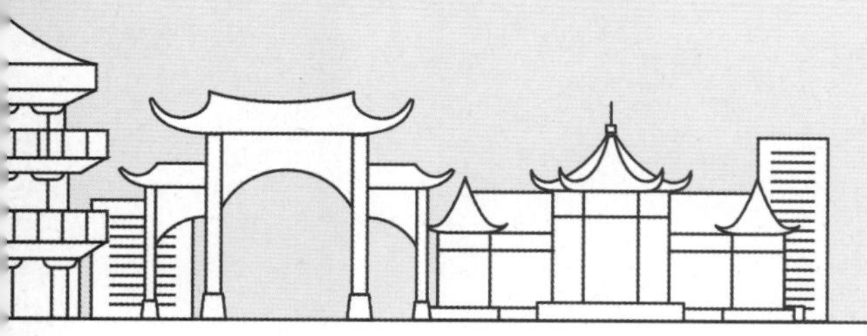

❸ 러우자모 빵 사이에 낀 고기라는 뜻의 러우자모는 '중국식 햄버거'로 불린다. 겉은 바삭하고 속은 부드러우면서도 육즙 가득한 고기와 밀가루의 절묘한 만남이 매력적이다.

❹ 량피 넓적한 전분면을 굵게 썰어내고 땅콩, 오이채, 고깃가루, 두부피 등 다양한 고명과 함께 새콤달콤하면서도 매콤하게 버무려낸 요리이다.

세계 종교의 확산과 지역 문화의 형성

이 단원의 구성

중단원	소단원	핵심 미리 보기
1 불교 및 힌두교 문화의 형성과 확산	❶ 인도 고대 왕조의 변천 ❷ 불교의 성립과 전파 ❸ 힌두교의 확산과 인도 고전 문화	마우리아 왕조, 쿠샨 왕조, 굽타 왕조, 대승 불교, 삼좌부 불교, 간다라 미술, 힌두교
2 동아시아 문화의 형성과 확산	❶ 위진 남북조 시대의 전개 ❷ 수의 남북조 통일과 당 제국의 건설 ❸ 당의 외교와 국제적 문화 ❹ 동아시아 문화권의 형성	5호, 북위, 도교, 과거제, 유교, 율령, 불교, 한자
3 이슬람 문화의 형성과 확산	❶ 이슬람교의 성립 ❷ 이슬람 세계의 확대 ❸ 이슬람 문화권의 형성	이슬람교, 쿠란, 칼리프, 우마이야 왕조, 아바스 왕조, 아랍어
4 크리스트교 문화의 형성과 확산	❶ 서유럽과 로마 가톨릭 교회 ❷ 비잔티움 제국과 정교 ❸ 유럽 사회의 새로운 변화	로마 카톨릭 교회, 봉건제, 비잔티움 제국, 정교, 십자군 전쟁, 르네상스, 종교 개혁, 종교 전쟁

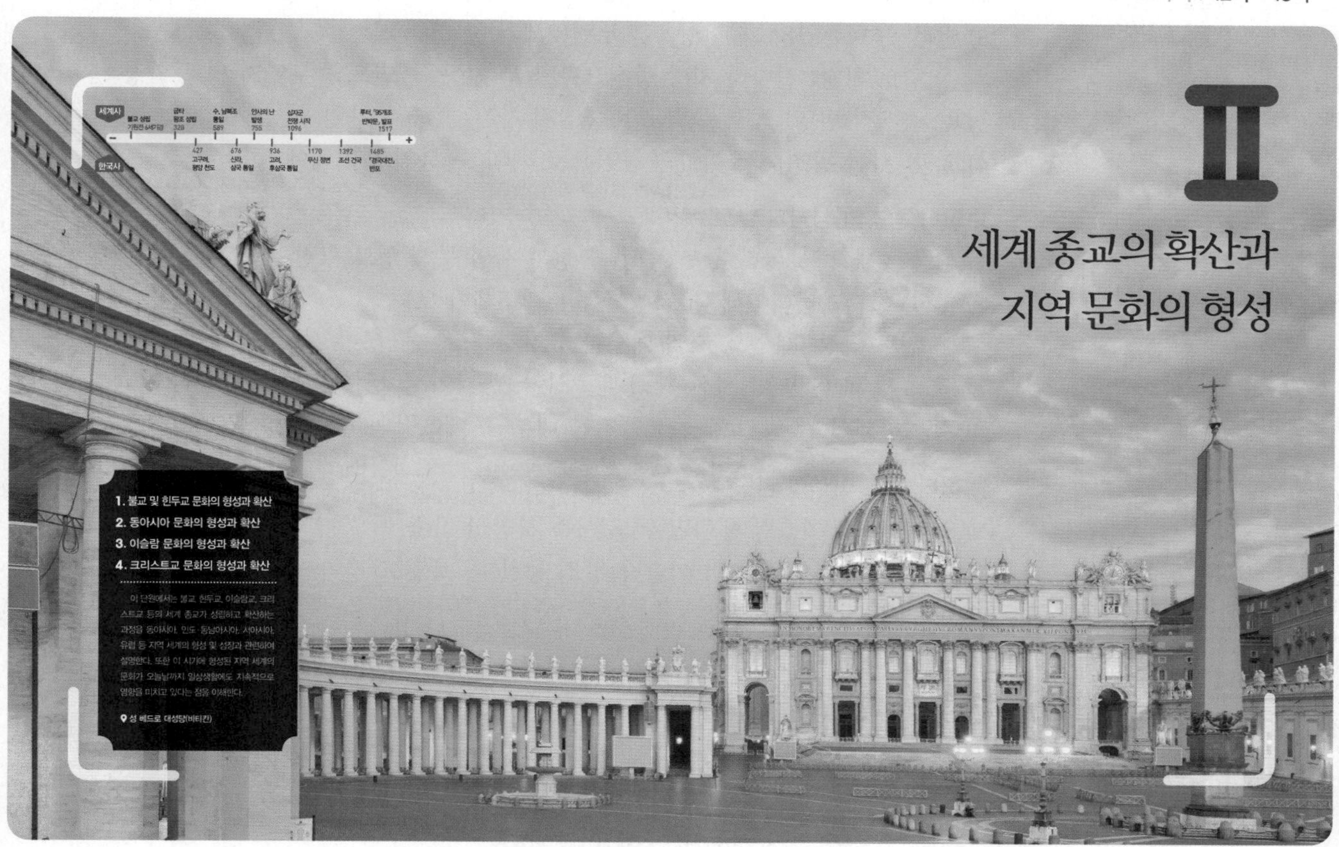

세계사
427
고구려,
평양 천도
676
신라,
삼국 통일
936
고려,
후삼국 통일
1170
무신 정변
1392
조선 건국
1485
「경국대전」
반포
한국사
II
세계 종교의 확산과
지역 문화의 형성
1. 불교 및 힌두교 문화의 형성과 확산
2. 동아시아 문화의 형성과 확산
3. 이슬람 문화의 형성과 확산
4. 크리스트교 문화의 형성과 확산
이 단원에서는 불교, 힌두교, 이슬람교, 크리스트교 등의 세계 종교가 성립하고 확산하는 과정을 동아시아, 인도·동남아시아, 서아시아, 유럽 등 지역 세계의 형성 및 성장과 관련하여 설명한다. 또한 이 시기에 형성된 지역 세계의 문화가 오늘날까지 일상생활에도 지속적으로 영향을 미치고 있다는 점을 이해한다.
성 베드로 대성당(바티칸)

사진으로 살펴보기

사진은 로마 가톨릭을 대표하는 바티칸의 성 베드로 대성당입니다. 크리스트교를 공인한 콘스탄티누스 황제의 명령에 따라 세워진 성당을 16세기에 대규모로 증축한 것으로, 르네상스 건축 양식을 대표하는 건축물입니다. 웅장한 성당 건물뿐 아니라 르네상스 시대에 활동했던 예술가들의 작품들을 만날 수 있는 공간이기도 합니다.

단원 열기

이 단원에서는 불교, 힌두교, 이슬람교, 크리스트교 등의 세계 종교가 성립하고 확산하는 과정을 각 지역 세계의 형성 및 성장과 관련하여 알아봅니다.

교과서 44~49쪽

불교 및 힌두교 문화의 형성과 확산

01 인도 고대 왕조의 변천

1. 마우리아 왕조의 성립과 발전

(1) 성립: 알렉산드로스 원정군의 인더스강 유역 침략(기원전 4세기 후반) 시기에 찬드라굽타 마우리아가 왕조 건설 후 북인도 지역 통일

- 많은 소국으로 분열되어 있던 북인도 지역의 통일을 자극하고, 인도와 그리스가 직접 교류하게 되면서 인도 경제가 성장하는 발판이 됨

(2) 발전: 아소카왕 때 전성기를 누림

① 영토 확장: 남부의 일부 지방 제외한 인도 대부분 통일

② 중앙 집권 체제 강화: 지방에 감찰관 파견, 전국의 도로망 정비 등

(3) 멸망: 아소카왕 사후 급격히 쇠퇴 → 멸망(기원전 185)

2. 쿠샨 왕조의 성립과 발전

(1) 배경: 마우리아 왕조 멸망 후 잦은 이민족의 침입, 여러 왕국의 등장

(2) 성립: 페르시아계 쿠샨족이 북인도 지역 장악 → 쿠샨 왕조 성립(1세기 중엽)

(3) 발전: 카니슈카왕 때 전성기를 누림(2세기 중엽)

① 영토 확장: 간다라 지방 중심으로 정복 활동 → 인도 중부까지 영토 확장

- 간다라는 현재의 파키스탄 북부와 페샤와르 분지를 가리키는 지명임

② 경제적 번영: 동서 무역로의 중심지 차지 → 중계 무역 활성화

- 중국의 후한과 서아시아의 페르시아, 로마 제국을 연결하는 중앙아시아와 아프가니스탄 지역을 차지하여 동서 무역로를 장악함

(4) 멸망: 사산 왕조 페르시아의 공격으로 쇠퇴 → 북인도 지역에 여러 왕국 등장

3. 굽타 왕조의 성립과 발전

(1) 성립: 4세기 초 굽타 왕조 등장 → 정복 사업 통해 영토 확장

(2) 발전: 찬드라굽타 2세 때 전성기를 누림(5세기 초)

① 영토 확장: 북인도 지역 대부분을 차지

② 국제 교역 번성: 사산 왕조 페르시아, 동남아시아의 여러 국가, 중국 등과 교역

(3) 멸망: 5세기 말 왕위 계승을 둘러싼 내분 → 에프탈의 침입으로 멸망(550)

- 5세기 중엽부터 1세기 동안 투르키스탄과 서북 인도를 장악한 페르시아계 유목 민족

4. 굽타 왕조 이후의 인도

(1) 8세기 무렵: 이슬람 세력이 인도 서북 지방에 진출

- 7세기 중엽 아라비아반도에서 무함마드가 창시한 이슬람교 세력은 빠른 속도로 세력을 확장하며 대제국을 건설함. 8세기경에는 비단길이 있는 중앙아시아 지역을 장악하였고, 이후 인도 서북 지역까지 세력을 넓힘

(2) 13세기 초: 인도 최초의 이슬람 왕조 등장 → 북인도 지역에서 300년 간 5개 이슬람 왕조 지속

- 이 시기를 델리 술탄 시대라고 함. 델리 술탄 왕조는 지즈야라 불리는 인두세만 내면 자신의 신앙을 지킬 수 있도록 하는 등 힌두교도에 관용적임

정리 마우리아 왕조와 쿠샨 왕조의 영역

갠지스강 유역에 근거지를 둔 마우리아 왕조는 북서 지역으로 진출하여 인더스강 유역까지 영역을 확장하였다. 인도의 서북 지역에서 출발한 페르시아계 쿠샨 왕조는 활발한 정복 활동으로 인도 중부까지 영토를 확장하였다.

정리 굽타 왕조의 영역

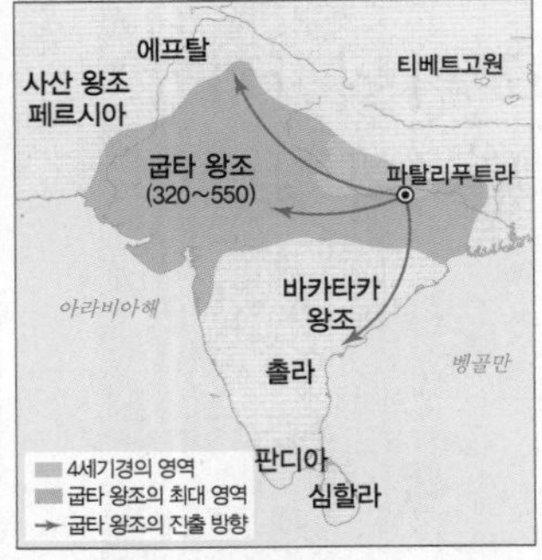

굽타 왕조는 수도와 그 주변 지역을 직접 다스렸고, 나머지 지역은 토착 세력에게 자치권을 주고 조공을 받는 방식으로 통치하였다.

자료 이해하기 아소카왕의 통치

교과서 44쪽

▲ 아소카왕의 돌기둥

- 신의 사랑을 받은 자(아소카)는 이렇게 말한다. 즉위한 지 12년째에 다음과 같은 칙령이 내려졌다. 나의 영토 모든 곳에서 행정관들과 경찰관 그리고 주지사들은 여러 가지 공무와 함께 다르마를 지도하는 목적으로 5년에 한 번씩은 [그들의 관할 구역을] 빠짐없이 돌아보아야 한다. – 아소카 암벽 칙령 3
- 백성들의 상황을 나에게 보고하게 하려고 영토의 모든 곳에 감찰관을 파견하였다. 이들은 내가 식사 중이든, 아내와 함께 있든, 내실에 있든, 가마에 타고 있든 또는 정원에 있든 나에게 즉시 보고해야 한다. – 아소카 암벽 칙령 6

| 내용 알기 | 아소카왕은 정복 전쟁 이후 전국 곳곳에 세운 돌기둥이나 바위에 칙령을 새겨 넣어 백성에게 자신의 통치 방침과 정책을 알렸다. 그는 통치 방침으로 관대함, 자비 등을 내세웠고, 영토 내 각 지역에는 지방관과 감찰관을 파견하여 보고하도록 하였다.

02 불교의 성립과 전파

1. 불교의 성립

(1) 배경: 크샤트리아와 바이샤의 세력 증대 → 브라만 중심의 사회 비판

기원전 6세기경 갠지스강 유역을 중심으로 여러 나라가 대립하고 상업이 발달하면서 군사를 담당한 크샤트리아와 생산을 담당한 바이샤 세력이 성장함

(2) 성립: 고타마 싯다르타(석가모니)가 창시(기원전 6세기경)

(3) 주요 교리

① 브라만교의 엄격한 권위주의 비판

② 신분 차별에 반대하며 인간 평등 주장

③ 올바른 수행을 통한 깨달음 획득 → 고통에서의 해방

④ 생명에 대한 자비 강조

불교는 권력, 즐거움, 장수에 대한 욕심에서 고통이 생긴다고 봄. 욕심을 버리면 고통에서 벗어날 수 있으며, 진리를 깨우쳐 완전한 정신적인 평안을 얻고 윤회의 굴레에서 벗어날 수 있다고 주장함

(4) 확산

① 크샤트리아와 바이샤의 지지를 받음

② 마우리아 왕조, 쿠샨 왕조의 적극적인 불교 장려 정책 실시

2. 불교의 발전과 전파

(1) 마우리아 왕조와 상좌부 불교

아소카왕은 칼링가 왕국과의 전투에서 10만 명이 죽고 15만 명이 포로가 되는 참극을 목격함

① 아소카왕: 전쟁의 참혹함 반성 → 불교의 가르침에 입각한 통치 선언

② 불교 장려 정책: 불경 정리, 불탑 조성, 국내외에 포교단 파견 등

③ 상좌부 불교 전파: 수행을 통한 개인의 해탈 강조, 인도 전역과 실론(스리랑카)에 전파

아소카왕은 자신의 왕자를 실론에 보내 불교를 전파하기도 함

(2) 쿠샨 왕조와 대승 불교

① 대승 불교의 성립: 상좌부 불교에 반발하며 중생의 구제를 통한 깨달음 중시

② 카니슈카왕: 불경 정리, 사원 건립 등 지원 → 대승 불교 확산에 기여

③ 대승 불교의 전파: 중앙아시아를 거쳐 동아시아 지역으로 전래

(3) 간다라 미술 발달

① 배경: 알렉산드로스의 원정 이후 간다라 지방에 헬레니즘 문화 전래

② 특징: 헬레니즘 문화와 인도의 불교문화 융합, 불교 초기 부처의 모습을 간접적으로 표현(부처의 발자국, 보리수, 수레바퀴 등) → 헬레니즘 문화의 영향을 받아 불상 제작

신을 육체와 감정을 가진 인간의 모습으로 사실적으로 표현하여 현실적이고 관능적인 미를 추구함

③ 전파: 대승 불교 확산과 함께 전래됨(중앙아시아 → 중국 → 한반도 · 일본)

브라만교

『베다』를 경전으로 삼는 인도의 고대 종교이다. 제사를 주관하는 브라만의 역할을 중시하였다.

정리 상좌부 불교와 대승 불교

구분	상좌부 불교	대승 불교
명칭 의미	상좌부는 '장로의 길'이라는 뜻	대승은 '큰 탈것'이라는 뜻
특징	개인의 해탈을 강조함	중생의 구제를 목표로 함
전파 경로	인도 전역 → 실론 → 동남아시아	간다라 지역 → 중앙아시아 → 동아시아

헬레니즘 문화

알렉산드로스의 동방 원정으로 그리스 문화가 서아시아 지역에 전파되면서 변화된 문화로, 알렉산드로스 원정군이 인더스강 유역을 침략하면서 인도에도 영향을 주었다.

불교 미술의 변화

초기에는 부처의 모습을 직접 표현하지 않고 부처의 발자국이나 부처의 가르침을 뜻하는 수레바퀴 등으로 나타냈다. 이후 간다라 미술이 발달하면서 부처가 초월적인 존재로 신격화되던 당시의 경향과 맞물려 예배의 대상으로서 불상이 제작되었다.

자료 이해하기 산치 대탑

교과서 47쪽

| 내용 알기 | 산치 대탑은 현존하는 가장 오래된 탑으로 마우리아 왕조의 아소카왕이 석가모니의 사리를 모시고자 만든 스투파(탑)이다. 원래 스투파란 '무덤'을 의미하는 말인데, 한자로 옮기면 '솔탑파(率塔婆)'가 되며, 후에 '탑'이라 불리게 되었다.

인도에서 만들어진 탑은 산치 대탑과 같이 반구형의 무덤과 같은 모양이었으나, 불교가 중국으로 전래되면서 인도식의 반구형 양식이 목조 누각 형태를 갖춘 중국식 목탑으로 변화하였다. 이후 중국의 목탑 양식이 한반도로 전해지며 초기에는 목탑이 유행하였으나 점차 석탑 양식으로 변화하였다.

마누 법전

카스트제에 따라 지켜야 할 규범을 기록한 법전이다.

> "신은 브라만에게 『베다』를 가르치고 제사 지내는 일을 맡기셨다. 크샤트리아에게는 백성을 보호하고 다스릴 것을, 바이샤에게는 농사를 짓고 장사를 하며 짐승을 기를 것을 명령하셨다. 마지막으로 수드라에게는 세 신분에게 봉사하라는 임무를 명령하셨다."

산스크리트어

'완성된 언어', '순수한 언어'라는 뜻의 고대 인도어로, 기원전 4세기경에 고전 산스크리트어 문법이 완성되어 불교나 힌두교와 같은 인도의 전통 종교 경전이 기록되었다.

굽타 양식의 특징

굽타 양식은 옷 주름의 선을 생략하고 인체의 윤곽을 그대로 드러내어 인도 고유의 색채를 보여 준다. 대표적으로 아잔타 석굴 사원의 불상과 벽화, 엘로라 석굴 사원의 불상 등이 있다.

03 힌두교의 확산과 인도 고전 문화

1. 힌두교의 성립과 발전

(1) 성립: 굽타 왕조 시대에 브라만교 중심으로 민간 신앙과 불교 등이 융합되어 성립 → 인도 고유의 종교가 됨

(2) 특징

① 다신교 신앙: 창시자 없음, 다양한 신을 숭배 브라흐마·비슈누·시바 등이 주요 숭배 대상

- 브라흐마·비슈누·시바: 우주를 창조한 브라흐마, 우주를 유지하는 비슈누, 우주의 수명이 다했을 때 세계의 파괴를 담당하는 시바

② 브라만교와 차이점: 까다로운 제사 의식 부재, 누구나 신에게 제물 공양 가능

(3) 확산: 굽타 왕조 왕들이 왕권 강화를 목적으로 힌두교 후원, 토착적 성격이 강해 피지배층에 쉽게 수용됨

- 왕권 강화를 목적으로 힌두교 후원: 힌두교는 왕을 신이 모습을 바꾸어 나타난 것으로 봄. 이를 토대로 굽타 왕조의 왕들은 권위를 높이기 위해 자신을 비슈누에 비유함

(4) 영향: 인도 사회에 카스트제 정착, 『마누 법전』의 영향력 증가, 불교의 쇠퇴 등

- 카스트제 정착: 힌두교는 카르마(업)와 카스트에 따른 의무 수행을 중시함

2. 인도 고전 문화의 발전

(1) 문학과 미술 양식의 변화: 힌두 문화의 장려 → 인도 고유의 색채 강화

① 문학: 산스크리트어 문학 작품 등장(『마하바라타』, 『라마야나』)

- 『마하바라타』: '위대한 바라타 왕조'라는 뜻으로 바라타 왕국 왕자들 사이의 전쟁 이야기를 소재로 한 서사시로 인도 사람들의 정신세계에 크게 영향을 미침
- 『라마야나』: '라마 왕의 일대기'라는 뜻으로 비슈누의 화신 중 하나인 라마의 무용담을 다룸

② 미술: 굽타 양식 발전(아잔타 석굴 사원의 불상, 불화) → 동아시아 불교 미술에 영향

(2) 자연 과학의 발달

① 수학: 숫자 '0(영)'의 개념, 10진법 사용

② 천문학: 지구 구형설, 지구 자전설 파악

③ 영향: 인도 자연 과학 발달의 성과가 이슬람 세계에 전해짐 → 아라비아 숫자의 기원, 이슬람 천문학 발달에 이바지

(3) 힌두 문화 전파

① 전래: 남인도 지역, 동남아시아에 전래됨

② 대표 유적: 크메르 왕국이 세운 앙코르 와트 사원(12세기)

- 앙코르 와트 사원: 현재 캄보디아에 있는 대표적 유적으로 12세기 초에 크메르 왕국의 황제 수르야바르만 2세가 비슈누에게 봉헌하고자 축조한 힌두교 사원이었으나, 14세기 이후에는 불교 사원으로 사용됨

중단원 핵심 확인하기 풀이

교과서 49쪽

1. 빈칸에 들어갈 알맞은 말을 써 보자.

(1) 인도 대부분을 통일한 최초의 왕조는 □□□□ 왕조이다.

(2) 쿠샨 왕조 때 헬레니즘 문화와 인도 불교문화가 융합한 □□□ 미술이 발달하였다.

(3) 힌두교의 □□ □□은/는 카스트제에 따라 준수해야 할 규범을 기록하였다.

(1) 마우리아 (2) 간다라 (3) 마누 법전

2. 관련 있는 내용을 옳게 연결해 보자.

(1) 아소카왕 ─ ㉡ 상좌부 불교

(2) 카니슈카왕 ─ ㉢ 대승 불교

(3) 찬드라굽타 2세 ─ ㉠ 힌두교

3. 옳은 내용은 ○표, 틀린 내용은 ×표를 해 보자.

(1) 산치 대탑은 마우리아 왕조 때 만들어졌다. (○)

(2) 아잔타 석굴은 굽타 양식을 대표하는 유적이다. (○)

4. 제시된 용어를 3개 이상 사용하여 불교의 성립 과정을 문장으로 완성해 보자.

브라만교 / 고타마 싯다르타 / 비슈누 / 10진법 / 카스트제 / 마하바라타 / 신분 차별 / 평등 / 자비

고타마 싯다르타는 브라만교의 카스트제가 신분 차별을 강조하는 것에 반발하여 평등과 자비를 주장하며 불교를 창시하였다.

도입 활동 풀이

교과서 도입 01 아소카왕 돌기둥

교과서 44쪽

아소카왕의 돌기둥

마우리아 왕조의 제3대 왕인 아소카왕은 자신의 칙명을 곳곳의 바위나 돌기둥 등에 새겼다. 돌기둥의 머리 부분에 있는 조각상은 인도의 국가 상징으로서 한때 인도의 화폐에 사용되기도 하였다.

아소카왕의 돌기둥에 조각된 사자가 상징하는 것은 무엇일까?

도입 예시 답안 | 돌기둥에 왕의 칙명이 새겨 있고 사자의 웅장함을 볼 때 사자는 왕의 권위를 상징하는 것으로 보인다.

| 도입 보충 |

돌기둥 윗부분에 있는 사자는 짐승 가운데 가장 용맹하고 두려운 존재로 모든 동물을 제압할 수 있다고 보아 부처를 비유한다. 수레바퀴는 '법륜'이라 불리며 부처의 가르침이 중생의 번뇌와 망상을 굴복시키는 것이 수레바퀴를 굴려 산과 바위를 부수는 것 같다는 비유에서 비롯된 것이다.

교과서 도입+ 02 고타마 싯타르타

교과서 46쪽

간다라 미술의 고타마 싯다르타 출가 장면

오늘날 타이의 대규모 출가 의식

고타마 싯다르타는 29세에 출가하여 35세 때 깨달음을 얻은 뒤 45년 동안 불법을 전파하였다.

국민 대부분이 불교도인 타이에서는 남성들이 짧은 기간 동안 출가하기도 한다.

고타마 싯다르타는 왜 출가하였을까?

도입 예시 답안 |
- 고타마 싯다르타는 고통받으며 살다가 죽어가는 사람들의 모습을 보고 고통에서 벗어날 방법을 찾고자 출가하였다.
- 고타마 싯다르타는 카스트제 아래에서 이루어지는 차별을 보고 해결할 방안을 찾으려 출가하였다.

| 도입 보충 |

고타마 싯다르타는 석가족이 세운 작은 나라의 왕자 출신으로 안락한 생활을 보내다가 생로병사가 가져오는 괴로움의 문제에 직면하고, 괴로움의 본질을 추구하고 해탈하고자 처자식과 왕자의 지위를 버리고 출가하였다. 이후 오랜 수행 끝에 보리수 아래에서 깨달음을 얻고, 각지를 유랑하며 이를 전하였다.

도입 plus+ 석가모니가 탄생한 지역, 룸비니

마야데비 사원

룸비니는 현재 네팔의 한 지역으로 석가모니가 태어난 곳이다. 카필라바스투의 통치자인 슈도다나왕의 부인 마야데비가 수도를 떠나 친정으로 가던 중 룸비니에서 석가모니를 낳았다. 기원전 249년에 마우리아 왕조의 아소카왕이 그의 스승 우파굽타와 함께 이 성지로 순례를 왔다. 그는 인도 여러 곳에서 그랬던 것처럼 자신의 방문을 기념하고자 룸비니에 돌기둥을 세웠는데, 훗날 이 돌기둥에 새겨진 명문을 통해 룸비니는 석가모니가 태어난 지역으로 확인될 수 있었다. 룸비니는 15세기까지 불교도의 순례 성지였으며 4세기 동진의 법현과 7세기 당의 현장도 이곳을 순례하였다. 그러나 15세기 이후에는 순례 성지로 주목받지 못한 채 1896년 아소카왕의 돌기둥이 발견될 때까지 폐허로 있었다.

교과서 48쪽

교과서 도입 03 굽타 왕조의 왕들과 화신

| 도입 보충 |

굽타 왕조의 왕들은 자신을 비슈누로 여기고, 비슈누의 화신인 라마를 금화에 새겨 넣어 신의 권위를 빌려 왕의 권위를 높이고 왕권을 강화하고자 하였다.
종교에 기대어 권력을 강화하고자 하는 시도는 불교를 수용한 중국에서 왕이 곧 부처라는 관념이 확산된 사실에서도 알 수 있다.

힌두교에서는 하나의 신이 다른 신이나 인간, 동물 등의 모습으로 나타난다고 믿었다. 이것을 화신(아바타르)이라고 한다. 우주를 유지하는 신인 비슈누는 힌두교의 진리를 지킨 인물인 라마 등 10가지 화신으로 나타난다고 하는데, 굽타 왕조의 왕들은 라마를 새긴 금화를 만들어 자신을 비슈누의 화신이라고 하였다.

라마를 새긴 굽타 왕조의 금화

굽타 왕조의 왕들은 왜 자신을 비슈누의 화신이라고 했을까?

도입 예시 답안 | 굽타 왕조의 왕들은 자신을 비슈누의 화신이라 주장하며 통치에 대한 정당성과 권위를 얻으려고 했을 것이다.

도입 plus 우주를 유지하는 신, 비슈누

△ 비슈누의 아바타르 (왼쪽 위로부터 시계방향으로) 마츠야, 쿠르마, 바라하, 바마나, 크리슈나, 칼키, 석가모니, 파라슈라마, 라마, 나라심하, (가운데에) 크리슈나이다

힌두교는 브라만교의 전통과 불교 및 민간 신앙을 융합한 다신교로, 창조의 신 브라흐마, 유지의 신 비슈누, 파괴의 신 시바를 비롯한 다양한 신을 숭배한다. 힌두교에서는 하나의 신이 다른 신이나 인간, 동물 등의 모습으로 나타난다고 믿는데, 이를 화신(化身, 아바타르)이라고 한다. 힌두교는 '화신' 개념을 바탕으로 민간 신앙에서 숭배하던 여러 신과 불교의 부처까지도 힌두교의 신으로 흡수하였다.

특히 유지의 신 비슈누는 힌두교의 많은 신 중 중요하게 여겨지는 세 명의 신 중 하나로, 우주의 질서를 유지하고 인류를 보호하는 역할을 한다. 힌두교의 전통에 따르면 세계의 질서가 무너지고 도덕이 문란해질 때면 비슈누가 여러 가지 화신 형태로 이 땅에 나타나 세상을 구원한다고 한다. 대표적인 열 가지 화신은 물고기(마츠야), 거북이(쿠르마), 멧돼지(바라하), 반인반수(나라심하), 난쟁이(바마나), 파라슈라마, 라마, 크리슈나, 석가모니, 백마(칼키)가 있다. 이들 중 7번째의 라마와 8번째의 크리슈나는 인도의 2대 서사시인 『라마야나』와 『마하바라타』의 주요 인물로, 열 가지 화신 중에서도 가장 널리 알려져 있다. 불교의 창시자인 석가모니는 비슈누의 9번째 화신으로 여겨진다. 이는 석가모니 또한 비슈누의 화신으로 사람들에게 구원에 이를 수 있는 길을 가르쳤다고 생각하기 때문이다. 다양한 비슈누의 화신을 통해 브라만교를 바탕으로 인도의 민간 신앙이나 불교 등 다양한 신앙이 어우러져 탄생한 힌두교 특유의 포용력을 알 수 있다.

△ 마츠야

△ 라마

△ 크리슈나

△ 석가모니

역사 탐구 풀이 및 보충

역사 탐구 금화에 새겨진 인도 고대의 왕

교과서 45쪽

쿠샨 왕조와 굽타 왕조는 로마 제국 등 다른 지역과의 교역이 활발해지면서 금화를 발행하였다. 금화에는 왕의 모습을 새겨 왕의 업적과 위엄을 나타내고자 하였다. 카니슈카왕과 찬드라굽타 2세가 새겨진 금화에는 모두 '왕들 가운데 왕'이라는 뜻의 글자가 새겨져 있어 두 왕이 위대한 왕이라는 것을 전해 주고 있다.

| 자료 1 |

카니슈카왕을 어깨 주변에서 불꽃이 나오며, 왼손으로 깃발을 잡고 오른손은 희생물을 제단에 바치는 모습으로 묘사하였다.

카니슈카왕을 새긴 금화

| 자료 2 |

찬드라굽타 2세를 말을 탄 채 왼손에 활을 든 모습으로 표현하였다.

찬드라굽타 2세를 새긴 금화

1. | 자료 1 |, | 자료 2 |**에 새겨진 카니슈카왕과 찬드라굽타 2세의 모습을 그들의 업적과 연결해 이야기해 보자.**

정답 풀이 | 카니슈카왕의 불꽃, 깃발, 제단 등은 그가 백성을 인도하고 지도하여 쿠샨 왕조를 이끌었다는 것을 보여 준다. 찬드라굽타 2세의 말과 활은 그의 정복 활동 내용을 알려준다.

2. 오늘날에도 화폐에 역사적 인물을 새기는 이유를 발표해 보자.

정답 풀이 | 역사적 인물의 업적을 칭송하고 국가의 정체성과 지향하는 바를 나타내기 위해서이다.

친절한 활동 길잡이

이 활동은 쿠샨 왕조와 굽타 왕조 때 발행된 금화를 살펴보며 인도의 전성기를 파악하기 위한 것이다. 금화에 새겨진 문양이 담고 있는 의미를 상상해 보며 물음에 답하도록 한다.

자료 이해 확인 문제

1. 쿠샨 왕조와 굽타 왕조는 주변 지역과의 교류를 금지하였다. (○ / ×)
2. 고대 인도에서 금화에 왕의 모습을 새긴 것은 왕의 업적과 위엄을 나타내고자 한 것이다. (○ / ×)

>> 정답 1. × 2. ○

탐구 plus 오늘날 인도의 화폐

오늘날 인도의 화폐

고대 인도 화폐에 왕을 새겼던 것처럼 오늘날 많은 나라는 화폐에 역사적 인물을 새기고 있다. 이는 그 인물의 역사적 업적을 칭송하고 기리고자 하는 뜻 외에도 그 인물을 통해 국가가 지향하는 정체성을 나타내려는 의도가 담겨 있다.

현재 인도에서 통용되는 화폐 앞면에는 간디 얼굴이 들어가 있다. 간디는 인도의 민족 운동 지도자로 제1차 세계 대전 이후 영국에 저항하며 비폭력·불복종 운동을 이끌었던 인물이다. 간디는 인도라는 나라가 탄생하는 데 가장 크게 기여한 인물인 동시에 인도인들이 가장 존경하는 인물로 꼽힌다. 이처럼 인도인들이 큰 의미를 느끼는 간디의 얼굴을 지폐에 넣는다는 것은 현대의 인도가 간디의 업적을 잊지 않고 그가 추구한 나라의 모습을 지향하고자 한다는 상징적 선언이라고 볼 수 있다.

인도처럼 각 나라의 독립과 건국에 큰 업적을 남긴 인물들이 화폐에 실려 있는 경우는 다른 나라에서도 쉽게 확인할 수 있는데, 중국의 마오쩌둥, 베트남의 호치민, 인도네시아의 수카르노 등이 이에 해당한다.

실력 확인 문제

01 다음 사건이 일어난 시기로 옳은 것은?

> 마케도니아의 왕 알렉산드로스는 아케메네스 왕조 페르시아를 멸망시키고 중아아시아를 넘어 인더스강 유역까지 침략하였다. 이로 인해 작은 왕국들로 분열되어 있던 인도는 더욱 혼란해졌다.

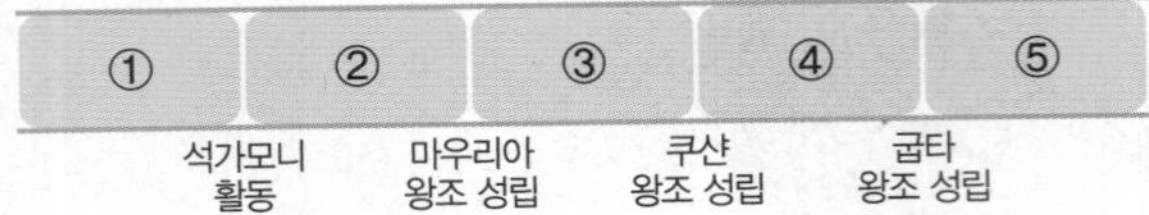

중요

02 아소카왕에 대한 설명으로 옳은 것만을 보기에서 고른 것은?

보기
- ㄱ. 이슬람 세력의 침략을 막아냈다.
- ㄴ. 스스로를 비슈누의 화신이라 주장하였다.
- ㄷ. 인도 전역과 실론에 불교 포교단을 파견하였다.
- ㄹ. 지방에 감찰관을 파견하여 중앙 집권을 강화하였다.

① ㄱ, ㄴ ② ㄱ, ㄷ ③ ㄴ, ㄷ
④ ㄴ, ㄹ ⑤ ㄷ, ㄹ

단답형

03 (가)에 들어갈 알맞은 인물을 쓰시오.

> 쿠샨 왕조는 이민족의 침입과 여러 왕국의 등장으로 분열된 북인도 지역을 재통일하였다. 쿠샨 왕조의 (가) 은/는 간다라 지방을 중심으로 정복 활동을 벌여 인도 중부 지역까지 영토를 넓히며 전성기를 이끌었다.

( )

고난도

04 쿠샨 왕조 시대에 볼 수 있는 모습으로 적절하지 않은 것은?

① 대승 불교를 전파하는 불교 신자
② 페르시아 상인과 거래하는 인도 상인
③ 왕의 지원을 받아 불경을 정리하는 승려
④ '0(영)'과 10진법을 활용하여 계산하는 상인
⑤ 인도 중부 지역으로의 영토 확장 전쟁에 참여한 군인

05 밑줄 친 ㉠과 같은 사건이 일어난 이유로 옳은 것은?

> 5세기 초 북인도 지역 대부분을 차지하여 전성기를 누렸던 굽타 왕조는 5세기 말부터 왕위 계승을 둘러싼 내분에 휩싸여 쇠퇴하다가 ㉠6세기 중엽 멸망하였다.

① 이슬람 세력의 침략을 받았다.
② 크샤트리아의 반란이 일어났다.
③ 유목 민족 에프탈의 침입을 받았다.
④ 사산 왕조 페르시아의 침입을 받았다.
⑤ 그리스 세력이 인더스강 유역을 침입하였다.

중요

06 선생님 질문에 대한 답변으로 옳은 것은?

① 불교의 교세가 점차 강화되었다.
② 북인도 지역을 최초로 통일하였다.
③ 인도 사회에서 카스트제가 약화되었다.
④ 통치 방침을 새긴 돌기둥을 전국에 세웠다.
⑤ 브라만교를 기반으로 힌두교가 성립하였다.

단답형

07 (가)에 들어갈 알맞은 말을 쓰시오.

> 굽타 왕조가 멸망한 뒤 북인도 지역은 여러 왕국으로 다시 분열되었다. 8세기 무렵부터는 서아시아의 [(가)] 세력이 인도 서북 지방으로 세력을 넓혔다. 결국 13세기 초에 인도 최초로 [(가)] 왕조가 등장하였고, 이후 약 300년 동안 북인도 지역에는 5개의 [(가)] 왕조가 이어졌다.

( )

08 (가), (나)에 들어갈 말을 옳게 짝지은 것은?

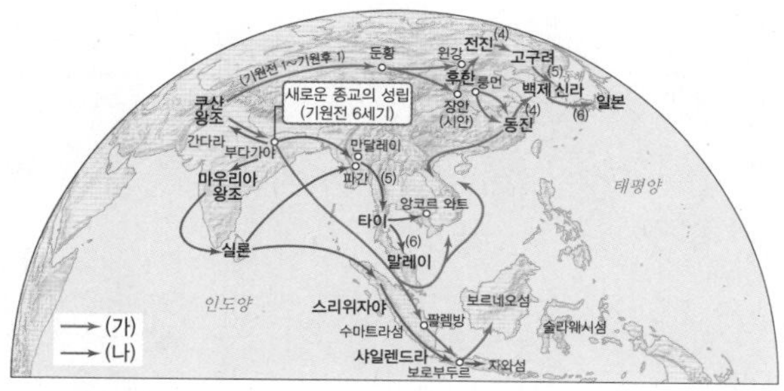

	(가)	(나)
①	이슬람교	대승 불교
②	대승 불교	상좌부 불교
③	대승 불교	이슬람교
④	상좌부 불교	대승 불교
⑤	상좌부 불교	이슬람교

09 상좌부 불교에 대한 설명으로 옳은 것만을 보기에서 고른 것은?

> 보기
> ㄱ. 개인의 해탈을 중시하였다.
> ㄴ. 아소카왕의 지원을 받았다.
> ㄷ. 대표적인 유적은 앙코르 와트 사원이 있다.
> ㄹ. 중생의 구제를 통해 깨달음을 얻는 것을 중시하였다.

① ㄱ, ㄴ ② ㄱ, ㄷ ③ ㄴ, ㄷ
④ ㄴ, ㄹ ⑤ ㄷ, ㄹ

10 다음 설명에 해당하는 문화재로 옳은 것은?

> 아소카왕이 석가모니의 사리를 모시고자 만든 스투파(탑)이다. 현존하는 가장 오래된 불탑으로 탑 주위에 4개의 문을 세워 부처의 생애를 새겼다.

①

②

③

④

⑤

고난도

11 쿠샨 왕조 시기에 성립된 종교에 대한 설명으로 옳은 것만을 보기에서 고른 것은?

> 보기
> ㄱ. 브라만 계급을 중심으로 확산되었다.
> ㄴ. 다양한 신을 숭배의 대상으로 삼았다.
> ㄷ. 중생 구제를 통한 깨달음을 중시한다.
> ㄹ. 간다라 미술의 확산과 함께 널리 전파되었다.

① ㄱ, ㄴ ② ㄱ, ㄷ ③ ㄴ, ㄷ
④ ㄴ, ㄹ ⑤ ㄷ, ㄹ

단답형

12 (가)에 들어갈 알맞은 단어를 쓰시오.

> 불교 성립 초기에는 부처의 모습을 직접 표현하지 않고 부처의 발자국이나 부처가 깨달음을 얻은 보리수, 부처의 가르침을 뜻하는 수레바퀴 등으로 나타냈다. 그러나 알렉산드로스의 간다라 지역 침입 이후 이 지역에서는 신을 사람의 모습으로 표현하는 [(가)] 문화의 영향을 받아 불상이 본격적으로 제작되었다.

( )

13 고대 인도 사회에서 다음 사건들이 일어난 순서대로 바르게 나열한 것은?

> ㄱ. 힌두교 성립　　ㄴ. 이슬람교 전래
> ㄷ. 대승 불교 유행　　ㄹ. 상좌부 불교 성립

① ㄱ－ㄷ－ㄴ－ㄹ
② ㄴ－ㄷ－ㄹ－ㄱ
③ ㄴ－ㄹ－ㄷ－ㄱ
④ ㄹ－ㄷ－ㄱ－ㄴ
⑤ ㄹ－ㄷ－ㄴ－ㄱ

14 힌두교에 대한 설명으로 옳은 것은?

① 불교가 발달하면서 쇠퇴하였다.
② 카스트에 따른 의무 수행을 중시하였다.
③ 마우리아 왕조의 적극적인 후원을 받았다.
④ 복잡하고 까다로운 제사 의식이 특징이다.
⑤ 인도 전통문화와는 다른 문화 요소를 기반으로 하였다.

15 (가)~(다)에 들어갈 말을 옳게 짝지은 것은?

> 힌두교는 창시자가 없으며 다양한 신을 숭배의 대상으로 삼았다. 그 가운데 주요한 신은 우주를 창조한 [(가)], 우주를 유지하는 [(나)], 우주의 수명이 다했을 때 세계의 파괴를 맡는 [(다)] 등이다.

	(가)	(나)	(다)
①	브라흐마	시바	비슈누
②	브라흐마	비슈누	시바
③	비슈누	브라흐마	시바
④	비슈누	시바	브라흐마
⑤	시바	비슈누	브라흐마

16 (가)에 들어갈 말로 옳은 것은?

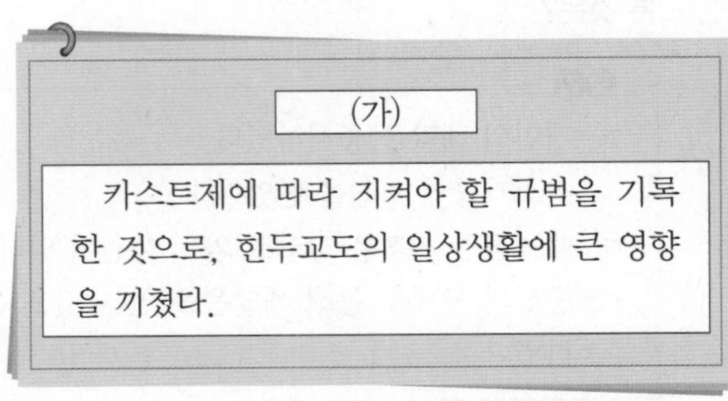

(가)
카스트제에 따라 지켜야 할 규범을 기록한 것으로, 힌두교도의 일상생활에 큰 영향을 끼쳤다.

① 베다　② 성경　③ 쿠란
④ 마누 법전　⑤ 마하바라타

중요

17 (가)에 들어갈 말로 적절한 것만을 보기에서 고른 것은?

기존에 있었던 불교 세력이 만만치 않았을 텐데, 힌두교가 인도에서 빠르게 세력을 확장할 수 있었던 이유는 무엇인가요?
(가)

보기
ㄱ. 토착적 성격이 강했기 때문입니다.
ㄴ. 신분 차별에 반대하고 평등을 강조하였기 때문입니다.
ㄷ. 굽타 왕조의 왕들이 힌두교를 후원하였기 때문입니다.
ㄹ. 중앙아시아를 거쳐 중국과 한반도까지 전파되었기 때문입니다.

① ㄱ, ㄴ ② ㄱ, ㄷ ③ ㄴ, ㄷ
④ ㄴ, ㄹ ⑤ ㄷ, ㄹ

18 (가)에 들어갈 말로 옳은 것은?

> 굽타 왕조 시기에 (가) 이/가 공용어가 되면서 그동안 입으로만 전해 내려오던 신화와 전설들이 (가) 로 기록되었다. 대표적인 작품으로는 코살라국의 왕자인 라마가 아내를 구하기 위해 겪는 무용담을 담고 『라마야나』가 있다.

① 아랍어 ② 중국어 ③ 그리스어
④ 히브리어 ⑤ 산스크리트어

서술형

정답과 해설 280쪽

19 쿠샨 왕조가 경제적으로 번영할 수 있었던 배경을 서술하시오.

20 (가) 인물의 이름과 그가 창시한 종교의 특징을 서술하시오.

(가) 은/는 누구나 올바른 수행을 하면 깨달음을 얻어 고통에서 벗어날 수 있다고 주장하였다.

21 다음 작품들의 등장 시기와 이 시기 문화의 특징을 서술하시오.

▲ 서사시 「라마야나」

▲ 아잔타 석굴 사원의 벽화

교과서 50~61쪽

2 동아시아 문화의 형성과 확산

01 위진 남북조 시대의 전개

○ 후한
한 무제 사후 외척과 환관의 권력 다툼으로 쇠퇴한 한은 외척인 왕망에 의해 무너졌다. 급진적 개혁을 추진했던 왕망의 신 왕조는 얼마 가지 못하였고, 광무제가 뤄양을 도읍으로 한을 다시 세웠다. 신 왕조를 기준으로 전한과 후한을 구분한다.

정리 남북조 시대

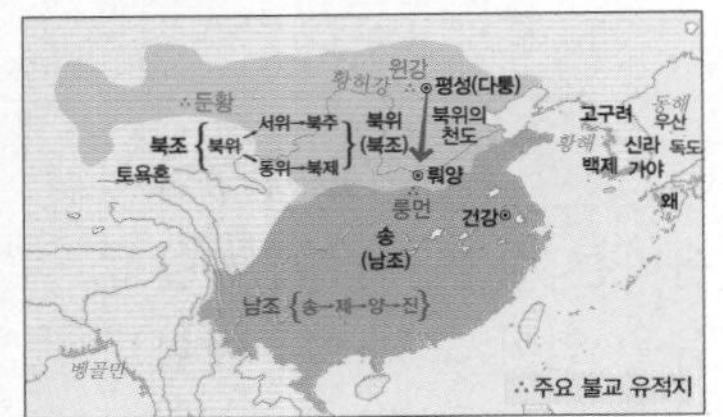

화북 지역에서는 선비족이 세운 북위가 북방 유목 민족인 5호가 세운 여러 나라를 통일하였고, 강남 지역에서는 한족이 세운 여러 왕조가 동진의 뒤를 이었다.

○ 죽림칠현
위진 시기에 활동했던 인물들로 유가 경전을 노장사상과 결합하여 이해하고 유교의 형식적 의례를 비판하였다.

1. 위진 남북조 시대의 형성과 변화

(1) 진의 통일과 분열
 ① 진의 통일: 후한 멸망(3세기 초) 이후의 삼국 분열(위, 촉, 오)을 끝냄
 ② 동진 건국: 황실 내분으로 인한 혼란, 5호(흉노, 선비, 저, 갈, 강)의 남하와 화북 지역 점령 → 창장강 하류 유역에 동진 건국

황제 자리를 두고 8명의 왕이 치열하게 내전을 벌인 결과 국력이 크게 쇠퇴하였고, 내전 과정에서 병력을 보충하고자 북방 유목을 끌어들임

서쪽인 뤄양에 수도를 둔 시기를 서진, 동쪽인 건강에 수도를 둔 시기를 동진이라 구분함

(2) 남북조의 성립: 남조와 북조의 대립이 150여 년간 이어짐
 ① 화북 지역: 5호 16국 등장 → 북위(선비족) 통일(북조)
 ② 강남 지역: 건강(난징)을 수도로 한족 왕조가 이어짐(남조)

2. 위진 남북조 시대의 사회와 문화

(1) 북조: 북방 민족과 한족 간의 융합 정책 추진
 ① 한화 정책(북위 효문제): 수도 이전(평성 → 뤄양), 선비족 언어·복장 금지, 한족의 성씨 부여, 한족과의 결혼 장려 등
 ② 북방 민족의 문화 전파: 중무장한 기병 도입, 입식 생활 유행 등
(2) 남조: 화북 지역의 문화, 농경 기술의 전파 → 강남 지역 개발 확대

강남 지역으로 이주하는 화북 지역민이 늘면서 삼국의 오 시기를 시작으로 강남의 개발이 이루어짐. 이후 동진 시대에 본격적으로 강남 개발이 추진되었고, 남조의 왕조에서도 이와 같은 노력이 이어짐

3. 새로운 종교와 사상의 유행

구분	내용
불교	• 전파: 후한 초 전래 → 5호 16국 시대에 지배층과 민간에 전파 • 특징: 지배층이 통치의 정당성 확보 차원에서 불교 지원(석굴 사원 건축 등), 남조에서도 불교 성행 → 황제와 귀족이 불교를 믿음
노장 사상	• 배경: 기존 통치 질서 붕괴, 유교에 대한 반발 • 특징: 형식적 예절 비판, 세속을 벗어나 은둔하는 삶 추구(죽림칠현)
도교	• 성립: 도가, 신선 사상, 무속 신앙 등이 결합하여 형성됨 → 교단 체계화 • 특징: 현세의 행복과 불로장생 기원, 민간에서 유행

노장 사상: 도가의 중심 인물인 노자와 장자의 사상을 이르는 말

자료 이해하기 위진 남북조 시대의 변천

교과서 50쪽

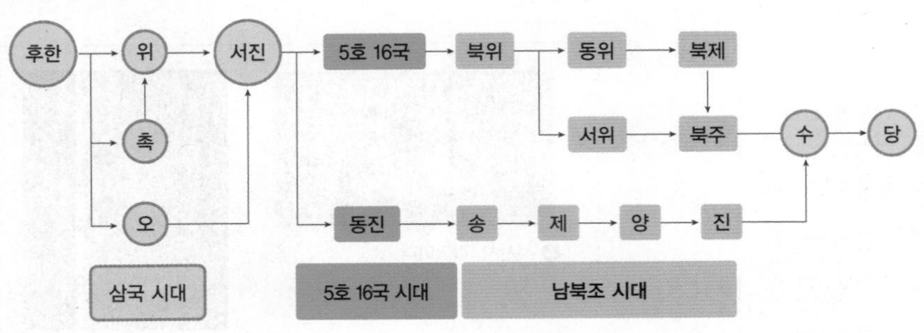

| 내용 알기 | 선비족이 세운 북위가 5호 16국 시대의 분열을 끝내고 화북 지역을 통일하였다. 북위는 적극적으로 한화 정책을 실시하여 북방 유목 민족과 한족의 융합을 시도하였는데, 이에 소외감을 느낀 선비족의 반발로 내분이 일어나 동위와 서위로 분열하였다. 한편 이 시기에 북방 유목 민족이 화북 지역에서 한족과 함께 거주하며 문화 융합이 이루어졌는데, 이는 이후 수·당 문화의 기반이 되었다.

진 황실이 강남 지역의 건강으로 도망쳐 동진을 세운 이후 이어진 남조 정권은 대부분 황제의 권력이 약해 화북 지역에서 이주해 온 세력과 토착 세력 간의 대립이 이어졌다. 이러한 사회 혼란을 틈타 군대를 장악한 세력이 반란을 일으켜 왕조를 교체하는 일이 자주 발생하였다. 한편 이 시기에 강남 지역에서는 화북 지역의 선진 기술이 보급되어 농업과 수공업 분야에서 빠른 발전이 이루어졌다.

02 수의 남북조 통일과 당 제국의 건설

1. 수의 남북조 통일

통일	수 문제가 남조의 진 정복 → 남북조 통일(589)
문제(양견)의 통치	토지·군사 제도 정비, 과거제 실시(중앙 집권 체제 강화)
양제의 통치	• 대운하 완성: 화북 지역과 강남 지역을 수로로 연결 → 강남 개발 촉진, 남북 물자 유통 활성화, 강남과 화북 경제의 통합 → 중앙 집권 강화 • 영토 확장 시도: 대규모 병력을 동원한 고구려 침략 → 실패 • 멸망: 무리한 토목 공사, 잦은 외침 → 농민의 반란으로 38년 만에 멸망(618)

과거제 실시: 시험을 통해 관료를 선발하는 제도로 왕권을 강화하고 중앙 집권적 통치 체제를 공고히 하는 데 중요한 역할을 함

고구려 침략: 수 문제는 30만 대군을 보내 고구려를 침략하였으나 성과를 거두지 못함. 수 양제도 113만이 넘는 대군을 동원하여 고구려를 공격하였지만 실패함

2. 당의 대제국 건설

(1) 당의 건국과 성장: 이연(고조)이 당 건국(618) → 수 말기의 혼란 수습

① 태종: 통치 제도 정비, 동돌궐 정복 → '천가한' 칭호 사용

② 고종: 서돌궐 정복 → 농경 지역과 유목 지역을 아우르는 대제국 건설

(2) 통치 제도 정비: 수의 통치 체제 계승·발전

중앙 정치 제도	• 3성: 중서성(정책 입안), 문하성(정책 심사), 상서성(정책 시행) • 6부: 3성에서 결정된 정책 시행, 이·호·예·병·형·공부
지방 행정 조직	전국을 주·현으로 나누어 다스림
관리 선발 제도	과거제 실시 → 능력에 따른 관리 선발
제도 정비	균전제(토지), 조용조(조세), 부병제(군사) 등을 정비

조용조: 균전을 지급 받은 농민은 그 대가로 조(토지세)·용(노동력 징발)·조(특산물 징수)의 조세를 납부함

(3) 쇠퇴와 멸망

① 쇠퇴: 8세기 중반 이후 통치 제도 붕괴, 안사의 난 이후 국력 추락 → 환관의 정치 개입 심각(중앙), 절도사 난립(지방) 등

안사의 난: 당 현종 때 절도사인 안녹산과 그의 부하 사사명 등이 일으킨 반란으로, 수도 장안을 안녹산에게 빼앗길 정도로 당 조정의 권위가 크게 떨어졌으며, 이 반란 이후 당의 기존 통치 체제가 무너짐

② 멸망: 황소의 난 이후 절도사 세력에 의해 멸망(907)

황소의 난: 환관의 부패, 절도사의 난립 등으로 혼란한 상황에서 소금 밀매업자인 황소가 일으킨 난으로, 황소의 군대는 장안을 점령하기도 하였으나 절도사 주전충에게 진압됨

03 당의 외교와 국제적 문화

1. 당의 다면적 외교

(1) 당의 외교 정책: 중앙아시아 지역부터 한반도 지역까지 영향력 확대

① 조공·책봉 관계: 외국 왕을 신하로 임명(책봉) → 자국 중심의 외교 정책 추진

② 혼인 정책: 외국의 세력이 강할 때 황실 여성을 시집보냄 → 우호 관계 형성

황실 여성을 시집보냄: 당 태종 때 황족의 딸인 문성공주가 토번의 왕인 송첸캄포와 혼인한 것이 대표적인 사례로, 이를 통해 다양한 문물 교류가 이루어지기도 함

(2) 여러 나라의 외교 정책

① 신라, 발해, 일본 등: 사신, 유학생 파견 → 당의 제도와 문물 적극 수용

② 돌궐, 토번, 위구르 등: 필요한 물품을 얻지 못하면 당을 군사적으로 공격

(3) 여러 나라 간의 외교: 신라~일본~발해 사이의 활발한 교류 전개

돌궐

6~8세기경 몽골 고원과 알타이산맥을 중심으로 유목 생활을 하던 민족으로, 6세기 중엽에는 유연과 고구려를 침략하는 등 세력을 크게 확대하였다. 이후 내부 분쟁으로 582년에 동돌궐과 서돌궐로 분열하였고, 7세기 무렵 당의 침입으로 멸망하였다.

절도사

당 현종 때 변경의 방어를 위해 설치한 대군단을 담당하게 한 직책으로, 해당 지역의 군사·재정·행정과 관련된 권한을 장악하면서 그 세력이 급격히 커졌다.

인사의 난 이후 당의 변화

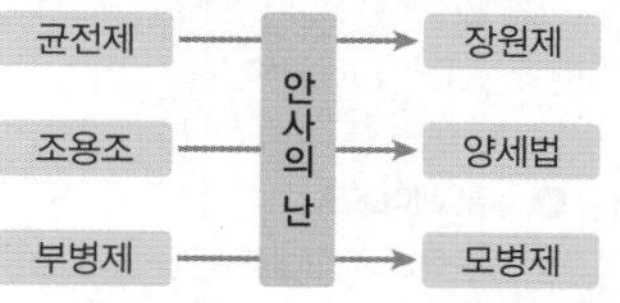

안사의 난을 계기로 토지 부족으로 제대로 운영되지 못하던 균전제가 장원제로 바뀌었다. 빈부의 차를 인정하지 않고 조세를 거두던 조용조는 양세법으로 대체되었는데, 이는 재산의 많고 적음에 따라 각종 세금을 매겨 일 년에 두 차례 납부하는 것이다. 균전을 지급 받는 대가로 병역의 의무를 수행하던 부병제는 별도로 군인을 모집하는 모병제로 전환되었다.

자료 이해하기 당의 중앙 정치 제도

교과서 54쪽

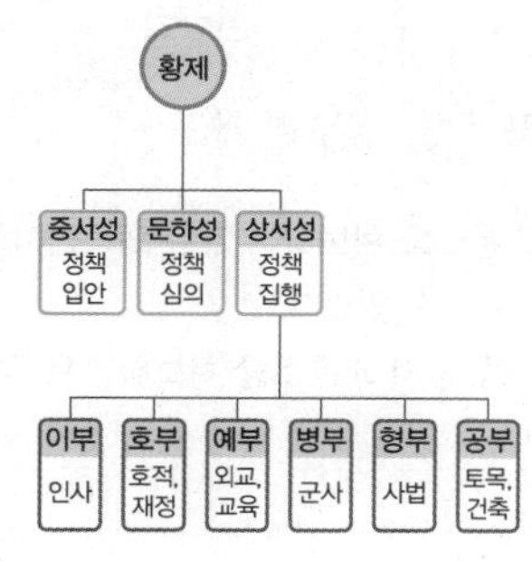

| 내용 알기 | 수의 제도를 계승한 당의 중앙 관제는 정책의 입안, 심의, 집행의 업무를 중서성, 문하성, 상서성이 각각 나누어 맡았고, 상서성이 관할하는 6부가 각종 행정 업무를 실질적으로 집행하였다. 당의 지방 관제 또한 수의 제도를 계승하였는데, 지방의 행정 구역을 주와 그 아래의 현으로 나누고 지방관을 파견하여 통치하였다.

보충 당 문화의 영향

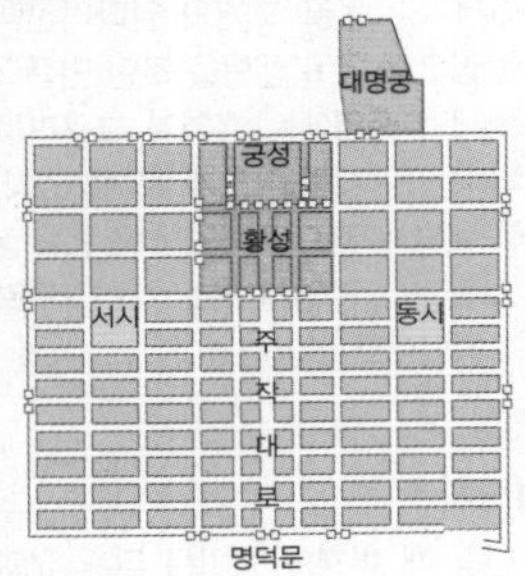

당 장안성

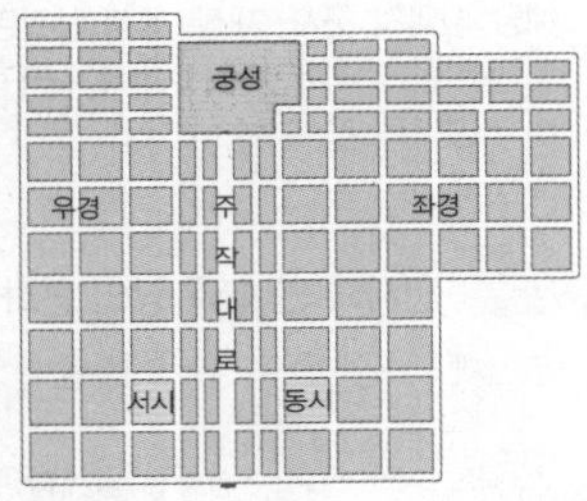

일본 헤이조쿄

성의 구획과 주작대로 등을 통해 일본의 헤이조쿄가 당의 장안성을 모방하였음을 확인할 수 있다.

국풍 문화
10세기 무렵부터 당의 문화를 일본의 풍토와 사상에 조화시키려는 현상이 나타나면서, 일본적인 특성이 두드러지는 국풍 문화가 발달하였다.

2. 당의 다양한 문화

(1) 국제적 문화의 발전: 당의 영역 확대 → 동서 교통로(비단길, 바닷길) 확보가 배경

장안의 국제화	소그드인 · 이슬람 상인 등이 활발히 활동, 외국인 집단 거주지 형성
외래 종교 유입	조로아스터교(배화교), 네스토리우스교(경교), 마니교 등 유입 → 종교 사원 건립
당의 외교 활동	당 현장이 인도에서 불경을 가져와 번역함

- 소그드인: 조로아스터교를 믿었고 6세기 이후 국제 상인으로서 크게 활약함
- 현장: 당 초기에 활약한 승려로 당 태종의 후원을 받아 불경을 번역하고 인도 여행기인 『대당서역기』를 저술함

(2) 귀족적 문화의 발전: 시(이백, 두보, 백거이 등) · 그림 · 글씨 등 발달, 『오경정의』 편찬

- 『오경정의』: 당 태종의 명령으로 공영달 등이 5경(시경, 서경, 역경, 예기, 춘추)에 주석을 달아 설명한 책으로 여기서 정리된 학설이 과거 시험을 준비하는 기준이 됨

04 동아시아 문화권의 형성

1. 동아시아 문화권의 형성

(1) 등장 배경: 당의 활발한 외교 → 신라, 발해, 일본, 베트남 등의 동아시아 지역에 영향
(2) 공통 요소: 유교, 불교, 율령, 한자 등 → 동아시아 문화권 형성
(3) 결과: 당 문화를 선택적으로 수용 → 자국 문화를 독자적으로 발전시킴, 나라 사이의 활발한 교류 → 동아시아 문화권 지속

- 율령: 형벌과 관련된 법규인 율(律), 행정 제도와 관련된 법규인 영(令)을 뜻하며, 특히 당의 율령은 주변 국가가 체제를 정비할 때 모범이 됨

2. 일본 고대 국가의 성장

(1) 야마토 정권: 야마타이국을 중심으로 소국 연합체 형성(3세기 무렵)

4세기	야마토 정권 성립: 일본 최초의 통일 국가 수립, 적극적인 문화 수용
6세기 후반~7세기 전반	쇼토쿠 태자의 활약: 불교 장려, 아스카 문화 발전
7세기 중엽	다이카 개신: 당의 제도 적극 수용 → 중앙 집권 체제 확립
7세기 말	국호 '일본'과 '천황' 칭호 사용

- 쇼토쿠 태자: 일본에서 불교를 보급시키고 관료제의 기초를 세워 중앙 집권 체제를 확립하는 데 크게 기여한 인물로, 수에 견수사를 파견하는 등 중국과의 교류에도 적극적인 태도를 보임

(2) 나라 시대: 헤이조쿄(나라)로 천도(8세기 초), 당 · 신라와의 교류 활성화, 불교문화 융성(도다이사 건립 등)
(3) 헤이안 시대: 헤이안쿄(교토)로 천도(8세기 말), 중앙 집권 체제 약화, 황실과 귀족 세력 간 대립 → 귀족 세력 성장, 국풍 문화 발달, 가나 문자 사용 등

- 가나 문자: 한자를 바탕으로 일본어를 표기하기 위해 만든 문자로 한자를 간략히 하거나 생략한 형태임

중단원 핵심 확인하기 풀이

교과서 58쪽

1. 빈칸에 들어갈 알맞은 말을 써 보자.
(1) 후한이 멸망한 뒤 중국은 □, □, □(으)로 분열되었다.
(2) 5호란 □□, □□, □, □, □ 등 다섯 북방 민족을 가리킨다.
(3) 동아시아의 공통 문화 요소는 □□, □□, □□, □□ 등이다.

(1) 위, 촉, 오 (2) 흉노, 선비, 저, 갈, 강 (3) 유교, 불교, 율령, 한자

2. 관련 있는 내용을 옳게 연결해 보자.
(1) 북위 효문제 • • ㉠ 대운하 건설
(2) 수 양제 • • ㉡ 천가한 칭호 사용
(3) 당 태종 • • ㉢ 뤄양 천도

(정답: (1)–㉢, (2)–㉠, (3)–㉡)

3. 옳은 내용은 ○표, 틀린 내용은 ×표를 해 보자.
(1) 당은 중국 역사에서 처음으로 과거제를 시행하여 관리를 선발하였다. (×)
(2) 일본의 가나 문자는 헤이안쿄 천도 이후 만들어졌다. (○)

4. 제시된 용어를 3개 이상 사용하여 많은 외국인이 당에 왕래할 수 있었던 까닭을 문장으로 완성해 보자.

돌궐 토번 노장사상 비단길 바닷길 동서 교통로 국풍 문화 다이카 개신

- 당이 돌궐을 정복한 뒤 동서 교통로를 확보하여 많은 외국인이 비단길과 바닷길을 통해 당을 방문할 수 있었다.
- 당이 돌궐을 정복하여 비단길 등 동서 교통로를 확보하면서 많은 외국인이 당에 방문하게 되었다.

도입 활동 풀이

교과서 도입 01 유목민의 남하

교과서 50쪽

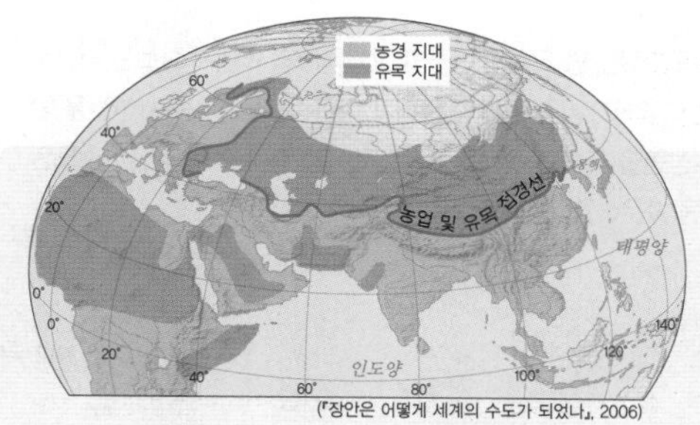

4~6세기에 유라시아 대륙에서는 곳곳에서 대규모 인구 이동이 발생하였다. 이 시기에 유라시아 대륙 동부 지역의 기온이 점차 낮아지자, 이 지역에서 유목하며 살던 사람들은 남쪽에 있는 중국의 농경 지역으로 이동하였다.

기온 저하와 유목민의 남하는 어떤 관련이 있을까?

도입 예시 답안 | 기온이 낮아지면 초지 등의 생태 환경이 나빠져 유목민이 살기 어려워지므로 날씨가 따뜻한 남쪽으로 이주하게 된다.

| 도입 보충 |

북방 초원 지대의 기온이 급격히 떨어지자 유목민들의 생존을 뒷받침하는 가축이 겨울의 추위를 견디지 못하고 집단 폐사하거나 겨울 초지의 부족으로 더는 목축 지역에서 생존하기가 어려워졌다. 따라서 유목 민족 국가들이 농경 지역을 침략할 수밖에 없었던 것이다.

교과서 도입 02 수 양제의 대운하 건설

교과서 53쪽

대운하(좌)와 함가창(우) 수 양제는 주요 하천을 남북으로 잇는 대운하를 완성하였다. 대운하의 총길이는 약 2,700 ㎞이고 공사 기간은 약 6년 정도였다. 대운하 건설로 뤄양에는 강남에서 운반된 곡식을 저장하는 창고인 함가창이 건설되었다. 당 현종 때 함가창은 약 2,916,700 ㎏의 곡식을 저장할 정도였다.

대운하를 왜 건설하였을까?

도입 예시 답안 | 강남과 화북의 물자 유통을 원활히 하고 중앙 집권을 강화하기 위해 대운하를 건설하였다.

| 도입 보충 |

중국에는 황허강과 창장강 등 큰 강이 많아 예로부터 수운이 발달하였다. 그러나 지도에서도 확인할 수 있듯이 중국의 큰 강은 주로 동서 방향으로 흘러 동서 지역을 연결하는 수운이 발달했을 뿐이다. 위진 남북조 시대를 거치며 강남 지역이 경제적으로 성장하면서 남북을 잇는 운하의 개발이 중요한 과제로 떠올랐다.

도입 plus+ 중국 인구의 이동

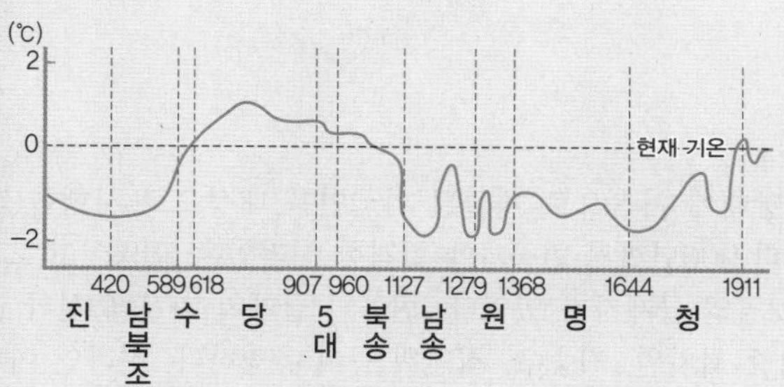

중국의 기온 변화

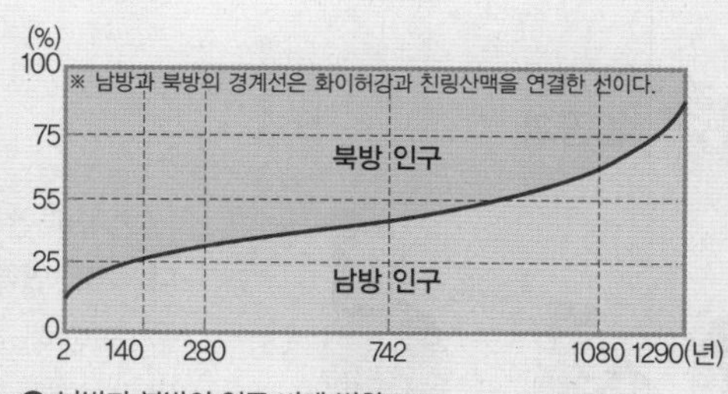

남방과 북방의 인구 비례 변화

평균 기온 이하의 한랭한 시기였던 4세기경에는 약 220만 명 이상의 유목 민족이 남쪽으로 이동하고, 전란을 피해 강남으로 이동한 한족도 약 90만 명 정도로 추정된다. 중국의 기온 변화와 그래프를 보면 북방 유목 민족의 대규모 이주 또는 침략이 발생했던 시기도 평균 기온이 급격히 낮아진 시기와 관련 있음을 알 수 있다. 남방과 북방의 인구 비례 변화 그래프를 볼 때 전근대 시기 중국 역사에서는 북방의 인구가 남방으로 이주하는 흐름도 볼 수 있다.

교과서 도입 03 당의 외교와 국제적 문화

교과서 55쪽

| 도입 보충 |

당의 수도인 장안은 당시 최대의 도시이자 가장 국제화된 도시로 성장하였다. 최전성기 때 장안의 인구는 100만여 명에 이르렀으며, 비슷한 시기 유사한 규모의 도시는 이슬람 세계 아바스 왕조의 수도인 바그다드 정도뿐이었다.

왼쪽 자료는 당 고종의 아들인 장회태자의 묘에서 출토된 벽화로 「예빈도」라고 부른다. 당의 관리가 다른 나라에서 온 사신들을 만나는 장면을 묘사한 것이다. 당대에는 많은 나라의 사신이 수도인 장안을 방문하였다.

비잔티움 제국 사신

북방 유목민

당의 관리

고구려 또는 신라 사신

당에 온 외국 사신들은 어떤 이야기를 나누었을까?

도입 예시 답안 | 당과 각 나라의 국제 관계 또는 사신이 가지고 온 문물 등에 대해 이야기를 나누었을 것이다.

교과서 도입 04 동아시아 문화권의 형성

교과서 57쪽

| 도입 보충 |

최치원은 12살 때 당으로 유학하여 관료 생활을 하다가 28세 때 신라로 돌아왔다. 그는 자신이 집필한 여러 시문 작품을 엮은 한시 문집인 『계원필경』을 왕에게 헌사하였다.

신라의 최치원은 당에 유학을 가 외국인을 위한 과거 시험인 빈공과에 급제하였다. 일본의 기비노 마키비는 견당생으로 파견되었고, 귀국 후에 당의 여러 서적을 일본에 전하였다.

최치원(857~908?, 경남 함양 최치원 역사 공원)

기비노 마키비(693?~775, 일본 오카야마현 기비노 마키비 공원)

당에 유학 온 외국인들은 무엇을 배웠을까?

도입 예시 답안 | 당의 외국인을 위한 과거 시험에 급제하거나 유학생으로 파견된 것으로 보아 당의 유교, 한문, 통치 제도 등을 배웠을 것이다.

도입 plus+ 빈공과

빈공과는 당대에 처음으로 개설된 외국인을 대상으로 시행한 과거 시험이다. 820년부터 906년까지 빈공과에 합격한 신라인은 58명이고, 그 후 발해인을 포함해 32명의 급제자가 있었다. 빈공과 급제자 가운데 신라 출신이 가장 많았는데, 그중 최치원, 최승우, 최언위 등이 유명하다. 신라인 이외에도 발해나 페르시아에서 온 사람이 빈공과에 급제하기도 하였는데, 특히 신라 유학생과 발해 유학생 사이에는 경쟁도 심하였다. 대표적으로 875년에 실시된 빈공과에서 발해 출신의 오소도가 수석으로 합격하고, 신라 출신의 이동이 차석으로 합격하자 최치원이 이를 두고 "한 나라(신라)의 수치로 영원히 남을 것"이라고 할 정도로 둘 간의 경쟁 의식은 치열하였다.

역사 탐구 풀이 및 보충

역사 탐구 당대 장안의 국제적 문화

교과서 56쪽

당은 원래 수 문제가 건설한 대흥성을 도성으로 삼고 장안이라고 하였다. 현재 산시성의 시안이다. 장안의 규모는 동서로 약 9.6 km, 남북으로 약 8.7 km로 당시 세계에서 가장 큰 도시였다. 많은 외국인이 장안을 방문하였는데, 그 국제적인 모습은 오늘날 시안에서 발굴되는 유물을 통해 확인할 수 있다.

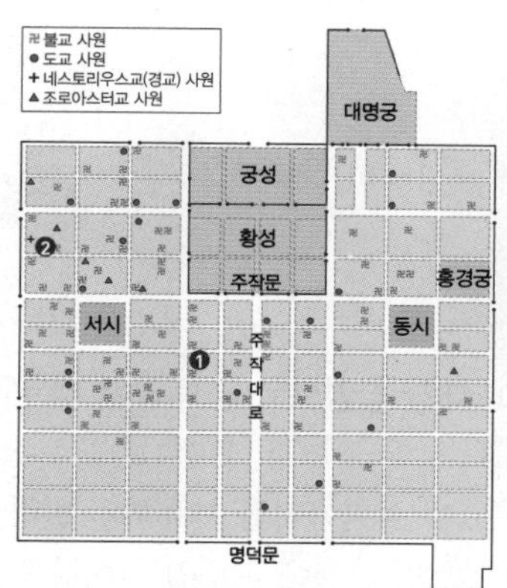

8세기 장안성의 구조와 종교 시설

❶ **페르시아 물병(상)과 비잔티움 제국 화폐(하)**

❷ **대진 경교 유행 중국비(중국 시안 비림 박물관)** 대진(로마 또는 페르시아)의 네스토리우스교(경교) 교리와 역사가 한자와 시리아 문자로 기록되어 있다.

친절한 활동 길잡이

이 활동은 당의 수도인 장안성의 구조와 종교 시설의 분포를 살펴보며 당 문화의 국제적 성격을 이해하는 것이다. 수많은 외래 종교가 허용된 장안에서 외국인의 활동이 얼마나 자유로웠을지 상상해 보며 물음에 답하도록 한다.

1. 유물과 지도를 통해 알 수 있는 당대의 외래 종교를 정리해 보자.

정답 풀이 | 장안성의 지도를 통해 중국의 토착 종교인 도교 사원이나 이미 중국화된 불교 사원과 함께 외래 종교인 네스토리우스교(경교) 사원과 조로아스터교 사원도 장안성에 조성되어 있음을 확인할 수 있다. 또한 네스토리우스교 교리와 역사를 한자와 시리아 문자로 기록한 대진 경교 유행 중국비를 통해서도 당에서 다양한 외래 종교가 수용되었음을 확인할 수 있다.

2. 우리 주변에서 발견할 수 있는 외국 문물과 종교를 이야기해 보자.

정답 풀이 | 우리나라에서 쉽게 찾아볼 수 있는 종교는 개신교, 천주교, 불교 등이다. 점차 외국인의 유입이 늘고 외국과의 교류가 활발해지면서 과거에는 찾아보기 힘들었던 종교 시설이 늘어나고 있다. 대표적으로 이슬람교가 있으며, 한국 이슬람교 중앙회에 따르면 2018년 기준 이슬람 사원인 모스크가 전국에 17곳, 소규모 사원인 무살라가 123곳이 존재한다. 그중에서 서울 이태원에 위치한 서울 중앙 모스크는 우리나라에 최초로 세워진 모스크로, 주변에는 할랄 식품을 파는 상점들이 모여 있어 이슬람 문화를 체험해 볼 수 있는 공간이기도 하다.

자료 이해 확인 문제

1. 당은 수도인 장안성에서 외래 종교의 포교를 철저히 금지하였다. (○ / ×)

2. 대진 경교 유행 중국비는 한자와 시리아 문자로 기록되어 있다. (○ / ×)

>> 정답 1. × 2. ○

탐구 plus 당삼채

당삼채는 당의 대표적인 도자기로 유약을 바르지 않은 바탕이나 살짝 구운 바탕에 여러 색상의 유약을 칠하여 낮은 화력으로 구워낸 것이다. 대개 백색, 녹색, 갈색의 세 가지 색의 배합으로 만들어졌기 때문에 삼채라는 이름이 붙었으며, 대체로 화려한 느낌의 작품들로 당대 귀족적 문화의 특징을 잘 보여 준다. 또한 국제적인 당 문화의 특징은 서역풍의 의상을 입고 화장을 한 귀부인상, 페르시아에서 들어온 격구를 하는 여인상, 카펫이 깔린 낙타 위에서 악기를 연주하는 서역인상 등 이국적인 소재를 통해 알 수 있다.

실력 확인 문제

[01~02] 다음 자료를 보고 물음에 답하시오.

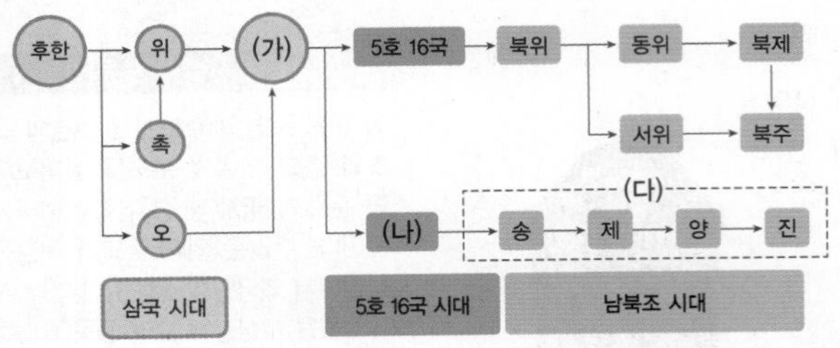

01 (가), (나) 왕조에 대한 설명으로 옳은 것만을 보기에서 고른 것은?

보기
ㄱ. (가)는 화북 지역에 북방 민족이 세운 왕조이다.
ㄴ. (가)는 통일 이후 황실 내분으로 혼란을 겪었다.
ㄷ. (나)는 강남 지역에 한족이 세운 왕조이다.
ㄹ. (나)는 북방 민족과 한족 간의 민족 융합 정책을 적극적으로 추진하였다.

① ㄱ, ㄴ ② ㄱ, ㄷ ③ ㄴ, ㄷ
④ ㄴ, ㄹ ⑤ ㄷ, ㄹ

고난도

02 선생님 질문에 대한 답변으로 적절한 것은?

(다) 시기에 볼 수 있는 모습을 말해 볼까요?

① 대운하 완공을 축하하는 연회
② 지방에 난립해 있는 절도사 세력
③ 불교 사원에서 공양을 드리는 귀족
④ 고구려 원정을 떠나는 대규모 군사 행렬
⑤ 네스토리우스교 사원에서 기도를 드리는 신자

03 다음 설명에 해당하는 민족으로 옳은 것은?

> 화북 지역을 차지한 다섯 북방 유목 민족 중 하나로, 5호가 세운 여러 나라가 흥망을 거듭하는 5호 16국 시대를 끝내고 화북 지역을 통일하는 북위를 세웠다.

① 흉노 ② 돌궐
③ 선비 ④ 한(漢)
⑤ 소그드

중요

04 다음과 관련된 정책에 대한 설명으로 옳지 않은 것은?

> "조정에서 대화할 때 선비족어를 사용하지 말라. 만약 어기는 자가 있으면 관직에서 내칠 것이다."
> 황제께서 관료들에게 "어제 그대들의 부녀자가 입은 의복을 보니 여전히 옷깃과 소매가 모두 좁았다. 왜 선비족복을 입지 말라는 조칙을 지키지 않는가?"라고 꾸짖었다. -『위서』

① 북위의 효문제가 실시하였다.
② 한족의 혼인을 장려하였다.
③ 선비족에게 한족의 성씨를 부여하였다.
④ 북방 민족과 한족 간의 갈등을 줄이고자 하였다.
⑤ 선비족이 한족의 문화를 수용하지 못하도록 하였다.

05 (가)에 들어갈 말로 옳은 것은?

> (가)
> 위진 시대에 기존 통치 질서가 무너져 한대에 성립된 기존의 통치 이념에 대한 반발이 일어나면서 지배층 사이에서 퍼진 것이다. 대표적으로 '죽림칠현'과 같은 인물이 있다.

① 불교 ② 유교
③ 천주교 ④ 노장사상
⑤ 조로아스터교

단답형

06 (가)에 들어갈 알맞은 말을 쓰시오.

> 수 문제가 최초로 시행한 (가) 은/는 시험을 통해 유교적 소양을 확인하여 관리를 선발하는 제도로 이후 역대 중국 왕조의 기본적인 관리 선발 제도가 되었다.

( )

07 수 양제에 대한 설명으로 옳은 것은?

① 위, 촉, 오의 삼국을 통일하였다.
② 강남으로 이주하여 건강을 수도로 삼았다.
③ 대규모 병력을 동원하여 고구려를 공격하였다.
④ 윈강 석굴 불상을 축조하는 등 불교를 장려하였다.
⑤ 안사의 난 때 반란 세력에게 수도를 함락당하였다.

08 다음 설명에 해당하는 인물로 옳은 것은?

> 건국 초기의 혼란을 정리하고 나라의 전성기를 이룬 군주로 신하의 정치적 비판과 조언을 잘 수용하였다. 또한 영토 확장에 나서 동돌궐을 정복하고 유목 민족 군장들에게서 '천가한'이라는 칭호를 받았다.

① 수 문제 ② 당 고조
③ 당 태종 ④ 당 고종
⑤ 북위 효문제

09 다음과 관련된 내용으로 옳은 것을 보기에서 있는 대로 고른 것은?

> 주변 북방 민족을 제압하고 대제국을 건설한 당은 이전 왕조였던 수의 제도를 계승하면서 통치 제도를 정비하였다.

보기

ㄱ. 균전제 ㄴ. 봉건제
ㄷ. 조용조 ㄹ. 부병제

① ㄱ, ㄴ ② ㄴ, ㄹ ③ ㄷ, ㄹ
④ ㄱ, ㄴ, ㄷ ⑤ ㄱ, ㄷ, ㄹ

10 다음 사건들을 일어난 순서대로 바르게 나열한 것은?

> ㄱ. 대운하 완성 ㄴ. 당의 멸망
> ㄷ. 수의 멸망 ㄹ. 황소의 난

① ㄱ－ㄷ－ㄴ－ㄹ
② ㄱ－ㄷ－ㄹ－ㄴ
③ ㄴ－ㄹ－ㄷ－ㄱ
④ ㄹ－ㄷ－ㄱ－ㄴ
⑤ ㄹ－ㄷ－ㄴ－ㄱ

단답형

11 (가)에 들어갈 알맞은 말을 쓰시오.

> 당은 서쪽으로는 중앙아시아 지역에서 동쪽으로 한반도 지역까지 영향력을 확대하고 여러 나라와 외교 관계를 맺었다. 이때 당은 자국 중심의 외교 정책을 펼치며 외국의 왕들을 신하로 임명하는 (가) 형태의 외교 관계를 맺었다.

( )

12 다음은 당의 통치 조직을 나타낸 표이다. 이에 대한 설명으로 옳지 않은 것은?

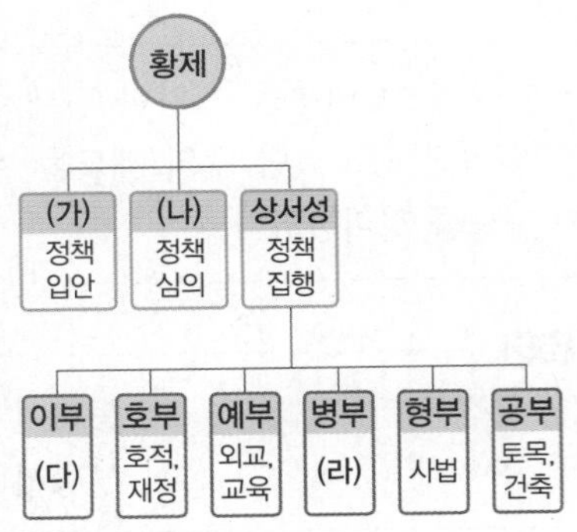

① 중앙의 최고 행정 기관이다.
② 당에서 최초로 구성한 조직이다.
③ (가)는 중서성, (나)는 문하성이다.
④ (다)는 인사 업무, (라)는 군사 업무이다.
⑤ 발해와 일본의 통치 조직에 영향을 주었다.

13 (가)에 들어갈 말로 가장 적절한 것은?

① 조공을 바치기도 했어.
② 강남으로 이주하기도 했어.
③ 황실 여성을 시집보내기도 했어.
④ 유학생과 승려를 파견하기도 했어.
⑤ 적극적인 한화정책을 펼치기도 했어.

14 (가), (나)에 들어갈 나라를 옳게 짝지은 것은?

> 당과 외교 관계를 맺은 나라들은 크게 두 분류로 구분할 수 있다. (가) 은/는 당의 제도와 문물을 수용하는 데 적극적으로 나서며 오랜 시간 친선 관계를 유지하였지만, (나) 은/는 경제적인 목적을 달성하기 위해 당을 군사적으로 공격하기도 하였다.

	(가)	(나)
①	돌궐	위구르
②	돌궐	발해
③	토번	위구르
④	신라	발해
⑤	신라	위구르

15 다음은 역사 연극 대본의 일부이다. 연극이 다루고 있는 주제로 가장 적절한 것은?

> (장면 설명: 이백의 시를 읊는다.)
>
> 갑: 역시 이백 선생의 시야. 가늠하기 어려운 기상이 느껴지는군.
> 을: 멋들어지게 시 한 수 읊는 것도 좋지. 두보나 백거이 선생이 지은 시는 또 다른 맛이 있다네.

① 귀족적인 당의 문화
② 국제적인 당의 문화
③ 북방 민족 문화의 전파
④ 북조의 한족 문화의 장려
⑤ 남조의 화북 지역 문화 전파

중요

16 다음 자료를 통해 유추할 수 있는 동아시아 문화권의 특징으로 적절한 것만을 보기에서 고른 것은?

목간 김해 봉황동에서 출토된 목간으로 유교 경전인 『논어』가 기록되어 있다. 이와 같은 목간은 중국, 한국, 일본 모두에서 출토되며, 이로써 동아시아가 다수의 문화 요소를 공유하고 있음을 알 수 있다.

보기

ㄱ. 율령 도입　　ㄴ. 한자 사용
ㄷ. 불교 전래　　ㄹ. 유교 확산

① ㄱ, ㄴ　② ㄱ, ㄷ　③ ㄴ, ㄷ
④ ㄴ, ㄹ　⑤ ㄷ, ㄹ

단답형

17 (가)에 들어갈 알맞은 말을 쓰시오.

일본은 4세기 이전에는 소국 연합체를 형성하는 수준에 머물렀으나, 4세기에 나타난 (가) 정권이 주변의 소국들을 통합하며 최초의 통일 국가를 이루었다.

(　　　　　　　　　　)

18 일본의 고대 국가 성장 과정에서 (가) 시기에 있었던 사실만을 보기에서 고른 것은?

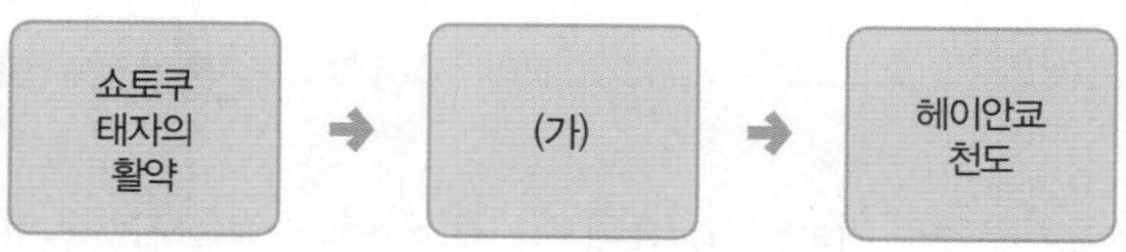

보기

ㄱ. 국풍 문화 발달　　ㄴ. 도다이사 건립
ㄷ. '일본' 국호 사용　　ㄹ. 야마타이국 수립

① ㄱ, ㄴ　② ㄱ, ㄷ　③ ㄴ, ㄷ
④ ㄴ, ㄹ　⑤ ㄷ, ㄹ

서술형

정답과 해설 282쪽

19 다음은 8세기 장안성의 구조와 종교 시설을 표시한 것이다. 이를 통해 알 수 있는 당의 문화적 특징과 그 등장 배경을 서술하시오.

卍 불교 사원
● 도교 사원
✚ 네스토리우스교(경교) 사원
▲ 조로아스터교 사원

대명궁
궁성
황성
주작문
서시
동시
흥경궁
주작대로
명덕문

20 다음 문자의 명칭을 쓰고, 이 문자가 만들어진 시기의 문화적 특징을 서술하시오.

あ	い	う	え	お	ア	イ	ウ	エ	オ
安	以	宇	衣	於	阿	伊	宇	江	於

교과서 62~71쪽

이슬람 문화의 형성과 확산

비잔티움 제국
서로마 제국이 멸망한 후에도 약 1천 년간 지속되었다. 6세기 초 유스티니아누스 황제 때 전성기를 누렸으나, 이민족의 침입을 받아 쇠퇴하였다.

정리 6세기 교역로의 변화

수많은 상인이 아라비아반도를 지나는 교역로를 이용하면서 메카와 메디나가 성장하였다.

메카

메카의 카바 성전

6세기 무렵 무역 중계지로 번성한 메카는 이전부터 아랍 다신교 신앙의 중심지로 알려져 수많은 순례자가 방문하는 종교 도시이기도 하였다. 헤지라 이후 메카를 점령한 무함마드가 여러 우상들이 모셔진 카바 성전을 유일신 알라의 성전으로 바꾸면서 메카는 이슬람교 제1의 성지가 되었다.

01 이슬람교의 성립

1. 아라비아반도의 변화(6세기경)

(1) 배경: 비잔티움 제국과 사산 왕조 페르시아의 전쟁 → 기존 교역로(비단길) 막힘

(2) 전개: 새로운 교역로 개척 → 육상 교역로 활성화, 메카, 메디나가 교역의 중심지로 성장

(3) 결과: 교역로 차지하고자 아라비아반도 내 부족 간 다툼, 빈부 격차 증가, 사회 혼란

2. 이슬람교의 성립과 확산

'알라'는 이슬람교의 유일신으로, 어원은 신을 뜻하는 '일라흐(ilāh)'에 정관사 '알(al)'이 붙은 '알일라흐'에서 옴

(1) 성립: 메카의 상인인 무함마드가 신의 계시를 받았다고 주장하며 성립시킴(610)
① 특징: 유일신 알라 숭배(우상 숭배 배격), 신 앞의 인간 평등 강조
② 확산: 부족 간 경계 초월한 보편적 종교 사상 전파 → 민중의 지지를 받음

(2) 탄압: 메카 귀족의 이슬람교 박해

이슬람 공동체 역사의 시작점이라는 점에서 이슬람력의 원년으로 삼음

① 헤지라(622): 무함마드가 박해를 피해 메카에서 메디나로 이주
② 결과: 메디나에서 부족 간 구분을 넘어선 이슬람 공동체 탄생

(3) 확장: 무함마드가 메디나의 종교적·정치적 지도자가 됨 → 메카 점령(630) 후 아라비아반도 대부분을 통합

헤지라는 메디나의 주민들이 무함마드와 그 추종자들을 보호해 주는 대신 무함마드가 도시 내부의 분쟁을 조정해 줄 것을 요청하여 이루어진 것으로, 무함마드는 이 과정에서 정치적 지위를 확보함

3. 이슬람교와 일상생활

(1) 이슬람교 경전

무함마드가 신으로부터 받은 계시를 아랍어로 기록함. 번역이 금지되었기에, 이슬람교가 교세를 확장할수록 아랍어를 사용하는 지역과 인구도 증가함

① 쿠란(이슬람교 최고 경전): 신앙과 사회 문제를 다루어 무슬림의 일상을 규정함
② 하디스: 예언자 무함마드의 언행록, 쿠란에 버금가는 권위의 책

(2) 모스크(이슬람 사원): 이슬람 공동체의 중심지, 주위에 바자르(상설 시장) 형성

예배를 위한 공간이자 교육 기관, 묘지, 여행자를 위한 숙소 역할을 함

(3) 5행: 무슬림의 의무

신앙 고백	무슬림이 가진 이슬람교의 기본 교리에 대한 확신을 표현함
예배	하루에 다섯 차례 메카를 향해 기도함
단식	이슬람력 9월(라마단)에 해가 떠 있는 동안 단식함. 가난의 고통을 이해하고 나눔의 소중함을 체험하는 것을 목적으로 함
희사	자신의 순수입 중 40분의 1을 가난한 사람을 위해 기부함
성지 순례	평생에 한 번 이상 성지인 메카를 방문함

자료 이해하기 히잡 교과서 64쪽

부르카 니캅 히잡 차도르

무슬림 여성들이 착용하는 베일의 종류

믿는 여성들에게 일러 가로되 그녀들의 시선을 낮추고 순결을 지키며 밖으로 드러내는 것 외에는 유혹하는 어떤 것도 보여서는 아니되느니라.
– 『쿠란』, 24장 31절

| 내용 알기 | 무슬림 여성은 『쿠란』에 규정된 내용대로 가족이 아닌 사람들 앞에서 다양한 종류의 베일로 몸을 가린다. 머리를 가리고 얼굴을 내놓는 히잡이 대표적인 의상이지만, 『쿠란』에서 여성의 어떤 부분을 가리라고 구체적으로 지목하지 않아 지역이나 종교적 해석의 차이에 따라 히잡부터 차도르, 니캅, 부르카까지 다양한 형태가 존재한다.

02 이슬람 세계의 확대

1. 정통 칼리프 시대의 성립

1~4대 칼리프는 무함마드와 함께 이슬람 공동체에서 활동했던 인물들(아부 바크르~우마르~우스만~알리)로, 그중에서 제4대 알리는 무함마드의 조카이자 사위임

(1) 칼리프: 무함마드의 후계자, 이슬람 공동체의 종교 지도자이자 정치적 통치자

(2) 정통 칼리프 시대(1~4대): 무함마드 사후 공동체에서 칼리프를 선출함

(3) 영토 확장: 비잔티움 제국 공격(시리아, 이집트 정복), 사산 왕조 페르시아 멸망(651)

(4) 정복지 통치 정책: 정복지의 기득권 세력을 인정하고 공납을 수취하는 간접 통치

(5) 종교 정책: 정복지에 이슬람교로의 개종을 강요하지 않음, 지즈야(인두세)를 납부하면 기존의 신앙 인정, 평등을 강조하는 교리 → 이슬람교로의 자발적 개종 증가

비무슬림 성인 남성에게 부과된 세금으로 『쿠란』에 근거를 한 제도임. 초기에는 유대교도와 크리스트교도에게만 부과되었으나, 점차 적용 범위가 확대됨

2. 우마이야 왕조의 성립과 발전

(1) 이슬람 공동체의 분열

배경	정복지 통치와 부족 간 이해관계를 둘러싼 공동체 내부의 갈등 발생
전개	제4대 칼리프가 암살당함 → 칼리프 선출을 둘러싼 내전 발생
결과	우마이야 가문의 무아위야가 칼리프 차지 → 우마이야 왕조 성립(661)
영향	칼리프 선출을 둘러싼 분쟁 과정에서 이슬람 공동체가 수니파와 시아파로 분열함

수니는 무함마드의 언행과 관행을 의미하는 '수나를 따르는 사람들'이라는 뜻임

시아는 '알리를 지지하는 당파'를 의미하는 시아 알리의 줄임말임

(2) 우마이야 왕조의 발전

① 영토 확장: 중앙아시아, 북아프리카와 이베리아반도까지 영토 확장, 지중해 장악

유럽 남서부의 대서양과 지중해 사이에 위치한 반도로, 우마이야 왕조 시대에 이슬람 세력이 진출한 후, 1492년 에스파냐 왕국이 이슬람 세력을 축출할 때까지 이슬람 문화의 영향을 많이 받은 지역임

② 중앙 집권화: 아랍인 중심 정책 추진, 비아랍인 개종자를 정치·경제적으로 차별

(3) 우마이야 왕조의 쇠퇴: 아랍인 지배층과 비아랍인 무슬림 간의 갈등이 심해짐 → 반란으로 멸망 → 아바스 왕조 성립(750)

모든 무슬림이 평등하다는 이슬람교 교리에 맞지 않아 많은 사람의 불만을 삼

3. 아바스 왕조의 발전

당의 고선지가 석국을 정복하자, 이에 위협을 느낀 주변 세력이 아바스 왕조에 지원을 요청하여 당군과 이슬람군 사이에 벌어진 전투임

(1) 아랍인과 비아랍인 간의 융합 추구: 비아랍인에게도 중요 관직 부여, 바그다드로 수도 이전, 아랍어 사용, 이슬람교 신봉 → 문화적 개념의 '아랍인' 보편화

(2) 동서 무역로 장악: 탈라스 전투(751)에서 승리 → 이슬람교가 중앙아시아의 주요 종교가 됨, 비단길로 다양한 문물 유입 → 바그다드가 상업·학문의 중심지로 성장

고대 이래 아시아와 유럽을 잇는 동서 교역로. 중국 한의 장건에 의해 개척된 후 이를 통해 중국의 비단이 서방으로 많이 수출되어 붙은 이름으로 비단 이외에도 다양한 문물이 서로 전래됨

(3) 이슬람 세력의 분열

① 아바스 왕조의 쇠퇴(9세기 중엽 이후): 정치적 내분, 지방에서 독립적인 지배자 등장, 이민족 침입 → 세력 약화

② 셀주크 튀르크의 침략: 셀주크 튀르크의 바그다드 입성(11세기) → 튀르크 세력이 이슬람 세계 주도, 아바스 왕조 칼리프의 정치적 권위 추락

③ 아바스 왕조의 멸망: 몽골의 침략으로 멸망(1258)

서아시아 지역을 차지한 몽골 세력은 점차 이슬람화됨

정리 이슬람 세계의 확장

무함마드 시대
- 이슬람교 성립
- 메카를 비롯한 아라비아반도 장악

▼

정통 칼리프 시대
- 칼리프(무함마드의 후계자) 선출
- 사산 왕조 페르시아 멸망
- 시리아, 이집트 정복

▼

우마이야 왕조
- 우마이야 가문이 칼리프 세습
- 세 대륙에 걸친 거대한 영토 점령, 지중해 장악
- 아랍인 우월 정책 실시

▼

아바스 왕조
- 아랍인과 비아랍인 간의 융합 추구
- 탈라스 전투 승리

정리 수니파와 시아파의 분열

구분	수니파	시아파
분열 원인	이슬람 공동체의 지도자(칼리프) 선출과 관련된 정치적 갈등	
주장	자격과 능력을 갖춘 사람이면 칼리프 지위에 오를 수 있음	무함마드의 혈통을 이은 사람만이 칼리프 지위를 차지해야 함
특징	기존 공동체의 주류 세력(다수파)	기존 공동체의 이탈 세력(소수파)
현재 비중	전 세계 무슬림의 약 90% 차지	전 세계 무슬림의 약 10% 차지

자료 이해하기 이슬람 세력의 팽창

교과서 67쪽

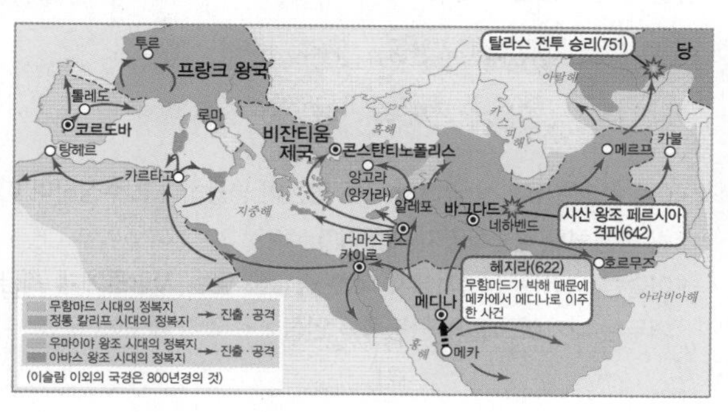

| 내용 알기 | 무함마드 시대에 아라비아반도를 통일한 이슬람 세력은 이후 빠른 속도로 세력을 확장하였다. 정통 칼리프 시대에는 사산 왕조 페르시아를 멸망시키고 시리아와 이집트 지역을 빼앗았고, 우마이야 왕조 시대에는 북아프리카와 유럽의 이베리아 반도까지 점령하여 대제국을 세웠다. 아바스 왕조 시대에는 비단길을 두고 당과 충돌하여 탈라스 전투를 치렀다. 이 전투에서 아바스 왕조가 승리하면서 중앙아시아에서 이슬람교의 영향력을 확신할 수 있었으며, 이후 중앙아시아를 넘어 인도까지 그 영향력을 넓혀갔다.

보충 이슬람 제국의 발전

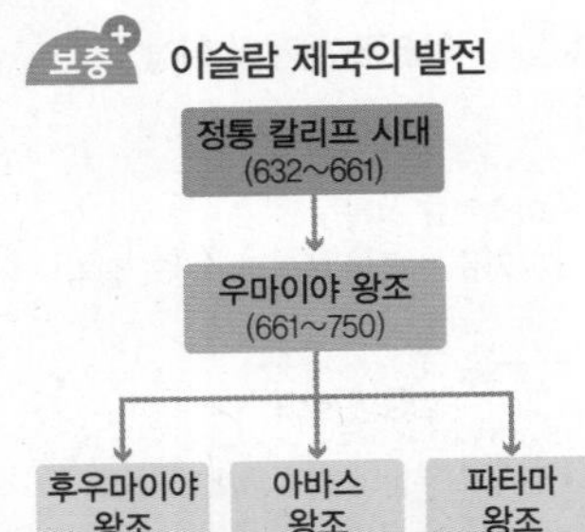

후우마이야 왕조는 멸망한 우마이야 왕조의 일부 세력이 이베리아반도로 도망쳐 세운 나라로, 이슬람 문화가 유럽에 전해지는 통로 역할을 하였다. 한편 파티마 왕조는 시아파의 한 일파가 북아프리카 현지 세력의 지지를 얻어 세운 나라이다. 파티마 왕조의 칼리프는 북아프리카 지역의 대부분을 차지하고 스스로를 이슬람 공동체의 합법적인 지도자라 주장하며 아바스 왕조의 칼리프를 부정하였다. 이후 후우마이야 왕조의 통치자도 스스로를 칼리프라 칭하면서, 이슬람 세계에는 세 명의 칼리프가 등장하였다.

03 이슬람 문화권의 형성

1. 이슬람과 동서 교류

(1) 배경: 이슬람 세력의 이베리아반도에서 중앙아시아 지역에 이르는 대제국 건설

(2) 영향: 도시의 성장, 동서 교류 활성화, 중국 문물 전파(탈라스 전투를 계기로 중국의 제지술 전래, 비단길 통해 나침반·활판 인쇄술·화약 등 유입), 바닷길 교류 활성화(홍해와 페르시아만을 통한 교역)

└ 제지술은 중국 후한의 채륜이 발명함. 탈라스 전투에서 붙잡힌 당의 포로 중에 종이 만드는 기술자가 포함되어 제지술이 이슬람 세계에 전해짐

2. 이슬람 문화의 발전

(1) 특징: 이슬람교의 교리를 바탕으로 정복지의 다양한 문화 수용 → 공통의 이슬람 문화권 안에서 지역별 특색을 담은 문화 발전

(2) 발전: 지역별로 다양한 모스크 양식, 아라베스크 문양, 『천일야화』, 세밀화

└ 아라베스크 문양: 식물과 자연 현상을 아랍어 서체와 결합하여 예술적으로 표현한 문양

└ 『천일야화』: 인도 이야기를 기반으로 다채롭게 변형되고 아랍적인 요소도 더해져 문학 작품으로 출간됨

└ 세밀화: 아랍어를 이해하지 못하는 무슬림에게 종교 교육하는 용도로 사용됨

3. 이슬람 세계의 학문 발전

(1) 배경: 국가 차원에서 고대 그리스 철학과 과학 서적을 아랍어로 번역 → 고대 그리스 학문 연구 활성화

(2) 영향: 중세 유럽 학문 발전의 토대, 아랍어를 매개로 국제적 규모의 학문 발전

지리학, 천문학, 항해술	동서 교류가 활발해지면서 이를 뒷받침하는 학문으로 발달
수학	0(영)을 포함한 아라비아 숫자 완성 등
화학	연금술 연구, 과학적 방법론의 정립, 다양한 화합물 제조 등
의학	예방 의학과 외과 수술 성행, 대표적인 의학자의 저술(이슬람 학자 이븐 시나가 남긴 『의학전범』)이 유럽에서 교재로 활용됨 등

중단원 핵심 확인하기 풀이

교과서 70쪽

1. 빈칸에 들어갈 알맞은 말을 써 보자.

(1) □□□□은/는 신의 계시를 받았다고 주장하며 이슬람교를 성립시켰다.

(2) 이슬람교의 경전인 □□은/는 무슬림의 일상을 구체적으로 규정하였다.

(3) 이슬람학자들이 고대 그리스 고전을 □□□(으)로 번역하고 연구하면서 유럽에서 잊혔던 고전 학문에 관한 연구가 활발해졌다.

(1) 무함마드 (2) 쿠란 (3) 아랍어

2. 〈보기〉에 제시된 이슬람 세력의 발전 과정을 시대순으로 정리해 보자.

보기
ㄱ. 우마이야 왕조 ㄴ. 아바스 왕조
ㄷ. 무함마드 시대 ㄹ. 정통 칼리프 시대

(ㄷ → ㄹ → ㄱ → ㄴ)

3. 옳은 내용은 ○표, 틀린 내용은 ×표를 해 보자.

(1) 이슬람교는 유일신 사상을 내세우며 모든 인간이 신 앞에서 평등하다고 주장하였다. (○)

(2) 이슬람 세력은 정복지의 주민들에게 이슬람교로 개종할 것을 강요하였다. (×)

(3) 이슬람 세력이 대제국을 건설하면서 이전 시기보다 동서 교류가 활발해졌다. (○)

4. 제시된 용어를 3개 이상 사용하여 이슬람교가 퍼질 수 있었던 이유를 문장으로 완성해 보자.

유일신 평등 무역 쿠란 정복 공동체 세금 아랍인 성지 순례

- 이슬람교는 유일신 앞에서 모든 인간이 평등하다고 주장하며 이슬람 공동체를 성립하였기 때문이다.
- 이슬람 세력은 정복지에서 다른 종교를 믿는 사람들에게 세금을 거두는 대가로 그들의 공동체를 인정해 주었기 때문이다.

도입 활동 풀이

교과서 도입 01 이슬람교 국가의 할랄 인증

교과서 62쪽

이슬람 국가에 식품을 수출하려면 왜 할랄 인증을 받아야 할까?

도입 예시 답안 | • 이슬람교를 믿는 사람들은 교리에 어긋나는 음식을 먹지 않으므로 판매하려는 식품이 이슬람교의 교리에 어긋나지 않는다는 사실을 증명해야 하기 때문이다.
• 할랄 인증은 이슬람교를 믿는 사람들에게 해야 하는 것과 하지 말아야 할 것의 기준이 되기 때문이다.

| 도입 보충 |

'할랄'이란 이슬람 율법에 의해 사용이나 행동이 허용된 것을 말한다. 음식뿐 아니라 약, 식품, 관광, 의료, 화장품, 의류, 기자재, 책, 유통은 물론 전반적인 행동, 규율, 사회적 제도에 이르기까지 다양한 분야에 적용되는 말이다. 반대되는 개념은 '하람'으로 좁게는 돼지고기와 동물의 피로 만든 식품과 같이 먹어서 안 되는 음식을 가리키지만, 넓게는 이슬람 율법에 의해 금지된 모든 것을 말한다.

교과서 도입 02 이슬람교의 확대

교과서 65쪽

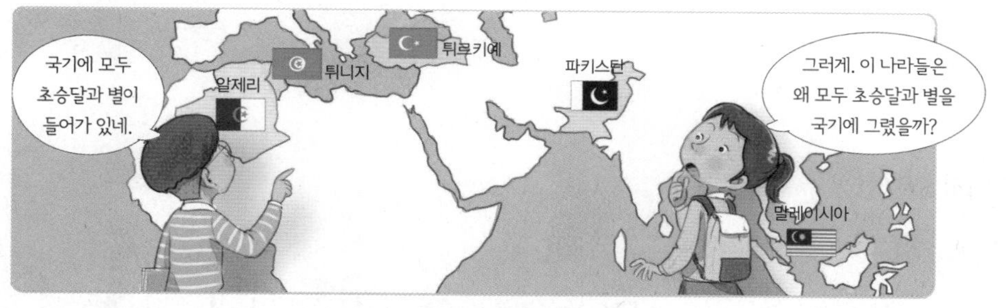

서로 멀리 떨어진 나라들인데도 국기에 비슷한 모양을 그려 넣은 까닭은 무엇일까?

도입 예시 답안 | • 다른 종교보다 이슬람교가 각 나라에서 커다란 영향력을 갖고 있기 때문이다.
• 이슬람교를 믿는 무슬림이 많이 거주하는 나라들이기 때문이다.

| 도입 보충 |

수레바퀴가 불교의 진리를 상징하고 십자가가 크리스트교를 상징하며 다윗의 별이 유대교를 상징하듯, 초승달과 별은 이슬람교의 상징으로 쓰이고 있다. 따라서 오늘날의 많은 이슬람 국가들에서는 초승달과 별을 국가를 상징하는 국기에 사용하고 있다.

도입 plus⁺ 이슬람교의 상징과 모스크

▲ 모스크

이슬람교의 상징인 초승달과 별은 예언자 무함마드가 신으로부터 최초의 계시를 받았을 때 초승달과 샛별이 떠 있었다고 전해지는 것에서 유래한다. 다른 한편으로는 오스만 튀르크가 콘스탄티노폴리스를 함락한 후 비잔티움 제국으로부터 초승달을 상징으로 받아들였다는 설도 있다.

이슬람교 사원인 모스크는 높고 뾰족한 탑인 미나레트와 둥근 돔이 특징인데, 대다수의 모스크가 둥근 돔 윗부분에 초승달 장식을 얹어 놓은 것 또한 이러한 상징적 의미를 표현한 것이다. 돔은 이슬람의 정신인 평화를, 초승달은 헤지라의 밤에 떠 있던 초승달을 의미한다.

교과서 68쪽

교과서 도입 03 아랍어와 이슬람 문화권

| 도입 보충 |

오늘날 아랍어는 사용자 수를 기준으로 세계 5위인 언어로 러시아어, 스페인어, 영어, 중국어, 프랑스어와 더불어 국제 연합의 공용어에 해당한다. 아랍어를 공용어로 사용하고 있는 국가는 25개국으로, 영어를 사용하는 55개국과 프랑스어를 사용하는 28개국 다음으로 전 세계 3위를 차지하고 있다.

여러 지역에서 공통으로 사용하는 아랍어는 이슬람 문화에 어떤 영향을 주었을까?

도입 예시 답안 | • 멀리 떨어진 지역의 사람들끼리도 원활히 소통할 수 있었다.
• 아랍어를 쓰는 다양한 나라의 사람들이 정보를 쉽게 교환할 수 있었다.

도입 plus 이슬람교와 아랍어의 연관성

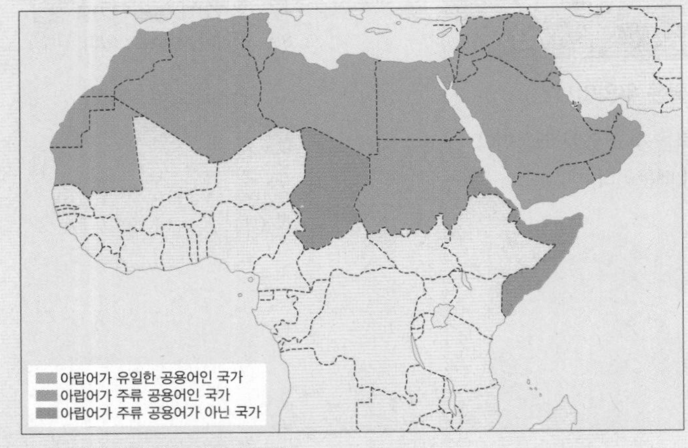

아랍어를 공용어로 사용하는 국가

ا ب ت ث ج ح خ
د ذ ر ز س ش ص
ض ط ظ ع غ ف ق
ك ل م ن ه و ي

아랍 문자 라틴 문자 다음으로 세계에서 많이 쓰이며, 아랍어뿐만 아니라 페르시아어, 우르두어 등을 표기하는 데도 쓰인다.

무함마드가 신으로부터 받은 계시를 담은 『쿠란』은 아랍어로 쓰여 있다. 『쿠란』은 원칙적으로 다른 언어로 번역하는 것이 금지되어 있었기에 이슬람 세력이 영토를 확장하고 이슬람교 신자인 무슬림이 늘어날수록 아랍어는 더욱 널리 퍼져 나갔다. 아랍어는 이슬람교와 더불어 이슬람 문화권을 묶는 공통의 문화 요소가 되었고, 서로 다른 지역에서 와 문화적 배경이 다른 학자들이 국제적인 학문적 교류를 나누는 매개체로 쓰이기도 하였다.

한편 이슬람 세계에서 발달한 과학은 유럽의 과학이 발전하는 데 큰 영향을 끼쳤다. 그 결과 오늘날 우리가 쓰고 있는 화학 관련 용어 중에는 아랍어를 어원으로 하는 단어들도 많이 생겨났는데, 알코올(alcohol), 알칼리(alkali), 연금술(alchemy), 화학(chemistry), 알고리즘(algorism) 등이 그 예이다.

역사 탐구 풀이 및 보충

역사 탐구 『쿠란』을 통해 살펴보는 이슬람교의 특징

교과서 63쪽

『쿠란』은 무함마드가 알라(하느님, 신)로부터 받은 계시의 내용을 담은 이슬람교의 경전이다. 무함마드가 메카에서 받은 계시는 주로 종교 신앙과 관련되었으나, 메디나에서 받은 계시는 사회 문제에 대한 구체적인 해답이 다수 포함되어 있다.

| 자료 1 |
채무자가 어려운 환경에 있다면 형편이 나아질 때까지 지급을 연기하여 줄 것이며, 더욱 좋은 것은 너희가 알고 있다면 그 부채를 자선으로 베풀어 주는 것이다.

| 자료 2 |
너희 가운데 죽음이 다가온 자는 재산을 남기게 되나니 그는 부모와 가까운 친척들에게 글로써 유언을 남기라.

| 자료 3 |
미성년자에게는 재산을 위탁치 말고 관리를 하되 양식을 주며 또한 그들에게 친절하라.

| 자료 4 |
간통한 여자와 남자 각각에게는 백 대의 가죽 태형이라.

『쿠란』(이집트 국립 도서관) 아랍어로 기록되었으며, 원칙적으로 번역이 금지되었다.

1. | 자료 1 | ~ | 자료 4 | 의 『쿠란』 구절은 어떤 문제를 다루고 있는지 각각 써 보자.

정답 풀이 | (1) 채무 (2) 상속 (3) 미성년자 보호 (4) 부부 문제

2. 종교 경전인 『쿠란』이 현실의 사회 문제까지 구체적으로 다루고 있는 이유가 무엇인지 생각해 보자.

정답 풀이 | 무함마드가 종교적 지도자의 역할뿐만 아니라 이슬람 공동체를 이끈 정치적·사회적 지도자 역할도 했기 때문이다.

3. 이슬람교를 국교로 채택한 나라들은 어떤 법률 체계를 가지고 있을지 이야기해 보자.

정답 풀이 | 일상생활과 관련된 법률에 『쿠란』 등 이슬람교와 관련된 내용이 포함되어 있을 것이다.

친절한 활동 길잡이

이 활동은 이슬람교 최고 경전인 『쿠란』의 내용을 살펴보며 이슬람 사회의 특징을 이해하기 위한 것이다. 무함마드가 어떤 상황에서 계시를 받게 되었을지 상상해 보며 물음에 답하도록 한다.

자료 이해 확인 문제

1. 『쿠란』은 예언자 무함마드가 알라로부터 받은 계시의 내용을 담은 경전으로 아랍어로 쓰여 있다. (○ / ×)
2. 『쿠란』은 종교 신앙과 관련된 내용만을 다루고 있다. (○ / ×)

>> 정답 1. ○ 2. ×

탐구 plus 이슬람의 법체계

샤리아존
SHARIAH CONTROLLED ZONE

이슬람 율법을 강요받는 지역인 샤리아존

이슬람의 법체계인 샤리아는 신의 계시인 『쿠란』과 무함마드의 언행을 담은 『하디스』에 기반을 두고 있다. 『쿠란』과 『하디스』에서 구체적으로 다루지 않은 문제는 키야스(Qiyas)와 이즈마(Ijma-)에 근거하여 결정한다.

키야스는 이슬람 율법학자인 울라마가 『쿠란』과 『하디스』에서 가장 유사한 사례를 찾아 유추하여 적용하는 것이다. 이즈마는 마땅한 근거를 찾지 못할 때 당대 울라마(이슬람 법학자)들의 합의를 거쳐 이슬람법으로 규정하는 방식이다. 이러한 이슬람의 법을 적용하는 과정에서 학자들 간의 의견 차이가 발생하였다.

현재 대다수의 이슬람 국가에서는 민법의 많은 부분은 전통적인 이슬람 문화와 율법 전통을 따르고, 형법에서는 서구식 법률을 시행하는 이중적인 법체계가 공존하고 있다.

실력 확인 문제

01 다음과 관련 있는 지역으로 옳은 것은?

- 6세기에는 비잔티움 제국과 사산 왕조 페르시아 간의 전쟁이 계속되면서 새로운 교역로가 개척되었고, 메카와 메디나가 그 중심지로 성장하였다.
- 새로운 교역로를 차지하려는 부족 간의 다툼이 거세지고, 빈부 격차가 심해지면서 사회가 혼란스러워졌다.

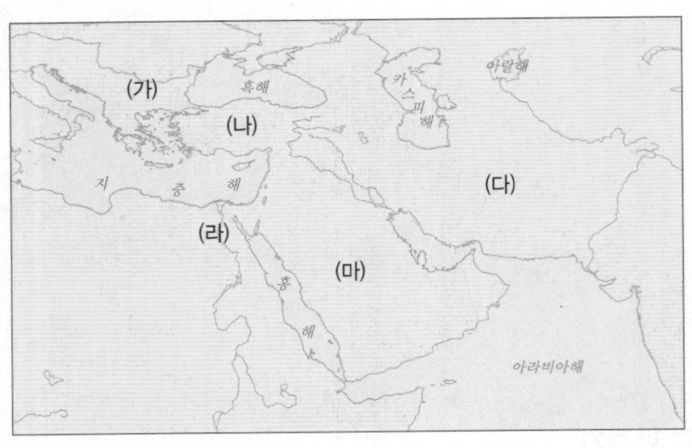

① (가) ② (나) ③ (다)
④ (라) ⑤ (마)

02 다음 설명에 해당하는 인물로 옳은 것은?

- 메카의 상인 출신으로 신의 계시를 받았다고 주장하며 새로운 종교를 성립시켰다.
- 메디나에서 새로운 종교를 포교하며, 부족 간 갈등을 중재하는 정치적 지도자로 성장하였다.
- 그의 언행을 기록한 『하디스』는 이슬람교 경전에 버금가는 권위를 가지고 있다.

① 예수 ② 알리
③ 아바스 ④ 무함마드
⑤ 우마이야

단답형

03 (가)에 들어갈 알맞은 말을 쓰시오.

(가)

예언자가 알라(하느님, 신)로부터 받은 계시의 내용을 담은 이슬람교의 경전으로, 신앙뿐만 아니라 다양한 사회 문제를 다루어 무슬림의 일상을 구체적으로 규정하였다.

( )

04 무슬림의 의무인 5행에 대한 설명으로 옳지 <u>않은</u> 것은?

① 하루에 다섯 차례 메카를 향해 기도한다.
② 신앙 고백으로 다신교의 전통을 확인한다.
③ 이슬람력 9월에는 낮 시간 동안 단식한다.
④ 평생에 한 번 이상 성지인 메카를 방문한다.
⑤ 순수입의 40분의 1을 가난한 이에게 기부한다.

05 다음 설명에 해당하는 용어로 옳은 것은?

이슬람 율법에 따라 먹을 수 없는 식품을 부르는 말로, 동물의 피로 만든 식품이나 율법에 정해진 대로 도축되지 않은 고기 등을 포함한다.

① 할랄 ② 하람
③ 지즈야 ④ 헤지라
⑤ 미흐라브

고난도

06 (가) 시기에 있었던 사실로 옳은 것만을 보기에서 고른 것은?

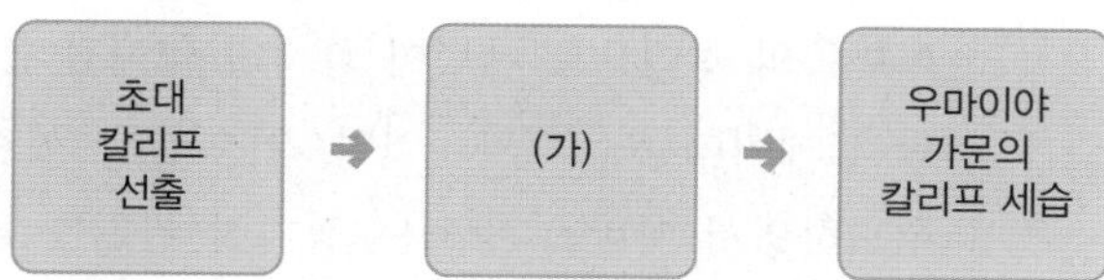

보기
ㄱ. 탈라스 전투 승리
ㄴ. 비잔티움 제국 멸망
ㄷ. 시리아, 이집트 점령
ㄹ. 사산 왕조 페르시아 멸망

① ㄱ, ㄴ ② ㄱ, ㄷ ③ ㄴ, ㄷ
④ ㄴ, ㄹ ⑤ ㄷ, ㄹ

07 (가)에 들어갈 말로 적절한 것만을 보기에서 고른 것은?

학생: 이슬람 세력이 빠른 속도로 확장하여 아시아, 아프리카, 유럽에 이르는 대제국을 건설할 수 있었던 비결은 무엇인가요?
교사: 이슬람이 정복지에 펼친 정책을 살펴보면 알 수 있어요. (가)

보기
ㄱ. 정복지의 비무슬림에게 개종을 강요하지 않았어요.
ㄴ. 정복지의 기득권 세력을 인정하는 간접 통치를 선호하였어요.
ㄷ. 아랍인 중심의 정책을 펼치며 권력을 중앙으로 집중하였어요.
ㄹ. 정복지의 종교 공동체에 자치권을 보장하지 않고 통합 정책을 펼쳤어요.

① ㄱ, ㄴ ② ㄱ, ㄷ ③ ㄴ, ㄷ
④ ㄴ, ㄹ ⑤ ㄷ, ㄹ

단답형

08 (가)에 들어갈 알맞은 말을 쓰시오.

이슬람교는 제4대 칼리프가 살해된 후 이슬람 공동체의 지도자를 어떻게 선출할 것인지를 둘러싼 갈등 끝에 두 세력으로 갈라졌다. 그중 다수파를 차지하고 있는 (가) 은/는 공동체를 위한 자격과 능력을 갖춘 사람이라면 누구나 칼리프가 될 수 있다고 보았다.

( )

중요

09 다음 사건들을 일어난 순서대로 바르게 나열한 것은?

ㄱ. 헤지라 ㄴ. 메카 점령
ㄷ. 시아파 형성 ㄹ. 초대 칼리프 선출

① ㄱ－ㄴ－ㄷ－ㄹ
② ㄱ－ㄴ－ㄹ－ㄷ
③ ㄴ－ㄱ－ㄷ－ㄹ
④ ㄷ－ㄱ－ㄴ－ㄹ
⑤ ㄷ－ㄴ－ㄹ－ㄱ

중요

10 밑줄 친 ㉠과 같은 사건이 일어난 이유로 옳은 것은?

우마이야 왕조는 동쪽으로는 중앙아시아, 서쪽으로는 북아프리카와 유럽의 이베리아반도까지 영토를 확장하고 지중해를 장악하였으나, ㉠ 결국 8세기 중엽에 제국 내부 반대 세력의 반란으로 멸망하였다.

① 메디나로 이주하였다.
② 시아파가 형성되었다.
③ 칼리프를 선출하였다.
④ 탈라스 전투에서 패배하였다.
⑤ 아랍인 중심 정책을 추진하였다.

11 (가)에 들어갈 도시로 옳은 것은?

지도는 아바스 왕조의 수도인 (가) 의 옛 모습으로 동서양의 다양한 문물이 유입되어 상업과 학문의 중심지로 성장하였습니다.

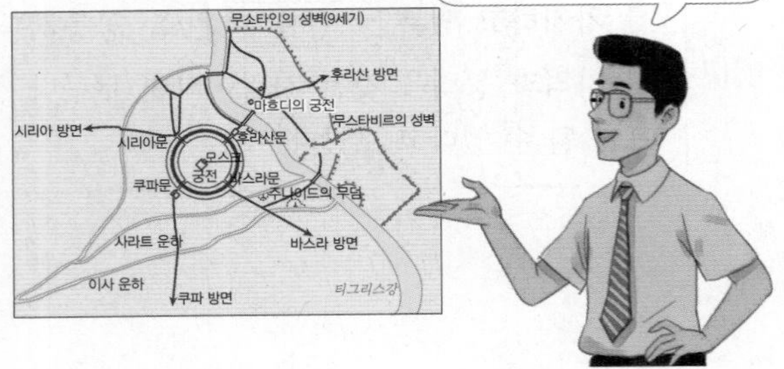

① 메카　② 메디나
③ 바그다드　④ 예루살렘
⑤ 다마스쿠스

12 아바스 왕조에 대한 설명으로 옳은 것은?

① 이슬람교가 성립되었다.
② 아라비아반도를 대부분 통합하였다.
③ 칼리프의 지위를 최초로 세습하였다.
④ 비아랍인에게 개방적인 태도를 보였다.
⑤ 아라비아반도의 육상 교역로가 활성화되었다.

고난도

13 탈라스 전투의 결과로 옳은 것만을 보기에서 고른 것은?

보기

ㄱ. 중국의 제지술이 전해졌다.
ㄴ. 칼리프가 정치적 권력을 잃고 종교적 권위만 이어갔다.
ㄷ. 이슬람교가 중앙아시아의 지배적인 종교로 자리 잡았다.
ㄹ. 정복지의 통치 방식과 부족 간의 이해관계를 둘러싼 갈등으로 내전이 벌어졌다.

① ㄱ, ㄴ　② ㄱ, ㄷ　③ ㄴ, ㄷ
④ ㄴ, ㄹ　⑤ ㄷ, ㄹ

14 (가), (나)에 들어갈 국가들을 옳게 연결한 것은?

아바스 왕조는 9세기 중엽 이후 정치적 내분과 이민족의 침입으로 세력이 급격히 약해졌다. 결국 11세기에는 (가) 이/가 이슬람 세계를 주도하면서 아바스 왕조는 정치적 권위를 잃게 되었고, 13세기에 (나) 의 침략으로 마침내 멸망하였다.

	(가)	(나)
①	몽골	오스만 튀르크
②	몽골	셀주크 튀르크
③	셀주크 튀르크	비잔티움 제국
④	셀주크 튀르크	몽골
⑤	오스만 튀르크	몽골

15 이슬람 사회에서 볼 수 있는 모습으로 옳지 않은 것은?

① 히잡을 쓰고 있는 여성
② 천일야화에 실린 이야기를 읽는 사람
③ 라마단 기간을 맞이하여 금식하는 사람들
④ 손님에게 돼지고기 요리를 대접하는 집주인
⑤ 예배 시간에 맞춰 메카를 향해 기도하는 사람

정답과 해설 283쪽

단답형

16 (가)에 들어갈 알맞은 말을 쓰시오.

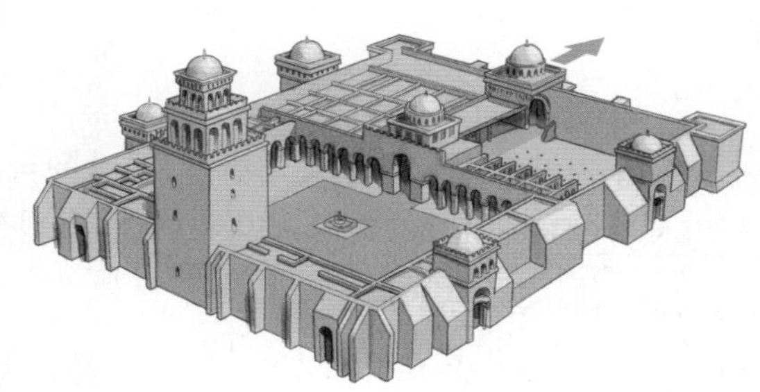

(가) 은/는 이슬람 공동체의 중심지로 예배를 위한 공간이자 교육 기관, 묘지, 여행자를 위한 숙소 역할을 하였으며, 둥근 돔과 뾰족한 탑이 특징이다.

( )

17 이슬람 세계를 거쳐 유럽으로 건너간 문화 요소로 옳지 않은 것은?

① 화약
② 나침반
③ 제지술
④ 활판 인쇄술
⑤ 아라베스크 문양

중요

18 이슬람 문화권의 특징에 대한 설명으로 옳은 것만을 보기에서 고른 것은?

보기

ㄱ. 고대 그리스 철학과 과학 분야의 연구가 활발하였다.
ㄴ. 천일야화는 아랍적인 요소만을 반영한 문학 작품이다.
ㄷ. 미너렛는 서로 다른 지역에서도 하나의 양식으로 통일성을 갖추었다.
ㄹ. 그림으로 종교 교육을 대신하는 경우가 잦아지면서 세밀화가 발전하였다.

① ㄱ, ㄷ
② ㄱ, ㄹ
③ ㄴ, ㄷ
④ ㄴ, ㄹ
⑤ ㄷ, ㄹ

19 밑줄 친 ㉠의 내용을 서술하시오.

갑: 결국 메카의 귀족들이 끈질기게 탄압했지만, 이슬람 공동체는 메카를 점령하고 아라비아 반도 대부분을 통일하는 데 성공했어.
을: 많은 사람이 ㉠이슬람교 교리에 매력을 느끼고 이를 받아들인 결과야.

20 (가)에 들어갈 적절한 내용을 서술하시오.

(이슬람 세력의 정복지에서의 가상의 대화)
피정복민: 앞으로 우리가 갖고 있던 신앙은 버려야 하나요?
무슬림 정복자: 그렇지 않소. (가)

21 (가)의 명칭과, (가)가 이슬람 문화권에서 등장하게 된 배경을 서술하시오.

이슬람 문화권에서 확인할 수 있는 독특한 양식인 (가) 문양은 식물과 자연 현상을 아랍어 서체와 결합하여 예술적으로 표현하고 있다.

교과서 72~85쪽

크리스트교 문화의 형성과 확산

01 서유럽과 로마 가톨릭 교회

1. 게르만족 국가의 성립

(1) 게르만족의 이동: 4~6세기에 서유럽 지역에서 이동과 정착 반복, 여러 왕국 수립

(2) 프랑크 왕국: 로마 가톨릭 개종(5세기 말) → 로마 교회의 지지 확보, 왕국 최장 유지
└ 대개 게르만족은 로마 지역에서 이단으로 여겨지던 아리우스파 신앙을 따랐지만, 프랑크 왕국은 아타나시우스파(로마 가톨릭)로 개종함

2. 동서 교회의 분열

(1) 배경: 이슬람 세력 확장(7세기) → 5대 교구 중 로마 교회(서유럽)와 콘스탄티노폴리스 교회(동유럽)만 남음

(2) 동서 교회의 갈등과 분열: 비잔티움 제국 황제가 로마 교회에 자신의 권위 강요 → 성상 숭배 금지령(726)으로 대립 격화 → 교황 중심의 로마 가톨릭 교회와 비잔티움 제국 황제를 수장으로 하는 정교회로 분열(1054)
└ 비잔티움 제국 황제인 레오 3세가 726년 내린 명령으로, 포교 시 성상을 적극 활용하던 로마 교회의 반발을 일으켜 동서 교회 분열의 요인으로 작용함
└ 성 베드로의 정통 후계자로서의 로마 교황을 정점으로 하는 크리스트교 교회
└ 비잔티움 제국과 동유럽 문화의 바탕이 되었으며 로마 교황의 권위를 인정하지 않고 로마 가톨릭 교회보다 제례 의식을 중시하는 특징이 있음

3. 서유럽 봉건제의 성립

(1) 배경: 9세기 말 이민족 침입으로 인한 사회 혼란 → 지방 세력가의 성장

(2) 봉건제: 주종 관계와 장원제를 기반으로 성립된 지방 분권적 통치 체제

① 주종 관계: 봉신은 주군에게 충성을 맹세하고, 주군은 봉신에게 토지(봉토)를 수여함, 주군과 봉신 간의 쌍무적 계약 관계

② 장원제: 봉신이 자신의 봉토를 영주라는 이름으로 지배, 주군의 간섭 없이 장원 운영, 장원의 구성원은 대부분 농노
└ 한 개 또는 여러 개의 장원
└ 영주에게 세금과 노동력을 바침, 영주의 허락 없이 장원을 떠날 수 없음

4. 로마 가톨릭 교회의 개혁 운동

(1) 교회의 세속화: 성직자의 타락, 세속 권력의 성직자 임명권 보유 등

(2) 개혁 운동: 10세기 초 클뤼니 수도원을 중심으로 교회와 세속 권력과의 결별 추구

(3) 교회의 성장: 교황 그레고리우스 7세가 성직 매매 · 세습 등 금지, 교황이 성직자 임명권 행사, 대관식 통해 왕권에 권위 부여, 기증받은 토지와 농민 지배

5. 크리스트교 중심의 문화 발달

(1) 일상생활: 교회와 교회 공동체가 신앙생활뿐만 아니라 사교 생활도 지배

(2) 교육: 교회, 수도원 부설 학교 성장(중세 초기) → 대학 등장(볼로냐, 파리 등)
└ 볼로냐 대학은 법학 교육이 파리 대학은 신학 교육이 발전함

(3) 학문의 발전: 신학 중심의 연구, 철학이 신학을 이해하기 위한 보조 학문으로 발전, 아리스토텔레스 철학 유입 → 스콜라 철학 유행(토마스 아퀴나스)

(4) 건축: 로마네스크 양식(돔, 아치), 고딕 양식(첨탑, 스테인드글라스) 유행(사르트르 대성당)
└ 크리스트교 신앙을 체계적으로 정리하고 이성을 통해 입증하고자 하였던 중세 철학으로 신앙과 이성의 조화를 추구함

5대 교구

로마, 콘스탄티노폴리스, 예루살렘, 알렉산드리아, 안티오크 교구이다.

성상 숭배 금지령

비잔티움 제국 황제인 레오 3세가 726년 내린 명령으로, 포교 시 성상을 적극 활용하던 로마 교회의 반발을 일으켜 동서 교회 분열의 요인으로 작용하였다.

정리 봉건제의 구조

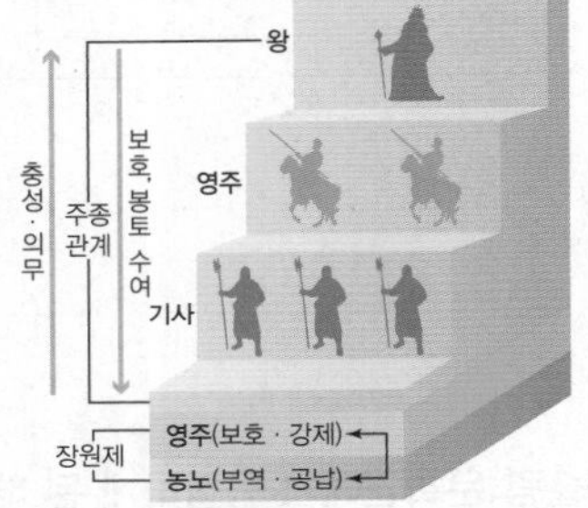

봉건제는 지배 계층 간의 주종 관계와 지배층인 영주와 피지배층인 농노 간의 장원제의 이중 구조로 이루어졌다. 주종 관계가 어느 한쪽이 의무를 지키지 않으면 깨지는 쌍무적 계약 관계를 특징으로 하는 것과 달리, 장원제 안에서 농노는 영주의 영지에 예속되어 지배를 받는 처지였다.

자료 이해하기 카노사의 굴욕 교과서 73쪽

| 내용 알기 | 교황 그레고리우스 7세가 신성 로마 제국의 황제 주교 임명권을 박탈한다는 교서를 내렸으나, 황제인 하인리히 4세가 이에 불복하자 교황은 황제를 파문하였다. 제후들이 파문을 당한 황제에게는 충성할 수 없다며 반발하는 등 입지가 좁아진 하인리히 4세는 결국 당시 교황이 머무르고 있던 카노사에 직접 찾아가 3일간 용서를 구한 끝에 사면을 받았다. 그림은 하인리히 4세가 카노사의 성주인 마틸다와 클뤼니 수도원장인 후고에게 교황과의 만남을 중재해 줄 것을 요청하는 모습이다.

02 비잔티움 제국과 정교

1. 비잔티움 제국(동로마 제국)의 번영과 쇠퇴

┌ 서로마 제국이 멸망한 뒤에도 약 1천 년간 유지

(1) 전성기: 6세기 초인 유스티니아누스 황제 때 옛 로마 제국 영토 대부분 회복

(2) 쇠퇴: 유스티니아누스 황제 사후 이민족의 침입으로 영토 상실 → 군역을 대가로 토지를 지급하여 자영농 육성하고 군사력 강화하여 세력을 회복 → 11세기 이후 자영농 몰락, 셀주크 튀르크의 침입, 십자군의 약탈 등으로 세력 약화 → 오스만 제국의 공격을 받아 멸망(1453)

2. 비잔티움 제국의 문화

(1) 특징: 정교 바탕의 독자적인 문화 발전, 황제 교황주의 발전, 그리스어 사용, 그리스 고전 보존 및 연구, 비잔티움 양식 유행(웅장한 돔, 모자이크 벽화)

(2) 영향: 러시아, 동유럽 문화 발전에 영향 → 키이우 공국은 정교를 국교로 수용

03 유럽 사회의 새로운 변화

1. 십자군 전쟁(1096~1270)

교황은 교황의 권위 강화와 새로운 영토에 대한 욕심, 왕과 영주는 새로운 영지 획득, 상인은 지중해 무역권 장악 등 각자의 이익을 위해 전쟁에 참여함

구분	내용
배경	11세기 후반 셀주크 튀르크가 예루살렘 점령 후 비잔티움 제국 위협 → 비잔티움 제국 황제가 로마 교황에게 도움 요청 → 교황 우르바누스 2세의 성지 회복 호소 → 십자군 전쟁 시작(1906)
전개	제1차 십자군의 성지 탈환 성공 → 이슬람 세력이 다시 탈환, 약 200여 년간 총 8차례의 원정 추진 → 성지 회복 실패
영향	교황과 지방 세력가의 세력 약화, 국왕의 권력 강화, 동방 교역 활성화

2. 도시의 발달

┌ 11세기의 서유럽 사회는 이민족의 침입이 줄어들고 봉건제를 바탕으로 하는 사회 구조가 정착하면서 안정을 되찾아 생산력이 증가하고 인구가 증가함

(1) 배경: 11세기 이후 농업 생산량 증가 → 잉여 생산물 교환을 위한 시장 형성 → 상업·수공업 활성화 → 도시 발달

(2) 교역의 활성화와 도시의 성장: 동방과의 교역 활성화 → 이탈리아 북부 도시 성장, 북유럽 도시들이 한자 동맹 결성 → 발트해·북해 무역 독점, 지중해 무역과 북해 무역을 연결하는 정기시 형성(상파뉴 지방),

(이탈리아 북부: 베네치아, 피렌체, 밀라노 등이 대표적임 / 북유럽 도시: 북부 독일의 함부르크, 뤼베크 등)

(3) 상인과 수공업자의 성장: 길드(상인, 수공업자들이 만든 동업 조합), 왕이나 지방 세력가에게 자치권 획득

(4) 농민의 지위 변화: 14세기 중엽 흑사병 유행으로 노동력 부족 → 농민 처우 개선, 지방 세력가의 수탈에 대한 저항(자크리의 난, 와트 타일러의 난)

황제 교황주의

세속의 군주인 황제가 교회의 지도자 역할까지 겸하여 교회를 지배하는 형태이다.

보충 성 소피아 대성당

웅장한 돔과 내부의 화려한 모자이크 벽화를 특징으로 하는 비잔티움 양식의 대표적인 건축물로 유스티니아누스 황제에 의해 세워졌다. 처음에는 교회 건물로 지어졌으나, 1453년부터 이슬람교의 모스크로 쓰이다가 현재는 박물관으로 사용되고 있다.

한자 동맹

'한자'는 독일어로 '조합', '동료'라는 뜻으로 13세기 북부 유럽의 도시 동맹을 말한다. 발트해와 북해 연안 무역을 독점하였다. 자체 방어를 위한 해군력을 보유하였으며, 중심지인 뤼베크에서 회의를 열어 다수결로 동맹의 정책을 결정하였다.

흑사병

페스트균의 감염 때문에 급성으로 일어나는 전염병으로 살덩이가 썩어서 검게 되어 '흑사병'이라 불리었다. 당시 기록에 따르면 전 유럽 인구의 1/3 또는 1/4이 흑사병으로 사망하였다고 한다.

자료 이해하기 원정로를 통해 본 십자군 전쟁

교과서 77쪽

로마 가톨릭 세력권
정교 세력권
이슬람교 세력권
북해
잉글랜드
런던
대서양
파리
신성 로마 제국
폴란드
프랑스
클레르몽
아비뇽
베네치아
제노바
헝가리 왕국
리스본
로마
흑해
콘스탄티노폴리스
셀주크 튀르크
비잔티움 제국
안티오크
지중해
예루살렘
제1차(1096~1099)
제3차(1189~1192)
제4차(1202~1204)
제8차(1270)

| 내용 알기 | 제1차 십자군은 원정의 목표였던 성지를 되찾는 데 성공하였다. 이후 십자군은 정복한 지역에 정착하여 나라를 세우고 이 지역을 지배하였으나, 곧이어 이슬람 세력의 반격에 위기에 처하였다. 결국 이슬람 세력이 다시 예루살렘을 정복하자 유럽의 주요 군주들을 중심으로 제3차 십자군이 조직되어 원정에 나섰지만 실패하였다. 이후에도 몇 차례 십자군 원정이 이어지지만 초기의 종교적 열정이 식으면서 다양한 문제가 발생하였고, 결국 십자군은 성지의 회복이라는 애초의 목표를 달성하지 못하고 끝이 났다. 전쟁을 거치며 교황과 지방 세력가의 세력이 약화되고 국왕의 권력이 강화되었으며, 동방 교역이 활성화되어 상공업이 발전하는 등 서유럽 사회에 큰 변화를 가져왔다.

백년 전쟁
프랑스의 왕위 계승과 모직물 공업이 발달한 플랑드르 지역의 확보를 둘러싸고 1337년부터 1453년까지 영국과 프랑스 간에 벌어진 전쟁이다. 영토 확장을 꾀하는 귀족들이 합세하면서 오랜 기간 전쟁이 이어졌다.

『우신예찬』
네덜란드의 성직자이자 인문주의자인 에라스무스의 저서로 풍자 소설의 형식을 통해 형식화된 교회의 문제와 성직자의 타락을 신랄하게 비판하였다.

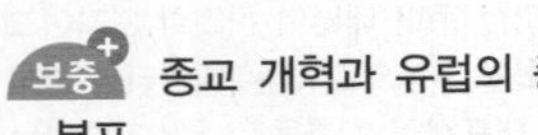

종교 개혁과 유럽의 종교 분포

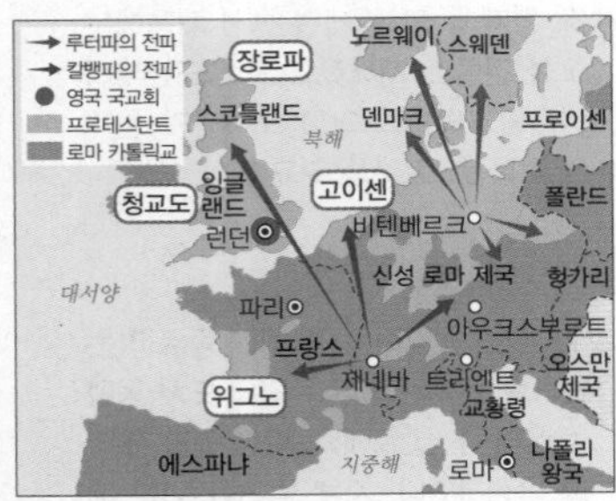

아우크스부르크 화의를 통해 공인받은 루터파는 대개 독일 북부 지역과 북유럽 지역에서 세력을 확장하였다. 검소하고 근면한 생활 윤리를 강조한 칼뱅의 주장은 상공업자들의 환영을 받으며 유럽 곳곳으로 확산되었다.

30년 전쟁
독일의 신교와 구교 간의 갈등에서 시작된 전쟁으로 덴마크, 스웨덴 등이 개입하며 국제전 양상을 보였다. 특히 구교 국가인 프랑스가 신교 세력을 지원하는 등 정치적 이해관계가 우선하기도 하였다.

3. 중앙 집권 국가의 출현
(1) 배경: 국왕의 재판권·과세권 확대와 관료제·상비군 정비 → 왕권 강화, 도시 상공업자들의 국왕 지원 및 봉사
(2) 각 지역의 변화
① 프랑스, 영국: 백년 전쟁, 장미 전쟁 → 국왕 중심 중앙 집권 국가 토대 마련
(장미 전쟁: 영국의 랭커스터 가문과 요크 가문 사이에 벌어진 왕위 쟁탈전으로 두 가문이 각각 붉은 장미와 흰 장미를 문장으로 쓴 것에서 유래함)
② 포르투갈, 에스파냐: 이슬람 세력 축출 후 왕국 건설, 인도 항로 개척
③ 러시아 지역: 모스크바 대공국으로 성장
④ 독일, 이탈리아: 중앙 집권 국가로의 성장 미비

4. 르네상스의 유행
(르네상스: '재생', '부활'이라는 뜻)
(1) 의미: 14~16세기 유럽에서 나타난 그리스·로마 고전 문화 부흥 운동
(2) 이탈리아 르네상스
① 배경: 고전 문화의 전통 유지, 무역의 중심지로 성장, 비잔티움 제국 멸망 후 많은 학자의 망명 등
② 내용: 라틴어 고전 연구, 인간의 솔직한 감정을 담은 서정시 출현(페트라르카), 레오나르도 다빈치·미켈란젤로·라파엘로 등 활동, 르네상스 양식 발달
(르네상스 양식: 대표적으로 성 베드로 성당이 있음. 교황 레오 10세는 성 베드로 대성당을 증축할 비용을 마련하고자 면벌부를 판매하였는데, 이는 루터의 종교 개혁의 원인이 됨)
(3) 알프스 이북 지역의 르네상스: 자국어로 된 국민 문학 발전(셰익스피어, 세르반테스), 평범한 사람들의 일상생활을 다룬 작품 등장(반에이크 형제, 브뤼헐)
(세르반테스: 『돈키호테』에서 몰락한 기사 계급을 풍자함)

5. 종교 개혁
(1) 배경: 교회의 부패 문제 심각 → 개혁 요구 증가(에라스뮈스의 『우신예찬』)
(2) 내용: 루터의 면벌부 판매 비판과 성서 지상주의 주장(95개조 반박문, 1517) → 아우크스부르크 화의(1555)에서 루터파 인정 칼뱅의 예정설 주장 → 프랑스, 영국, 네덜란드 등지로 확산, 영국 헨리 8세의 수장법 발표
(아우크스부르크 화의: 지방 세력가들에게 로마 가톨릭 또는 루터파를 선택할 권리를 부여함)
(예정설: 인간의 구원은 신이 미리 정해 놓음)
(수장법: 헨리 8세는 왕비 캐서린과의 사이에서 아들이 없자 궁녀 앤 불린과 결혼하려 하였으나, 교황이 캐서린과의 이혼을 허락하지 않음. 이에 반발해 가톨릭 교회와의 결별을 선언하고 자신이 영국 교회의 수장임을 선포함)

6. 종교 전쟁의 발발
(1) 네덜란드: 에스파냐의 가톨릭 강화 정책에 신교도가 반발 → 전쟁 → 독립
(2) 프랑스: 위그노 전쟁 발발 → 낭트 칙령(제한된 지역에서 신교도의 예배 허용)
(3) 독일: 30년 전쟁이 국제전으로 확대 → 베스트팔렌 조약
(베스트팔렌 조약: 지방 세력가에게 칼뱅파 선택 권리를 줌)
(4) 결과: 구교와 신교의 분열, 국왕 중심의 중앙 집권 국가 출현의 배경이 됨

중단원 핵심 확인하기 풀이
교과서 82쪽

1. 빈칸에 들어갈 알맞은 말을 써 보자.
(1) 교황 우르바누스 2세가 성지 탈환을 호소하자 많은 지방 세력가와 농민이 호응하여 □□□ 전쟁이 일어났다.
(2) 비잔티움 제국의 수도였던 □□□□□□□□□은/는 동서 무역의 중심지로 번성하였다.
(3) □□□ □□□□은/는 신학과 이성의 조화를 추구하는 스콜라 철학을 집대성하였다.

(1) 십자군 (2) 콘스탄티노폴리스 (3) 토마스 아퀴나스

2. 관련 있는 내용을 옳게 연결해 보자.
(1) 고딕 양식 — ㉡ 샤르트르 대성당
(2) 비잔티움 문화 — ㉢ 성 소피아 대성당
(3) 95개조 반박문 — ㉠ 루터

3. 옳은 내용은 ○표, 틀린 내용은 ×표를 해 보자.
(1) 카노사의 굴욕은 성직자 임명을 둘러싼 교황과 황제의 대립에서 교황이 승리한 사건이다. (○)
(2) 중세의 대표적인 철학은 스콜라 철학이다. (○)
(3) 십자군 전쟁의 성공으로 교황권이 강화되었다. (×)

4. 제시된 용어를 3개 이상 사용하여 종교 개혁의 영향을 문장으로 완성해 보자.

크리스트교 구교 신교 종교 전쟁 국왕 중앙 집권 국가

- 크리스트교가 구교와 신교로 분열하는 계기가 되었다.
- 종교 전쟁은 국왕 중심의 중앙 집권 국가가 출현하는 배경이 되었다.

도입 활동 풀이

교과서 도입 01 크리스트교의 역할

교과서 72쪽

나는 모든 크리스트교인들에게 수요일 해가 질 녘부터 월요일 해 뜰 때까지 신의 휴전을 따를 것을 엄숙히 선포하는 바이다.
신의 휴전 기간 동안 누구도 공격하면 안 되겠어.
이 기간에 우리는 평화로움을 누릴 수 있겠어.

크리스트교는 당시 유럽 사회에서 어떤 역할을 했을까?

도입 예시 답안 | 크리스트교는 혼란하고 무질서한 중세 사회에서 사람들에게 안정과 평화를 주는 역할을 하였다.

| 도입 보충 |

로마 가톨릭 교회는 서로마 제국 멸망 이후 무질서하고 혼란스러운 상황 속에서 교세를 확장하며 유럽인의 일상생활과 정신세계에 밀착하였다. 제국이 멸망한 후에도 유지된 교회 조직은 실질적인 버팀목이 되었다. 크리스트교 교리는 점점 작은 지역 단위의 폐쇄적인 사회로 쪼개지던 서유럽 사회를 하나의 문화적 단위로 묶어 놓는 구심점 역할을 하였다.

교과서 도입 02 비잔티움 제국의 황제

교과서 75쪽

유스티니아누스 황제를 보면 예수에게 사용하는 후광이 있어.
MAXIMIANVS
황제 옆에 있는 사람들은 군인과 관료, 성직자가 맞지?
그러게. 미사 때 사용하는 빵 바구니도 보여.

비잔티움 제국에서 황제는 어떤 역할을 했을까?

도입 예시 답안 | 비잔티움 제국에서 황제는 정치, 종교, 군사적으로 최고의 지배자였다.

| 도입 보충 |

비잔티움 제국은 교황권과 황제권이 분리된 서유럽 세계와 달리 황제가 교회의 우위에 서는 황제 교황주의가 발전하였다. 그 결과 성직자 임명권을 두고 교황과 황제 간의 투쟁이 벌어졌던 서유럽과 달리 비잔티움 제국 황제는 교회의 수장으로 전체 교회를 통제할 수 있었다. 비잔티움 제국이 멸망한 후에는 러시아가 정교회의 보호국을 자처하였다.

교과서 도입 03 십자군 참여의 동기

교과서 77쪽

성지를 회복합시다. 이 싸움에서 전사하는 자는 구원을 받을 것입니다. 여러분이 사는 이 땅은 좁고 척박합니다. 성지와 그 주변의 비옥한 땅을 정복합시다. 그곳은 신이 우리에게 약속한 땅입니다.

이슬람 세력에게 빼앗긴 성지를 회복해야 해.

나도 구원받을 수 있겠지.

이번 기회에 전리품을 얻을 수 있겠지?

당시 사람들이 십자군에 참여하려 한 까닭은 무엇일까?

도입 예시 답안 |
- 성지 예루살렘을 회복하기 위해서이다.
- 영혼의 구원을 받기 위해서이다.
- 전리품을 얻기 위해서이다.

| 도입 보충 |

1195년 교황 우르바누스 2세의 성지 회복 호소에 수많은 사람이 호응하였고, 이듬해부터 십자군 전쟁이 시작되었다. 성지 회복이라는 종교적 열정이 원정의 기본적인 원동력이었지만, 참가자 각자의 세속적 욕구 또한 십자군 열풍이 부는 데 큰 힘이 되었다.

역사 탐구 풀이 및 보충

역사탐구 교황의 권위 강화

교과서 73쪽

친절한 활동 길잡이

이 활동은 교황의 권위가 가장 막강했을 당시의 상황을 살펴보며 중세 서유럽 사회의 특징을 알아보고자 한 것이다. 성직자 임명권을 둘러싼 투쟁이 벌어졌던 시기의 상황과 비교해 본다.

인노켄티우스 3세가 토스카나의 귀족 아케르부스에게 보낸 편지

우주의 창조주께서 하늘의 궁창에 두 개의 큰 빛 물체를 세우실 때, 낮을 주관하는 더 큰 빛과 밤을 지배하는 작은 빛으로 하셨다. 마찬가지로 그분께서는 하늘이라고 불리는 보편 교회의 궁창에 두 개의 큰 권위를 세우셨다. 낮을 향한 것같이 영혼을 다스리는 더 큰 것과 밤을 향한 것처럼 육신을 다스리는 작은 것, 이는 교황의 권위와 왕의 권력을 말한다. 달은 자기 빛을 태양으로부터 얻으며 질과 크기, 위치와 역할 모두 태양보다 작다. 이와 같이 왕의 권력은 교황의 권위로부터 자기 품위의 광채를 얻는다. -「우주의 창조주처럼」

인노켄티우스 3세 (재위 1198~1216)

1. 위 편지에서 교황의 권위가 강화되었음을 보여 주는 근거에 밑줄을 긋고 이유를 말해 보자.

정답 풀이 |
- 밑줄: 달은 자기 빛을 태양으로부터 얻으며 …… 교황의 권위로부터 자기 품위의 광채를 얻는다.
- 이유: 달이 태양의 빛으로 빛나는 것처럼 왕도 교황이 인정하지 않으면 권위를 얻지 못하기 때문이다.

2. 위 편지가 보내진 시기 이후에 교황과 왕의 관계는 어떠했는지 조사해 보자.

정답 풀이 | 이후 교황과 왕의 대립이 계속되었으며, 아나니 사건과 교황의 아비뇽 유수 같은 사건이 일어나면서 교황의 권위가 더욱 약해졌다.

자료 이해 확인 문제

1. 편지에서 태양은 신을, 달은 교황을 의미한다. (○ / ×)
2. 편지에서 교황은 자신의 권위가 왕의 권력보다 크다는 점을 강조하였다. (○ / ×)

≫ 정답 1. × 2. ○

6세기 무렵의 비잔티움 제국

교과서 75쪽

친절한 활동 길잡이

이 활동은 비잔티움 제국의 지정학적 위치를 살펴보며 비잔티움 제국의 성장 배경을 이해하기 위한 것이다. 지중해 주변에 위치하였던 다양한 세력을 고려하며, 지중해를 중심으로 어떤 교류가 펼쳐졌을지 상상해 본다.

비잔티움 제국의 수도였던 콘스탄티노폴리스는 보스포루스 해협의 남쪽 입구에 있으며, 유럽과 아시아에 걸쳐 있다.

1. 당시 콘스탄티노폴리스가 교류하였을 지역을 말해 보자.

정답 풀이 | 테살로니카, 라벤나 등 지중해 주변 도시들과 교류했을 것이다.

2. 1의 내용을 근거로 콘스탄티노폴리스가 번영할 수 있었던 배경을 설명해 보자.

정답 풀이 | 6세기는 비잔티움 제국의 전성기로, 콘스탄티노폴리스는 유럽과 아시아를 잇는 길목에 있어 교통의 요충지로 상업과 교역이 발달할 수 있었다.

자료 이해 확인 문제

1. 콘스탄티노폴리스는 내륙에 위치하고 있다. (○ / ×)
2. 비잔티움 제국은 상업과 교역이 발달하였다. (○ / ×)

≫ 정답 1. × 2. ○

역사탐구 백년 전쟁, 아쟁쿠르 전투와 오를레앙 전투

교과서 79쪽

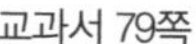

| 자료 1 |

아쟁쿠르 전투(1415)

영국군이 승리하였다. 그 이유는 수십 년의 훈련을 통한 장궁의 위력이 발휘되었기 때문이다.

| 자료 2 |

오를레앙 전투(1429)

프랑스군이 승리하였다. 그 이유는 먼 거리에서 적을 공격할 수 있는 대포가 위력을 발휘하였기 때문이다.

1. | 자료 1 |과 | 자료 2 |에 나타난 두 전투 방식 간의 차이점이 무엇인지 말해 보자.

정답 풀이 | 아쟁쿠르 전투는 영국군이 긴 활을 사용해 승리한 전투이고, 오를레앙 전투는 프랑스군이 대포를 사용해 승리한 전투이다.

2. | 자료 2 |를 통해 전투 방식이 바뀌면서 나타난 변화가 무엇인지 조사하여 발표해 보자.

정답 풀이 | 활과 칼을 사용하는 전술에서 대포를 사용하는 전술로의 변화는, 기존의 전쟁이 있을 때마다 소집해야 하는 기사 중심의 군대에서 항시 무력을 갖춘 상비군의 탄생을 의미한다.

친절한 활동 길잡이

이 활동은 백년 전쟁의 주요 전투를 비교하여 살펴보며 14~15세기경 기반을 마련하기 시작한 중앙 집권 국가의 특징을 이해하기 위한 것이다. 두 전투의 전술적 특징이 변화할 수 있었던 배경이 무엇인지 고민하며 물음에 답해 본다.

자료 이해 확인 문제

1. 오를레앙 전투는 프랑스군이 승리하였다. (○ / ×)
2. 전투 방식이 바뀌면서 상비군이 사라지고 기사 중심의 군대가 등장하였다. (○ / ×)

>> 정답 1. ○ 2. ×

탐구 plus 백년 전쟁과 중앙 집권 국가로의 발전

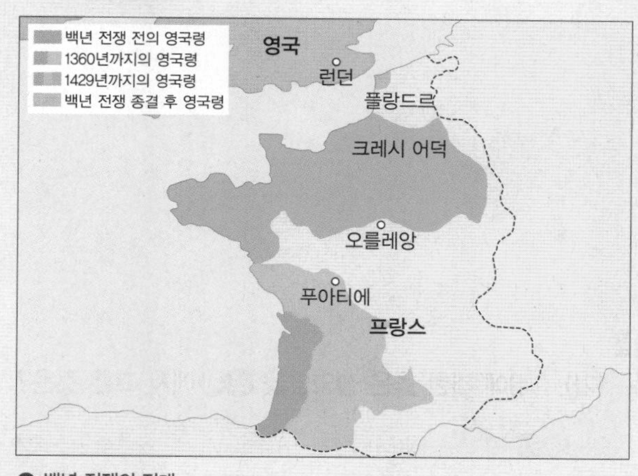

▲ 백년 전쟁의 전개

◀ **잔 다르크** 평범한 농가 출신으로, 1429년에 "프랑스를 구하라"는 신의 음성을 듣고 고향을 떠나 샤를 황태자(샤를 7세)를 도왔다. 이후 프랑스군을 이끌고 영국군을 물리치는 선봉에 섰다.

카페 왕조의 샤를 4세가 후계자 없이 죽자, 그의 사촌 형제인 발루아가의 필리프 6세가 왕위에 올랐다. 이를 두고 영국왕인 에드워드 3세가 자신의 어머니가 카페 왕가 출신이라는 이유를 들며 자신이 프랑스 왕위 계승권을 가졌다고 주장하였다. 둘 사이의 갈등으로 시작된 전쟁은 1337년에 시작되어 1453년에 끝났는데, 이를 백년 전쟁이라 한다. 전쟁 초기에는 영국이 우세하였으나 잔 다르크의 활약에 힘입어 프랑스가 영국을 제압하였고, 마침내 프랑스가 승리를 거두었다.

백 년이 넘는 기간 동안 전쟁을 벌이며 프랑스와 영국은 중앙 집권 국가로 발전하는 토대를 마련하였다. 백년 전쟁을 통해 프랑스는 영국 세력을 몰아내고 오늘날 프랑스 영토의 대부분을 확보하였다. 또한 전쟁에서 대포가 사용되면서 성곽과 칼을 기반으로 싸우던 봉건 기사 계급이 몰락하고 왕권이 강화되었다. 한편 오랜 기간 이어진 전쟁을 통해 프랑스와 영국에서는 민족의식이 싹트기 시작하였으며, 특히 프랑스에서는 잔 다르크의 활약으로 국민의 애국심이 고양되었다.

실력 확인 문제

단답형

01 (가)에 들어갈 알맞은 말을 쓰시오.

> 4~6세기에 게르만족이 이동과 정착을 반복하면서 서유럽 지역에 많은 게르만족 국가가 세워졌다. 이들 중에서 (가) 왕국은 로마 가톨릭으로 개종하여 로마 교회의 지지를 확보하여 가장 오랫동안 왕국을 유지하였다.

( )

중요

02 (가)에 들어갈 말로 적절한 것만을 보기에서 고른 것은?

지리상 멀리 떨어져 있는 비잔티움 제국의 황제와 로마 교회의 교황이 갈등했던 이유는 무엇인가요?
(가)

보기
ㄱ. 다른 종교에 대한 관점의 차이 때문입니다.
ㄴ. 성상 숭배 금지령을 둘러싼 논쟁 때문입니다.
ㄷ. 영토에서 무력 충돌이 발생하였기 때문입니다.
ㄹ. 비잔티움 제국 황제가 로마 교회에 자신의 권위를 강요하였기 때문입니다.

① ㄱ, ㄴ ② ㄱ, ㄷ ③ ㄴ, ㄷ
④ ㄴ, ㄹ ⑤ ㄷ, ㄹ

[03~04] 다음 자료를 보고 물음에 답하시오.

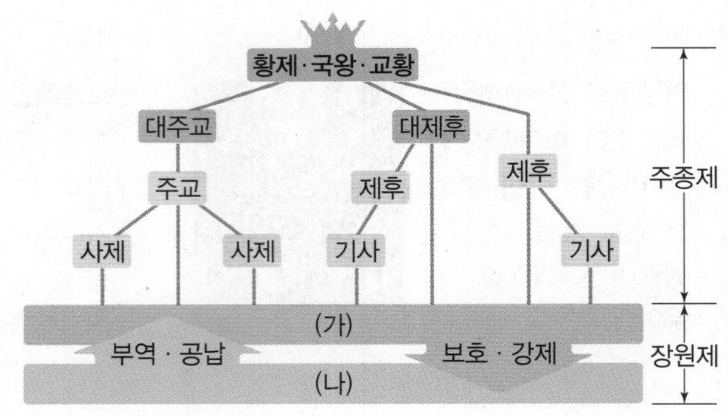

03 위와 같은 사회 구조가 형성된 배경으로 옳은 것은?

① 십자군 전쟁에 다양한 세력들이 참여하였다.
② 성직자 임명 권한을 둘러싼 갈등이 심해졌다.
③ 상업과 수공업이 발전하며 도시가 성장하였다.
④ 왕권이 강화되어 중앙 집권 국가가 등장하였다.
⑤ 9세기 말 이민족의 침입으로 사회가 혼란하였다.

고난도

04 (가), (나)에 대한 옳은 설명만을 보기에서 고른 것은?

보기
ㄱ. (가)는 장원에서 주군의 간섭을 받지 않았다.
ㄴ. (가)는 대개 하나 또는 여러 개의 장원을 봉토로 가졌다.
ㄷ. (나)는 거주 이전의 자유가 보장되었다.
ㄹ. (나)는 (가)와 서로 간에 의무를 지는 계약 관계를 맺었다.

① ㄱ, ㄴ ② ㄱ, ㄷ ③ ㄴ, ㄷ
④ ㄴ, ㄹ ⑤ ㄷ, ㄹ

05 밑줄 친 ㉠과 같은 사건이 일어난 이유로 옳은 것은?

> 로마 가톨릭 교회의 세력이 커지면서 ㉠ 교회 내에서 다양한 문제가 발생하였다. 이에 10세기 초 클뤼니 수도원을 중심으로 교회 본연의 자세로 돌아가자는 개혁 운동이 전개되었다.

① 교회의 세속화가 심해졌다.
② 면벌부 판매가 급증하였다.
③ 황제의 권위가 절대화되었다.
④ 이슬람 세력과의 충돌이 이어졌다.
⑤ 비잔티움 제국 황제와 교황의 갈등이 심해졌다.

단답형

06 (가)에 들어갈 알맞은 말을 쓰시오.

> 십자군 전쟁 이후 아리스토텔레스의 철학이 서유럽에 본격적으로 전해지면서 신앙과 이성의 조화를 추구하는 (가) 철학이 유행하였다.

( )

07 (가), (나)에 들어갈 말을 옳게 연결한 것은?

	(가)	(나)
①	콘스탄티누스	비잔티움 제국
②	콘스탄티누스	신성 로마 제국
③	유스티니아누스	오스만 제국
④	유스티니아누스	비잔티움 제국
⑤	유스티니아누스	신성 로마 제국

08 다음 설명에 해당하는 문화재로 옳은 것은?

> • 웅장한 돔과 내부의 화려한 모자이크 벽화를 특징으로 하는 비잔티움 양식의 대표적인 건축물이다.
> • 처음에는 교회 건물로 지어졌으나, 1453년부터 이슬람교의 모스크로 쓰이다가 현재는 박물관으로 사용되고 있다.

①

②

③

④

⑤

09 비잔티움 문화에 대한 설명으로 옳은 것만을 보기에서 고른 것은?

보기
ㄱ. 교황권과 황제권이 분리되었다.
ㄴ. 라틴어를 공용어로 사용하였다.
ㄷ. 그리스 고전을 보존하고 연구하였다.
ㄹ. 러시아, 동유럽 문화 발전에 영향을 주었다.

① ㄱ, ㄴ　② ㄱ, ㄷ　③ ㄴ, ㄷ
④ ㄴ, ㄹ　⑤ ㄷ, ㄹ

중요

10 **다음은 중세 유럽의 교역 관계를 나타낸 표이다. 이에 대한 설명으로 옳은 것만을 보기에서 고른 것은?**

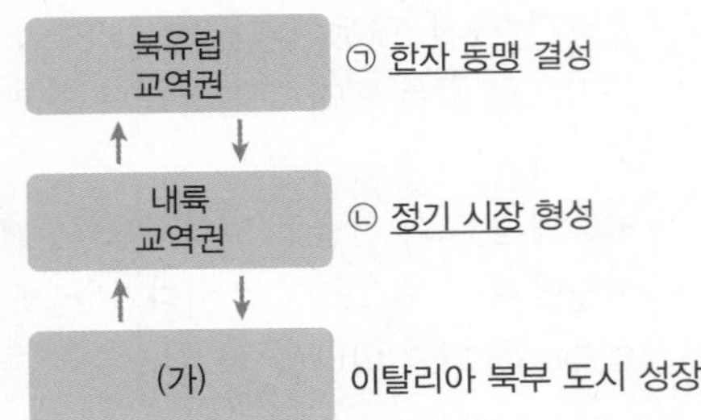

보기
ㄱ. (가)는 대서양 교역권이다.
ㄴ. (가)는 유럽 안에서의 교역에 집중하였다.
ㄷ. ㉠은 발트해 연안 무역을 독점하였다.
ㄹ. ㉡은 프랑스 샹파뉴 지방에 형성되었다.

① ㄱ, ㄴ ② ㄱ, ㄷ ③ ㄴ, ㄷ
④ ㄴ, ㄹ ⑤ ㄷ, ㄹ

단답형

11 **다음에서 설명하는 것을 쓰시오.**

- 상인과 수공업자의 동업 조합이다.
- 노동 시간, 상품 가격 등을 규정하여 공동의 이익과 안전을 꾀하였다.
- 국왕이나 지방 세력가로부터 도시의 자치권을 획득하는 데 중요한 역할을 하였다.

( )

12 **중세 서유럽 사회에서 목격할 수 있는 모습으로 적절하지 않은 것은?**

① 십자군 원정을 떠난 무장한 기사
② 모스크에서 신에게 기도하는 신자
③ 파리 대학에서 신학 공부를 하는 학생
④ 수도원 부설 학교에서 성경을 필사하는 수도사
⑤ 교회의 사제를 모시고 결혼 성사를 치르는 부부

13 **(가)의 영향으로 옳은 것은?**

위의 그림은 14세기 중엽 유럽에서 빠른 속도로 퍼진 (가) 의 공포감을 표현한 것이다.

① 상공업이 성장하였다.
② 종교 개혁이 일어났다.
③ 비잔티움 제국이 멸망하였다.
④ 르네상스 운동에 영향을 끼쳤다.
⑤ 노동력 부족으로 농민의 지위가 상승하였다.

고난도

14 **(가) 시기에 있었던 사실로 옳지 않은 것은?**

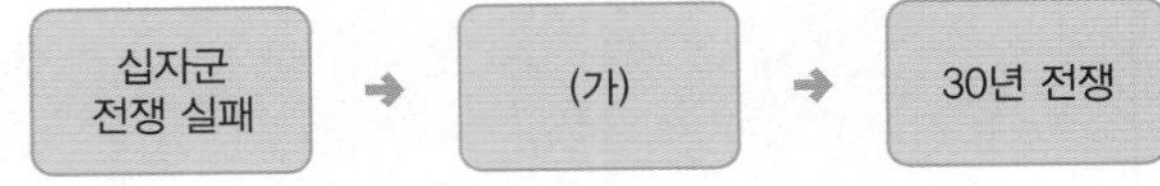

① 백년 전쟁이 일어났다.
② 장미 전쟁이 일어났다.
③ 에스파냐 왕국이 세워졌다.
④ 독일 지역에 중앙 집권 국가가 수립되었다.
⑤ 러시아 지역에서 모스크바 대공국이 강해졌다.

15 **(가)에 들어갈 인물로 옳은 것은?**

르네상스가 알프스 이북 지역으로 확산하면서 문학에서 새로운 경향이 등장하였다. 기존에 라틴어를 쓰는 중세 문학과는 달리 자국어를 쓰는 국민 문학이 발달한 것이다. 몰락한 기사 계급을 풍자하는 소설 『돈키호테』를 쓴 에스파냐의 (가) 은/는 이러한 경향을 잘 보여 준다.

① 브뤼헐 ② 라파엘로
③ 세르반테스 ④ 셰익스피어
⑤ 토마스 아퀴나스

서술형

정답과 해설 285쪽

16 다음 설명에 해당하는 인물로 옳은 것은?

> • 인문주의자로 성경을 그리스어로 편찬하였다.
> • 성직자의 타락을 풍자하는 『우신예찬』을 집필하여 초기 크리스트교 정신으로 돌아갈 것을 주장하였다.

① 루터　② 칼뱅
③ 에라스뮈스　④ 페트라르카
⑤ 구텐베르크

중요

17 다음 인물들의 공통점으로 옳은 것은?

「95개조 반박문」을 발표한 루터

예정설을 주장한 칼뱅

① 교황의 권위를 존중하였다.
② 면벌부 판매에 찬성하였다.
③ 구교와 신교 간의 화해를 시도하였다.
④ 성서를 토대로 한 신앙생활을 강조하였다.
⑤ 자신이 국가 교회의 수장임을 선포하였다.

18 다음 사건들을 일어난 순서대로 바르게 나열한 것은?

> ㄱ. 면벌부 판매
> ㄴ. 낭트 칙령 발표
> ㄷ. 베스트팔렌 조약 체결
> ㄹ. 아우크스부르크 화의 체결

① ㄱ-ㄴ-ㄹ-ㄷ
② ㄱ-ㄹ-ㄴ-ㄷ
③ ㄴ-ㄱ-ㄷ-ㄹ
④ ㄷ-ㄴ-ㄹ-ㄱ
⑤ ㄷ-ㄹ-ㄴ-ㄱ

19 다음 사건의 명칭과 일어나게 된 원인을 서술하시오.

> 그림은 교회에서 파문을 당한 하인리히 4세가 카노사의 성주와 클뤼니 수도원장에게 찾아가 교황 그레고리우스 7세에게 용서를 구하기 위해 중재해 줄 것을 부탁하는 장면이다.

20 밑줄 친 '이 싸움'의 명칭과 이 싸움이 일어나게 된 배경을 서술하시오.

> 성지를 회복합시다. <u>이 싸움</u>에서 전사하는 자는 구원을 받을 것입니다. 여러분이 사는 이 땅은 좁고 척박합니다. 성지와 그 주변의 비옥한 땅을 정복합시다. 그곳은 신이 우리에게 약속한 땅입니다.

21 (가)에 들어갈 내용을 서술하시오.

> 기자: 이번에 발표하신 수장법은 어떤 내용이고 발표하신 이유는 무엇인가요?
> 헨리 8세: (가)

대단원 마무리

교과서 86~87쪽

한눈에 정리하기

| 예시 답안 |

① 카스트제
② 대승
③ 굽타
④ 산스크리트어
⑤ 노장사상
⑥ 3성 6부
⑦ 국제적
⑧ 유교
⑨ 스콜라
⑩ 무함마드
⑪ 아바스
⑫ 십자군
⑬ 길드
⑭ 루터

수행 평가

개별 문화권의 특징을 다룬 다양한 매체의 정보를 분석하고 종합하여 답사 계획을 구성하는 과정에서 역사 정보 활용 및 의사소통 역량을 기른다.

| 예시 답안 |

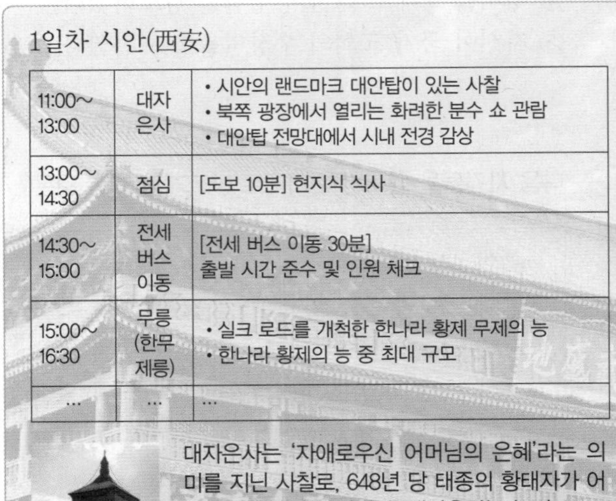

1일차 시안(西安)

시간	장소	내용
11:00~13:00	대자은사	• 시안의 랜드마크 대안탑이 있는 사찰 • 북쪽 광장에서 열리는 화려한 분수 쇼 관람 • 대안탑 전망대에서 시내 전경 감상
13:00~14:30	점심	[도보 10분] 현지식 식사
14:30~15:00	전세 버스 이동	[전세 버스 이동 30분] 출발 시간 준수 및 인원 체크
15:00~16:30	무릉(한무제릉)	• 실크 로드를 개척한 한나라 황제 무제의 능 • 한나라 황제의 능 중 최대 규모
…	…	…

대자은사는 '자애로우신 어머님의 은혜'라는 의미를 지닌 사찰로, 648년 당 태종의 황태자가 어머니를 위해 건립하였다. 대자은사는 높이 64 m의 대안탑이 있는 곳으로도 유명한데, 대안탑은 당의 승려 현장이 인도에서 가져온 불상과 법문 경전을 보관하고자 세운 벽돌탑이다. 내부에는 사리와 함께 현장의 전기가 보관되어 있다.

대단원 마무리 문제

정답과 해설 287쪽

❶ 불교 및 힌두교 문화의 형성과 확산

01 다음 설명에 해당하는 인물로 옳은 것은?

> • 남부 일부를 제외한 인도 대부분 통일
> • 지방에 감찰관 파견, 전국의 도로망 정비
> • 인도 전역과 실론(스리랑카)에 불교 포교단 전파

① 아소카왕 ② 카니슈카왕
③ 알렉산드로스 ④ 찬드라굽타 2세
⑤ 찬드라굽타 마우리아

02 (가) 양식이 발전했던 시기에 대한 설명으로 옳은 것만을 보기에서 고른 것은?

> 왼쪽의 그림은 (가) 양식을 확인할 수 있는 대표적인 작품으로, 아잔타 석굴에서 확인할 수 있다.

보기
ㄱ. 인도 고유의 종교인 힌두교가 성립하였다.
ㄴ. 간다라 지방을 중심으로 정복 활동에 나섰다.
ㄷ. 개인의 해탈을 강조하는 불교 교리가 유행하였다.
ㄹ. 왕의 권위를 높이기 위해 왕을 비슈누에 비유하였다.

① ㄱ, ㄷ ② ㄱ, ㄹ ③ ㄴ, ㄷ
④ ㄴ, ㄹ ⑤ ㄷ, ㄹ

03 다음 사건이 일어난 시기를 연표에서 고른 것은?

> 간다라 지방을 중심으로 헬레니즘 문화와 인도의 불교문화가 융합된 새로운 미술 양식이 발달하면서 다수의 불상이 제작되었다.

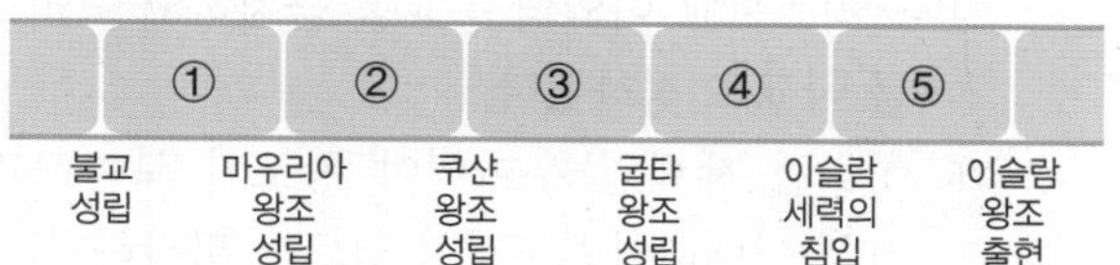

❷ 동아시아 문화의 형성과 확산

04 밑줄 친 '이 시기'에 대한 설명으로 옳은 것만을 보기에서 고른 것은?

> 이 시기에는 혼란한 사회에 염증을 느끼고 속세에서 벗어나 자연과 더불어 살기를 원하는 풍조가 유행하였는데, 대표적으로 죽림칠현이 있다.

보기
ㄱ. 절도사가 난립하여 사회가 혼란하였다.
ㄴ. 북방 유목 민족이 화북 지역에 여러 나라를 세웠다.
ㄷ. 지배층이 통치의 정당성 확보하고자 불교를 지원하였다.
ㄹ. 동돌궐을 정복한 황제가 '천가한'이라는 칭호를 사용하였다.

① ㄱ, ㄷ ② ㄱ, ㄹ ③ ㄴ, ㄷ
④ ㄴ, ㄹ ⑤ ㄷ, ㄹ

05 (가) 사건에 대한 설명으로 옳은 것은?

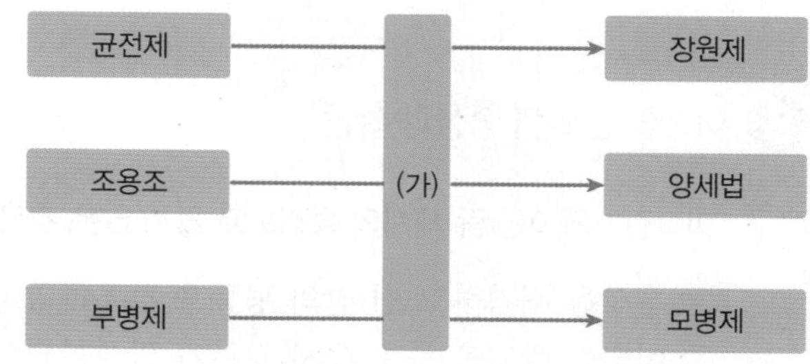

① 대규모의 고구려 원정이 실패하였다.
② 안녹산과 사사명이 반란을 일으켰다.
③ 후한이 멸망하고 삼국으로 분열하였다.
④ 왕망이 한을 멸망시키고 신 왕조를 세웠다.
⑤ 화북과 강남 지역을 연결하는 대운하가 건설되었다.

06 (가), (나)에 들어갈 말을 옳게 고른 것은?

〈세계사 자료 조사 보고서〉

• 주제: 당의 [(가)] 문화

• 목차

1. 배경: 동서 교역로 확보

2. 사례

(1) 빈공과: 신라 출신의 최치원, 신라와 발해의 쟁장 사건

(2) 당삼채

(3) 외래 종교의 유입: 조로아스터교, 마니교, [(나)]

(4) 동아시아 문화권의 형성

	(가)	(나)
①	국제적	유교
②	귀족적	도교
③	국제적	경교
④	귀족적	유교
⑤	서민적	경교

❸ 이슬람 문화의 형성과 확산

07 이슬람교와 이슬람 세계의 특징으로 옳지 않은 것은?

① 우상을 배격하고 신 앞의 평등을 강조하였다.
② 이슬람 상인을 통한 동서 교류가 활성화되었다.
③ 식물 등이 아랍어 서체와 결합된 아라베스크 무늬가 발전하였다.
④ 쿠란에는 구체적인 현실 문제를 다룬 내용도 다수 포함되어 있다.
⑤ 쿠란이 다양한 언어로 번역되면서 이슬람교를 공통으로 하는 문화권이 형성되었다.

08 다음 사건의 영향으로 적절한 것은?

> 제4대 칼리프가 암살된 후 이슬람 공동체의 지도자인 칼리프를 어떻게 선출할 것인지를 둘러싼 갈등이 발생하였다. 그 과정에서 우마이야 가문의 무아위야가 칼리프 자리를 차지하여 우마이야 왕조가 성립되었다.

① 몽골의 침략을 받았다.
② 바그다드로 수도를 옮겼다.
③ 탈라스 전투에서 승리하였다.
④ 박해를 피해 메디나로 이주하였다.
⑤ 수니파와 시아파로 이슬람 세력이 분열하였다.

❹ 크리스트교 문화의 형성과 확산

09 자료와 관련된 사건의 배경으로 가장 적절한 것은?

▲ 카노사성에서 교황과의 알현을 중재해 줄 것을 간청하는 하인리히 4세

> 마침내 하인리히 4세가 두어 명의 수행원만 거느리고 내가 머물고 있던 카노사에 찾아왔소. 그는 적대적이거나 오만한 기색이 전혀 없이 성문 앞에서 사흘 동안 빌었다오.

① 프랑크 왕국이 로마 가톨릭으로 개종하였다.
② 비잔티움 제국의 황제가 성상에 대한 숭배를 금지하였다.
③ 성직자를 임명하는 문제를 두고 황제와 교황 간의 갈등이 불거졌다.
④ 크리스트교 이외의 종교를 금지하고 크리스트교를 국교로 정하였다.
⑤ 이슬람 세력인 우마이야 왕조가 북아프리카를 거쳐 이베리아반도까지 영토를 확장하였다.

10 지도와 관련된 주제로 적절한 것만을 보기에서 고른 것은?

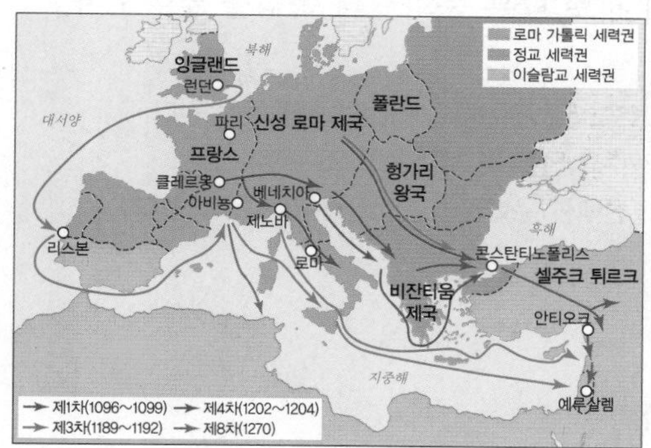

보기
ㄱ. 교황의 위상 변화
ㄴ. 대서양 무역의 활성화
ㄷ. 북유럽 교역권의 성장
ㄹ. 이탈리아 도시들의 번영

① ㄱ, ㄴ ② ㄱ, ㄹ ③ ㄴ, ㄷ
④ ㄴ, ㄹ ⑤ ㄷ, ㄹ

11 지도에 대한 설명으로 옳은 것만을 보기에서 고른 것은?

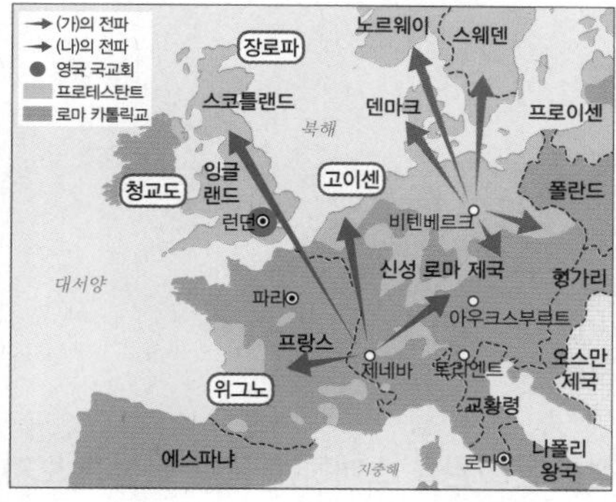

보기
ㄱ. (가)는 아우크스부르크 화의에서 공식적으로 인정받았다.
ㄴ. (나)는 상공업자들의 지지로 유럽 곳곳으로 확산되었다.
ㄷ. (가)는 칼뱅파, (나)는 루터파이다.
ㄹ. (가), (나)는 교황이 주도한 면벌부 판매에 협조적이었다.

① ㄱ, ㄴ ② ㄱ, ㄷ ③ ㄴ, ㄷ
④ ㄴ, ㄹ ⑤ ㄷ, ㄹ

서술형

정답과 해설 287쪽

12 지도에 나타난 운하 완공의 긍정적·부정적 영향을 서술하시오.

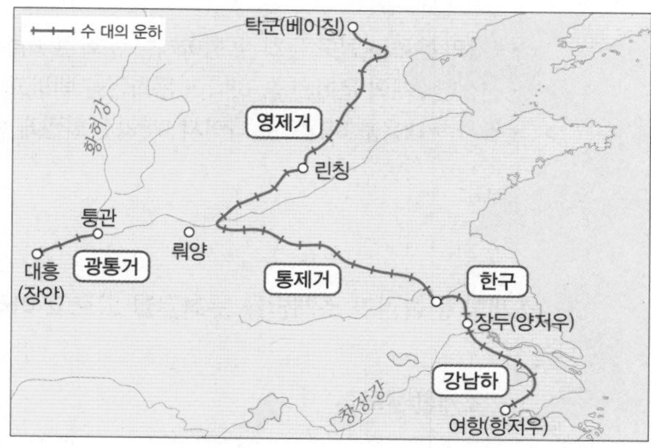

13 (가)에 들어갈 알맞은 내용을 서술하시오.

교사: 이슬람 세계의 학문 발전이 유럽을 비롯한 다양한 사회에 영향을 미친 사례를 말해 볼까요?
학생: (가)

14 (가)에 들어갈 말과 장원제와 비교하여 (가) 관계의 특징을 서술하시오.

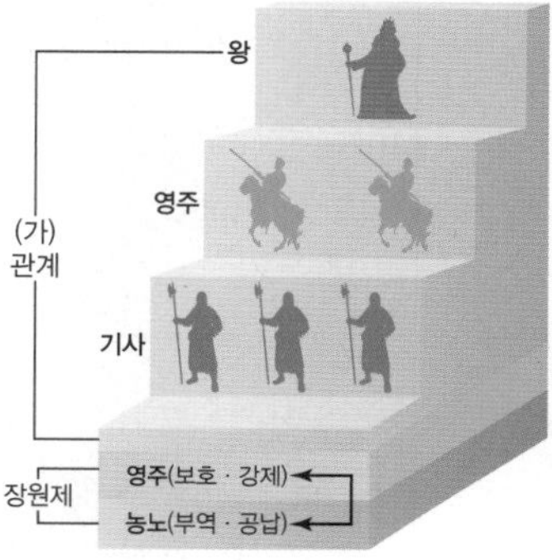

핵심 수행 평가

01 문화권을 소개하는 글쓰기

◦ 독자를 고려하여 문화권을 소개하는 글을 쓰고 공유하며 서로 다른 문화권의 특징을 알아보자.

- 4개의 문화권(인도 문화권, 동아시아 문화권, 이슬람 문화권, 크리스트교 문화권) 중 2개의 문화권을 선정한다.
- 선정한 2개의 문화권 중 하나의 문화권을 택하고, 그 문화권의 특징, 주요 인물 및 사건 등을 조사한다.
- 조사한 내용을 바탕으로 나머지 1개의 문화권에 속한 사람에게 내가 선택한 문화권의 특징을 알리는 글을 쓴다.

1. 소개할 문화권과 소개받을 문화권을 고르고 아래 표를 채워보자.

소개할 문화권		
소개받을 문화권		
소개할 내용	특징	
	주요 인물	
	주요 사건	
	주요 유적과 유물	
	기타	

2. 작성한 표를 바탕으로 소개받는 문화권의 독자를 고려해 자신이 선정한 문화권을 소개하는 글을 작성해 보자.

02 역사적 인물 SNS 만들기

◎ 다음 역사적 인물 중 한 명을 골라 가상의 SNS 게시글을 작성해 보자.

- 불교를 통치 이념으로 선포하는 아소카왕
- 최초로 부처를 인간의 모습으로 표현한 간다라 지방의 불교 신자
- 한화 정책이 시행되는 북위 조정에서 활동하는 선비족 귀족
- 대운하의 완성을 축하하는 연회에 참석한 수의 관리
- 박해를 피해 메카를 떠나 메디나로 이주하는 무슬림
- 바그다드의 지혜의 집에서 고대 그리스 철학을 연구하는 무슬림 학자
- 제1차 십자군 원정에 참여하여 예루살렘을 점령한 십자군
- 루터의 「95개조 반박문」을 읽고 있는 교회 신자

1. 제시된 상황 중 하나를 골라 가상 SNS를 꾸며 보자.

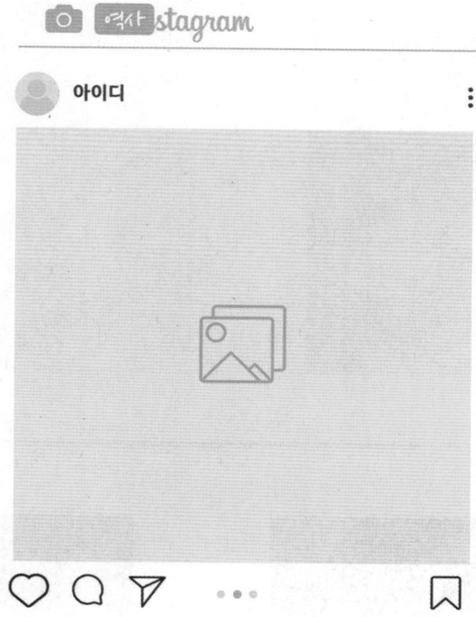

2. 자신이 선정한 상황을 가상의 SNS에 어울리는 해시태그와 함께 게시글로 작성해 보자.

| 읽기 자료 |

천년의 고도, 일본 교토

"교토에는 옛 숨결이 살아있다."

천 년의 세월 동안 천황이 기거한 '교토고쇼', 헤이안 시대 귀족 문화의 진수를 보여 주는 '뵤도인', 교토 시내를 한눈에 내려다 볼 수 있는 '기요미즈데라', 보는 것만으로 눈부신 황금빛 누각의 '긴카쿠지'를 살펴보자. 이외에도 일본 천태종의 총본산인 '엔랴쿠지', 일본의 전통 가옥을 느낄 수 있는 '기온 거리', 에도 막부의 위세를 확인할 수 있는 '니조조' 등도 찾아보자.

교토고쇼(京都御所)

헤이안 시대부터 1896년 도쿄로 수도를 옮길 때까지 약 500년간 천황이 살았던 왕궁으로, 현재의 건물은 헤이안 시대의 건축 양식에 따라 1855년에 재건된 것이다. 이전에는 이 왕궁을 중심으로 관료와 귀족들의 저택들이 밀집해 있었으나, 수도를 옮긴 후 모두 철거되고 그 자리엔 교토교엔(京都御苑)이라 불리는 대규모 공원이 조성되어 관광객뿐 아니라 휴식을 즐기는 시민들이 자주 찾는 공간이 되었다.

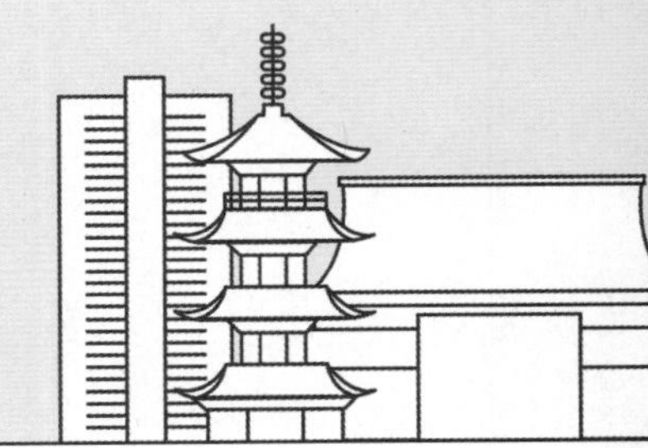

일본 음식 맛보기

❶ 야키소바 焼きそば 일본의 대중적인 음식으로, 삶은 국수에 야채와 고기를 넣고 볶은 요리이다. 빵 사이에 야끼소바를 넣고 마요네즈와 생강절임을 고명으로 올린 야끼소바빵도 쉽게 만날 수 있다.

❷ 타코야키 たこやき 잘게 다진 문어가 들어간 한입 크기 공 모양의 빵으로, '타코'(문어)와 '야키'(굽다)가 합쳐져 생긴 이름이다. 보통은 타코야키용 전용 소스와 마요네즈를 뿌려 먹지만, 취향에 따라 다양한 소스를 곁들이기도 한다.

뵤도인(平等院)

헤이안 시대 후기인 1052년에 당대 최고 권력자였던 후지와라 요리미치가 세운 사원이다. 뵤도인에 있는 많은 건물 중에서 일본 국풍 문화를 대표하는 건축물인 봉황당이 가장 유명하다. 봉황당은 아미타불을 모신 극락전인데, 정면에서 바라보면 날개를 펼친 새처럼 보이고 지붕 위에 봉황 한 쌍이 세워져 있어 봉황당으로 불린다. 이외에도 뵤도인에는 헤이안 시대를 대표하는 정원이 조성되어 있다.

기요미즈데라(清水寺)

기요미즈데라는 헤이안 시대 초기에 설립된 사찰로 교토 오타와산 중턱에 위치해 있다. 절벽 위로 돌출되어 있는 본당의 툇마루에서 교토 시내의 전경이 한눈에 펼쳐져 교토를 찾는 관광객들이 빠놓지 않고 들르는 명소 중 하나이다.

긴카쿠지(金閣寺)

원래는 무로마치 막부 시대의 쇼군이 지은 별장이었으나, 그가 죽은 뒤 유언에 따라 로쿠온지라는 사찰로 바뀌게 되었다. 금각을 입힌 외형뿐 아니라 각 층마다 건축 양식이 서로 다르다는 점이 특이하며, 1층은 헤이안 시대 귀족의 주거 양식, 2층은 막부 시대 무사의 주거 양식, 3층은 선종 사찰 양식을 띠고 있다.

❸ 우동 うどん 통통한 면을 삶아 그 위에 다양한 고명을 올리는 일본의 대표적인 면 요리이다. 지역 특색이나 들어가는 재료에 따라 다양한 종류의 우동 요리가 있다. 대표적으로 유부가 들어간 기쓰네 우동이 있다.

❹ 낫토 なっとう 삶은 대두를 발효시켜 만든 발효 식품으로, 특유의 향과 젓가락으로 집으면 끈적끈적하게 늘어나는 특징이 있다. 보통은 밥과 함께 비벼 먹으며, 간장, 겨자 등으로 맛을 내고 노른자, 참기름 등도 함께 넣어 먹기도 한다.

지역 세계의 교류와 변화

이 단원의 구성

	중단원	소단원	핵심 미리 보기
1	몽골 제국과 문화 교류	❶ 해상 무역의 발전 ❷ 몽골 제국의 성립과 발전 ❸ 동서 교류의 확대	송, 다원적 국제 관계, 몽골, 원, 역참 제도, 칭기즈 칸, 마르코 폴로
2	동아시아 지역 질서의 변화	❶ 명, 한족 왕조의 부활 ❷ 만주족의 통일 제국, 청 ❸ 일본의 무사 정권 시대	주원장, 책봉, 정화의 원정, 누르하치, 막부, 도요토미 히데요시
3	서아시아·북아프리카 지역 질서의 변화	❶ 이슬람 세계의 변화 ❷ 오스만 제국의 성립과 발전	셀주크 튀르크, 술탄, 티무르, 사파비 왕조, 술레이만 1세, 예니체리
4	신항로 개척과 유럽 지역 질서의 변화	❶ 신항로의 개척 ❷ 유럽의 절대 왕정	신항로 개척, 아스테카 문명, 절대 왕정, 잉카 문명, 콜럼버스, 루이 14세

교과서 | 88쪽~89쪽

사진으로 살펴보기

사진은 중국 베이징에 있는 명·청 시대의 황궁인 자금성입니다. 원대 제국의 중심지가 된 베이징은 명·청 시대를 거쳐 현재까지 수도의 기능을 하고 있습니다. 중국 중심의 책봉·조공 질서의 중심지로서 우리나라의 사절단도 자주 이곳을 왕래하였습니다.

단원 열기

이 단원에서는 몽골 제국과의 문화 교류, 동아시아 지역 질서의 변화, 서아시아·북아프리카 지역 질서의 변화, 신항로 개척과 유럽 지역 질서의 변화를 다룹니다.

몽골 제국과 문화 교류

5대 10국
당의 멸망 이후 화북을 지배한 후량, 후당, 후진, 후한, 후주를 가리켜 5대라 하고, 이외에 주로 남쪽에 세워진 여러 나라들을 10국이라 하였다.

송이 북방 민족에게 제공한 물자

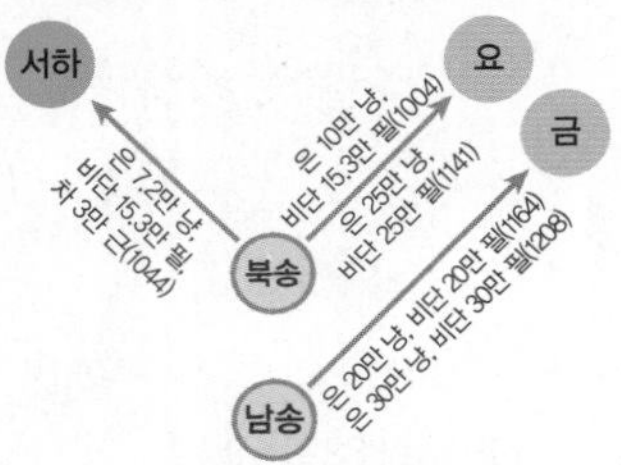

송은 매년 요, 서하, 금에게 막대한 물자를 바쳤다. 이는 송의 재정 악화로 이어져 국방력이 더욱 약화되는 원인이 되었다.

보충 중국의 문물이 유럽에 끼친 영향
중국으로부터 전해진 화약과 나침반은 유럽에서 개량되어 사회에 큰 영향을 끼쳤다. 전쟁에 사용된 화약은 봉건 기사의 몰락을 촉진하였고, 나침반은 원거리 항해에 이용되어 유럽 세계의 팽창에 기여하였다. 인쇄술은 제지술과 함께 유럽 전역에 전해져 르네상스와 종교 개혁을 확산시키는 데 이바지하였다.

01 해상 무역의 발전

1. 다원적 국제 관계의 형성

(1) 송의 건국
① 건국: 당 멸망 후 중국의 분열(5대 10국 시대) → 조광윤(태조)이 혼란 수습 후 송 건국
② 문치주의 정책: 절도사 세력 약화, 황제권 강화, 국방력 약화 초래 → 북방 민족의 압박 → 막대한 군사비 지출, 북방 민족에 대량의 물자 제공 → 재정난 발생
└ 군대 지휘관에 문관을 임명하고, 과거를 강화하는 등 문관 우위의 정치를 실시함

(2) 북방 민족의 성장

거란(요)	• 건국: 10세기 초 거란의 야율아보기가 건국(916) • 발전: 발해를 멸망시킴, 연운 16주 차지
서하	• 건국: 11세기 중엽 탕구트족이 건국(1038) • 발전: 동서 교역의 거점을 장악, 송으로부터 물자를 제공받음
여진(금)	• 건국: 12세기 초 아구타가 여진족을 통일하고 건국 • 발전: 송의 수도 카이펑을 함락시킴, 중도(베이징)로 천도해 화북 지역 지배

연운 16주: 5대의 후진이 후당을 멸망시킬 때 거란의 군사 원조를 받은 대가로 거란에 넘겨준 땅으로 요와 송 사이에 오랜 분쟁 지역이 됨
여진(금): 금은 몽골과 남송의 협공으로 멸망함(1234)

(3) 남송의 성립: 금의 공격으로 화북 지역 상실, 임안(항저우)으로 수도 이동
└ 강남 지역으로 영토가 축소된 송을 남송이라고 하고, 그 이전의 송을 북송이라고 함

2. 송대의 경제 발전

(1) 농업과 상업의 발달
① 농업: 저습지 개간, 모내기법의 보급 → 창장강 유역이 최대의 곡창 지대로 성장
② 수공업: 석탄 사용 보편화, 제철·도자기 등 발전
③ 상업: 동전과 지폐 유통 증가, 도시 성장

(2) 해상 무역의 발달 ─ 조선술과 나침반의 발전으로 원양 항해가 쉬워지면서 송대에는 해상 무역이 크게 발달함
① 배경: 북방 민족이 비단길과 초원길 장악, 조선술·항해술·나침반·지도 제작 기술의 발달
② 특산물 수출 증가: 차·비단·도자기·종이 등
③ 시박사 증설: 해외 무역 관리, 세금 징수 ─ 해상 무역을 담당하던 관청으로 수속, 검사, 세금 징수, 불법 행위 단속 등의 일을 담당함
④ 국제 무역 항구 번성: 취안저우, 광저우 등 번성

자료 이해하기 송대의 농업 발달 교과서 91쪽

▲ 모내기를 하는 농민

▲ 용골차로 농지에 물을 끌어올리는 농민

| 내용 알기 | 송대 화북 지역의 인구가 강남으로 이주하면서 강남 지역의 농업이 획기적으로 발전하였다. 저습지에 제방을 두르고 그 안을 농지로 만드는 등의 개간 사업이 진행되어 농지가 증가하였으며, 농업 기술도 크게 발전하였다. 용골차와 같은 농기구가 보급되고 인분을 사용하는 시비법이 행해졌다. 벼농사 지역에 모내기법이 널리 보급되었으며, 베트남에서 한 해 두 번 수확하는 것이 가능한 참파 벼가 도입되었다. 이러한 농업 생산력의 발달로 '소주(蘇州)와 호주(湖州)에 풍년이 들면 천하가 풍족하다.'라는 말이 유행할 정도로 강남 지방의 경제력은 화북 지역을 능가하게 되었다.

02 몽골 제국의 성립과 발전

1. 몽골 제국의 발전

(1) 건국: 13세기 초 테무친이 몽골족을 통합하고 몽골 제국 건설
- 몽골족을 통합한 이후 부족 회의에서 칭기즈 칸(위대한 군주)으로 추대된 테무친은 '예케 몽골 울루스(대 몽골 제국)'의 수립을 선포함

(2) 정복 활동: 칭기즈 칸이 서하와 금 공격, 호라즘 왕국 정복, 인더스강 유역과 페르시아까지 진출 → 후손들이 금과 아바스 왕조 멸망시킴 → 유라시아 대륙을 아우르는 대제국 건설

(3) 분열: 칭기즈 칸 사후 몽골 제국 분할, 울루스들의 느슨한 연합체로 변화

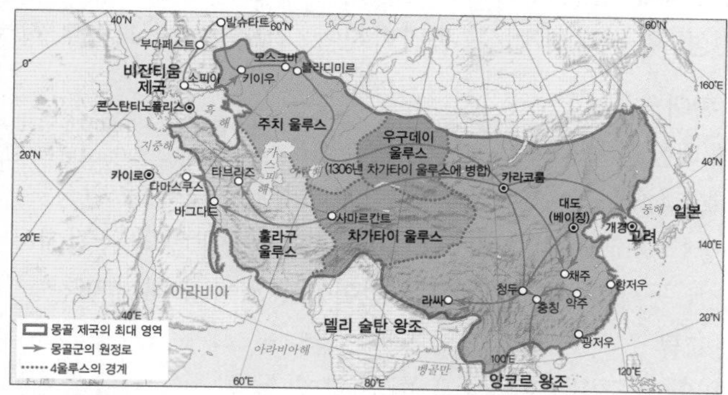

▲ 몽골 제국의 발전

2. 원의 중국 지배

(1) 쿠빌라이 칸 — 몽골 제국의 제5대 칸으로, 유목 민족 최초로 중국 전역을 지배함(1279)

① 중국 지배: 대도(베이징)로 천도, 국호를 원(元)으로 개칭, 남송 정복 → 중국의 통치 제도 수용, 대운하 정비
- 쿠빌라이 칸은 중국식 연호와 관료제 등을 받아들여 통치 체제를 정비함

② 대외 팽창: 베트남과 미얀마 원정, 고려와 연합하여 일본 원정 시도 → 아시아와 유럽을 아우르는 대제국 건설

(2) 몽골 제일주의: 민족 차별 정책, 몽골의 전통 유지

① 지배층: 몽골인(주요 관직 독점), 색목인(재정 담당)
- 색목인: '여러 가지 종류의 사람들'이라는 뜻으로, 서아시아·유럽 등 각지에서 이주해 온 사람을 지칭함

② 피지배층: 한인(금 지배하의 한족, 기타 민족), 남인(남송 지배하의 한족)

(3) 원의 쇠퇴

① 배경: 황위 계승 분쟁, 황실의 사치와 낭비 → 국가 재정 악화 → 교초 남발로 물가 상승, 세금 과다 징수 → 백성의 불만 고조
- 황실이 티베트 불교(라마교) 후원에 많은 재정을 소모함

② 쇠퇴: 홍건적의 난 → 명의 공격을 받아 몽골 초원으로 밀려남(1368)
- 홍건적의 난: 백련교도가 중심이 된 농민 반란

울루스

'백성' 또는 '나라'라는 의미로 유목민들의 정치적 단위이다. 쿠빌라이 칸 이후로 독립성이 커졌으나 각 울루스는 몽골 제국 안에서 일체성을 유지하며 정치·경제·문화적으로 교류하였다.

정리 몽골 제국을 이끈 두 명의 칸

구분	주요 업적
칭기즈 칸	• 몽골족 통합 → 몽골 제국 수립 • 천호제 정비 • 서하, 금 공격(화북 지역 장악) • 중앙아시아 진출
쿠빌라이 칸	• 대도(베이징) 천도, 국호를 원으로 개칭 • 중국식 연호, 관료제 수용 • 남송 정복 → 중국 최대 영역 지배

교초

원대에 사용하던 주요 화폐이다. 지폐에 찍혀 있는 칸의 도장이 신용을 보증하였고 각종 세금 납부에 교초를 사용하면서 제국 전체에 통용되었다. 한편 원은 후기에 들어 교초를 과도하게 남발하였고 그 결과 물가가 폭등하였다.

자료 이해하기 몽골 제일주의

교과서 93쪽

(단위: 백만 명)

계층	비율
몽골인 (정치·군사의 요직 독점)	1.5%
색목인 서역인(재정·경제 담당)	1.5%
한인 여진인, 거란인, 금 지배하의 한인 (주로 하급 관리)	14%
남인 남송 지배하의 한인 (주로 생산 활동에 종사)	83%

▲ 원의 신분 구조

| 내용 알기 | 넓은 영토와 다양한 민족을 다스리게 된 원은 몽골 제일주의 정책을 실시하였다. 이 정책으로 소수의 몽골인이 국가 기관의 주요 관직을 독점하고 정치와 군사를 담당하는 최상층을 차지하였다. 중간층인 색목인은 주로 서아시아에서 이슬람교를 믿는 페르시아인, 위구르인 등으로 이루어졌고, 이들은 재정 업무를 담당하거나 상인으로 활동하였다. 화북 지방에 살던 한인과 몽골 침입 때 격렬하게 저항했던 남인은 피지배 계층이 되었으며, 하급 관리에 임명되기도 하였다. 그러나 원은 관리를 선발할 때나 형벌을 적용할 때 한인을 차별하였고, 특히 남인은 심한 차별과 억압을 받았다.

역참

몽골 제국의 주요 간선 도로에는 40 km마다 역참이 설치되어 말과 식량, 숙소 등을 제공하였다. 역참은 이용 허가증인 패자를 지급받은 관리나 여행자만 이용할 수 있었다. 안전하게 관리하는 교역로를 통해 '몽골의 평화 시대(Pax Mongolica)'라고 불리는 번영의 시대가 전개되었다.

보충 카탈루냐 지도(1375)

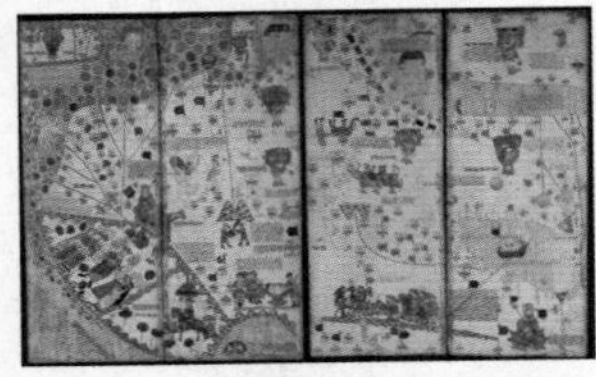

동서 교류가 활발해지면서 유럽에서도 비교적 동양에 대한 지리 정보가 정확하게 담겨 있는 지도가 제작되었다.

마르코 폴로의 『동방견문록』

마크로 폴로는 어린 시절 아버지를 따라 동방 여행을 떠났다가 원에서 17년간 관리로 일하면서 중국 각 지역을 여행하였다. 그는 고향으로 돌아와 여행하면서 보고 겪은 사실을 바탕으로 『동방견문록』을 출간하였다. 이 책은 당시 유럽에서 성경 다음으로 많이 읽힌 책이었으며, 많은 유럽인들은 이를 통해 아시아에 대한 이미지를 형성하였다.

03 동서 교류의 확대

1. 교역망의 형성

(1) 역참 설치: 몽골 제국 전체에 도로와 역참 건설 → 여행과 물자 운송 활발, 국가의 지배력 강화

└ 역참의 설치로 사절이나 관리의 파견, 물자 수송이 체계적이고 신속하게 이루어질 수 있었음

(2) 교초 발행: 원에서 교역의 편의를 위해 발행 → 제국 안에 거대한 경제권 형성

2. 교역망의 확장

(1) 동서 교역망의 확대: 몽골의 강력한 군사력과 상인의 활동 결합하여 확대

(2) 해상 무역 번성: 항구 도시 번성, 동남아시아 · 인도양까지 교역로 형성

3. 동서 교류의 확대

(1) 종교 · 문화에 대한 관용 정책

① 종교 보호 정책: 크리스트교, 이슬람교, 티베트 불교 등 번성 → 카라코룸과 대도에 다양한 종교 사원 설립, 각 종교 대표자들이 칸의 궁정에서 논쟁

└ 대승 불교의 한 종파이지만 극락세계로 인도하는 데 승려인 라마의 역할을 중시하므로 라마교라 부르기도 함

② 사전 편찬: 동서의 다양한 문자와 언어를 통역하기 위해 편찬

(2) 기술과 학문 교류

① 중국의 화약, 나침반, 인쇄술 등이 서양에 전파

② 이슬람의 천문학, 수학, 역법, 의학이 중국에 전파 → 곽수경이 천문대를 건설하여 천체 관측, 이슬람 역법의 영향을 받아 수시력 편찬

└ 태양과 달의 궤도를 정확히 분석하여 오늘날 사용되는 그레고리력과 동일하게 1년을 365.2425일로 정함

③ 라시드웃딘이 역사서 『집사』 편찬

└ '최초의 세계사'라 불리는 역사서로 유라시아 대륙 각 지역과 민족의 역사를 포괄적으로 서술함

4. 여행자들의 시대

(1) 배경: 동방에 대한 유럽인들의 관심 고조, 통상로의 안전 확보

(2) 선교사 파견: 카르피니(교황이 파견), 뤼브룩(루이 9세의 친서 전달)

└ 몽골인들을 크리스트교로 개종시키고 성지를 회복하고자 하는 목적으로 파견함

(3) 여행자

이븐 바투타	아시아 · 아프리카 · 유럽 여행, 『여행기』 저술
마르코 폴로	쿠빌라이 칸의 궁정 관리로 근무, 『동방견문록』 편찬 → 동방에 대한 유럽인의 호기심 고조

중단원 핵심 확인하기 풀이

교과서 96쪽

1. 빈칸에 들어갈 알맞은 말을 써 보자.

(1) 서아시아 등지에서 온 □□□은/는 원에서 주로 재정 업무를 담당하였다.

(2) 몽골은 제국을 효율적으로 통치하고자 주요 도로를 따라 일정한 간격으로 □□을/를 설치하였다.

(1) 색목인 (2) 역참

2. 관련 있는 내용을 옳게 연결해 보자.

(1) 곽수경 — ㉢ 수시력

(2) 마르코 폴로 — ㉠ 동방견문록

(3) 라시드웃딘 — ㉡ 집사

(4) 이븐 바투타 — ㉣ 여행기

3. 옳은 내용은 ○표, 틀린 내용은 ×표를 해 보자.

(1) 송은 해상 무역이 번성함에 따라 시박사를 증설하여 세금을 걷고 무역을 관리하였다. (○)

(2) 칭기즈 칸은 대도로 천도하고 국호를 원으로 하였다. (×)

4. 제시된 용어를 3개 이상 사용하여 역참의 기능을 문장으로 완성해 보자.

관리 여행 물자 운송 지배력

색목인 파스파 교초

역참은 주요 도로에 설치되어 관리가 여행을 할 때 말과 숙식을 제공하였다. 관리들의 신속한 파견이 가능해지면서 국가의 지배력이 강화되었다. 이후 여행자나 상인들도 역참과 도로를 이용하게 되면서 물자 운송이 활발해졌다.

도입 활동 풀이

교과서 도입 01 해상 무역의 발전

교과서 90쪽

벌써 어두워졌네. 오늘은
구름이 많아 별도 안 보이고
육지에서 멀리 왔으니 이제
어떻게 고려로 가지?

걱정하지 말게,
우리에게는 나침반이
있지 않나!

나침반은 주로 어떤 용도로 사용되었을까?

도입 예시 답안 | 나침반은 방향을 알려 주므로 주로 원거리 항해에서 사용되었다.

| 도입 보충 |

송대의 항해에 이용되었던 나침반은 낮에는 태양, 밤에는 별을 기준으로 삼아왔던 원시적인 항해에 획기적인 변화를 가져왔다. 이로 인해 먼 바다로의 항해가 가능하게 되었으며 해상 무역이 증가하였다. 이후 나침반이 이슬람 세계를 통해 유럽에 전해지면서 신항로 개척에 기여하였다.

교과서 도입 02 몽골 제국의 성립과 발전

교과서 92쪽

❶ 사정거리 300 m 이상의 단궁, 달리는 말에서도 활쏘기를 할 수 있음.

❷ 가죽 갑옷과 무기는 합쳐서 7 kg 정도이고, 갑옷 안에 비단옷을 입어 화살이 깊이 박히지 않도록 함.

❸ 고기를 건조해 만든 전투 식량(보르츠) 하나로 10명의 군사가 3주 식량을 해결함.

❹ 하루에 70 km 이동이 가능하고, 여러 마리의 말을 교대로 갈아탐.

몽골 병사들이 전투할 때 유리했던 점은 무엇일까?

도입 예시 답안 | 몽골 군대는 기병 중심이었으므로 보병 중심의 다른 군대보다 기동력이 뛰어났다.

| 도입 보충 |

몽골군은 보급 부대가 따로 없는 전원 기병이었다. 기병 한 사람이 말을 4~5마리씩 몰고 다녔으며, 말은 짐을 나를 때뿐 아니라 비상 식량이나 물통을 운반하는 데 활용하였다. 유럽 침공 당시 몽골군은 200~300 m쯤 거리를 두고 활로 집중 사격을 하여 혼란에 빠뜨렸다. 이후 돌격하거나 퇴각을 위장하여 유럽 기병들을 유도·분산시킨 다음 삽시간에 재집결하여 각개 격파하는 전략으로 승리를 거두었다.

교과서 도입 03 동서 교류의 확대

교과서 94쪽

이번에 일 년을 365.2425일로
계산한 매우 정확한 수시력을 편찬하셨는데,
그 일이 어떻게 가능했습니까?

바로 이것이 제가 만들었던 천문 관측 기기인
간의인데요, 이슬람 천문학의 도움을 받아
이를 만들었던 것이 큰 도움이 되었습니다.

동서 교류를 통해 만들어진 문화유산에는 어떤 것들이 있을까?

도입 예시 답안 | 수시력 이외에도 최초의 역사서인 『집사』와 청화자기 등이 있다.

| 도입 보충 |

수시력은 원 쿠빌라이 칸 때 곽수경 등이 편찬한 역법이다. 달과 태양의 움직임을 모두 고려한 역법으로 1년을 365.2425일로 하였다. 이는 현재 사용되는 그레고리력과 같은 수치이다. 이처럼 수시력이 이전의 역법들보다 정확할 수 있었던 것은 원대에 이르러 이슬람의 천문학과 수학이 전래되면서 천체 관측이나 계산법 등이 발전하였기 때문이다.

역사 탐구 풀이 및 보충

역사 탐구 동아시아 국제 관계와 국제 교역

교과서 91쪽

친절한 활동 길잡이

이 활동의 핵심은 송대에 이르러 초원길, 사막길(비단길) 등의 기존 교역로 대신 바닷길이 발전한 배경을 파악하는 것이다. 당시 동아시아의 국제 정세를 정확하게 이해하고, 이를 바탕으로 국제 교역을 파악하도록 한다.

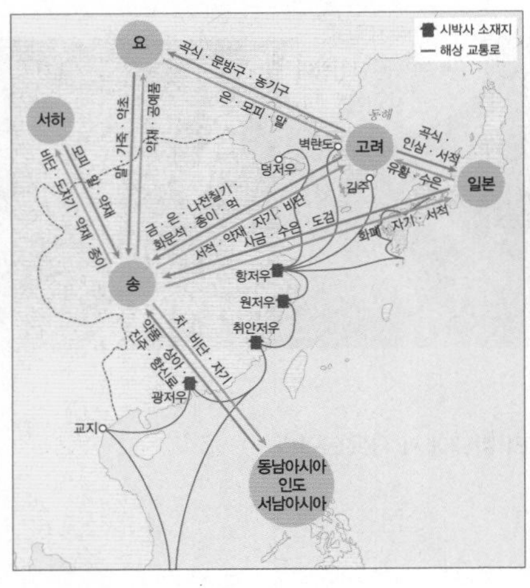

복원된 난하이 1호(우)와 발굴된 송의 도자기(좌) 1987년 중국 광둥성 양장시 앞바다에서 침몰한 남송의 상선과 많은 국보급 유물이 발견되었다. 이 배는 서남아시아 방면으로 화물을 싣고 가다가 침몰한 것으로 보인다.

자료 이해 확인 문제

1. 송은 거란(요), 서하, 여진(금)으로부터 매년 막대한 물자를 받았다. (○ / ×)

2. 송대에는 해상 무역이 발달하면서 취안저우, 광저우 등이 국제 무역 항구로 번성하였다. (○ / ×)

>> 정답 1. × 2. ○

1. 송대에 해상 교역이 활발하게 이루어질 수 있었던 이유는 무엇일까?

정답 풀이 | 송대에 해상 교역이 발달한 이유는 북방 민족이 기존의 교역로였던 비단길과 초원길을 장악하였기 때문이다. 또한 조선술, 항해술, 나침반과 지도 제작 기술이 발달하면서 해상 교역이 활발해졌다.

2. 송의 수출품과 수입품은 주로 어떤 사람들이 소비했을지 생각해 보자.

정답 풀이 | 송이 수출한 차, 비단, 도자기, 서적 등은 귀족층이 주로 소비하였다. 송에서 수입한 금·은 세공품, 인삼 등도 하층민보다는 주로 귀족층이 소비하였다.

탐구 plus 송대 서민 문화의 발달

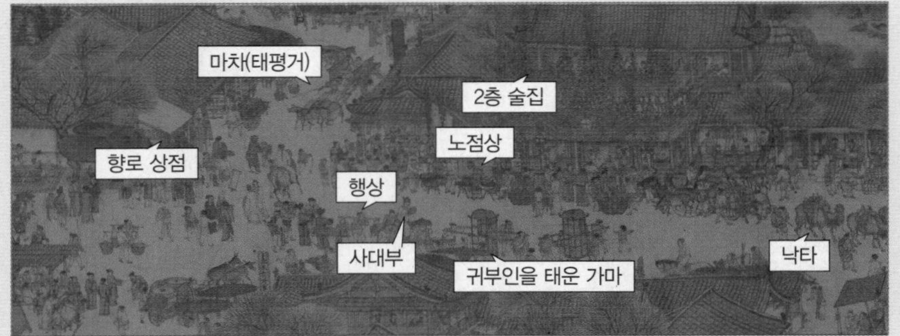

송의 수도 카이펑의 번화한 모습(「청명상하도」 일부)

송대에는 상업의 발달과 도시의 성장을 배경으로 서민 문화가 발달하였다. 북송의 수도 카이펑과 남송의 수도 임안은 인구 100만 명을 자랑하는 대도시로 번영하였고, 도시 서민의 경제 수준도 높아졌다. 이전과 달리 거래 구역이나 야간 영업에 대한 제한이 사라져 시장과 건물이 자유롭게 들어설 수 있었고, 도시 곳곳에는 서민을 상대로 한 오락 시설이 발달하였다. 문학에서는 노래를 부르기 위해 구어체로 쓴 사(詞), 연극을 상연하기 위한 잡극, 구어체로 된 통속 문학 등이 발달하였다. 이러한 것들은 모두 서민의 기호와 취향에 잘 맞아 인기가 높았다.

역사 탐구 원의 중국 지배

교과서 93쪽

쿠빌라이 칸의 사냥
(유관도, 타이베이 국립 고궁 박물관)

「원세조출렵도」의 일부로 몽골 제국의 제5대 칸인 쿠빌라이 칸의 사냥 모습을 그린 것이다. 쿠빌라이 칸(세조)이 남송을 정복함으로써 몽골족은 중국 전역을 지배한 첫 번째 유목 민족이 되었다. 그림 속의 쿠빌라이 칸(세조)은 중국식의 붉은 황제 옷에 몽골식의 모피를 걸치고 있다.

친절한 활동 길잡이

이 활동은 유목 민족 최초로 중국 전역을 지배한 원의 모습을 탐구하는 활동이다. 쿠빌라이 칸과 주변 인물의 복색을 통해 원이 어떤 정책을 실시했는지 유추해 보도록 한다.

1. 쿠빌라이 칸이 이러한 복장을 한 이유는 무엇일까?

정답 풀이 | 쿠빌라이 칸이 중국을 지배하는 황제임과 동시에 몽골 제국 전체를 지배하는 군주임을 표현한 것이다.

2. 쿠빌라이 칸을 호위하는 신하 중 ○ 표시된 이들의 신분은 무엇일까?

정답 풀이 | 서역에서 이주하여 몽골 제국에 협력한 색목인이다.

자료 이해 확인 문제

1. 칭기즈 칸은 남송을 정벌하여 중국 전역을 지배하였다. (○ / ×)

2. 원은 서아시아와 유럽에서 온 색목인을 우대하였다. (○ / ×)

>> 정답 1. × 2. ○

탐구 plus 원 제국을 건설한 쿠빌라이 칸

쿠빌라이 칸

몽골군과 일본군의 전투 장면(「몽고습래회사」 일부)

칭기즈 칸의 손자인 쿠빌라이 칸은 경쟁자들을 제치고 제5대 칸에 즉위하였다. 그는 즉위와 함께 연호를 중국식으로 중통(中統)이라 정하였으며, 1271년에는 수도를 대도(베이징)로 옮기고 국호를 원(元)이라 하였다. 1279년 남송을 정벌하여 중국 대륙을 정복하고 금나라와 거란족의 잔당을 토벌하였으며, 고려를 제후국으로 편입하고 베트남 북방까지 영토를 확장하였다. 또한, 그는 서아시아 출신 등 다양한 인종을 실력 위주로 중용하고 서역의 문화를 중시하였으며, 티베트에서 기원한 라마교를 받아들였다. 한편, 칸에 즉위하기 전 자신을 찾아온 고려 원종과 모종의 동맹 관계를 맺고 그의 아들인 충렬왕을 사위로 맞이하면서 고려와 특수한 관계를 맺었다. 그는 한때 고려와 연합해 일본을 정복하려 하였으나 두 차례 모두 태풍으로 실패하였다.

실력 확인 문제

단답형

01 (가)에 들어갈 알맞은 말을 쓰시오.

> 송 태조는 (가) 을/를 채택하여 군대 지휘관에 문관을 임명하고, 과거를 강화하여 급제자를 주요 공직에 등용하는 등 문관 우위의 정치를 실시하였다.

( )

02 (가) 국가에 대한 설명으로 옳은 것은?

> 12세기 초 아구타가 건국한 (가) 은/는 송을 공격하여 수도 카이펑을 함락시켰다. 이후 수도를 중도(베이징)로 옮겨 화북 지방을 지배하였다.

① 몽골의 침략으로 멸망하였다.
② 5대 10국 시대를 통일하였다.
③ 탕구트족을 중심으로 건국되었다.
④ 동부 유럽까지 영역을 확대하였다.
⑤ 중앙 행정 기관으로 3성 6부를 두었다.

03 밑줄 친 '이 국가'에 대한 설명으로 옳은 것은?

> 이 국가를 세운 거란족의 고유 문자가 새겨져 있는 동전이다. 이 국가는 중국의 분열기를 틈타 만리장성 이남의 연운 16주를 차지하였지만, 금과 송의 공격으로 멸망하였다.

① 발해를 멸망시켰다.
② 카이펑을 함락시켰다.
③ 절도사의 권한을 약화시켰다.
④ 칭기즈 칸에 의해 건국되었다.
⑤ 크리스트교를 국교로 선포하였다.

04 밑줄 친 '이 나라'에 대한 설명으로 옳은 것은?

이 나라의 수도인 카이펑의 번화한 모습을 그린 그림이에요. 당시 상인들은 카이펑의 어느 거리에서나 상품을 늘어놓고 팔 수 있었어요.

① 발해를 공격하였다.
② 황소의 난으로 멸망하였다.
③ 탈라스 전투에서 승리하였다.
④ 송으로부터 대규모 물자를 제공받았다.
⑤ 창장강 유역이 벼농사의 중심지가 되었다.

05 밑줄 친 '이 시대'에 볼 수 있는 모습으로 적절한 것은?

> 이 시대에는 북방 민족이 비단길과 초원길을 장악하여 바다를 통한 무역이 활발히 이루어졌다. 취안저우, 광저우 등은 국제 무역 항구로 번성하였고, 차·비단·도자기 등 각 지방의 특산물이 고려와 일본은 물론 인도, 서남아시아까지 수출되었다.

① 분서갱유를 단행하는 황제
② 윈강 석굴을 축조하는 장인
③ 교초를 사용하여 물건을 구매하는 상인
④ 수입 물품에 세금을 징수하는 시박사의 관리
⑤ 제후들에게 부국강병책을 건의하는 제자백가

단답형

06 (가)에 들어갈 알맞은 말을 쓰시오.

> (가) 은/는 해상 무역을 담당하던 관청으로 당대 처음으로 설치되었고, 송대에는 취안저우, 항저우 등에 증설되었다. 이곳은 수속 검사, 세금 징수, 불법 행위 단속 등의 일을 담당하였다.

( )

중요

07 밑줄 친 '이 제국'에 대한 설명으로 옳지 않은 것은?

> 이 제국의 군대는 전원 기병으로, 기병 한 사람이 말을 4~5마리씩 몰고 다니면서 짐을 나르는 데뿐 아니라 비상식량이나 물통을 운반하는 데 활용하였다. 뛰어난 기동성을 바탕으로 이 제국의 군대는 역사상 세계에서 가장 넓은 제국을 건설하였다.

① 한자 동맹을 결성하였다.
② 아바스 왕조를 멸망시켰다.
③ 남송 출신의 한족을 차별하였다.
④ 고려와 연합하여 일본을 공격하였다.
⑤ 여러 울루스들의 연합체로 이루어졌다.

08 밑줄 친 '칸'이 실시한 정책으로 옳지 않은 것은?

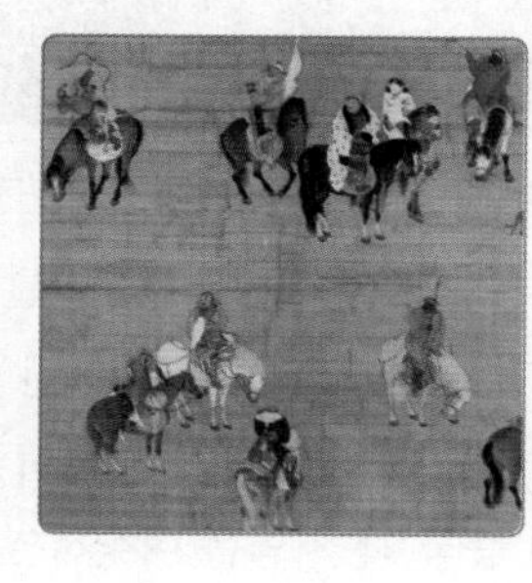

> 이 그림은 몽골 제국의 제5대 칸의 사냥 모습을 그린 것이다. 그는 남송을 정복함으로써 유목 민족의 지배자 중 처음으로 중국 전역을 지배하였다.

① 서하를 정벌하였다.
② 색목인을 우대하였다.
③ 대도로 수도를 옮겼다.
④ 국호를 원으로 정하였다.
⑤ 중국식 연호를 사용하였다.

09 (가)에 들어갈 내용으로 가장 적절한 것은?

> 역사 탐구 활동
> 1. 탐구 주제: 몽골 제국의 성립과 발전
> 2. 모둠별 탐구 활동
> • 1모둠 – 테무친이 부족을 통합하는 과정을 조사한다.
> • 2모둠 – (가)
> • 3모둠 – 동서 교류가 확대된 배경을 파악한다.

① 다이카 개신의 내용을 살펴본다.
② 은허에서 발굴된 유물을 찾아본다.
③ 쿠빌라이 칸의 정복 활동을 조사한다.
④ 수도를 임안으로 옮긴 배경을 파악한다.
⑤ 장건을 대월지에 파견한 이유를 알아본다.

10 (가), (나)에 들어갈 말이 옳게 짝지어진 것은?

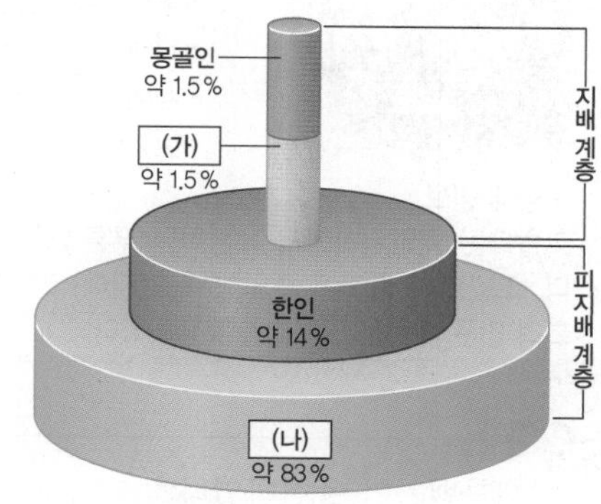

◆ 원대 신분 구조

	(가)	(나)
①	색목인	남인
②	색목인	거란족
③	여진족	남인
④	여진족	거란족
⑤	고려인	탕구트족

11 (가)에 들어갈 내용으로 가장 적절한 것은?

대제국을 건설한 몽골 제국은 왜 명에 밀려 몽골 초원으로 쫓겨났을까?
티베트 불교 지원에 재정을 너무 많이 소모했기 때문이야.
(가) 한 것도 주요 원인이라고 볼 수 있어.

① 고구려 원정이 실패
② 지방에서 절도사가 난립
③ 펠로폰네소스 전쟁에서 패배
④ 교초를 남발하여 물가가 상승
⑤ 만리장성 건설 등의 무리한 토목 공사를 실시

고난도

12 (가) 국가의 문화에 대한 설명으로 옳은 것만을 보기에서 고른 것은?

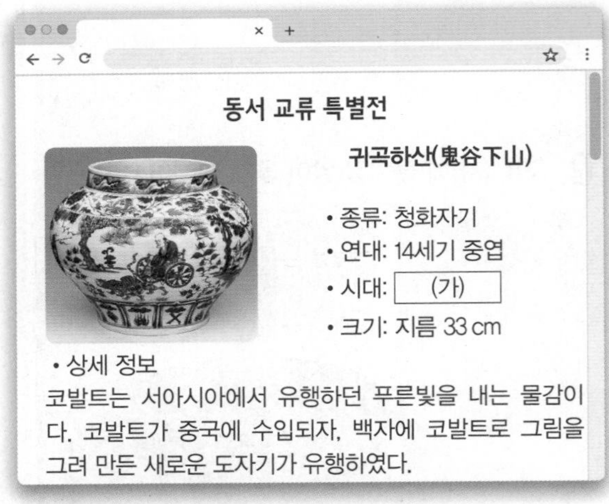

동서 교류 특별전

귀곡하산(鬼谷下山)

- 종류: 청화자기
- 연대: 14세기 중엽
- 시대: (가)
- 크기: 지름 33 cm

• 상세 정보
코발트는 서아시아에서 유행하던 푸른빛을 내는 물감이다. 코발트가 중국에 수입되자, 백자에 코발트로 그림을 그려 만든 새로운 도자기가 유행하였다.

보기
ㄱ. 제자백가가 출현하였다.
ㄴ. 국풍 문화가 발달하였다.
ㄷ. 수시력이 제작되어 사용되었다.
ㄹ. 크리스트교, 티베트 불교 등 다양한 사원이 들어섰다.

① ㄱ, ㄴ ② ㄱ, ㄷ ③ ㄴ, ㄷ
④ ㄴ, ㄹ ⑤ ㄷ, ㄹ

단답형

13 (가)에 들어갈 알맞은 말을 쓰시오.

이 사진은 중국에서 가장 오래된 천문대인 관성대의 모습이다. 원대 활동한 곽수경이 이슬람의 천문학을 받아들여 만든 시설로, 여기에서 얻은 관측 자료를 토대로 (가) 을/를 제작하였다.

( )

중요

14 (가) 인물에 대한 설명으로 옳은 것은?

위 그림은 쿠빌라이 칸과 (가) 이/가 만나는 장면을 상상하여 그린 그림이다. 이탈리아 베네치아 출신이었던 (가) 은/는 어린 시절 아버지를 따라 동방 여행을 떠났다가 원에서 17년간 관리로 일하면서 중국 각 지역을 여행하였다.

① 수시력을 제작하였다.
② 동방견문록을 남겼다.
③ 대당서역기를 편찬하였다.
④ 과거제 도입을 건의하였다.
⑤ 십자군 전쟁을 주도하였다.

정답과 해설 291쪽

15 (가)에 들어갈 책으로 옳은 것은?

최초의 세계사라 불리는 (가) 을/를 저술한 배경이 무엇인가요?
저는 가잔 칸의 명령을 받아 이 책을 썼어요. 이 책이 제국 내 다양한 민족의 역사를 이해하는 계기가 되었으면 좋겠네요.

① 집사 ② 여행기 ③ 우신예찬
④ 자치통감 ⑤ 왕오천축국전

중요

16 (가)에 들어갈 내용으로 옳은 것만을 보기에서 고른 것은?

> 송과 원 시기에는 중국의 (가) 등이 서양에 전파되었고, 이슬람의 천문학·수학·역법·의학 등이 중국에 전해졌다. 이를 통해 동양과 서양의 문물이 크게 발전할 수 있었다.

보기
ㄱ. 종이 ㄴ. 율령
ㄷ. 나침반 ㄹ. 인쇄술

① ㄱ, ㄴ ② ㄱ, ㄷ ③ ㄴ, ㄷ
④ ㄴ, ㄹ ⑤ ㄷ, ㄹ

17 밑줄 친 ㉠과 관련있는 인물만을 보기에서 고른 것은?

> 몽골 제국 시기에는 유럽에서 중국으로 직접 이어지는 원거리 여행이 이전 시기보다 활발해졌다. 동방에 대한 유럽인들의 관심이 고조되었고, 통상로의 안전이 보장되면서 ㉠ 유럽, 아프리카의 많은 사람이 몽골 제국을 방문하였다.

보기
ㄱ. 칼뱅 ㄴ. 카르피니
ㄷ. 이븐 바투타 ㄹ. 라시드웃딘

① ㄱ, ㄴ ② ㄱ, ㄷ ③ ㄴ, ㄷ
④ ㄴ, ㄹ ⑤ ㄷ, ㄹ

18 지도에 나타난 시기에 해상 교역이 이전보다 크게 발달할 수 있었던 이유를 서술하시오.

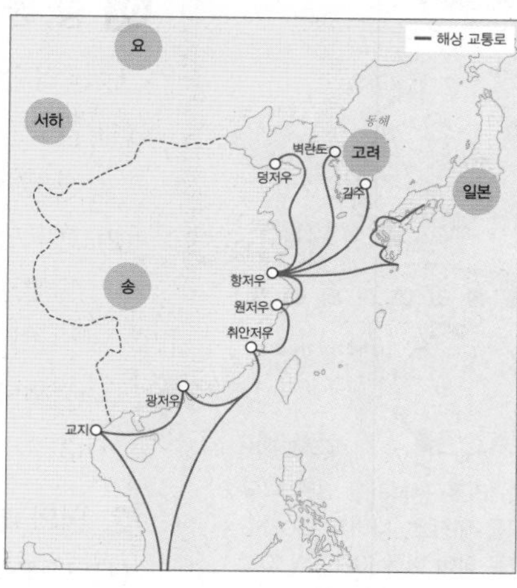

19 (가)에 들어갈 내용을 쓰고, 이것이 원의 제국 통치에 끼친 영향을 서술하시오.

> 각 지방으로 가는 주요 도로들에 약 40 km마다 (가) 이/가 설치되어 있다. 여기에는 사신을 위해 300~400마리의 말이 대기하고 있다. …… 이러한 방식으로 대군주의 전령들이 온 사방으로 파견되며, 그들은 하루 거리마다 숙박소와 말들을 찾을 수 있다. 이것은 지상의 어떤 사람, 어떤 국왕, 어떤 황제도 할 수 없었던 위대함을 보여 주는 빛나는 증거이다.

교과서 98~109쪽

동아시아 지역 질서의 변화

01 명, 한족 왕조의 부활

1. 명의 건국

(1) 건국: 원 말의 사회적 혼란과 잦은 자연재해로 홍건적 등 농민 반란 확대 → 주원장(홍무제)이 난징을 도읍으로 하여 명 건국(1368)

(2) 홍무제의 정책

① 황제 독재 체제: 재상 폐지, 6부(행정 담당)를 직접 장악, 관료에 대한 감찰 강화, 군대 통수권 분산
(재상 폐지, 6부를 직접 장악: 중서성과 재상제를 폐지하고 황제가 직접 행정·감찰·군사권을 장악함)

② 한족 문화 회복: 몽골 풍습 청산, 학교 제도와 과거제 정비
(몽골 풍습 청산: 몽골 풍습인 호복과 변발 등을 금지함)

③ 향촌 지배력 강화: 토지 대장과 호적 작성, 이갑제 시행, 육유 반포
(육유: 홍무제가 반포한 유교 윤리로 부모에 대한 효도, 윗사람에 대한 공경, 향촌에서의 화목 등으로 구성됨)

2. 명의 대외 관계

(1) 해금 정책 시행: 조공 무역을 제외한 대외 무역 금지, 책봉·조공 관계만 수용

(2) 명 중심의 책봉·조공 질서: 명의 형식적 우위 인정, 조공국은 교류의 실리적 이득
(명의 형식적 우위: 명이 조공국의 내정에 직접적으로 간섭하지는 못함)

(3) 영락제의 대외 팽창 정책

① 황제권 강화: 베이징으로 천도, 자금성 건설

② 대외 팽창 추진: 몽골, 베트남 공격, 왜구 토벌

③ 정화의 원정: 일곱 차례에 걸친 대원정, 동남아시아 ~ 서아시아 ~ 아프리카까지 진출 → 새로운 조공국 확보, 명 중심의 책봉·조공 질서 확대 목적

3. 책봉·조공 질서의 동요

(1) 북로남왜: 몽골의 재기와 왜구의 창궐

① 배경: 제한된 조공 무역에 대한 불만 → 명과의 무역 확대 주장

② 내용: 몽골의 오이라트부·타타르부가 침략(북로), 왜구의 해안 지역 약탈(남왜)
(몽골의 오이라트부·타타르부가 침략: 몽골의 침략으로 황제가 포로로 잡히고 수도인 베이징이 포위되기도 함)

③ 결과: 해금 정책 완화, 상인들의 해외 무역 부분적 허용

(2) 명의 위기

① 정치적 혼란: 권력 투쟁, 환관의 횡포, 민중 봉기 등

② 대외 위기: 북로남왜, 일본과 후금의 위협
(일본과 후금의 위협: 임진왜란, 후금과의 전쟁 등으로 전쟁 비용이 증가하면서 재정난이 심화됨)

③ 장거정의 개혁: 근무 평가법, 재정 개혁 등 시행 → 실패

(3) 명의 멸망: 가혹한 세금과 기근으로 농민 봉기 발생 → 이자성의 농민군이 베이징을 점령하여 멸망(1644)

이갑제

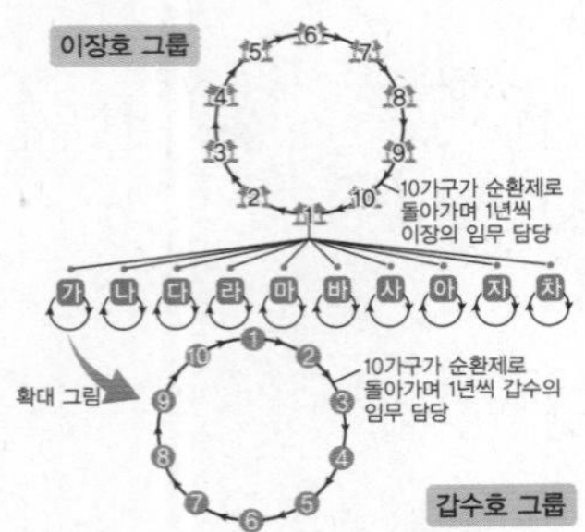

110가구를 1리로 편성하고 그중 부유한 10가구를 이장호, 나머지 100가구를 갑수호로 하여 이를 10가구씩 10갑으로 편성하였다. 매년 이장호 1가구와 각 갑의 갑수호 1가구가 세금 징수, 치안 유지, 수리 시설 정비 등을 담당하였다.

해금 정책

공적인 조공 무역만을 허락하고 일반인들의 사적인 무역을 금지한 정책이다. 명은 자국민이 해외로 나가 무역을 하거나 외국인이 명에 와서 무역하는 것을 금지하였다.

장거정의 개혁

재상이 된 장거정은 근무 평가법을 시행하여 부패하거나 무능한 관료를 축출하였다. 그리고 현물로 납부하던 조세를 일률적으로 은으로 납부하는 일조편법을 실시하였다. 이로써 현물 징수 과정에서 생길 수 있는 관리의 부정을 방지하였으며, 이민족을 토벌하고 만리장성을 보수하여 대외적인 안정을 꾀하였다.

자료 이해하기 정화의 항해

교과서 99쪽

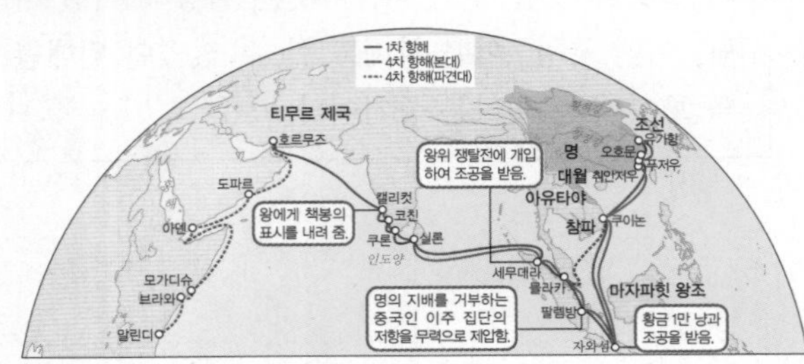

| 내용 알기 | 정화는 명의 함대를 이끌고 1405년부터 일곱 차례 항해에 나섰다. 항해의 주축을 이룬 선박은 600여 명을 수용할 수 있었고 그 길이는 120 m 정도였다. 이는 80여 년 뒤 유럽에서 콜럼버스가 신항로 개척 때 사용한 함대보다 7배 정도 큰 규모였다. 난징을 출발한 정화는 인도양을 넘어 아프리카까지 항해하였다. 그 결과 명은 30여 개의 새로운 조공 국가를 확보하여 책봉·조공 질서를 확대할 수 있었다. 그러나 항해에 드는 비용 부담 등으로 내부의 반대에 부딪히다가 1433년의 항해를 끝으로 정화의 원정은 중단되었다.

4. 동아시아 질서의 변화

(1) 임진왜란 이후 동아시아 질서의 변화

명 중심의 동아시아 지역 질서를 붕괴하고 일본 중심의 새로운 질서를 수립하고자 일본이 일으킨 전쟁

① 명: 임진왜란 참전, 국내 반란에 대응 → 국력 쇠약

② 청: 누르하치가 만주에서 여진족 통합 → 후금 건국(1616)

③ 일본: 도쿠가와 이에야스가 새로운 지배자로 등장 → 에도 막부 수립

(2) 자국 중심의 화이관 발달

① 조선: 현실적으로 청에 사대, 관념적으로 조선 중화 의식 발달

청의 공격으로 명이 멸망하자, 명을 대신하여 조선이 중화사상을 계승했다는 의식

② 일본: 신국으로서의 우월감 강화

태양신의 후손인 천황이 다스리는 국가이므로 주변국보다 우월하다고 믿는 의식

02 만주족의 통일 제국, 청

1. 청의 수립

(1) 수립: 홍타이지의 내몽골 정복, 국호를 청으로 변경(1636), 베이징 점령 후 천도

병자호란을 일으켜 사대 관계의 수용을 거부하는 조선을 공격함

(2) 대외 팽창: 외몽골, 티베트, 신장까지 영토 확장

오늘날 중국 영토의 대부분을 확보함

(3) 통치 체제

① 명의 제도 계승: 황제 지배 체제, 관료제, 지방 행정 제도, 유교 통치 이념

② 회유책: 신사들의 지위와 특권 인정, 과거제 유지

③ 강경책: 변발과 호복 강요, 청에 대한 비판 여론 탄압

복종의 표시로 만주족 고유의 전통을 강요함

2. 만주족 고유의 정책 시행

(1) 팔기: 군사와 행정 기능 겸임, 군사력의 근간

누르하치가 여진족을 통합하면서 새롭게 고안한 조직 체계임

(2) 군기처 설립: 최고 정책 결정 기구, 모든 정보와 정책 결정권을 황제에게 집중

(3) 만한 병용제 실시: 정부의 중앙·지방 요직에 만주족과 한족을 함께 임명

(4) 다원적 변경 통치: 만주·몽골·신장·티베트 등지에 별도의 통치 방식 적용

유능한 한족 인재를 등용하면서 만주족 귀족이 감시할 수 있도록 함

① 만주: 한족의 유입 차단, 고유의 행정 제도 시행

② 몽골·신장·티베트: 군대 주둔, 세금 징수, 현지의 사회 체제와 정치 구조 인정

3. 청의 발전

(1) 농업과 수공업의 발달: 농업 생산 증가, 상품 작물 재배 확대 → 수공업, 상업 발달

산시 상인·휘저우 상인 등 전국을 무대로 하는 상인이 활동함

(2) 무역 발달: 대운하를 통한 원거리 무역 확대, 도시와 시장 발달

(3) 서민 문화 발달: 번화한 도시에서 서민을 대상으로 한 문학과 오락 유행

『홍루몽』 등 소설과 경극이 유행함

화이관

'화'는 중화를 가리키며, '이'는 오랑캐를 의미한다. 화이관은 자신을 천하의 중심이자 문명의 중심인 중화로 간주하면서 주변 이민족들은 열등한 존재로 인식하는 관념을 가리킨다.

신사

학교 제도와 과거제의 결합을 매개로 형성된 명·청 시대의 지배층이다. 전현직 관리를 포함하여 공립 학교 학생 및 졸업생 등 관직에 나갈 수 있는 학위를 소지한 계층을 포함한다. 이들은 요역을 면제받고 형법상의 특권을 누렸으며, 지방관을 도와 향촌 사회에서 국가 권력의 통치를 보조하였다.

보충 문자의 옥

청을 비방하거나 만주족의 정통성을 부정하는 서적을 금서로 지정하고 이를 위반할 경우 가혹하게 처벌한 사건으로 청에 대한 비판 여론을 탄압하였다.

서민 문화 발달

▲ 경극의 한 장면

명·청 시대에는 상공업의 발전으로 도시 인구가 늘었으며, 서민 계층의 소비문화가 발달하였다. 특히 청대에는 베이징을 중심으로 노래·대사·춤·무예가 종합된 경극이 유행하였다.

자료 이해하기 팔기

교과서 103쪽

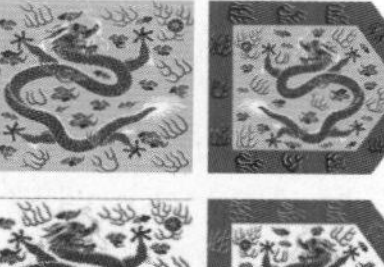

◀ 팔기병(좌)과 팔기(우)

| 내용 알기 | 누르하치는 여진족을 통합하면서 청의 주력군인 팔기를 새롭게 조직하였다. 팔기병은 여덟 개의 깃발에 따라 부대를 편성한 것에서 명칭이 유래되었다. 각 기에 소속된 성인 남자들은 평상시에 민간인으로 생활하다가 전쟁 시 군인으로 징집되었다. 홍타이지 때는 몽골과 한족의 팔기를 추가로 조직하였다. 청은 중국 대륙을 차지한 이후 대부분의 팔기 구성원을 중국으로 이주시켜 군사 조직이자 핵심 지배 집단으로 삼고 이들에게 봉급과 토지를 지급하였다. 팔기는 한족과 분리하여 거주하였고, 호적도 별도로 관리하여 만주족 고유의 모습을 유지하도록 하였다.

공행

청대 광저우에서 서양인과 무역할 수 있도록 공식적으로 허가받은 상인 조합을 말한다. 청의 관원을 대신하여 서양 상인을 감독하였으며, 관세를 징수하여 정부에 납부하였다.

일본 봉건 사회의 구조

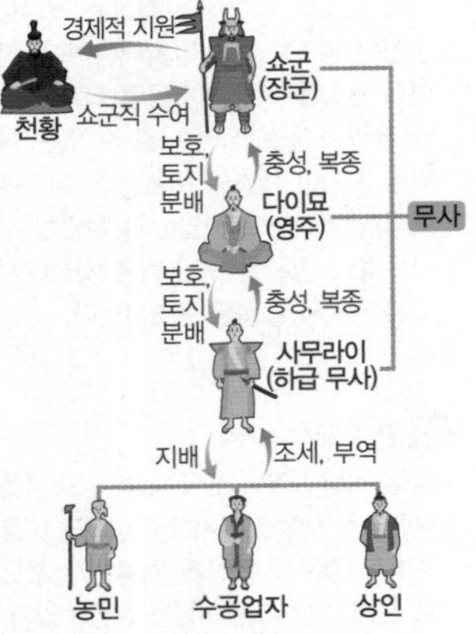

쇼군은 주종 관계를 맺은 무사들에게 토지를 지급하고, 각 지방의 통치를 맡겼다. 그 대가로 무사들은 쇼군에게 군사적으로 충성할 의무가 있었다.

보충+ 막부의 변천사

명칭	시기	집권 세력
가마쿠라 막부	1192~1333	미나모토 가문
무로마치 막부	1336~1573	아시카가 가문
센고쿠 시대	1573~1603	도요토미 히데요시
에도 막부	1603~1867	도쿠가와 가문

4. 다원적 국제 관계

(1) 책봉·조공 관계: 조선, 베트남, 류큐 등에 적용
 - 류큐: 오키나와를 중심으로 활동한 국가로 주로 중계 무역을 통해 번영함

(2) 통상 관계: 책봉·조공 관계를 맺지 않은 국가에 적용, 무역 목적의 방문 허용

(3) 해금 정책 완화

① 배경: 강희제 시기 타이완의 반청 세력 진압
 - 타이완을 중심으로 활동한 정성공 등의 반청 세력을 진압하여 국내 정세가 안정됨

② 결과: 일본과의 교역 증가, 서양 상인들도 중국의 지정된 항구에서 교역 가능 → 공식적인 외교 관계없이 통상만 하는 관계 유지

(4) 광둥 무역 체제

① 성립: 건륭제 때 서양 상인의 무역항을 광저우 한 곳으로 제한

② 전개: 공행의 무역 독점, 차와 도자기 수출로 유럽의 은이 청으로 대량 유입
 - 유럽 국가 중 영국은 중국 차에 대한 수요가 높아 무역 적자가 가장 심했음

광저우의 외국 상관

03 일본의 무사 정권 시대

1. 일본 봉건 사회의 구조

(1) 천황: 의례 담당, 상징적 존재로 위상 하락

(2) 쇼군: 무사에게 토지와 농민 제공, 실질적인 통치자

(3) 무사: 쇼군에게 충성과 봉사의 의무 수행

2. 가마쿠라 막부
 - 막부: 본래 전쟁터에서 지휘관이 업무를 보던 천막을 의미했지만 점차 무사 정권 자체를 가리키는 개념으로 변화함

(1) 배경: 10세기 무렵 지방 호족과 사원의 장원 확대, 사회 불안 → 무사 집단 성장
 - 귀족과 호족들이 자신의 재산과 토지를 보호하고자 무사들을 고용함

(2) 성립: 미나모토노 요리토모가 가마쿠라에 수립(1192)

(3) 쇠퇴: 몽골의 침략 이후 재정 부담으로 쇠퇴
 - 무사들이 개인적으로 방어 비용을 부담하여 경제적으로 어려워짐

3. 무로마치 막부

(1) 성립: 아시카가 다카우지가 무로마치에 수립(1336)

(2) 전개: 명과 외교 관계 회복, 조공 무역 시행

(3) 혼란: 15세기 중엽 지방 다이묘들의 성장 → 센고쿠(전국) 시대의 혼란 → 도요토미 히데요시의 일본 통일
 - 다이묘: '토지를 많이 보유한 자'라는 의미로 에도 시대에는 1만 석 규모 이상의 토지를 보유한 영주를 지칭함

자료 이해하기 건륭제와 매카트니의 만남

교과서 104쪽

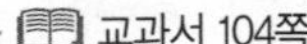

매카트니 사절단을 접견하는 건륭제의 모습(1793)

| 내용 알기 | 청의 공행은 수출입 물품의 무역을 독점하면서 서양 물품에 관세를 부과하였고, 서양 상인의 행동을 감시하기도 하였다. 이러한 상황에 불만을 갖고 있던 영국은 1792년에 매카트니 사절단을 보내 청과 대등한 외교를 맺고 자유 무역을 관철하기 위한 교섭을 시도하였다. 그러나 청은 무역을 '외국에 은혜를 베푸는 행위'라는 인식을 바탕으로 기존의 무역 체제가 자국 중심의 질서를 유지하는 데 필요하다고 여겨 영국의 요구를 받아들이지 않았다. 이에 영국은 인도산 아편을 청에 밀수출하여 무역 적자를 메웠는데, 이는 훗날 아편 전쟁의 배경이 되었다.

4. 에도 막부

(1) 성립: 도요토미 히데요시의 사망 → 도쿠가와 이에야스가 에도에 수립
└ 센고쿠 시대를 통일한 도요토미 히데요시는 자신에게 위협이 되는 다이묘의 세력을 약화시키고자 임진왜란을 일으킴

(2) 중앙 집권적 봉건제

① 통치 방식: 막부가 직할지 직접 통치, 전국 주요 거점은 직접 통치하거나 신뢰하는 다이묘들에게 분배

② 통제 정책: 다이묘들이 막부의 지침 위반 시 영지(번) 삭감·교체, 산킨코타이 제도 실시

(3) 사회·경제·문화의 발달

① 사회: 조닌(상공업자)의 성장, 무사 세력의 약화

② 경제: 농업 생산력 증가, 상품 작물 재배 확대 → 도시 성장, 화폐 경제 발달

③ 문화: 조닌 문화의 발달 → 가부키, 우키요에 등 유행
└ 가부키: 춤, 노래, 연기가 어우러진 일본의 전통 연극

5. 막부의 대외 관계

(1) 무로마치 막부: 원·명 교체기에 아시카가 요시미쓰가 명과의 책봉·조공 관계 복원 → 감합 무역을 통해 대외 무역 이익 독점
└ 아시카가 요시미쓰: 왜구 소탕을 약속한 대가로 명과의 관계를 복원하고 명으로부터 '일본 국왕'으로 책봉됨

◀ 감합 무역
쇼군 아시카가 요시미쓰의 왜구 단속이 어느 정도 성과를 올리자 명은 일본에 감합 무역을 허가하였다. 감합은 명에서 발급한 입항 허가서이다. 명은 일련번호가 붙은 감합부의 반쪽을 보관하고 나머지 반쪽을 상대국에게 보냈으며, 지정된 교역항으로 들어왔을 때 이를 맞춰 보며 공식 사절임을 확인하였다.

(2) 에도 막부

① 대외 관계의 안정 추구: 조선과 국교 회복(통신사), 명·청과 통상 재개

② 통상 수교 거부 정책: 크리스트교 금지, 대외 무역 통제, 네덜란드만 나가사키 데지마에서의 통상 허용 → 난학 발달
└ 네덜란드: 크리스트교 포교를 하지 않는다는 조건으로 네덜란드에만 교역 허용
└ 난학: 네덜란드를 통해 들어온 지식을 연구하는 학문

산킨코타이 제도
다이묘의 처자들을 에도에 거주하게 하여 인질로 삼으면서 다이묘들에게 영지와 에도를 주기적으로 왕복하도록 하였다. 이 제도가 실시되면서 문물 교류가 활발해지고, 다이묘가 오가는 길목에 도로망이 정비되어 여관업이 발달하였다.

조닌
도시에 사는 상공업자로, 농민보다 아래 신분이었으나 부를 축적하면서 각 분야에서 영향력을 행사하였다.

우키요에

에도 시대에 유행한 채색 판화로 그림의 주제는 서민의 풍속과 생활, 자연 등이 주를 이루었다.

데지마
나가사키 앞바다에 조성된 인공섬으로 일본에 온 네덜란드 상인들은 원칙적으로 데지마 안에서만 지내야 했다. 이곳은 철저히 통제되어 출입이 허용된 일본 관리 이외에는 출입이 불가능하였다.

중단원 핵심 확인하기 풀이

교과서 107쪽

1. 빈칸에 들어갈 알맞은 말을 써 보자.

(1) 명대 동아시아 국제 질서는 해금에 기초한 □□·□□ 관계를 중심으로 작동하였다.

(2) 소수의 만주족이 다수의 한족을 효과적으로 통치하려면 □□ 계층의 협력이 필요하였다.

(3) 막부 시기에 천황은 상징적인 존재였고, □□이/가 실질적인 통치자가 되었다.

(1) 책봉·조공 (2) 신사 (3) 쇼군

2. 관련 있는 내용을 옳게 연결해 보자.

(1) 만주족 — ㉠ 팔기
(2) 홍무제 — ㉣ 육유
(3) 건륭제 — ㉡ 광둥 무역 체제
(4) 에도 막부 — ㉢ 산킨코타이 제도

3. 옳은 내용은 ○표, 틀린 내용은 ×표를 해 보자.

(1) 영락제는 정화가 이끄는 대규모 함대를 파견하였고, 함대는 아프리카 동해안에 이르렀다. (○)

(2) 만주족은 제국 전역에 중국식 행정 체제를 적용하여 통치하였다. (×)

(3) 무로마치 막부 때 명과의 책봉·조공 관계가 복원되면서 천황이 '일본 국왕'에 책봉되었다. (×)

4. 제시된 용어를 3개 이상 사용하여 명·청대 동아시아 질서를 문장으로 완성해 보자.

책봉 | 아시카가 요시미쓰 | 조공 | 해금 | 왜구 | 황제

- 아시카가 요시미쓰는 왜구 소탕을 대가로 명과 책봉·조공 관계를 수립하고, 일본 국왕에 책봉되었다.
- 명은 해금 정책에 기초한 책봉·조공 질서를 수립하였다.

도입 활동 풀이

교과서 도입 01 책봉·조공 관계

교과서 98쪽

| 도입 보충 |

책봉·조공 관계는 한대 이후 동아시아의 대외 관계에 주요 방식으로 자리 잡기 시작하였다. 책봉은 중원 왕조가 주변국의 군주에게 그 지배권을 확인해 주는 것이다. 이에 반해 조공은 주변국이 중원 왕조에 예물을 바치며 형식적인 존중을 표명하는 행위이다. 하지만 책봉·조공 관계는 직접적인 지배나 실제적인 간섭과 관련이 없는 형식적인 외교에 불과하였다.

옛날에는 중국에 인접한 나라들이 정기적으로 중국에 조공을 보냈다고 하던데, 그러면 중국이 조공 국가들을 다 지배한 것인가요?

아닙니다. 중국은 조공한 나라의 내정에 간섭하지 않았어요. 그리고 주변국은 조공을 통해 중국과 경제적·문화적으로 교류했지요.

책봉·조공 관계로 맺어진 동아시아 지역 질서는 현대 사회의 국제 질서와 어떻게 다를까?

도입 예시 답안 | • 국가와 국가 간의 관계가 외교적으로 대등하지 않다.
• 외교 관계에서 형식적인 측면을 강조한다.

교과서 도입 02 만주족의 통일 제국, 청

교과서 102쪽

| 도입 보충 |

청의 중국 지배는 향촌 사회의 지배층인 신사 계층의 협조가 있기에 가능하였다. 신사란 전현직 관료와 학위 소지자를 통칭하는 말로, 명대 이후 주요 지배층으로 성장하였다. 이들은 청 정부를 도와 세금 징수, 치안 유지, 빈민 구제, 교화 활동, 공공사업 등에 참여하면서 지방 행정을 운영하였다.

청
중국
청의 영토가 현대 중국의 영토보다도 더 넓었네!
몽골이 지배했던 원을 제외하면, 중국 역사상 가장 영토가 넓었던 시기인 것 같은데?

소수의 만주족은 어떻게 광대한 통일 제국을 통치할 수 있었을까?

도입 예시 답안 | • 청은 명에서 시행하고 발전시켜 온 관료제와 지방 행정 제도 등을 계승하여 통치에 이용하였다.
• 지역 사회에서 현지 지배층인 신사 계층의 협조를 얻었다.

교과서 도입 03 일본의 무사 정권 시대

교과서 105쪽

| 도입 보충 |

12세기 말 미나모토노 요리토모가 가마쿠라 막부를 세운 이후 막부의 최고 집권자인 쇼군이 실질적 지배권을 행사하는 일본 특유의 봉건제가 시작되었다. 쇼군은 주종 관계를 맺은 무사에게 각 지방의 통치를 맡겼다. 막부가 지배하던 시기에도 천황이 존재하였지만 현실 정치에는 영향력을 미치지 못한 채 종교 의식이나 학문, 예술 등에 관여하였다.

11세기 말 일본 무사들의 전투 장면을 묘사한 그림이다. 당시 무사의 가장 중요한 무예는 말을 타면서 활을 쏘는 기술이었다. 이들은 무력을 기반으로 토지와 권력을 장악하였다.

권력을 장악한 무사들은 일본을 어떻게 통치하였을까?

도입 예시 답안 | • 천황의 권력을 제한하는 동시에 그 권위를 적절히 이용하려 하였다.
• 지방의 무사들을 통제하고 토지와 농민들 장악할 방법을 고안했을 것이다.

역사 탐구 풀이 및 보충

역사 탐구 피서산장과 만주족의 제국 통치

교과서 103쪽

피서산장은 청 황제들이 여름에 체류하며 정무를 처리하던 별궁이다. 현재의 허베이성 청더시에 있으며, 1994년에 세계 문화유산으로 지정되었다. 청 황제들은 이곳에서 조선, 몽골, 티베트, 위구르 사절들을 접견하였다.

피서산장(중국 허베이성 청더)

여러 문자로 기록된 편액

1. 위의 편액이 다섯 가지 문자로 표기된 이유는 무엇일까?

정답 풀이 | 몽골 문자, 위구르 문자, 한자, 티베트 문자, 만주 문자를 사용하는 여러 종족이 피서산장에 드나들었기 때문이다.

2. 피서산장의 사례를 통해 만주족 제국 통치의 특징에 관해 추론해 보자.

정답 풀이 | 청은 다양한 문화적 배경을 가진 세계를 정복하여 하나로 통합하였다. 제국 내에는 다양한 문화가 공존하였고, 청은 다양한 문화를 아울러 대제국으로 성장할 수 있었다.

친절한 활동 길잡이

이 활동의 핵심은 만주족의 제국으로서 청의 통치 체제가 갖는 특징을 이해하는 것이다. 피서산장의 사례를 통해 청에는 다양한 민족이 공존하였고, 청은 각 민족의 정치 체제와 문화를 인정하는 정책을 실시했음을 파악하도록 한다.

자료 이해 확인 문제

1. 청은 민족 차별 정책을 실시하여 한족의 관직 진출을 제한하였다. (○ / ×)

2. 청은 몽골, 티베트, 신장 등지에서 현지 고유의 사회 체제와 정치 구조를 인정하는 정책을 실시하였다. (○ / ×)

>> 정답 1. × 2. ○

탐구 plus 청과 중국의 소수 민족 통치

청의 영역

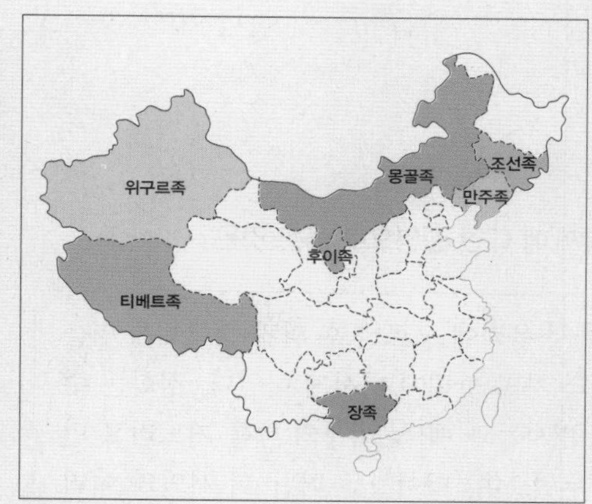

중국의 주요 소수 민족

청은 지속적인 정복 활동을 통해 만주족과 몽골족 외에 다수의 한족과 다양한 소수 민족을 포함하는 다민족의 대제국을 건설하였다. 만주족의 우위를 전제로 한 청은 직할지에서는 군현제를 통해 한족을 직접 지배하였고, 티베트·몽골·신장 등의 주변부(번부)와 소수 민족에 대해서는 토착 지배자를 이용하는 간접 지배 방식을 채택하였다.

오늘날의 중국도 청과 마찬가지로 다양한 민족이 모여 살아가고 있다. 공식 발표된 중국 내 소수 민족은 장족, 만주족, 위구르족, 몽골족 등 55개로 이들 소수 민족들은 고유의 언어와 문화를 유지하고 있는 경우가 많다. 하지만 일부 소수 민족은 분리 독립을 요구하거나 경제적 소외에 대한 불만을 표시하는 등 정부와 갈등을 빚고 있기도 하다.

실력 확인 문제

01 (가) 인물에 대한 설명으로 옳은 것은?

> (가) 은/는 반원 세력을 통합하여 명을 건국하고 난징에 도읍을 정하였다. 그는 재상을 없애고, 행정을 담당하는 6부를 직접 장악하였다.

① 발해를 멸망시켰다.
② 서하를 정복하였다.
③ 육유를 반포하였다.
④ 군기처를 설치하였다.
⑤ 베이징으로 환도하였다.

단답형

02 다음에서 설명하는 제도를 쓰시오.

> 명대 촌락의 자치 행정 조직이다. 110호를 1리로 편성하여 부유한 10호는 이장호로 하고, 나머지 100호는 갑수호로 하여 10갑으로 나누었다. 이장호 1호와 각 갑의 갑수호 1호가 10년에 한 번씩 돌아가며 징세 사무와 치안 유지, 수리 시설 정비 등을 담당하였다.

(　　　　　　　　　　　　)

03 밑줄 친 '황제'에 대한 설명으로 옳은 것은?

> <u>황제</u>께서 옥좌에 오르신 후 환관 정화에게 명을 내려 여러 차례 항해에 나서게 하였다. 정화는 수만 명의 병사들과 백 척 이상의 배를 거느리고 먼 바다를 누볐으며, 타이창을 떠난 뒤 서역의 여러 나라에 도착하기까지 도합 3,000여 곳을 거쳤다.

① 남송을 정복하였다.
② 해금 정책을 폐지하였다.
③ 광저우에 공행을 설치하였다.
④ 이자성의 농민군을 진압하였다.
⑤ 베이징에 자금성을 건설하였다.

중요

04 다음 지도에 나타난 항해와 관련된 설명으로 옳은 것만을 보기에서 고른 것은?

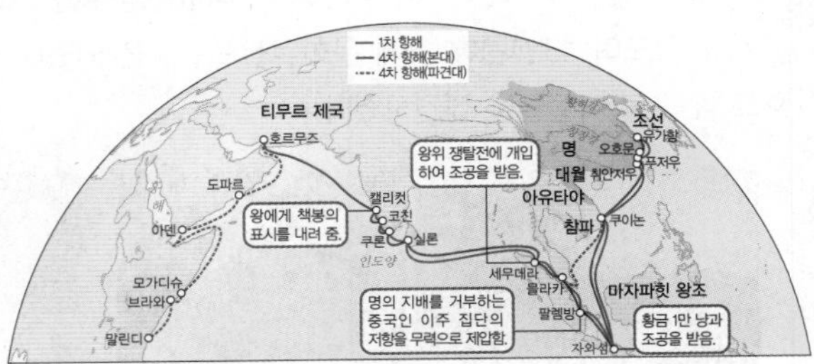

보기

ㄱ. 영락제의 명을 받아 시작되었다.
ㄴ. 타이완의 반청 세력을 진압하였다.
ㄷ. 화약, 나침반, 인쇄술이 유럽에 전래되었다.
ㄹ. 명 중심의 조공 체제가 확대되는 결과를 가져왔다.

① ㄱ, ㄴ　② ㄱ, ㄹ　③ ㄴ, ㄷ
④ ㄴ, ㄹ　⑤ ㄷ, ㄹ

고난도

05 (가)에 들어갈 내용으로 옳지 <u>않은</u> 것은?

> 북방에서는 몽골의 오이라트부와 타타르부가 계속하여 명을 침략하였고, 남쪽에서는 왜구가 동남 해안을 약탈하였다.
>
> ↓
>
> (가)
>
> ↓
>
> 이자성이 이끄는 농민군이 베이징을 점령하면서 명이 멸망하였다.

① 임진왜란이 발발하였다.
② 에도 막부가 수립되었다.
③ 누르하치가 후금을 건국하였다.
④ 영락제가 베이징으로 천도하였다.
⑤ 도요토미 히데요시가 일본을 통일하였다.

06 밑줄 친 '이 전쟁'의 영향으로 옳은 것은?

아! 이 전쟁은 참혹하였다. 수십 일 사이에 삼도(서울, 개성, 평양)를 지키지 못하였고, 온 나라가 산산이 부서져 임금께서는 한성을 떠나 피난길에 오르셨다. 그럼에도 불구하고 오늘이 있게 된 것은 하늘이 도운 까닭이다. 또한 임금께서 지극한 정성으로 명나라 황제의 마음을 움직여 구원병이 도착했기 때문이다.

① 군국제를 시행하였다.
② 장건을 서역에 파견하였다.
③ 명의 재정난이 심화되었다.
④ 테무친이 몽골족을 통합하였다.
⑤ 명 중심의 책봉·조공 체제가 확립되었다.

중요

07 다음과 같은 상황이 나타난 배경으로 옳은 것은?

조선에서는 조선이 중화의 정통성을 계승했다고 믿는 '조선 중화 의식'이 확산되었고, 일본에서는 자신들은 태양신의 후손인 천황이 다스리는 나라이므로 주변 국가들보다 우월하다고 믿는 경향이 강해졌다. 이처럼 동아시아에서는 점차 자국을 중심으로 이해하는 화이관이 강화되는 현상이 나타났다.

① 제자백가 사상이 등장하였다.
② 안사의 난 이후 당이 쇠퇴하였다.
③ 만주족이 세운 청이 중국을 지배하였다.
④ 금의 공격으로 송이 강남 지역으로 쫓겨났다.
⑤ 원이 각 민족의 문화에 대해 관용적인 정책을 실시하였다.

08 (가)에 들어갈 인물로 옳은 것은?

(가) 은/는 명의 재상이 된 후 근무 평가법을 시행하여 부패하거나 무능한 관료를 축출하였다. 그리고 현물로 납부하던 조세를 일률적으로 은으로 납부하는 일조편법을 실시하였다. 이로써 현물 징수 과정에서 생길 수 있는 관리의 부정을 방지하여 국가의 재정을 확보하였다.

① 주희 ② 왕망 ③ 한비자
④ 장거정 ⑤ 주원장

중요

09 (가) 신분에 대한 설명으로 옳은 것만을 보기에서 고른 것은?

(가) 은/는 명·청 시대의 지배층으로 전현직 관리와 관직에 나갈 수 있는 학위를 소지한 계층을 말한다. 청은 중국 대륙을 장악한 이후 이들의 협조를 받아 다수의 한족을 통치하였다.

보기

ㄱ. 상공업이 발달하면서 성장하였다.
ㄴ. 학교와 과거제가 결합되면서 형성되었다.
ㄷ. 지방관을 도와 향촌의 행정을 보조하였다.
ㄹ. 쇼군에게 충성과 봉사의 의무를 수행하였다.

① ㄱ, ㄴ ② ㄱ, ㄷ ③ ㄴ, ㄷ
④ ㄴ, ㄹ ⑤ ㄷ, ㄹ

단답형

10 (가)에 들어갈 알맞은 말을 쓰시오.

> (가) 은/는 누르하치가 여진족을 통합하면서 새롭게 고안한 조직 체계로서, 군사와 행정의 기능을 겸하였다. 여덟 개의 깃발에 따라 부대를 편성한 것에서 명칭이 유래하였다.

(　　　　　　　　　　　)

11 (가) 왕조에 대한 설명으로 옳은 것은?

> 조설근이 지은 소설 『홍루몽』은 귀공자 가보옥과 미소녀 임대옥의 연애를 중심으로 이야기를 전개하면서 지배층의 표면적인 세계가 아니라 인간 심리의 심층적인 부분까지 묘사하고 있다. 서민 문화가 발달한 (가) 시기에 처음 출간된 이후 수많은 사람에게 사랑을 받으며 속편이 나왔고, 작자와 모델에 관한 평론도 속출하여 '홍학(紅學)'이라는 말까지 생겼다.

① 고구려를 침공하였다.
② 노장 사상이 유행하였다.
③ 문치주의 정책을 실시하였다.
④ 지방의 절도사들이 세력을 확대하였다.
⑤ 중요 관직에 만한 병용제를 시행하였다.

12 (가)에 들어갈 도시로 적절한 것은?

우리 청은 물산이 풍부하여 너희 오랑캐들과 무역을 할 필요가 없다. 다만 너희가 우리 물품을 원하기 때문에, 내가 이를 불쌍히 여겨 특별히 (가) 을/를 개방하여 은혜를 베푸는 것이다.
건륭제
매카트니

① 장안　② 난징　③ 카이펑
④ 항저우　⑤ 광저우

13 (가)에 들어갈 내용으로 가장 적절한 것은?

① 몽골 제국 시기 제국 전체에 유통된 지폐는?
② 광저우에서 서양과의 무역을 독점한 상인 조합은?
③ 명이 무로마치 막부에 발급한 입항 허가서의 명칭은?
④ 해상 무역을 담당한 관청으로 송대에 10개로 증설된 기구는?
⑤ 몽골 제국이 도로 곳곳에 설치하여 이동의 편리성을 제공한 장소는?

14 밑줄 친 '이 제도'를 실시한 막부에 대한 설명으로 옳은 것은?

> 이 제도는 다이묘의 처자들을 에도에 거주하게 하여 인질로 삼으면서 다이묘들에게 영지와 에도를 주기적으로 왕복하도록 한 것이다. 이 제도의 실시로 문물 교류가 활발하게 이루어졌으며, 다이묘가 오가는 길목에 도로망이 정비되고 여관업이 발달하였다.

① 센고쿠 시대를 통일하였다.
② 명과 감합 무역을 실시하였다.
③ 미나모토노 요리토모가 설립하였다.
④ 임진왜란 때 조선에 원군을 파견하였다.
⑤ 나가사키 데지마를 통해 네덜란드와 교류하였다.

서술형

정답과 해설 292쪽

15 다음 그림이 유행하던 시기에 볼 수 있는 모습으로 적절하지 않은 것은?

이 그림은 유명 화가인 가츠시카 호쿠사이가 70대에 제작한 우키요에이다. 우키요에는 목판에 새겨 대량으로 인쇄되었기 때문에 메밀국수 한 그릇 밖에 되지 않아 서민들도 소장할 수 있었다. 한때 사치를 조장하고 풍속을 문란하게 한다는 구실로 그림의 색과 가격까지 규제하기도 하였다.

① 난학을 연구하는 학자
② 가부키를 관람하는 조닌
③ 에도로 향하는 다이묘 행렬
④ 견당사로 중국에 파견되는 신하
⑤ 데지마에서 교역하는 네덜란드 상인

16 (가)에 들어갈 내용으로 옳은 것은?

(가) 은/는 명에서 발급한 입항 허가서이다. 명은 일련번호가 붙은 허가서의 반쪽을 보관하고 나머지 반쪽을 상대국에게 보내, 지정된 교역항으로 들어왔을 때 이를 맞춰 보며 공식 사절임을 확인하였다.

① 감합 ② 공행 ③ 패자
④ 역참 ⑤ 시박사

17 (가)에 들어갈 내용을 두 가지 서술하시오.

이자성의 농민군에 의해 명이 멸망하자 청군은 만리장성 이남으로 진출하여 베이징을 점령하고 수도로 삼았다. 국내 저항 세력을 진압한 뒤에는 적극적인 대외 팽창에 나서 외몽골, 티베트, 신장까지 영토를 확장하여 대제국을 건설하였다. 청은 다수의 한족을 통치하기 위해 강경책과 회유책을 병행하였다. 강경책으로는 (가).

18 밑줄 친 ㉠의 배경을 서술하시오.

명에서 오랜 기간 해금 정책을 시행한 것과 달리 청에서는 강희제 시기에 ㉠해금 정책을 폐지하였다. 이후 서양 상인들도 청의 지정된 항구에서 교역할 수 있었다.

19 (가)에 들어갈 제도를 쓰고, 이 제도가 경제에 미친 영향을 서술하시오.

에도 막부는 다이묘를 통제하고자 (가) 제도를 실시하였다. 이 제도는 막부가 다이묘의 처자들을 에도에 거주하게 하여 인질로 삼으면서 다이묘들에게는 영지와 에도를 주기적으로 왕복하게 한 제도였다.

교과서 110~115쪽

3 서아시아·북아프리카 지역 질서의 변화

01 이슬람 세계의 변화

1. 셀주크 튀르크

(1) 등장: 아바스 왕조의 약화, 셀주크 튀르크의 바그다드 점령 → 아바스 왕조의 칼리프로부터 술탄 칭호 획득, 이슬람 세계의 실질적 지배자

아바스 왕조는 셀주크 튀르크의 보호를 받으며 그 명맥을 유지함

(2) 발전

① 영토 확장: 비잔티움 제국을 공격하여 아나톨리아반도 장악, 시리아·예루살렘 점령 → 십자군 전쟁의 배경

셀주크 튀르크의 압박을 받은 비잔티움 제국 황제는 이슬람 세력의 팽창을 막고 성지를 회복한다는 명분으로 로마 교황에게 도움을 요청함

② 문화 발전: 페르시아 문화 수용, 예술과 학문 후원, 이슬람 율법과 제도 강화

(3) 쇠퇴: 십자군 전쟁의 장기화와 내분 → 13세기 몽골의 침략으로 멸망

2. 티무르 왕조

(1) 성립: 14세기 후반 몽골 세력의 약화 → 티무르가 몽골 제국의 재건과 이슬람 세계의 확대를 내세우며 건국(1369)

(2) 발전

① 활발한 정복 전쟁으로 중앙아시아에서 서아시아에 이르는 대제국 건설

인도 서북부를 침공하고 오스만 제국을 압박함

② 수도인 사마르칸트가 동서 교역의 중심지로 성장

(3) 쇠퇴: 티무르 사망 이후 권력 다툼으로 쇠퇴, 16세기 초 멸망

중국의 명을 정복하러 가는 와중에 병사함

3. 사파비 왕조

(1) 성립: 티무르 왕조의 쇠퇴 → 이스마일 1세가 페르시아 제국의 계승을 내세우며 건국(1501)

(2) 발전

① 이스마일 1세: 국왕의 칭호로 '샤' 사용, 시아파 이슬람교를 국교로 지정

이스마일 1세는 자신이 무함마드의 후손이라고 주장하며 시아파 이슬람교를 국교로 지정함

② 아바스 1세: 이스파한으로 천도, 군사력 강화, 유럽 각국과 통상 관계 체결

(3) 쇠퇴: 왕위 계승 분쟁으로 국력 약화, 18세기 중반 멸망(1736)

술탄

'힘을 가진 자'라는 의미로 칼리프의 동의를 얻어 그를 수호하는 세속적 군주를 가리킨다. 셀주크 튀르크의 술탄은 실질적 권력을 행사하며 이슬람 세계의 지배자가 되었고, 칼리프에게는 종교적 권위만이 남게 되었다.

사마르칸트

티무르는 수도인 사마르칸트에 건축물을 세우고 학자들과 상인들을 데려와 이슬람 세계의 문화 중심지로 만들었다. 사마르칸트를 방문한 유럽 상인들은 이곳을 '동방의 로마'라고 불렀다.

샤

'샤'는 페르시아어로 왕이라는 뜻이다. 16세기에 사파비 왕조가 '술탄' 대신 '샤' 칭호를 사용하여 페르시아 지역 왕의 칭호로 정착되었다. 이슬람 혁명으로 왕정이 붕괴될 때까지 계속 왕의 칭호로 사용되었다.

자료 이해하기 사파비 왕조의 문화 교류

교과서 111쪽

▲ 17세기 사파비 왕조 시기의 카펫(좌)과 셰이크 로트폴라 모스크(우)

| 내용 알기 | 사파비 왕조는 유럽과 아시아 간 중계 무역으로 번영하였다. 특히 유럽 각국과 통상 관계를 맺어 수도인 이스파한에는 유럽 상인 및 크리스트교 선교사의 체류를 허용하였고, 영국과 네덜란드 상관이 설치되었다. 이를 통해 양탄자와 비단이 유럽으로 팔려 나갔으며, 직물·도자기·카펫 산업이 발달하였다. 또한 동서 교역의 중심지인 이곳에서는 페르시아와 이슬람, 유럽, 인도의 문화가 융합되어 국제적인 문화가 탄생하였다. 셰이크 로트폴라 모스크는 당시 사파비 왕조의 번영을 보여 주는 대표적인 건축물이다.

02 오스만 제국의 성립과 발전

1. 오스만 제국의 발전

(1) 성립: 13세기 말 오스만 튀르크가 아나톨리아반도를 중심으로 건국(1299)

(2) 발전: 개량된 총기와 대포 활용, 발칸반도 장악

① 메흐메트 2세: 비잔티움 제국을 멸망시킴(1453), 콘스탄티노폴리스로 천도 (└ 이스탄불로 개칭하고 수도로 삼음)

② 16세기 초: 사파비 왕조 공격, 메소포타미아·메카·메디나 장악, 이집트의 이슬람 왕조 정복 → 술탄 칼리프 제도 확립 (└ 셀림 1세가 아바스 왕조의 칼리프로부터 칼리프 지위를 양도받음(1517))

③ 술레이만 1세: 헝가리 격파, 오스트리아 공격, 지중해 동부 장악, 북아프리카 정복 (└ 오스만 제국의 전성기를 맞이함) (└ 유럽 연합 함대에 승리하며 지중해 교역의 이익을 독점함)

2. 오스만 제국의 경제와 문화

(1) 국제 교역 진흥: 아시아~이슬람~서양을 잇는 교역망 형성, 외국 상인 지원(안전 보장, 면세 특권, 치외 법권 인정) → 산업 진흥, 재정 확충 (└ 치외 법권: 다른 나라의 영토 안에 있으면서도 그 나라 국내법의 적용을 받지 않는 권리)

(2) 문화 발전: 비잔티움·페르시아·튀르크 문화의 융합

① 건축: 비잔티움 양식을 적용해 이슬람 사원 건축 (└ 외부의 웅장한 돔과 내부의 모자이크화가 특징인 건축 양식으로, 대표적인 건축물로 술탄 아흐메드 사원이 있음)

② 미술: 페르시아 세밀화 유행

③ 실용적 학문: 천문학·지리학·수학 등 발달

3. 오스만 제국의 통치 방식

(1) 관용적인 정책: 넓은 영토와 다양한 종교를 믿는 사람들에 대한 효율적 통치 (└ 이슬람교도, 그리스 정교를 믿는 그리스인과 슬라브인, 유대인 등)

① 인두세(지즈야): 비이슬람교도에게 병역을 면제하는 대신 세금 부과

② 밀레트 제도: 각 종교별 자치권 인정 → 민족 고유의 관습과 문화 유지

(2) 능력 위주의 관리 선발: 크리스트교도 소년들 중 인재 선별 → 이슬람교로 개종시켜 고급 관료나 술탄의 친위대인 예니체리로 선발

술탄 칼리프 제도

'세속 군주'를 뜻하는 술탄이 '이슬람 공동체의 우두머리'를 뜻하는 칼리프를 겸하는 제도이다. 이로써 오스만 제국의 황제는 정치적·종교적으로 이슬람 세계의 최고 통치자가 되었다.

밀레트 제도

밀레트 제도는 오스만 제국의 통치를 받던 여러 민족에게 허락된 종교와 민족에 따른 자치 제도를 말한다. 이를 통해 비이슬람교도인들은 이슬람과 관련된 재판 외에는 중앙 정부의 간섭 없이 결혼, 이혼, 사망, 교육, 언어, 전통 등에서 완전한 사회적·문화적 자유를 누렸다.

예니체리

'새로운 군대'라는 뜻의 예니체리는 크리스트교도 소년들 중 뛰어난 인재들을 선발하여 엄격한 훈련과 교육을 거쳐 편성하였다. 이들은 오스만 제국의 주력 군대로 활동했기에 오스만 제국의 팽창에 기여하였다.

중단원 핵심 확인하기 풀이

교과서 114쪽

1. 빈칸에 들어갈 알맞은 말을 써 보자.

(1) 셀주크 튀르크는 □□(이)라는 칭호를 받아 이슬람 세계의 실질적인 지배자가 되었다.

(2) 티무르 왕조의 수도인 □□□□□은/는 동서 교역의 중심지로 발전하였다.

(3) 오스만 제국은 종교 공동체에 자치를 허용하는 □□□ 제도를 운영하였다.

(1) 술탄 (2) 사마르칸트 (3) 밀레트

2. 관련 있는 내용을 옳게 연결해 보자.

(1) 티무르 왕조 ・ ・ ㉠ 샤

(2) 사파비 왕조 ・ ・ ㉡ 술탄의 친위대

(3) 메흐메트 2세 ・ ・ ㉢ 몽골 제국 재건

(4) 예니체리 ・ ・ ㉣ 비잔티움 제국 멸망

(연결: (1)-㉢, (2)-㉠, (3)-㉣, (4)-㉡)

3. 옳은 내용은 ○표, 틀린 내용은 ×표를 해 보자.

(1) 셀주크 튀르크는 바그다드를 함락하여 이슬람 세계의 몰락을 초래하였다. (×)

(2) 술레이만 1세는 전쟁의 승리와 제국 내부의 안정을 함께 이루었다. (○)

(3) 오스만 제국에서 이슬람 이외의 종교는 자치권을 인정받지 못하였다. (×)

4. 제시된 용어를 3개 이상 사용하여 오스만 제국의 통치 방식을 문장으로 완성해 보자.

밀레트 제도 | 예니체리 | 술레이만 1세 | 관리 선발 | 비이슬람교도 | 자치권

오스만 제국은 비이슬람교도에게도 자치권을 부여하는 밀레트 제도를 시행하고 능력 위주의 관리 선발로 크리스트교 소년들을 예니체리로 양성하였다.

도입 활동 풀이

교과서 110쪽

교과서 도입 01 이슬람 세계의 변화

| 도입 보충 |
튀르크인은 중앙아시아 지역에 살던 유목민이다. 아바스 왕조는 튀르크인이 군사적으로 뛰어나다는 사실을 알고 이들을 노예로 사서 군인으로 길렀다. 10세기 이후 많은 수의 튀르크인이 이슬람교로 개종하고 약화된 아바스 왕조로 점차 이주해 오기 시작하였다. 이들 중 셀주크 가문을 중심으로 한 튀르크 집단을 셀주크 튀르크라 불렀다.

오늘 한일 월드컵 4강 경기에서 한국과 튀르키예는 승패와 관계없이 형제의 나라답게 아름다운 우정을 나누었습니다.
'튀르키예'라는 나라 이름은 어디에서 왔나요?
튀르키예는 튀르크라는 이름에서 왔단다. 튀르크족은 중앙아시아의 유목민인데, 이슬람교로 개종해 국기도 이슬람의 상징 중 하나인 별 모양이란다.

아랍인이 아닌 튀르크인이 이슬람 세계의 주인공이 되었을 때 어떤 변화가 나타났을까?

도입 예시 답안 | 호전적인 성격의 유목 민족과 이슬람 정신이 결합하여 정복 활동이 활발하게 일어났다.

교과서 112쪽

교과서 도입+ 02 오스만 제국의 군대

| 도입 보충 |
오스만 제국의 전성기를 이끌었던 술레이만 1세는 헝가리 중부, 이라크, 동부 아나톨리아, 에게해, 북아프리카를 제국의 영토로 확장하였다. 그는 강력한 권력, 메카와 메디나에 대한 장악력을 바탕으로 칼리프 칭호를 공식적으로 채택하였다. 이는 또 다른 이슬람 국가인 사파비 왕조의 정통성을 비판하고 동시에 신성 로마 제국 황제와 자신을 대등하게 두기 위함이었다.

콘스탄티노폴리스에 입성하는 메흐메트 2세

술레이만 1세의 빈 포위

오스만 제국의 군대는 1453년 비잔티움 제국을 멸망시키고, 16세기에는 헝가리를 격파한 뒤 신성 로마 제국의 주요 도시인 빈을 포위 공격하였다.

16세기 당시의 유럽인들은 오스만 제국의 공격 앞에 어떤 생각이 들었을까?

도입 예시 답안 | 아랍인이나 튀르크인이 야만적이거나 후진적이지 않고, 오스만 제국 또한 독자적인 문화와 강력한 세력을 지닌 국가라고 생각했을 것이다.

도입 plus+ 메흐메트 2세의 콘스탄티노폴리스 함락

콘스탄티노폴리스 공방전

콘스탄티노폴리스 공방전에서 메흐메트 2세는 보스포루스 해협의 가장 좁은 곳에 요새를 건설해 해협을 봉쇄하였다. 그러자 서유럽 해군으로부터의 지원 및 식량원과 물자 공급이 끊겨, 마지막 공세가 시작되었을 때는 7,000여 명의 기독교 방위군들만이 남아 있었다. 또한, 1000년에 이르는 긴 시간 동안 한 번도 함락된 적 없던 콘스탄티노폴리스는 헝가리의 기술자가 만든 대포를 사용한 공격으로 50여 일만에 함락되었다. 메흐메트 2세는 콘스탄티노폴리스를 정복한 이후에도 팽창을 계속하여 펠로폰네소스와 아나톨리아에 남아 있던 비잔티움 제국의 마지막 세력까지 정복하였다. 그는 비잔티움 제국을 정복하고 베네치아와 제노바 등의 세력을 지중해 동부와 흑해에서 몰아냄으로써 오스만 제국의 전성기 기반을 다져놓았다.

역사 탐구 풀이 및 보충

역사 탐구 오스만 제국의 콘스탄티노폴리스 공략

교과서 113쪽

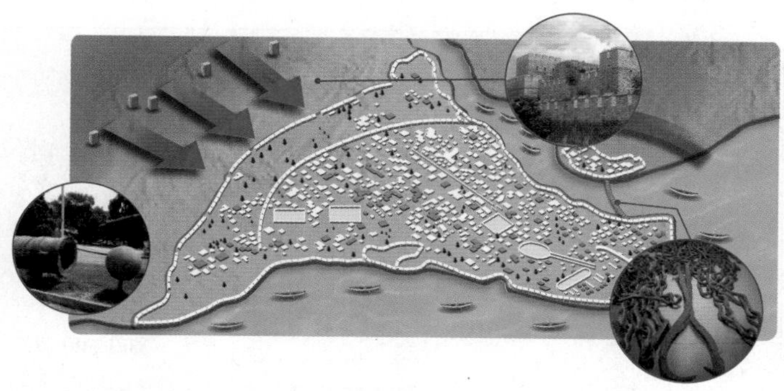

1453년 오스만 제국의 군대는 콘스탄티노폴리스를 포위하고 공격하였다. 이 도시는 삼면이 바다로 둘러싸여 있었는데, 지중해 쪽은 제대로 된 항구가 없어서 상륙할 수 없었고, 육지 쪽은 난공불락의 성벽으로 막혀 있었다. 좁은 골든 혼 입구는 쇠사슬로 봉쇄되었다. 하지만 오스만 제국 군대는 강력한 대포를 동원해 성벽을 공격하고, 육상으로 배를 이동하여 쇠사슬 봉쇄를 무력화하였다.

1. 오스만 제국은 어떻게 콘스탄티노폴리스를 함락하였을까?

정답 풀이 | 강력한 성벽을 부수기 위해 거대한 대포를 다수 동원하였고, 육상으로 배를 이동하여 선박의 진입을 막는 쇠사슬을 무력화하였다.

2. 오스만 제국의 콘스탄티노폴리스 점령은 이후의 유럽 역사에 어떤 영향을 끼쳤을까?

정답 풀이 | 오스만 제국이 지중해 교역권을 장악하자, 유럽 국가들은 동방과 직거래할 수 있는 새로운 무역로를 찾아 적극적으로 신항로 개척에 나섰다.

친절한 활동 길잡이

이 활동의 핵심은 오스만 제국의 군대가 콘스탄티노폴리스를 어떻게 공격했는지 살펴보고, 유럽 역사에 끼친 영향을 이해하는 것이다. 콘스탄티노폴리스 공략으로 오스만 제국이 지중해 교역을 장악하면서 유럽에서 신항로 개척이 일어났음을 파악하도록 한다.

자료 이해 확인 문제

1. 오스만 제국의 군대는 콘스탄티노폴리스 공략 당시 배를 육상으로 이동시키는 전략을 구사하였다. (○ / ×)
2. 오스만 제국이 지중해 동부를 장악하면서 유럽 각국은 적극적으로 신항로 개척에 나섰다. (○ / ×)

>> 정답 1. ○ 2. ○

탐구 plus 유럽 국가들의 신항로 개척

▲ 신항로 개척

▲ 여러 탐험가가 새겨진 비석(포르투갈 리스본)

유럽은 오래전부터 동방과 무역하였고, 특히 이탈리아 도시들은 향신료, 비단 등 각종 동방 산물의 무역을 주도하여 부를 축적하였다. 그러나 오스만 제국이 지중해 교역권을 장악하자, 유럽 국가들은 동방과 직거래할 수 있는 새로운 무역로를 찾아야만 하였다. 특히 지중해를 통한 향신료 무역에서 소외되었던 포르투갈과 에스파냐는 서아프리카 해안을 돌아 새로운 항로를 개척하고자 하는 의지가 강했고, 이에 따라 여러 탐험가를 지원하였다.

실력 확인 문제

단답형

01 (가)에 들어갈 알맞은 말을 쓰시오.

> 10세기 중반에 족장 셀주크가 이끄는 튀르크족은 카스피해 부근에서 일어나 이슬람교로 개종하고 세력을 확대하였다. 11세기에는 부와이 왕조를 무너뜨리고 바그다드에 입성하여 칼리프를 보호하였다. 이에 아바스 왕조로부터 [(가)] (이)라는 칭호와 정치적 실권을 위임받았다.

(　　　　　　　　　　)

02 (가)에 들어갈 인물로 옳은 것은?

칭기즈 칸의 후예라고 자처하며 사마르칸트를 수도로 하는 이슬람 왕조를 건국한 인물은?

① 티무르　② 무함마드
③ 아바스 1세　④ 쿠빌라이 칸
⑤ 술레이만 1세

03 밑줄 친 '이 왕조'에 대한 설명으로 옳은 것은?

> 이 왕조는 서쪽의 오스만 제국, 동쪽의 무굴 제국 등의 강대국과 경쟁하며 성장하였고, 페르시아 전통의 계승을 강조하였다. 이스마일 1세는 자신을 무함마드의 후손이라 주장하며 시아파 이슬람교를 국교로 삼았다.

① 샤를 황제의 칭호로 사용하였다.
② 사산 왕조 페르시아를 멸망시켰다.
③ 아소카왕 때 전성기를 맞이하였다.
④ 튀르크족이 중심이 되어 건립되었다.
⑤ 십자군 전쟁 당시 유럽과 대립하였다.

04 (가) 국가에 대한 설명으로 옳은 것은?

주치 울루스

아라비아해

(가)의 최대 영역

① 몽골군의 침공으로 멸망하였다.
② 폴리스라는 공동체 단위로 생활하였다.
③ 페르시아의 영광을 내세우며 건국되었다.
④ 동서 교역을 주도하며 경제적으로 번영하였다.
⑤ 예루살렘을 점령하여 십자군 전쟁을 유발하였다.

05 밑줄 친 '이 왕조'에 대한 설명으로 옳은 것은?

예전 이 왕조의 수도인 이스파한에는 당시 건축과 예술의 우수성을 보여 주는 유적이 많이 남아 있어요. 그중 가장 대표적인 것이 여기에 있는 셰이크 로트폴라 모스크입니다.

① 데카메론이 유행하였다.
② 유럽과 활발히 교류하였다.
③ 성 소피아 성당을 건립하였다.
④ 비아랍인 차별 정책을 실시하였다.
⑤ 건축에 비잔티움 양식을 적용하였다.

단답형

06 (가)에 들어갈 알맞은 국가를 쓰시오.

> • 16세기 초 이란 지역에서 수립된 [(가)] 은/는 페르시아 민족의 부흥을 위해 힘썼다.
> • 이스파한은 아바스 1세 때 [(가)] 의 새로운 수도가 되었으며 국제 무역 도시이자 생산과 유통의 중심지로 성장하였다.

( )

07 밑줄 친 '그'에 대한 설명으로 옳은 것은?

> 고대 이스라엘에서 지혜의 왕이라 불리는 솔로몬에서 이름을 딴 그는 헝가리, 이라크, 아나톨리아 동부 등의 영토를 정복하여 오스만 제국의 전성기를 이끌었다.

① 이스파한을 수도로 삼았다.
② 지중해의 해상권을 장악하였다.
③ 칭기즈 칸의 후예임을 자처하였다.
④ 이베리아반도까지 영토를 확장하였다.
⑤ 콘스탄티노폴리스를 이스탄불로 개칭하였다.

08 (가)에 들어갈 내용으로 적절한 것은?

> 오스만 제국은 사파비 왕조를 공격하여 메소포타미아, 메카, 메디나를 장악하였고, 이집트의 이슬람 왕조를 정복하여 칼리프의 지위를 넘겨 받았다. 오스만 제국의 통치자는 [(가)] (으)로서 이슬람 세계의 정치적·종교적 최고 권위를 가졌다.

① 샤 ② 칸 ③ 선우
④ 쇼군 ⑤ 술탄 칼리프

중요

09 밑줄 친 '이 제국'에 대한 설명으로 옳은 것은?

> 술탄의 군대가 나팔과 북소리를 울리며 총공격을 시작하였다. 예니체리 군단은 물밀 듯이 수도의 성벽을 치고 들어가 마침내 성벽 탑에 이 제국의 깃발을 꽂았다. 콘스탄티누스 11세 팔라이올로구스는 망토를 비롯해 로마 황제의 온갖 상징을 벗어 놓은 채 전장 속으로 사라졌다.

① 티무르가 건국하였다.
② 밀레트 제도를 시행하였다.
③ 만한 병용제를 실시하였다.
④ 크리스트교를 국교로 삼았다.
⑤ 탈라스 전투에서 당에 승리하였다.

고난도

10 (가), (나) 국가의 공통점으로 옳은 것만을 보기에서 고른 것은?

> (가) 지중해에서 중앙아시아에 이르는 이슬람 제국을 건설한 국가이다. 이집트의 이슬람 왕조와 투쟁하여 시리아와 예루살렘을 차지하였고, 이 때문에 십자군 전쟁이 발발하였다.
> (나) 아시아, 아프리카, 유럽에 걸친 대제국을 건설한 국가이다. 이 국가의 지배자는 술탄 칼리프로서 이슬람 세계에서 최고의 정치적·종교적 권위를 가졌다.

보기
ㄱ. 바그다드를 수도로 삼았다.
ㄴ. 비잔티움 제국을 공격하였다.
ㄷ. 튀르크족이 주도하여 건국되었다.
ㄹ. 몽골 제국의 침략으로 약화되었다.

① ㄱ, ㄴ ② ㄱ, ㄷ ③ ㄴ, ㄷ
④ ㄴ, ㄹ ⑤ ㄷ, ㄹ

11 (가)~(다) 사건을 일어난 순서대로 바르게 나열한 것은?

> (가) 오스만 제국이 비잔티움 제국을 멸망시켰다.
> (나) 아바스 왕조의 칼리프로부터 칼리프 지위를 양도받았다.
> (다) 오스만 제국의 군대가 헝가리를 격파하고 빈을 공격하였다.

① (가) – (나) – (다)
② (가) – (다) – (나)
③ (나) – (가) – (다)
④ (나) – (다) – (가)
⑤ (다) – (나) – (가)

12 (가)에 들어갈 내용으로 가장 적절한 것은?

> 오스만 제국은 아시아, 아프리카, 유럽에 걸친 광대한 제국을 통치하였다. 따라서 (가) 가 융합되어 발달하였고, 천문학, 지리학, 수학 등의 실용적인 학문도 발달하였다.

① 유교와 불교문화
② 페르시아와 유럽 문화
③ 힌두 문화와 이슬람 문화
④ 인도 문화와 헬레니즘 문화
⑤ 비잔티움, 튀르크, 페르시아 문화

13 다음과 관련된 내용으로 옳은 것만을 보기에서 고른 것은?

> 오스만 제국은 넓은 영역을 통치하기 위해 다양한 종교와 풍습을 지닌 여러 민족에게 관대한 정책을 실시하였다.

보기
ㄱ. 공문서에 튀르키예어를 사용하였다.
ㄴ. 밀레트라는 자치 조직을 운영하였다.
ㄷ. 아랍인 우월주의 정책을 실시하였다.
ㄹ. 비이슬람교도에게 인두세를 거두었다.

① ㄱ, ㄴ ② ㄱ, ㄷ ③ ㄴ, ㄷ
④ ㄴ, ㄹ ⑤ ㄷ, ㄹ

14 (가)에 들어갈 도시로 옳은 것은?

> 나 메흐메트 2세는 난공불락의 요새라 불리는 (가) 을/를 함락했도다! 이제 이곳을 우리 오스만 제국의 새로운 수도로 삼을 것이다.

① 바그다드 ② 이스파한
③ 사마르칸트 ④ 알렉산드리아
⑤ 콘스탄티노폴리스

15 (가) 국가의 문화에 대한 설명으로 옳은 것은?

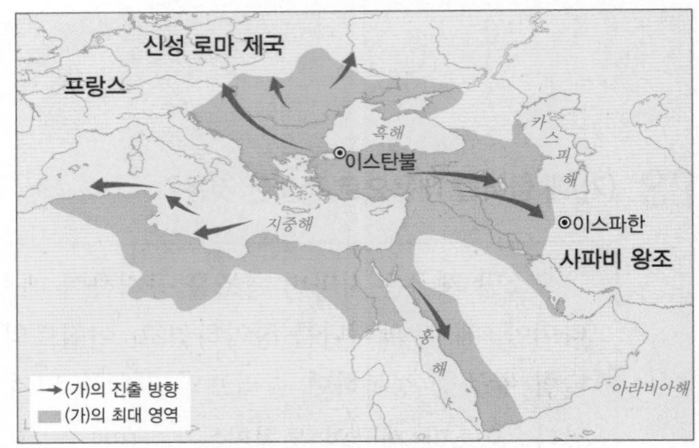

① 간다라 미술이 발전하였다.
② 페르시아 세밀화가 유행하였다.
③ 죽림칠현 등 청담 사상이 유행하였다.
④ 마누 법전이 일상생활에 영향을 끼쳤다.
⑤ 이슬람 역법의 영향을 받은 수시력이 제작되었다.

서술형

정답과 해설 294쪽

16 (가) 국가에서 볼 수 있는 모습으로 가장 적절한 것은?

경민아, 안녕?
옆에 보이는 건물은 (가) 당시에 건축된 술탄 아흐메드 사원이야. 비잔티움 양식의 영향을 받아 여러 개의 돔을 중첩된 형태로 만들었고 첨탑 6개는 술탄의 권력을 상징해. 전체적으로 푸른색을 띠고 있기 때문에 '블루 모스크'라는 별칭으로 알려져 있어. 나중에 이곳을 너와 함께 다시 한 번 가 보고 싶어.
– 202○년 ○월 ○일 친구가

① 역참을 이용하여 이동하는 관리
② 민회를 통해 정치에 참여하는 시민
③ 시아파 이슬람교를 국교로 선포하는 술탄
④ 인두세를 내고 병역을 면제받는 비이슬람교도
⑤ 종교 차별에 저항하여 반란을 일으키는 시크교도

중요

17 (가)에 대한 설명으로 옳은 것만을 보기에서 고른 것은?

튀르크어로 '새로운 병사'라는 뜻의 (가) 은/는 무라트 1세 때 술탄의 친위대로 만들어졌다. 전문적인 군사 교육을 받았으며, 술탄의 즉위에도 관여할 만큼 강력한 권력 집단으로 성장하였다.

보기
ㄱ. 자크리의 난을 주도하였다.
ㄴ. 십자군 전쟁에 참여하였다.
ㄷ. 오스만 제국의 팽창에 기여하였다.
ㄹ. 크리스트교 소년 중에서 선발하였다.

① ㄱ, ㄴ ② ㄱ, ㄷ ③ ㄴ, ㄷ
④ ㄴ, ㄹ ⑤ ㄷ, ㄹ

18 밑줄 친 ㉠에 해당하는 내용을 서술하시오.

오스만 제국에는 여러 지역의 다양한 물자와 문물이 들어와 경제적 번영과 문화적 다양성을 누렸다. 또한, 다양한 민족과 종교, 풍습이 어우러져 있었기 때문에 이를 ㉠ 원활하게 통치하기 위한 정책이 시행되었다.

19 지도와 같은 상황이 나타난 배경을 오스만 제국과 연관 지어 서술하시오.

교과서 116~125쪽

4 신항로 개척과 유럽 지역 질서의 변화

01 신항로의 개척

1. 대항해 시대의 배경

(1) 동방 무역 확대: 십자군 전쟁 이후 향신료, 비단 등 아시아의 특산물에 대한 수요 증가 → 이탈리아·이슬람 상인들의 무역 독점 → 아시아와의 직접 교역 희망

└ 향신료: 고기의 풍미를 높여주고 부패를 더디게 하여 유럽에서 인기가 많았음

(2) 기술의 발달: 천문학·지리학·조선술의 발달, 나침반 사용으로 먼 거리 항해 가능

(3) 종교적 열정: 크리스트교 전파 목적

└ 오스만 제국이 비잔티움 제국을 멸망시키고 동서 교역로를 장악하자, 유럽 국가들은 새로운 교역로가 필요하였음

2. 포르투갈과 에스파냐의 신항로 개척

(1) 배경: 재정복 운동으로 통일 국가 수립 → 크리스트교 확대, 경제적 이익 획득 등을 목적으로 항해 사업 후원

└ 경제적 이익 획득: 대서양 연안에 위치한 포르투갈과 에스파냐는 지중해 교역에서 불리했기 때문에 적극적으로 신항로 개척에 나섬

(2) 전개

포르투갈	• 바르톨로메우 디아스: 아프리카 남단의 희망봉 도착(1488) • 바스쿠 다 가마: 희망봉을 돌아 인도의 캘리컷 도착, 인도로 가는 항로 개척(1498)
에스파냐	• 콜럼버스: 아메리카 대륙의 서인도 제도 발견(1492) • 마젤란 함대: 대서양과 태평양을 횡단하여 세계 일주 성공(1522)

(3) 결과: 유럽과 아시아의 직접 교류 → 유럽 경제의 비약적 발전

└ 노예 무역, 아메리카의 금·은 채굴 등으로 막대한 이익을 남김

3. 유럽의 라틴 아메리카 수탈

(1) 라틴 아메리카 문명

	아스테카 문명	잉카 문명
지역	멕시코 고원(수도: 테노치티틀란)	안데스 산지(수도: 쿠스코)
특징	피라미드식 신전 건설	태양신 신전 건설, 계단식 밭에 관개 수로를 이용하여 옥수수·감자 재배
파괴	에스파냐의 코르테스가 정복	에스파냐의 피사로가 정복

(2) 수탈 결과: 유럽인의 금·은광, 대농장 경영 → 원주민 강제 동원 → 가혹한 노동, 전염병으로 원주민 인구 급감 → 노동력 부족

└ 전염병: 천연두와 홍역 등

재정복 운동

크리스트교가 이슬람교에게 빼앗긴 이베리아반도를 되찾고자 전개한 운동을 말한다. 재정복 운동을 통해 카스티야, 아라곤 등의 국가가 세워졌고, 이후 두 나라가 합쳐져 에스파냐 왕국을 이루었다. 에스파냐는 이슬람 세력 최후의 근거지인 그라나다를 함락하고 통일 국가를 완성하였다.

라틴 아메리카 원주민 인구 변화

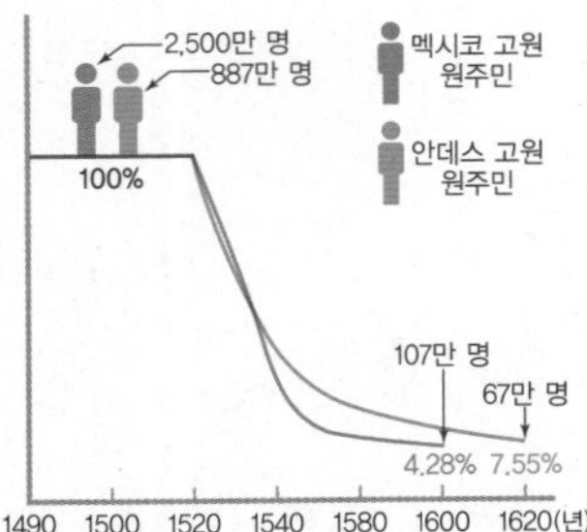

아메리카 원주민은 가혹한 노동에 시달렸으며 유럽에서 들어온 천연두와 홍역 등의 전염병으로 인구가 급격히 감소하였다.

자료 이해하기 라틴 아메리카의 문명

교과서 118쪽

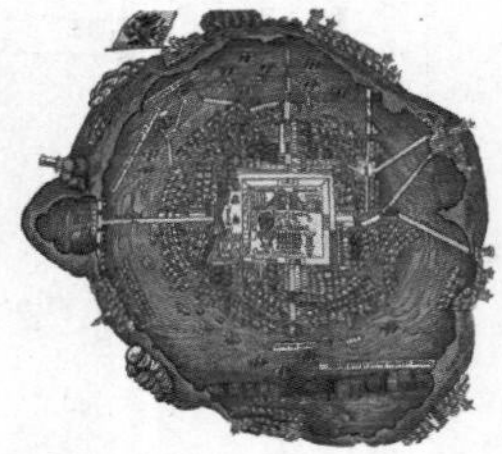

▲ 테노치티틀란

| 내용 알기 | 멕시코 고원에서는 13세기경 아스테카 문명이 번영하였다. 아스테카인들은 테노치티틀란에 도읍을 세우고 신권 정치로 멕시코 일대를 지배하였다. '신이 머무는 곳'이라는 뜻을 가진 테노치티틀란은 긴 대로와 십자형 수로로 구획된 계획도시였으며, 인구 30만여 명이 거주하는 거대한 도시였다. 이들은 그림 문자와 달력을 사용하였고 피라미드 신전을 지었다.

▲ 마추픽추

| 내용 알기 | 안데스 고원에서는 12세기 말 잉카 문명이 발달하였다. 잉카인들은 안데스산맥의 비탈에 계단식 밭을 만들고 관개 수로를 이용해 농업을 발전시켰다. 또한, 건축 기술의 발달로 도로망을 건설하고 쿠스코 태양 신전과 같은 건축물을 남겼다. 잉카 문명에서는 역법과 직물업이 발달하였으며, 새끼줄 매듭으로 숫자와 문자를 대신하였다.

4. 교역망의 확장

(1) 대서양 무역 발달: 신항로 개척으로 대서양이 새로운 무역 중심지로 부각 → 포르투갈, 에스파냐 등 대서양 연안 국가의 번영

삼각 무역	유럽, 아메리카, 아프리카 연결
노예 무역	• 노동력이 부족한 라틴 아메리카에 아프리카 노예 공급 • 노예 노동력을 이용해 생산한 상품 작물을 유럽에 판매 (설탕과 담배 등) • 많은 양의 금·은을 채굴하여 유럽과 아시아로 가져감

(2) 유럽의 아시아 진출

① 포르투갈: 고아(인도), 믈라카(말레이시아), 마카오(중국) 등 거점 항구 장악 → 향신료 무역 독점

② 네덜란드, 영국, 프랑스 등: 동남아시아의 향신료, 중국의 비단·차 등을 구입하고 은 지급 → 유럽, 인도, 중국을 연결하는 세계 교역망 형성 (중국에 은이 풍부해지면서 명·청 시기에 은으로 세금을 거두는 제도가 시행됨)

(3) 유럽인의 일상생활 변화: 아시아(향신료·비단·차·면직물)와 아메리카(감자·담배·옥수수)로부터의 물품 전래 (감자: 추위에 강하고 척박한 땅에서도 잘 자라서 기근을 해결하는데 크게 기여함)

(4) 유럽의 경제적 변화: 아메리카에서 채굴한 대량의 금·은이 유럽에 유입 → 물가 폭등

02 유럽의 절대 왕정

1. 절대 왕정의 성립

(1) 배경: 16세기경 중앙 집권적 통일 국가가 등장하면서 성립

(2) 절대 왕정: 국왕이 절대 권력 행사하는 정치 체제

2. 절대 왕정의 기반

(1) 왕권신수설: 국왕의 권한은 신이 준 것이므로 절대적으로 복종해야 한다는 사상

(2) 관료제: 국왕에게 충성하는 관료 조직, 국왕의 명령을 효율적으로 백성에게 전달

(3) 상비군: 국왕이 필요하면 언제든지 동원할 수 있는 군대

(4) 중상주의 정책

① 목적: 관료제·상비군 운영을 위한 재정적 기반 마련

② 특징: 국내 산업을 육성하고자 수출 장려, 수입 물품에 높은 관세 부과, 해외 식민지 개척 (상품 판매 시장과 원료 공급지를 확보하기 위해 식민지 개척에 적극적으로 나섬)

③ 결과: 절대 군주의 시민 계층 보호, 시민 계층의 정치적 지지와 재정 지원 확보 → 시민 계층의 성장

대서양 무역

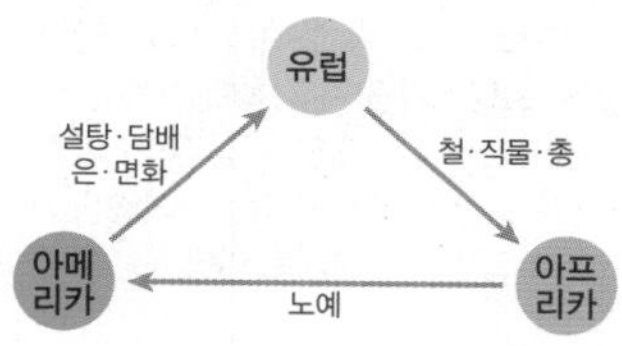

보충 포토시 은광

포토시(현재의 볼리비아)에서 1545년 은이 발견된 이래 약 200년 동안 전 세계 은의 절반이 넘는 양이 이곳에서 생산되었다.

왕권신수설

신이 왕권을 부여했기 때문에 국왕이 지상에서 가장 우월한 존재라는 사상이다. 왕권신수설은 왕권의 정당성을 직접 신에게서 구함으로써 로마 교황이나 봉건 제후의 간섭을 배제하려는 목적을 지니고 있었다.

중상주의

상공업을 중시하고 국가의 보호와 통제 아래 수입을 억제하고 수출을 장려하여 국가의 부를 증대시키는 경제 정책을 말한다.

자료 이해하기 절대 왕정의 상징, 베르사유 궁전

교과서 122쪽

베르사유 궁전(프랑스 파리)

| 내용 알기 | 프랑스의 루이 14세는 귀족의 반란을 진압하고 귀족을 자신의 왕권 아래로 끌어들이는 한편, 시민 계급을 행정 관료로 편입하여 절대 왕정을 확립하였다. 그는 왕권신수설을 신봉하고 태양왕을 자처하였으며, 베르사유 궁전을 지어 궁정 문화를 꽃피웠다. 베르사유 궁전은 당대 최고의 건축가·화가·조경사 등을 동원하여 세운 왕궁으로, 당시 권력의 중심지다운 호화로운 건축물과 예술품, 광대하게 조성된 정원 등으로 이루어졌다. 베르사유 궁전에 있는 226개의 방에는 항상 1,000여 명의 귀족과 4,000여 명의 시종이 북적거렸으며, 거울의 방에서는 거의 매일 무도회와 축제가 열렸다.

콜베르

프랑스 루이 14세 때의 재무 장관으로, 프랑스의 국력 강화에 기여하였다. 콜베르가 성공적인 중상주의 정책을 실시하였기 때문에 중상주의를 '콜베르주의'라고 부르기도 한다.

상수시 궁전

프리드리히 2세가 베르사유 궁전을 모방하여 세운 궁으로 상수시는 프랑스어로 '근심이 없다.'라는 뜻이다. 프리드리히 2세는 이곳에서 볼테르를 비롯한 계몽사상가와 대화하며 계몽 사상의 영향을 받았다.

보충 화승총의 사용

절대 왕정 시기 전쟁에서 널리 쓰인 화승총은 장전하는 데 시간이 오래 걸린다는 단점이 있었다. 이를 보완하기 위해 사격한 병사가 다시 장전하는 사이에 뒷 열의 병사가 전진해서 사격하는 방식이 사용되었다.

03 유럽 절대 왕정의 발전

1. 절대 왕정의 성립

(1) 에스파냐(펠리페 2세): 서유럽에서 가장 먼저 절대 왕정 확립
- 펠리페 2세: 아메리카 대륙과 지중해, 네덜란드 등을 아우르는 대제국을 건설함

① 발전: 펠리페 2세가 무적함대 조직 → 레판토 해전에서 오스만 제국 격파 → 대서양 무역 주도
- 무적함대: 펠리페 2세가 편성한 전함 120여 척, 대포 2,000문 규모의 대함대

② 쇠퇴: 무적함대가 영국 해군에게 패배, 국내 산업 육성 실패

(2) 프랑스(루이 14세): 절대 왕정 확립, 베르사유 궁전 건축, 콜베르를 등용하여 재정 확충 및 상비군 육성
- 루이 14세: 강력한 왕권을 바탕으로 '태양왕'이라고 자처함
- 베르사유 궁전 건축: 왕실의 권위를 과시함

(3) 러시아(표트르 대제): 서유럽의 기술과 문물 수용, 상트페테르부르크를 수도로 삼아 내정 개혁과 군비 확장 추진
- 상트페테르부르크: 러시아의 서쪽에 위치하여 서유럽의 문물을 수용하기에 유리함

(4) 프로이센(프리드리히 2세): 오스트리아와의 전쟁으로 영토 확장, 산업 장려, 상수시 궁전 건축
- 프리드리히 2세: 국가 제일의 공복(심부름꾼)을 자처함

2. 절대 왕정 시기의 전쟁

(1) 배경: 영토 확장 경쟁, 식민지 개척

(2) 새로운 전쟁 양상

① 화약 사용: 중국에서 들어온 화약 사용, 화승총으로 무장한 상비군 편성

② 성벽 건축: 대포 공격의 방어에 유리한 성벽 건축
- 성벽 건축: 대표적으로 별 모양의 성채가 건축됨

(3) 전쟁 비용 마련 방법: 강력한 중앙 집권적 관료제 운영 → 효율적 세금 징수

(4) 7년 전쟁

① 배경: 슐레지엔 지역을 둘러싼 오스트리아와 프로이센의 경쟁
- 슐레지엔 지역: 철과 석탄이 풍부한 전략적 요충지

② 과정: 영국, 프랑스, 러시아 참전 → 영국과 프랑스가 인도, 북아메리카 등지에서 대립

③ 결과: 프로이센이 슐레지엔 지역 확보, 국력 강화

중단원 핵심 확인하기 풀이

교과서 123쪽

1. 빈칸에 들어갈 알맞은 말을 써 보자.

(1) 콜럼버스는 아메리카 대륙의 □□□ 제도에 도착하였다.

(2) 에스파냐의 피사로가 □□ 제국을 침략하였다.

(3) 신항로 개척 이후 에스파냐, 포르투갈 등의 □□□ 연안 국가들이 번영하게 되었다.

(4) 러시아의 표트르 대제는 □□□□□□□□을/를 수도로 삼았다.

(1) 서인도 (2) 잉카 (3) 대서양 (4) 상트페테르부르크

2. 관련 있는 내용을 옳게 연결해 보자.

(1) 바스쿠 다 가마 • — • ㉡ 인도 항로 개척

(2) 펠리페 2세 • — • ㉢ 무적함대

(3) 루이 14세 • — • ㉠ 베르사유 궁전

3. 옳은 내용은 ○표, 틀린 내용은 ×표를 해 보자.

(1) 마젤란 일행이 최초로 세계 일주에 성공하였다. (○)

(2) 신항로 개척 이후 유럽에 감자, 담배, 옥수수, 토마토 등이 유입되었다. (○)

(3) 프로이센의 프리드리히 2세는 콜베르를 등용하여 국가 재정 확충에 힘썼다. (×)

4. 제시된 용어를 3개 이상 사용하여 절대 왕정의 특징을 문장으로 완성해 보자.

왕권신수설 / 절대 왕정 / 관료제 / 노예 무역 / 상비군 / 중상주의 / 식민지

- 절대 왕정은 왕권신수설을 바탕으로 하고, 관료제와 상비군을 정비하여 운영하였다.
- 절대 왕정 국가들은 중상주의 정책을 시행하여 식민지 개척에 나섰다.

도입 활동 풀이

교과서 도입 01 신항로의 개척

교과서 116쪽

하느님의 말씀을 전하고,
모든 인간이 갈망하는 것처럼
부자가 되게 해 주세요.

자, 저들의 금을 탈취하자.

유럽인들은 왜 새로운 항로를 찾아 나섰을까?

도입 예시 답안 | 크리스트교 신앙을 전파하고, 향신료와 금을 차지하여 부자가 되고자 하는 욕망 때문에 새로운 항로 개척에 나섰다.

| 도입 보충 |

유럽은 오래전부터 동방과 무역하였다. 이탈리아 도시들은 향신료, 비단 등의 동방 산물에 대한 무역을 주도하여 부를 축적하였다. 그러나 오스만 제국이 지중해 교역권을 장악하자 유럽인은 동방과 직거래할 수 있는 새로운 무역로를 찾아야만 하였다. 천문학, 지리학, 조선술의 발달과 나침반 사용 등으로 원양 항해가 가능해지자 대항해 시대가 전개되었다.

교과서 도입 02 유럽의 절대 왕정

교과서 121쪽

신은 왕을 자신의 심부름꾼으로 삼아 왕을 통해 사람을 지배한다.

보쉬에(1627~1704)

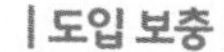

국가는 그 자체가 하나의 공동체를 이루는 것이 아니라 오직 왕의 존재를 통해서만 결속할 수 있다.

루이 14세(1638~1715)

두 인물의 말을 통해 알 수 있는 왕의 역할은 무엇일까?

도입 예시 답안 | 국왕은 신에게서 부여받은 절대적인 권한을 가지고 백성과 국가를 지배하는 존재이다.

| 도입 보충 |

"짐이 곧 국가다."라는 말을 한 것으로 알려진 프랑스의 태양왕 루이 14세는 절대적인 권력을 가진 군주로 군림하였다. 그는 콜베르를 재무 장관으로 등용하고 중상주의 정책을 펼쳐 국가 재정을 확보하고 상비군을 육성하였다. 그러나 낭트 칙령을 폐지하여 상공업에 종사하던 많은 신교도가 프랑스를 떠나 국내 산업이 위축되었고, 무리한 전쟁으로 국력을 낭비하면서 루이 14세 사후 프랑스는 재정난에 직면하였다.

도입 plus⁺ 콜럼버스의 신대륙 발견

콜럼버스

"나는 그들에게 붉은 모자 몇 개와 유리 비즈를 꿴 목걸이 몇 개 그리고 사소한 물건 몇 개를 선물했고, 그들은 그것을 보고 매우 기뻐했으며 우리를 엄청나게 좋아했다. 후에 그들은 우리 배로 앵무새, 솜뭉치, 창, 그리고 많은 물건을 가지고 헤엄쳐 와서 우리가 그들에게 준 물건들과 바꾸었다. 사실 그들은 우리가 주는 것을 모두 받아들였고, 최고의 선의로 자신들이 가진 것을 우리에게 주었다."

–『Christopher Columbus: Extracts from Journal』

콜럼버스는 1492년 8월 3일에 세 척의 배를 이끌고 에스파냐를 출항하여 10월 12일에는 아메리카 해안에 상륙하였다. 그는 인도 동부에 도착했다고 믿었고, 자신과 마주친 원주민들을 'Indios' 즉 인도인이라고 불렀다. 콜럼버스는 자신의 일기에서 원주민과의 첫 만남을 자료와 같이 기록하였다.

이후에도 콜럼버스는 아메리카 대륙에 세 번이나 더 갔지만, 죽을 때까지 자신이 신세계를 발견했다는 사실을 알지 못하였다. 이후 이탈리아 출신의 아메리고 베스푸치가 네 차례에 걸쳐 아메리카 대륙을 탐험하면서 인도가 아닌 신대륙이라는 것을 알게 되었다. 이후 이를 기념해 대륙의 발견자 이름을 따 '아메리고의 땅'이라는 뜻에서 '아메리카'라고 부르기 시작하였다.

역사 탐구 풀이 및 보충

교과서 120쪽

역사 탐구 신항로 개척이 가져온 변화

친절한 활동 길잡이

이 활동의 핵심은 신항로 개척으로 세계 교역망에 어떤 변화가 나타났는지 이해하는 것이다. 세계 교역망의 중심이 지중해에서 대서양으로 이동했음을 이해하고, 그 과정에서 아메리카의 은이 세계적 교역망 형성에 어떠한 영향을 끼쳤는지 파악하도록 한다.

| 자료 1 |

이 모든 복잡한 상업 활동을 가능케 했던 것은 바로 향신료와 사치품을 향한 욕구이다. 이러한 욕구를 충족하기 위해 상인들은 장사를 떠났고, 선원들은 고된 항해를 했고, 은행가들은 신용을 창출했고, 농민들은 많은 양을 길러 냈다.

– 남종국, 『서양 중세사 연구』

당신이 떠나는 원정의 첫 번째 목표가 신께 봉사하고 크리스트교 신앙을 전파하는 것이라는 점을 명심하시오. 만약 원주민들이 종교를 가지고 있다면, 그것을 연구하고 보고해야 하오. 마지막으로 당부하는데, 진정한 믿음과 교회의 지식을 전파할 기회를 놓쳐서는 안 되오.

– 쿠바 총독 디에고 발라스케스가 코르테스에게 보낸 편지

| 자료 2 |

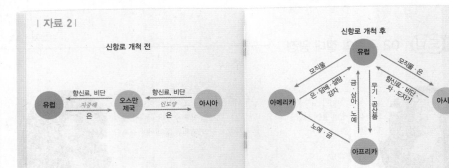

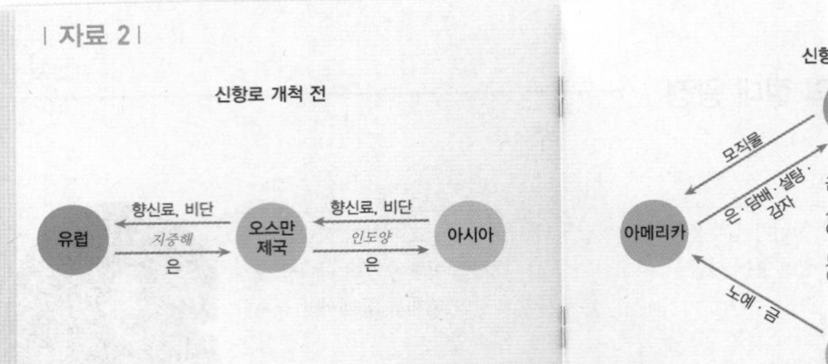

| 자료 3 |

은은 예멘의 모카에서 커피를 구입한 무슬림들 그리고 나중에는 크리스트교도들을 통해 중국으로 흘러들어 갔다. 또한 커피는 메카 순례자들에 의해 모로코와 이집트를 넘어 페르시아, 인도, 자와, 그리고 오스만 튀르크까지 퍼졌다. 프랑스의 루이 14세는 이 무슬림들의 음료를 아프리카 대서양 연안의 섬 상투메의 노예 플랜테이션에서 생산된 설탕으로 단맛을 낸 뒤 중국 도자기에 담아 귀족들에게 소개하였다. 커피를 마신 뒤에는 미국의 버지니아에서 재배한 담배가 제공되었다.

– 케네스 포메란츠, 『설탕, 커피, 그리고 폭력』

커피나무

| 자료 4 |

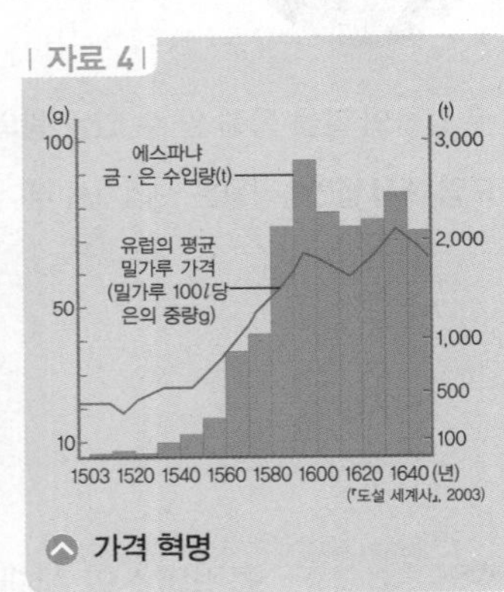

가격 혁명

자료 이해 확인 문제

1. 신항로 개척으로 해상 교역의 중심이 대서양에서 지중해로 이동하였다. (○ / ×)

2. 신항로 개척 이후 유럽의 물가가 크게 하락하였다. (○ / ×)

≫ 정답 1. × 2. ×

1. | 자료 1 |~| 자료 2 |를 통해 알 수 있는 유럽인들이 신항로를 개척하고자 했던 목적은 무엇일까?

정답 풀이 | 크리스트교 신앙을 전파하고, 향신료와 사치품을 얻고자 신항로 개척에 나섰다.

2. | 자료 1 |~| 자료 4 |를 통해 파악할 수 있는 신항로 개척이 가져온 변화는 무엇인지 서술해 보자.

정답 풀이 | 대서양을 중심으로 유럽, 아프리카, 아메리카 간 무역이 확장되어 세계적 교역망이 형성되었다. 이때 아메리카의 은이 유럽에 유입되어 유럽의 물가가 크게 상승하였다.

실력 확인 문제

정답과 해설 296쪽

01 (가)에 들어갈 내용으로 가장 적절한 것은?

유럽 각국이 신항로 개척에 나선 이유는 무엇일까?
아시아의 물품이 이슬람, 이탈리아 상인들을 거치다보니 비싼 값에 거래되었기 때문이야.
중국에서 들어온 나침반 때문에 멀리까지 항해가 가능해진 것도 중요한 원인이야.
(가)

① 크리스트교를 전파하고자 했기 때문이야.
② 셀주크 튀르크가 예루살렘을 점령했기 때문이야.
③ 중국의 비단과 차에 대한 수요가 줄어들었기 때문이야.
④ 십자군 전쟁의 실패로 교황의 권위가 떨어졌기 때문이야.
⑤ 몽골 제국의 성립으로 동서 교역이 활발해졌기 때문이야.

단답형

02 (가)에 들어갈 알맞은 인물을 쓰시오.

> (가) 은/는 1492년 8월 세 척의 배를 이끌고 에스파냐를 출항하여 10월에 아메리카 해안에 상륙하였다. 그는 자신이 인도 동부에 도착했다고 믿었고, 자신과 마주친 원주민들을 '인도인'이라고 불렀다.

( )

03 신항로 개척의 결과로 옳지 않은 것은?

① 아스테카 문명과 잉카 문명이 파괴되었다.
② 라틴 아메리카에 아프리카 노예를 공급하였다.
③ 무역 중심지가 대서양에서 지중해로 이동하였다.
④ 아메리카에서 금과 은이 유입되어 유럽의 물가가 폭등하였다.
⑤ 유럽, 아메리카, 아프리카를 연결하는 삼각 무역이 발달하였다.

04 다음과 같은 변화가 나타난 배경으로 옳은 것만을 보기 에서 고른 것은?

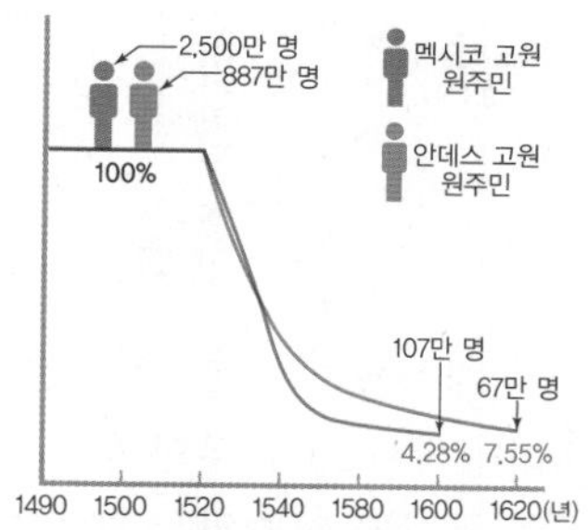

▲ 아메리카 원주민의 인구 변화

> 보기
> ㄱ. 유럽에서 재정복 운동이 일어났다.
> ㄴ. 천연두, 홍역 등의 전염병이 유행하였다.
> ㄷ. 볼리바르 등을 중심으로 독립운동이 전개되었다.
> ㄹ. 에스파냐, 포르투갈 등이 라틴 아메리카 문명을 파괴하였다.

① ㄱ, ㄴ ② ㄱ, ㄷ ③ ㄴ, ㄷ
④ ㄴ, ㄹ ⑤ ㄷ, ㄹ

05 (가), (나) 문명에 대한 설명으로 옳은 것은?

> (가) 멕시코 고원에서 발달한 문명으로 테노치티틀란에 도읍을 세우고 신권 정치로 멕시코 일대를 지배하였다. 이들은 그림 문자와 달력을 사용하였고, 피라미드 신전을 지었다.
> (나) 안데스 고원에서 발달한 문명으로 수도인 쿠스코에는 태양신의 신전이 있었고, 계단식 밭에 관개 수로를 이용하여 옥수수와 감자를 재배하였다.

① (가) – 마추픽추를 건설하였다.
② (가) – 간다라 미술이 발전하였다.
③ (나) – 지구라트를 축조하였다.
④ (나) – 모헨조다로, 하라파 등의 계획도시를 세웠다.
⑤ (가), (나) – 에스파냐의 침략을 받아 멸망하였다.

중요

06 다음 도표에 나타난 무역에 대한 설명으로 옳지 않은 것은?

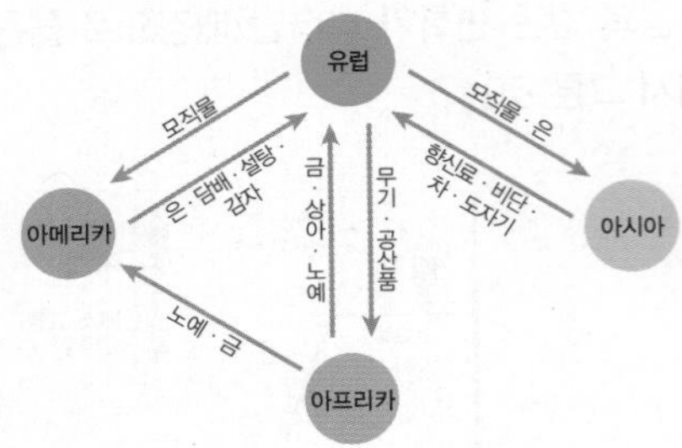

① 신항로 개척을 계기로 시작되었다.
② 아프리카에서 노예 무역이 성행하였다.
③ 유럽의 물가가 상승하는 데 영향을 끼쳤다.
④ 북유럽에 한자 동맹이 결성되는 결과를 가져왔다.
⑤ 아메리카에서 생산된 대량의 은이 아시아로 유입되었다.

07 밑줄 친 '그'에 대한 설명으로 옳은 것은?

> 프랑스의 절대 군주인 그는 거의 매일 자신이 지은 베르사유 궁전에서 무도회를 개최하였다. 그는 무도회에서 태양신 아폴론으로 분장하고 춤추는 모습을 자주 보여 줌으로써 사람들의 마음 속에 태양왕의 이미지를 각인시키고자 하였다.

① 한자 동맹을 결성하였다.
② 성상 숭배 금지령을 내렸다.
③ 상트페테르부르크로 수도를 옮겼다.
④ 콜베르를 등용하여 국가 재정을 확충하였다.
⑤ 레판토 해전에서 오스만 제국에 승리하였다.

단답형

08 다음 자료에 나타난 정치사상을 쓰시오.

> 왕의 권력은 신에게서 나온다. 신은 왕을 그의 사자로 만드셔서 왕을 통해 백성을 지배한다. 이미 보아 왔듯이, 모든 권력은 신에게서 나온다.…… 왕의 권력은 누구도 그것으로부터 도망치려고 마음먹을 수 없는 권력이어야 한다.

( )

중요

09 (가)에 들어갈 정치 체제에 대한 설명으로 옳은 것만을 보기에서 고른 것은?

> 16세기 이후 유럽의 여러 나라들은 국왕을 중심으로 중앙 집권적 통치를 강화하여 (가) 시대를 맞이하였다. 이 시기의 군주들은 왕의 권한은 신이 준 것이므로 절대적으로 복종해야 한다는 사상을 이용하여 절대 권력을 확립하였다.

보기
ㄱ. 식민지 개척에 소극적이었다.
ㄴ. 서유럽 일부 지역에서만 나타났다.
ㄷ. 관료제와 상비군을 기반으로 운영되었다.
ㄹ. 시민 계층이 국왕을 재정적으로 지원하였다.

① ㄱ, ㄴ ② ㄱ, ㄷ ③ ㄴ, ㄷ
④ ㄴ, ㄹ ⑤ ㄷ, ㄹ

10 다음 건축물을 축조한 국왕에 대한 설명으로 옳은 것은?

① 마젤란의 항해를 지원하였다.
② 레판토 해전에서 승리하였다.
③ 강력한 무적함대를 조직하였다.
④ 국가 제일의 공복임을 자처하였다.
⑤ 성직자 임명권을 두고 교황과 대립하였다.

서술형

정답과 해설 296쪽

11 다음 자료에 제시된 국왕들의 공통점으로 가장 적절한 것은?

나는 아메리카 대륙과 지중해, 네덜란드 등을 아우르는 대제국을 건설했지요.

짐이 곧 국가다.

① 신항로를 개척하였다.
② 절대 왕정을 확립하였다.
③ 백년 전쟁에 참여하였다.
④ 라틴 아메리카를 정복하였다.
⑤ 루터의 종교 개혁을 지원하였다.

고난도

12 밑줄 친 ㉠의 사례로 적절한 것만을 보기에서 고른 것은?

> 절대 왕정을 이룬 유럽의 국가들은 대륙의 안과 밖에서 영토를 확보하려는 경쟁을 시작하였다. 특히 17세기에는 유럽 전역에서 전쟁이 없었던 시기가 4년에 불과할 정도로 많은 전쟁이 일어났다. 이러한 군사 경쟁이 지속되면서 유럽 국가들은 ㉠군사적인 변화를 모색하였다.

보기
ㄱ. 기관총을 전쟁에 활용하였다.
ㄴ. 별 모양의 성채를 건축하였다.
ㄷ. 참호를 파서 적군의 공격에 대비하였다.
ㄹ. 화승총으로 무장한 상비군을 편성하였다.

① ㄱ, ㄴ ② ㄱ, ㄷ ③ ㄴ, ㄷ
④ ㄴ, ㄹ ⑤ ㄷ, ㄹ

13 (가), (나) 자료를 토대로 신항로 개척 이후 노예 무역이 발달한 배경을 쓰시오.

> (가) 신항로 개척으로 원거리의 인구 이동이 활발하게 일어나면서 전염병이 대규모로 유행하였다. 유럽에서 유입된 전염병으로 아메리카 대륙 원주민의 약 90 % 가까이가 사망하였다.
> (나) 콜럼버스는 수입을 얻기 위해 아메리카에 사탕수수를 들여왔다. 당시 유럽에서는 설탕이 선풍적인 인기를 끌고 있었는데, 사탕수수 재배와 설탕 제조에는 엄청난 노동력이 필요하였기 때문에 그 가격이 매우 비쌌다.

14 (가)에 들어갈 경제 정책을 쓰고, 이에 대해 서술하시오.

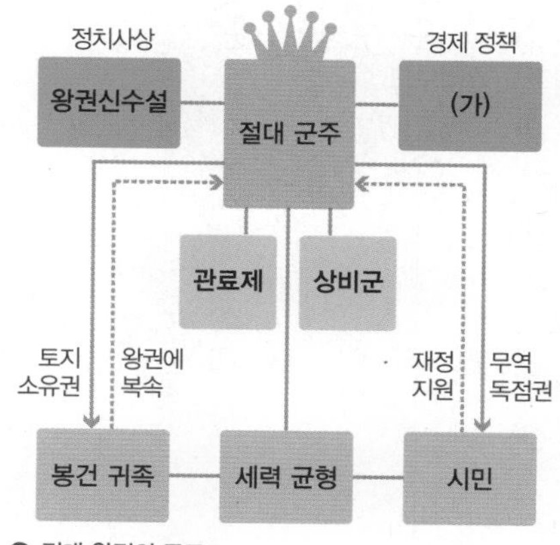

▲ 절대 왕정의 구조

대단원 마무리

교과서 126~127쪽

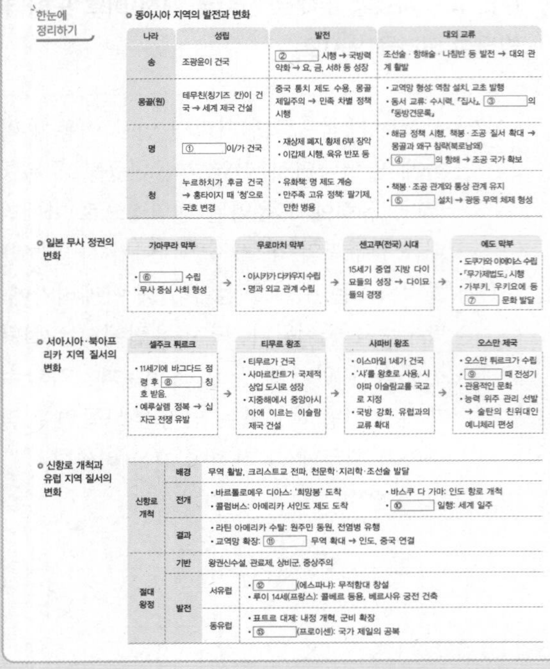

한눈에 정리하기

○ 동아시아 지역의 발전과 변화

나라	성립	발전	대외 교류
송	조광윤이 건국	② 시행 → 국방력 약화 → 요, 금, 서하 등 성장	조선술·항해술·나침반 등 발전 → 대외 관계 활발
몽골(원)	테무친(칭기즈 칸)이 건국 → 세계 제국 건설	중국 통치 제도 수용, 몽골 제일주의 → 민족 차별 정책 시행	• 교역망 형성: 역참 설치, 교초 발행 • 동서 교류: 수시력, 『집사』, ③ 의 『동방견문록』
명	① 이/가 건국	• 재상제 폐지, 황제 6부 장악 • 이갑제 시행, 육유 반포 등	• 해금 정책 시행, 책봉·조공 질서 확대 → 몽골과 왜구 침략(북로남왜) • ④ 의 항해 → 조공 국가 확보
청	누르하치가 후금 건국 → 홍타이지 때 '청'으로 국호 변경	• 유화책: 명 제도 계승 • 만주족 고유 정책: 팔기제, 만한 병용	• 책봉·조공 관계와 통상 관계 유지 • ⑤ 설치 → 광둥 무역 체제 형성

○ 일본 무사 정권의 변화

가마쿠라 막부	→	무로마치 막부	→	센고쿠(전국) 시대	→	에도 막부
• ⑥ 수립 • 무사 중심 사회 형성	→	• 아시카가 다카우지 수립 • 명과 외교 관계 수립	→	15세기 중엽 지방 다이묘들의 성장 → 다이묘들의 경쟁	→	• 도쿠가와 이에야스 수립 • 「무가제법도」 시행 • 가부키, 우키요에 등 ⑦ 문화 발달

○ 서아시아·북아프리카 지역 질서의 변화

셀주크 튀르크	→	티무르 왕조	→	사파비 왕조	→	오스만 제국
• 11세기에 바그다드 점령 후 ⑧ 칭호 받음. • 예루살렘 정복 → 십자군 전쟁 유발	→	• 티무르가 건국 • 사마르칸트가 국제적 상업 도시로 성장 • 지중해에서 중앙아시아에 이르는 이슬람 제국 건설	→	• 이스마일 1세가 건국 • '샤'를 왕호로 사용, 시아파 이슬람교를 국교로 지정 • 국방 강화, 유럽과의 교류 확대	→	• 오스만 튀르크가 수립 • ⑨ 때 전성기 • 관용적인 문화 • 능력 위주 관리 선발 → 술탄의 친위대인 예니체리 편성

○ 신항로 개척과 유럽 지역 질서의 변화

신항로 개척	배경		무역 활발, 크리스트교 전파, 천문학·지리학·조선술 발달
	전개		• 바르톨로메우 디아스: '희망봉' 도착 • 콜럼버스: 아메리카 서인도 제도 도착 • 바스쿠 다 가마: 인도 항로 개척 • ⑩ 일행: 세계 일주
	결과		• 라틴 아메리카 수탈: 원주민 동원, 전염병 유행 • 교역망 확장: ⑪ 무역 확대 → 인도, 중국 연결
절대 왕정	기반		왕권신수설, 관료제, 상비군, 중상주의
	발전	서유럽	• ⑫ (에스파냐): 무적함대 창설 • 루이 14세(프랑스): 콜베르 등용, 베르사유 궁전 건축
		동유럽	• 표트르 대제: 내정 개혁, 군비 확장 • ⑬ (프로이센): 국가 제일의 공복

126 Ⅲ. 지역 세계의 교류와 변화

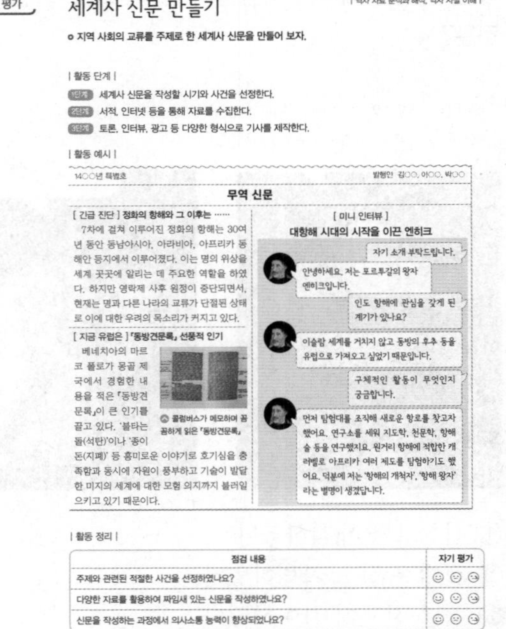

수행 평가

세계사 신문 만들기

| 역사 자료 분석과 해석, 역사 사실 이해 |

○ 지역 사회의 교류를 주제로 한 세계사 신문을 만들어 보자.

| 활동 단계 |

1단계 세계사 신문을 작성할 시기와 사건을 선정한다.

2단계 서적, 인터넷 등을 통해 자료를 수집한다.

3단계 토론, 인터뷰, 광고 등 다양한 형식으로 기사를 제작한다.

| 활동 예시 |

(본문 아래 예시 답안의 신문과 동일)

| 활동 정리 |

점검 내용	자기 평가
주제와 관련된 적절한 사건을 선정하였나요?	☺ 😐 ☹
다양한 자료를 활용하여 짜임새 있는 신문을 작성하였나요?	☺ 😐 ☹
신문을 작성하는 과정에서 의사소통 능력이 향상되었나요?	☺ 😐 ☹

대단원 마무리 127

한눈에 정리하기

| 예시 답안 |

① 주원장

② 문치주의

③ 마르코 폴로

④ 정화

⑤ 공행

⑥ 미나모토노 요리토모

⑦ 조닌

⑧ 술탄

⑨ 술레이만 1세

⑩ 마젤란

⑪ 대서양

⑫ 펠리페 2세

⑬ 프리드리히 2세

수행 평가

이것이 핵심

세계사 신문을 만드는 과정에서 역사적 사건의 의미를 해석해 보고 역사적 인물의 활동을 이해하며 역사 사실에 대한 이해를 높일 수 있다.

| 예시 답안 |

| 활동 예시 |

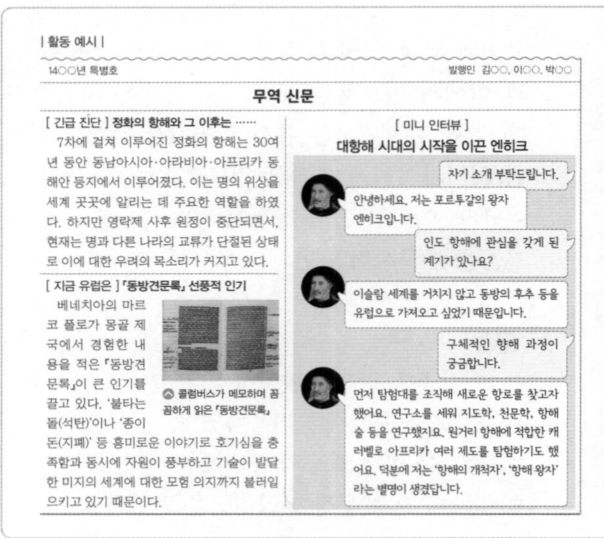

14○○년 특별호 발행인 김○○, 이○○, 박○○

무역 신문

[긴급 진단] **정화의 항해와 그 이후는 ……**

7차에 걸쳐 이루어진 정화의 항해는 30여 년 동안 동남아시아·아라비아·아프리카 동해안 등지에서 이루어졌다. 이는 명의 위상을 세계 곳곳에 알리는 데 주요한 역할을 하였다. 하지만 영락제 사후 원정이 중단되면서, 현재는 명과 다른 나라의 교류가 단절된 상태로 이에 대한 우려의 목소리가 커지고 있다.

[지금 유럽은] **『동방견문록』 선풍적 인기**

베네치아의 마르코 폴로가 몽골 제국에서 경험한 내용을 적은 『동방견문록』이 큰 인기를 끌고 있다. '불타는 돌(석탄)'이나 '종이 돈(지폐)' 등 흥미로운 이야기로 호기심을 충족함과 동시에 자원이 풍부하고 기술이 발달한 미지의 세계에 대한 모험 의지까지 불러일으키고 있기 때문이다.

▲ 콜럼버스가 메모하며 꼼꼼하게 읽은 『동방견문록』

[미니 인터뷰]

대항해 시대의 시작을 이끈 엔히크

자기 소개 부탁드립니다.

안녕하세요. 저는 포르투갈의 왕자 엔히크입니다.

인도 항해에 관심을 갖게 된 계기가 있나요?

이슬람 세계를 거치지 않고 동방의 후추 등을 유럽으로 가져오고 싶었기 때문입니다.

구체적인 항해 과정이 궁금합니다.

먼저 탐험대를 조직해 새로운 항로를 찾고자 했어요. 연구소를 세워 지도학, 천문학, 항해술 등을 연구했지요. 원거리 항해에 적합한 캐러벨로 아프리카 여러 제도를 탐험하기도 했어요. 덕분에 저는 '항해의 개척자', '항해 왕자'라는 별명이 생겼답니다.

대단원 마무리 문제

정답과 해설 297쪽

❶ 몽골 제국과 문화 교류

01 (가), (나) 국가에 대한 설명으로 옳지 않은 것은?

> (가) 10세기 초 야율아보기가 건국한 국가로 고려를 여러 차례 침공하고 발해를 멸망시켰다.
> (나) 12세기 초 아구타가 부족을 통일하고 건국한 국가로 송을 공격하여 수도 카이펑을 점령하였고, 고려와 군신 관계를 체결하였다.

① (가) – 연운 16주를 차지하였다.
② (가) – 송과 대립 관계에 있었다.
③ (나) – 화북 지방을 지배하였다.
④ (나) – 탕구트족을 중심으로 건국되었다.
⑤ (가), (나) – 송으로부터 막대한 물자를 받았다.

02 다음 정책이 끼친 영향으로 옳은 것은?

> 송을 건국한 조광윤은 군대 지휘관에 문관을 임명하고, 과거를 강화하여 전시를 설치하고 급제자를 주요 공직에 등용하는 정책을 실시하였다.

① 5호 16국 시대가 전개되었다.
② 호족이 중앙 관료로 진출하였다.
③ 만주 지역에서 발해가 건국되었다.
④ 절도사가 난립하여 각 지방을 통치하였다.
⑤ 국방력이 약화되어 이민족의 침략을 받았다.

03 (가) 국가의 동서 교류를 보여 주는 사례로 적절한 것만을 보기에서 고른 것은?

> (가) 의 강력한 군사력과 상인의 활동이 결합하면서 동서 교역망이 크게 확장되었다. 수도인 대도는 유라시아 초원길과 비단길은 물론 대운하를 통해 남중국의 바닷길까지 연결되었다.

보기
ㄱ. 화약의 전파　　ㄴ. 감자의 전래
ㄷ. 수시력의 제작　　ㄹ. 간다라 미술의 발전

① ㄱ, ㄴ　② ㄱ, ㄷ　③ ㄴ, ㄷ
④ ㄴ, ㄹ　⑤ ㄷ, ㄹ

04 (가) 국가에 대한 설명으로 옳은 것은?

> (가) 에서는 각 지방으로 가는 주요 도로들에 약 40 km마다 역참을 설치하였다. …… 이러한 방식으로 군주의 전령들이 온 사방으로 파견되며, 그들은 하루 거리마다 숙박소와 말들을 찾을 수 있다. 이것은 지상의 어떤 사람, 어떤 국왕, 어떤 황제도 할 수 없었던 위대함을 보여 주는 빛나는 증거이다. – 마르코 폴로, 『동방견문록』

① 아랍 제일주의를 내세웠다.
② 색목인이 재정을 담당하였다.
③ 시아파 이슬람교를 국교로 선포하였다.
④ 중앙 최고 행정 기관으로 3성 6부를 설치하였다.
⑤ '왕의 눈'이라 불리는 관리를 지방에 파견하였다.

05 교사의 질문에 대한 학생의 답변으로 옳은 것만을 보기에서 고른 것은?

이곳은 중국 베이징에 있는 명·청 시대의 황궁인 자금성이에요. 베이징은 명·청 시대를 거쳐 현재까지 수도의 기능을 하고 있지요. 베이징의 역사에 대해 말해볼까요?

보기
ㄱ. 공행이 설치되어 서양과의 무역을 주도했어요.
ㄴ. 영락제 때 자금성이 지어지고 새 수도가 되었어요.
ㄷ. 카이펑이 함락된 이후 송이 새로운 수도로 삼았어요.
ㄹ. 쿠빌라이 칸이 재위하던 시기에 몽골 제국의 중심지였어요.

① ㄱ, ㄴ　② ㄱ, ㄷ　③ ㄴ, ㄷ
④ ㄴ, ㄹ　⑤ ㄷ, ㄹ

❷ 동아시아 지역 질서의 변화

06 (가) 황제에 대한 설명으로 옳은 것은?

> 명은 [(가)] 시기 수도를 베이징으로 옮기고 몽골과 베트남을 공격하는 등 적극적인 대외 팽창을 추진하였다. 또한 주변국에 사신을 보내 책봉·조공 관계를 확대하였다.

① 교초를 발급하였다.
② 이갑제를 실시하였다.
③ 정화의 항해를 지원하였다.
④ 장건을 서역에 파견하였다.
⑤ 군사 조직으로 팔기를 편성하였다.

07 밑줄 친 ㉠의 사례로 적절한 것은?

> 만주족이 건국한 청은 만리장성 이남으로 진출하여 베이징을 수도로 삼고 중국을 통치하였다. 그러나 만주족은 소수였기 때문에 다수의 한족을 효과적으로 통치하기 위해 강경책과 더불어 ㉠온건책을 실시하였다.

① 티베트 불교를 지원하였다.
② 문치주의 정책을 시행하였다.
③ 각 종교의 자치권을 인정하였다.
④ 변발을 의무적으로 하도록 하였다.
⑤ 신사들의 지위와 특권을 그대로 인정하였다.

08 밑줄 친 '막부'에 대한 설명으로 옳지 않은 것은?

> 임진왜란 이후 도쿠가와 이에야스가 수립한 막부는 조선과 국교를 재개하였다. 이에 따라 조선은 일본에 통신사를 파견하였다. 통신사는 외교 사절단 역할뿐 아니라 일본의 학자들과 교류하며 조선의 문화를 전파하는 역할을 수행하였다.

① 명과 감합 무역을 실시하였다.
② 산킨코타이 제도를 실시하였다.
③ 상공업자의 지위가 향상되었다.
④ 가부키, 우키요에가 유행하였다.
⑤ 데지마를 통해 네덜란드와 교역하였다.

❸ 서아시아 · 북아프리카 지역 질서의 변화

09 (가)에 들어갈 내용으로 가장 적절한 것은?

> 셀주크 튀르크는 비잔티움 제국을 공격하여 아나톨리아반도를 장악하고, 이집트의 이슬람 왕조와 투쟁하여 시리아와 예루살렘을 차지하였다. 이에 유럽은 [(가)]

① 신항로를 개척하였다.
② 빈 체제를 수립하였다.
③ 한자 동맹을 결성하였다.
④ 십자군 전쟁을 일으켰다.
⑤ 동로마와 서로마로 분열되었다.

10 (가) 국가에 대한 탐구 활동으로 가장 적절한 것은?

> 1453년 [(가)]은/는 콘스탄티노폴리스를 포위하고 공격하였다. 이 도시는 삼면이 바다로 둘러싸여 있었는데, 지중해 쪽은 제대로 된 항구가 없어서 상륙할 수 없었고 육지 쪽은 난공불락의 성벽으로 막혀 있었다. 하지만 [(가)]의 군대는 육상으로 배를 이동시켜 적을 기만하는 전술을 사용하여 콘스탄티노폴리스를 점령하였다.

① 헬레니즘 시대의 문화를 분석한다.
② 예니체리가 편성된 배경을 알아본다.
③ 종교 개혁을 주도한 세력을 찾아본다.
④ 아바스 왕조가 멸망하는 과정을 살펴본다.
⑤ 성상 숭배 금지령이 끼친 영향을 조사한다.

❹ 신항로 개척과 유럽 지역 질서의 변화

11 (가)에 들어갈 인물로 옳은 것은?

포르투갈 국왕의 지원을 받은 (가) 은/는 아프리카 남단의 희망봉을 돌아 인도로 가는 항로를 처음으로 발견하였다. 이를 계기로 인도의 향신료가 오스만 제국을 거치지 않고 유럽으로 들어올 수 있었다.

① 마젤란
② 콜럼버스
③ 바스쿠 다 가마
④ 아메리고 베스푸치
⑤ 바르톨로메우 디아스

12 (가), (나)를 주장한 군주에 대한 설명으로 옳은 것은?

(가) 짐이 곧 국가이다. …… 우리가 신민으로부터 받는 복종과 존경은 공짜로 얻어지는 것이 아니다.
(나) 국민의 행복은 군주의 어떤 이익보다 중요하다. 생각건대 군주는 결코 자기 백성의 절대적 주인이 아니라 국가 제일의 공복에 지나지 않기 때문이다.

① (가) – 잉카 문명을 정복하였다.
② (가) – 레판토 해전에서 오스만 제국에 승리하였다.
③ (나) – 베르사유 궁전을 건축하였다.
④ (나) – 상트페테르부르크를 수도로 삼아 러시아를 근대화하려 하였다.
⑤ (가), (나) – 중상주의 경제 정책을 실시하였다.

서술형

정답과 해설 297쪽

13 다음과 같은 현상이 나타난 배경을 서술하시오.

- 조선의 사대부들 사이에 조선이 중화의 정통성을 계승했다는 조선 중화 의식이 확산되었다.
- 일본에서는 신국 의식이 확산되어 자국이 주변 국가들보다 우월하다고 생각하는 경향이 강해졌다.

14 (가)에 들어갈 내용을 대표적인 사례와 함께 서술하시오.

청의 건륭제는 광둥 무역 체제를 확립하여 서양과의 교역을 제한하였다. 이에 서양 상인들은 (가)

15 다음 그래프와 같은 변화가 나타난 배경을 서술하시오.

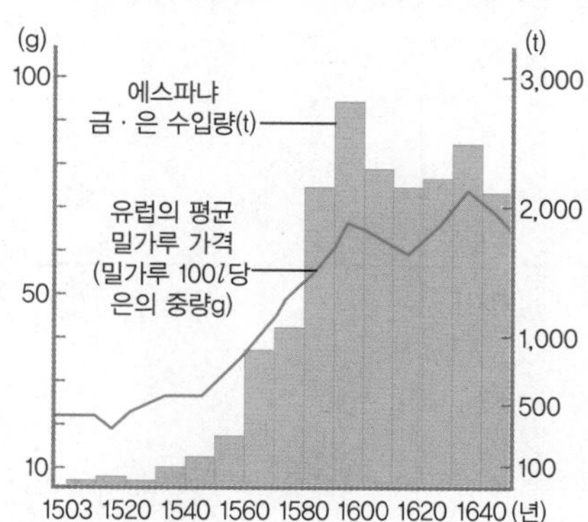

핵심 수행 평가

01 역사 신문 만들기

◦ 아래의 인물 중 한 명을 선택하여 인물이 활동하던 시기의 역사 신문을 만들어 보자.

송 태조(조광윤), 원 쿠빌라이 칸, 명 홍무제, 에도 막부의 도쿠가와 이에야스,
오스만 제국의 술레이만 1세, 프랑스의 루이 14세, 러시아의 표트르 대제

1. 선택한 인물이 활동하던 시기의 정치 · 경제 · 문화 · 국제 관계 등을 조사하여 중요한 사건을 정리해 보자.

정치	
경제	
문화	
국제 관계	
기타	

2. 아래의 유의 사항을 참고하여, 사건에 어울리는 적절한 형식으로 기사를 작성한다.

유의 사항
- 주요 사건을 선정하여 기사로 작성하고 가능하다면 사진을 함께 첨부한다.
- 사진 기사, 만평, 광고 등 다양한 신문의 구성 요소를 활용한다.

역 사 신 문

[특집]

[지금 다른 나라에서는]

[기사]

[사설]
(예시) 문치주의 이대로 옳은가?
기존 국가에서 절도사 제도가 문제가 되어, 태조께서 문치주의를 실시하는 것은 어쩌면 당연한 결과일지도 모른다. 그러나 국방력이 약화될 것이라는 우려 속에서, 정부에서는 이에 대한 대책을 충실히 세우지 않고 있어 …….

[만평]

정답과 해설 299쪽

02 역사적 인물 평가하기

◦ 자료 속 역사적 인물에 대한 긍정적·부정적 의견을 정리하고 토론해 보자.

미국에서 10월 둘째주 월요일은 콜럼버스의 날로 콜럼버스가 서인도 제도를 발견한 것을 기념하는 날입니다. 그러나 동시에 이 날은 원주민들의 대규모 학살과 식민지화를 기리는 날이기도 합니다.

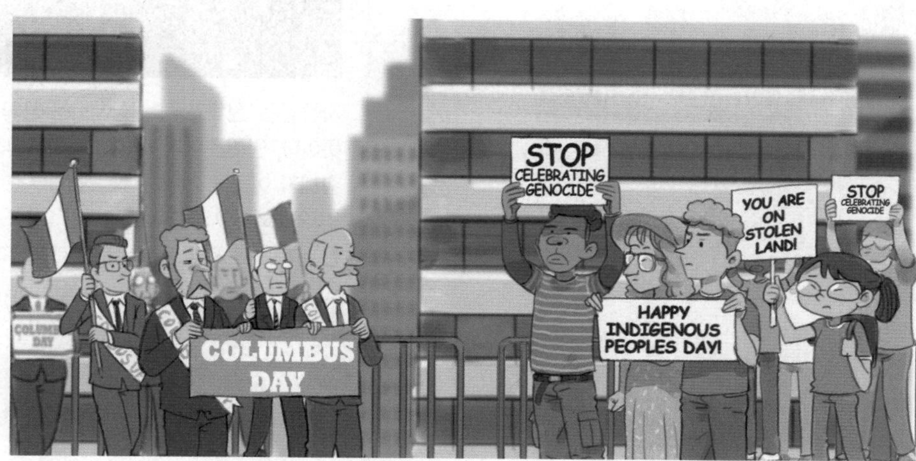

1. 위의 자료에 나타난 인물의 활동을 조사하여 정리해 보자.

인물	
인물의 활동	

2. 조사한 내용을 바탕으로 인물에 대해 평가해 보자.

3. 인물에 대한 찬반 토론을 전개한 후 나와 반대되는 의견을 정리해 보자.

| 읽기 자료 |

중국의 수도, 베이징

"명·청의 문화유산이 가득한 베이징"

명 영락제 이후 황제들의 거처인 '자금성', 자금성 옆 왕족과 귀족들이 모여 살던 거리인 '왕푸징', 베이징을 방비하기 위해 북쪽에 쌓은 성벽인 '만리장성', 농업을 중시하던 청 왕조가 풍년을 기원하며 제사를 지내던 '천단'을 살펴보자. 이외에도 최고 교육 기관이었던 '국자감', 공자에게 제사를 지냈던 '공묘', 명나라 황제들의 무덤인 '명십삼릉' 등을 통해 명·청 시대의 다양한 유적들을 살펴볼 수 있다.

자금성

자금성은 '천체가 사는 상서로운 궁과 같은 금지 구역'이라는 뜻이다. 명 영락제부터 청조의 마지막 황제 푸이까지 24명의 황제가 이곳을 거쳐 갔다. 성 내부는 정무 처리를 위한 구역인 외조와 황제의 주거 구역인 내정으로 구분된다. 1987년에는 유네스코 세계 문화유산으로 등록되었다.

중국 베이징 음식 맛보기

❶ 베이징카오야 北京烤鴨 중국 황실에서 수백 년 동안 즐겨 먹었던 베이징의 가장 대표적인 음식으로, 바삭하게 구워진 오리 고기에 춘장을 찍어 채소와 함께 밀전병에 싸 먹는다.

❷ 징장러우쓰 京醬肉丝 돼지고기를 얇게 채 썰어 춘장에 볶은 후에 파 또는 오이와 함께 두부피에 싸 먹는 음식이다. 춘장의 짠맛과 매콤하고 아삭한 대파가 잘 조화된 요리이다.

왕푸징

왕푸징은 '왕부(王府: 왕족의 저택)의 우물'이라는 뜻으로 왕족과 귀족의 저택이 모인 곳에 상질의 물이 나오는 우물에서 붙여진 이름이다. 이곳은 청 건륭제 시대에 귀족과 고급 관료의 저택이 있던 곳이다. 지금의 왕푸징은 베이징에서 가장 번화한 거리이자 쇼핑의 중심가로, 한국의 명동과 비슷한 분위기를 자아낸다.

만리장성

만리장성은 중국의 역대 왕조들이 북방 유목 민족의 침입을 막기 위해 세운 성벽으로 진나라 시황제 때 처음 건립되었다. 처음에는 흙으로 쌓았지만 명대에 들어 벽돌로 쌓았다. 서쪽의 자위관에서부터 동쪽의 산하이관까지 2,700 km에 이르며 지형의 높낮이를 반영하면 실제 성벽의 길이는 6,352 km에 달한다.

천단

천단은 자금성의 남쪽에 위치해 있으며, 풍년을 위한 기우제 등의 제천 의식을 지내기 위해 명의 영락제가 건설한 황실 최대의 제단이다. 땅을 의미하는 남쪽은 사각형, 하늘을 의미하는 북쪽은 원형의 모습을 하고 있다.

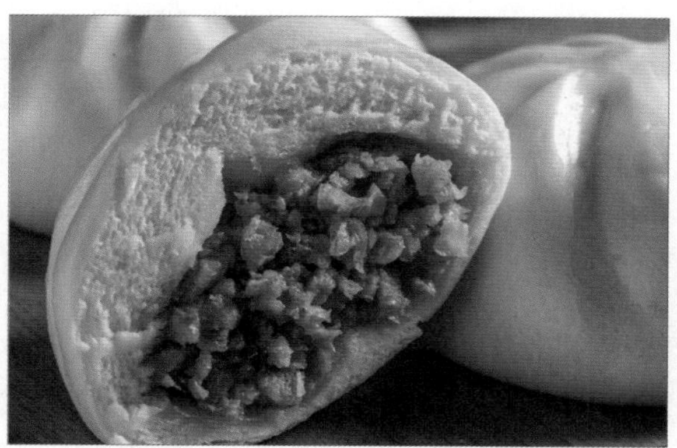

❸ 빠오즈 包子 발효시킨 밀가루 만두피에 각종 육류와 채소 등의 소를 넣은 후 수증기에 쪄서 만든 음식이다. 하나만 먹어도 든든해 중국에서는 주로 아침 식사로 많이 먹는다.

❹ 루주화사오 卤煮火烧 돼지나 소의 내장에 육수를 붓고 향신료를 뿌린 음식이다. 서민들이 고기가 너무 비싸서 돼지의 내장으로 만들어 먹던 것에서 유래되었다.

IV
제국주의 침략과 국민 국가 건설 운동

이 단원의 구성

	중단원	소단원	핵심 미리 보기
1	유럽과 아메리카의 국민 국가 체제	❶ 미국 독립 혁명의 전개 ❷ 프랑스 혁명의 전개 ❸ 자유주의와 민족주의의 확산	미국 독립 혁명, 계몽사상, 프랑스 혁명, 자유주의, 민족주의, 가리발디, 철혈 정책
2	유럽의 산업화와 제국주의	❶ 산업 혁명과 자본주의의 발전 ❷ 제국주의 침략과 세계 분할	산업 혁명, 공장제 기계 공업, 자본주의, 제국주의, 사회 진화론
3	서아시아와 인도의 국민 국가 건설 운동	❶ 오스만 제국의 국민 국가 건설 운동 ❷ 북아프리카와 서아시아의 대응 ❸ 영국의 인도 침략과 반영 민족 운동 ❹ 인도의 국민 국가 건설 운동	오스만 제국, 탄지마트, 수에즈 운하, 동인도 회사, 간디, 네루
4	동아시아의 국민 국가 건설 운동	❶ 개항과 불평등 조약의 체결 ❷ 근대화 개혁의 시도 ❸ 국민 국가 건설의 노력 ❹ 제국주의에 맞선 투쟁	아편 전쟁, 쑨원, 이토 히로부미, 메이지 유신, 3·1 운동

IV 제국주의 침략과 국민 국가 건설 운동

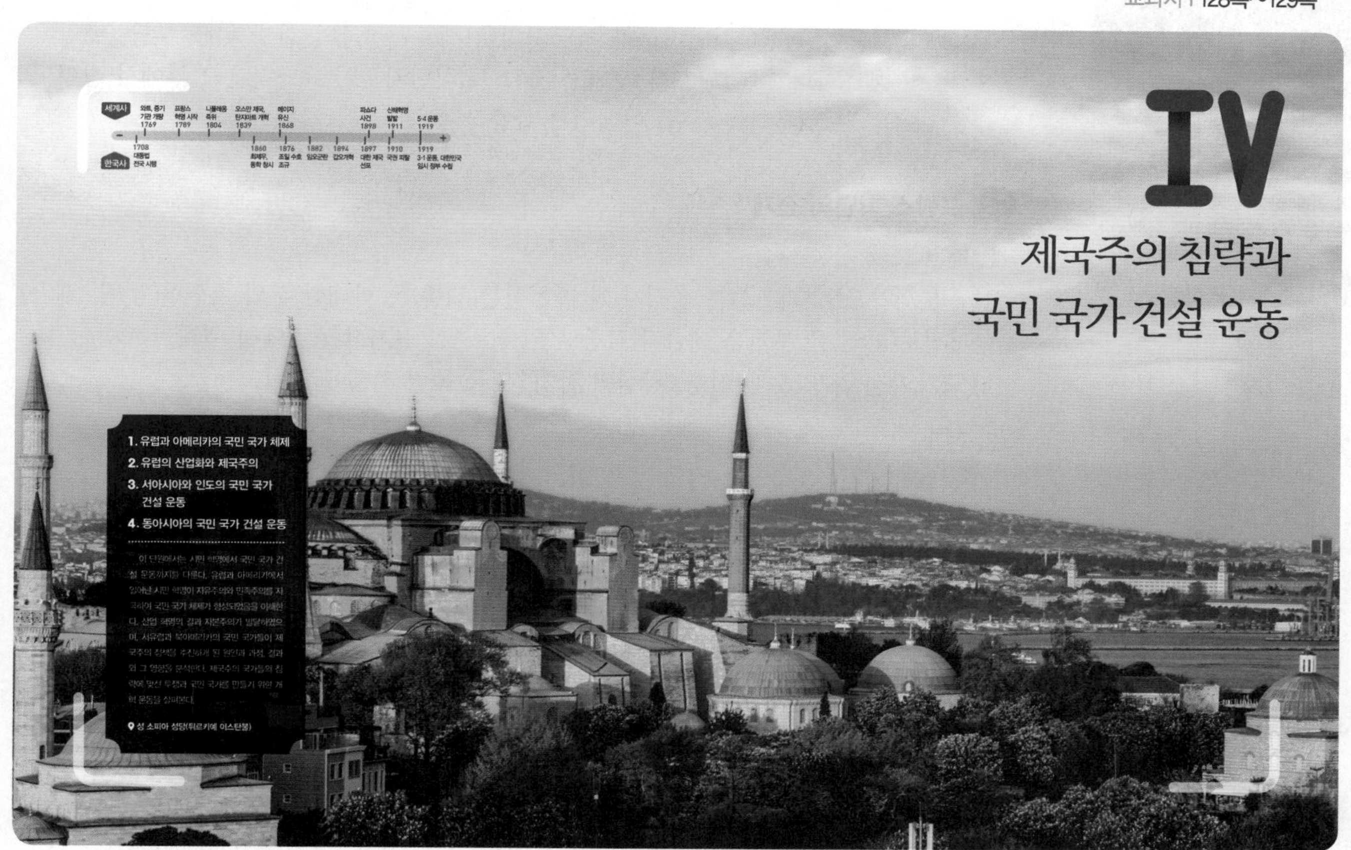

사진으로 살펴보기

사진은 튀르키예에 있는 이스탄불의 대표적인 건축물인 성 소피아 성당입니다. 비잔티움 제국의 황제 유스티니아누스의 명으로 건립되었으나 오스만 제국에 점령된 이후 이슬람교 사원으로 바뀌었습니다.

단원 열기

이 단원에서는 시민 혁명과 국민 국가 형성 과정, 유럽의 산업화와 제국주의, 서아시아와 동아시아의 국민 국가 건설 과정을 다룹니다.

교과서 130~139쪽

유럽과 아메리카의 국민 국가 체제

01 미국 독립 혁명의 전개

1. 계몽사상의 확산

(1) 배경: 16~17세기 자연 과학의 발달 → 자연법사상의 발전, 사회 계약설 등장

- 자연법사상: 모든 사람에게 공통으로 적용되는 법칙
- 사회 계약설: 국가와 사회는 개인들의 합의와 계약에 근거한다고 보는 이론으로, 영국의 홉스와 로크가 주장함

(2) 계몽사상: 이성 신뢰, 정부와 사회의 개혁을 통한 인류의 진보 추구

(3) 영향: 비판과 이상 제시 → 미국 혁명, 프랑스 혁명에 영향을 줌

2. 미국 독립 혁명

(1) 배경: 영국의 재정난으로 「인지세법」 실시, 차·생필품 등에도 세금 부과 → 식민지의 반발, 보스턴 차 사건 발생

- 「인지세법」: 각종 출판물 신문, 학위 증서 등의 문서를 발행할 때 정부가 발행한 인지를 사서 붙이도록 한 법
- 식민지의 반발: 당시 영국 의회에 식민지 대표가 한 명도 없었으므로, 식민지인들은 "대표 없이 과세 없다."라고 주장하며 반발함

(2) 전개

① 미국의 독립 선언: 대륙 회의에서 조지 워싱턴을 총사령관으로 임명 → 독립 선언서 발표(1776)

- 독립 선언서: 천부 인권, 주권 재민, 저항권 등의 민주주의 원리가 담겨 있으며, 각 주 정부는 자치권을 보유하고 군사, 외교권 등은 연방 정부가 가짐

② 미국 독립 전쟁: 식민지군과 영국군의 전쟁 → 영국의 전쟁 비용 부담, 프랑스·에스파냐·네덜란드가 식민지 지원 → 식민지군이 요크타운 전투에서 승리 → 영국으로부터의 독립, 아메리카 합중국 수립

- 아메리카 합중국 수립: 삼권 분립·공화주의에 입각한 연방 헌법을 제정하고, 조지 워싱턴을 초대 대통령으로 선출함

02 프랑스 혁명의 전개

1. 배경

(1) 신분제의 모순: 제1 신분(성직자)과 제2 신분(귀족)은 막대한 부와 특권을 누림, 제3신분(평민)은 무거운 세금과 각종 부역을 감당, 정치적 권리에서 배제

(2) 국가 재정 위기: 오랜 전쟁, 왕실의 사치, 미국 독립 전쟁에 참여

2. 전개

(1) 삼부회 소집: 왕실 재정이 파산할 위기에 놓이자 귀족에게 납세 요청, 귀족은 납세 대가로 삼부회 소집 요구

(2) 국민 의회 구성: 제3 신분 대표들이 삼부회 운영 방식에 불만을 품고 구성, 헌법 제정 요구(테니스 코트의 서약)

자연법사상

언제 어디서나 통용되는 보편타당한 법이다. 근대 자연법사상은 자연 상태를 정부나 국가가 없는 상태로 상정하고, 인간이 자연 상태에서는 누구의 지배도 받지 않고 완전한 자유와 평등을 누렸으나, 계약을 통해 정부를 수립하게 되었다고 본다.

보스턴 차 사건

영국의 세금 정책에 분개한 식민지인들이 인디언으로 변장하고 보스턴 항구에 정박 중인 영국 동인도 회사의 선박을 습격하여 차 상자를 바다에 던졌다. 이를 구실로 영국 정부는 보스턴 항구를 폐쇄하는 조치를 취하였다.

보충 프랑스의 구 신분 구조

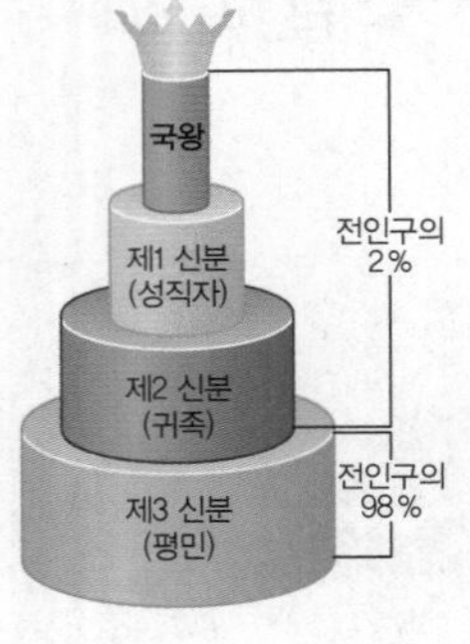

자료 이해하기 미국 독립 선언서

교과서 131쪽

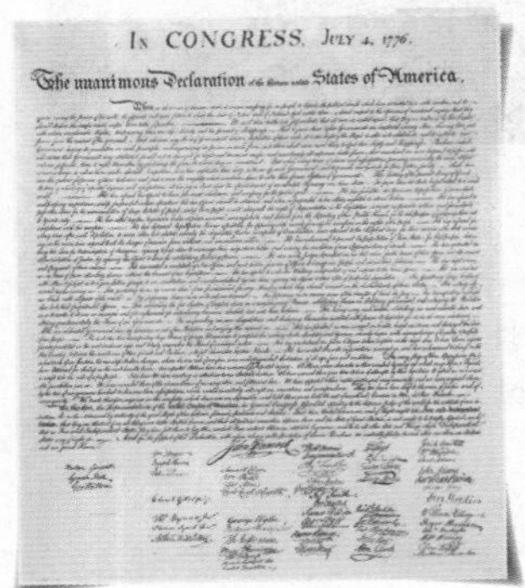

미국 독립 선언서(1776. 7. 4.)

> 우리는 다음과 같은 사항을 자명한 진리로 믿는다. 모든 사람은 평등하게 창조되었으며, 신으로부터 생명, 자유 및 행복을 포함하여 누구도 침범할 수 없는 권리를 부여받았다.(천부 인권) 인간은 이러한 권리를 확보하고자 정부를 조직하였다. 따라서 정부의 정당한 권력은 국민의 동의에서 생겨난 것이다.(주권 재민) 어떠한 형태의 정부라도 이러한 목적을 침해한다면, 그 정부를 개혁하거나 폐지하고 민중의 안녕과 복지를 가져올 수 있다고 생각하는 새로운 정부를 조직하는 것은 진정한 국민의 권리이다.(저항권)

| 내용 알기 | 자유·평등·행복의 추구 등을 인간의 기본권으로 규정하고, 만약 정부가 이를 침해한다면 국민은 정부를 교체할 권리를 가진다고 하여 식민지 독립의 정당성을 부여하였다. 이는 로크의 사회 계약설과 계몽사상의 영향을 받은 것으로 근대 민주주의의 기본 원리를 천명하였다.

(3) 바스티유 감옥 습격: 루이 16세의 국민 의회 탄압 → 파리 민중의 봉기

(4) 국민 의회의 개혁: 봉건제 폐지(농민이 영주에게 내는 토지세, 통행세 등의 다양한 세금 납부가 폐지됨), 「인간과 시민의 권리 선언(인권 선언)」 발표(1789), 헌법 공포, 입헌 군주제 성립(헌법을 바탕으로 입법 의회를 세움), 재산에 따른 제한 선거권 제도의 도입

계몽사상에 입각하여 자유와 평등, 인민 주권, 압제에 대한 저항권 등을 천명함

3. 혁명 전쟁과 혁명의 급진화

(1) 국민 공회 — 입법 의회가 오스트리아에 선전 포고하면서 혁명 전쟁이 시작됨

① 전개: 오스트리아와의 전쟁(1792)에서 패배 → 물가 상승 → 파리 민중의 왕궁 습격 → 급진파의 정권 장악 → 국민 공회 수립, 공화정 선포 → 루이 16세 처형(1793)

② 공포 정치: 로베스피에르가 반혁명 세력 처형, 혁명전쟁 수행 — 공안 위원회와 혁명 재판소를 통해 반혁명 세력을 처형하여 공포 정치를 펼침

(2) 총재 정부: 5인 총재 정부 수립, 무능력과 혼란으로 국민의 신뢰 상실

(3) 통령 정부: 나폴레옹이 쿠데타로 정권 장악(1799)

4. 나폴레옹 시대

(1) 프랑스의 우위 확보: 오스트리아, 러시아 군대 격파

(2) 내정 개혁: 프랑스 은행 설립, 『나폴레옹 법전』 편찬, 교육 제도 정비, 능력 위주 관리 선발, 가톨릭과 타협 → 지지도 상승 → 나폴레옹 황제 즉위

나폴레옹은 국민 투표로 황제에 즉위하였으며, 이로써 제1 공화정이 끝남

(3) 몰락: 유럽 전역에 혁명 이념 전파 → 나폴레옹 군대에 대한 반감 형성, 각국의 민족 운동 촉진 → 나폴레옹의 영국 제압 실패, 러시아 원정에서 참패, 몰락(1815)

03 자유주의와 민족주의의 확산

1. 빈 체제

오스트리아 메테르니히가 주도한 빈 회의에서 나폴레옹 몰락 후 유럽의 전후 처리 문제를 논의하여 결정한 체제

(1) 성격: 프랑스 혁명 이전으로 질서 회복 추구, 보수주의 표방, 세력 균형 강조 → 유럽에서 전쟁 재발 방지

(2) 결과: 자유주의와 민족주의 억압 → 시민의 저항

2. 프랑스의 자유주의 운동

7월 혁명(1830)	샤를 10세 축출, 입헌 군주제 수립
2월 혁명(1848)	선거권 확대 요구 → 공화정 수립

선거권 확대 요구: 7월 혁명 이후에도 여전히 소수의 부유한 시민에게만 선거권 부여

3. 영국의 참정권 확대 운동

(1) 점진적 자유주의 확대: 가톨릭교 차별 폐지, 중산층에게 참정권 부여(1832)

(2) 차티스트 운동: 노동자들이 보통 선거권 요구 → 지속적으로 참정권 확대

(3) 여성의 선거권 요구 투쟁: 20세기 초 선거권 획득

정리 프랑스 혁명의 전개 과정

국민 의회	봉건제 폐지, 인권 선언 발표
▼	
입법 의회	오스트리아에 선전 포고
▼	
국민 공회	제1 공화정 수립, 루이 16세 처형, 공포 정치, 급진적 개혁 추진
▼	
총재 정부	
▼	
통령 정부	

나폴레옹의 러시아 원정

나폴레옹은 영국과의 해전에서 패하자 영국을 경제적으로 고립시키기 위해 영국과 대륙 간의 통상 및 통신 금지 등을 규정한 대륙 봉쇄령을 내렸다. 러시아가 대륙 봉쇄령을 위반하고 영국과 교역하기 시작하자 나폴레옹은 러시아 원정에 나섰다.

차티스트 운동

1838~1848년에 영국의 노동자들이 보통 선거권을 요구하며 벌인 참정권 확대 운동이다. 선거권이 신분, 재산, 성별에 따라 차등을 둔 것에 반발하며 정치 운동을 벌였으며, 이로써 19세기 후반에 노동자 계층에게도 선거권이 확대되었다.

자료 이해하기 인간과 시민의 권리 선언

교과서 133쪽

「인간과 시민의 권리 선언」(1789. 8. 26.)

제1조 인간은 자유롭고 평등하게 태어나 살아간다.
제3조 주권은 본질적으로 국민에게 있다. 어떤 단체나 개인도 국민으로부터 나오지 않은 권력을 행사할 수 없다.
제17조 소유권은 신성불가침한 권리이다.

| 내용 알기 | 1789년 8월 26일에 국민 의회가 발표한 「인간과 시민의 권리 선언」은 계몽사상에 입각하여 자유와 평등, 국민 주권, 사유 재산의 불가침성 등 프랑스 혁명의 이념을 천명하였다.

 독일의 통일 과정

관세 동맹	경제적 통일 마련
▼	
프랑크푸르트 국민 회의	자유주의자의 통일 방안 논의
▼	
프로이센·오스트리아 전쟁	북독일 연방 결성
▼	
프로이센·프랑스 전쟁	남독일 통합
▼	
독일 제국 성립	통일 완성

보충 남북 전쟁 시기의 미국

구분	북부	남부
산업 구조	상공업 발달	대농장 발달
노동자	임금 노동자	노예

볼리바르
라틴아메리카 북부 지역의 독립군을 이끌어 베네수엘라, 콜롬비아, 에콰도르를 해방시켰고, 세 나라를 합쳐 대콜롬비아 공화국을 수립하였다.

4. 러시아의 개혁

(1) 데카브리스트의 봉기: 전제 정치 타도, 입헌 군주제 시행 주장 → 실패
- 자유주의의 영향을 받은 청년 장교와 일부 지식인이 입헌 군주제를 지향하며 봉기하였으나 실패함

(2) 알렉산드르 2세의 개혁: 크림 전쟁 패배 이후 농노 해방, 지방 의회 창설
- 농노는 신체의 자유를 얻었으나 토지 분배에 따른 배상금 부담으로 저항하기 시작함

(3) 결과: 차르 암살 → 사상과 자유 탄압, 전제 정치 강화

5. 이탈리아 통일

- 프랑스의 원조를 이끌어 내어 이탈리아에 간섭하던 오스트리아를 물리침

(1) 카보우르: 사르데냐의 재상, 외교적인 노력으로 이탈리아의 북부·중부 통합

(2) 가리발디: 시칠리아와 나폴리 장악 → 사르데냐에게 헌납 → 이탈리아 왕국 성립

(3) 이탈리아 통일: 베네치아와 교황령 통합 → 이탈리아 통일 완성(1870)

6. 독일 통일

(1) 비스마르크의 철혈 정책: 무력의 중요성 강조, 의회 억압, 현실적인 정책 추구
- 군제 개혁을 단행하고 군사력을 강화함

(2) 통일 과정: 프로이센이 오스트리아, 프랑스와의 전쟁에서 승리 → 독일 통일(1871)
- 프로이센의 국왕 빌헬름 1세가 베르사유 궁전 거울의 방에서 독일 제국 황제로 즉위함

7. 미국의 분열 극복과 발전

(1) 남북 전쟁: 노예제에 반대하는 링컨이 대통령 당선 → 남부의 연방 탈퇴 선언 → 남북 전쟁 발발 → 북부의 승리, 노예 해방

(2) 미국의 발전: 대륙 횡단 철도 개통, 풍부한 천연자원과 노동력 → 급속한 산업화

8. 라틴 아메리카 국가들의 독립

- 이달고 신부가 에스파냐에 대항하여 민중 봉기를 선언하고 '돌로레스의 함성'을 주도하여 독립을 달성함

아이티	흑인 노예 봉기 → 프랑스군 격퇴 → 공화국 수립
멕시코	에스파냐로부터 독립운동 성공
남아메리카 북부	볼리바르가 베네수엘라, 콜롬비아, 에콰도르, 볼리비아의 독립에 기여
남아메리카 남부	산마르틴이 아르헨티나, 칠레의 독립에 기여
브라질	포르투갈의 황태자를 국왕으로 세워 혁명 없이 독립

중단원 핵심 확인하기 풀이

교과서 138쪽

1. 빈칸에 들어갈 알맞은 말을 써 보자.

(1) 인지세법에 반발한 식민지 대표들은 대륙 회의에서 □□ □□□을/를 발표하였다.

(2) □□ □□은/는 파리의 노동자와 시민이 선거권 확대를 요구하며 일으킨 혁명이다.

(1) 독립 선언서 (2) 2월 혁명

2. 관련 있는 내용을 옳게 연결해 보자.

(1) 가리발디 ― ㉢ 이탈리아

(2) 비스마르크 ― ㉠ 독일

(3) 데카브리스트 ― ㉡ 러시아

3. 옳은 내용은 ○표, 틀린 내용은 ×표를 해 보자.

(1) 계몽사상은 프랑스 혁명에 영향을 주었다. (○)

(2) 라틴 아메리카에서는 프랑스 혁명 이념이 전파되고 식민 본국의 간섭이 약해지면서 독립 운동이 일어났다. (○)

4. 제시된 개념을 3개 이상 사용하여 프랑스 혁명의 전개 과정을 문장으로 완성해 보자.

바스티유 감옥 | 인권 선언 | 국민 의회 | 삼부회 | 로베스피에르 | 나폴레옹 | 국민 공회

- 삼부회가 소집되고, 제3 신분 대표들이 국민 의회를 선언하자, 왕은 국민 의회를 강제로 해산하려 하였다. 이에 파리 민중이 바스티유 감옥을 습격하였다.
- 국민 공회 지도자였던 로베스피에르는 위기를 극복하고자 공포 정치를 시행하였다. 생활이 안정되자 그는 처형당하였고, 이후 혼란한 정치 상황이 이어졌다. 이때 나폴레옹이 쿠데타로 정권을 장악하면서 프랑스 혁명은 마무리되었다.

도입 활동 풀이

교과서 도입 01 미국 독립 혁명의 발단

교과서 130쪽

아메리카 식민지 주민은 왜 영국의 세금 부과에 분노하였을까?

도입 예시 답안 | 영국 의회에 아메리카 식민지의 대표가 없어서 권리를 주장하지 못하였는데, 영국이 더 많은 세금을 요구하였기 때문이다.

| 도입 보충 |

오스트리아와 프로이센의 7년 전쟁에 참여한 영국은 막대한 전쟁 비용으로 재정 위기를 겪었다. 이를 해결하기 위해 영국이 인지세법을 제정하고, 설탕·종이·차 등의 수입품에 세금을 부과하자 식민지의 불만이 커졌다. 이후 아메리카 식민지는 '대표 없이 과세 없다.'는 원칙을 내세우며 영국 정부에 반발하면서 보스턴 차 사건이 발발하였다.

교과서 도입 02 프랑스 구 신분제의 모순

교과서 132쪽

농민은 각종 힘든 일과 많은 세금을 부담하면서 힘겨워하고 있다. 한편, 특권층인 귀족과 성직자는 농민의 등 위에 편하게 타고 있다.

프랑스 혁명 전의 농민들은 왜 힘들어했을까?

도입 예시 답안 | 각종 노동에 동원되고 많은 세금을 부과하였기 때문이다.

| 도입 보충 |

제3 신분이 깨어나 사슬을 끊고 무기를 잡으려는 모습을 보고 제1 신분인 성직자와 제2 신분인 귀족이 놀라고 있다. 제3 신분은 혁명을 통해 구제도의 모순을 깨고 시민 사회를 형성하였다.

교과서 도입 03 빈 회의

교과서 135쪽

"프랑스 혁명과 나폴레옹 때문에 유럽이 혼란스러워."

"정통성 있는 왕들이 쫓겨나고 전쟁으로 국경선이 망가졌어."

"프랑스 혁명 이전 시대로 돌아가면 괜찮아질 거야."

빈 회의에 모인 각 국가의 대표들이 원하는 것은 무엇이었을까?

도입 예시 답안 |
- 프랑스 혁명이 초래한 사회적·국가적 변화를 없애는 것이다.
- 프랑스 혁명과 나폴레옹이 등장하기 이전의 체제로 돌아가는 것이다.

| 도입 보충 |

빈 회의는 오스트리아의 외상 메테르니히가 주도하여 1814년 9월부터 이듬해 6월까지 빈에서 개최한 국제회의이다. 이 회의의 목표는 프랑스 혁명 이전의 정치 이념을 복구하여 혁명전쟁의 재발을 막고 구체제의 안정과 질서를 재구축하는 것이었다.

역사 탐구 풀이 및 보충

교과서 134쪽

역사 탐구 프랑스 혁명과 국민 국가의 탄생

친절한 활동 길잡이

이 활동의 핵심은 프랑스 혁명과 함께 출현한 국민 국가의 성격을 이해하는 것이다. 주어진 글을 바탕으로 포스터와 노래 가사를 살펴보고 프랑스 혁명으로 변화한 모습을 생각해 본다. 또한, 혁명 이후 프랑스 국민이 국가에 애착을 가지게 된 이유를 생각해 본다.

혁명 전의 프랑스인은 신민으로서 왕과 교회에 충성하였고 신분에 따라 차등적인 특권을 누렸다. 그러나 프랑스 혁명으로 탄생한 국민은 법적인 평등을 보장받는 시민권을 가졌다. 헌법에 따라 국민은 주권의 최종적이고 유일한 원천이 되었으며, 선거권을 행사하여 입법 기관인 의회를 구성하였다. 프랑스 국민은 국가를 위해 목숨까지 바칠 준비가 되었다. 이러한 새로운 국민과 **국민 국가**의 탄생은 프랑스뿐 아니라 유럽과 비유럽 세계에 영향을 끼쳐 세계의 모습을 크게 바꾸었다.

○ 왕이나 귀족이 아니라 법 앞에 평등한 국민이 주권자로서 권리를 행사하고 병역과 납세 등의 의무를 지는 국가이다.

1793년 프랑스 혁명 포스터 포스터에는 '공화국은 하나이며 분리될 수 없다. 자유, 평등, 우애 그것이 아니면 죽음을!'이라고 적혀 있다.

「라 마르세예즈」

"나가자! 조국의 아들들아! 영광의 날이 왔도다 ……
시민들아 무기를 들어라! 전투 대형을 갖춰라! 전진하라!
전진하라! 저들의 더러운 피로 우리의 밭고랑을 적시자!"

1. **혁명 이후의 프랑스가 이전과 다른 점을 이야기해 보자.**

   정답 풀이 | 프랑스 국민은 왕의 신하가 아니라 국가의 주권자가 되었다.

2. **혁명 이후 프랑스 국민이 국가에 애착심과 충성심을 가지게 된 까닭은 무엇인지 생각해 보자.**

   정답 풀이 | 자신이 누리는 자유와 평등, 정치적 권리와 재산권이 프랑스 국가에 의해 보장되기 때문이다.

자료 이해 확인 문제

1. 프랑스 국가는 자유, 평등, 우애라는 프랑스 혁명의 정신을 바탕으로 성립되었다. (○ / ×)
2. 프랑스 혁명으로 국민은 국가의 주권자가 되었다. (○ / ×)

>> 정답 1. ○ 2. ○

탐구 plus 프랑스 '국민'의 탄생

성직자나 귀족과 같은 정치 계급은 물론이고 도시민이나 심지어 일반 민중까지 포함하여 프랑스에서 언제 국민 의식이 형성되었는가 하는 국민적 정체성의 기원에 관한 문제를 둘러싸고 학자들 사이에서 여러 가지 견해가 제시되어 왔다. 그중 하나는 플랑드르 지방에 대한 지배권을 놓고 영국과 프랑스가 대립하던 상황에서 영국 왕 에드워드 3세가 프랑스의 왕위 계승권을 주장하면서 시작된 백년 전쟁을 통해 애국주의가 성장하며 국가 의식·국민 의식을 확립하게 되었다는 것이다. 또 하나는 입법 의회가 오스트리아에 선전 포고를 하면서 시작된 혁명전쟁을 치르면서 프랑스에서 국민 의식, 민주주의, 국가주의를 형성시켰다고 보는 견해이다. 이 두 해석은 상반된 것이 아니라 서로 보완적인 것이라 할 수 있다. 백년 전쟁을 통해서 국왕과 군주제를 중심으로 하는 근대 국가가 형성되었고 이를 바탕으로 근대적인 '국민'이 탄생할 수 있었다. 국민은 국가의 존재가 이미 매우 당연한 것으로 간주되는 환경에서만 출현하기 때문이다.

– 최갑수, 「프랑스 혁명과 '국민'의 탄생」, 『서양에서의 민족과 민족주의』

백년 전쟁 이후 프랑스는 중앙 집권적인 하나의 정치 단위로 존재하게 되었고, 프랑스 혁명을 거치면서 국민이 정치 단위의 주권자로 등장하였다. 하나의 정치 단위 안에서 구성원들이 동일한 국가 의식을 지니고 국가 운영에 참여하는 형태인 국민 국가는 특히 나폴레옹 시대를 거치면서 자리 잡았다. 나폴레옹은 도량형을 통일하였으며, 『나폴레옹 법전』을 편찬하여 모든 사람에게 법 앞에서의 평등을 보장하였다. 또한 국민 교육을 실시하였고, 프랑스 은행을 설립하였다. 여기에 다른 국가와의 전쟁으로 성장한 애국심이 더해져 프랑스인들은 자신을 프랑스 국민으로 여기게 되었고, 프랑스는 나라 안의 모든 사람들을 국민으로 아우르는 국민 국가를 형성하였다. 그러나 실제 정치에는 여전히 소수의 국민만이 참여하여 완전한 국민 국가에는 이르지 못하였다.

역사 탐구 19세기 유럽에서 등장한 다양한 정치 이념

교과서 136쪽

19세기 유럽에서는 여러 정치 이념이 등장하여 치열하게 경쟁하였다. 각 정치 이념의 특징을 정리한 표를 보고 질문에 답해 보자.

보수주의	자유주의	민족주의
• 정치적 권위에 복종할 것을 주장 • 종교와 전통을 유지하는 데 관심 • 혁명, 의회제, 민족 국가에 반대	• 개인의 자유를 최대한으로 보장하고, 국가의 간섭을 최소한으로 하자고 주장 • 법치주의와 자유방임 경제 정책을 지지 • 종교적 관용, 언론의 자유, 시민의 평등, 헌법 등을 강조	• 인종, 문화, 종교가 같은 한 민족이 하나의 국가를 구성해야 한다고 주장 • 최고의 충성을 바칠 대상은 왕이 아니라 민족이라 믿음.

1. 자신이 선호하는 정치 이념을 선택하고, 그 이유를 설명해 보자.

정답 풀이 | 소속감이 강한 민족주의가 가장 마음에 든다.

2. 자신이 선택한 정치 이념의 입장에서 다른 이념들을 비판해 보자.

정답 풀이 | 보수주의는 민족의 열망을 무시한다는 점에서 일방적이고, 자유주의는 민족보다 개인의 자유를 중요시하여 질서가 없을 수 있다.

친절한 활동 길잡이

이 활동의 핵심은 19세기 유럽에서 나타난 보수주의, 자유주의, 민족주의를 비교하며 이해하는 것이다. 각 이념의 특징을 정확히 이해하고 합리적인 근거를 들어 비판하도록 한다.

자료 이해 확인 문제

1. 19세기에는 보수주의, 자유주의, 민족주의와 같은 다양한 정치 이념이 등장하였다. (○ / ×)

2. 자유주의는 보수주의보다 옳은 이념이다. (○ / ×)

>> 정답 1. ○ 2. ×

탐구 plus 19세기, 이데올로기의 경쟁 시대

이데올로기는 사회 구성원들이 가진 사상이나 관념의 체계로서, 사회의 조직 구성이나 목표 설정 등에 영향을 미치고 인간 개개인의 바람직한 삶의 모습을 설정하게 한다. 19세기에는 보수주의, 자유주의, 민족주의 등의 서로 다른 이데올로기가 경쟁하는 시대였다. 이러한 이데올로기들은 이전부터 이념적으로 존재하였으며, 정치적 투쟁을 바탕으로 사회 전면에 나타나게 되었다.

보수주의

19세기 유럽에서 보수주의는 빈 체제를 통해 발현되었다. 보수주의자들은 군주정의 권위와 계급 제도의 사회 질서를 정통성 있고 굳건하게 만들고자 노력하였다. 이들은 군주정이 정치적 안정을 보장하고 귀족이 국가의 정당한 지도자라고 생각하여 군주와 귀족이 정치에서 적극적인 역할을 하는 것이 필요하다고 믿었다. 과거에는 귀족과 국왕이 의견 불일치를 보였지만, 이들은 공동의 관심을 공유한다고 주장하며 변화는 서서히 증진되어야 질서 정연한 미래가 보장된다고 주장하였다.

자유주의

자유주의의 핵심은 개인적 자유와 권리에 대한 헌신이다. 19세기 자유주의자들은 정부의 가장 중요한 기능이 자유를 보호하는 것이며, 그렇게 하는 것이 정의·지식·진보·번영을 촉진시켜 모든 사람에게 이로울 것이라고 믿었다. 자유주의는 전통적인 특권의 종식, 높은 지위의 권력과 세습적인 권한을 금지하는 법을 요구함으로써 보수주의와 대립하였다. 경제학적 측면에서도 자유로운 경제 활동이나 경제적 개인주의가 이롭다고 하였으며, 이는 애덤 스미스의 『국부론』 이후 고전 경제학으로 자리 잡았다.

민족주의

초기의 민족주의는 같은 지역에서 태어난 사람들끼리 같은 정치적 공동체를 성립시키는 것이었다. 이때는 왕과 귀족들의 탄생이 중요한 기준이었다. 그러나 프랑스 혁명을 거치면서 국민 혹은 주권을 가진 국민을 의미하는 근대적 민족주의로 다시 규정되었다. 이는 산업화 과정을 통해 자본주의적 국민 경제의 성립으로 이어졌다. 민족주의는 국민들 간의 단일한 정치 공동체 건설을 위해서 개인의 자유가 희생될 수도 있다고 주장했으므로 자유주의와도 상충하는 면이 있었다.

실력 확인 문제

단답형

01 (가)에 들어갈 알맞은 말을 쓰시오.

> 16~17세기 무렵 모든 사람에게 공통적으로 적용되는 법칙이 있다고 믿는 자연법사상이 발전하였다. 이를 토대로 영국의 홉스와 로크는 국가와 사회가 개인들의 합의와 계약에 근거한다고 보는 (가) 을/를 주장하였다.

( )

02 (가)에 들어갈 내용으로 가장 적절한 것은?

> 영국은 인지세를 폐기한 뒤 새로 타운센드법을 제정해 식민지 무역을 규제하려 하였다. 그러나 이 법도 식민지의 반대에 부딪히면서 폐기되었고, 식민지에 대한 과세권의 상징으로서 차에 대한 세법만 남게 되었다.
>
> 당시 영국의 동인도 회사는 막대한 양의 차를 보관하고 있었다. 영국 정부는 차에 대한 세법을 근거로 동인도 회사에 아메리카 식민지에서 차를 독점적으로 판매할 수 있는 권리를 주었다. 이에 식민지인들이 반발하며 (가)

① 삼부회가 소집되었다.
② 인권 선언이 발표되었다.
③ 총재 정부가 구성되었다.
④ 권리 장전이 승인되었다.
⑤ 보스턴 차 사건이 일어났다.

중요

03 미국 독립 혁명 과정에서 일어난 사건들을 순서대로 바르게 나열한 것은?

> ㄱ. 인지세법 실시
> ㄴ. 독립 선언서 발표
> ㄷ. 보스턴 차 사건 발생
> ㄹ. 조지 워싱턴을 총사령관으로 임명

① ㄱ-ㄴ-ㄹ-ㄷ
② ㄱ-ㄷ-ㄹ-ㄴ
③ ㄱ-ㄹ-ㄷ-ㄴ
④ ㄷ-ㄹ-ㄱ-ㄴ
⑤ ㄷ-ㄹ-ㄴ-ㄱ

04 밑줄 친 '이것'으로 옳은 것은?

> 이것은 성직자, 귀족, 평민 대표가 함께 모여 국가의 중요한 일을 논의하는 기구였다. 1614년 이후 소집되지 않다가 1789년에 이것이 소집되자 제3 신분 대표들은 자신들이 국민의 대표임을 주장하였다. 그러나 이들의 주장은 받아들여지지 않았다.

① 삼부회 ② 국민 의회 ③ 입법 의회
④ 국민 공회 ⑤ 통령 정부

05 다음 사건 이후 프랑스에서 전개된 사건으로 옳은 것은?

> 공화정을 선포하고 루이 16세를 처형하였다.

① 삼부회를 소집하였다.
② 재산에 따른 제한 선거권 제도를 도입하였다.
③ 국민 의회가 테니스 코트의 서약을 발표하였다.
④ 국민 의회의 무력 해산 조치에 파리 민중이 봉기하였다.
⑤ 로베스피에르가 반혁명 세력을 처형하는 공포 정치를 시행하였다.

고난도

06 (가)~(라) 시기에 있었던 사실로 옳은 것만을 보기에서 고른 것은?

	(가)	(나)	(다)	(라)	

바스티유 감옥 습격 / 인권 선언 발표 / 국민 공회 개원 / 로베스피에르 몰락 / 총재 정부 구성

보기
ㄱ. (가) – 봉건제 폐지 선언
ㄴ. (나) – 테니스 코트의 서약
ㄷ. (다) – 루이 16세의 처형
ㄹ. (라) – 나폴레옹의 쿠데타

① ㄱ, ㄴ ② ㄱ, ㄷ ③ ㄴ, ㄷ
④ ㄴ, ㄹ ⑤ ㄷ, ㄹ

중요

07 (가) 인물에 대한 설명으로 옳은 것만을 보기에서 고른 것은?

이 작품의 제목은 「 (가) 의 대관식」이다. (가) 은/는 교황에게 관을 받아서 스스로 자기 머리에 쓰고, 아내 조세핀에게 직접 관을 씌워 주었다.

보기
ㄱ. 프랑스 은행을 설립하였다.
ㄴ. 선거를 통해 정권을 장악하였다.
ㄷ. 러시아 원정에 나섰다가 실패하였다.
ㄹ. 의용군을 이끌고 시칠리아를 장악하였다.

① ㄱ, ㄴ ② ㄱ, ㄷ ③ ㄴ, ㄷ
④ ㄴ, ㄹ ⑤ ㄷ, ㄹ

08 (가) 체제에 대한 설명으로 옳지 않은 것은?

나폴레옹이 몰락한 후 유럽 각국은 전후 처리를 위해 빈 회의를 개최하였다. 빈 회의에서 정통주의를 표방하고 유럽 각국의 지배권과 영토를 프랑스 혁명 이전의 상태로 되돌리기로 함으로써 (가) 이/가 성립되었다.

① 보수주의를 표방하였다.
② 자유주의 운동을 지지하였다.
③ 유럽 열강 간의 전쟁을 막았다.
④ 2월 혁명을 계기로 붕괴되었다.
⑤ 유럽의 세력 균형을 강조하였다.

09 (가) 시기에 있었던 사실로 옳은 것은?

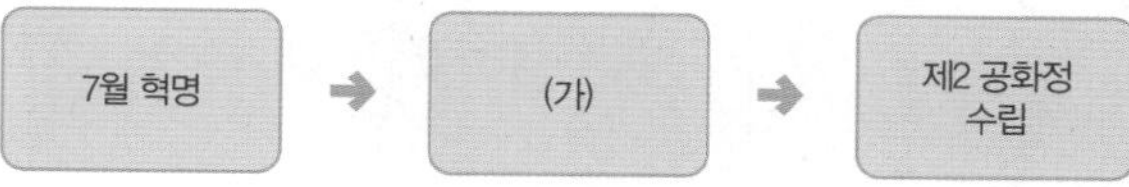

① 빈 회의가 개최되었다.
② 샤를 10세가 즉위하였다.
③ 노동자들이 2월 혁명을 일으켰다.
④ 데카브리스트의 봉기가 일어났다.
⑤ 프로이센·프랑스 전쟁이 발발하였다.

단답형

10 (가)에 들어갈 알맞은 말을 쓰시오.

(가) 은/는 1838~1848년에 영국의 노동자들이 보통 선거권을 요구하며 벌인 참정권 확대 운동이다. 노동자들은 신분, 재산, 성별에 따라 차등적이었던 선거 제도의 개혁을 요구하며 집단적으로 정치 운동을 벌였다. 이 운동을 계기로 19세기 후반에는 노동자 계층에게도 선거권이 확대되었다.

( )

중요

11 다음 법령이 발표된 배경으로 가장 적절한 것은?

> 귀족은 농노의 인신에 대한 권리를 자발적으로 포기하였다. …… 농민은 일정 기간 법에 따라 자유 경작인의 모든 권리를 부여받을 것이다. 지주들은 소유 토지에 대한 재산권을 보유하면서 농민들에게 고정된 임대료를 받고 토지 경작권을 부여할 것이다. …… 동시에 농민에게 토지를 구매할 권리가 부여된다. …… 그리고 구매한 땅의 지주에 대한 의무에서 해방되어 자유 농민(토지 소유자)으로 편입된다. – 알렉산드르 2세

① 2월 혁명이 발발하였다.
② 이탈리아 왕국이 성립되었다.
③ 차티스트 운동이 전개되었다.
④ 연합군이 크림 전쟁에서 승리하였다.
⑤ 나폴레옹이 러시아 원정을 단행하였다.

12 다음 주장을 한 인물에 대한 설명으로 옳은 것은?

> 우리에게는, 우리의 빈약한 신체에 비해 엄청난 군비(軍備)를 부담하려는 뜨거운 열정이 있습니다. …… 독일이 주목하고 있는 것은 프로이센의 자유주의가 아니라 프로이센의 힘입니다. …… 현재의 커다란 문제가 해결되는 것은 연설이나 다수결에 의해서가 아니고 …… 마땅히 철과 피에 의해서입니다.

① 빈 체제를 주도하였다.
② 샤를 10세를 몰아냈다.
③ 이탈리아의 통일에 기여하였다.
④ 데카브리스트의 봉기를 지도하였다.
⑤ 오스트리아와의 전쟁을 승리로 이끌었다.

13 (가) 시기에 전개된 사실만을 보기에서 고른 것은?

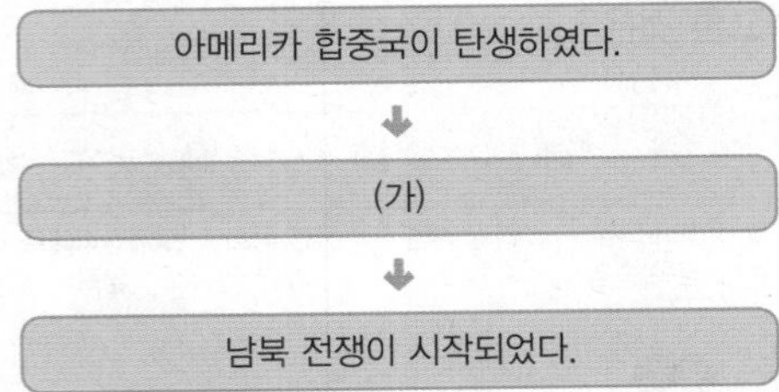
아메리카 합중국이 탄생하였다.
(가)
남북 전쟁이 시작되었다.

보기
ㄱ. 대륙 횡단 철도가 개통되었다.
ㄴ. 북부에서 상공업이 발달하였다.
ㄷ. 노예가 해방되어 노동력이 증가하였다.
ㄹ. 영토가 확장되어 태평양 연안까지 이르렀다.

① ㄱ, ㄴ ② ㄱ, ㄷ ③ ㄴ, ㄷ
④ ㄴ, ㄹ ⑤ ㄷ, ㄹ

중요

14 (가)에 들어갈 국가로 옳은 것은?

> 프랑스 식민지였던 카리브해의 (가) 에서 전개된 '흑인 혁명'은 라틴 아메리카 사상 최초의 독립을 성취했다. 흑인 지도자 투생 루베르튀르가 프랑스 혁명의 와중에 독립 투쟁을 이끌었다. 처음에는 과격한 노예 혁명 정도로 치부되었지만 결국 프랑스군을 몰아내고 1804년 독립을 선언하였고, 옛 원주민 부족의 이름인 (가) 이/가 독립국의 이름으로 채택되었다.

① 멕시코 ② 브라질
③ 아이티 ④ 콜롬비아
⑤ 아르헨티나

서술형

정답과 해설 300쪽

15 (가) 인물에 대한 설명으로 옳은 것은?

> 에스파냐 식민지들이 벌인 독립 투쟁에서 가장 탁월한 지도자는 (가) 이다. 그는 베네수엘라의 크리요오 귀족에 속한 부유층 출신의 군인이자 정치가였는데, 1807년부터 5년간 유럽에 체류하며 에스파냐의 몰락을 목격하였다. 귀국 후 그는 에스파냐 식민지의 독립에 힘썼으며, 이때 독립한 볼리비아에 그의 이름이 기념으로 남아 있다.
>
> ○ 크리요오: 라틴 아메리카 태생의 에스파냐인. 인디오, 흑인 등을 지배하는 특권을 누렸지만 본국에서 온 관리들의 지배에서 벗어나고자 함

① 남북 전쟁을 승리로 이끌었다.
② 콜롬비아의 독립에 기여하였다.
③ 아르헨티나의 독립에 이바지하였다.
④ 사르데냐의 재상으로 통일 운동에 앞장섰다.
⑤ 철혈 정책을 내세워 통일 국가를 성립시켰다.

16 (가)에 해당하는 국가로 옳은 것은?

> (가) 의 독립은 전투 없이 무혈로 이루어졌다. 1807년 프랑스가 포르투갈을 침략하자 섭정 왕자가 리스본에서 리우데자네이루로 도피하여 그곳을 사실상의 수도로 삼았다. 그는 1820년에 아들 페드로는 남겨두고, 왕의 신분으로 포르투갈로 돌아갔다. 페드로 왕자는 귀국을 종용하는 모국 정부에 맞서 1822년 독립을 선언하고 (가) 의 황제가 되었다.

① 칠레　　② 브라질
③ 에콰도르　　④ 베네수엘라
⑤ 아르헨티나

17 미국의 독립 선언서에 담겨 있는 민주주의의 원리 세 가지를 찾아 밑줄을 긋고, 각각의 개념을 쓰시오.

> 우리는 다음과 같은 사항을 자명한 진리로 믿는다. 모든 사람은 평등하게 창조되었으며, 신으로부터 생명, 자유 및 행복을 포함하여 누구도 침범할 수 없는 권리를 부여받았다. 인간은 이러한 권리를 확보하고자 정부를 조직하였다. 따라서 정부의 정당한 권력은 국민의 동의에서 생겨난 것이다. 어떠한 형태의 정부라도 이러한 목적을 침해한다면, 그 정부를 개혁하거나 폐지하고 민중의 안녕과 복지를 가져올 수 있다고 생각하는 새로운 정부를 조직하는 것은 진정한 국민의 권리이다.

18 노예제에 관한 ㉠, ㉡의 입장 차이를 경제적인 측면에서 서술하시오.

> 
>
> 공화당 행정부가 들어섬으로써 …… 재산과 평화, 신변의 안전이 위협당하리라는 우려가 생겨나는 듯합니다. …… 우리나라의 ㉠어떤 지역은 노예제가 옳으니 확장되어야 한다고 믿는 반면에 ㉡다른 지역은 노예제가 옳지 않으니 확장되지 않도록 해야 한다고 믿고 있습니다. 이것이야말로 논쟁의 본질입니다. 헌법에 명시된 도망 노예에 관한 조항과 해외 노예 무역 규제를 위한 법은 …… 잘 시행되고 있습니다.　– 링컨의 대통령 취임 연설

교과서 140~149쪽

유럽의 산업화와 제국주의

01 산업 혁명과 자본주의의 발전

정리 산업 혁명

배경	초기 자본주의의 발달
시작	18세기 영국
전개	기술 혁명(방적기, 방직기 발명) → 동력 혁명(증기 기관 개량) → 교통·통신 혁명(기차·증기선 개발, 전화 발명)

1. 산업 혁명의 시작

(1) 산업 혁명: 기계의 발명과 기술 혁신으로 생산 방식이 가내 수공업에서 공장제 기계 공업으로 바뀌면서 나타난 산업상의 변화

- 공장제 기계 공업: 임금 노동자를 공장에 고용하고 기계로 물건을 생산하는 방식

(2) 영국에서 산업 혁명이 시작된 이유: 모직물 공업의 발달로 자본과 기술 축적, 풍부한 지하자원, 해외 식민지 건설로 시장 확보, 풍부한 노동력

(3) 면직물 공업에서부터 산업 혁명 시작: 방적기와 방직기 발명 → 와트가 개량한 증기 기관을 기계의 새로운 동력으로 사용 → 공장제 기계 공업 발달

- 방적기: 목화에서 실을 뽑는 기계
- 방직기: 뽑은 실로 옷감을 짜 내는 기계
- 와트가 개량한 증기 기관: 와트가 개량한 증기 기관은 기존보다 석탄을 적게 쓰면서 힘은 더 크게 쓸 수 있었음

스티븐슨의 증기 기관차 로코모션호

기존의 증기 기관차는 증기 기관의 힘이 약해 속도가 마차 수준이었으나 스티븐슨이 이러한 문제점을 해결하여 교통 혁명을 가져왔다.

2. 산업 혁명의 확산

(1) 배경: 제철·석탄 산업 발전, 교통수단 발달(스티븐슨의 증기 기관차 발명, 풀턴의 증기선 운항), 통신 수단 발달(모스의 유선 전신 발명)

(2) 확산: 19세기에 프랑스(섬유 공업 중심), 독일(제철 공업 중심), 미국(남북 전쟁 이후 산업화의 빠른 전개), 러시아, 일본(정부 주도) 등 여러 나라로 확산

3. 여러 가지 사회 문제의 등장

(1) 배경

① 산업 구조의 변화: 농촌 중심의 농업 사회 → 도시 중심의 산업 사회

② 도시화: 농촌 사람이 공장 지대로 이주, 도시 인구 증가

③ 자본주의 경제 체제 성립: 산업가와 노동자의 생산 관계 성립, 생산과 소비가 시장에 의해 결정

④ 생활의 변화: 대량 생산, 교통수단의 발달 → 생활이 풍부하고 편리해짐

(2) 여러 가지 사회 문제

빈부 격차 심화	혜택이 모두에게 골고루 돌아가지 못함
노동 문제	장시간 노동과 저임금, 여성과 아동의 고용
도시 문제	위생 시설 부족, 각종 전염병과 범죄에 노출

보충 1833년에 제정된 「공장법」

산업 혁명 이후 노동자들은 열악한 작업 환경에서 낮은 임금을 받으며 장시간 노동하였고, 여성과 아동까지 일터로 내몰리는 상황이 심화되었다. 이에 따라 영국은 「공장법」을 제정하여 하루 12시간 이상의 노동과 심야 작업을 제한하고 여성과 아동을 보호하고자 하였다.

자료 이해하기 생산 방식의 변화

교과서 140쪽

가내 수공업

→ 선대제 수공업

→ 공장제 수공업(매뉴팩처)

→ 공장제 기계 공업

| 내용 알기 | 17세기부터 영국에서 상업 자본주의가 본격적으로 발달하여 자본주의적 생산 방식이 출현하였다. 중세 말부터는 선대제 수공업이 발달하였는데, 이는 상인이 수공업자에게 미리 자본과 원료를 지급해 물품을 생산하게 하는 방식으로, 이전의 가내 수공업과 기술적인 차이는 없지만 분업이 가능해지면서 생산성이 향상되었다. 이후 자본가가 노동자를 공장 등 한 장소에 모아 분업을 바탕으로 제품을 생산하는 방식인 공장제 수공업으로 발달하였다. 산업 혁명 이후 공장제 기계 공업으로 노동 생산력이 비약적으로 늘어나면서 대규모 생산이 가능해졌다.

4. 사회 문제 해결을 위한 노력

(1) 노동 문제 해결을 위한 노력

① 기계 파괴 운동(러다이트 운동): 노동자들이 공장의 기계가 자신들의 일자리를 빼앗는다고 생각하여 기계를 파괴하는 운동

② 노동조합 결성: 근로 조건 개선 및 지위 향상 목적

(2) 사회주의 사상의 등장: 자본주의 체제 비판, 생산 수단의 공동 소유 주장

오언	초기 사회주의자, 빈부 격차가 없는 이상적인 공동체 강조
마르크스·엥겔스	자본가 계급 타도, 공산주의 사회 건설 주장

02 제국주의의 침략과 세계 분할

1. 제국주의의 등장

(1) 배경

① 독점 자본주의: 소수의 거대 기업이 국내 시장 독점

② 새로운 시장의 필요성: 상품 수출 및 국내 자본을 투자할 수 있는 시장이 필요함

③ 원료 공급지의 필요성: 대량 생산에 필요한 값싼 원료 공급지가 필요함

(2) 제국주의: 군사적인 힘과 경제력을 앞세워 대외 팽창을 추진하는 정책

(3) 제국주의 침략을 정당화하는 논리

사회 진화론	다윈의 생물학적 진화론을 인간 사회에 적용하여 적자생존의 원칙을 주장
백인 우월주의	아시아·아프리카 주민들을 미개인으로 여겨 식민 지배를 통해 문명화시킬 수 있다고 주장

2. 제국주의 열강의 아프리카 침략

(1) 배경: 신항로 개척 이후 노예 무역·황금 무역 성행, 19세기 이후 탐험가(리빙스턴, 스탠리 등)와 선교사의 활동으로 아프리카 내륙의 지하자원 파악 → 서양 열강들의 아프리카 진출

서양 열강은 사탕수수, 목화 등을 재배하는 농장 경영이나 금, 다이아몬드 등을 얻기 위한 광산 개발에 아프리카인을 동원함

(2) 영국과 프랑스의 아프리카 분할

영국	종단 정책(이집트의 카이로~케이프타운 연결)
프랑스	횡단 정책(알제리~마다가스카르섬 연결)
파쇼다 사건	영국의 종단 정책과 프랑스의 횡단 정책 충돌

(3) 모로코 사건: 모로코를 둘러싼 독일과 프랑스와의 대립

영국이 프랑스를 지원하면서 독일의 대외 팽창에 차질을 빚어, 1905년, 1911년 두 번에 걸쳐 일어남

(4) 아프리카 분할·점령: 20세기 초 아프리카 전 지역 분할·점령(에티오피아, 라이베리아 제외) → 서양 열강의 대규모 농장 경영 및 원주민 수탈

보충 제국주의 풍자화

세계 곳곳에 식민지를 차지하고 있던 영국을 문어로 표현하였다.

파쇼다 사건

1898년 프랑스 군대가 수단 지역의 파쇼다를 점령하였는데, 영국도 이집트에서부터 남하 정책을 펼치다가 군대를 파쇼다에 파견하였다. 이 때문에 영국과 프랑스 간의 관계가 악화되었으나, 이듬해 외교적으로 타협이 이루어졌다.

라이베리아

'자유의 나라'라는 뜻으로 노예 신분에서 벗어나 미국에서 아프리카로 돌아간 흑인들이 세운 나라이다. 1847년에 아프리카의 첫 번째 공화국이 되었다.

보충 제국주의 열강의 아프리카 분할

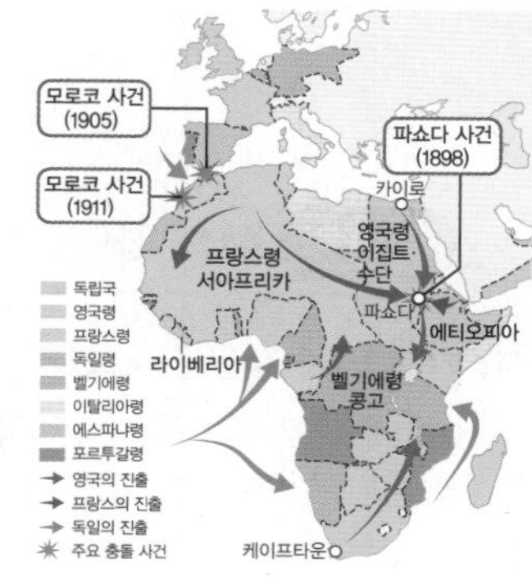

자료 이해하기 아동 노동 문제

교과서 143쪽

랭카셔에 있는 탄광에서 석탄 수레를 끄는 어린이들(1840)

| 내용 알기 | 소년들이 지하에서 석탄 수레를 끌고 있는 모습이다. 앞에 있는 한 소년은 엉덩이쪽에 가죽띠를 두르고 있고, 수레 앞에 매인 쇠사슬이 이 가죽띠에 연결되어 소년의 허벅다리 사이를 지나고 있다. 그리고 다른 두 명의 소년은 뒤에서 석탄이 가득 실린 수레를 밀고 있다. 이를 통해 산업 혁명 이후 노동자들은 열악한 작업 환경에서 저임금을 받으며 장시간 노동을 하였고, 여성과 아동까지 일터로 내몰리는 상황이 심화되었음을 알 수 있다.

동인도 회사
대항해 시대 이후 영국, 네덜란드 등 유럽 여러 나라가 아시아의 무역을 독점하기 위해 세운 회사이다.

플라시 전투
1757년에 영국 동인도 회사의 병력과 프랑스·인도 벵골 병력이 무력 충돌한 사건이다. 벵골을 다스리던 웃다울라가 영국 동인도 회사의 밀무역으로 지역 경제에 타격이 심하다고 항의한 것을 계기로 양측의 갈등이 폭발하였다. 결국 영국이 승리하여 벵골 지역의 지배권을 차지하였고 인도를 식민지화하는 발판으로 삼았다.

보충 열강의 아시아·태평양 침략

3. 제국주의 열강의 아시아와 태평양 침략

(1) 열강의 아시아 침략

영국	• 동인도 회사를 통해 인도 진출 • 프랑스와의 플라시 전투에서 승리 후 인도 독점적 지배 • 싱가포르, 말레이반도, 미얀마 등지로 세력 확대
프랑스	인도차이나반도(베트남, 캄보디아 등)에서 세력 확대
네덜란드	동인도 회사를 앞세워 포르투갈을 밀어내고 자와섬 장악 → 인도네시아 대부분을 식민지화

(2) 열강의 태평양 지배

영국	오스트레일리아, 뉴질랜드 지배
미국	• 에스파냐 전쟁에서 승리 → 필리핀 식민지화 • 쿠바 보호국화 • 괌과 하와이 점령

인도네시아의 차 플랜테이션 농업 플랜테이션 농업은 주로 열대·아열대 기후인 동남아시아, 아프리카, 라틴 아메리카에서 이루어지는 대규모 상업적 농업이다. 서구 열강은 기술과 자본을 제공하였고 원주민의 노동력을 동원하여 경영하였다. 최대 수익을 목표로 단일 경작하는 기업적 농업이 대부분이었으며, 차·고무·사탕수수·카카오·담배·커피·목화 등을 재배하였다. 네덜란드는 인도네시아를 식민지화하고 원주민을 동원하여 차, 커피, 사탕수수 등을 재배하게 한 뒤 재배된 작물은 착취하였다.

중단원 핵심 확인하기 풀이

교과서 148쪽

1. 빈칸에 들어갈 말을 써 보자.

(1) 산업 혁명이 처음 시작된 국가는 □□(이)다.

(2) 스티븐슨이 □□ □□□을/를 개발하면서 철도 교통의 시대를 열었다.

(3) 19세기 후반 이후 추진된 서양 열강의 적극적인 대외 팽창 정책을 □□□□(이)라고 한다.

(1) 영국 (2) 증기 기관차 (3) 제국주의

2. 관련 있는 내용을 옳게 연결해 보자.

(1) 아프리카 횡단 정책	㉠ 공산당 선언
(2) 마르크스와 엥겔스	㉡ 증기선
(3) 풀턴	㉢ 프랑스
(4) 사회 진화론	㉣ 헤이마켓 사건
(5) 메이데이	㉤ 제국주의

3. 옳은 내용은 ○표, 틀린 내용은 ×표를 해 보자.

(1) 산업 혁명으로 인해 실업 상태에 직면한 노동자들이 기계를 파괴하는 러다이트 운동을 전개하였다. (○)

(2) 프랑스는 필리핀을 식민지로 삼았다. (×)

(3) 20세기 초 에티오피아와 라이베리아를 제외한 아프리카 전 지역이 서양 열강에 의해 분할·점령되었다. (○)

4. 제시된 용어를 3개 이상 사용하여 영국에서 산업 혁명이 발생할 수 있었던 배경을 문장으로 완성해 보자.

석탄 철광석 자본 기술 노동력 해외 식민지 지하자원

• 모직물 공업의 발달로 자본과 기술이 축적되어 있었고, 석탄, 철과 같은 지하자원이 풍부하였다.
• 지하자원이 풍부하였고, 해외 식민지 건설로 넓은 시장을 가지고 있었으며, 노동력이 풍부하였다.

도입 활동 풀이

교과서 도입 01 산업 혁명

교과서 140쪽

가내 수공업

공장제 기계 공업

물건을 생산하는 방법이 어떻게 다른지 이야기해 보자.

도입 예시 답안 | 왼쪽 그림의 사람들은 집에서 물건을 손으로 직접 생산하고 있는 한편, 오른쪽 그림의 사람들은 기계로 물건을 대량으로 생산하고 있다.

| 도입 보충 |

공장제 기계 공업이 확산되자 노동자들은 공장의 기계가 자신들의 일자리를 빼앗는다고 생각하여 기계를 파괴하는 운동(러다이트 운동)을 벌이기도 하였다.

교과서 도입 02 제국주의 풍자화

교과서 145쪽

왼쪽 자료는 1904년 독일의 한 잡지에 실린 만평으로, 영국의 식민지 지배 정책을 풍자하고 있다. 자본가가 식민지 원주민의 입에 술을 붓는 동안 영국군 병사는 원주민에게서 마지막 동전 하나까지 쥐어짜고 있고, 그 옆에서 선교사는 신의 뜻이라고 설교하고 있다.

제국주의 열강들이 식민지를 건설하려는 까닭은 무엇일까?

도입 예시 답안 |
- 식민지를 지배하면 원주민을 수탈하여 마음껏 이익을 얻을 수 있기 때문이다.
- 노동의 대가를 지불하지 않고도 많은 일을 시킬 수 있기 때문이다.

| 도입 보충 |

영국의 한 식민지 관리자는 식민 지배에 있어 두 가지의 도덕적 사명을 주장하였다. 유럽 문명의 복음을 식민지에 전하고, 방치되어 있는 식민지의 자원들을 세계 경제를 위해 이용하도록 해야 한다는 것으로, 이 주장은 20세기 초 유럽 각국에서 널리 받아들여졌다.

도입 plus 과학의 발전과 산업 혁명의 시작

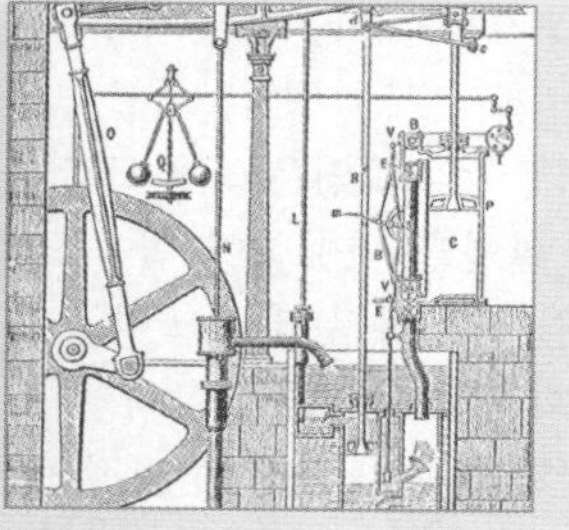

제임스 와트(좌)와 그가 제작한 증기 기관의 판화(우)

와트는 기존 증기 기관의 단점을 보완하여 증기를 압축시키는 별도의 장치를 만들어 증기의 압력으로 피스톤을 움직이도록 개량하였다. 와트의 엔진은 공장의 기계를 돌리는 데 활용되어 공장제 기계 공업이 발달하였으며, 영국의 발명가 스티븐슨은 증기 엔진을 이용한 증기 기관차를 발명하였다. 대량 생산된 상품은 열차와 증기선 등을 이용해 먼 곳까지 빠르게 운반되었으며, 풍부한 노동력과 지하자원을 가지고 있던 영국은 유럽에서 가장 먼저 산업 혁명을 일으켰다. 산업을 위한 기계들이 계속 발명되고 관련 산업이 발전하면서 산업 혁명이 시작된 것이다.

역사 탐구 풀이 및 보충

역사 탐구 산업 혁명으로 빈부 격차가 심화되다

교과서 142쪽

친절한 활동 길잡이

이 활동의 핵심은 산업 혁명으로 야기된 사회 문제를 유추하고 그 해결 방안을 제시하는 것이다. 특히 토론을 통해 빈부 격차 심화 문제를 해소할 방안을 생각해 본다.

에든버러 교회 목사의 증언(1836)

하루는 내가 일곱 집을 방문했는데, 침대를 가진 집은 하나도 없었고, 그중 몇몇 집은 짚 더미조차 갖고 있지 않았다. 여든 살 된 노인들이 마룻바닥에서 대부분 낮에 입던 옷차림 그대로 자고 있었다. 한 지하실 방에서는 스코틀랜드의 서로 다른 지역에서 온 두 가족을 만났다. 그 도시를 떠난 직후 두 아이가 죽었고, …… 셋째 아이가 죽어 가고 있었다. 가족 모두 한구석에 더러운 짚 더미를 안고 누워 있었다. 그 지하실에는 두 가족 이외에 당나귀가 한 마리 살고 있었는데, 지하실은 너무 어두워 낮에도 사람을 구별하기가 어려웠다. – 프리드리히 엥겔스, 『영국 노동자 계급의 상태』

19세기 영국의 사교 클럽 전경

19세기 도시 빈민가

자료 이해 확인 문제

1. 19세기 영국에서는 산업화와 도시화가 급속히 진행되었다. (○ / ×)
2. 산업 혁명으로 빈부 격차가 줄어들었다. (○ / ×)

>> 정답 1. ○ 2. ×

1. 자료를 참고하여 당시에 나타난 사회 문제가 무엇인지 써 보자.

정답 풀이 | 부유한 사람들은 깨끗한 환경에서 여유로운 삶을 누린 반면, 빈민은 매우 가난하였으며 환경도 비위생적이었다.

창의+

2. 당시의 사회 문제를 해결하기 위한 방안을 친구들과 의논하여 제시해 보자.

정답 풀이 | 국가 차원에서 가난한 사람들의 권리를 보장하고 생활 지원 제도를 마련한다.

탐구 plus 산업화의 문제점 극복을 위한 노력

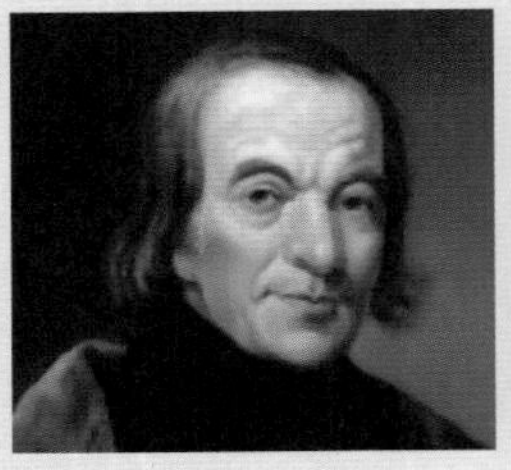
로버트 오언

로버트 오언이 운영한 협동촌(영국 뉴라나크)

마르크스

제1 인터네셔널 창립 대회

산업화로 인해 여러 가지 사회 문제가 발생하자 시장 원리에 따라 가진 자들이 이익을 보는 경제 체제에 반대하는 사회주의 사상이 등장하였다. 부르주아 계급은 경쟁이나 자유와 같은 개인주의 가치를 강조하였지만, 초기 사회주의자들은 협동, 평등과 같은 집단주의 가치를 존중하였다. 그들은 생산 수단의 사유화와 사유 재산을 반대하고 공동 생산과 공동 분배를 통해 부의 평등이 실현되는 사회를 건설하고자 하였다. 이러한 주장을 펼친 생시몽, 푸리에, 오언 등 초기 사회주의자들을 공상적 사회주의자라고 한다. 특히 영국의 오언은 노동 조건을 개선하고 세계 최초의 유치원 설립을 비롯하여 협동 조합 등 근로자의 복지 후생 시설을 만들어 '뉴라나크'라는 협동촌을 운영하였다.

사회주의 사상을 과학적인 공산주의 이론으로 체계화하고 국제 노동자 운동에 앞장선 사람은 엥겔스와 마르크스였다. 마르크스는 유물 사관에 기초하여 자본주의 사회의 붕괴를 예언하였으며, 제1 인터네셔널 창립 연설에서 노동자가 스스로 정치권력을 획득해야 한다고 역설하였다.

역사 탐구 제국주의 열강, 식민지 지배를 정당화하다

교과서 146쪽

| 자료 1 | 제국주의의 필요성

세실 존 로즈 (1853~1902)

나는 어제 런던 이스트엔드의 실업자 집회에 가서 "빵을 달라."라는 절절한 연설만을 듣고 문득 제국주의의 중요성을 깨달았다. 우리는 영국의 4천만 국민을 피비린내 나는 내란으로부터 지키고, 과잉 인구를 수용하기 위해 새로운 영토를 개척해야만 한다. 그들이 공장이나 광산에서 생산하는 상품을 위해 새로운 판로를 만들어 내야만 한다. 당신이 내란을 피하려고 한다면 당신은 제국주의자가 되어야 한다. 나는 우리가 세계에서 가장 우수한 인종이며, 따라서 우리가 세계에 많이 거주할수록 인류에 좋다고 주장한다.

- 세실 로즈, 『유언집』

| 자료 2 | 제국주의의 이론적 배경

허버트 스펜서 (1820~1903)

- 사회는 단순한 상태에서 복잡한 상태로 진화하며, 더 발달된 사회가 덜 발달된 사회를 지배하는 적자생존의 원칙도 적용된다.
- 문명인이 보여 주는 능력의 범위가 더욱 넓고 다양하다는 점에서 판단하건대, 문명인은 미개인보다 더욱 복잡하고 정교한 신경을 가졌다고 추론할 수 있다.

- 허버트 스펜서

| 자료 3 | 제국주의의 정당화

키플링은 미개한 인종을 문명화로 이끄는 것이 백인이 져야 할 짐, 백인의 의무라고 주장하였다.

백인의 책무를 다하라.
야만적인 전쟁을 평화로 바꾸고
기아로 허기진 입들을 먹이기 위해
질병이 사라지도록 하기 위해
그리고 네가 너의 목적을 달성할 때쯤
너의 목적이 타인들을 위한 목적이 이루어질 때쯤
이교도들의 나태함과 어리석음을 경계하라.
너의 모든 희망이 수포로 돌아갈지 모른다.
- 키플링, 「백인의 짐」

「백인의 짐」이라는 시를 바탕으로 그린 작품이다. 빨간 외투를 입은 사람은 영국인을, 줄무늬 바지를 입은 사람은 미국인을 대표한다. 두 사람의 바구니에는 각 국가가 지배하는 식민지를 대표하는 사람들이 타고 있다.

1. | 자료 1 |을 보고 서양 열강이 식민지를 지배하려 한 경제적인 목적을 말해 보자.

정답 풀이 | 새로운 상품을 판매할 시장을 개척하기 위해서이다.

2. | 자료 1 |와 | 자료 3 |을 보고 서양 열강이 식민지 지배를 정당화한 논리를 정리하여 발표해 보자.

정답 풀이 | 서양 열강은 식민 지배를 통해 황인종과 흑인종을 문명화시키는 것을 자신들의 의무라고 주장하였다. 사회 진화론에서 주장하는 적자생존의 원칙을 적용하여, 문명화된 우월한 사회가 미개하고 열등한 사회를 지배할 수 있다고 주장하였다.

친절한 활동 길잡이

이 활동의 목표는 제국주의 열강의 식민지 지배를 정당화한 근거를 탐구하는 것이다. 제국주의의 개념을 이해하고 열강들이 식민지 지배를 정당화한 방법과 식민지 지배로 얻고자 했던 것이 무엇인지 생각해 본다.

자료 이해 확인 문제

1. 제국주의 열강은 식민지를 상품 시장으로 활용하였다. (○ / ×)
2. 제국주의 열강은 자신들의 침략 정책을 사회 진화론으로 정당화하였다. (○ / ×)

>> 정답 1. ○ 2. ○

실력 확인 문제

단답형

01 (가)에 들어갈 알맞은 말을 쓰시오.

> (가) 은/는 기계가 발명되고 기술이 혁신적으로 발전하여 생산 방식이 가내 수공업에서 공장제 기계 공업으로 바뀌면서 나타난 산업상의 큰 변화이다.

(　　　　　　　　　　　　　　　　　)

중요

02 (가)에 들어갈 내용으로 옳지 않은 것은?

> 생산 방식의 대변혁 즉 공장제 기계 공업으로의 전환은 18세기 후반 영국의 면직물 공업에서부터 시작되었다. 그 이유는 (가)

① 해외 식민지가 많았기 때문이다.
② 지하자원이 풍부하였기 때문이다.
③ 자본이 축적되어 있었기 때문이다.
④ 신항로 개척을 주도하였기 때문이다.
⑤ 노동력이 충분히 공급되었기 때문이다.

03 영국의 산업 혁명에 대한 설명으로 옳은 것만을 보기에서 고른 것은?

> 보기
> ㄱ. 교통과 통신의 발달로 산업 혁명이 확산되었다.
> ㄴ. 증기 기관의 발명으로 공장이 점차 감소하였다.
> ㄷ. 면직물 수요가 증가하면서 방적기와 방직기가 발명되었다.
> ㄹ. 스티븐슨은 증기 기관을 개량하여 기계의 새로운 동력으로 사용하였다.

① ㄱ, ㄴ　② ㄱ, ㄷ　③ ㄴ, ㄷ
④ ㄴ, ㄹ　⑤ ㄷ, ㄹ

04 다음 그래프에 나타난 변화의 원인으로 가장 적절한 것은?

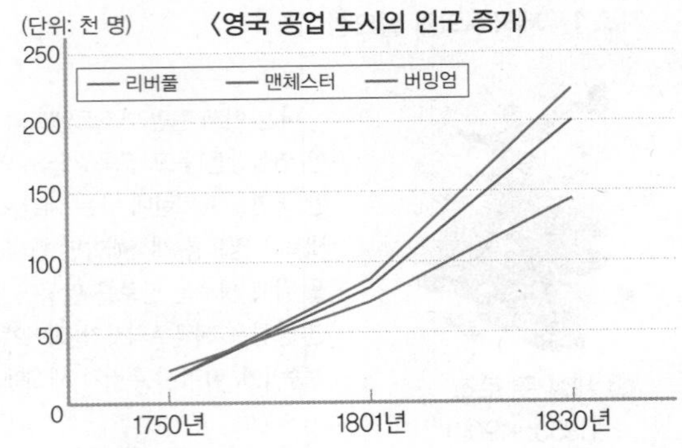

① 장원제가 형성되었다.
② 농노 해방이 이루어졌다.
③ 길드라는 조합이 결성되었다.
④ 사회주의 사상이 등장하였다.
⑤ 공장제 기계 공업이 확산되었다.

05 밑줄 친 ㉠과 관련된 내용으로 옳지 않은 것은?

> 기계가 널리 이용되고 증기 기관이 기계의 동력으로 사용되면서 제철과 석탄 산업 등이 발전하였다. 또한 대량 생산이 이루어지면서 원료와 제품을 수송하기 위한 ㉠교통수단이 발달하였고 통신수단도 발전하였다.

① 신항로 개척이 시작되었다.
② 모스가 유선 전신을 발명하였다.
③ 스티븐슨이 증기 기관차를 개발하였다.
④ 미국의 풀턴이 증기선 운항에 성공하였다.
⑤ 교통·통신 수단의 발전으로 세계 교역량이 증가하였다.

06 각국의 산업 혁명에 대한 설명으로 옳지 않은 것은?

① 영국에서 산업 혁명이 시작되었다.
② 독일은 제철 공업이 특히 발달하였다.
③ 일본은 정부 주도하에 산업화가 추진되었다.
④ 프랑스는 섬유 공업을 중심으로 추진되었다.
⑤ 미국은 남북 전쟁 이후 산업화가 더디게 진행되었다.

07 밑줄 친 '변화'로 옳은 것만을 보기에서 고른 것은?

> 18세기 후반 영국에서 시작된 산업 혁명은 빠르게 확산되어 인류의 사회 모습을 변화시켰다.

보기
ㄱ. 공해 문제가 해결되었다.
ㄴ. 빈부 격차가 심화되었다.
ㄷ. 자본주의 경제 체제가 자리잡았다.
ㄹ. 농촌 중심의 농업 사회가 형성되었다.

① ㄱ, ㄴ ② ㄱ, ㄷ ③ ㄴ, ㄷ
④ ㄴ, ㄹ ⑤ ㄷ, ㄹ

단답형

08 (가)에 들어갈 알맞은 말을 쓰시오.

> 산업 혁명이 일어나 방직기와 방적기 등의 기계가 보급되면서 기존의 노동자들이 실직하고 임금도 감소하였다. 노동자들은 자신들의 실업과 비참한 생활의 원인을 기계 탓으로 돌려 기계를 파괴하는 운동을 전개하였다. 이는 비밀 조직에서 만든 가공의 인물인 네드 러드의 이름을 따서 (가) (이)라고 불렸다.

( )

09 다음 자료를 활용한 탐구 주제로 가장 적절한 것은?

> **질문:** 지금 몇 살이고 언제부터 공장에서 일하였습니까?
> **답변:** 올해 스물세 살이고 여섯 살 때부터 일했습니다.
> **질문:** 하루에 몇 시간씩 일했습니까?
> **답변:** 아침 5시부터 저녁 7시까지인데, 바쁘면 9시까지 한 적도 있습니다.
> **질문:** 일을 게을리 하면 채찍질을 당했다는데 사실입니까?
> **답변:** 예, 사실입니다.
> **질문:** 다리의 장애는 어쩌다 생겼습니까?
> **답변:** 방적기의 방추 멈추는 일을 하면서 다쳤습니다.
> – 영국 의회의 보고서 일부, 1830

① 사회 진화론의 영향
② 가내 수공업의 문제점
③ 산업 혁명기 아동 노동 실태
④ 제국주의 열강의 식민지 확대
⑤ 영국에서 산업 혁명이 시작된 이유

중요

10 다음 상황을 해결하기 위한 노력으로 옳은 것은?

> 아일랜드 사람들이 무수하게 맨체스터로 왔어요. 그들이 자식을 데리고 온 유일한 목적은 그 애들을 공장에 집어넣어 임금 덕을 보려는 데 있지요. 춘궁기에 건너온 아일랜드 이민 부모들은 자식의 노동에서 거두어들인 것 외에는 아예 생계 수단이 없거나 있다고 하더라도 보잘 것 없습니다. 어느 경우든지 어린이의 노동은 가계에 큰 보탬이 됩니다. 나는 자식이 아홉인데 이런 식의 보탬이 되기를 바라고 있답니다. 자식들을 공장에 집어넣지 않았다면 또 다른 직종으로 보냈을 겁니다.
> – 왕립 위원회 보고서

① 공장법이 제정되었다.
② 인권 선언이 선포되었다.
③ 권리 장전이 승인되었다.
④ 사회 진화론이 제기되었다.
⑤ 사회 계약설이 등장하였다.

중요

11 밑줄 친 주장을 한 인물들을 보기에서 고른 것은?

<u>노동자들이 단결하여 자본가 계급을 타도하고 새로운 사회를 건설해야 한다</u>고 주장하였다. 이러한 주장은 노동자와 지식인들의 지지를 받았으며, 유럽 여러 나라의 사회주의 운동에 영향을 주었다.

보기
ㄱ. 오언　　ㄴ. 스펜서
ㄷ. 엥겔스　　ㄹ. 마르크스

① ㄱ, ㄴ　② ㄱ, ㄷ　③ ㄴ, ㄷ
④ ㄴ, ㄹ　⑤ ㄷ, ㄹ

단답형

12 (가)에 들어갈 알맞은 말을 쓰시오.

(가) 은/는 다윈이 주장한 생물학적 진화론을 이용하여 인간 사회 변화의 모습을 설명하려는 발상에서 시작되었다. 제국주의 열강은 (가) 와/과 백인 우월주의를 내세워 약소국에 대한 침략을 정당화하였다.

(　　　　　　　　　　)

13 다음 그림이 풍자하고 있는 나라로 옳은 것은?

① 영국　② 미국
③ 독일　④ 프랑스
⑤ 에스파냐

14 밑줄 친 '이것'에 대한 설명으로 옳은 것만을 보기에서 고른 것은?

이 그림은 1904년 독일의 한 잡지에 실린 만평으로, <u>이것</u>을 풍자한 그림이다. 자본가가 원주민에게 강제로 술을 붓고 동전 하나까지 쥐어짜며, 그 옆에서 선교사가 설교하고 있다.

보기
ㄱ. 독점 자본주의의 등장과 관련이 있다.
ㄴ. 새로운 시장의 필요성에 따라 등장하였다.
ㄷ. 주로 아시아·아프리카 국가들이 주도하였다.
ㄹ. 식민지들은 사회 진화론을 바탕으로 식민 지배를 반대하였다.

① ㄱ, ㄴ　② ㄱ, ㄷ　③ ㄴ, ㄷ
④ ㄴ, ㄹ　⑤ ㄷ, ㄹ

단답형

15 (가)에 들어갈 알맞은 지역을 쓰시오.

영국은 이집트의 카이로에서 아프리카 최남단의 케이프타운을 잇는 아프리카 종단 정책을 추진하였다. 이에 맞서 프랑스는 알제리, 모로코 등을 기점으로 동쪽의 마다가스카르에 진출하는 아프리카 횡단 정책을 추진하여 영국과 대립하였다. 결국 1898년 영국과 프랑스는 (가) 에서 충돌하였다.

(　　　　　　　　　　)

고난도

16 지도와 관련된 설명으로 옳지 않은 것은?

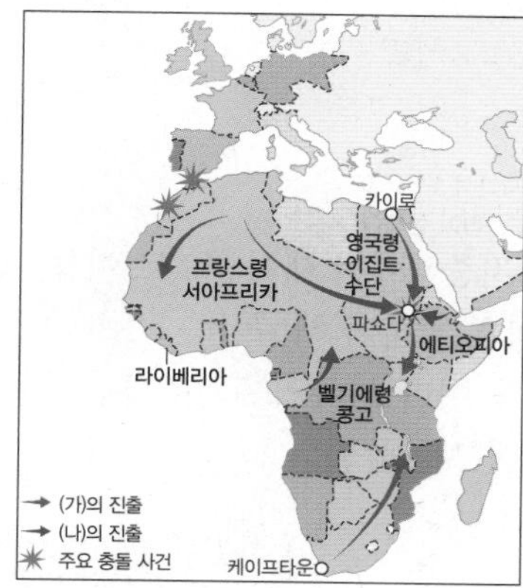

① (가)는 영국이다.
② (나)는 횡단 정책을 추진하였다.
③ (가), (나)는 모로코에서 충돌하였다.
④ 에티오피아와 라이베리아는 독립을 유지하였다.
⑤ 19세기 이후 서양 열강들의 아프리카 진출이 시작되었다.

중요

17 다음 지도에서 연결이 옳은 것만을 보기에서 고른 것은?

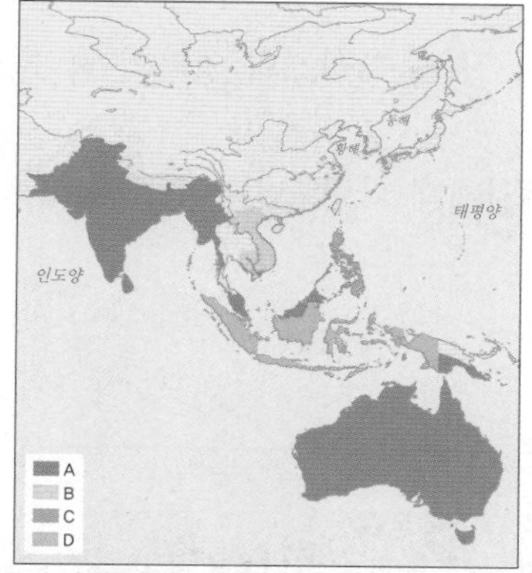

열강의 아시아·태평양 침략

보기

ㄱ. A - 미국령　　ㄴ. B - 프랑스령
ㄷ. C - 영국령　　ㄹ. D -네덜란드령

① ㄱ, ㄴ　② ㄱ, ㄷ　③ ㄴ, ㄷ
④ ㄴ, ㄹ　⑤ ㄷ, ㄹ

서술형

정답과 해설 302쪽

18 다음 그림과 관련 있는 사회 문제와 발생 원인을 서술하시오.

19 (가)에 들어갈 정책을 쓰고, 이와 같은 정책이 등장한 이유를 서술하시오.

> 나는 어제 런던의 이스트엔드에 가서 실업자 대회를 방청하였다. 그곳에서 빵을 달라고 하는 실업자들의 이야기를 들은 후 (가) 의 중요성을 더욱 확신하였다. 나의 포부는 사회 문제의 해결이다. 우리 식민지 정치가는 대영 제국의 4천만 인구를 피비린내 나는 내란으로부터 지키고, 과잉 인구를 수용하기 위해 새로운 영토를 개척해야 한다. 그들이 공장이나 광산에서 생산하는 상품의 새로운 판로를 만들어 내야 한다.
>
> – 세실 로즈

교과서 150~161쪽

서아시아와 인도의 국민 국가 건설 운동

01 오스만 제국의 국민 국가 건설 운동

1. 오스만 제국의 쇠퇴

(1) 배경

① 신항로 개척으로 무역의 중심이 지중해에서 대서양으로 이동 (동서양을 연결하는 지리적 요충지에 위치하였기에 유럽의 간섭이 심해짐)

② 유럽 열강의 간섭 심화 → 러시아의 남하 정책 추진

(2) 결과: 그리스의 독립, 세르비아인 등 여러 민족의 독립운동, 이집트의 자치권 획득 → 오스만 제국은 유럽 내 영토 대부분 상실

2. 오스만 제국의 개혁 시도

(1) 탄지마트(1839~1876)

① 목적: 유럽의 문물 도입, 부국강병 달성을 통한 대내외 위기 극복

② 내용: 행정·과세 제도 개편, 철도 도입, 유럽식 교육 시행, 군대 조직의 근대화, 의회 제도 수립, 근대식 헌법 제정 등 (러시아·튀르크 전쟁이 일어나자 술탄 압뒬 하미드 2세와 보수 세력이 헌법을 폐지하고 의회를 해산함)

③ 결과: 보수 세력과 유럽 열강의 방해로 실패

(2) 청년 튀르크당의 혁명: 젊은 장교, 관료, 지식인 중심

① 배경: 전제 정치에 반발 → 무력으로 정권 장악

② 내용: 헌법 부활, 여성 차별 철폐, 언론 자유 보장, 경제와 교육 개혁 등 추진

③ 한계: 아랍어 사용 금지 등 극단적인 튀르크 민족주의 주장 (국민 다수가 아랍어나 슬라브어를 사용하는데도 튀르크어를 공용어로 삼으려고 함)

3. 오스만 제국의 붕괴

(1) 배경: 제1차 세계 대전에 동맹국으로 참전하여 패배

(2) 결과: 전후 영국과 프랑스에 의해 영토 대부분 상실, 연합국이 이스탄불 점령 → 제국 내 독립운동 발생

4. 튀르키예 공화국의 수립

(1) 수립: 무스타파 케말의 국민 의회 소집 → 그리스와 영국의 침략 격퇴, 술탄 축출 → 튀르키예 공화국 수립(1923)

(2) 개혁 내용: 여성 복장의 자유, 일부일처제 확립, 남녀 평등 교육 → 여성 인권 신장, 여성의 활발한 사회 참여 (케말이 대통령 취임 후 추진함)

러시아의 남하 정책

러시아는 흑해를 통해 지중해로 진출하여 발칸반도와 서아시아 쪽으로 세력을 확대하고자 하였다. 이것은 러시아의 주요 생산품인 농산물을 반출하는 통로를 확보하고, 공업 제품의 해외 판로를 획득하려는 움직임이었다. 러시아가 남하 정책을 추진하면서 오스만 제국을 둘러싼 열강의 대립은 격화되었다.

보충 마흐무드 2세의 개혁

오스만 제국의 제30대 술탄으로 행정·군사·재정 개혁을 시도하였다. 마흐무드는 개혁의 걸림돌이었던 보수적인 예니체리 부대를 해체하고 국내 개혁을 이끌었지만, 세르비아와 그리스에서 민족주의 운동이 일어나면서 많은 영토를 상실하였다.

정리 오스만 제국의 근대화 운동

구분	내용
탄지마트	행정·교육·군사 제도의 근대적 개혁 추진
미드하트 파샤의 개혁	근대적 헌법 제정
청년 튀르크당의 혁명	헌법 부활, 여성 차별 철폐, 경제·교육 개혁 추진

자료 이해하기 청년 튀르크당의 등장

교과서 151쪽

| 내용 알기 | 1870년대 오스만 제국에서 미드하트 파샤 등의 관료가 서양식 의회를 개설하고 헌법을 제정하였다. 그러나 보수 세력의 반발과 러시아의 내정 간섭으로 큰 성과를 얻지 못하고 러시아와의 전쟁으로 오히려 전제 정치가 강화되었다. 이에 젊은 장교와 관료, 지식인이 중심이 되어 청년 튀르크당을 결성하였으며, 이들은 무장봉기로 정권을 장악하고 헌법을 부활시켰다(1908). 입헌 정부를 세우고 근대적 개혁을 추구했지만, 극단적인 튀르크 민족주의를 내세워 제국의 쇠퇴를 촉진하였다. 청년 튀르크당은 제1차 세계 대전에 독일 측에 가담하여 패전 후 해체되었다.

▲ 청년 튀르크당의 행진

02 북아프리카와 서아시아의 대응

1. 이집트의 근대화

(1) 내용

① 무함마드 알리의 개혁: 근대식 군대 창설, 공교육 제도 수립, 농업 및 산업 육성
  - 무함마드 알리: 오스만 제국의 약화를 틈타 이집트의 독립 확보함

② 수에즈 운하 건설(1869): 지중해와 홍해 연결
  - 1956년 이집트 대통령 나세르가 수에즈 운하 국유화 조치를 내릴 때까지 수에즈 운하는 영국의 지배하에 있었음

(2) 결과: 운하 건설 및 근대화 추진 과정에서 재정난 발생 → 운하 운영권을 영국에 넘김 → 이집트인들의 봉기 → 영국의 봉기 진압, 이집트를 영국의 보호국화

2. 와하브 운동

(1) 목적: 이슬람 본래의 종교적 순수성 회복
  - 오스만 제국이 이슬람교를 타락시켰다고 생각함

(2) 내용: 이븐 압둘 와하브 주도, 『쿠란』으로 돌아가자.'라는 구호를 내세움

(3) 결과

① 아랍 민족 운동으로 발전
  - 아랍인들이 단일한 정치적 공동체를 구성하고 하나의 정부를 가져야 한다고 주장

② 사우디 왕국 건설 → 오스만 제국에 의해 멸망
  - 사우드 가문과 와하브 운동이 결합함

3. 이란의 개혁과 저항

(1) 배경: 카자르 왕조의 근대화 개혁 시도 좌절 → 러시아와 영국에 의존
  - 카자르 왕조의 지배자들이 권력을 유지하기 위해 러시아와 영국에 의존함

(2) 내용: 민족주의 운동(담배 불매 운동 등) 전개, 새로운 헌법 도입

(3) 결과: 영국과 러시아의 무력 개입으로 좌절 → 두 열강이 이란을 분할 지배
  - 영국: 유전의 이권 유지
  - 러시아: 남하 정책

03 영국의 인도 침략과 반영 민족 운동

1. 영국의 인도 침략

(1) 배경: 무굴 제국이 17세기 인도 대부분을 차지 → 무굴 제국의 비이슬람교도 차별 정책으로 불만 쇄도 → 18세기 이후 무굴 제국 쇠퇴, 지역 세력의 독립적 성장
  - 무굴 제국: 16세기 초 중앙아시아에서 성장한 이슬람 세력이 북인도 지역에 세운 제국

(2) 플라시 전투(1757): 영국과 프랑스가 동인도 회사를 통해 세력 확대 → 영국이 벵골 지역의 지배자와 프랑스 격퇴 → 영국이 벵골 지역에서 관세 면제, 조세 징수권 장악 → 인도 침략의 발판 마련
  - 동인도 회사: 유럽 각국이 아시아 무역의 독점권을 허가한 회사로, 독자적인 군대를 보유하고 전쟁을 통해 세력을 확장하는 등 사실상 국가를 대신해 식민지 확대에 나섬

(3) 세포이의 항쟁(1857)

① 배경: 영국의 식민지 수탈, 종교·문화 등의 간섭에 대한 불만

② 전개: 세포이 중심의 봉기, 다양한 세력 참여 → 힘 있는 지방 세력의 비협조, 영국군의 무력 진압으로 실패
  - 세포이: 영국에 고용된 인도인 용병

③ 결과: 동인도 회사 폐지, 영국 국왕이 인도 직접 지배

정리 이집트와 서아시아의 민족 운동

이집트	무함마드 알리의 근대화 정책 추진
아라비아 반도	와하브 운동
이란	카자르 왕조의 담배 불매 운동

담배 불매 운동

카자르 왕조가 영국 상인에게 담배 독점 판매권을 주자 이에 맞서 일어난 민족주의 운동으로, 점차 왕과 외세에 반대하는 운동으로 발전하였다.

정리 영국의 인도 침략 과정

1600	동인도 회사 설립
1757	영국, 플라시 전투 승리
1857	세포이의 항쟁
1858	무굴 제국 황제 폐위
1877	영국령 인도 제국 수립

세포이의 항쟁

▲ 영국 동인도 회사 세포이들의 모습

동인도 회사가 세포이에게 지급한 탄약통에 소기름과 돼지기름이 칠해져 있다는 소문이 돌자, 세포이는 이를 종교 탄압으로 받아들여 봉기하였다.

자료 이해하기 동남아시아의 민족 운동

교과서 159쪽

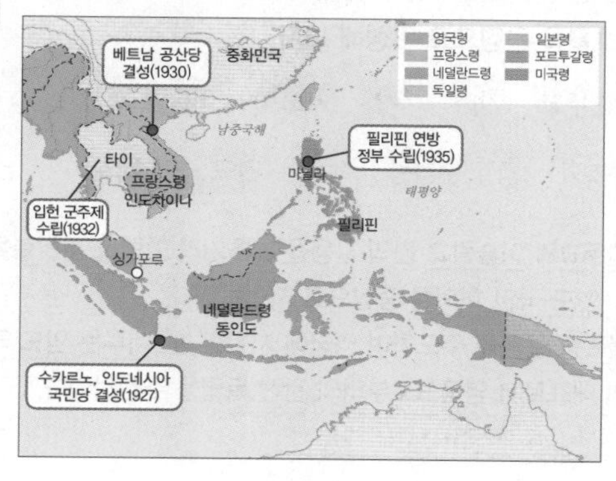

| 내용 알기 | 동남아시아의 민족 운동은 19세기 식민 지배의 피해에 저항하는 움직임에서 시작되어 1920년대 이후에는 독립적인 국민 국가를 수립하려는 노력으로 발전하였다. 민족 운동은 각 지역의 지도자에 따라 다양하게 전개되었다.

시암은 라마 5세(쭐랄롱꼰)의 근대적인 개혁과 영국과 프랑스의 세력 균형 덕분에 동남아시아에서 유일하게 독립을 유지하였으며, 청년 장교들을 중심으로 혁명이 일어나 입헌 군주제를 도입하였다. 인도네시아에서는 수카르노가 인도네시아 국민당을 창설하였고, 국민당은 다양한 세력과 연합하여 인도네시아의 민족 운동을 이끌었다. 베트남의 호찌민은 베트남 공산당을 결성하였고 민족의 독립을 최우선으로 내세우며 다양한 세력과 협력하였다.

벵골 분할령
1905년 영국은 벵골 지역을 이슬람교 도 중심의 동벵골과 힌두교도 중심의 서벵골로 분리한다는 벵골 분할령을 발표하였다. 이 정책에는 종교 갈등을 부추겨 인도의 민족 운동을 약화시키려는 목적이 있었다.

암리차르 학살 사건(1919)
「로울라트법」에 반대하는 시위가 열리자 영국군이 인도 북부의 암리차르에서 무장하지 않은 군중에게 무차별적으로 총격을 가한 사건이다. 이로 인해 영국에 대한 인도인들의 반감이 더욱 커졌다.

소금 행진
간디는 인도에서의 소금 생산을 금지하는 소금법에 저항하여 소금 행진을 한 뒤 직접 소금을 만들었다. 이는 영국의 식민 통치에 맞선 비폭력·불복종 운동의 하나였다.

인도 철수 운동(1942)
영국은 제2차 세계 대전 참전에 대한 인도의 협조를 구하고자 전후 인도 연방에 완전 자치권을 부여할 것을 제의하였다. 그러나 간디를 중심으로 한 인도 국민 회의 지도자들은 이를 거부하고 영국이 인도에서 즉시 물러날 것을 주장하는 인도 철수 운동을 결의하였다.

2. 인도 국민 회의의 성립과 반영 민족 운동의 전개

(1) 인도 국민 회의 성립(1885)
① 배경: 영국의 차별적 통치에 대한 인도 지식인의 불만 표출, 지식인 계층을 협력자로 끌어들이기 위한 영국의 협조로 성립
② 특징: 초기에는 지식인 계층의 권익 확보를 위한 타협적 활동에 치중

(2) 반영 민족 운동의 본격화
① 배경: 영국이 벵골 분할령 시행(1905)
② 전개: 인도 국민 회의 내부의 급진파 성장 → 반영 민족 운동(스와데시 운동, 외국 상품 불매 운동, 국민 교육 운동, 자치 운동 등) 전개
힌디어로 '모국'이라는 뜻으로, 국산품 애용 운동을 의미함
③ 결과: 영국이 벵골 분할령 취소, 인도인에게 명목상 자치 허용
종교 간 갈등을 부추기는 분리 통치 정책은 계속됨

04 인도의 국민 국가 건설 운동

1. 인도의 불복종 운동 전개

(1) 배경: 제1차 세계 대전 당시 영국은 인도의 협조를 위해 자치권 부여를 약속함 → 전후 영국의 「로울라트법」 시행, 암리차르 학살 사건 등으로 오히려 탄압
전후 예상되는 인도의 반영 운동을 탄압하기 위해 제정된 법으로, 영국이 인도인을 영장 없이 체포하거나 재판 없이 투옥할 수 있게 함

(2) 전개

간디	인도 국민 회의를 중심으로 비폭력·불복종 운동(소금 행진 등) 전개
네루	영국으로부터의 완전한 독립 추구

2. 인도의 국민 국가 건설 노력

(1) 배경: 네루가 이끈 인도 국민 회의가 지방 정부 구성, 영국이 일방적으로 인도의 제2차 세계 대전 참전 선언
(2) 전개: 인도 국민 회의가 집권한 지방 정부에서 사퇴, 간디의 인도 철수 운동 전개
지주, 상인, 무슬림 등의 지지를 얻지 못하면서 한계에 부딪혔고, 결국 간디를 비롯한 운동 참여자 6만여 명이 투옥됨

중단원 핵심 확인하기 풀이

교과서159쪽

1. 빈칸에 들어갈 알맞은 말을 써 보자.
(1) 18세기 후반 아랍 지역에서는 이슬람교 창시자인 무함마드의 원래 가르침으로 돌아가자고 주장하는 □□□ 운동이 펼쳐졌다.
(2) 인도에서는 영국의 식민지 수탈과 간섭에 저항하여 □□□을/를 중심으로 봉기가 일어났다.
(1) 와하브 (2) 세포이

2. 관련 있는 내용을 옳게 연결해 보자.
(1) 무함마드 알리 – ㉡ 이집트
(2) 탄지마트 – ㉢ 오스만 제국
(3) 무스타파 케말 – ㉠ 튀르키예
(4) 간디 – ㉤ 인도
(5) 호찌민 – ㉣ 베트남

3. 옳은 내용은 ○표, 틀린 내용은 ×표를 해 보자.
(1) 새롭게 건국된 튀르키예에는 대통령제를 채택하였다. (○)
(2) 인도 국민 회의를 중심으로 일어난 저항에도 불구하고 벵골 분할령은 철회되지 않았다. (×)
(3) 1929년 인도 국민 회의의 대표였던 네루는 완전 독립을 새로운 투쟁의 목표로 제시하였다. (○)

4. 제시된 핵심 용어를 3개 이상 사용하여 인도에서 벌어진 반영 민족 운동의 흐름을 문장으로 완성해 보자.

힌두교 간디 무역 세포이 이슬람교 불복종 벵골 분할령 네루 인도 국민 회의

• 영국이 힌두교와 이슬람교 간의 갈등을 부추기려고 벵골 분할령을 실시하자, 인도 국민 회의를 중심으로 저항하였다.
• 간디가 불복종 운동을 주도하며 영국에 저항할 때, 네루는 인도 국민 회의의 대표로서 영국으로부터의 완전 독립을 주장하였다.

도입 활동 풀이

교과서 도입 01 오스만 제국을 둘러싼 유럽 열강의 대립

교과서 150쪽

THE HARMLESS NECESSARY CAT.
너는 고양이 머리를 가지고 놀아. 나는 꼬리를 가지고 놀게.
영국 사자
등은 같이 가지고 놀자.
러시아 곰
오스만 제국 고양이

영국과 러시아가 오스만 제국을 마음대로 분할하려는 모습을 풍자하고 있다.

빈칸에 들어갈 알맞은 말을 생각해 보자.

도입 예시 답안 | • 왜 나에게 물어보지도 않고 나를 가지고 노는 거니?
• 너희들과 놀고 싶지 않아!

| 도입 보충 |

러시아와 영국의 압력 사이에서 오스만 제국의 영향력이 약화되자, 발칸반도에서도 오스만 제국의 지배로부터 벗어나려는 움직임이 일어났다. 세르비아 등 발칸 동맹국들은 제1차 발칸 전쟁(1912~1913)을 일으켜 오스만 제국을 물리치고 독립을 이루었다.

교과서 도입 02 수에즈 운하

교과서 153쪽

수에즈 운하를
건설하면 유럽에서 아시아까지
20일 걸리던 시간이 3일로
줄어들겠군.
유럽
수에즈 운하
아시아
아프리카
수에즈 운하
건설에 돈이
많이 들지?
우리가 돈을
빌려줄게.
일이 힘들고
세금이 올라
살기가 힘들군.

수에즈 운하 건설은 이집트에 어떤 영향을 주었을까?

도입 예시 답안 | • 이집트는 수에즈 운하를 건설하여 교역의 중심이 되고자 하였지만, 엄청난 비용으로 유럽 열강의 돈을 빌렸을 것이다.
• 이집트가 수에즈 운하 건설을 위해 유럽에서 돈을 빌리면서 간섭을 받았을 것이다.

| 도입 보충 |

수에즈 운하의 개통으로 유럽에서 인도까지 가는 항로를 10,000 km 이상 단축할 수 있었다. 특히 영국은 운하 통행료와 상품의 운송비 절감으로 많은 경제적 이득을 보았다.

도입 plus 수에즈 운하의 건설

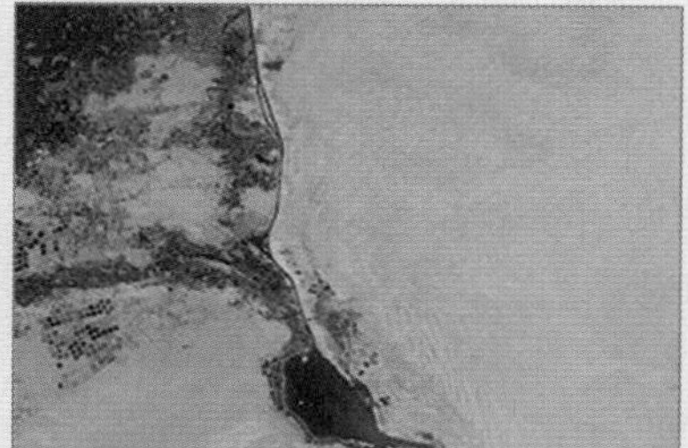

수에즈 운하의 위성 사진

19세기 중엽 이집트 총독이 프랑스인에게 수에즈 운하 건설 특허권을 양도하였고, 1869년에 지중해와 홍해를 잇는 세계 최대의 해양 운하가 개통되었다. 수에즈 운하는 아프리카 대륙을 우회하지 않고 곧바로 아시아와 유럽이 연결되는 통로라는 점에서 중요한 역할을 하였다. 이에 따라 이집트는 막대한 외화 수입을 얻을 것이라 기대하였지만, 건설 비용을 감당하지 못해 프랑스로부터 빚을 졌으며 운하 운영권은 영국에 넘어 갔다. 영국은 운하 운영을 계기로 이집트의 정치에도 간섭하였고, 이에 이집트가 외세 배격 운동을 일으켰다. 그러나 영국은 이를 진압하고 이집트를 보호국으로 삼았다. 이집트는 1922년에 비로소 영국의 지배에서 벗어났으며, 1956년에 이집트 정부에서 수에즈 운하를 국유화하면서 반환되었다

교과서 155쪽

교과서 도입 03 영국의 인도 침략

| 도입 보충 |

19세기 중엽 인도의 거의 모든 지역을 차지한 영국은 인도인에게 면화 재배를 강요하였다. 영국은 인도에서 값싸게 면화를 사들여 원료를 확보하였고, 기계로 면직물을 대량 생산한 뒤 인도 등지에 수출하였다. 이로써 인도의 농업은 영국에 종속되었으며 수공업은 몰락하게 되었다.

영국의 경제가 발전하는 데 인도는 어떤 역할을 하였을까?

도입 예시 답안 | • 영국은 싼 값에 필요한 원료를 인도에서 가져올 수 있었다.
• 인도는 영국의 물건을 비싸게 팔 수 있는 시장이 되었다.

교과서 157쪽

교과서 도입 04 인도의 국민 국가 건설 운동

| 도입 보충 |

간디는 "인도인의 일은 인도인 스스로가 해 나가겠다."라는 의지를 표명하며 자치 운동에 앞장섰다. 이후 지도자로 등장한 네루는 자치가 아닌 인도의 완전 독립을 위한 투쟁을 선언하였다.

간디를 '마하트마(위대한 영혼)'로 칭송하는 까닭은 무엇일까?

도입 예시 답안 | • 비폭력적인 방법으로 식민 지배에 저항했기 때문이다.
• 인도가 영국으로부터 독립하는 데 큰 역할을 했기 때문이다.

간디의 비폭력·불복종 운동

불복종 운동의 주요 내용
- 작위와 상장·훈장 반납, 관직 사퇴
- 정부가 주관하는 접견과 공식 행사 참석 거부
- 지방 의회 선거 거부
- 식민 정부 법정의 재판 거부
- 국공립 학교 학생 자퇴, 교사 사직
- 토지세 납부 거부, 외국 상품 불매 운동 등

제1차 세계 대전 이후 영국이 인도에게 자치권을 주기로 한 약속을 파기하고 인도인을 재판 없이 감옥에 가둘 수 있도록 한 「로울라트법」을 만들자 인도인들은 이에 항의하는 시위를 벌였다. 국민 회의파는 스와데시(국산품 애용), 스와라지(인도인의 자치) 등의 4대 강령을 결의하고 전국적인 저항 운동을 전개하였다.

이때 등장한 간디는 피켓 들기, 농성, 고의적인 법률 위반, 납세 거부, 영국 상품 불매와 같은 비폭력·불복종 운동을 주도하여 탄압을 받기도 하였다. 또한 영국이 기계를 이용하여 대량 생산한 직물을 거부하고 인도인들이 직접 물레를 돌려 옷을 지어 입기를 권하는 비폭력 운동을 펼치기도 하였다. 1918년 그는 인도 국민 회의의 지도자 역할을 맡아 자유를 얻기 위한 투쟁의 선봉에 서면서 '위대한 영혼'이라는 뜻의 '마하트마'로 불렸다.

역사 탐구 풀이 및 보충

역사탐구 탄지마트 시기의 개혁

교과서 151쪽

오스만 제국을 재조직하려는 시도인 '탄지마트'는 1839년에 시작되어 1876년 헌법이 제정될 때까지 계속되었다. 다음은 탄지마트 시기의 주요 개혁 내용이다.

- 오스만 시민의 생명·명예·재산에 대한 보장(1839)
- 최초의 제국 우편국 도입(1840)
- 노예제와 노예 무역 폐지(1847)
- 최초의 근대식 대학 설립(1848)
- 비이슬람교도의 군 복무 허용(1856)
- 종교·종족과 무관하게 동등한 오스만 시민권을 부여하는 국적법 도입(1869)

미드하트 파샤 (1822~1883)
오스만 제국의 자유주의 개혁과 의회 설립을 주도하였다.

1. 탄지마트 개혁으로 오스만 제국은 어떻게 변화했을지 이야기해 보자.

정답 풀이 | 자유주의나 서양의 근대 문물에 대한 저항감이 줄어들었을 것이다.

2. 탄지마트 개혁이 실패한 까닭은 무엇인지 생각해 보자.

정답 풀이 | 지배 계급은 손해를 보면서까지 개혁할 의지가 없었고, 서구 열강도 방해하였기 때문이다.

친절한 활동 길잡이

이 활동의 핵심은 오스만 제국의 지배층이 추구했던 개혁 방향을 유추해 보는 것이다. 탄지마트 개혁으로 오스만 제국이 어떻게 변화하였을지 생각해 보고, 개혁이 실패한 이유를 적어 보도록 한다.

자료 이해 확인 문제

1. 탄지마트 개혁으로 예니체리 부대가 창설되었다. (○ / ×)
2. 탄지마트 개혁은 보수 세력과 유럽 열강의 방해로 실패하였다. (○ / ×)

>> 정답 1. × 2. ○

역사탐구 벵골 분할령

교과서 156쪽

영국은 벵골 지역을 힌두교도가 많이 사는 서벵골과 무슬림이 많이 사는 동벵골로 분리하는 벵골 분할령을 발표하였다(1905). 이 조치는 그때까지 종교를 기준으로 서로를 구분하지 않고 한 지역에서 함께 살아가던 인도인들을 힌두교도와 무슬림으로 구분하려는 시도였다. 영국은 두 종교 간의 갈등을 부추겨 인도의 민족 운동 세력을 분열시키고자 하였다.

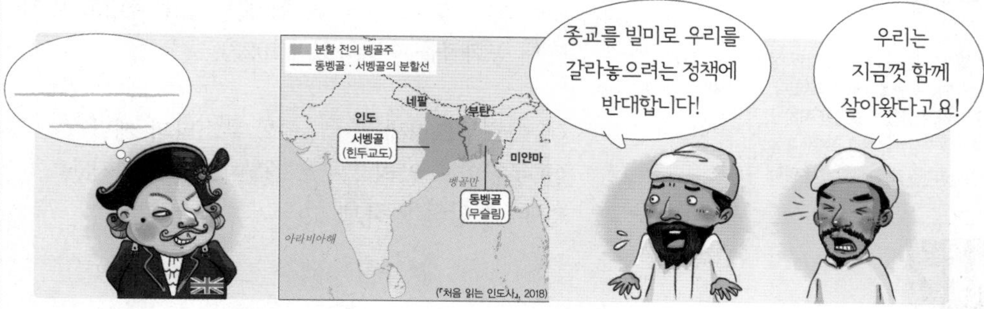

(『처음 읽는 인도사』, 2018)

1. 벵골 분할령을 내린 영국 식민 정부의 실제 의도를 고려하여 생각 풍선에 들어갈 말을 써 보자.

정답 풀이 |
- 두 세력끼리 싸우면 식민 지배에 저항할 힘이 빠질 거야.
- 종교를 기준으로 서로 다르다는 점을 강조해야 인도인들이 하나로 뭉치지 못할 거야.

창의+

2. 종교 간 갈등을 해결하기 위해 우리가 가져야 할 태도는 무엇일지 생각해 보자.

정답 풀이 |
- 상대편의 종교를 이해하기 위해 적극적으로 교류한다.
- 수많은 종교가 서로 다른 교리를 가졌지만, 평화, 사랑 등 공통적으로 추구한 바가 있음을 인정한다.

친절한 활동 길잡이

이 활동의 목표는 벵골 분할령의 실시 목적과 벵골 분할령에 따른 인도의 반응을 탐구하는 것이다. 벵골 분할령의 의도와 실제 결과를 확인하고, 종교에 대한 우리의 자세를 정리해 본다.

자료 이해 확인 문제

1. 서벵골에는 힌두교도가, 동벵골에는 무슬림이 많이 살고 있었다. (○ / ×)
2. 벵골 분할령으로 인도의 민족 운동 세력이 분열되며 약화되었다. (○ / ×)

>> 정답 1. ○ 2. ×

실력 확인 문제

01 (가)에 들어갈 국가로 옳은 것은?

칼을 든 사자는 영국, 몽둥이를 든 곰은 러시아를 의미한다. 사자와 러시아 사이에서 위축되어 있는 칠면조는 19세기 유럽 열강의 간섭을 받은 (가) 을/를 의미한다.

① 이란 ② 인도
③ 이집트 ④ 파키스탄
⑤ 오스만 제국

고난도

02 밑줄 친 ㉠에 해당하는 내용으로 옳지 않은 것은?

150여 년에 걸친 여러 사건과 갖가지 분규가 끊이지 않아 성스러운 법과 그것에 따른 준칙에 대한 복종을 저해하고 있다. 이에 따라 이전의 세력과 번영은 사라져 힘없고 가난한 처지가 되어 버렸다. ……우리는 오스만 제국을 구성하는 여러 주에서 훌륭한 통치의 은혜를 베풀기 위해 ㉠ 새로운 제도에 따라 운영하는 것이 현명하다고 생각한다.

① 철도 도입
② 공화제 실시
③ 의회 제도 실시
④ 행정 제도 개편
⑤ 유럽식 교육 실시

단답형

03 (가)에 들어갈 알맞은 말을 쓰시오.

1908년에 (가) 은/는 폐지된 미드하트 헌법을 부활시킬 것을 요구하며 혁명을 일으켰다. 이 혁명을 통해 오스만 제국의 새로운 집권층으로 등장한 이들 세력은 제1차 세계 대전에서 오스만 제국이 패망할 때까지 권력을 유지하였다.

( )

04 (가)에 들어갈 인물로 옳은 것은?

제1차 세계 대전 때 갈리폴리 전투에서 크게 승리하면서 (가) 은/는 '지도자'라는 뜻의 '파샤'라는 칭호로 불릴 만큼 인기 있는 전쟁 영웅이 되었다. 그는 앙카라에서 국민 의회를 소집하고 선거로 새로운 정부를 구성하여 남은 영토를 지키고자 하였다. 또한 아나톨리아를 공격하는 그리스와 영국을 물리친 뒤 술탄을 몰아내고 마침내 공화국을 수립하였다(1923).

① 마흐무드 2세 ② 무스타파 케말
③ 무함마드 알리 ④ 미드하트 파샤
⑤ 이븐 압둘 와하브

05 튀르키예 공화국에서 발생한 사실로 옳은 것은?

① 세포이의 항쟁이 일어났다.
② 와하브 운동이 전개되었다.
③ 수에즈 운하가 건설되었다.
④ 탄지마트 개혁이 단행되었다.
⑤ 남녀 평등 교육이 실시되었다.

06 다음 그래프와 같은 변화가 일어난 이유로 가장 적절한 것은?

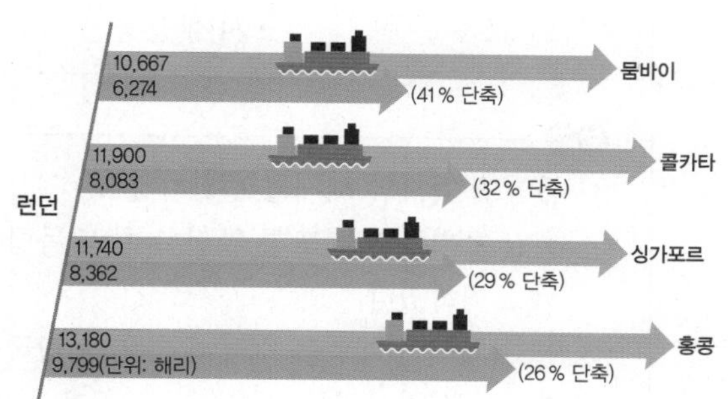

런던에서 아시아에 이르는 항로 변화

① 증기 기관이 발명되었다.
② 직행 철도가 개설되었다.
③ 동인도 회사가 설립되었다.
④ 수에즈 운하가 개통되었다.
⑤ 희망봉을 경유하는 항로가 개척되었다.

중요

07 다음 지도에 나타난 상황을 해결하기 위해 이란에서 나타난 움직임으로 옳은 것만을 보기에서 고른 것은?

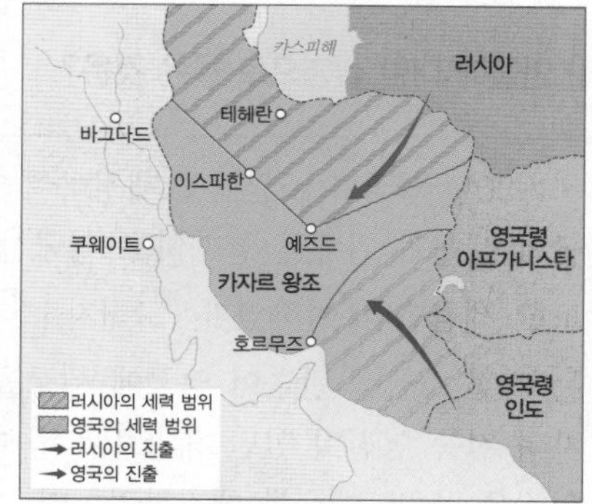

보기

ㄱ. 와하브 운동을 일으켰다.
ㄴ. 새로운 헌법을 도입하였다.
ㄷ. 탄지마트 개혁을 단행하였다.
ㄹ. 담배 불매 운동을 전개하였다.

① ㄱ, ㄴ ② ㄱ, ㄷ ③ ㄴ, ㄷ
④ ㄴ, ㄹ ⑤ ㄷ, ㄹ

단답형

08 (가)에 들어갈 알맞은 말을 쓰시오.

> 이슬람교도 사이에서 오스만 제국이 이슬람교를 타락시켰다며, '『쿠란』으로 돌아가자.'라는 구호를 내세운 (가) 이/가 벌어졌다. 이는 아랍인의 민족의식을 일깨웠으며, 이후 오스만 제국에 반대하는 아랍 민족 운동으로 발전하였다.

( )

고난도

09 다음 사건 이후에 전개된 사실로 옳은 것은?

> 이란의 카자르 왕조는 근대화 개혁을 시도하였지만 내부의 부족적·종교적 세력의 저항으로 개혁이 좌절되었다. 이후 카자르 왕조의 지배자들이 권력을 유지하기 위해 러시아와 영국에 의지하였다.

① 영국과 러시아를 몰아냈다.
② 카자르 왕조의 근대적 개혁이 성공하였다.
③ 민족 운동이 국민의 지지를 받지 못하였다.
④ 러시아가 이란에서의 담배 독점권을 차지하였다.
⑤ 러시아와 영국이 이란을 각자의 세력권으로 분할하여 지배하였다.

10 다음 그래프를 활용한 탐구 활동으로 가장 적절한 것은?

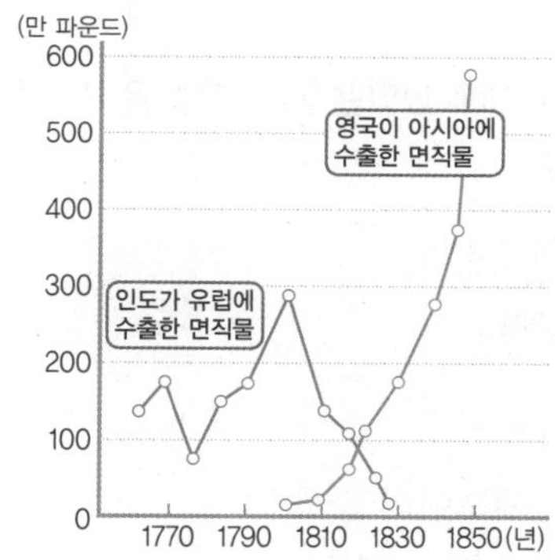

① 동인도 회사의 운영 방식을 알아본다.
② 무스타파 케말의 개혁 정책을 정리한다.
③ 청년 튀르크당의 봉기 목적을 확인한다.
④ 담배 불매 운동이 일어난 원인을 파악한다.
⑤ 와하브 운동과 결합하여 등장한 왕국을 찾아본다.

단답형

11 (가)에 들어갈 알맞은 말을 쓰시오.

> 영국 지배 시기 인도에서 채용된 현지 용병을 부르는 명칭이다. 영국 동인도 회사는 이슬람교도와 힌두교도 중에서 인도인 용병을 뽑아 배치했는데, 이들을 (가) (이)라고 불렀다.

( )

고난도

12 다음 자료가 발표된 배경으로 적절한 것은?

> **제1조** 현재 동인도 회사가 점유·지배하고 있는 영역에 대한 통치와, 통치와 관련하여 위 회사에 부여된 모든 권리는 더 이상 행사되거나 부여되지 않는다.
> **제2조** 인도는 폐하에 의하여, 폐하의 이름으로 통치된다.
> **제3조** 별도의 규정이 없는 한, 폐하의 주요 국무 장관 중 한명이 동인도 회사가 수행하였던 모든 권력과 의무를 수행한다.

① 세포이의 항쟁이 일어났다.
② 와하브 운동이 전개되었다.
③ 스와데시 운동이 확산되었다.
④ 인도 국민 회의가 결성되었다.
⑤ 플라시 전투에서 영국이 승리하였다.

중요

13 (가) 시기에 있었던 사실로 옳은 것만을 보기에서 고른 것은?

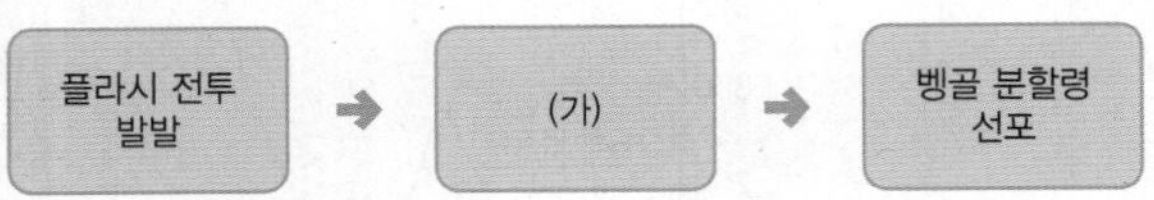

보기
ㄱ. 세포이의 항쟁
ㄴ. 로울라트법의 시행
ㄷ. 동인도 회사의 폐지
ㄹ. 간디의 소금 행진 단행

① ㄱ, ㄴ ② ㄱ, ㄷ ③ ㄴ, ㄷ
④ ㄴ, ㄹ ⑤ ㄷ, ㄹ

14 다음 활동을 전개한 단체에 대한 설명으로 옳은 것은?

> • 스와데시 운동 • 외국 상품 불매 운동
> • 국민 교육 운동 • 자치 운동

보기
ㄱ. 동인도 회사의 해체를 주장하였다.
ㄴ. 창립 초기부터 인도의 완전 자치와 독립을 위해 노력하였다.
ㄷ. 인도 지식인 계층을 회유하기 위해 영국이 협조하여 성립하였다.
ㄹ. 영국의 벵골 분할령 시행에 자극받아 반영 민족 운동을 전개하였다.

① ㄱ, ㄴ ② ㄱ, ㄷ ③ ㄴ, ㄷ
④ ㄴ, ㄹ ⑤ ㄷ, ㄹ

중요

15 (가) 인물에 대한 설명으로 옳은 것은?

> 1930년 영국은 소금법을 제정하여 인도에서 소금의 생산과 판매를 통제하고 영국산 소금에 과도한 세금을 부여하였다. 그러자 (가) 은/는 직접 소금을 만들어 영국에 세금을 바치지 말자며 전통 염전이 있던 해안으로 향하였다. 그와 일행은 약 320 km를 행진하였는데, 행진 소식을 들은 인도인들이 합류하여 해안에 도착할 즈음에는 행렬이 약 2만 명에 이르렀다.

① 벵골 분할령을 선포하였다.
② 인도 철수 운동을 이끌었다.
③ 세포이의 항쟁을 지도하였다.
④ 로울라트법의 시행을 지지하였다.
⑤ 영국으로부터 완전한 독립을 주장하였다.

16 밑줄 친 ㉠에 해당하는 내용으로 옳지 않은 것은?

> 제1차 세계 대전이 끝난 후 인도 국민 회의를 이끌던 간디는 영국에 맞서 ㉠불복종 운동을 시작하였다. 그는 영국의 인도 통치 행위에 협조하지 않으면서 평화적인 방법으로 영국에 저항할 것을 주장하였다.

① 지방 선거 거부
② 토지세 납부 거부
③ 영국의 즉시 철수
④ 국공립 학교 교사 사직
⑤ 식민 정부 법정의 재판 거부

17 (가), (나) 지역의 민족 운동으로 옳은 것만을 보기에서 고른 것은?

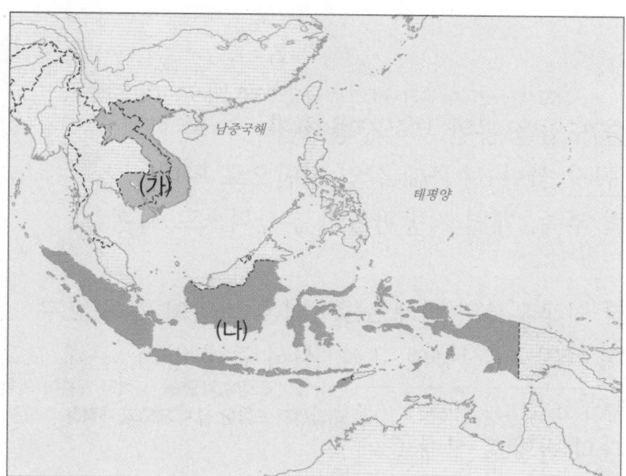

보기

ㄱ. (가) – 호찌민이 베트남 공산당을 결성하였다.
ㄴ. (가) – 라마 5세가 근대적인 개혁을 추진하였다.
ㄷ. (나) – 수카르노가 인도네시아 국민당을 만들었다.
ㄹ. (나) – 미국에 대항하여 연방 정부를 수립하였다.

① ㄱ, ㄴ　② ㄱ, ㄷ　③ ㄴ, ㄷ
④ ㄴ, ㄹ　⑤ ㄷ, ㄹ

서술형

정답과 해설 304쪽

18 (가)에 들어갈 내용을 두 가지 서술하시오.

> 오스만 제국은 제1차 세계 대전에 참여하였다가 패전국이 되었다. 이에 청년 튀르크당의 당원이었던 무스타파 케말이 청년 장교들과 함께 오스만 제국을 무너뜨리고 튀르키예 공화국을 선포하였다(1923). 대통령에 취임한 무스타파 케말은 이슬람교의 영향력을 축소하면서 세속화와 서구화를 추진하였다. 그는 (가) 등의 개혁을 통해 근대화에 전력을 기울였다.

19 밑줄 친 '봉기'에 해당하는 사건을 쓰고, 이를 계기로 영국의 인도 통치 방식이 어떻게 바뀌었는지 서술하시오.

> 인도 동인도 회사가 용병들에게 지급한 탄약통에 소기름과 돼지기름이 칠해져 있다는 소문이 돌자 용병들이 이를 종교 탄압으로 받아들여 봉기하였다.

교과서 162~171쪽

4 동아시아의 국민 국가 건설 운동

보충 청과 영국의 무역 구조 변화

초기 무역(17~18세기)

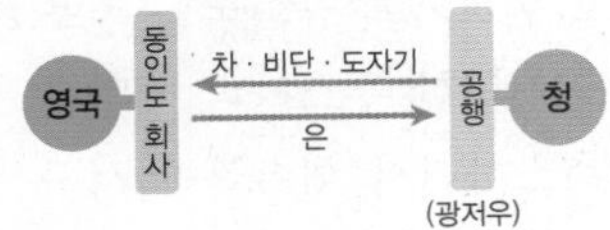

삼각 무역(19세기)

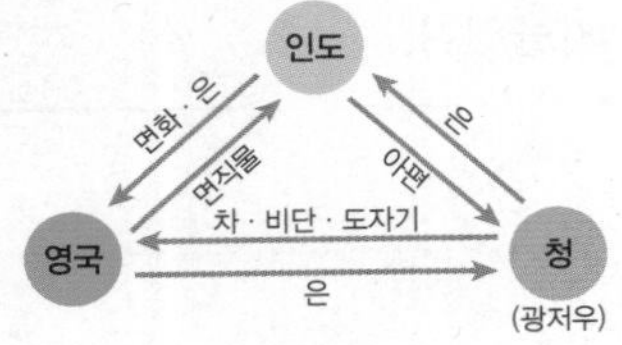

애로호 사건

1856년 청 정부에서 해적 혐의가 있는 중국인 선원을 체포하기 위해 애로호를 조사하고 관련자를 연행하였다. 영국은 청 관리가 애로호에 게양된 영국의 국기를 모독하였다고 주장하면서 제2차 아편 전쟁을 일으켰다.

정리 양무운동과 무술변법

	양무운동	무술변법
특징	청의 체제 유지, 서양의 과학 기술 도입	입헌 군주제 수립, 메이지 유신을 모델로 함
결과	청일 전쟁의 패배로 한계를 드러냄	서태후 등 보수파의 반대로 실패

01 개항과 불평등 조약의 체결

1. 청의 개항

(1) 배경: 영국이 중국산 차 대량 수입 → 영국의 은 유출로 인한 삼각 무역 실시

(2) 제1차 아편 전쟁(1840): 청의 아편 문제 심화 → 청이 임칙서를 광저우로 보내 아편 단속 → 영국이 청 공격 → 청 패배 → 난징 조약 체결(1842)
- 광저우, 상하이 등 5개 항구 개항, 홍콩 할양, 배상금 지불, 공행 무역 폐지 등

(3) 제2차 아편 전쟁(1856~1860): 청과의 무역에서 영국의 기대에 못미침 → 애로호 사건을 빌미로 영국과 프랑스의 연합군이 청 침략 → 베이징 조약 체결(1860)
- 11개 항구 추가 개항, 외국 공사의 베이징 주재 인정, 크리스트교 선교 허용, 아편 무역 합법화 등

2. 에도 막부의 개항

(1) 배경: 에도 막부의 제한적 무역 정책 → 페리 함대의 개항 요구

(2) 결과: 미일 화친 조약(1854), 미일 수호 통상 조약(1858) 체결

3. 조선의 개항

(1) 배경: 서양의 통상 요구 → 흥선 대원군의 쇄국 정책 → 운요호 사건의 발생, 메이지 정부의 수교 요구

(2) 결과: 조일 수호 조규(강화도 조약, 1876) 체결
- 3개 항구 개항, 일본의 해안 측량 허가, 영사 재판권 인정

02 근대화 개혁의 시도

1. 청의 근대화 개혁

(1) 양무운동

① 목적: 서양의 군사 기술 도입을 통한 부국강병 추구

② 전개: 초기 주로 무기 공장 설립 → 근대 산업 전반으로 확대
- 대표적인 근대적 무기 공장으로 난징의 금릉 기기국이 있음

③ 한계: 청 조정의 지휘력 부족, 개별 지방관들이 분산적으로 시행

(2) 변법자강 운동

① 배경: 청일 전쟁 패배로 양무운동의 한계 노출, 넓은 범위의 개혁 요구

② 전개: 정치 제도의 개혁 주장 → 상공업 육성, 신식 군대 양성, 근대 교육 확대 등을 목표로 하는 개혁(무술변법) 시도
- 캉유웨이와 량치차오 등 지식인 계층이 의회 제도 도입까지 포함한 정치 제도의 개혁을 주장함

③ 결과: 서태후 등 보수파의 반발로 실패

자료 이해하기 청의 은 유출액과 아편 유입량 교과서 162쪽

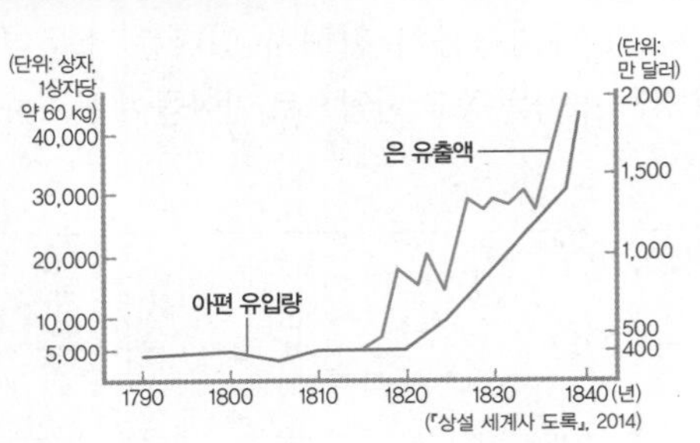

(『상설 세계사 도록』, 2014)

| 내용 알기 | 영국은 중국의 차와 비단을 대량으로 수입하는 과정에서 무역 적자가 심해지자 인도에서 재배한 아편을 청에 밀수출하여 이를 해결하고자 하였다. 이로 인해 19세기 초부터 청에 아편 유입량이 크게 증가하였고 막대한 양의 은이 유출되어 국가 재정이 악화되었다. 또한 아편 중독자가 늘어나 국민 건강이 나빠지자 청은 광저우에 임칙서를 파견하여 아편을 몰수하고 아편 무역을 금지하는 강경 조치를 취하였다. 이를 구실로 영국은 제1차 아편 전쟁을 일으켰고 청을 굴복시켜 난징 조약을 체결하였다.

2. 메이지 유신을 통한 일본의 근대화

(1) 배경: 하급 무사의 주도로 막부 타도 → 메이지 정부 수립(메이지 유신)

(2) 내용

중앙 집권 체제 확립	봉건제 질서 폐지, 폐번치현
부국강병 정책	토지 제도와 조세 제도 개혁, 징병제 시행 및 신식 군대 양성, 신식 공장 설립
서구 문물 도입	신식 학교 설립, 유학생 파견

3. 조선의 근대화 시도

(1) 목적: 개항 이후 근대 문물의 도입

(2) 전개: 임오군란(1882), 갑신정변(1884), 외세의 개입 등으로 실패 → 일본의 압력으로 갑오개혁(1894) 추진

03 국민 국가 건설의 노력

1. 중국의 국민 국가 건설

(1) 신해혁명과 중화민국 임시 정부의 수립

① 배경: 청 왕조를 몰아내고 공화국을 수립하려는 움직임 확산

② 전개: 쑨원이 중국 동맹회 조직(1905), 삼민주의 제창 → 우창에서 신식 군대의 봉기, 전국적 확산(신해혁명, 1911) → 중화민국 임시 정부 수립 → 위안스카이가 청을 무너뜨리는 대가로 임시 대총통 인계(1912)

(중국 동맹회: 기존의 혁명 단체들을 통합한 최초의 전국적 혁명 단체)

(중화민국 임시 정부 수립: 쑨원이 임시 대총통에 취임함)

(2) 중화 인민 공화국의 수립

① 배경: 공화제의 후퇴, 군벌 세력이 여러 지역을 나누어 지배

② 전개: 중국 국민당과 중국 공산당의 제1차 국공 합작 → 국민 혁명(1924~1927) → 국민 정부의 근대화 추진 → 중국 공산당이 내전에서 승리 → 중화 인민 공화국 수립 → 국민 정부가 타이완으로 후퇴(1949)

(국민 혁명: 중국 국민당과 중국 공산당이 제1차 국공 합작을 통해 '반제국주의, 반군벌, 반봉건'을 실현하고자 했던 혁명 운동)

2. 일본 천황제 근대 국가로의 이행

(1) 자유 민권 운동: 메이지 정부의 독단적 의사 결정 비판, 헌법 제정과 의회 개설 요구 → 메이지 정부의 입헌 요구 수용

(입헌 요구 수용: 이토 히로부미 주도로 프로이센 모델의 입헌 제도를 채택함)

(2) 헌법 제정과 의회 개설: 대일본 제국 헌법(메이지 헌법, 1889) 제정, 제국 의회 개설 → 천황이 강력한 권한을 가지는 천황제 국가 지향

3. 대한 제국의 개혁 실패: 광무개혁의 시행 → 러일 전쟁에서 승리한 일본이 한반도에 영향력 행사 → 대한 제국이 일본의 식민지로 전락(1910)

(광무개혁: 황제권 강화와 근대화를 통한 부국강병 추구)

폐번치현

메이지 정부는 다이묘가 통치하던 270여 개의 번을 통합하여 현을 설치하고 중앙 정부가 직접 임명한 지사를 파견하여 중앙 집권 체제를 확립하고자 하였다.

보충 쑨원의 삼민주의

민족	청 왕조 타도, 한족의 주권 회복
민권	국민이 주권을 가지는 공화국 수립
민생	토지 제도 개혁, 국민의 생활 안정

군벌

1912년에 청이 멸망한 이후, 군사력을 기반으로 각 지방에 웅거하면서 실질적으로 권력을 행사한 중국의 군인 및 그들의 병력을 뜻한다.

자료 이해하기 폐번치현의 조서

교과서 165쪽

폐번지현의 조서 공포

수백 년 동안 내려오던 낡은 관습에 얽매어 때론 그 이름과 실상이 부합되지 않는 예가 있으니 어떻게 온 백성을 편안케 하고 여러 나라와 대등한 관계를 유지할 수 있겠는가? 이제 새로 번(藩)을 없애 현(縣)으로 삼으니, 이에 힘써 쓸데없는 것을 버려 간편하게 하여 유명무실의 폐단을 없애고자 한다.

– 폐번치현의 조서(1871)

| 내용 알기 | 1871년 메이지 정부는 기존에 다이묘가 통치하던 번(藩)들을 통폐합하여 현(縣)을 설치하고 중앙 정부가 직접 임명한 지사를 파견하는 폐번치현을 단행하였다. 그 결과 봉건제는 사라지고 중앙 집권적 체제로 개편되었다.

삼국 간섭

시모노세키 조약의 내용 중 랴오둥반도의 일본 할양에 대해 러시아, 독일, 프랑스가 공동으로 반대하였다. 결국 일본은 랴오둥반도를 청에 반환하였지만, 이는 러일 전쟁의 배경이 되었다.

보충 **의화단**

19세기 말 열강의 이권 침탈이 확대되면서, 중국 사회에는 열강 침략이 모든 불행의 원인이라는 정서가 확산되었다. 의화단은 '부청멸양(扶淸滅洋)' 구호를 외치며 서양 선교사와 문물을 공격하였다. 이후 열강의 연합군 파병으로 진압되었다.

시안 사건

1936년 12월, 중국 시안에서 만주 지역 군벌 장쉐량이 공산군 토벌을 격려하러 온 장제스를 감금하고, 내전 정지와 항일 투쟁을 호소한 사건이다.

04 제국주의에 맞선 투쟁

1. 일본의 대외 침략

(1) 청일 전쟁(1894~1895): 동학 농민 운동을 빌미로 발발 → 일본의 승리 → 시모노세키 조약 체결 (일본이 랴오둥반도 · 타이완을 할양받음, 배상금 획득)

(2) 러일 전쟁(1904~1905): 삼국 간섭으로 러시아의 영향력 확대 → 일본의 러시아 군함 기습 공격으로 발발 → 일본이 랴오둥반도 차지, 한반도 독점

(3) 중일 전쟁(1937): 일본 내 군국주의 확산으로 만주사변 후 중국을 전면적으로 침략

2. 외세에 대한 저항

(1) 청: 반크리스트교 운동 확산 → 의화단 운동 → 8개국 연합군이 의화단 진압

(2) 조선

동학 농민 운동(1894) (일본군과 관군의 진압으로 실패했지만 갑오개혁이 일어나는 계기가 됨)	청일 전쟁으로 일본의 내정 간섭이 심화되자 반외세 투쟁으로 확대
3·1 운동(1919)	전국에서 다양한 계층이 참가한 만세 운동, 일본의 식민 지배에 저항

(3) 중국: 파리 강화 회의에서 산둥반도에 대한 독일의 권리를 일본에 양도 → 중국에서 전국적인 민족 운동 발생(5·4 운동, 1919)

3. 중국의 반제국주의 투쟁

(1) 제1차 국공 합작: 제국주의와 군벌에 저항 → 불평등 조약 폐지 위한 '혁명 외교' 전개

(2) 제2차 국공 합작: 시안 사건 → 제2차 국공 합작 → 공산당과 국민당의 공동 항일 투쟁

4. 중국과 한국의 공동 항일 전선: 1930년대 이후 한국의 독립운동 세력과 국공 양당의 협력 → 동북 항일 연군(만주 사변 이후 다양한 무장 집단이 중국 공산당의 주도 아래 동북 항일 연군으로 통합됨), 조선 의용군(중국 공산당의 지원을 받음), 한국 광복군(중국 국민당의 지원을 받음)

중단원 핵심 확인하기 풀이

교과서 170쪽

1. 빈칸에 들어갈 알맞은 말을 써 보자.

(1) 제1차 아편 전쟁에서 패배한 청은 영국과 ☐☐ 조약을 체결하였다.

(2) 1868년의 ☐☐☐ ☐☐(으)로 일본에서는 근대화가 본격적으로 시작되었다.

(3) 1911년의 신해혁명으로 중국에서는 청조가 무너지고 ☐☐☐☐이/가 설립되었다.

(1) 난징 (2) 메이지 유신 (3) 중화민국

2. 관련 있는 내용을 옳게 연결해 보자.

(1) 카유웨이 — ㉢ 변법자강 운동

(2) 운요호 사건 — ㉣ 조일 수호 조규

(3) 메이지 헌법 — ㉠ 이토 히로부미

(4) 청일 전쟁 — ㉡ 시모노세키 조약

3. 옳은 내용은 ○표, 틀린 내용은 ×표를 해 보자.

(1) 미국은 페리 함대를 앞세워 일본의 에도 막부에 개항을 요구하였다. (○)

(2) 청일 전쟁 패배 후 청에서는 제도 개혁을 포함하는 양무운동을 시작하였다. (×)

(3) 3·1 운동과 5·4 운동은 모두 일본의 침략에 저항하는 대중 운동이었다. (○)

4. 제시된 핵심 용어를 3개 이상 사용하여 중국의 국민 국가 건설 과정을 문장으로 완성해 보자.

양무운동 / 변법자강 운동 / 쑨원 / 캉유웨이 / 신해혁명 / 국민 혁명

- 청일 전쟁에서 패배하면서 양무운동의 실패가 분명해져, 캉유웨이를 중심으로 한 개혁가들은 의회 제도를 포함한 제도 개혁을 요구하는 변법자강 운동을 전개하였다.
- 캉유웨이가 이끄는 변법자강 운동이 실패한 뒤, 중국에서는 쑨원이 이끄는 혁명 운동이 성장하였으며, 신해혁명을 거쳐 중화민국이 수립되었다.

도입 활동 풀이

교과서 도입 01 개항과 불평등 조약의 체결

교과서 162쪽

제국주의 열강이 무력을 이용하여 얻고자 했던 것은 무엇이었을까?

도입 예시 답안 | • 제국주의 열강은 강제적으로라도 청, 에도 막부, 조선을 개항하게 하여 통상의 이익을 얻고자 하였다.

| 도입 보충 |

청은 건륭제 시기에 무역항을 광저우 한 곳으로 제한하고, 서양 상인들이 공행을 통해서만 교역할 수 있도록 하였다(광둥 무역 체제). 영국은 계속해서 무역 확대를 요구하였지만, 청은 이를 거절하였다. 영국은 삼국 무역을 통해 무역 적자를 메우다가 아편 전쟁을 계기로 청을 강제 개항시켰다.

교과서 도입+ 02 근대화 개혁의 시도

교과서 164쪽

청은 조약을 체결한 이후 근대화 개혁에 어떠한 입장을 가졌을까?

도입 예시 답안 | • 청은 조약을 체결하면서 서양 문물을 적극적으로 받아들여 전쟁에서 승리한 일본처럼 적극적으로 근대화를 해야겠다고 생각했을 것이다.

| 도입 보충 |

청일 전쟁의 결과로 맺어진 시모노세키 조약은 1895년 4월 17일 일본의 이토 히로부미와 청의 이홍장 사이에 체결되었다. 동아시아의 패권 다툼에서 청나라가 일본에게 밀리자, 청은 양무운동의 한계를 느끼고 일본의 메이지 유신과 같은 근대화 방향을 모색하였다.

도입 plus+ 양무운동과 메이지 유신

> 일본 유신의 발단을 살펴보니 세 가지가 있습니다. 첫째 여러 신하에게 구습을 고칠 목적으로 여론을 모아 각국의 좋은 법 도입을 약속한 것, 둘째 조정에 제도국을 신설하고 인재를 발탁하여 정치 요건과 제도를 쇄신한 것, 셋째 천하의 인사들에 상서를 허용하고 국왕이 이를 열람하여 적절한 방안을 제출한 자는 제도국에 소속시킨 것입니다.
>
> –『캉유웨이 전집』(1898)

제2차 아편 전쟁 이후 청의 양무운동이 본격적으로 추진되었으나 중국의 전통적 가치를 바탕으로 하여 서양의 기술만 받아들이겠다고 한 중체서용론이 한계로 작용하였다. 반면 일본의 메이지 정부는 부국강병을 목표로 적극적으로 서양 문물을 수용하는 문명 개화 정책을 추진하였다. 정부가 전국의 토지와 인민을 지배하는 중앙 집권 체제를 수립하였으며, 일본 제국 헌법 제정과 의회 개설로 일본은 근대 국가로서의 모습을 갖추게 되었다. 청일 전쟁은 일본의 메이지 유신 이후의 근대화가 중국의 양무운동에 비해 성공적이었음을 증명한 전쟁이었다. 중국의 지식인 사이에서는 양무운동의 한계를 느끼고 새로운 개혁 방법을 찾으려는 움직임이 본격화되었다.

교과서 166쪽

교과서 도입 03 국민 국가 건설의 노력

| 도입 보충 |

쑨원은 만주족과 외세를 몰아내자는 '민족주의', 공화국을 설립하고 민권을 수립하자는 '민권주의', 토지 권리를 평균화하자는 '민생주의'를 주장하였다(삼민주의). 특히 주권재민의 민주정치를 의미하는 '민권주의'를 바탕으로 입법권, 행정권, 사법권, 고시권, 감찰권이 인민에게 있음을 표방하였다.

국민은 모두 평등하며, 종족과 계급, 종교에 따라 차별받아서는 안 됩니다.

중화민국 임시 약법(1912. 3.) 중 일부

제6조 | 국민은 다음과 같은 각 항목의 자유 권리를 갖는다.

1항 | 국민의 신체는 법률에 의하지 않고서는 체포 · 구금 · 심문 · 처벌할 수 없다.

2항 | 국민의 가택은 법률에 의하지 않고서는 침입하거나 수색할 수 없다.

3항 | 국민은 재산을 보유하고 영업할 수 있는 자유를 갖는다.

4항 | 국민은 언론과 저작, 출판, 집회, 결사의 자유를 갖는다.

과거 왕조 시대의 '백성'과 근대 국민 국가의 '국민'은 어떻게 다를까?

도입 예시 답안 | • 백성은 권리 없이 군주에 의해 통치되는 대상이지만, 국민은 자유와 평등이라는 기본적 권리를 가진 존재이다.

교과서 168쪽

교과서 도입 04 제국주의에 맞선 투쟁

| 도입 보충 |

제국주의 열강의 이권 침탈과 침략에 맞서 각국에서는 의화단 운동, 의병 운동 등 반외세 운동이 전개되었다. 의화단 운동은 청 왕조의 후원을 받았고, 의병 운동에는 해산된 군인들이 참여하기도 하였다.

청과 조선의 민중은 외세의 침략에 어떻게 대응하였을까?

도입 예시 답안 | • 스스로 무장하고 외세의 침략에 적극적으로 저항하였다.
• 외세 침입에 무기력하게 있지 않고 다양한 계층이 하나가 되어 저항하였다.

도입 plus 한국의 항일 의병 운동

▲ '남한 대토벌' 작전 당시 끝까지 항전한 호남 지역 의병장들의 모습(909)

한국의 반제국주의 투쟁은 일본의 식민 지배에 대한 저항으로 1895년 을미사변과 단발령을 계기로 의병 운동이 전개되었다. 이후 잠시 누그러들었던 의병 운동은 1905년 체결된 을사조약으로 독립국으로서의 자주권을 상실하자 다시 고조되었다.

전국적인 규모로 확산된 의병 운동은 1907년에 해산된 군인뿐만 아니라 어린 학생들까지 참여하면서 더욱 확산되었다. 의병 부대들은 13도 창의군을 결성하여 서울 진공 작전을 전개하였지만 실패하였다. 그러나 이후에도 의병 부대들은 전국 각지에서 항일 투쟁을 이어나갔고, 1907년부터 1910년까지 의병은 일본군과 총 2,819여 차례 교전하였으며 의병 숫자는 연인원으로만 14만 명에 달하였다. 각지에서 의병 운동이 확산되자 일본은 대규모 군사 토벌을 실시하였다. 대표적으로 호남 지역에서 의병 투쟁이 계속되자 일본은 이른바 '남한 대토벌 작전'을 실시하여 진압하였고, 1909년 하반기부터 의병 운동은 점차 누그러들었다.

역사 탐구 풀이 및 보충

청과 메이지 정부의 근대화 개혁 비교

교과서 165쪽

| 자료 1 |

"근대 산업을 육성하고 서양의 제도와 문물도 적극적으로 도입해야 합니다. 에도 막부 시절의 제도를 폐지하고, 근대적인 정부를 수립해야 합니다."

메이지 정부 관료

| 자료 2 |

"서양인들의 장점인 뛰어난 무기와 기계를 들여와 우리의 장점으로 삼아야 합니다. 다만, 문화와 제도는 우리의 것을 근본으로 삼아야 합니다."

청의 양무파 관료

| 자료 3 |

"서양의 기술만 들여오려 하니 청일 전쟁에서 패배하지 않았습니까? 기계와 산업뿐만 아니라 서양의 정치 제도도 도입해야 합니다."

청의 변법파 관료

1. | 자료 1 |, | 자료 3 |과 | 자료 2 |의 입장에서 나타나는 차이점은 무엇인지 써 보자.

정답 풀이 | | 자료 1 |과 | 자료 3 |은 서양의 산업·기술 외에 제도도 도입해야 한다고 하지만, | 자료 2 |는 문화 수용과 제도 개혁을 반대한다.

2. 위의 자료를 참고하여, 청과 메이지 정부의 근대화 개혁에 관하여 설명해 보자.

정답 풀이 | 청은 군사 기술, 산업, 정치 제도만 근대화하고자 하였으나, 메이지 일본은 서양 문물 전반의 도입을 추구하였다.

친절한 활동 길잡이

이 활동의 핵심은 청과 일본의 근대화 개혁 방식을 비교하는 것이다. 근대화 개혁을 주도한 청과 일본 관료들의 관점을 비교하여 어떤 공통점과 차이점이 있는지 이해하도록 한다.

자료 이해 확인 문제

1. 메이지 정부는 폐번치현을 단행하였다. (○ / ×)
2. 청의 양무파 관료는 의회 제도의 도입을 주장하였다. (○ / ×)

≫ **정답** 1. ○ 2. ×

청과 메이지 정부의 입헌 비교

교과서 167쪽

변법자강 운동이 실패한 이후, 청에서는 1901년부터 신정 개혁이 시행되었다. 군사·교육·재정 등 여러 방면에서 개혁이 시도되었으며, 특히 1905년에 일본이 러일 전쟁에서 승리한 것을 계기로 입헌을 요구하는 움직임이 중국 안팎으로 확대되었다. 이에 청 정부도 결국 입헌 요구를 수용하였고, 1908년에는 메이지 헌법의 내용을 참고한 흠정 헌법 대강을 반포하였다. 다음은 대일본 제국 헌법과 흠정 헌법 대강의 일부분을 비교한 것이다.

| 자료 1 |

대일본 제국 헌법(1889)

제1조 대일본 제국은 만세일계(萬世一系)의 천황이 통치한다.
제3조 천황은 신성하여 침범할 수 없다.
제4조 천황은 국가의 원수이며, 통치권을 총괄하고, 이 헌법의 조항에 따라 이를 행한다.
제5조 천황은 제국 의회의 동의를 얻어 입법권을 행한다.

| 자료 2 |

흠정 헌법 대강(1908)

1. 대청 황제는 대청 제국을 통치하며, 만세일계로 영원히 존중하여 떠받든다.
2. 황제는 신성하고 존엄하며 침범할 수 없다.
3. 법률은 의회의 의결을 거치더라도 황제의 명령에 의해 비준·반포되지 않으면 실행할 수 없다.

1. | 자료 1 |과 | 자료 2 |에서 군주의 법적 지위에서 나타나는 유사점과 차이점을 찾아보자.

정답 풀이 | 두 자료 모두 천황과 황제에게 최고 권력을 부여하고 있다. | 자료 1 |에는 헌법과 의회가 천황에 개입할 수 있지만, | 자료 2 |에는 그러한 장치가 없다.

2. | 자료 1 |과 | 자료 2 |의 내용을 오늘날의 헌법과 비교하여 평가해 보자.

정답 풀이 | 오늘날의 헌법은 주권이 국민에게 있음을 전제로 삼는다.

친절한 활동 길잡이

이 활동의 핵심은 청과 일본의 근대화 과정에서 나타난 헌법의 특징을 파악하는 것이다. 청과 일본의 헌법(대강)을 비교하여 두 국가의 공통점과 차이점을 이해하도록 한다.

자료 이해 확인 문제

1. 메이지 정부는 자유 민권 운동의 입헌 요구를 수용하였다. (○ / ×)
2. 흠정 헌법 대강에서는 민권이 황제권보다 우선하였다. (○ / ×)

≫ **정답** 1. ○ 2. ×

실력 확인 문제

단답형

01 (가)에 들어갈 알맞은 말을 쓰시오.

> 영국은 청과의 무역에서 차와 비단의 수입 증가로 무역 적자가 심해지자 인도에서 재배한 아편을 청에 밀수출하여 적자를 메우는 (가) 을/를 실시하였다.

(　　　　　　　　　　)

중요

02 (가), (나) 전쟁에 대한 설명으로 옳은 것은?

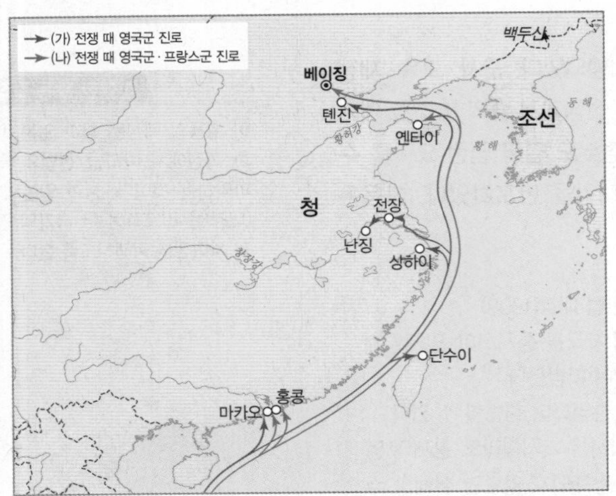

① (가) – 애로호 사건이 원인이 되어 일어났다.
② (가) – 전쟁의 결과 청은 조선에 대한 영향력을 상실하였다.
③ (나) – 공행 무역이 폐지되는 결과를 가져왔다.
④ (나) – 양무운동의 한계가 드러나는 계기가 되었다.
⑤ (가), (나) – 불평등 조약의 체결로 이어졌다.

고난도

03 ㉠, ㉡의 내용으로 옳은 것만을 보기에서 고른 것은?

> 청은 제1차 아편 전쟁에서 패한 후 ㉠난징 조약을 체결하여 문호를 개방하였다. 제2차 아편 전쟁 이후에는 ㉡베이징 조약을 맺어 추가로 개항하면서 그 권위가 크게 떨어졌다.

보기
ㄱ. ㉠ – 홍콩을 영국에 할양한다.
ㄴ. ㉠ – 크리스트교 포교를 승인한다.
ㄷ. ㉡ – 11개 항구를 추가로 개항한다.
ㄹ. ㉡ – 공행을 통한 무역을 폐지한다.

① ㄱ, ㄴ　② ㄱ, ㄷ　③ ㄴ, ㄷ
④ ㄴ, ㄹ　⑤ ㄷ, ㄹ

04 (가)에 들어갈 내용으로 가장 적절한 것은?

> 페리 제독은 미국 제13대 대통령 밀러드 필모어의 명령으로 1852년에 출항하였다. 페리 함대는 1853년 8월 일본 우라가 앞바다에 처음 나타났다. 대통령의 친서를 교부하고 철수한 페리는 다음해 2월, 군함 7척과 함께 다시 찾아왔다. 그 결과 (가) .
>
> ○ 우라가[浦賀]: 에도(현재의 도쿄)로 들어가는 길목인 미우라반도에 있는 지역

① 난학이 유입되었다.
② 운요호 사건이 일어났다.
③ 다이카 개신이 단행되었다.
④ 미일 화친 조약이 체결되었다.
⑤ 미일 수호 통상 조약이 체결되었다.

05 청의 근대화 개혁이 양무운동에서 변법자강 운동으로 변화하는 계기가 된 사건으로 옳은 것은?

① 인도의 식민지화　② 아편 전쟁에서 패배
③ 일본의 메이지 유신　④ 청일 전쟁에서 패배
⑤ 태평천국 운동의 발발

06 일본의 메이지 정부에 대한 설명으로 옳지 않은 것은?

① 토지 제도와 조세 제도를 개혁하였다.
② 다이묘의 번을 취소하고 현을 설치하였다.
③ 징병제를 시행해 신식 군대를 조직하였다.
④ 신식 학교를 설립하고 유학생을 파견하였다.
⑤ 중앙 집권 정책을 폐지하고 봉건제를 실시하였다.

중요

07 밑줄 친 '그'에 대한 설명으로 옳은 것은?

> 신해혁명의 핵심 인물인 그는 임시 대총통으로 선출되었다. 당시 북방의 육군을 이끌고 있던 총사령관 위안스카이는 자신이 초대 대총통으로 취임한다는 조건으로 그가 이끌던 공화국을 승인하였다.

① 변법자강 운동을 주도하였다.
② 아편 단속을 위해 광저우로 파견되었다.
③ 이와쿠라 사절단의 일원으로 활동하였다.
④ 중국 동맹회를 조직하고 혁명파를 이끌었다.
⑤ 운요호 사건을 일으켜 조선에 개항을 강요하였다.

08 (가)~(라) 시기에 있었던 사실로 옳은 것만을 보기에서 고른 것은?

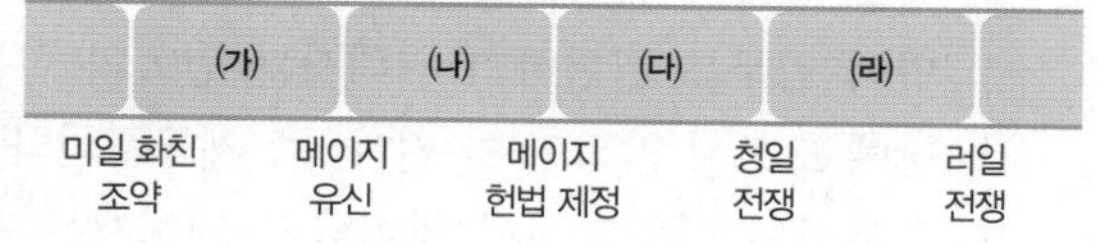

보기
ㄱ. (가) – 폐번치현이 단행되었다.
ㄴ. (나) – 조일 수호 조규가 체결되었다.
ㄷ. (다) – 동학 농민 운동이 일어났다.
ㄹ. (라) – 중일 전쟁이 발발하였다.

① ㄱ, ㄴ ② ㄱ, ㄷ ③ ㄴ, ㄷ
④ ㄴ, ㄹ ⑤ ㄷ, ㄹ

09 (가), (나)의 공통점으로 옳은 것은?

> 이토 히로부미의 주도 아래 프로이센 모델에 따른 입헌 준비가 이루어져 1889년 (가) 이/가 제정되었다. 중국에서도 변법자강 운동이 실패한 이후 군사·교육·재정 등 여러 방면에서 개혁이 시도되었으며, 특히 러일 전쟁에서 일본이 승리한 것을 계기로 입헌을 요구하는 움직임이 확대되어 1908년 (나) 이/가 반포되었다.

① 신해혁명의 영향을 받았다.
② 광무개혁에 영향을 미쳤다.
③ 강력한 군주권을 보장하였다.
④ 주권재민 사상이 반영되었다.
⑤ 제2차 세계 대전까지 존속되었다.

단답형

10 (가)에 들어갈 알맞은 말을 쓰시오.

> 청일 전쟁의 결과로 1895년에 체결된 (가) 은/는 동아시아의 근대사에 큰 영향을 미쳤다. 청은 일본에 2억 냥의 배상금을 지불해야 하였는데, 이는 청의 3년 치 재정 수입에 맞먹는 금액이었다. 이로써 청은 막대한 재정적 부담을 지게 되었고, 메이지 정부는 근대화를 추진할 수 있는 자본을 획득하였다.

( )

11 (가) 시기에 있었던 사실로 옳은 것은?

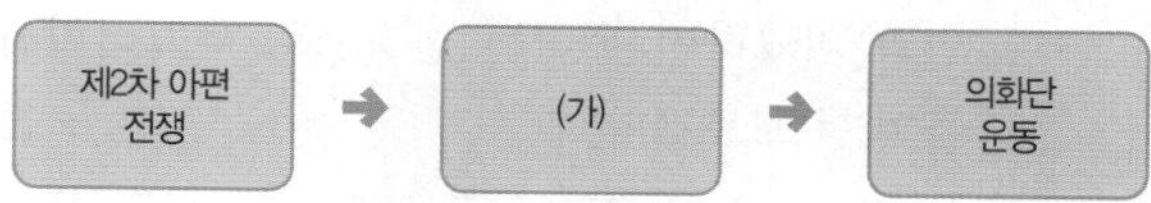

① 5·4 운동이 일어났다.
② 무술변법을 추진하였다.
③ 국민 혁명이 시작되었다.
④ 난징 조약이 체결되었다.
⑤ 중국 동맹회가 결성되었다.

고난도

12 (가) 시기에 있었던 사실로 옳은 것만을 보기에서 고른 것은?

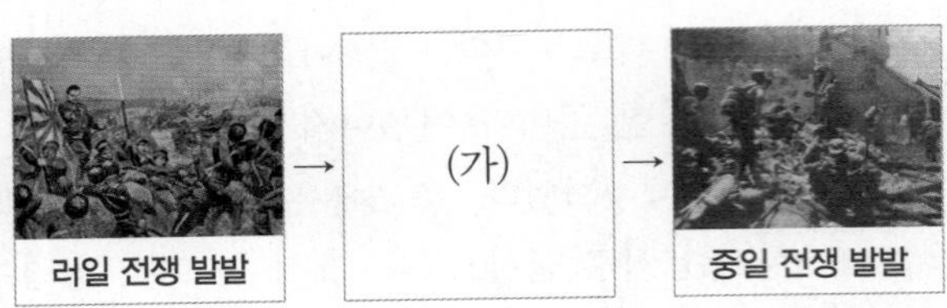

보기
ㄱ. 만주국이 수립되었다.
ㄴ. 3·1 운동이 전개되었다.
ㄷ. 태평양 전쟁이 발발하였다.
ㄹ. 시모노세키 조약이 체결되었다.

① ㄱ, ㄴ ② ㄱ, ㄷ ③ ㄴ, ㄷ
④ ㄴ, ㄹ ⑤ ㄷ, ㄹ

13 밑줄 친 '조선의 독립운동'에 대한 설명으로 옳은 것은?

이번 <u>조선의 독립운동</u>은 위대하고 간절하며 비장한 동시에 명료하고 정확한 관념을 갖추어, 민의를 사용하되 무력을 사용하지 않음으로써 세계 혁명사의 신기원을 열었다. …… 이러한 조선 민족의 빛나는 활동은 그동안 의기소침했던 우리 중국 민족의 치욕을 되돌아보게 한다. …… 조선인과 비교하면 우리는 진정으로 부끄러워서 몸 둘 바를 모르겠다! – 천두슈

① 5·4 운동에 영향을 미쳤다.
② 흥선 대원군의 지도로 일어났다.
③ 광무개혁의 일환으로 전개되었다.
④ 청일 전쟁이 일어나는 원인이 되었다.
⑤ 조일 수호 조규가 체결되는 결과를 낳았다.

고난도

14 다음 사건들을 일어난 순서대로 바르게 나열한 것은?

ㄱ. 갑신정변 ㄴ. 광무개혁
ㄷ. 임오군란 ㄹ. 동학 농민 운동
ㅁ. 조일 수호 조규

① ㄱ–ㄴ–ㄷ–ㄹ–ㅁ
② ㄷ–ㄹ–ㅁ–ㄱ–ㄴ
③ ㄷ–ㅁ–ㄴ–ㄹ–ㄱ
④ ㅁ–ㄷ–ㄱ–ㄹ–ㄴ
⑤ ㅁ–ㄹ–ㄷ–ㄴ–ㄱ

단답형

15 다음 선언과 관련된 사건을 쓰시오.

일본은 파리 강화 회의에서 …… 산둥의 모든 권리를 관리하는 데 성공하려 한다. …… 이는 곧 중국 영토가 파괴되는 것이며, 중국이 망하는 것을 뜻한다. …… 밖으로는 주권 수호를 위해 싸우고, 안으로는 국적을 제거하는 것이 오로지 이번 일에 달려 있다. – 톈안먼 선언문

( )

중요

16 다음 주장이 반영된 사건으로 옳은 것은?

국민 혁명의 임무는 제국주의 열강과 군벌 세력을 축출시키는 것인데, …… 그러므로 국민 혁명의 임무를 실현하기 위해서는 민족의 힘을 한 당에 모으지 않으면 안 된다. 즉 제국주의와 군벌로부터의 이중고에서 벗어나기 위해서는 전 국민, 즉 전 민족의 힘을 국민운동에 쏟아 부어야만 가능할 것이다. – 베이징 대표 리다자오 의견서

① 신해혁명
② 시안 사건
③ 제1차 국공 합작
④ 제2차 국공 합작
⑤ 호북 군정부 수립

정답과 해설 307쪽

17 (가), (나)에 들어갈 말을 옳게 짝지은 것은?

> 일본의 중국 침략이 본격화된 1930년대부터는 한국의 독립운동 세력과 국공 양당의 협력이 이루어지기도 하였다. (가) 은/는 중국 공산당의 지원을, (나) 은/는 중국 국민당의 지원을 받으면서 항일 투쟁을 이어갔다.

	(가)	(나)
①	팔로군	의화단
②	팔로군	한국 광복군
③	조선 의용군	의화단
④	조선 의용군	한국 광복군
⑤	한국 광복군	조선 의용군

18 밑줄 친 '공동 작전'의 사례로 적절한 것만을 보기에서 고른 것은?

> 우리는 위대한 조선 민족이다. 일본 제국주의의 엄중한 압박에도 불구하고 국권 회복을 위한 영웅적인 투쟁을 전개해 왔다. …… 우리는 중화 민족의 항일 전쟁을 잘 이해하고 있다. 이 전쟁은 우리 조선 민족 해방 운동과 불가분하게 밀접한 공통적인 연계에 있다. …… 우리는 중국의 항전을 원조하고 중국의 동포와 어깨를 나란히 하여 <u>공동 작전</u>으로 적에 맞설 때 비로소 승리를 얻을 수 있다.

보기
ㄱ. 의화단이 결성되었다.
ㄴ. 한국 광복군이 창설되었다.
ㄷ. 동학 농민 운동이 일어났다.
ㄹ. 동북 항일 연군이 무장 투쟁을 전개하였다.

① ㄱ, ㄴ ② ㄱ, ㄷ ③ ㄴ, ㄷ ④ ㄴ, ㄹ ⑤ ㄷ, ㄹ

19 다음 (가), (나)의 명칭을 쓰고, 공통점을 <u>두 가지</u> 서술하시오.

> 미국은 2개 항구를 개항시킨 이후에도 에도 막부를 계속 압박하여 (가) 조약을 체결하였다(1858). 이후 에도 막부를 무너뜨리고 설립된 메이지 정부는 운요호 사건을 일으켜 조선에 수교를 요구하였고, 조선은 결국 일본의 강압으로 (나) 조약을 체결하였다(1876).

20 (가), (나)에서 공통으로 제기된 주장을 서술하시오.

> (가) 신들이 엎드려 현재 정권이 누구에게 있는가 살펴보니, …… 오로지 일부 실권자들에게 있습니다. …… 지금 민선 의원을 설립한다면 정부과 인민 사이에 소통이 되고 서로 일체가 되어 국가와 정부가 비로소 강하게 될 것입니다. – 이타가키 다이스케 등
>
> (나) 사람들은 단지 서양의 병사와 말의 강건함, 함선과 대포의 예리함, 기계의 신비함만을 보면서 그 때문에 그들이 세계를 쟁패할 수 있다고 생각한다. 하지만 가장 근본은 그들이 정치를 운영하는 데 있다. …… 의회를 설립해서 백성의 뜻을 하나로 뭉쳐 민기(民氣)를 강하게 만들었을 뿐이다. – 정관잉

대단원 마무리

교과서 174~175쪽

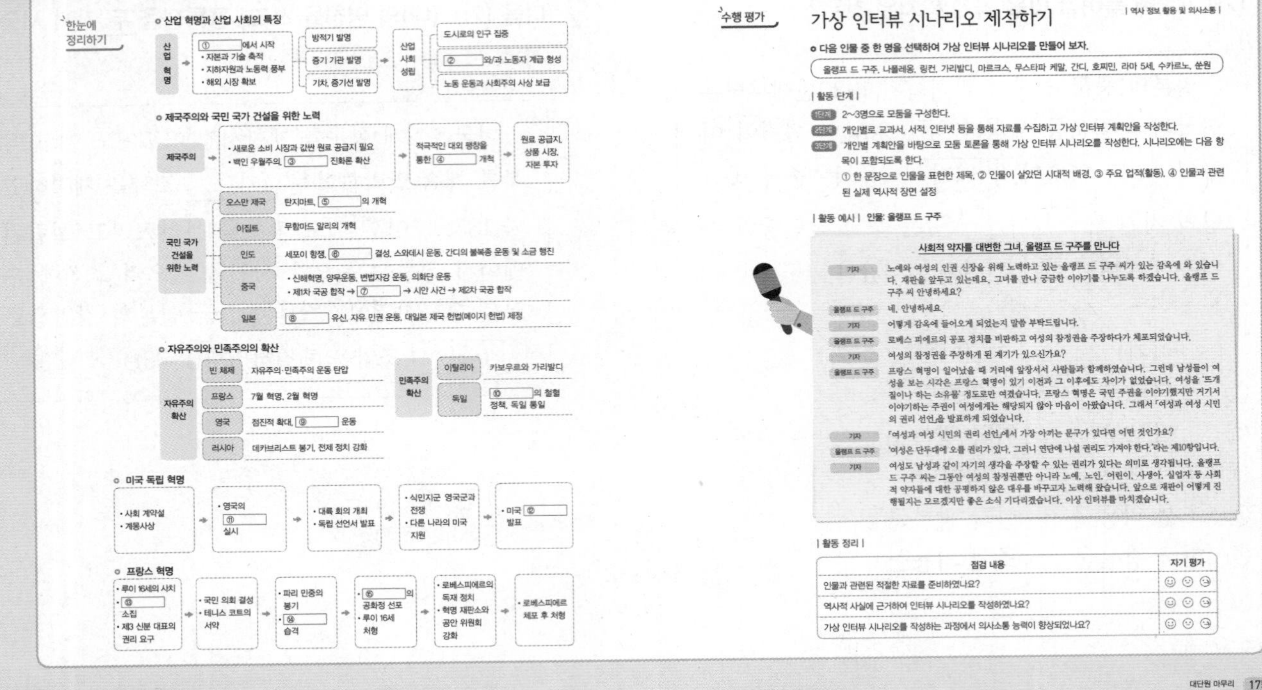

한눈에 정리하기

ㅇ 산업 혁명과 산업 사회의 특징

산업 혁명 → ① [ ]에서 시작
- 자본과 기술 축적
- 지하자원과 노동력 풍부
- 해외 시장 확보

방적기 발명 / 증기 기관 발명 / 기차, 증기선 발명 → 산업 사회 성립 → 도시로의 인구 집중 / ② [ ]와/과 노동자 계급 형성 / 노동 운동과 사회주의 사상 보급

ㅇ 제국주의와 국민 국가 건설을 위한 노력

제국주의 →
- 새로운 소비 시장과 값싼 원료 공급지 필요
- 백인 우월주의, ③ [ ] 진화론 확산

→ 적극적인 대외 팽창을 통한 ④ [ ] 개척 → 원료 공급지, 상품 시장, 자본 투자

국민 국가 건설을 위한 노력

오스만 제국	탄지마트, ⑤ [ ]의 개혁
이집트	무함마드 알리의 개혁
인도	세포이 항쟁, ⑥ [ ] 결성, 스와데시 운동, 간디의 불복종 운동 및 소금 행진
중국	• 신해혁명, 양무운동, 변법자강 운동, 의화단 운동 • 제1차 국공 합작 → ⑦ [ ] → 시안 사건 → 제2차 국공 합작
일본	⑧ [ ] 유신, 자유 민권 운동, 대일본 제국 헌법(메이지 헌법) 제정

ㅇ 자유주의와 민족주의의 확산

자유주의의 확산

구분	내용
빈 체제	자유주의·민족주의 운동 탄압
프랑스	7월 혁명, 2월 혁명
영국	점진적 확대, ⑨ [ ] 운동
러시아	데카브리스트 봉기, 전제 정치 강화

민족주의의 확산

구분	내용
이탈리아	카보우르와 가리발디
독일	⑩ [ ]의 철혈 정책, 독일 통일

ㅇ 미국 독립 혁명

- 사회 계약설
- 계몽사상

→ 영국의 ⑪ [ ] 실시 → • 대륙 회의 개최 • 독립 선언서 발표 → • 식민지군 영국군과 전쟁 • 다른 나라의 미국 지원 → • 미국 ⑫ [ ] 발표

ㅇ 프랑스 혁명

- 루이 16세의 사치
- ⑬ [ ] 소집
- 제3 신분 대표의 권리 요구

→ • 국민 의회 결성 • 테니스 코트의 서약 → • 파리 민중의 봉기 • ⑭ [ ] 습격 → • ⑮ [ ]의 공화정 선포 • 루이 16세 처형 → • 로베스피에르의 독재 정치 • 혁명 재판소와 공안 위원회 강화 → • 로베스피에르 체포 후 처형

174 Ⅳ. 제국주의 침략과 국민 국가 건설 운동

수행 평가

가상 인터뷰 시나리오 제작하기

| 역사 정보 활용 및 의사소통 |

ㅇ 다음 인물 중 한 명을 선택하여 가상 인터뷰 시나리오를 만들어 보자.

올랭프 드 구주, 나폴레옹, 링컨, 가리발디, 마르크스, 무스타파 케말, 간디, 호찌민, 라마 5세, 수카르노, 쑨원

| 활동 단계 |

1단계 2~3명으로 모둠을 구성한다.

2단계 개인별로 교과서, 서적, 인터넷 등을 통해 자료를 수집하고 가상 인터뷰 계획안을 작성한다.

3단계 개인별 계획안을 바탕으로 모둠 토론을 통해 가상 인터뷰 시나리오를 작성한다. 시나리오에는 다음 항목이 포함되도록 한다.

① 한 문장으로 인물을 표현한 제목, ② 인물이 살았던 시대적 배경, ③ 주요 업적(활동), ④ 인물과 관련된 실제 역사적 장면 설정

| 활동 예시 | 인물: 올랭프 드 구주

사회적 약자를 대변한 그녀, 올랭프 드 구주를 만나다

기자: 노예와 여성의 인권 신장을 위해 노력하고 있는 올랭프 드 구주 씨가 있는 감옥에 와 있습니다. 재판을 앞두고 있는데요. 그녀를 만나 궁금한 이야기를 나누도록 하겠습니다. 올랭프 드 구주 씨 안녕하세요?

올랭프 드 구주: 네, 안녕하세요.

기자: 어떻게 감옥에 들어오게 되었는지 말씀 부탁드립니다.

올랭프 드 구주: 로베스 피에르의 공포 정치를 비판하고 여성의 참정권을 주장하다가 체포되었습니다.

기자: 여성의 참정권을 주장하게 된 계기가 있으신가요?

올랭프 드 구주: 프랑스 혁명이 일어났을 때 거리에 앞장서서 사람들과 함께하였습니다. 그런데 남성들이 여성을 보는 시각은 프랑스 혁명이 있기 이전과 그 이후에도 차이가 없었습니다. 여성을 '뜨개질이나 하는 소유물' 정도로만 여겼습니다. 프랑스 혁명은 국민 주권을 이야기했지만 거기서 이야기하는 주권이 여성에게는 해당되지 않아 마음이 아팠습니다. 그래서 「여성과 여성 시민의 권리 선언」을 발표하게 되었습니다.

기자: 「여성과 여성 시민의 권리 선언」에서 가장 아끼는 문구가 있다면 어떤 것인가요?

올랭프 드 구주: '여성은 단두대에 오를 권리가 있다. 그러니 연단에 나설 권리도 가져야 한다.'라는 제10항입니다.

기자: 여성도 남성과 같이 자기의 생각을 주장할 수 있는 권리가 있다는 의미로 생각됩니다. 올랭프 드 구주 씨는 그동안 여성의 참정권뿐만 아니라 노예, 노인, 어린이, 사생아, 실업자 등 사회적 약자들에 대한 공평하지 않은 대우를 바꾸고자 노력해 왔습니다. 앞으로 재판이 어떻게 진행될지는 모르겠지만 좋은 소식 기다리겠습니다. 이상 인터뷰를 마치겠습니다.

| 활동 정리 |

점검 내용	자기 평가
인물과 관련된 적절한 자료를 준비하였나요?	☺ ☺ ☹
역사적 사실에 근거하여 인터뷰 시나리오를 작성하였나요?	☺ ☺ ☹
가상 인터뷰 시나리오를 작성하는 과정에서 의사소통 능력이 향상되었나요?	☺ ☺ ☹

대단원 마무리 175

한눈에 정리하기

| 예시 답안 |

① 영국
② 자본가
③ 사회
④ 식민지
⑤ 청년 튀르크당
⑥ 인도 국민 회의
⑦ 국민 혁명
⑧ 메이지
⑨ 차티스트
⑩ 비스마르크
⑪ 인지세법
⑫ 독립 선언서
⑬ 삼부회
⑭ 바스티유 감옥
⑮ 국민 공회

수행 평가

인터뷰 시나리오를 만드는 과정에서 역사적 인물의 활동을 조사하고 나름의 관점에서 평가해 보며 역사적 사고력을 기른다.

| 예시 답안 |

중화민국 임시 정부를 수립한 쑨원을 만나다

- 기자: 청나라는 끝이 나고 아시아 최초의 공화국이 들어섰습니다. 오늘은 쑨원을 만나 궁금한 이야기를 나누도록 하겠습니다. 첫 번째 질문입니다. 혁명 사상으로 표방하신 삼민주의에 담긴 의미는 무엇인가요?
- 쑨원: 민족주의, 민권주의, 민생주의를 삼민주의라고 합니다. 민족주의는 한족이 세운 나라, 민권주의는 국민이 주인인 나라, 민생주의는 국민이 모두 잘 사는 나라입니다.
- 기자: 삼민주의를 주장하게 된 계기가 궁금합니다.
- 쑨원: 하와이에서 공부하면서 민주주의를 경험하였습니다. 그 후 청나라로 돌아와 보니 관리들이 나라를 돌보지 않고 부정부패만 가득하였습니다. 이에 황제를 몰아내고 청나라 대신 한족 중심의 새로운 국가를 세워야겠다고 결심하였습니다.
- 기자: 네 그러셨군요. 생각을 실천으로 옮기기는 힘든데 대단하십니다. 모두가 잘 사는 나라가 될 중화민국의 앞날이 기대됩니다.

정답과 해설 309쪽

1 유럽과 아메리카의 국민 국가 체제

01 다음 주장에 대한 설명으로 옳은 것만을 보기에서 고른 것은?

> 정치권력이 존재하지 않는 자연 상태에서 인간은 …… 서로 싸우는 전쟁 상태에 있다. …… (이를) 벗어나기 위해 강력한 정부가 요구되므로, 인간은 개인 행동의 자유를 지배자의 손에 맡기기 위한 일종의 합의나 계약을 하게 된다. 그러나 이 경우 지배자에게 무제한의 절대적 권력을 줘야 한다. 그렇지 않으면 …… 사회는 또다시 '만인의 만인에 대한 투쟁'인 자연 상태로 돌아가기 때문이다.
> –『리바이어던』

보기
ㄱ. 홉스에 의해 제기되었다.
ㄴ. 절대 왕정 체제를 옹호하고 있다.
ㄷ. 자연법사상의 등장에 영향을 미쳤다.
ㄹ. 명예혁명의 이론적 정당화에 기여하였다.

① ㄱ, ㄴ ② ㄱ, ㄷ ③ ㄴ, ㄷ
④ ㄴ, ㄹ ⑤ ㄷ, ㄹ

02 다음 자료를 활용한 탐구 활동으로 가장 적절한 것은?

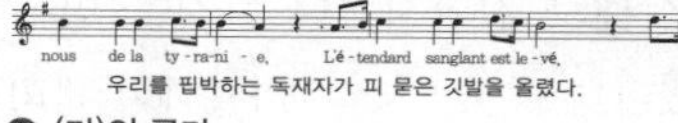
La Marseillaise
라 마르세예즈
Allons en-fants de la pa-tri-e, Le jour de gloire est ar-ri-vé, Con-tre
가자, 조국의 아들 딸들아, 영광의 날이 다가왔다.
nous de la ty-ra-ni-e, L'é-tendard sanglant est le-vé,
우리를 핍박하는 독재자가 피 묻은 깃발을 올렸다.
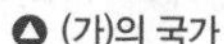
(가)의 국가

(가)의 국기

① 프랑스 혁명의 이념을 알아본다.
② 보스턴 차 사건의 결과를 조사한다.
③ 비스마르크의 철혈 정책을 분석한다.
④ 권리 장전이 승인되는 과정을 살펴본다.
⑤ 차티스트 운동의 주도 세력을 찾아본다.

03 (가), (나) 사건 사이 시기에 발생한 사실로 옳은 것은?

> (가) 마침내 어젯밤에 우리 인민들의 위대한 저항 운동이 시작되었다. 자유의 아들들이 보스턴 항구로 몰려가서 동인도 회사의 선박에 실려 있던 차 상자들을 바다로 내던졌다.
> (나) 우리는 프랑스 군대와 합세하여 치열한 공세를 펼친 끝에 요크타운에서 적군을 무력화시켰다. 결국 전투 19일째 되는 날, 투항 의사를 공식적으로 전달한 적들은 우리 주둔지 앞에 도열하여 항복 문서에 조인하였다.

① 명예혁명이 일어났다.
② 인지세법이 제정되었다.
③ 연방 헌법이 제정되었다.
④ 독립 선언서가 발표되었다.
⑤ 링컨이 대통령에 취임하였다.

04 (가), (나) 국가의 통일 과정에서 있었던 사실로 옳은 것은?

가리발디는 의용대를 이끌고 원정을 감행하여 시칠리아와 나폴리를 점령하였다. 이후 사르데냐 국왕에게 자신이 점령한 지역을 바쳐 (가) 의 통일에 이바지하였다.

비스마르크는 "통일은 다수결에 의해 좌우되는 것이 아니라 오직 철과 피로써만 이룰 수 있다."라고 주장하였다. 이에 강력한 군비 확장 정책을 펼쳐 (나) 의 통일을 이끌었다.

① (가) – 차티스트 운동이 전개되었다
② (가) – 대륙 횡단 철도가 개통되었다.
③ (나) – 데카브리스트의 봉기가 일어났다.
④ (나) – 경제적인 통합이 먼저 이루어졌다.
⑤ (가), (나) – 2월 혁명으로 공화정이 수립되었다.

❷ 유럽의 산업화와 제국주의

05 (가)에 들어갈 내용으로 가장 적절한 것은?

> 산업 혁명을 통해 맨체스터는 전원도시에서 증기 기관차가 달리는 공장 도시로 변모하였다. 그러나 공장의 노동 조건과 도시의 위생 상태는 열악하였다. 맨체스터를 방문한 프랑스 사상가 토크빌은 순금이 더러운 하수구에서 흘러나온다고 비유하기도 하였다. 이 말은 경제적 진보가 막대한 사회적 희생을 수반한다는 뜻이다. 이에 따라 산업 혁명으로 나타난 사회 문제에 대해 그 실상을 목격했던 많은 지식인들이 해결 방안을 모색하였다. 예를 들어 [(가)].

① 다윈은 진화론을 제시하였다.
② 로크는 저항권을 정당화하였다.
③ 콜베르는 중상주의를 추구하였다.
④ 국민 의회는 인권 선언을 발표하였다.
⑤ 오언은 이상적인 협동촌을 설립하였다.

06 다음 자료를 활용한 탐구 주제로 가장 적절한 것은?

> 아직 문명이 침투하지 않은 지구상의 유일한 이 지역(중앙아프리카)을 문명으로 개방하고, 모든 주민의 눈을 어둡게 하는 암흑을 헤쳐 내는 것이 이 진보의 세기에 신의 뜻이 이루어지는 개혁 운동이라고 나는 감히 말씀드리고 싶습니다. 사람들의 그 성취에 대해 호의적이라는 것을 직접 확인할 수 있어서 더할 나위 없이 행복합니다.
>
> – 벨기에 주최 국제회의 개회 연설(1876)

① 북유럽의 르네상스
② 아스테카 제국의 몰락
③ 계몽사상과 시민 혁명
④ 왕권신수설과 절대 왕정
⑤ 제국주의와 사회 진화론

❸ 서아시아와 인도의 국민 국가 건설 운동

07 다음 선언이 발표된 배경으로 가장 적절한 것은?

> 신의 은총으로 대영 제국, 아일랜드, 그리고 유럽, 아시아, 아프리카와 오스트레일리아에 걸친 식민지 및 속령의 여왕으로서 신앙의 수호자인 빅토리아. …… 이곳에 우리는 인도의 번왕에 대하여, 동인도 회사의 권위에 대해 그리고 그 아래의 그들과의 사이에 놓인 모든 속약과 계약이 우리들에 의해 승인되어, 엄정하게 준수될 것을 선언한다. 그들도 또한 그것을 준수할 것을 바라는 바이다.

① 벵골 분할령이 선포되었다.
② 세포이의 항쟁이 일어났다.
③ 수에즈 운하를 건설하였다.
④ 간디가 인도 철수 운동을 전개하였다.
⑤ 플라시 전투에서 프랑스가 패배하였다.

08 밑줄 친 '우리들'에 대한 설명으로 옳은 것은?

> 1908년 7월 23일 <u>우리들</u>이 쿠슈라니 마을에 갔을 때, 마나스투르에 축포를 쏘아 올려 웅장한 의식을 가지며 자유를 선언하여 모든 무슬림과 비무슬림은 마음 속 깊은 곳에서부터 솟아나는 동포애를 아침 햇살 아래서 축복했다고 후에 전해졌다. …… 마나슬루로부터 온 통일 진보 위원회의 전보는 번개처럼 빠르게 사방으로 퍼져나갔다. 이 전보는 (유르두즈) 궁전으로부터 술탄이 헌법을 유효 상태로 전환시켰다는 것을 명시하는 이야기를 전했다.
>
> – 니야지 베이의 『회고록』

① 탄지마트 개혁을 주도하였다.
② 담배 불매 운동을 전개하였다.
③ 튀르키예 공화국을 수립하였다.
④ 극단적인 튀르크 민족주의를 앞세웠다.
⑤ 와하브 운동을 아랍 민족 운동으로 발전시켰다.

❹ 동아시아의 국민 국가 건설 운동

09 (가), (나) 전쟁 사이의 시기에 있었던 사실로 옳은 것은?

(가)

(나)

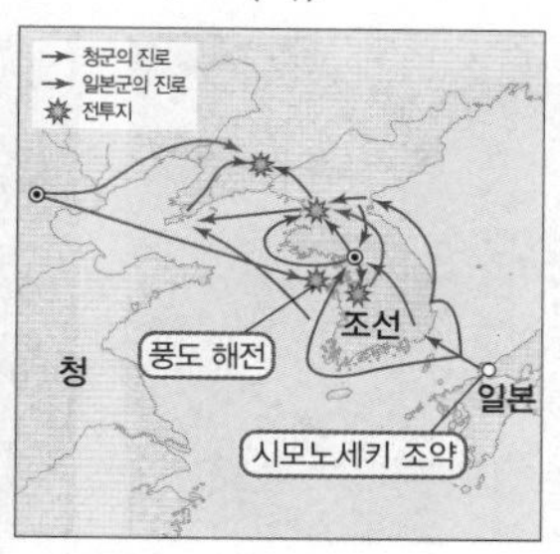

① 부청멸양을 내세운 의화단 운동이 발생하였다.
② 임칙서가 광저우에 파견되어 아편을 몰수하였다.
③ 군벌 타도를 목표로 제1차 국공 합작이 성립되었다.
④ 서양의 기술 도입을 주장하는 양무운동이 추진되었다.
⑤ 파리 강화 회의의 결정에 반발하여 5·4 운동이 전개되었다.

10 밑줄 친 '새로운 정부'가 추진한 정책으로 옳은 것은?

> 조슈 번과 사쓰마 번은 국가의 모든 정치 실권을 장악하고 있던 에도 막부를 비판하며 막부 타도를 위한 동맹을 결성하였다. 결국 쇼군 도쿠가와 요시노부가 국가 통치권을 천황에게 반환하면서 <u>새로운 정부</u>가 탄생하였다.

① 다이카 개신을 단행하였다.
② 미일 화친 조약을 체결하였다.
③ 산킨코타이 제도를 실시하였다.
④ 중국과 감합 무역을 추진하였다.
⑤ 번을 폐지하고 현을 설치하였다.

서술형

정답과 해설 309쪽

11 다음 자료를 보고 각 조항에 담긴 혁명의 기본 이념을 서술하시오.

> 〈인간과 시민의 권리 선언〉
>
> **제1조** 인간은 자유롭고 평등하게 태어나 살아간다. 사회적 차별은 오직 공익에 의거할 수 있을 뿐이다.
>
> **제2조** 모든 정치적 결사의 목적은 시효에 의해 소멸될 수 없는 인간의 자연권을 보존하는 데 있다. 그 권리들은 자유, 소유권, 안전 및 압제에 대한 저항이다.
>
> **제3조** 주권은 본질적으로 국민에게 있다. 어떤 단체나 개인도 국민으로부터 나오지 않은 권력을 행사할 수 없다.
>
> **제17조** 재산권은 신성불가침한 권리이다.

12 (가)에 들어갈 말을 쓰고, 그 내용을 <u>세 가지</u> 서술하시오.

> 영국은 청과의 차 무역으로 야기된 무역 적자를 해소하기 위해 동인도 회사를 앞세워 인도에서 생산한 아편을 청으로 밀수출하였다. 이에 청은 임칙서를 광저우에 보내 아편 밀수를 엄격히 단속하게 하였다. 영국은 이를 빌미로 전쟁을 일으켰고, 여기서 패한 청은 영국과 [(가)] 조약을 체결하였다.

핵심 수행 평가

01 프랑스 혁명 갤러리

◦ 큐레이터가 되어 프랑스 혁명 과정을 알리기 위한 전시를 구상해 보자.

바스티유 감옥 습격

삼부회의 소집

테니스 코트의 서약

루이 16세의 처형

나폴레옹의 쿠데타

테르미도르의 반동

1. 위 작품들을 프랑스 혁명의 전개 순서대로 전시해 보자.

2. 작품들 중 하나를 선택하고 작품 옆에 게시될 해설을 써 보자.

정답과 해설 311쪽

02 동아시아의 개항과 불평등 조약

◦ 19세기 청·일본·조선은 근대적 조약을 체결하며 개항하였다. 각국이 체결한 조약의 공통 요소를 찾아보자.

자료 1 일본의 개항

〈미일 화친 조약〉
제2조 시모다와 하코다테를 개항한다.
제9조 최혜국 대우를 인정한다.
제11조 영사 주재를 허가한다.

〈미일 수호 통상 조약〉
제3조 시모다, 하코다테 외에 네 개 항구를 개항한다.
제4조 수출입 물품에 대해서 별책의 규정대로 관세를 부과한다.
제6조 영사 재판권을 인정한다.

자료 2 청의 개항

〈난징 조약〉
제2조 영국 국민이 가족이나 하인을 데리고 광저우·아모이·푸저우·닝보·상하이에서 박해나 구속받지 않고 상업에 종사하기 위해 자유롭게 거주하는 것을 보장한다.
제3조 청은 영국에 홍콩을 양도하고, 영국은 적당하다고 인정하는 법률로써 통치한다.
제5조 앞으로는 영국 상인이 특허를 얻은 행상하고만 거래하던 관행을 없애고 어떤 상인과도 자유롭게 교역할 수 있도록 허용한다.
제8조 무릇 대영국인은 본국인이든 속국의 군민(軍民)이든 상관없이 중국의 관할 아래 있는 각 지방에서 구금되어 있는 경우 대청 황제가 즉각 석방을 승인한다.
제10조 제2조에 따라 영국 상인에게 개방한 항구에서 공평하게 정해진 출입 관세를 설정한다.

1. **자료 1** 과 **자료 2** 조약의 공통점을 구체적으로 써 보자.

2. 조선이 개항 과정에서 맺은 근대적 조약을 조사해 보고, 그 조약에서 불평등 조항을 찾아 써 보자.

| 읽기 자료 |

역사의 도시, 프랑스 파리

"문화 유적이 없는 파리는 파리가 아니다."

절대 왕정 태양왕 루이 14세의 화려한 '베르사유 궁전', 전쟁에서 승리해 돌아오는 장군을 기념하는 '개선문', 국가를 빛낸 인물을 기리는 사당인 '팡테옹', 1889년 만국 박람회장에 건립된 프랑스 파리의 상징적 건축물인 '에펠탑'을 살펴보자. 이 외에도 미술 교과서에서 보던 작품들이 전시된 '루브르 박물관', 파리 시내가 한눈에 보이는 '몽마르트 언덕', 파리 근교의 당일치기 여행지 '몽생미셸' 등도 찾아보자.

베르사유 궁전

베르사유 궁전은 파리에서 남서쪽으로 22 km가량 떨어진 베르사유시에 있다. 바로크 건축의 걸작으로, 태양왕 루이 14세의 강력한 권력을 상징하는 거대한 건축물이다. 건설에는 매년 25,000~36,000명의 인부가 동원되었다. 궁전 건물보다 더 넓은 정원이 유명하며, 거울로 덮인 '거울의 방'은 베르사유 궁전의 상징물이다.

프랑스 음식 맛보기

❶ 에스카르고 ESCARGOT 파슬리를 올려서 만든 버터 향의 소스와 어우러진 달팽이 요리로, 달팽이는 소라, 골뱅이와 비슷한 맛이다.

❷ 꼬꼬뱅 COQ AU VIN 프랑스의 국민 요리로, 닭고기를 레드와인에 절인 음식이다. 앙리 4세가 일요일마다 모든 국민에게 닭고기를 먹을 수 있도록 공표한 데서 시작하였다.

팡테옹

팡테옹은 라텡 구역의 역사적 언덕 세인트 즈느비에브에 우뚝 솟아 있다. 본래 파리의 성당이었던 이곳에는 지하 무덤이 있다. 프랑스 혁명 이후로는 빅토르 위고, 마리 퀴리, 뒤마 등 프랑스 위인들의 묘지가 되었다. 4월부터 10월까지는 돔에서 파리 풍경을 감상할 수 있다.

개선문

전 세계를 통틀어 가장 큰 개선문인 에투알 개선문은 1806년 나폴레옹의 아우스테를리츠 전투 승리를 기념하기 위해 건축되었다. 지붕에 오르면 파리의 파노라마를 한껏 감상할 수 있다. 에펠탑이 불을 밝히는 시간에 맞춰 오른다면 평생 잊지 못할 추억을 간직할 수 있을 것이다.

에펠탑

높이 324 m의 에펠탑은 수도인 파리뿐 아니라 프랑스 전체의 상징물이다. 1889년 파리 만국 박람회를 기념하여 건립되었으며 착공 당시 미학적·건축적 측면에서 많은 반대를 받았다. 그러나 현재는 파리의 대표적인 명물로 사랑을 받고 있으며, 1991년에는 세계 문화유산으로 등재되었다.

❸ 키쉬 QUICHE 계란, 우유에 채소나 고기 다진 것들을 넣어서 만든 짠맛의 타르트로 프랑스인들이 전식인 앙트레로 많이 먹는 음식이다.

❹ 말린 소시지 SAUCISSON SEC 프랑스에서 자주 먹는 전식 중 하나로, 'Charcuterie'라고 쓰인 가게에 가면 다양한 종류의 프랑스 소시지를 볼 수 있다.

V 세계 대전과 사회 변동

이 단원의 구성

	중단원	소단원	핵심 미리 보기
1	제1차 세계 대전과 이후의 세계	❶ 제1차 세계 대전 ❷ 러시아 혁명 ❸ 제1차 세계 대전 이후의 세계	사라예보 사건, 러시아 혁명, 민족 자결주의, 베르사유 체제, 국제 연맹, 워싱턴 회의
2	파시즘의 등장과 제2차 세계 대전	❶ 대공황 ❷ 파시즘과 군국주의 ❸ 제2차 세계 대전	대공황, 뉴딜 정책, 파시즘, 히틀러, 노르망디 상륙 작전
3 4	민주주의의 확산~ 인권 회복과 평화 확산을 위한 노력	❶ 공화정의 확산 ❷ 민주주의의 발전 ❸ 전쟁의 피해 ❹ 평화를 위한 노력	바이마르 공화국, 보통 선거, 차티스트 운동, 민주주의, 국제 연합, 징용, 일본군 '위안부', 국제 군사 재판

교과서 | 176쪽~177쪽

사진으로 살펴보기

사진은 러시아 상트페테르부르크에 있는 겨울 궁전으로 현재 예르미타시 박물관으로 이용되고 있습니다. 러시아 절대 왕정의 기초를 마련한 표트르 대제는 서유럽 문물을 수용하기 유리한 곳에 상트페테르부르크를 건설하여 수도로 삼고 러시아를 근대화하려 하였습니다.

단원 열기

이 단원에서는 제1, 2차 세계 대전의 배경과 전개 과정을 알아보고, 이 과정에서 이루어진 민주주의의 확산, 인권 회복, 평화 증진을 위한 노력 등을 다룹니다.

교과서 178~185쪽

제1차 세계 대전과 이후의 세계

01 제1차 세계 대전

1. 제국주의 열강의 대립

(1) 독일의 대외 정책: 빌헬름 2세의 팽창 정책 → 영국과 대립
  - 독일은 베를린–이스탄불(비잔티움)–바그다드 철도 건설을 추진하는 등 노골적인 팽창 정책을 펼침

(2) 동맹 체제 형성: 독일 중심의 3국 동맹과 영국 중심의 3국 협상의 대립 → 오스트리아·헝가리 제국과 세르비아의 충돌로 표면화

2. 제1차 세계 대전(1914~1918)

(1) 발발: 사라예보 사건(1914) → 오스트리아·헝가리 제국이 세르비아에 선전 포고

(2) 전개: 협상국과 동맹국의 참전(오스만 제국은 동맹국 측, 이탈리아는 협상국 측으로 참전) → 독일군의 벨기에·프랑스 진격 → 러시아의 참전과 오스트리아·헝가리 제국 및 오스만 제국의 패전으로 전쟁 장기화

(3) 전세의 변화

① 미국의 참전: 독일의 무제한 잠수함 작전을 계기로 참전
  - 영국 해군이 북해를 봉쇄하자 이에 대응하여 독일이 무제한 잠수함 작전을 전개함

② 러시아의 이탈: 사회주의 혁명이 발생하여 전쟁에서 이탈
  - 사회주의 혁명: 1917년 10월 혁명이 일어나 소비에트 정부가 수립됨
  - 전쟁에서 이탈: 러시아는 독일 등 동맹국 측 국가들과 단독 강화를 체결함

(4) 종결: 독일 킬 군항 수병들의 반란으로 빌헬름 2세 퇴위 → 독일 공화국 정부와 협상국 측의 정전 합의

3. 제1차 세계 대전의 특징과 피해

(1) 제1차 세계 대전의 특징

① 신무기의 등장: 기관총, 탱크, 장거리 대포, 화염 방사기, 잠수함, 전투기 등 → 대량 살상 초래

② 참호전: 전선을 따라 길게 참호를 파고 대치하는 양상
  - 참호: 야전에서 적의 공격을 막고자 땅을 파서 만든 방어 시설

③ 총력전: 참전한 나라의 인적·물적 자원을 총동원한 형태로 전개 → 군수 공장이나 농장 등의 인력은 여성으로 대체

(2) 제1차 세계 대전의 피해: 엄청난 위력의 신무기 사용과 무차별 공격 → 군인과 민간인을 비롯한 막대한 인명 피해 발생

3국 동맹과 3국 협상

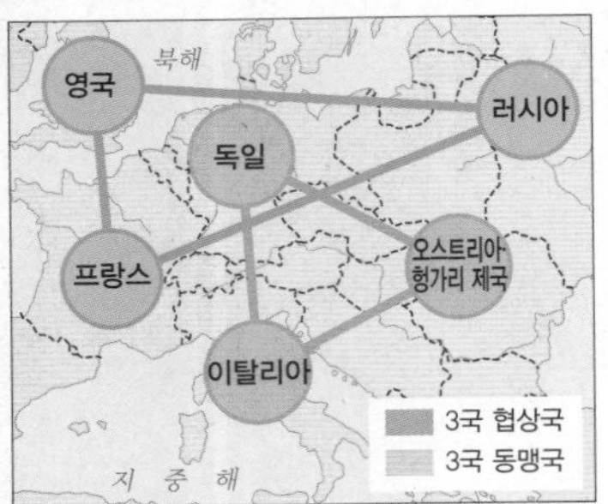

독일이 1882년 오스트리아·헝가리 제국, 이탈리아와 3국 동맹을 맺자, 1894년 프랑스가 러시아와 동맹을 체결하였다. 이후 영국이 독일의 세력 확장과 팽창 정책에 대응하여 1904년에는 프랑스, 1907년에는 러시아와 협정을 맺어 영국, 프랑스, 러시아의 3국 협상이 이루어졌다.

사라예보 사건

오스트리아·헝가리 제국이 보스니아 헤르체고비나를 자국의 영토에 편입시킨 것 등에 반발하여, 세르비아 민족주의를 지지하는 청년이 1914년 6월 28일 보스니아의 사라예보를 방문한 오스트리아·헝가리 제국의 황태자 부부를 암살한 사건을 말한다.

자료 이해하기 제1차 세계 대전 풍자화

교과서 179쪽

| 내용 알기 | 보스니아 헤르체고비나는 세르비아와 같은 슬라브 민족으로, 세르비아는 이 지역을 통합하여 대(大) 세르비아를 건설하고자 하였다. 그런데 오스트리아·헝가리 제국이 이 지역을 합병하자 오스트리아·헝가리 제국에 대한 세르비아의 적대감이 고조된 가운데 사라예보 사건이 일어났다. 오스트리아·헝가리 제국이 사라예보에 선전포고를 하자 범슬라브주의를 내세워 러시아가 참전하였고, 이에 맞서 범게르만주의를 강조하던 독일이 선전포고를 하였다. 이후 독일의 팽창을 경계하려는 프랑스와 영국이 잇따라 참전하면서 세계 대전으로 확대되었다.

02 러시아 혁명

1. 러시아 혁명의 발발

(1) 러시아의 사회 변화: 알렉산드르 2세의 개혁 이후 산업화와 근대화 진전 → 노동자 계급의 성장과 자유주의·사회주의 사상의 보급

(2) 피의 일요일 사건(1905년 혁명)

① 배경: 러시아 정부의 차르 전제 정치 고수 → 대중의 불만 고조

② 전개: 수도 상트페테르부르크에서 대규모 군중들의 시위 → 평화적인 시위를 차르의 군대가 무력 진압 → 전국적인 확산

└ 러일 전쟁에 패하면서 그동안 궁핍한 생활을 참았던 러시아 민중의 불만이 폭발하여 시위가 전개됨

③ 결과: 성과 미흡

(3) 러시아 혁명

┌ 러시아를 포함한 정교 문화권에서 사용하는 달력이 서유럽의 달력과 달라서 2월 혁명, 10월 혁명은 서유럽 기준 달력으로 각각 3월 혁명, 11월 혁명으로 불리기도 함

① 2월 혁명(3월 혁명): 제1차 세계 대전에서 거듭된 패전 → 전쟁 중지·식량 배급·차르 타도를 외치며 봉기, 노동자·병사 소비에트 결성 → 임시 정부 수립, 차르 퇴위

러시아 제정이 붕괴됨, 의회제 공화국 수립 ┘

② 10월 혁명(11월 혁명): 임시 정부의 개혁 실패, 전쟁 지속 → 레닌 중심으로 볼셰비키 혁명 → 임시 정부 타도, 소비에트 정부 수립 주장

└ 제1차 세계 대전에 반대하며 사회주의를 지향함

2. 소련의 수립

(1) 레닌의 통치

① 제1차 세계 대전에서 이탈: 무병합, 무배상, 민족 자결주의를 주장하며 정전 촉구 → 연합국의 냉담으로 대열에서 이탈 → 볼셰비키 정부와 반혁명 세력 간 내전

└ 소비에트 러시아는 독일 등 동맹국들과 평화 조약인 브레스트리토프스크 조약을 체결하고 전쟁에서 이탈함

② 사회주의 개혁 추진 : 토지와 주요 산업 국유화

③ 신경제 정책(NEP) 추진: 급격한 공산화로 경제적 혼란 발생 → 자본주의적 요소 일부 도입

④ 소비에트 사회주의 공화국 연방(소련) 수립: 소비에트 러시아를 중심으로 주변 소비에트 정부를 묶어 수립(1922)

└ 동유럽의 우크라이나와 벨라루스, 중앙아시아의 우즈베키스탄과 카자흐스탄 등

(2) 스탈린의 통치

① 내용: 급격한 군비 확장 및 중공업 육성책 실시, 전면적인 사회주의 경제 정책 추진, 반대파에 대한 대대적인 숙청 감행 등

└ 신경제 정책을 버리고 농업 집단화 등 추진

② 결과: 세계적 공업 국가로 성장, 독재 체제 강화 등

정리 러시아 혁명의 전개

피의 일요일 사건	차르에게 개혁 요구 시위 → 실패
▼	
2월 혁명(3월 혁명)	임시 정부 수립, 차르 퇴위
▼	
10월 혁명(11월 혁명)	소비에트 정부 수립
▼	
사회주의 개혁	
▼	
소비에트 사회주의 공화국 연방 수립	

소비에트(Soviet)
'평의회', '대표자 회의'를 뜻하는 러시아어이다. 공장, 작업장, 지역 등 단위에서 직접 선거로 뽑힌 대표들이 모인 일종의 자치 기구를 말한다.

볼셰비키
'다수파'를 뜻하는 러시아어로, 급진적 사회주의 혁명을 목표로 조직된 러시아 사회 민주주의 노동당의 한 정치 분파이다.

민족 자결주의
각 민족은 정치적 운명을 스스로 결정할 권리가 있으며, 다른 민족의 간섭을 받을 수 없다는 것으로 레닌, 윌슨 등이 주장하였다.

신경제 정책(NEP)
러시아 혁명 후 급격한 공산화 정책으로 경제적 혼란이 심해지자 이를 극복하고자 레닌이 자본주의적 요소를 일부 도입한 정책이다. 곡식의 징발을 폐지하고, 농업·소매업·소규모 경공업 분야에서 사적 소유를 허용하였다.

자료 이해하기 소련의 산업화

교과서 182쪽

스탈린의 산업화 포스터

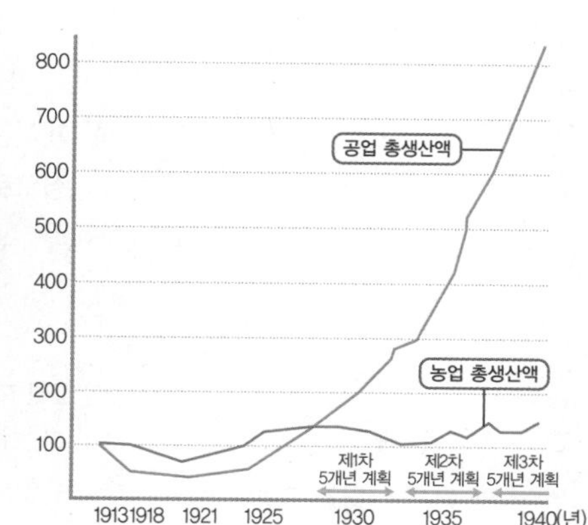

소련의 산업 생산액 증가

| 내용 알기 | 스탈린은 급속한 산업화를 목표로 1928년부터 5개년 경제 개발 계획을 시작하였다. 군수 산업을 포함한 중공업 육성 정책을 추진한 결과 다른 선진국들이 대공황으로 고전을 면치 못하고 있을 때 소련의 공업 생산은 빠른 속도로 증가하였다.

월슨의 14개조 평화 원칙
미국 대통령 윌슨이 제창한 원칙으로, 비밀 외교 폐지, 군비 축소, 민족 자결주의, 국제 평화 기구 창설 등의 내용을 담고 있다. 특히 민족 자결주의는 식민 지배를 받던 민족들에게 큰 자극을 주었다.

베르사유 조약
1919년 독일과 연합국 사이에 맺어진 협정이다. 제1차 세계 대전 후 소집된 파리 강화 회의 기간 중인 1919년 6월 28일, 독일은 베르사유 궁전에서 막대한 전쟁 배상금 부담, 해외의 모든 식민지 상실, 군비 축소 등이 담긴 굴욕적인 평화 조약에 서명하였다.

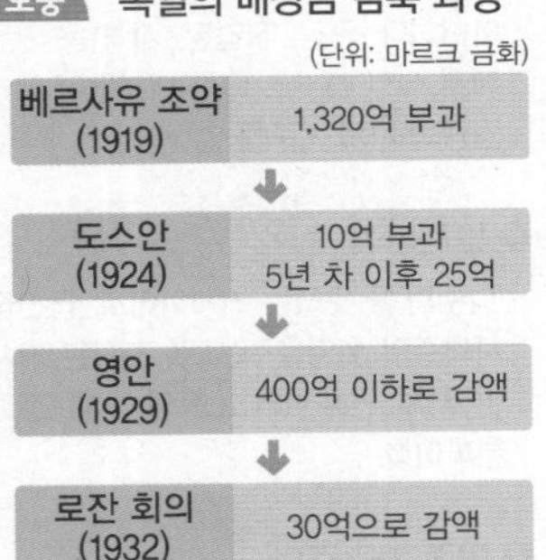
보충 독일의 배상금 감축 과정
(단위: 마르크 금화)

베르사유 조약 (1919)	1,320억 부과
도스안 (1924)	10억 부과 5년 차 이후 25억
영안 (1929)	400억 이하로 감액
로잔 회의 (1932)	30억으로 감액

03 제1차 세계 대전 이후의 세계

1. 베르사유 체제의 성립

(1) 파리 강화 회의 개최
① 목적: 제1차 세계 대전 이후의 문제 처리와 평화 체제 마련
② 전개: 윌슨의 14개조 평화 원칙을 기초로 하여 진행

(2) 베르사유 체제의 성립
① 베르사유 조약: 전승국과 독일 사이에 체결 → 독일의 모든 해외 식민지 상실, 군비 축소, 막대한 배상금 지불 등의 내용 제시
이외에 철광석의 90 %를 생산하는 알자스·로렌 지방을 할양하는 등 독일에 철저히 보복하여 훗날 제2차 세계 대전의 원인이 됨
② 베르사유 체제: 전쟁 방지, 민족 자결주의 구현, 세계 평화 확립을 목표로 제시하였으나 전승국의 이익 수호, 패전국 독일에 대한 보복, 사회주의 러시아에 대한 견제가 강하게 작용
베르사유 조약을 바탕으로 전후 새롭게 성립된 유럽의 국제 질서를 가리킴

2. 평화 구축을 위한 노력

(1) 국제 연맹의 창설(1920)
독일과 소련 제외, 미국 불참, 국제 평화 유지를 위한 강제력 부족 등의 한계가 있었음
① 배경: 베르사유 체제의 성립, 세계 평화를 위한 국제기구 창설의 필요성 인식
② 활동: 군비 축소, 각국의 독립과 영토 보전, 국제 분쟁의 평화적 해결 등 협의

(2) 워싱턴 회의(1921~1922)
① 목적: 중국과 태평양 지역에 대한 열강의 이해관계 조정, 해군력 제한
② 결과: 일본이 산둥반도에 대한 권익을 중국에 반환, 21개조 요구의 일부 철회

(3) 독일 문제 해결을 위한 노력
① 배경: 천문학적 배상금을 강요받은 독일과 다른 나라 간의 충돌 발생 → 전쟁 위기 수습을 위한 노력
독일에 부과된 막대한 배상금에 대한 독일인의 불만과 배상금 지급 불능으로 인한 주변국의 불만은 유럽의 경제 회복과 평화 유지에 위협 요소가 됨
② 로카르노 조약(1925): 독일의 국제 연맹 가입
③ 켈로그·브리앙 조약(1928): 국제 분쟁의 평화적 해결에 합의
④ 도스안, 영안, 로잔 회의: 베르사유 조약으로 독일에 부과된 배상금 감축
미국의 국방장관 프랭크 켈로그와 프랑스 외무부 장관 아리스티드 브리앙의 발기에 의하여 파리에서 15개국이 체결한 조약

중단원 핵심 확인하기 풀이

교과서 184쪽

1. 빈칸에 들어갈 알맞은 말을 써 보자.
(1) 독일의 팽창 정책에 맞서 영국, 프랑스, 러시아가 □□ □□을/를 체결하였다.
(2) 제1차 세계 대전은 발칸반도에서 일어난 □□□□ 사건을 계기로 시작되었다.
(3) 미국은 제1차 세계 대전 중 독일이 전개한 □□□ □□ □□□을/를 계기로 협상국 편에 참전하였다.
(1) 3국 협상 (2) 사라예보 (3) 무제한 잠수함 작전

2. 관련 있는 내용을 옳게 연결해 보자.
(1) 레닌 — ㉡ 신경제 정책
(2) 윌슨 — ㉢ 14개조 평화 원칙
(3) 빌헬름 2세 — ㉠ 팽창 정책

3. 옳은 내용은 ○표, 틀린 내용은 ×표를 해 보자.
(1) 제1차 세계 대전은 국가의 모든 인적·물적 자원이 동원된 총력전의 양상으로 전개되었다. (○)
(2) 제1차 세계 대전 후 전승국들은 워싱턴 회의를 개최하여 전후 혼란을 수습하고 새로운 국제 질서를 모색하였다. (×)
(3) 제1차 세계 대전 후 패전한 독일은 전승국과 베르사유 조약을 체결하였으며, 그 결과 모든 식민지를 상실하였다. (○)

4. 제시된 용어를 3개 이상 사용하여 러시아 혁명의 전개 과정을 문장으로 완성해 보자.

참호전 볼셰비키 2월 혁명
소비에트 정부 10월 혁명 베르사유 조약

2월 혁명으로 러시아에서는 제정이 붕괴되고 임시 정부가 수립되었다. 그러나 10월 혁명의 결과 임시 정부가 무너지고 소비에트 정부가 수립되었다.

도입 활동 풀이

교과서 도입 01 제1차 세계 대전의 특징

교과서 178쪽

"날 놓아 줘, 날 내보내 줘, 밖으로 나갈 거야."

신병은 아무 말도 듣지 않고 마구 발버둥을 친다. 그는 무슨 말인지 알 수 없는 뜻 모를 말을 마구 내뱉는다. 참호병이 도진 것이다. 여기서는 질식할 것 같은 느낌이라서 그는 밖으로 나가고 싶은 한 가지 충동밖에 알지 못한다.

– 에리히 마리아 레마르크, 『서부 전선 이상 없다』

제1차 세계 대전에서 나타난 전쟁의 특징은 무엇일까?

도입 예시 답안 |
- 전선을 따라 참호를 길게 파고 대치하는 새로운 전술이 적용되면서 전쟁이 길어지고 희생이 커졌다.
- 기관총, 탱크, 독가스와 같은 신무기가 등장하였고, 무차별적인 공격으로 막대한 인명 피해가 발생하였다.
- 참전한 나라의 인적·물적 자원이 총동원된 총력전이었다.

| 도입 보충 |

제1차 세계 대전에서 동맹국 측과 협상국 측(연합국)은 기관총 등 신무기의 공세에 돌격전을 전개할 수 없게 되자 전선을 따라 수천 km씩 참호를 구축하고 대치하였다. 이러한 대치 상태를 타개하고자 탱크가 개발되고, 공중전과 독가스전이 단행되면서 더욱 많은 인명 피해가 발생하였다.

도입 plus 신무기의 등장

세계 최초의 탱크

제1차 세계 대전에 쓰인 전투기

제1차 세계 대전에서는 다양한 종류의 신무기가 등장하였다. 장거리 대포, 전차, 기관총, 수류탄, 저격용 전투기, 잠수함 등이 모두 이때 등장한 무기들이다. 전차는 영국이 1914년 9월에 독일을 무찌르기 위해 '탱크'라는 암호명으로 개발하여, 참호전에서 적의 기관총을 피해 안전하게 앞으로 나아가거나 철조망을 파괴하고 적의 포병을 제압하는 데 사용되었다. 그러나 속도가 느리고 고장률이 높아 승패에 큰 영향을 주지는 못하였다.

저격용 전투기는 전쟁에서 직접 전투에 참가하기보다는 주로 정찰용으로 쓰였다. 정찰기가 점차 늘어나자 각국은 적국의 정찰기를 부수기 위해 비행기를 이용하기 시작하였고, 그 결과 공중전이 생겨났다. 비행기에는 두 명의 군인이 탔는데, 한 명은 비행기를 조종하였고, 한 명은 뒤에 타서 기관총을 쏘거나 저격하였다. 독가스는 1915년 독일의 화학자인 하버가 처음 개발하였다. 후에 독일군은 물론 프랑스군과 영국군도 독가스를 살포하기 시작하였고, 그 결과 독가스로 목숨을 잃은 병사는 10만 명에 달하였다.

교과서 181쪽

교과서 도입 02 러시아 혁명의 전개

| 도입 보충 |

스위스에 망명 중이던 레닌은 1917년 4월 3일 상트페테르부르크로 돌아와 '사회주의 혁명'을 강조하는 대중 연설을 하였다. 곧이어 레닌은 「혁명에서 프롤레타리아트의 임무(4월 테제)」를 발표하였고, 이 강령은 이후 당의 방침으로 채택되어 11월 혁명에 영향을 주었다.

제국주의 전쟁에 단호히 반대하고
즉각적으로 평화를 실현해야 합니다.
또한 지주의 토지를 몰수하여 국유화해야 합니다.

위 주장에 민중들이 열광한 까닭은 무엇일까?

도입 예시 답안 | • 전쟁으로 인해 생활이 힘들었기 때문이다.
• 토지를 소유하지 못한 민중이 많았기 때문이다.

교과서 183쪽

교과서 도입 03 베르사유 조약의 체결

| 도입 보충 |

1871년 1월 프로이센 왕국과 프랑스 간 전쟁의 결과로 프랑스 베르사유 궁전 거울의 방에서 독일 제국의 성립이 선포되었고, 프로이센 국왕이었던 빌헬름 1세가 초대 독일 제국 황제로 추대되었다. 이때 독일은 알자스·로렌 지방을 획득하였으며 많은 전쟁 보상금을 받았다. 이를 수치스럽게 여긴 프랑스는 제1차 세계 대전에서 독일에게 승리한 뒤에 같은 자리에서 항복 문서를 받았다.

두 그림의 배경은 모두 베르사유 궁전 거울의 방이다. 같은 장소에서 독일은 처음에는 독일 제국의 출발을 선포하였고, 후에는 베르사유 조약에 서명하였다. 처음에는 프랑스와의 전쟁에서 승리한 승전국으로서, 후에는 제1차 세계 대전의 패전국으로서 참석하였다.

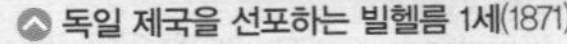
독일 제국을 선포하는 빌헬름 1세(1871)

베르사유 조약에 서명하는 독일 대표(1919)

베르사유 조약에 서명하는 독일 대표의 심정은 어떠하였을까?

도입 예시 답안 | 베르사유 궁전은 예전에 독일이 프랑스를 굴복시키고 독일 제국을 선포한 장소였기 때문에 독일의 패배감이 더욱 컸을 것 같다.

도입 plus 1905년 혁명

1905년 혁명 당시의 모습

1904년 12월 페테르부르크에서 한 공장의 노동자들이 하루 8시간 노동, 최저 임금 인상 등을 요구하는 건의안을 기업주에게 제출하였는데, 사장이 노동자들을 해고하면서 파업이 일어났다. 러일 전쟁이 장기화하여 민중의 불만이 고조되고 있는 상황 속에서 다음 해 1월 22일 약 20만 명의 비무장한 노동자들과 가족들이 상트페테르부르크에 있는 차르에게 제출할 청원서를 들고 시위 행진에 나섰다. 그러나 그들을 막기 위해 군대와 경찰이 투입되었고, 시위 군중에게 무차별 발포하면서 수천 명의 사상자가 생겼다(피의 일요일 사건). 이 사건을 계기로 전국적으로 노동자들의 파업이 이어졌다.

역사 탐구 풀이 및 보충

역사 탐구 베르사유 체제의 한계

교과서 183쪽

베르사유 조약

제119조 독일은 해외 식민지에 관한 모든 권리와 소유권을 연합국과 그 협력국에 넘겨 준다.

제191조 독일에서 잠수함의 건조와 취득은 금지된다.

제235조 독일은 연합국과 그 협력국의 최종 청구액이 확정되기 전에, 우선 200억 마르크 금화에 상당하는 돈을 지불한다.

1. 베르사유 조약의 특징을 보자.

정답 풀이 | 베르사유 조약은 1919년 6월 28일 독일과 연합국 사이에 맺어진 협정으로, 독일의 모든 식민지 상실, 알자스·로렌 지방을 프랑스에 양도, 군비 축소, 배상금 지불 등의 내용이 담긴 굴욕적인 평화 조약이었다.

2. 베르사유 조약을 바탕으로 베르사유 체제가 지닌 한계를 생각해 보자.

정답 풀이 | 베르사유 체제는 전쟁 방지, 민족 자결주의 구현, 세계 평화 확립을 목표로 내세웠지만 실제로는 제1차 세계 대전의 전승국들이 자국의 이해관계를 최우선시하고 독일을 비롯한 패전국들에 대한 철저한 응징으로 일관하였다.

친절한 활동 길잡이

이 활동의 핵심은 제1차 세계 대전 이후 성립된 베르사유 체제의 특징을 이해하는 것이다. 주어진 사료를 바탕으로 베르사유 체제의 한계와 모순을 생각해 본다.

자료 이해 확인 문제

1. 베르사유 조약으로 독일은 모든 해외 식민지를 상실하였다. (○ / ×)
2. 베르사유 조약은 윌슨의 14개조 평화 원칙을 실제 구현하였다. (○ / ×)

>> 정답 1. ○ 2. ×

탐구 plus 베르사유 체제의 한계

이 포스터의 제목은 '우리가 잃어야만 하는 것들!'로, 1919년 베를린에서 제작되었다. 베르사유 조약에 따라 독일은 영토의 20 %, 인구의 10 %, 석탄 생산량의 1/3, 곡물과 감자 생산량의 1/4, 철광석 매장량의 4/5 그리고 독일의 모든 해외 식민지와 무역 함대를 잃게 될 것임을 보여 준다. 승전국의 이익과 패전국에 대한 응징을 관철시키고자 했던 베르사유 조약의 결과 독일은 군사적으로 무장 해제되었다. 또한 천문학적인 배상금까지 짊어지게 됨으로써 경제적으로 파멸적 상황에 놓이게 되었으며, 정치적으로 굴욕감을 감수해야 했다. 독일 내에서는 '조약'이 아닌 '명령'에 대한 저항이 점점 커졌으며, 제1차 세계 대전 이후 등장한 독일의 공화국 정부까지 무능과 혼란을 반복적으로 야기하며 독일을 파국으로 몰고 갔다. 궁지에 몰린 독일의 전쟁 발발 가능성과 배상금 지급 불능 상태는 영국과 프랑스, 미국이 원하는 바가 아니었다. 이들은 독일 국민들의 고통과 소망에 대해 개방적인 태도를 취했고 도스안을 시작으로 입장을 완화하기 시작하였다. 그러나 일련의 조정에도 불구하고 1929년 세계를 덮친 경제 대공황은 기사회생의 길을 찾아가던 독일을 다시 나락으로 떨어지게 하였고, 이는 훗날 제2차 세계 대전이 일어나는 한 원인이 되었다.

실력 확인 문제

단답형

01 (가)에 들어갈 알맞은 말을 쓰시오.

> 독일 황제 빌헬름 2세가 적극적인 팽창 정책을 추진하자 이에 불안을 느낀 영국과 프랑스, 러시아 간에 (가) 이/가 이루어졌다.

( )

중요

02 다음 자료를 활용한 탐구 활동의 주제로 가장 적절한 것은?

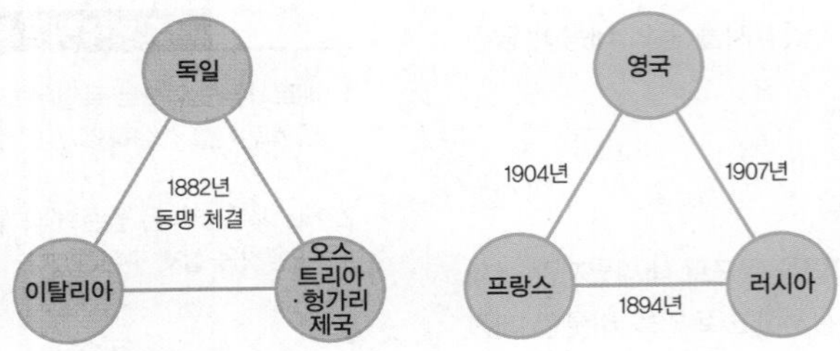

① 베르사유 체제의 성립
② 빈 체제의 성립과 붕괴
③ 평화 구축을 위한 노력
④ 제1차 세계 대전의 배경
⑤ 제국주의 열강의 아프리카 분할

03 다음 지도에 나타난 정책을 주도한 인물로 옳은 것은?

▲ 베를린 – 이스탄불(비잔티움) – 바그다드 철도 노선 계획

① 레닌 ② 윌슨
③ 비스마르크 ④ 빌헬름 2세
⑤ 엘리자베스 1세

고난도

04 다음 요구가 제시된 배경으로 옳은 것은?

> 세르비아 정부는 다음과 같은 사항을 서약하라.
> 1. 군주국(오스트리아·헝가리 제국)에 대한 증오심과 모욕을 조장할 것 같은 모든 출판을 금한다.
> 5. 군주국의 영토 보전에 반대하는 전복적인 운동을 제압하는 데서 세르비아에 있는 군주국의 관리에게 협조하는 것에 동의한다.
> 6. 6월 28일의 음모에 가담한 모든 사람을 만약 세르비아 영토에서 찾아야만 한다면 이들에 대한 재판 심리를 개시한다. 군주국 정부는 이것들과 관련된 조사에서 적극적 역할을 하게 될 관리를 파견한다.

① 3국 동맹이 성립되었다.
② 사라예보 사건이 일어났다.
③ 소비에트 정부가 수립되었다.
④ 파리 강화 회의가 개최되었다.
⑤ 피의 일요일 사건이 발생하였다.

05 밑줄 친 '연합국'으로 참전한 국가들만을 보기에서 고른 것은?

> 제1차 세계 대전 중인 1918년 가을, 독일의 킬 군항 수병들이 반란을 일으키자 빌헬름 2세는 퇴위할 수밖에 없었다. 이후 성립된 공화국 정부는 <u>연합국</u> 측과 정전에 합의하였다.

보기
ㄱ. 미국 ㄴ. 독일
ㄷ. 이탈리아 ㄹ. 오스만 제국

① ㄱ, ㄴ ② ㄱ, ㄷ ③ ㄴ, ㄷ
④ ㄴ, ㄹ ⑤ ㄷ, ㄹ

06 다음 설명에 해당하는 나라로 옳은 것은?

> 독일의 무제한 잠수함 작전 등을 계기로 협상국 편으로 공식 참전함으로써 제1차 세계 대전의 전세를 독일에 불리하게 변화시켰다.

① 미국 ② 영국
③ 프랑스 ④ 러시아
⑤ 이탈리아

07 다음 지도의 형세로 진행된 전쟁에 대한 설명으로 옳지 않은 것은?

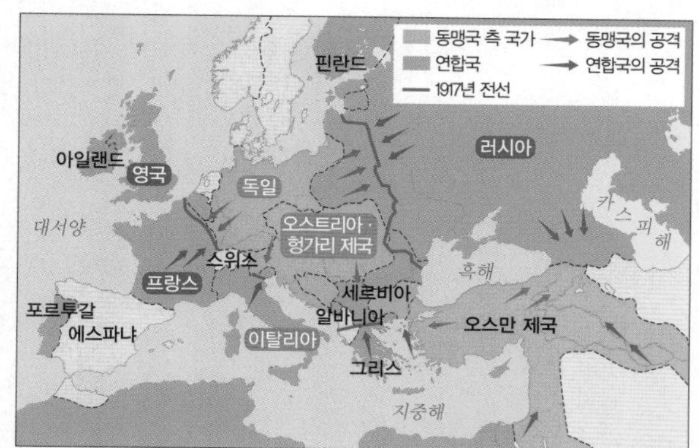

① 참호전이 전개되어 장기화하였다.
② 국제 연맹이 창설되는 계기가 되었다.
③ 사라예보 사건이 발단이 되어 일어났다.
④ 러시아에서 피의 일요일 사건이 일어나는 배경이 되었다.
⑤ 국가의 인력과 물자가 총동원되는 총력전으로 전개되었다.

08 다음 주장이 제기된 사건으로 옳은 것은?

> 폐하! 저희 상트페테르부르크의 노동자와 주민들 …… 정의와 보호를 구하러 당신께 갑니다. …… 러시아의 모든 계급과 신분의 대표자를 선출하고, 또 모든 사람에게 평등한 선거권을 부여하며, 자유롭게 선거하도록 배려해 주십시오.

① 2월 혁명 ② 10월 혁명
③ 사라예보 사건 ④ 파리 강화 회의
⑤ 피의 일요일 사건

중요

09 다음 사건들을 일어난 순서대로 바르게 나열한 것은?

> ㄱ. 소련 수립
> ㄴ. 2월 혁명 발발
> ㄷ. 10월 혁명 발발
> ㄹ. 신경제 정책(NEP) 시작

① ㄱ－ㄴ－ㄷ－ㄹ ② ㄱ－ㄹ－ㄴ－ㄷ
③ ㄴ－ㄱ－ㄷ－ㄹ ④ ㄴ－ㄷ－ㄹ－ㄱ
⑤ ㄷ－ㄴ－ㄹ－ㄱ

[10~11] 자료를 보고 물음에 답하시오.

> **제1항** 계속되는 ㉠ 제국주의 전쟁에 단호히 반대하고 즉각 평화를 실현해야 한다.
> **제4항** ㉡ 소비에트의 권력을 확대해야 한다.
> **제5항** ㉢ 의회제 공화국에 반대하고 소비에트 공화국을 수립해야 한다.
> **제8항** ㉣ 생산과 분배를 소비에트가 통제해야 한다.

단답형

10 위와 같은 주장을 내세운 인물을 쓰시오.

( )

11 ㉠~㉤에 대한 설명으로 옳지 않은 것은?

① ㉠ – 제1차 세계 대전을 의미한다.
② ㉡ – 러시아어로 '평의회'를 뜻한다.
③ ㉢ – 2월 혁명의 결과로 등장하였다.
④ ㉣ – 사회주의 경제 체제를 지향하고 있다.
⑤ ㉠~㉣ – 피의 일요일 사건 당시 요구한 개혁안이다.

중요

12 러시아 혁명 과정 중 (가) 시기에 볼 수 있는 모습으로 적절한 것만을 보기에서 고른 것은?

보기
ㄱ. 무장봉기를 일으키는 볼셰비키
ㄴ. 레닌 사후 권력을 장악하는 스탈린
ㄷ. 10월 혁명을 지지하는 노동자·병사 소비에트
ㄹ. 제1차 세계 대전 참전 결정 소식을 전하는 장군

① ㄱ, ㄴ ② ㄱ, ㄷ ③ ㄴ, ㄷ
④ ㄴ, ㄹ ⑤ ㄷ, ㄹ

단답형

13 (가)에 들어갈 알맞은 말을 쓰시오.

러시아 혁명의 성공 후 레닌은 급격한 공산화에 따른 경제적 혼란을 극복하고자 (가) 을/를 실시하였다.

( )

14 (가) 시기에 소련을 집권한 인물에 대한 설명으로 옳은 것은?

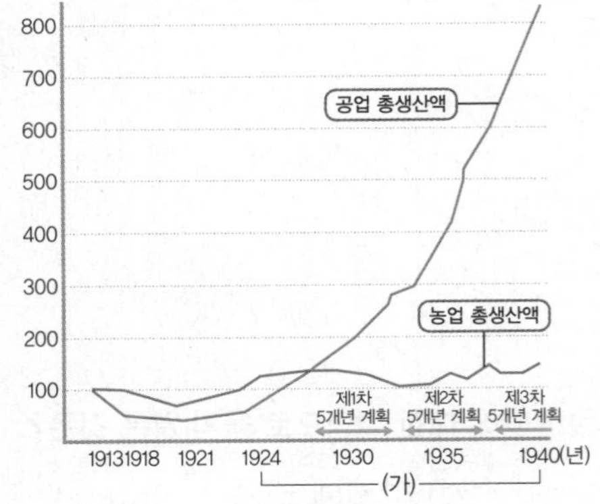

① 10월 혁명을 주도하였다.
② 신경제 정책(NEP)을 추진하였다.
③ 5개년 경제 개발 계획을 실천하였다.
④ 제1차 세계 대전에서 이탈을 실현하였다.
⑤ 소비에트 사회주의 공화국 연방을 수립하였다.

중요

15 밑줄 친 '기구'에 대한 설명으로 옳은 것은?

제1차 세계 대전 이후 미국 대통령 윌슨의 제안으로 평화 체제 구축을 목표로 한 <u>기구</u>가 창설되었다.

① 독일의 가입을 의무로 규정하였다.
② 베르사유 체제의 결과로 등장하였다.
③ 미국을 포함한 15개국이 참여하였다.
④ 일본에게 산둥반도에 대한 권익 반환을 요구하였다.
⑤ 로카르노 조약이 체결되어 소련의 가입이 가능해졌다.

16 제1차 세계 대전 이후 전개된 평화 정착을 위한 노력으로 옳은 것만을 보기에서 고른 것은?

보기
ㄱ. 도스안으로 독일의 배상금이 감축되었다.
ㄴ. 러시아가 단독 강화 조약을 맺고 전쟁에서 이탈하였다.
ㄷ. 로카르노 조약으로 독일이 국제 연맹의 회원이 되었다.
ㄹ. 독일이 베를린-이스탄불(비잔티움)-바그다드 철도 건설을 추진하였다.

① ㄱ, ㄴ ② ㄱ, ㄷ ③ ㄴ, ㄷ
④ ㄴ, ㄹ ⑤ ㄷ, ㄹ

서술형

정답과 해설 312쪽

17 밑줄 친 '회의'의 결과로 옳은 것은?

제1차 세계 대전 이후 중국과 태평양에 대한 열강의 이해관계를 조정하고, 해군력을 제한하고자 미국의 주도하에 워싱턴에서 <u>회의</u>가 열렸다.

① 국제 연맹이 창설되었다.
② 빌헬름 2세가 퇴위하였다.
③ 윌슨이 14개조 평화 원칙을 제시하였다.
④ 독일이 무제한 잠수함 작전을 단행하였다.
⑤ 일본이 21개조 요구 중 일부를 철회하였다.

고난도

18 (가) 조약에 대한 설명으로 옳은 것은?

이 포스터의 제목은 '우리가 잃어야만 하는 것들!'로, (가) 에 의해 독일은 영토의 20 %, 인구의 10 %, 석탄 생산량의 1/3, 곡물과 감자 생산량의 1/4, 철광석 매장량의 4/5 그리고 독일의 모든 해외 식민지와 무역 함대를 잃게 될 것임을 보여 준다.

① 워싱턴 회의에서 체결되었다.
② 러시아와 독일 사이에 체결되었다.
③ 국제 연맹 창설 이후에 체결되었다.
④ 베르사유 체제의 성립에 기여하였다.
⑤ 배상금 지급 조항은 포함되어 있지 않았다.

[19~20] 자료를 읽고 물음에 답하시오.

(가)
제1조 강화 조약은 공개적으로 진행하며, 비밀 외교와 비밀 회담을 금지한다.
제5조 모든 식민지 문제는 식민지 주민의 의사를 존중하여 공평무사하고 자유롭게 처리되도록 한다.
제14조 국가 간 연합 기구를 만들어 각국의 정치적 독립과 영토 보전을 보장한다.

(나)
제119조 독일은 해외 식민지에 관한 모든 권리와 소유권을 연합국과 그 협력국에 넘겨 준다.
제191조 독일에서 잠수함의 건조와 취득은 금지된다.
제235조 독일은 연합국과 그 협력국의 최종 청구액이 확정되기 전에, 우선 200억 마르크 금화에 상당하는 돈을 지불한다.

19 (가)의 5조와 14조가 미친 영향을 각각 서술하시오.

20 (나) 조약을 쓰고, 이 조약이 체결되어 성립된 체제의 한계점을 쓰시오.

교과서 186~195쪽

파시즘의 등장과 제2차 세계 대전

01 대공황

1. 대공황의 발생

(1) 배경: 제1차 세계 대전부터 이어진 미국의 경제 호황, 전후 유럽 국가들의 재건에 막대한 재정 지원과 투자로 세계 최대의 공업국이 됨 → 기업의 과잉 생산과 투자에 비해 상대적 임금 저하로 소비 시장 축소 → 생산물의 재고 증가

- 경제 호황: 미국은 제1차 세계 대전 중 연합국에 군수 물자를 판매하여 세계 최대의 공업국이자 채권국이 됨

(2) 확산: 미국의 주가 대폭락(1929. 10.) → 기업·은행의 도산, 실업자 증가 → 미국 금융권의 유럽, 아시아 채권 회수 → 전 세계로 경제 위기 확산

(3) 결과: 기업 이윤 감소 및 파산 → 생산 감소, 실업자 급증

- 주가 대폭락: 1929년 10월 24일 목요일 뉴욕 증권 거래소에서 주가가 폭락하며 대공황이 시작되었기 때문에 '검은 목요일'이라 불림

2. 대공황에 대한 각국의 대응

(1) 미국: 루스벨트 대통령이 뉴딜 정책 실시(정부가 적극적으로 경제에 개입)

① 정부의 경제 개입: 자유방임주의 경제 원칙 일부 포기 → 농업과 공업 분야의 생산량 조정, 댐 건설과 같은 대규모 공공 투자 사업으로 고용 증대

② 복지 정책 추진: 노동자의 권익 보호, 사회 보장제 실시 등으로 경제적·사회적 안정 도모

- 댐 건설: 홍수 조절, 수력 발전 등의 기능이 있음
- 사회 보장제: 노인·유족·실업자에게 수당 지급, 의료 서비스 지원 등
- 자유방임주의: 애덤 스미스가 『국부론』에서 주장한 이론으로 고전 경제학의 원류가 됨

(2) 영국

① 무역 흑자 확대 추진: 다른 나라 상품에 고율의 관세를 부과하여 수입 억제

② 금 본위제 탈피: 파운드화의 가치 저하를 통해 가격 경쟁력 확보 → 다른 국가들도 유사 정책으로 대응하여 무역 교역량 크게 감소 → 자국의 경제 보호를 위한 블록 경제 형성

- 블록 경제: 파운드 블록(영국), 달러 블록(미국), 프랑 블록(프랑스), 엔 블록(일본) 등

(3) 이탈리아, 독일, 일본: 경제 기반 취약, 식민지가 적거나 없는 상황 → 대공황 극복 방안으로 침략 전쟁 전개 및 확대

자유방임주의

18세기 경제학자 애덤 스미스에 의해 비롯된 고전 경제학 이론이다. 국가의 간섭을 최소한으로 줄이고, 개인의 자유로운 경제 활동을 보장하면 '보이지 않는 손'이 작용하여 시장 기능을 이끌어 갈 것이라는 주장이다.

금 본위제

안정적인 국제 무역을 하고자 19세기 영국에서 확립된 제도이다. 가장 안정적이라고 평가받는 금을 통해 각국 통화의 가치를 보장하였다.

블록 경제

대공황을 극복하기 위해 식민지 본국과 식민지 간에는 자유로운 경제 교류를 유도하는 반면, 여타 지역과의 교류에서는 차별적인 경제 정책을 펴는 것이다. 1932년 오타와에서 열린 영국 제국 경제 회의에서 대공황 후의 심각한 경제 위기와 각국 간의 격렬한 시장 경쟁에 대처하려는 영국 본토와 그 속령과의 사이에 특혜 관계가 설정되면서 시작되었다.

자료 이해하기 경제 블록

교과서 187쪽

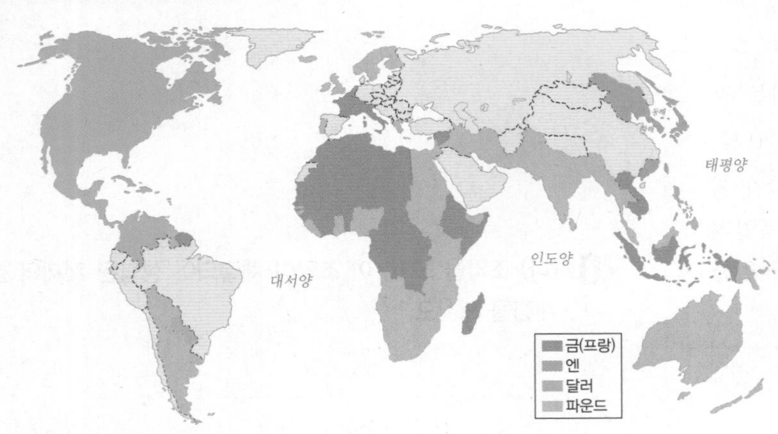

▲ 경제 블록(1929~1939)

| 내용 알기 | 19세기에 안정적인 국제 무역을 위해 확립된 금 본위제는 제1차 세계 대전 이후 문제에 직면하였다. 금 본위제에서 각국은 자국의 통화 가치를 정할 때 상호 조정 없이 독자적으로 결정했는데, 이 때문에 각국의 통화 가치가 상대적으로 과대, 혹은 과소평가되었다. 영국은 19세기에 화려했던 국제적 위신만을 생각하여 파운드화 가치를 전쟁 이전 수준으로 높여 금 본위제에 복귀하였다. 그러나 고평가된 통화 가치를 유지하느라 긴축 정책을 시행한 결과 영국은 수출에 큰 타격을 입었고, 이자율은 치솟았으며, 공장들은 문을 닫았다. 게다가 대공황까지 겹치자 영국은 제일 먼저 금 본위제에서 벗어나 자국 상품의 가격 경쟁력을 높이려 하였고, 이에 다른 국가들도 유사한 정책을 펼쳐 국제 무역이 위축되는 결과를 가져왔다. 이러한 상황에서 본국과 식민지를 하나의 경제 블록으로 만들어 블록 내의 교역으로 국제 무역을 대체하려는 블록 경제가 등장하게 되었다.

02 파시즘과 군국주의

1. 이탈리아의 파시즘

국가 최우선주의, 반민주주의, 반공주의, 일당 독재 체제, 개인의 자유 제한, 대외 침략 확대 등을 특징으로 함

(1) 배경: 제1차 세계 대전 이후의 물가 폭등, 실업자 증가 → 사회주의 사상의 확산, 노동·농민 운동 격화

(2) 무솔리니의 집권

① 등장: 무솔리니가 파시스트당 결성 → 파시스트들에게 로마 진군 명령(1922)

② 권력 장악: 총리가 된 후 파시스트 일당 독재 체제 구축 → 대공황으로 경제 상황이 악화되자 국가 지상주의, 군국주의 강화

2. 독일의 파시즘

도스안, 영안 등으로 배상금이 감축되었고, 로카르노 조약으로 유럽 내 독일의 위치도 재정립되면서 1920년대 중반 이후 독일은 안정을 찾아감

(1) 배경: 제1차 세계 대전에 대한 패전 책임과 배상금 부담으로 인한 정치·경제적 혼란

(2) 새로운 세력의 등장: 대공황의 위기 속에 바이마르 공화국의 온건 정치 세력 쇠퇴, 공산주의와 파시즘 등장

① 독일 공산당: 사유 재산제 폐지, 노동자의 권리 확대 등을 통해 경제 위기 극복 주장

② 히틀러의 나치당: 독일 민족주의, 반유대주의, 반공주의를 주장하며 독일인의 감정에 호소 → 총선에서 나치당 승리(1932) → 히틀러가 총통으로 취임 → 나치 일당 독재 체제 구축

히틀러는 나치당이 제1당이 되면서 총리에 취임하였다가 1934년 국민 투표를 통해 총통의 자리에 오름

3. 일본의 군국주의

(1) 배경: 제1차 세계 대전 이후의 경제적 호황과 민주주의 정치 경험, 대공황의 위기 → 군국주의화

1920년대 일본에서 정당 정치가 발달하면서 1925년 이후 정당이 정치권력의 중심을 차지하게 됨

(2) 대외 침략 확대

① 목적: 새로운 시장 확보를 통한 대공황 극복

② 과정: 만주 사변(1931) 감행 → 국제적 비난으로 국제 연맹 탈퇴

(3) 군국주의 심화: 쿠데타(1932)로 실권을 장악한 군부의 대대적 군비 확충 추진 → 군국주의 심화

보충 로마 진군

제1차 세계 대전 이후 혼란한 이탈리아의 상황을 틈타 파시즘을 주장한 무솔리니는 정권을 차지할 목적으로 '검은 셔츠단' 등의 파시스트들에게 로마 진군을 명하였다(1922. 10.). 로마 진군 직후 국왕은 무솔리니를 총리로 임명하였다.

독일의 실업률과 나치당의 지지율 추이

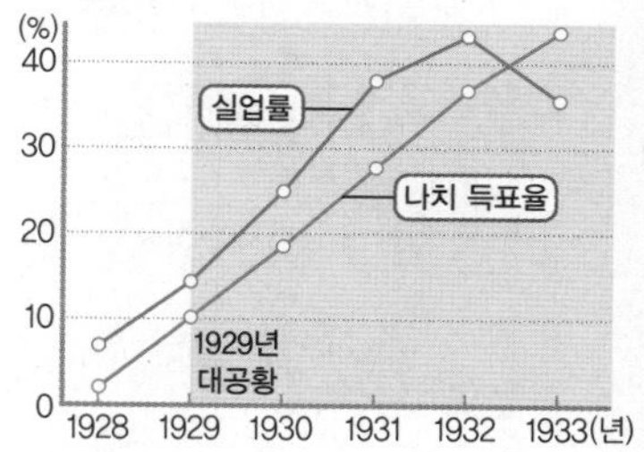

만주 사변

1931년 9월 18일 일본의 관동군은 펑톈 교외의 류탸오거우에서 남만주 철도를 파괴하고, 이를 중국 측의 소행이라고 주장하면서 만주 사변을 일으켜 만주를 장악하였다.

자료 이해하기 파시즘

교과서 188쪽

정치 참여 세력의 확대

파시스트의 국가 개념은 모든 것을 포괄하며, 국가를 떠나서는 인간과 영혼의 가치도 존재하지 않는다. …… 국민이 국가를 발생시키는 것이 아니라 국가가 국민을 창조한다. …… 파시즘은 영구 평화의 가능성을 믿지 않는다. …… 오직 전쟁만이 인간의 힘을 최고조에 이르게 하고 이에 직면할 용기를 가진 국민에게 고귀함을 부여한다.

– 무솔리니, 『파시즘 독트린』

| 내용 알기 | 파시즘을 설명하는 핵심적인 개념은 국가 지상주의, 군국주의, 제국주의적 팽창주의이다. 무솔리니는 국가 이외에는 모두 허무하고, 국가에 대한 반항은 전혀 있을 수 없으며, 국가 지상주의에 입각하여 지도자를 숭배할 것을 주장하였다. 이탈리아, 독일 등 각국의 파시스트는 통일적인 제복을 갖춰 입은 사설 단체나 군대를 앞세워 대중을 선동하고, 자기 민족의 영광과 이를 입증할 원대한 정복 전쟁을 표방하였다. 또한 전쟁의 성공을 위한 국민적 결속을 극단적으로 강조하면서 다른 민족이나 인종에 대한 배타성을 자극하였다.

추축국
'추축'은 어떤 사물이나 움직임의 중심이 되는 중요한 부분을 의미한다. 독일과 이탈리아의 협정, 독일과 일본의 협정 등을 통해 결성된 전체주의 침략국의 중심 세력을 가리킨다.

정리 제2차 세계 대전 전개 과정

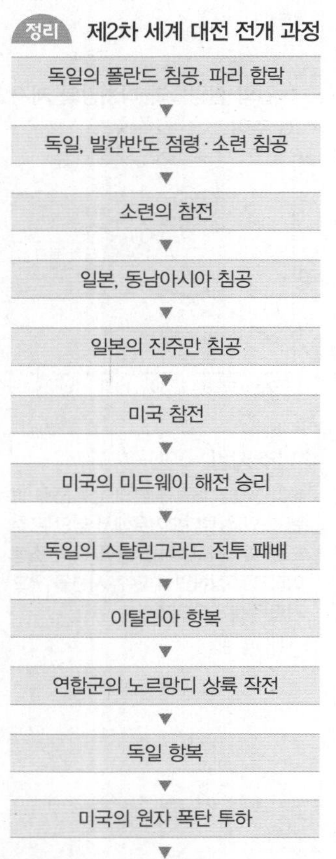

03 제2차 세계 대전

1. 제2차 세계 대전의 배경

(1) 파시즘 국가들의 상황

① 독일: 히틀러 집권 후 베르사유 체제 전면 부정, 국제 연맹 탈퇴, 재무장 선언 → 오스트리아 합병 후 체코슬로바키아의 수데텐란트 지방까지 요구 → 체코슬로바키아 전역 병합, 폴란드 단치히 요구, 독소 불가침 조약 체결(1939)

- 영국과 프랑스는 독일을 이용하여 공산주의 세력의 확대를 막고자 소련과 상의 없이 독일의 요구를 들어 줌
- 영국과 프랑스에 배신감을 느끼던 소련이 독일의 손을 잡음

② 이탈리아: 에티오피아와 전쟁(1935)

③ 일본: 중일 전쟁 발발(1937)

(2) 추축국 형성: 독일, 이탈리아, 일본의 3국 방공 협정 체결(1937) → 대외 침략 본격화

2. 제2차 세계 대전의 전개

(1) 발발: 독일의 폴란드 기습 침공(1939) → 영국과 프랑스의 대독 선전 포고

(2) 전개

① 독일: 북유럽 침략, 파리 점령(1940) → 발칸반도 점령(1941) → 독소 불가침 조약을 파기하고 소련 침략(1941) → 소련이 연합국 측으로 참전

- 북유럽이 전쟁 물자인 철광석 매장지였기 때문임

② 이탈리아: 독일 측에 가담하여 그리스와 북부 아프리카 침공

③ 일본: 동남아시아 침략, 남태평양으로 세력 확대 → 미국의 일본 제재(석유와 전쟁 물자의 수출 금지) → 하와이 진주만 기습 공격(태평양 전쟁, 1941) → 미국이 제2차 세계 대전 참전

- 중국과의 전쟁 장기화로 원유와 자원 확보가 중요해졌기 때문임

(3) 확대: 연합국(영국, 소련, 미국 등)과 추축국(독일, 이탈리아, 일본 등)의 맞대결 양상 → 전 세계로 전쟁 확대

3. 제2차 세계 대전의 종결

(1) 연합국의 승리: 미드웨이 해전(1942) → 스탈린그라드 전투(1942), 쿠르스크 전투(1943) → 이탈리아 항복 → 노르망디 상륙 작전(1944) → 베를린 진격(1945) → 독일 항복 → 미국의 원자 폭탄 투하(1945) → 일본 항복, 제2차 세계 대전 종결

- 약 6개월간 독일군과 소련군이 벌인 전투로, 200만 명이라는 단일 전투 최대의 사상자가 발생함

(2) 전쟁 종결 이후 상황: 파시즘과 제국주의의 몰락, 영국과 프랑스의 쇠퇴, 세계 질서의 새로운 중심축인 미국과 소련의 등장

중단원 핵심 확인하기 풀이

교과서 192쪽

1. 빈칸에 들어갈 알맞은 말을 써 보자.

(1) 1929년 미국 뉴욕의 주가 폭락으로 시작되어 전 세계적으로 확산된 경제 위기를 □□□(이)라고 한다.

(2) 일본은 1941년 12월 미국의 하와이 □□□을/를 기습하여 태평양 전쟁을 일으켰다.

(1) 대공황 (2) 진주만

2. ㉠, ㉡ 중 알맞은 것을 골라 보자.

(1) 대공황을 극복하는 방안으로 열강들은 (㉠ 경제 블록, ㉡ 금본위제) 체제를 선택하였다.

(2) 이탈리아의 (㉠ 무솔리니, ㉡ 히틀러)은/는 로마 진군을 통해 정권을 획득하였다.

(1) ㉠ 경제 블록 (2) ㉠ 무솔리니

3. 옳은 내용은 ○표, 틀린 내용은 ×표를 해 보자.

(1) 독일은 폴란드를 침공하기 전에 프랑스와 불가침 조약을 체결하였다. (×)

(2) 독일군은 스탈린그라드 전투에서 소련에 패하였다. (○)

4. 제시된 용어를 3개 이상 사용하여 태평양 전쟁의 전개 과정을 문장으로 완성해 보자.

미드웨이 해전 | 진주만 기습 | 원자 폭탄 투하 | 소련 참전 | 중일 전쟁 | 스탈린그라드 전투

• 일본은 진주만을 기습하여 태평양 전쟁을 일으켰으나 미드웨이 해전에서 패하면서 불리해졌고, 결국 미국이 원자 폭탄을 투하하자 무조건 항복하였다.

도입 활동 풀이

교과서 도입 01 대공황

교과서 186쪽

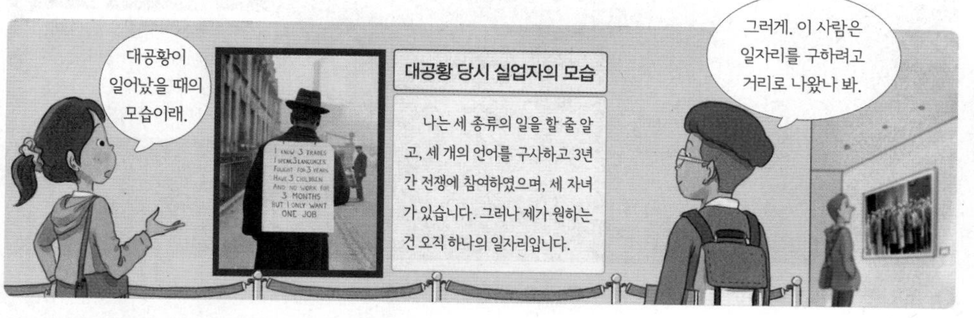

왜 이렇게 일자리를 구하기가 어려웠을까?

도입 예시 답안 |
- 제1차 세계 대전 이후에 닥친 경제 위기 때문에 기업들이 문을 닫으면서 실업자들이 늘어났기 때문이다.
- 주가가 대폭락하여 기업과 은행의 도산이 이어졌기 때문이다.

| 도입 보충 |

1929년 미국 시카고의 한 식당 앞에서 무료로 주는 스프를 받기 위해 줄 선 실업자들이다. 미국의 주가 대폭락은 기업과 은행의 도산으로 이어져 실업자가 증가하였고, 이는 소비의 감소를 야기하여 또 다른 기업이 파산하는 등 악순환이 계속되었다.

도입 plus 루스벨트의 대공황 극복을 위한 노력

우리의 일차적인 최대 과업은 사람들을 취업시키는 일입니다. 이 문제는 우리가 현명하게 용기를 가지고 대처한다면 해결할 수 있습니다. 전시에 비상사태를 처리하는 경우처럼 정부가 직접 사람을 모집한다면 어느 정도는 이 과업을 성취할 수 있습니다. 동시에 이러한 고용을 통해 우리나라 천연자원의 이용을 촉진하고 재편성하는 것과 같은 매우 긴요한 계획을 성취할 수도 있습니다.

– 루스벨트 대통령 취임 연설

루스벨트는 대공황 시기에 미국의 대통령으로 취임하였다. 그는 대공황을 해결하고자 전통 자본주의의 자유방임주의 경제 원칙을 일부 포기하고, 경제 부문에 정부 개입을 확대하는 수정 자본주의 정책으로 전환하였다. 이에 따라 주요 농산물의 과잉 생산을 제한하고 농민에게 보조금을 지급하는 내용을 담은「전국 산업 부흥법」, 산업 부문의 생산을 조절하고 최저 가격과 노동 시간을 규정한「농업 조정법」, 공공 부조 체제의 시행을 내용으로 하는「전국 노동 관계법(와그너법)」등이 제정되었다. 이 법들을 바탕으로 정부가 주도하는 가운데 정부와 산업 간의 협동, 자본과 노동과의 협력, 고용 증대, 구매력 증진, 농산물과 공산품의 가격 회복 등을 촉진하고 노동자의 권익을 신장하였다. 그리고 '민간 자원 보존단'과 '공공 사업 진흥국' 등의 기관을 설치하여 테네시강 유역 개발 공사와 같은 대규모 공공사업 정책을 추진하였다. 민간 자원 보존단은 젊은이들에게 나무 심기, 산불 끄기, 둑 건설 등을 맡김으로써 9년 동안 3백만 명에게 일자리를 만들어 주었고, 공공 사업 진흥국은 도로, 다리, 공항, 공원 등을 건설하여 8년 동안 850만 명에게 직업과 급여를 보장해 주었다.

교과서 도입+ 02 파시즘과 군국주의

교과서 188쪽

우리 아빠는 독일군 사령관이야.
네 아빠는 어디 있어?
이 농장 사람들은 왜 숫자가 써진 줄무늬 파자마만 입고 있니?

– 마크 허만, 「줄무늬 파자마를 입은 소년」

독일인 소년의 질문에 유대인 소년은 뭐라고 대답하였을까?

도입 예시 답안 | 여기는 유대인 수용소야. 우리 아빠는 독일 군인들이 와서 끌고 갔어.

| 도입 보충 |

제2차 세계 대전 당시 독일의 나치당은 유럽 전역의 유대인을 수용소로 몰아넣은 후 강제 노동을 시켰고, 기력이 떨어지면 샤워실로 위장한 가스실에서 죽였다. 제2차 세계 대전 중에 600여만 명의 유대인이 나치당에 의해 살해당하였다.

교과서 도입 03 제2차 세계 대전

교과서 190쪽

왼쪽의 포스터는 제2차 세계 대전 당시 연합군 측이 제작한 것이다. 프랑스, 영국, 미국, 소련이 나치의 상징인 갈고리 십자가를 부수고 있다.

이 포스터에 어울리는 표어를 써 보자.

도입 예시 답안 |
- 단결하여 무찌르자, 나치!
- 연합국이여, 단결하라! 나치는 우리의 적!

| 도입 보충 |

포스터에 '단결하면 우리는 강합니다. 단결하면 우리는 승리할 것입니다.'라고 적혀 있다. 연합국 측은 다양한 선전 매체를 통해 연합국의 단결을 촉구하고 동시에 추축국을 위축시키고자 하였다.

도입 plus+ 아우슈비츠 수용소

폴란드 남부에 위치한 도시인 아우슈비츠(Auschwitz)의 수용소는 히틀러의 명령으로 1940년에 설치되었으며, 독일의 나치에 의해 이른바 '가스 학살'이 자행된 대표적인 곳이다. 나치는 끌려온 유대인들을 선별하여 젊고 능력 있는 성인들은 강제 노동 수용소로 보내고, 병자와 노약자 및 어린이들은 잔인한 방법으로 학살하였다. 이렇게 학살된 사람이 이곳에서만 백만 명이 넘는 것으로 알려져 있다. 이외에도 트레블링카, 소비보르, 벨제크 수용소 등은 독가스 학살이 자행된 죽음의 수용소였다. 전쟁 중 나치 독일에 의해 희생된 유대인은 약 600만 명에 달하는 것으로 알려져 있다.

'노동이 그대를 자유롭게 하리라.'라는 문구가 쓰인 수용소 입구

우리(유대인 여성들)가 끌려 들어간 방은 샤워장 같이 보이는 방이었습니다. …… 울고 있는 사람들도 있었고, 서로에게 소리 지르는 사람들도 있었고, 서로 주먹질을 하는 사람들도 있었습니다. …… 그런데 갑자기 꼭대기의 아주 조그만 창문에서 연기가 쏟아져 들어오는 것이 눈에 띄었습니다. 격렬한 기침이 걷잡을 수 없이 터져 나왔고, 눈에서는 눈물이 줄줄 흘러나왔으며, 목을 졸리는 것 같은 느낌이 일어났습니다. …… (병원으로 옮겨져) 6주일 있었습니다. 가스 때문에 두통과 심장 장애를 자주 겪었고, 맑은 공기를 쐴 때마다 눈에 눈물이 가득 괴었습니다.

– 소피아 리트빈슈카, 「아우슈비츠 가스실」, 1941

역사 탐구 풀이 및 보충

역사 탐구 히틀러의 파시즘

교과서 189쪽

연설하는 히틀러

피가 섞여 낮은 수준으로 인종적 결합이 이루어지는 것은 문화가 파괴되는 이유이다. …… 이 세상에서 순수하지 않은 모든 인종은 쓸모없는 것이다. 인종이 독에 의해 감염되는 시대에, 가장 최고의 순수한 인종적 요소를 배양하는 데 헌신하는 국가는 어느 날 세계를 제패하는 국가가 되어 있을 것이다. ……

(가) 들은 인종적으로 개인을 감염시켜, 인종적 순수성을 없애려는 체계적 시도를 하고 있다. …… 이 모든 것에 있어 (가) 들에 대한 생각은 명확하다. 독일의 볼셰비키화, 즉 (가) 들의 세계 경제 금융의 멍에 아래, 독일 민족 지식인들을 파괴하고 독일 노동을 착취하는 것이다. 이는 세계를 정복하려는 (가) 세력 팽창의 전주곡이다.

– 히틀러, 『나의 투쟁』

1. (가)에 들어갈 알맞은 말을 써 보자.

정답 풀이 | 유대인

2. 무솔리니의 파시즘과 히틀러의 파시즘이 보이는 공통점과 차이점은 무엇일까?

정답 풀이 | 히틀러의 파시즘은 개인의 자유를 억압하는 권위주의적 지배 체제라는 점에서 무솔리니의 파시즘과 유사한 경향을 보였으나, 아리아인의 영광을 강조하고 유대인의 멸절을 지시하는 등 인종주의를 강조하였다는 점에서 차별화된다. 히틀러는 민족 공동체를 유기체로 보아 병들고 쇠약해지면 병균을 제거하여 다시 건강을 되찾는 것으로 간주하였다.

친절한 활동 길잡이

이 활동을 통해 유럽을 제2차 세계 대전의 소용돌이로 휩쓸고 간 파시즘에 관해 알아보고, 히틀러의 파시즘과 무솔리니의 파시즘의 차이를 비교하도록 한다.

자료 이해 확인 문제

1. 독일의 파시즘은 극단적인 민족주의와 반유대주의를 표방하였다. (○ / ×)

2. 히틀러의 파시즘은 공산주의와의 협력를 강조하였다. (○ / ×)

>> 정답 1. ○ 2. ×

탐구 plus 나치즘의 인종주의와 유대인 학살

나치 독일의 유대인 학살

지역(국가)	학살 피해자 수(명)	지역(국가)	학살 피해자 수(명)
폴란드	최대 300만	유고슬라비아	6만 이상
소련	80만 이상	그리스	6만 이상
루마니아	40만	오스트리아	6만 이상
체코슬로바키아	26만	벨기에	2만 4천 이상
헝가리	18만 이상	에스토니아	2천
리투아니아	13만 이상	노르웨이	1천 미만
독일	15만 이상	룩셈부르크	1천 미만
네덜란드	10만 이상	그단스크	1천 미만
라트비아	8만	합계	500만 이상

– 알레산드라 미네르비, 『사진으로 읽는 세계사 2 나치즘』

히틀러가 이끄는 나치 체제의 중요한 특징 중 하나는 극단적인 인종주의였다. 그는 '게르만족은 모든 인류 중에서 가장 우수한 종족인 반면, 유대인은 가장 열등하고 해악적인 인종이므로 그들을 격리하거나 없애야 한다.'라고 주장하며 많은 유대인을 학살하였다.

1935년에 통과된 법들은 유대인과 유대계 혈통을 지닌 사람들의 독일 시민권을 박탈하고 유대인과 여타 독일인과의 결혼을 금지하였다. 또한 유대인들은 외출을 할 때 다윗의 별을 달도록 강요당하였다. 제2차 세계 대전이 시작된 후, 나치는 주로 동유럽과 소련에 살던 수백만 명의 유대인들을 강제 수용소 또는 그들의 생활 터전에서 살해하였다.

실력 확인 문제

단답형

01 (가)에 들어갈 알맞은 말을 쓰시오.

> (가) 은/는 1929년 10월에 일어난 뉴욕 증권 시장의 주가 대폭락을 계기로 하여 1930년대에 엄습한 세계적 불황을 말한다.

(   )

중요

02 다음 상황의 원인으로 가장 적절한 것은?

> 화폐 가치가 터무니없이 폭락하고, 세금은 오르고, 국민의 지불 여력은 하락하고, 정부의 세수가 크게 줄었으며, 보호 무역으로 무역 장벽이 세워지고, 산업체 전 부문이 활기를 잃어 침체되었고, 농민들은 작물을 내다 팔 시장이 없고, 은행 파산으로 수년 간 힘들게 모은 예금이 하루아침에 증발되어 버린 가구의 수가 수천에 이르고 있습니다. – 루스벨트

① 대공황의 발생
② 사회주의의 등장
③ 산업 혁명의 확산
④ 제1차 세계 대전의 발발
⑤ 자유방임주의 경제 정책의 실시

03 (가)에 들어갈 용어로 옳은 것은?

> (가) 은/는 1930년대 대공황 확산 당시에 선진 자본주의 국가들이 대공황의 위기에서 벗어나기 위해 본국과 식민지를 묶는 경제권을 형성하여 자본과 시장을 독점하려고 한 자급자족적 경제 구조이다.

① 파시즘 ② 나치즘
③ 뉴딜 정책 ④ 경제 블록
⑤ 산업 혁명

고난도

04 (가) 시기에 볼 수 있는 모습으로 적절하지 않은 것은?

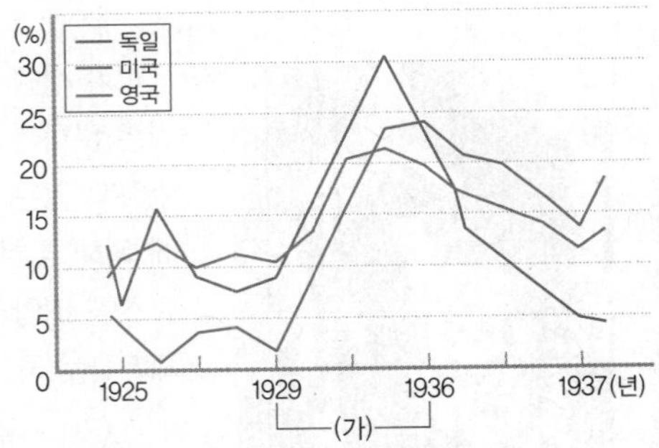

▲ 세계 주요 국가의 실업률

① 이윤 감소로 문을 닫는 공장
② 주가 폭락으로 파산한 투자자
③ 보이지 않는 손에 따라 움직이는 시장
④ 무료 급식소에서 배식을 기다리는 실업자
⑤ 소비되지 못하고 창고에 쌓이는 재고 물품

05 밑줄 친 '조치'에 해당하는 것만을 보기에서 고른 것은?

> 제1차 세계 대전 이후 미국은 세계 최대의 공업국이자 채권국이 되어 호경기를 누렸다. 그러나 늘어나는 생산과 투자를 소비가 따라가지 못하면서 시장의 마비, 기업·은행의 파산, 실업자 폭증 등의 사태가 나타났다. 이에 루스벨트는 특단의 조치로 이를 극복하고자 하였다.

보기
ㄱ. 식민지 건설
ㄴ. 경제 블록 형성
ㄷ. 테네시강 유역 개발
ㄹ. 실업자에게 수당 지급

① ㄱ, ㄴ ② ㄱ, ㄷ ③ ㄴ, ㄷ
④ ㄴ, ㄹ ⑤ ㄷ, ㄹ

06 **다음 자료와 관련된 설명으로 옳은 것은?**

> 파시스트의 국가 개념은 모든 것을 포괄하며, 국가를 떠나서는 인간과 영혼의 가치도 존재하지 않는다. …… 국민이 국가를 발생시키는 것이 아니라 국가가 국민을 창조한다. …… 파시즘은 영구 평화의 가능성을 믿지 않는다. …… 오직 전쟁만이 인간의 힘을 최고조에 이르게 하고, 이에 직면할 용기를 가진 국민에게 고귀함을 부여한다.
>
> -『파시즘 독트린』

① 히틀러에 의해 제기되었다.
② '집단의 강함'을 강조하였다.
③ 개인의 자유가 최우선시되었다.
④ 인종주의를 전제로 성립되었다.
⑤ 일본에서 유럽으로 확산되었다.

중요

07 **다음 주장을 한 인물에 대한 설명으로 옳은 것은?**

> 가장 최고의 순수한 인종적 요소를 배양하는 데 헌신하는 국가는 어느 날 세계를 제패하는 국가가 되어 있을 것이다. …… (그러나) 유대인들은 인종적으로 개인을 감염시켜, 인종적 순수성을 없애려는 체계적 시도를 하고 있다. …… 이 모든 것에 있어 유대인들에 대한 생각은 명확하다. 독일의 볼셰비키화, 즉 유대인들의 세계 경제 금융의 명에 아래, 독일 민족 지식인들을 파괴하고 독일 노동을 착취하는 것이다.
>
> -『나의 투쟁』

① 사라예보 사건을 일으켰다.
② 진주만을 기습 공격하였다.
③ 로마 진군으로 정권을 장악하였다.
④ 원자 폭탄 투하를 계기로 항복하였다.
⑤ 국제 연맹을 탈퇴하고 재무장을 선언하였다.

08 **(가)에 들어갈 인물로 옳은 것은?**

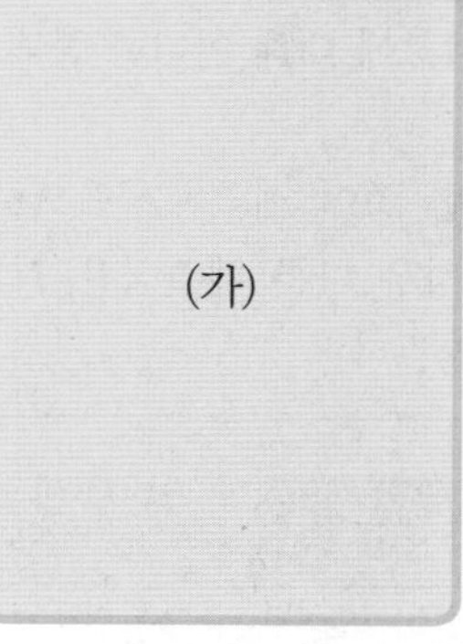

1. 생몰 연도: 1889~1945
2. 주요 활동: 비밀경찰(게슈타포)과 친위대(SS) 창설, 독일 총통 취임, 3국 방공 협정 체결

① 레닌 ② 스탈린
③ 히틀러 ④ 루스벨트
⑤ 무솔리니

단답형

09 **(가)에 들어갈 알맞은 말을 쓰시오.**

> 오스트리아를 강제로 합병한 독일은 체코슬로바키아의 수데텐란트 지방까지 요구하였다. 영국과 프랑스는 독일을 이용하여 [(가)]의 확산을 막으려는 의도에서 독일의 요구를 들어주었다.

( )

10 **다음 사건들을 일어난 순서대로 바르게 나열한 것은?**

> ㄱ. 일본의 진주만 기습
> ㄴ. 독일의 폴란드 침공
> ㄷ. 독소 불가침 조약 체결
> ㄹ. 이탈리아의 에티오피아 침공

① ㄱ－ㄴ－ㄷ－ㄹ
② ㄱ－ㄷ－ㄴ－ㄹ
③ ㄴ－ㄱ－ㄹ－ㄷ
④ ㄷ－ㄹ－ㄴ－ㄱ
⑤ ㄹ－ㄷ－ㄴ－ㄱ

11 다음 조약이 체결된 시기를 연표에서 옳게 고른 것은?

> **제1조** 독일과 소련은 독립적으로 또는 다른 세력과 연합하여 서로에 대해 어떠한 공격도 하지 않는다.
>
> **제2조** 조약 체결국 한 쪽이 제3의 세력으로부터 공격을 받을 경우 다른 체결국은 그 세력을 지원하지 않는다.

	(가)		(나)		(다)		(라)		(마)	
사라예보 사건 발생		베르사유 조약 체결		대공황 시작		독일, 국제 연맹 탈퇴		중일 전쟁 발발		독일, 폴란드 기습 침공

① (가) ② (나) ③ (다)
④ (라) ⑤ (마)

단답형

13 밑줄 친 '이 전투'의 이름을 쓰시오.

> 전투는 시가에 대한 독일 공군의 무차별 폭격으로 시작되었다. 8월 23일 독일 공군 폭격기 600대가 도시에 공격을 개시해서 불지옥으로 만들었고, 시민 약 4만여 명 이상이 사상하는 참혹한 결과를 낳았다. 소련의 지휘부는 시내로 병력을 추가 투입하는 것으로는 독일군을 격퇴할 수 없음을 깨닫고 대규모 공세를 통해 전세를 뒤집으려 하였다. 독일군을 시내에 붙잡아두고, 양 측면을 공격하여 독일군을 포위하였다. 혹독한 러시아의 겨울 추위가 볼가강을 결빙시키면서 독일군은 완전히 고립되었다. <u>이 전투</u>는 200만 명의 사상자가 발생하여 단일 전투 역사상 최고치를 기록하였으며, 유럽에서의 전세를 연합군 측에게 유리하게 역전시키는 계기가 되었다.

( )

고난도

12 다음 보도가 나온 시기를 연표에서 옳게 고른 것은?

> 오늘 오전 4시, 소련에 대해 어떠한 청구도 제시되지 않은 채, 선전 포고도 없이, 독일군은 우리 나라를 공격하고 많은 장소에서 우리 국경을 공격하였으며 …… 자국의 항공기로부터 우리 도시에 폭탄을 투하하였다. …… 우리 나라에 대한 이 전대미문의 공격은 문명 국민의 역사에서 전례가 없는 배신행위이다. 소련과 독일의 사이에는 불가침 조약이 체결되어 소비에트 정부가 이 조약의 모든 조건을 성실히 이행하였음에도 불구하고 우리 나라에 대한 공격이 이루어졌다.

	(가)		(나)		(다)		(라)		(마)	
만주 사변 발생		중일 전쟁 발발		독일, 폴란드 침공		미드웨이 해전 발발		노르망디 상륙작전		나가사키에 원자폭탄 투하

① (가) ② (나) ③ (다)
④ (라) ⑤ (마)

중요

14 (가) 시기에 볼 수 있었던 모습으로 적절한 것만을 보기에서 고른 것은?

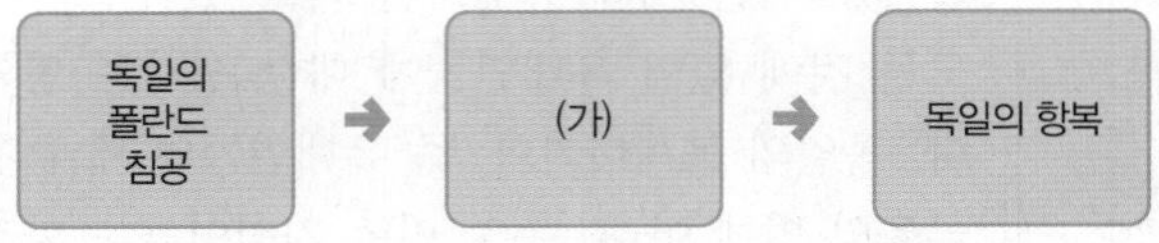

보기

ㄱ. 원자 폭탄을 적진에 투하하는 미군
ㄴ. 쿠르스크 전투에서 승리하는 소련군
ㄷ. 노르망디 상륙 작전에 성공하는 연합군
ㄹ. 독소 불가침 조약에 서명하는 독일 대표

① ㄱ, ㄴ ② ㄱ, ㄷ ③ ㄴ, ㄷ
④ ㄴ, ㄹ ⑤ ㄷ, ㄹ

15 다음 항복 선언이 나온 배경으로 가장 적절한 것은?

> 실로 짐은 일본의 자존과 동아시아의 안정을 확보하려는 진심 어린 바람에서 미국과 영국에 전쟁을 선포했을 뿐, 다른 나라의 주권을 침해하거나 영토를 확장하려는 생각은 추호도 없었다. …… 더욱이 적은 잔인하기 짝이 없는 폭탄을 새로이 사용해 무고한 생명을 무시로 빼앗기 시작했으니 그 피해가 실로 어디까지 갈지 헤아릴 수 없구나. 이 이상 교전을 계속한다면 일본 한 나라의 파괴와 소멸로만 끝나는 것이 아니라 인류 문명 전체의 절멸로 이어질 것이니라.

① 원자 폭탄이 투하되었다.
② 킬 군항에서 반란이 일어났다.
③ 독일이 폴란드를 기습 침공하였다.
④ 노르망디 상륙 작전이 단행되었다.
⑤ 미드웨이 해전에서 미국이 승리하였다.

중요

16 다음과 같은 결과를 초래한 전쟁에 대한 설명으로 옳지 않은 것은?

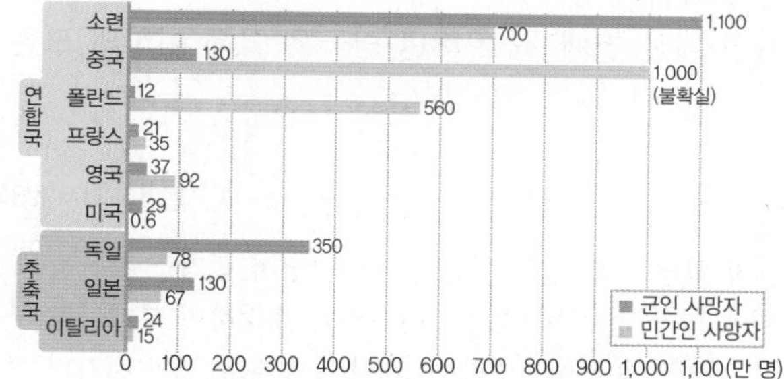

① 독일의 폴란드 침공으로 시작되었다.
② 일본은 미드웨이 해전에서 패배하였다.
③ 미국의 원자 폭탄 투하로 태평양 전쟁이 종결되었다.
④ 독일의 무제한 잠수함 작전이 미국의 참전을 가져왔다.
⑤ 연합국은 노르망디 상륙 작전의 성공 이후 파리를 회복하였다.

서술형

정답과 해설 314쪽

17 (가)에 해당하는 대표적인 사례와 그 성과에 대해 서술하시오.

> 우리의 일차적인 최대 과업은 사람들을 취업시키는 일입니다. …… 전시에 비상사태를 처리하는 경우처럼 (가) 정부가 직접 사람을 모집한다면 어느 정도는 이 과업을 성취할 수 있습니다. 동시에 이러한 고용을 통해 우리 나라 천연자원의 이용을 촉진하고 재편성하는 것과 같은 매우 긴요한 계획을 성취할 수도 있습니다.
>
> – 루스벨트 대통령 취임 연설

18 밑줄 친 '처지'와 '대응책'에 해당하는 내용을 서술하시오.

> 경제 대공황의 위기를 극복하고자 미국은 전통 자본주의의 방임주의 경제 원칙을 포기하고 뉴딜 정책을 시행하였다. 영국, 프랑스는 보호 무역주의를 내세우며 본국과 식민지를 연결하는 경제 블록을 만들었다. 그러나 이탈리아, 독일 등은 처지가 달랐기 때문에 대응책도 달랐다.

교과서 196~209쪽

민주주의의 확산~인권 회복과 평화 확산을 위한 노력

01 공화정의 확산

1. 독일에서의 공화국 등장

(1) 출범: 독일 제국이 혁명으로 붕괴 → 바이마르 공화국 출범(1919. 8.)
└ 20세 이상의 남녀 보통 선거로 선출된 국회에서 바이마르 헌법을 공포함

(2) 바이마르 헌법: 남녀 보통·직접 선거와 내각제 규정, 노동자의 단결권과 단체 교섭권 인정
└ 자유주의와 민주주의를 기본으로 한 헌법으로, 근대 헌법상 처음으로 소유권의 의무성과 인간다운 생존을 보장하여 20세기 현대 헌법의 전형이 되었다는 평가를 받음

(3) 위기: 패전으로 인한 정치 불안, 인플레이션 지속

(4) 극복: 화폐 개혁, 차관 도입 → 1920년대 후반 경제 회복, 정치 안정

2. 민주주의의 유럽 확산

(1) 배경: 연합군이 제1차 세계 대전의 목적을 '민주주의를 위한 세계의 안전'으로 규정, 민주주의의 실현이 전쟁 방지라는 인식 확산

(2) 공화정의 확산
① 오스만 제국: 제정 붕괴 후 튀르키예 공화국 수립
② 헝가리, 폴란드 등: 패전국의 식민지였던 나라들 대부분이 민족 자결주의 원칙에 따라 독립하여 공화정 선택
③ 핀란드 등: 러시아로부터 독립한 국가들이 공화정 채택

바이마르 공화국
1918년 독일에서 일어난 혁명으로 1919년에 성립되었으나 1933년 히틀러가 나치스 정권을 수립하면서 붕괴되었다. 바이마르에 소집된 국민 의회에서 그 골격을 규정한 바이마르 헌법이 채택되었기 때문에 바이마르 공화국으로 불리게 되었다.

보충 튀르키예 공화국 수립

▲ 튀르키예 공화국 수립 기념일 행사
튀르키예 공화국이 선포된 10월 29일은 '공화국 기념일'로 지정되었다. 튀르키예 공화국을 세운 무스타파 케말은 "나의 가장 큰 업적은 공화국입니다."라고 말하였다.

02 민주주의의 발전

1. 노동자의 권리 확대

(1) 19세기의 선거권 확대 시도: 성별과 재산에 따른 선거권 제약 → 차티스트 운동(1837) 전개(노동자들의 보통 선거와 비밀 투표 주장) → 의회의 거부

(2) 선거권 확대
① 배경: 제1차 세계 대전 중 노동자 계층이 군인이 되거나 무기와 물자를 생산하며 전쟁에 참여 → 사회적 지위 향상
② 결과: 재산에 따른 선거권 제한 철폐 → 1918년 영국은 21세 이상의 모든 성년 남자에게 선거권 부여

보통 선거
성별이나 재산 등과 관계 없이 일정 연령이 넘으면 누구에게나 선거권을 주는 제도이다.

자료 이해하기 영국의 선거권 확대 과정

교과서 198쪽

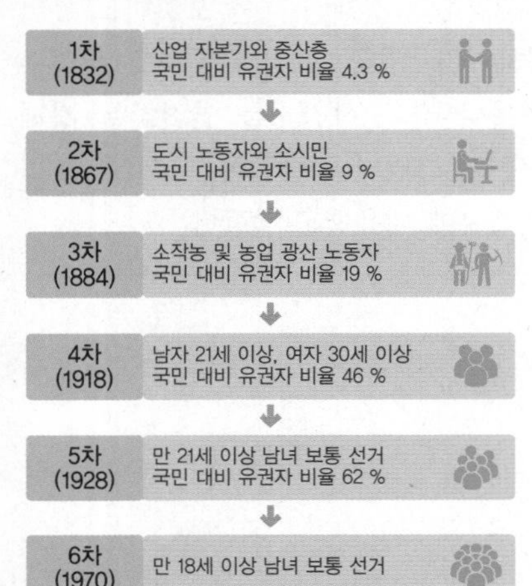

| 내용 알기 | 영국에서는 산업 혁명 이후 인구 이동이 늘어나면서 선거구 재조정을 요구하는 목소리가 커졌다. 이에 영국 정부는 1832년 선거법을 개정하여 부패 선거구를 없애고 신흥 상공업자에게도 선거권을 부여하였다. 그러나 노동자들은 이 시기의 선거법 개정을 통해 선거권을 보장받지 못하였다. 그리하여 노동자들은 「인민헌장」을 발표하고 참정권 확대를 요구하는 차티스트 운동(1837)을 전개하였다. 이 운동은 곧바로 성공하지는 못하였으나, 제2차(1867), 제3차(1884) 선거법 개정을 통해 소작인, 농업 노동자, 광산 노동자에게도 참정권이 부여되고, 비밀 투표제가 확립됨으로써 영국 민주주의 발전에 기여하였다.

(3) 노동자의 권리 확대

① 배경: 노동자들의 선거권 확대 → 노동자를 기반으로 하는 정당 등장

제1차 선거법 개정으로 선거권이 확대되고 노동자 계층의 정치적 요구가 높아짐에 따라 1900년 창립됨. 영국의 노동당이 대표적

② 정책: 실업 보험(영국), 최저 임금제(미국), 8시간 노동제(소비에트 러시아) 등 → 유럽에 확산

2. 여성의 참정권 확대

(1) 여성 참정권 운동의 시작: 19세기 미국과 영국 중심 → 여성 참정권 주장 단체 결성(에멀린 팽크허스트의 여성 사회 정치 동맹), 집회·시위·청원 지속

(2) 여성의 참정권 확대

① 배경: 제1차 세계 대전 기간 중 여성의 경제적·사회적 활동 활발 → 간호 인력, 물자 생산 등으로 전쟁에 참여

② 유럽의 여성 참정권 인정: 제1차 세계 대전 후 민주주의 확대 과정에서 인정

③ 아시아·아프리카의 여성 참정권 인정: 제2차 세계 대전 후 독립 달성과 민주주의 도입 과정에서 인정

3. 민주주의의 위기

파시즘은 국가에 의한 통제, 엘리트에 의한 정치를 주장하며 불평등, 폭력, 인종주의, 제국주의, 전쟁 등을 신념으로 하므로 파시즘이 확산되었을 당시 유럽의 의회제 민주주의가 위기에 처하게 됨

(1) 파시즘의 등장: 민주주의의 위기 봉착

① 이탈리아 파시스트당: 언론과 출판의 자유 박탈, 파시스트당 이외 정당 금지, 노동조합 해산 등

② 독일 나치당: 의사당 방화 사건을 계기로 언론·집회·결사의 자유 제한, 바이마르 헌법의 정지 및 정부의 독재권을 규정한 「수권법」 제정, 나치 이외 정당 금지, 노동조합 해산, 노동자의 직업과 배치를 국가가 결정, 개인의 사생활 조사, 정권 반대자 처벌 등

(2) 인민 전선 형성

① 배경: 경제적 위기, 파시즘 단체의 활발한 활동

② 인민 전선: 파시즘에 반대하는 다양한 세력이 연합해 형성 → 프랑스 인민 전선의 집권(1936)

1930년대 후반 파시즘과의 전쟁 위기에 처해 결성된 반파시즘의 광범위한 통일 전선을 말함

1935년 사회당, 공산당, 급진 사회당 등이 인민 전선을 형성하고 이듬해 블룸을 수반으로 하는 인민 전선 내각이 발족함

실업 보험

사회 보험의 한 형태로 노동 능력이 있고 노동하려는 의사가 있지만 적당한 직업을 찾지 못하여 생계를 위협받는 자에게 생활을 보장해 주는 보험을 말한다.

에멀린 팽크허스트

영국의 급진파 여성 참정권론자로, 여성 사회 정치 동맹(Women's Social and Political Union)을 결성하여 여성 참정권 운동을 전개하였다. 제1차 세계 대전이 발발하자 운동을 중지하고 전시 체제에 적극 협력하였고, 이에 전후 정부는 30세 이상의 여성에게 선거권을 부여하는 법을 제출하여 통과시켰다. 이 법은 1928년 남자와 동일하게 21세 이상의 여성에게 선거권을 부여하는 내용으로 개정되었다.

의사당 방화 사건

독일 나치 정권 수립 직후인 1933년 2월 27일 밤, 베를린의 국회 의사당 건물이 불에 타 버린 사건이다. 나치는 이 사건을 공산주의자의 소행으로 여겨 다음 날 대통령 긴급 명령을 공포하고 반대파를 탄압하였다.

수권법

1933년 나치는 국회를 배제하고 법률을 제정할 수 있는 권한을 내각에 부여한 법을 통과시켰고, 이에 따라 바이마르 헌법 체제는 사실상 소멸되었다.

중단원 핵심 확인하기 풀이

교과서 200쪽

1. 빈칸에 들어갈 알맞은 말을 써 보자.

(1) □□□□ 헌법은 남녀 보통 선거와 노동자의 단결권 등을 인정하였다.

(2) 제1차 세계 대전 이후 패전국의 식민지가 □□ □□□□의 원칙에 따라 독립하였다.

(1) 바이마르 (2) 민족 자결주의

2. 관련 있는 내용을 옳게 연결해 보자.

(1) 바이마르 공화국 · · ㉠ 제정

(2) 오스만 제국 · · ㉡ 공화정

(3) 나치 · · ㉢ 파시스트 체제

(정답 연결: (1)–㉡, (2)–㉠, (3)–㉢)

3. 옳은 내용은 ○표, 틀린 내용은 ×표를 해 보자.

(1) 제1차 세계 대전 이후 영국에서 재산에 따른 선거권 제한이 사라졌다. (○)

(2) 히틀러는 수권법을 통과시키고 바이마르 공화국을 수립하였다. (×)

4. 제시된 용어를 3개 이상 사용하여 여성의 참정권이 확산된 까닭을 문장으로 완성해 보자.

참정권 전쟁 경제적·사회적 활동

노동당 민주주의 차티스트 운동

여성의 참정권이 확산된 이유는 전쟁 기간 동안 여성의 경제적·사회적 활동이 활발해졌기 때문이다.

난징 대학살

중일 전쟁 시기 난징을 점령한 일본군이 일으킨 대규모 학살 사건이다. 30여만 명의 민간인이 일본군에게 희생당하는 참극이 일어났다.

연합군의 독일 드레스덴 폭격

1945년 2월 13일부터 15일까지 벌어진 독일의 드레스덴에 대한 연합군의 폭격으로, 최소 35,000명이 희생되었으며, 도시 전체가 초토화되었다.

연해주 한인들의 중앙아시아 강제 이주(1937)

소련은 일본과의 전쟁을 앞두고 한인이 일본의 첩자 역할을 할 것이라는 군사적 우려를 해소하고, 중앙아시아의 낙후된 지역을 개간하려는 목적으로 한인을 강제 이주시켰다.

03 전쟁의 피해

1. 역사상 가장 처참한 전쟁

(1) 제2차 세계 대전의 양상: 인적·물적 자원이 대대적으로 동원된 전쟁 → 막대한 피해 발생

(2) 인적·물적 피해

① 인적 피해: 군인·민간인·대량 학살 피해자 등 약 5,500만 명 사망, 전쟁 범죄로 인한 심각한 인권 침해 발생

② 물적 피해: 유럽과 아시아의 많은 도시와 사회 기반 시설 파괴 → 도시와 산업 재건의 필요성 대두

2. 대량 학살

(1) 홀로코스트: 나치의 인종 차별 정책 → 정치범, 유대인, 집시 등을 강제 수용소에 수용하고 학살

(2) 난징 대학살: 1937년 일본의 중국 침략 이후 민간인 학살 → 난징에서 수십만 명의 민간인 학살

(3) 민간인 사망: 바르샤바, 베를린, 런던 등에서 대규모 공중 폭격으로 민간인 사망(연합군의 독일 드레스덴 폭격으로 최소 35,000명 사망)

3. 심각한 인권 침해 발생

(1) 강제 추방

① 소련의 한국인·소수 민족 강제 이주: 소련의 전쟁 대비 목적 → 중앙아시아로 강제 이주

② 나치의 폴란드인 강제 추방: 독일인 이주 목적

③ 연합국의 독일인 강제 추방: 종전 후 유럽에 흩어져 있던 독일인을 현재의 독일 지역으로 추방

(2) 일본의 식민지 물자와 인력 수탈

① 물적 수탈: 일본의 국가 총동원령 제정(1938)

1938년 4월 일제가 인적·물적 자원을 총동원하고자 제정·공포한 전시 통제의 기본법임

② 국민 징용령과 징병제: 식민지인을 노동자와 군인으로 동원

③ 일본군 '위안부': 1930년대 초부터 아시아 곳곳의 여성들을 강제로 끌고 가 인권을 유린함

일제가 노동력을 보충하고자 조선인을 강제 노동에 동원·종사하도록 한 일로, 이들은 주로 탄광, 금속 광산, 군수 공장과 같은 가혹한 노동 조건에서 혹사당함

자료 이해하기 유대인 학살, 홀로코스트

교과서 203쪽

아우슈비츠 수용소(폴란드 오시비엥침) 독일의 나치 정권이 유대인을 포함하여 약 400만 명을 학살하였던 곳이다. 현재 박물관으로 사용되고 있다.

| 내용 알기 | 홀로코스트(Holocaust)는 일반적으로 유대인들이 짐승을 통째로 태워 제사를 지내던 것을 일컫는 용어였으나 고유명사로 쓸 때는 제2차 세계 대전 중 나치 독일에 의해 계획적으로 자행된 유대인 대학살을 뜻한다. 소련을 침공한 히틀러는 유럽에 거주하는 모든 유대인을 체계적으로 학살하라는 명령을 내렸다. 이 명령에 따라 폴란드를 비롯한 여러 지역에 강제 학살 수용소가 세워졌고, 유럽 전역에서 유대인들이 이송되어 생체 실험, 총살, 가스실 사형 등의 방법으로 학살되었다. 그중 가장 악명이 높았던 곳이 폴란드에 위치한 아우슈비츠 수용소였다. 전쟁 중 나치에 의해 학살된 유대인은 약 600만 명에 이르는 것으로 추정되며, 이러한 끔찍한 학살에는 나치의 극단적인 인종주의가 자리 잡고 있었다.

04 평화를 위한 노력

1. 국제 연합의 창설

(1) 배경: 국제 연맹의 한계(국제 분쟁을 해결할 수단 부재, 미국의 불참 등) → 제2차 세계 대전의 발발 방지 실패

(2) 전후 처리와 평화 유지를 위한 노력

① 대서양 헌장(1941): 국제 연합 창설의 기초 마련

② 샌프란시스코 회의(1945): 국제 연합 창설 결정

(3) 국제 연합의 출범(1945)

① 목표: 평화와 안전 유지, 국제 우호 증진

② 특징: 안전 보장 이사회의 결의는 총회보다 우선, 국제 분쟁에 개입할 제재 수단 보유

2. 평화의 모색

(1) 전범 재판: 제2차 세계 대전 종결 후 전쟁 범죄자를 처벌하기 위해 열린 재판

① 목적: 침략 전쟁을 범죄로 간주하고 비인도적 행위에 대한 책임 추궁

② 재판 사례

뉘른베르크 국제 군사 재판	주동자에게 사형 선고, 나치의 만행이 드러남, '인도(人道)에 반한 죄'라는 개념 최초 등장
극동 국제 군사 재판	일본 총리를 비롯한 전쟁 주도자에게 사형 선고 → 천황이 재판에 넘겨지지 않고 전쟁 범죄(731부대의 생체 실험 등)를 제대로 밝히지 않은 한계

(2) 인권 선언

① 국제 연합 헌장(1945): 인권과 자유의 신장 표방

② 「세계 인권 선언」(1948): 기본적 인권, 인간의 존엄성과 가치, 남녀의 동등한 권리 제시

대서양 헌장

1941년 미국의 루스벨트 대통령과 영국의 처칠 총리 사이에 이루어진 공동 선언이다. 영토 불확대, 민족 자결, 통상·자원의 기회 균등, 사회 보장, 안전 보장 등 제2차 세계 대전 및 전후 처리의 원칙을 명시하였다.

샌프란시스코 회의

1945년 4월 연합국 50개국 대표가 참가하여 개최된 국제회의로, 국제 연합 헌장 초안이 심의되었다. 국제 연합 헌장을 채택하였으며, 제2차 세계 대전의 전후 처리와 국제 평화 문제를 토의하였다.

국제 연합 조직도

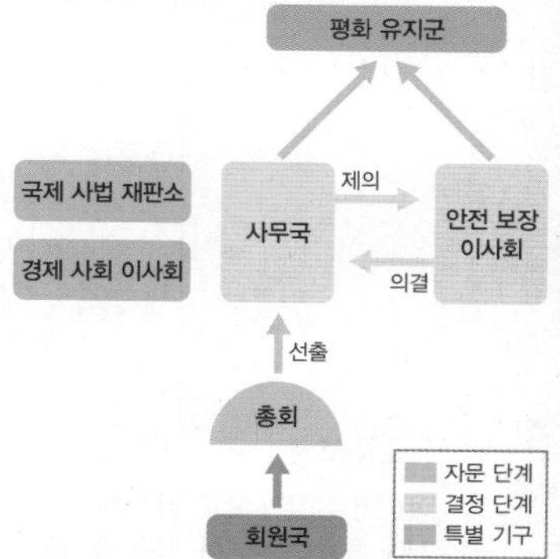

중단원 핵심 확인하기 풀이

교과서 206쪽

1. 빈칸에 들어갈 알맞은 말을 써 보자.

(1) 1945년 평화와 안전 유지, 국제 우호 증진을 목표로 □□□□이/가 출범하였다.

(2) 도쿄에서 □□ □□ □□ □□이/가 열려 도조 히데키 등에 사형을 선고하였다.

(1) 국제 연합 (2) 극동 국제 군사 재판

2. 관련 있는 내용을 옳게 연결해 보자.

(1) 나치 — ㉠ 홀로코스트

(2) 일본 — ㉢ 난징 대학살

(3) 소련 — ㉡ 강제 이주

3. 옳은 내용은 ○표, 틀린 내용은 ×표를 해 보자.

(1) 일본군 '위안부' 피해자들은 일본 정부의 진상 규명과 사죄를 요구하고 있다. (○)

(2) 난징에서 나치의 비인도적 행위를 단죄하려는 재판이 열렸다. (×)

4. 제시된 용어를 3개 이상 사용하여 국제 연합과 국제 연맹의 차이점을 문장으로 완성해 보자.

국제 분쟁 / 개입 / 제재 수단 / 국제 군사 재판 / 헌법 / 전쟁

국제 연맹과 달리 국제 연합은 국제 분쟁에 개입할 수 있는 제재 수단을 보유하였다.

도입 활동 풀이

교과서 196쪽

교과서 도입 01 공화정의 확산

| 도입 보충 |

공화정이란 일반적으로 세습 군주나 선거로 뽑힌 군주 이외의 개인 또는 집단이 통치하는 정치 형태이다. 민주주의·국민 주권주의·대의 정치 원리가 구현되는 정치 체제로, 우리나라 헌법 제1조 1항도 '대한민국은 민주 공화국이다.'이다.

● 두 그림에서 대표자가 되는 방법은 어떻게 다를까?

도입 예시 답안 | 왼쪽 그림은 왕위 세습으로, 오른쪽 그림은 선거로 대표자가 결정된다.

교과서 198쪽

교과서 도입 02 민주주의의 발전

| 도입 보충 |

여성의 참정권 요구 방식이 관공서에 돌을 던지거나, 폭탄 테러를 감행하는 등 과격한 면이 있어 이에 대한 비판도 있었다. 하지만 이로 인해 여성 참정권 운동은 정치권의 중요한 이슈로 떠올랐고, 후에 여성이 선거권을 쟁취하는 데 큰 역할을 하였다.

● 여성들이 행동으로 알리고자 했던 요구 사항은 무엇일까?

도입 예시 답안 | 성별에 따른 참정권 제한의 철폐를 요구하고 보통 선거를 주장하였다.

도입 plus+ 여성의 참정권 운동

▲ 체포되는 에멀린 팽크허스트(1921)

19세기에 여성들은 참정권을 얻고자 피켓을 들거나 홍보물을 나누어 주며 집회 및 시위를 전개하였고, 지식인이나 의회 의원들에게 호소를 하기도 하였다. 그러나 이러한 노력은 무시당하여 받아들여지지 않았다. 이에 영국에서는 울분에 찬 여성들이 자신들의 운동을 사회에 알리고 입법부에 경고를 보내기 위해 폭력 운동을 택하여 공공생활을 파괴하기 시작하였다. 에멀린 팽크허스트는 이러한 영국의 모든 여성 참정권 운동을 이끌었으며, 여성 사회 정치 동맹(WSPU)을 결성해 전투적인 여성 참정권을 전개하였다. 그녀는 "노예로 사느니 차라리 반란군이 되겠다."라고 외치며 무력시위를 전개하여 정부의 탄압을 받기도 하였다.

이러한 여성의 참정권 운동 결과 영국에서는 1928년부터 21세 이상의 모든 여성이 남성과 동등하게 참정권을 누릴 수 있게 되었다.

교과서 도입 03 전쟁의 피해

교과서 202쪽

서독의 총리 빌리 브란트가 홀로코스트 희생자 추모비 앞에 무릎을 꿇고 있다(1970).

고이즈미 일본 수상이 A급 전범의 위패를 보관한 야스쿠니 신사에 참배하려고 들어가고 있다(2006).

두 사진에 등장하는 인물이 보인 태도의 차이는 무엇일까?

도입 예시 답안 | 역사적 비극에 대해 빌리 브란트 독일 총리는 반성의 태도를 보이는 반면, 고이즈미 일본 수상은 반성이나 사과의 모습이 보이지 않는다.

| 도입 보충 |

현재 일본 수상인 아베는 참의원에서 "어려움을 겪었던 분들에게 동정을 느끼며, 그들이 당시 그런 상황에 놓이게 된 것에 대해 총리로서 지금 당장 사과한다."라고 말했지만, 여전히 강제 동원 사실은 인정하지 않고 있다.

교과서 도입 04 평화를 위한 노력

교과서 205쪽

포스터에서 말하고자 하는 것은 무엇일까?

도입 예시 답안 |
- 전쟁의 확산을 막기 위해 여러 국가가 연합하자.
- 다시 전쟁이 일어나지 않도록 여러 국가가 함께 노력하자.

| 도입 보충 |

제2차 세계 대전에서는 가공할 살상 무기가 대거 동원되어 막대한 재산과 인명 피해를 가져왔다. 이에 인류는 전쟁이 끝난 뒤 무기 감축 등 평화 구축을 위한 다양한 노력을 모색하였다.

도입 plus 독일의 과거사 반성

5월 8일은 해방의 날이었습니다. 이날 우리는 모두 인간을 인간으로 보지 않은 나치스의 폭력 체제로부터 해방되었습니다. 5월 8일은 기억하기 위한 날입니다. 우리는 모두 죄가 있건 없건, 나이가 많건 적건 우리의 과거를 받아들여야 합니다. 이제 새로운 세대가 정치적 책임을 질 수 있을 정도로 성장하였습니다. 우리 젊은이들이 40년 전 일어난 일에 대한 책임이 있는 것은 아닙니다. 그러나 그로 인해 앞으로 야기될 일들에 대해서는 그들에게도 책임이 있습니다. 우리는 기억을 생생히 간직하는 것이 왜 그렇게 중요한가를 젊은 그들이 이해할 수 있도록 도와야 합니다. 5월 8일 오늘, 할 수 있는 똑바로 진실을 마주 대합시다.

– 독일 대통령의 1985년 5월 8일 기념행사 연설

전쟁을 되풀이하지 않기 위해서는 지난날의 잘못을 철저히 비판하고 반성하는 자세가 필요하다. 독일은 1970년 빌리 브란트 총리가 유대인 위령탑 앞에서 나치 독일의 잘못을 무릎 꿇고 사과하였으며, 1996년에는 아우슈비츠 해방일인 1월 27일을 '홀로코스트 기억의 날'로 지정하였다. 또한 2019년에는 프랑크 발터 슈타인마이어 독일 대통령이 폴란드 중부 비엘룬에서 열린 전쟁 발발 80주년 행사에 참석해 거듭 용서를 구하는 등 제2차 세계 대전 당시에 나치가 저지른 만행에 대한 사죄를 끊임없이 이어 오고 있다.

역사 탐구 풀이 및 보충

역사 탐구 여성 참정권 확대 운동

교과서 199쪽

친절한 활동 길잡이

이 활동의 핵심은 여성 참정권의 확대 과정을 이해하는 것이다. 두 여성 참정권 운동가의 활동을 살펴, 당시 참정권 운동이 어떻게 이루어졌는지 상상해 보고 현재의 선거는 평등한지 생각해 본다.

| 자료 1 |

에밀리 데이비슨(1872~1913) 1913년 6월 4일 런던의 경마장에서 여성 참정권 운동가 에밀리 데이비슨이 달리던 왕의 말 앞으로 뛰어들어 사망하였다. 이 죽음을 계기로 여성 참정권 운동은 더욱 거세게 일어났다. 사진은 약 5만여 명이 모인 에밀리 데이비슨의 장례식 모습이다.

| 자료 2 |

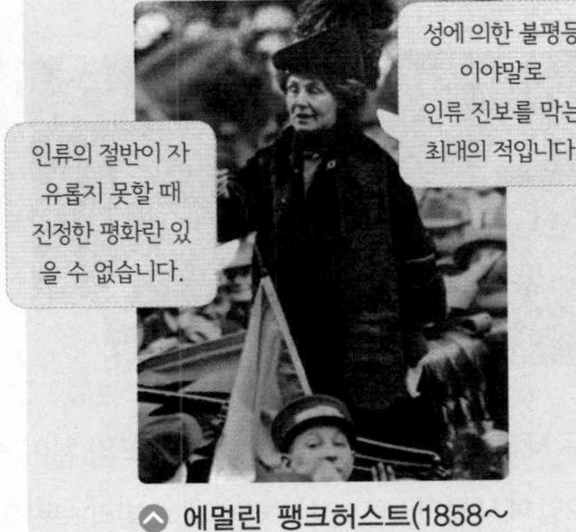

인류의 절반이 자유롭지 못할 때 진정한 평화란 있을 수 없습니다.
성에 의한 불평등 이야말로 인류 진보를 막는 최대의 적입니다.

에멀린 팽크허스트(1858~1928) 여성 사회 정치 동맹(WSPU)을 결성해 전투적인 여성 참정권 운동을 전개하였다.

자료 이해 확인 문제

1. 여성 참정권 요구는 제1차 세계 대전 이후에 등장하였다. (○ / ×)
2. 에멀린 팽크허스크는 여성 사회 정치 동맹을 통해 여성 참정권 운동을 전개하였다. (○ / ×)

>> 정답 1. × 2. ○

1. | 자료 1 |, | 자료 2 |의 두 운동가가 공통으로 주장한 것은 무엇인지 써 보자.

정답 풀이 | 여성도 참정권(선거권)을 갖게 해 달라.

2. 실질적으로 평등한 선거를 만들려면 무엇이 필요한지 이야기해 보자.

정답 풀이 |
- 투표 때문에 불이익을 받는 사람들이 없어야 한다.
- 평등한 선거가 가능한 법률이 제정되어야 한다.

탐구 plus 러시아 혁명과 여성 해방

부엌 밖에 공동 식당이 있고, 여성들은 공놀이를 즐기고 있는 모습이 담긴 포스터

1917년에 일어난 10월 혁명 이후 러시아에서는 획기적인 성 평등 조치들이 등장하였다. 이른바 「1918년의 시민, 결혼, 가족, 친권에 관한 법령」으로 여성과 남성의 법적 평등이 보장되었고, '동일 노동, 동일 임금' 원칙, 여성 노동자에 대한 출산 휴가가 법제화되었다. 또한 새로 만들어진 여성부는 공동 세탁장, 공동 식당, 탁아소 설치 등의 '가사 노동 사회화' 사업과 여성 노동자들을 위한 문맹 퇴치 교육, 기술 훈련 등의 교육 사업을 실시하였다. 이를 계기로 많은 여성이 남성의 영역이라고 간주되던 정치·경제 활동에 참여하게 되었다. 이처럼 1920년대 소련은 여성을 사적 영역에서 해방하여 공적 영역으로 편입하는 것을 목표로 하였다. 그러나 1920년대 말부터 두드러졌던 국제 무대에서의 소련의 고립과 지도부의 위기의식, 그 결과로 나타난 공업화와 재무장의 최우선시화 등으로 인해 장기적인 남녀평등 계획의 실현이 어려워졌다.

역사 탐구 일본군 '위안부'와 수요 시위

교과서 204쪽

1992년 미야자와 일본 총리의 방한을 계기로 일본군 '위안부' 문제를 해결하려는 수요 시위가 시작되었다. 이 시위는 일본 정부에 일본군 '위안부' 문제에 관한 진상 규명과 사죄, 그리고 이를 통한 피해자들의 명예와 인권 회복을 요구해 왔다.

1991년 최초로 피해 사실을 공개적으로 증언하는 김학순

1992년 1월 8일 제1차 일본군 성노예제 문제 해결을 위한 수요 시위

2000년 일본군 성노예 전범 여성 국제 법정

2011년 12월 제1000차 수요 시위에서 제막된 평화의 소녀상

2013년 7월 해외 최초로 미국 글렌데일시에 세워진 평화의 소녀상

2013년 9월 유엔 인권 이사회에 참석해 증언하는 김복동

2019년 1월 27주년을 맞은 수요 시위

1. 수요 시위에서 요구하는 바는 무엇인지 말해 보자.

정답 풀이 | 일본군 '위안부' 문제에 대한 진상 규명, 책임 이행 및 문제 해결과 이를 통한 피해자들의 명예와 인권 회복 등이 있다.

2. 수요 시위의 자유 발언대에 선다면 어떤 말을 하고 싶은지 써 보자.

정답 풀이 | 일본군 '위안부'에 관한 진상 규명과 사죄를 촉구한다.

친절한 활동 길잡이

이 활동을 통해 수요 시위에서 요구하는 바를 이해하고 과거사 청산을 위한 방법을 생각해 본다.

자료 이해 확인 문제

1. 1992년 미야자와 일본 총리의 방한을 계기로 일본군 '위안부' 문제를 해결하려는 수요 시위가 시작되었다. (○ / ×)
2. 수요 시위의 결과 일본의 사죄와 합당한 배상이 이루어졌다. (○ / ×)

>> 정답 1. ○ 2. ×

탐구 plus 일본군 '위안부'

일본군 '위안부' 연합군이 중국 윈난성 룽링 쑹산에서 찍은 일본군 '위안부'들의 모습이다. 오른쪽에 임신한 사람이 박영심이다.

1938년 열일곱 살이 되던 해 '처녀 공출'에 걸려들었다. 검은 제복에 별을 두 개 달고 긴 칼을 찬 일본 순사 놈이 나와 친구를 강제로 평양까지 압송했다. 다른 조선 여성들과 함께 처음 끌려간 곳은 중국 난징에 있는 '긴스이루' 위안소였다. …… 이름도 우다마루로 바뀌었다. 일본군은 하루에 30명 정도 왔다. 저항하면 다락방으로 끌려가서 발가벗겨진 채 매를 맞아야 했다. …… 그 뒤 '이카쿠루' 위안소를 거쳐 최전선 쑹산으로 끌려갔다. 매일 수많은 폭탄과 포탄이 날아 와 터졌다. 언제 죽을지 모르는 처지에서 매일 30~40명의 군인을 상대해야 했다. …… 1944년 부대가 전멸당하기 직전에 만삭의 상태로 탈출했다.

– 박영심

일제는 침략 전쟁에 인적·물적 자원을 총동원하였다. 특히 여성들은 여자 근로 정신대 등의 이름으로 노동력을 착취당하였을 뿐 아니라 일본군 '위안부'로 성을 착취당하며 갖은 수모와 고통을 겪어야 했다. 최소한의 인간다운 생활도 보장받지 못한 채 갖은 수모와 고통을 겪은 이들에게 진상 규명과 사죄, 그리고 합당한 책임 배상이 필요하다.

실력 확인 문제

단답형

01 (가)에 들어갈 알맞은 말을 쓰시오.

> 제1차 세계 대전이 끝날 무렵 독일 제국이 혁명으로 무너졌다. 1919년 8월 '독일국'의 명칭으로 쓰인 헌법이 바이마르에서 소집된 의회에서 채택되면서 (가) 이/가 정식 출범하였다.

(　　　　　　　　　　　　)

중요

02 다음 헌법에 대한 설명으로 옳지 않은 것은?

> **제1조** 독일은 공화국이다. 국가 권력은 국민으로부터 나온다.
> **제109조** 모든 독일 인민은 법률 앞에 평등하다. 남녀는 동일한 권리를 가지며 의무를 진다. 출생 또는 신분에 의한 특권 또는 불이익은 폐지한다.
> **제159조** 노동 조건의 유지 및 개선을 위한 단체를 만들 자유는 모든 사람과 직업에 보장된다.

① 20세기 헌법의 전형이 되었다.
② 남녀 보통 선거권을 인정하였다.
③ 노동자의 단결권을 보장해 주었다.
④ 제2차 세계 대전 이후에 제정되었다.
⑤ 노동자에게 단체 교섭권을 부여하였다.

03 (가)에 들어갈 인물로 옳은 것은?

> (가) 은/는 술탄 제도를 폐지하고 튀르키예 공화국을 세워 초대 대통령이 되었다. 그는 "나의 가장 큰 업적은 공화국입니다."라고 말하였다.

① 윌슨　　② 레닌
③ 히틀러　　④ 무솔리니
⑤ 무스타파 케말

고난도

04 (가) 국가들의 공통점으로 옳은 것은?

① 왕이 다스리는 제정을 선택하였다.
② 제2차 세계 대전의 결과로 등장하였다.
③ 민족 자결주의의 원칙에 따라 독립하였다.
④ 연합국 소속 국가들의 지배를 받던 곳이다.
⑤ 소비에트 사회주의 공화국 연방에 소속되었다.

단답형

05 다음 요구 사항을 내걸고 전개된 운동을 쓰시오.

> 1. 21세 이상 모든 남성에게 선거권을 부여하라.
> 2. 유권자 보호를 위해 비밀 투표를 보장하라.
> 3. 하원 의원의 재산 자격을 철폐하라.
> 4. 상인, 노동자, 서민들이 생계 중단 없이 국사에 참여할 수 있도록 하원 의원에게 보수를 지급하라.
> 5. 인구 비례에 따라 균등하게 선거구를 획정하라.
> 6. 매수와 위협을 가장 효과적으로 막기 위해 의회 선거를 매년 실시하라.
>
> – 런던 노동자 협회, 1938

(　　　　　　　　　　　　)

06 제1차 세계 대전 이후 등장한 공화국으로 옳지 않은 것은?

① 독일　　② 미국　　③ 핀란드
④ 튀르키예　　⑤ 오스트리아

07 다음 사건의 영향으로 적절한 것은?

에밀리 데이비슨이 영국왕 조지 5세의 경마장에 뛰어들어 1인 시위를 벌이다 말에 치어 사망하는 사건이 발생하였습니다.

① 국제 연맹이 창설되었다.
② 사라예보 사건이 일어났다.
③ 대서양 헌장이 마련되었다.
④ 평화의 소녀상이 제작되었다.
⑤ 여성 참정권에 대한 의식이 높아졌다.

08 다음 개헌의 배경으로 가장 적절한 것은?

> 미국 하원에서는 1919년 6월 4일 다음과 같은 수정 헌법 제19조가 제안되었다.
> '미국 시민의 투표권은 성별을 이유로, 미 합중국 또는 어떤 주에 의해서도 부정되거나 제한되지 아니한다.'

① 차티스트 운동이 시작되었다.
② 와트 타일러의 난이 발생하였다.
③ 제정에서 공화정으로 국체가 변경되었다.
④ 대륙 회의에서 독립 선언문이 발표되었다.
⑤ 제1차 세계 대전이 총력전으로 전개되었다.

[09~10] 다음 글을 읽고 물음에 답하시오.

> 독일의 나치는 1933년에 발생한 의사당 방화 사건을 계기로 언론·집회·결사의 자유를 제한하고, 바이마르 헌법의 정지와 정부의 독재권을 규정한 [(가)]을/를 통과시켰다. 이를 통해 [(나)]

단답형
09 (가)에 들어갈 알맞은 말을 쓰시오.

( )

10 (나)에 들어갈 내용으로 옳지 않은 것은?

① 나치 이외의 정당을 금지하였다.
② 인민 전선이 총선에서 승리하였다.
③ 국가가 개인의 편지를 검열하였다.
④ 정권에 반대하는 사람은 처벌받았다.
⑤ 노동자의 직업과 배치를 국가가 통제하였다.

중요
11 (가) 체제 국가들의 공통점으로 옳은 것은?

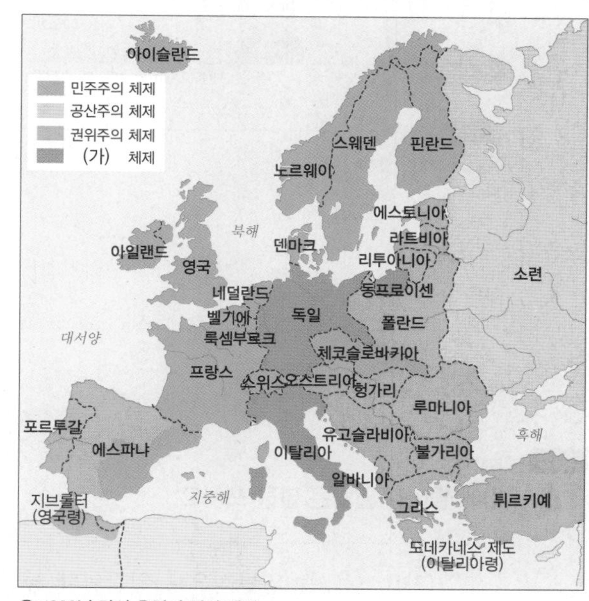

1938년 당시 유럽의 정치 체제

① 수권법이 통과되었다.
② 파운드 블록을 형성하였다.
③ 의회제 민주주의가 발달하였다.
④ 파시스트 일당 독재가 이루어졌다.
⑤ 소비에트 사회주의 공화국 연방에 소속되었다.

12 (가)에 들어갈 말로 옳은 것은?

(가) 은/는 1930년대 후반 파시즘과의 전쟁 위기에 처해 결성된 반파시즘의 광범위한 통일 전선을 말한다. 프랑스에서는 1935년 사회당, 공산당, 급진 사회당 등이 (가) 을/를 형성하였고, 1936년 블룸을 수반으로 하는 내각이 발족되었다. 이 내각은 우익 단체를 해산하고 주 40시간 노동제, 단체 협약권 등의 법률이 만들어지는 데 영향을 끼쳤다.

① 볼셰비키 ② 소비에트 ③ 파시스트
④ 경제 블록 ⑤ 인민 전선

13 (가) 전쟁 중 발생한 사건으로 옳은 것만을 보기에서 고른 것은?

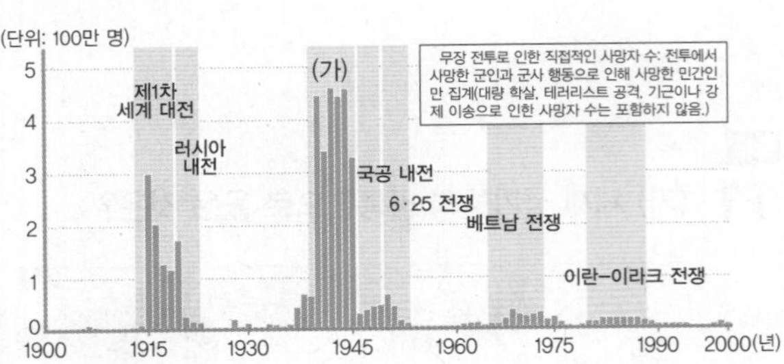

보기
ㄱ. 난징 대학살
ㄴ. 피의 일요일 사건
ㄷ. 스탈린그라드 전투
ㄹ. 노르망디 상륙 작전

① ㄱ, ㄴ ② ㄱ, ㄷ ③ ㄴ, ㄷ
④ ㄴ, ㄹ ⑤ ㄷ, ㄹ

단답형
14 (가)에 들어갈 알맞은 말을 쓰시오.

(가) 은/는 일반적으로 인간이나 동물을 대량으로 태워 죽이거나 대학살하는 행위를 총칭하지만, 고유명사로 쓸 때는 제2차 세계 대전 중 나치스 독일에 의해 자행된 유대인 대학살을 가리킨다.

( )

중요
15 지도를 활용한 탐구 주제로 가장 적절한 것은?

① 난민 발생의 원인과 대책
② 러시아 혁명의 전개 과정
③ 제1차 세계 대전과 소련의 성립
④ 피의 일요일 사건의 배경과 결과
⑤ 전쟁으로 인한 강제 이주와 인권 침해

16 (가)에 해당하는 사건으로 옳은 것은?

왼쪽의 조각상은 (가) 의 희생자들 유골 발굴 현장인 만인 갱에 있는 것으로, 죽은 아이를 안고 통곡하는 어머니의 모습을 표현하여 당시의 끔찍함을 보여 주고 있다.

(가) (으)로 인해 1937년 12월부터 두 달 남짓 기간 동안 수십만 명의 민간인이 희생되었다.

① 6·25 전쟁 ② 홀로코스트
③ 난징 대학살 ④ 사라예보 사건
⑤ 드레스덴 폭격

중요
17 (가), (나)에 들어갈 말을 옳게 짝지은 것은?

> 제2차 세계 대전이 진행되는 동안 연합국 대표들은 전후 처리와 평화 유지 및 새로운 질서에 관해 논의하였다. 그 결과 1941년 발표된 (가) 에서 국제 연합 창설의 기초가 마련되었고, 마침내 1945년 (나) 에서 국제 연합의 창설이 결정되었다.

	(가)	(나)
①	대헌장	워싱턴 회의
②	대서양 헌장	파리 강화 회의
③	대헌장	샌프란시스코 회의
④	워싱턴 회의	파리 강화 회의
⑤	대서양 헌장	샌프란시스코 회의

고난도
18 다음 사건들을 일어난 순서대로 바르게 나열한 것은?

> ㄱ. 국제 연합이 공식 출범하였다.
> ㄴ. 세계 인권 선언이 발표되었다.
> ㄷ. 극동 국제 군사 재판이 개최되었다.
> ㄹ. 뉘른베르크에서 국제 군사 재판이 시작되었다.

① ㄱ－ㄴ－ㄷ－ㄹ ② ㄱ－ㄹ－ㄷ－ㄴ
③ ㄷ－ㄹ－ㄱ－ㄴ ④ ㄷ－ㄹ－ㄴ－ㄱ
⑤ ㄹ－ㄷ－ㄴ－ㄱ

서술형

정답과 해설 316쪽

19 제4차 선거법 개정이 이전 시기의 선거법 개정과 비교하여 갖는 특징과 한계를 서술하시오.

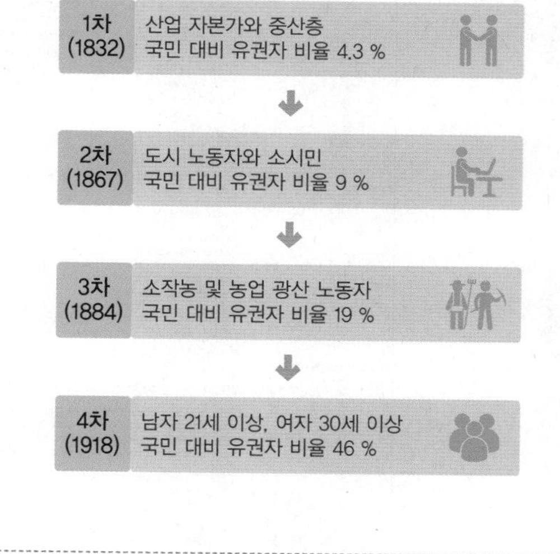

영국의 선거권 확대 과정
1차 (1832) 산업 자본가와 중산층 국민 대비 유권자 비율 4.3 %
2차 (1867) 도시 노동자와 소시민 국민 대비 유권자 비율 9 %
3차 (1884) 소작농 및 농업 광산 노동자 국민 대비 유권자 비율 19 %
4차 (1918) 남자 21세 이상, 여자 30세 이상 국민 대비 유권자 비율 46 %

20 제시된 자료 속 단서를 이용하여 다음 조직의 특징을 두 가지 서술하시오.

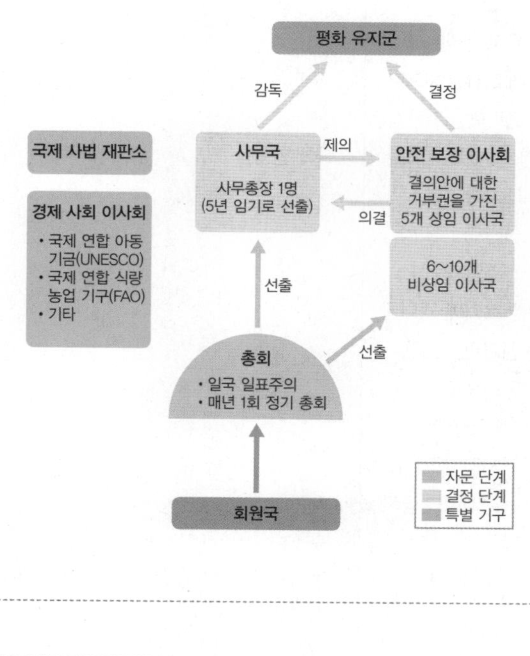

대단원 마무리

한눈에 정리하기

	제1차 세계 대전	러시아 혁명	제2차 세계 대전
배경	• 제국주의 열강의 경쟁과 갈등 • 독일의 팽창 정책 • ① ＿＿ 와/과 3국 협상의 대립	• 노동자층의 성장과 자유주의, 사회주의 사상 보급 • 1905년 혁명	• ⑦ ＿＿ (으)로 인한 경제 위기 • 파시즘과 군국주의 확대 → 독일, 이탈리아, 일본의 추축국 형성 → 대외 침략 감행
전개	② ＿＿ 사건(1914) → 협상국과 동맹국의 참전 → 영국의 해상 봉쇄 → 독일의 ③ ＿＿ → 미국 참전, 러시아 혁명 발생 → 독일 킬 군항 수병들의 반란 → 독일 임시 정부와 연합국 측이 정전 합의	제1차 세계 대전 참전으로 인한 어려움 → 1917년 전쟁 중지, 식량 배급, 차르 타도를 요구하는 ⑤ ＿＿ 발발 → 임시 정부 수립, 차르 퇴위 → 전쟁 지속, 개혁 실패 → 전쟁 중지와 사회주의를 지향하는 10월 혁명	독소 불가침 조약 체결 직후 독일의 ⑧ ＿＿ 침공 → 연합국의 선전 포고 → 독일의 파리 장악 → 독일의 소련 침략 → 일본의 ⑨ ＿＿ 공습 → 스탈린그라드 전투에서 연합군 승리 → 노르망디 상륙 작전 → 히로시마, 나가사키에 원자 폭탄 투하 → 일본 항복
결과	• 윌슨의 14개조 평화 원칙에 기초한 파리 강화 회의 • 연합국과 독일 사이 베르사유 조약 체결(④ ＿＿)	• 임시 정부 타도, 소비에트 정부 수립 • 제1차 세계 대전에서 이탈, 사회주의 개혁 추진 • ⑥ ＿＿ 수립(1922)	• 파시즘과 제국주의의 몰락 • 영국과 프랑스 쇠퇴 • 미국과 소련의 부상

○ 민주주의의 확산

공화정의 확산	바이마르 공화국	• 독일 제국의 붕괴와 바이마르 공화국의 수립 • 민주적인 헌법 제정: 남녀 보통·직접 선거, 내각제, 노동자의 단결권과 단체 교섭권 등 보장
	그 외	• 오스만 제국의 붕괴와 ⑩ ＿＿ 의 수립, 핀란드의 공화정 채택 등
민주주의의 발전	권리의 확대	• 노동자들의 참정권 확대: 제1차 세계 대전 이후 순차적으로 성인 남녀의 평등한 보통 선거 실현, 노동자 기반 정당 등장 • 여성들의 ⑪ ＿＿ 획득: 19세기 이래 여성 참정권 획득 운동 → 총력전으로 진행된 제1차 세계 대전 이후 영국, 소련, 미국에서 인정 → 제2차 세계 대전 이후 아시아, 아프리카에서 인정
	위기와 대응	• 파시스트 일당 독재 등장 → 의회제 민주주의 위축 • 파시즘에 대항하는 ⑫ ＿＿ 의 형성

○ 인권 회복과 평화 확산을 위한 노력

전쟁의 피해	대량 학살	나치의 ⑬ ＿＿, 일본의 난징 대학살, 공중 폭격으로 인한 민간인 사망 등
	인권 침해	• 소련: 블라디보스토크의 한국인 등 소수 민족을 중앙아시아로 강제 이주 • 독일: 폴란드 점령 후 독일인 이주, 폴란드인 추방 • 연합국: 종전 후 천만 명 이상의 독일인을 독일 지역으로 추방 • 일본: 국가 총동원령, 국민 징용령, 징병제 등으로 인력 동원, 일본군 '위안부'
평화를 위한 노력	국제 연합의 창설	• ⑭ ＿＿ (1941): 국제 연합 창설의 기초 마련 → 샌프란시스코 회의(1945): 국제 연합의 창설 결정 • 안전 보장 이사회의 결의 중시, 제재 수단 사용 가능
	평화의 모색	• 전범 재판: ⑮ ＿＿, 극동 국제 군사 재판 • 국제 연합의 「세계 인권 선언」 채택

수행 평가

시사만화에 말풍선 만들기

| 역사 정보 활용 및 의사소통 |

○ 시사만화는 한 편의 그림으로 당시 사회 모습을 담아내고 있다. 그림에 나타난 역사적 사실을 파악하고, 그 사실을 어떻게 표현하였는지 생각해 보면서 시사만화에 말풍선을 넣어 보자.

| 활동 단계 |

1단계 모둠별로 제1차 세계 대전부터 제2차 세계 대전 사이에 그려진 시사만화를 조사해 그중 하나를 고른다.

1 모둠	2 모둠	3 모둠
독일 / 영국 / 미국 / 프랑스	다음은 네 차례다! / 폴란드 / 네덜란드 / 덴마크 / 프랑스 / 체코 / 노르웨이 / 오스트리아 / 벨기에 / 영국	여기가 빵을 받는 줄인가요? 돈을 뽑는 줄인가요?
⌃ 독일의 베르사유 조약 체결	⌃ 제2차 세계 대전 발발	⌃ 대공황으로 늘어난 실업자의 모습

2단계 각자 역할을 나누고 도서관 자료, 인터넷 검색 등을 활용해 역사적 사건을 조사한다.

3단계 조사한 내용을 바탕으로 모둠원이 함께 시사만화에 말풍선을 만들어 넣는다.

4단계 모둠별로 완성한 시사만화를 발표하고, 서로의 의견을 이야기해 본다.

| 활동 예시 |

난 공산주의가 싫어. 그렇지만 지금 서쪽 국가들과 전쟁을 시작하려면 동쪽 국가와의 안전을 보장해 두어야 해. 스탈린, 너도 영국과 프랑스가 싫지? 우리 같이 손잡아 볼까? 필요할 때까지만 …….

저희 모둠은 독소 불가침 조약을 소재로 한 시사만화를 선정하였습니다. 독소 불가침 조약은 독일의 히틀러와 소련의 스탈린이 전쟁 시 서로 침략하지 않을 것을 약속한 조약입니다. 공산주의 세력의 확대를 막으려고 방공 협정까지 체결하였던 히틀러와 이를 비난하던 스탈린의 공조는 세계를 깜짝 놀라게 하였습니다.

| 활동 정리 |

점검 내용	자기 평가
모둠이 선정한 시사만화와 말풍선의 내용은 적절하였나요?	☺ ☺ ☹
모둠의 발표 내용은 정확하였나요?	☺ ☺ ☹
모둠 구성원별로 역할 분담이 적절하였나요?	☺ ☺ ☹

한눈에 정리하기

| 예시 답안 |

① 3국 동맹
② 사라예보
③ 무제한 잠수함 작전
④ 베르사유 체제
⑤ 2월 혁명(3월 혁명)
⑥ 소비에트 사회주의 공화국 연방
⑦ 대공황
⑧ 폴란드
⑨ 진주만
⑩ 튀르키예 공화국
⑪ 선거권
⑫ 인민 전선
⑬ 홀로코스트
⑭ 대서양 헌장
⑮ 뉘른베르크 국제 군사 재판

수행 평가

이것이 핵심

시사만화에 말풍선을 만드는 과정에서, 각자의 입장에 따라 다양한 이해관계가 중첩되는 다자간 관계를 파악하면서 의사소통 능력을 기를 수 있다.

| 예시 답안 |

이렇게 큰 벌을 받아야 하다니 …………. 간신히 얻은 모든 걸 빼앗겼어. 더군다나 앞으로 갚아야 할 것도 너무 많아(훌쩍 훌쩍). 미국, 프랑스, 영국 쟤네들은 자기의 운명은 스스로 결정할 수 있다고 하면서 잘해 줄 것처럼 베르사유까지 부를 때는 언제고 ……. (훌쩍 훌쩍) 실제로는 전부 내 잘못이라고, 모두 나보고 책임지라고 할 줄 몰랐어. 앞으로 어떻게 해, 엉엉.

저희 모둠은 제1차 세계 대전이 끝나고 체결된 베르사유 조약을 소재로 한 시사만화를 선정하였습니다. 당시 독일은 전쟁에 대한 책임 소재로 인해 모든 식민지를 상실하고 엄청난 배상금을 물어야 했습니다.

대단원 마무리 문제

정답과 해설 318쪽

❶ 제1차 세계 대전과 이후의 세계

01 (가)에 들어갈 내용으로 적절한 것은?

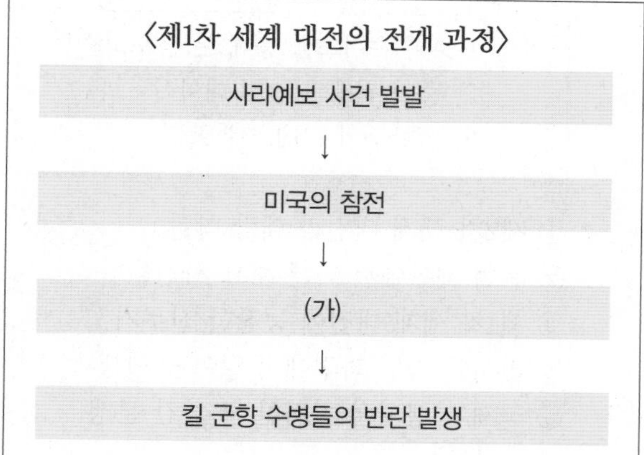

〈제1차 세계 대전의 전개 과정〉
사라예보 사건 발발
↓
미국의 참전
↓
(가)
↓
킬 군항 수병들의 반란 발생

① 빌헬름 2세의 퇴위
② 러시아의 전쟁 이탈
③ 독소 불가침 조약 체결
④ 이탈리아의 에티오피아 침공
⑤ 오스만 제국의 동맹국 측 참전

02 다음 글이 발표된 시기를 연표에서 옳게 고른 것은?

> 만약 소비에트가 권력을 잡으면 …… 러시아에 노동자와 농민의 정부가 생겨날 것입니다. 그 정부는 지체 없이, 단 하루도 잃지 않고, 모든 교전 국가의 인민들에게 공정한 강화를 제안할 것입니다. …… 농민을 억누르고 농민에게 총을 쏘고 전쟁을 연장하려고 코르닐로프류의 지주 출신 장군들과 협상을 벌이고 있는 케렌스키 정부를 타도하십시오! 모든 권력을 노동자·병사 대의원 소비에트로!
>
> – 레닌

러일 전쟁 발발	(가)	피의 일요일 사건 발생	(나)	사라예보 사건 발생	(다)	2월 혁명 발발	(라)	10월 혁명 발발	(마)	소련 성립

① (가) ② (나) ③ (다)
④ (라) ⑤ (마)

❷ 파시즘의 등장과 제2차 세계 대전

03 다음 주장을 한 인물에 대한 설명으로 옳은 것은?

> 민족주의 국가는 인종을 모든 생활의 중심에 두어야 한다. 국가는 인종의 순수한 유지를 위해 배려해야 한다. …… 자기가 병약하고 결함이 있는데도 아이를 낳는 것은 다만 치욕일 뿐이며, 오히려 아이를 낳는 일을 단념하는 것이 최고의 영예이다. …… 우리 국가 사회주의자는 단호하게 우리의 외교 정책 목표, 즉 독일 민족에 상응하는 영토를 이 지상에서 확보하는 것을 고수해야 할 것이다.
>
> –『나의 투쟁』

① 프랑 블록을 형성하였다.
② 쿠데타를 통해 집권하였다.
③ 독소 불가침 조약을 체결하였다.
④ 킬 군항 수병의 반란으로 실각하였다.
⑤ 검은 셔츠단에게 로마 진군을 명하였다.

04 밑줄 친 '이 전쟁'에서 볼 수 있는 모습으로 적절한 것만을 보기에서 고른 것은?

이 전쟁을 독려하기 위해 발행된 포스터에는 '진주만의 복수를 - 우리의 총탄이 복수할 것이다.'라고 써 있습니다.
AVENGE PEARL HARBOR

보기

ㄱ. 미드웨이 해전에서 패배하는 일본군
ㄴ. 킬 군항에서 난을 일으키는 독일 수병
ㄷ. 원자 폭탄 투하를 명령하는 미국 대통령
ㄹ. 독소 불가침 조약에 서명하는 러시아 대표

① ㄱ, ㄴ ② ㄱ, ㄷ ③ ㄴ, ㄷ
④ ㄴ, ㄹ ⑤ ㄷ, ㄹ

❸ 민주주의의 확산

05 밑줄 친 '집회'가 열린 배경으로 적절한 것은?

영국의 노동자들은 선거권 획득을 위해 런던에서 대규모 <u>집회</u>를 개최하였다. 당시 노동자들은 정치적 권리를 주장하며 의회에 청원서를 제출하려 하였으나, 존 러셀 내각은 이를 완강히 거부하였다.

① 수장법 발표 ② 항해법 철폐
③ 2월 혁명 발발 ④ 권리 장전 승인
⑤ 제1차 선거법 개정

06 다음 헌법의 특징으로 옳지 <u>않은</u> 것은?

제1조 독일은 공화국이다. 국가 권력은 국민으로부터 나온다.
제109조 모든 독일 인민은 법률 앞에 평등하다. 남녀는 동일한 권리를 가지며 의무를 진다. 출생 또는 신분에 의한 특권 또는 불이익은 폐지한다.
제159조 노동 조건의 유지 및 개선을 위한 단체를 만들 자유는 모든 사람과 직업에 보장된다.

① 남녀평등을 제시하였다.
② 노동자의 단결권을 인정하였다.
③ 국민 주권의 원칙을 채택하고 있다.
④ 제2차 세계 대전을 계기로 마련되었다.
⑤ 신분제를 부정하고 법 앞에 평등을 명시하였다.

❹ 인권 회복과 평화 확산을 위한 노력

07 (가)에 들어갈 내용으로 가장 적절한 것은?

주제: (가)
사례 1. 아우슈비츠를 통해 본 홀로코스트
2. 중일 전쟁과 난징 대학살
3. 연합군의 드레스덴 폭격

① 제2차 세계 대전과 대량 학살
② 전범 재판에서 다룬 주요 사건들
③ 제1차 세계 대전에 등장한 신무기
④ 러시아 혁명 과정에서 일어난 희생
⑤ 국제 연맹에서 처리한 국가 간 분쟁

08 다음 시위의 배경을 알아보기 위한 탐구 활동으로 가장 적절한 것은?

1992년 1월 8일 처음 시작된 수요 시위가 2011년 11월 14일 오늘, 드디어 1,000회를 맞았습니다. 그 의미는 무엇일까요?
수요 시위에서 참석자들은 일본의 진심 어린 사죄와 반성을 지속적으로 요구하고 있습니다. 이제는 일본이 이 요구에 응답해야 한다고 생각합니다.

① 난징 대학살 당시 피해자를 조사한다.
② 여성 사회 정치 동맹의 창립자를 알아본다.
③ 일본군의 성 노예로 끌려간 여성들의 사례를 찾아본다.
④ 소련에 의한 블라디보스토크 한인 강제 이주 과정을 살펴본다.
⑤ 제2차 세계 대전 시기 홀로코스트로 희생된 유대인을 파악한다.

서술형

정답과 해설 318쪽

09 밑줄 친 '재판'에 대한 설명으로 옳은 것은?

나치 전당 대회가 열렸던 독일의 뉘른베르크에서 국제 군사 재판이 진행되었다. 미국 측 수석 검사는 재판의 목표를 '도저히 믿어지지 않는 사건들을 신뢰할 만한 증거를 토대로 규명한다.'라고 정의하였다.

① 로울라트법이 적용되었다.
② 세계 인권 선언을 채택하였다.
③ 일본 총리에게 사형이 선고되었다.
④ '인도에 반한 죄'를 새로 도입하였다.
⑤ 제1차 세계 대전 당시의 범죄를 처리하기 위해 열렸다.

10 (가)에 대한 설명으로 옳은 것만을 보기에서 고른 것은?

제1조(목적) (가) 은/는 국제 평화와 안전을 유지한다. 이를 위하여 평화에 대한 위협을 없애고 침략 행위 및 기타 평화를 파괴하는 행위를 진압하기 위한 집단적 조치를 취하며, 평화를 깨뜨리는 국제적 분쟁을 평화적 수단과 정의, 국제법의 원칙에 따라 해결한다.

보기

ㄱ. 독일은 로카르노 조약을 통해 가입하였다.
ㄴ. 국제기구 창설을 제안한 당사국이 불참하였다.
ㄷ. 안전 보장 이사회의 결의가 총회보다 우선하였다.
ㄹ. 국제 분쟁에 개입할 수 있는 제재 수단을 보유하였다.

① ㄱ, ㄴ　② ㄱ, ㄷ　③ ㄴ, ㄷ　④ ㄴ, ㄹ　⑤ ㄷ, ㄹ

11 다음 포스터를 바탕으로 여성 참정권이 확대된 배경을 서술하시오.

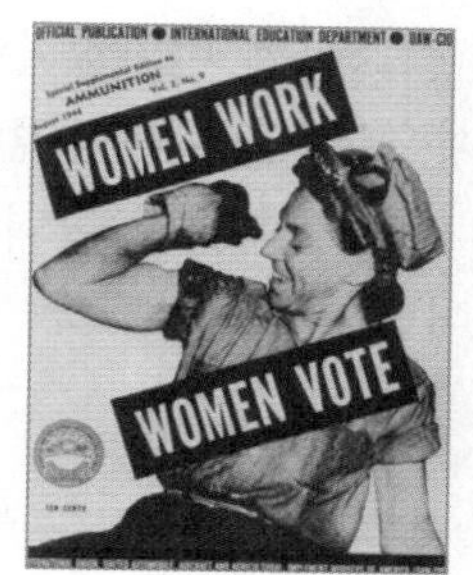

1944년에 제작된 포스터에는 '여성은 일한다', '여성은 투표한다.'라고 적혀 있다.

12 밑줄 친 '재판'의 한계점을 두 가지 서술하시오.

▲ 도쿄 재판 당시 피고들의 모습

도쿄에서는 1946년 2월부터 2년 반 동안 승전국 11개국 재판관들이 일본의 주요 전범 25명에 대한 재판을 진행하였다. 최종 판결에서 태평양 전쟁 발발의 주범인 도조 히데키를 비롯한 7명은 사형 판결을 받았고, 나머지는 금고형에 처하였다.

핵심 수행 평가

01 전쟁 범죄자에 대한 처벌

◦ 다음은 독일의 유대인 절멸 정책의 진행 과정과 당시 이 정책의 책임자였던 아이히만에 대한 전범 재판 기록을 재구성한 것이다. 아이히만은 독일 패망 이후 아르헨티나의 부에노스아이레스 외곽에서 숨어 지내다가, 1960년 5월 11일 이스라엘 비밀경찰에 체포되어 9일 후에 이스라엘로 압송되었다. 1961년 4월 11일 예루살렘 지방 법원에서 '유대인에 대한 범죄', '인류에 대한 범죄', '전쟁 범죄' 등 15가지 죄목으로 기소되었다. 1950년 입안된 나치스 및 나치 협력자 (처벌)법은 '이러한 범죄 가운데 하나라도 범한 자는 사형에 해당한다.'라고 규정되어 있다.

자료 1

유대인 절멸 정책 개요

1933년: 히틀러가 총리가 되고 유대인들을 공직이나 학교로부터 추방하기 시작
1935년: 뉘른베르크 인종법(모든 유대인들의 정치적 권리 박탈) 제정
1938년: 유대인에게 고유 표식(노란 별 배지)을 부착하고 게토에 고립시킴
1938년: 유대인 가게와 유대교 회당이 파괴되고, 유대인들은 살해 또는 집단 수용소에 감금당함
1941년 이후: 보다 용이·편리·신속하게 살해할 수 있도록 독가스 트럭 및 열차 발명, 아우슈비츠 등 절멸 수용소를 통해 유대인 학살

자료 2

아이히만 측 변론

아이히만: 나는 잘못이 없습니다. 단 한 사람도 내 손으로 죽이지 않았으니까요. 죽이라고 명령하지도 않았습니다. 내 권한이 아니었으니까요. 나는 시키는 것을 그대로 실천한 관리였을 뿐입니다. 복종을 하는 것이 내 의무였고, 이기면 훈장을 받고 패배하면 교수형에 처해질 행위들을 했을 뿐입니다. 제가 고안한 열차 덕분에 우리 조직은 시간 낭비 없이 일을 처리할 수 있었죠. 당시 존재하던 나치 법률 체계하에서는 아무런 잘못도 하지 않았고, 내가 기소당한 내용은 범죄가 아니라 국가적 공식 행위이므로 여기에 대해서는 어떤 다른 나라도 재판권을 행사할 수 없으며, 한 주권 국가는 다른 주권 국가에 대해 재판권을 갖지 않습니다.

변호사: 피고는 국가적 행위를 수행했으며, 그에게 일어난 일은 어느 누구에게도 일어날 수 있는 일이고, 아이히만은 희생양이었습니다. 또한 그는 아르헨티나의 법에 따라 1960년 5월 7일자로 형법의 적용이 만료되었으므로 무죄 방면되어야 합니다.

1. 이 법정의 재판관이 되어 판결문을 써 보자.

02 인권 회복을 위한 탄원서 작성

◦ 다음은 일제의 한반도 강제 동원 관련 주요 소송 현황과 대법원에서 승소 판결을 받은 이춘식 할아버지의 인터뷰 내용이다.

강제 동원 관련 주요 소송 현황

원고	피고	소 제기 장소(연도)	경과
김경석	일본강관	도쿄 지방 재판소(1991)	피고가 원고에게 410만 엔 위로금 지급하는 조건으로 합의
이종숙 등 3명	후지코시	도야마 지방 재판소 (1992)	피해자 7명에게 3,500만 엔 위로금 지급하는 조건으로 합의
김순길	일본국, 미쓰비시 중공업	나가사키 지방 재판소 (1992)	최고 재판소에서 패소 확정
희생자 유가족 11명	일본국, 신일본 제철	도쿄 지방 재판소(1995)	1심에서 신일본 제출과 화해가 성립되었으나 일본 정부가 화해 거부. 결국 최고 재판소에서 패소 확정
이근목, 박창환 등 40명	일본국, 미쓰비시 중공업	히로시마 지방 재판소 (1995)	최고 재판소에서 원폭 피해 부분 승소, 강제 연행 부분 패소
여운택, 신천수	일본국, 신일본 제철	오사카 지방 재판소 (1997)	최고 재판소에서 패소 확정
양금덕 등 8명	일본국, 미쓰비시 중공업	나고야 지방 재판소 (1999)	최고 재판소에서 패소 확정
이근목 등 6명	미쓰비시 중공업	부산지법(2000)	1, 2심에서 패소
이복실 등 23명	후지코시	도야마 지방 재판소 (2003)	1, 2심에서 패소
여운택, 이춘식 등 5명	신일본 제철	서울 지방 법원(2005)	1, 2심에서 패소, 2018년 대법원에서 승소 판결

이춘식 할아버지의 인터뷰 내용

일본이 중국과 전쟁을 시작하고 얼마 뒤 17살이었던 나는 일본의 제철 공장으로 끌려갔습니다. 그곳에서 적금을 들어 준다는 약속만 믿고 3년간 힘겨운 노동에 시달렸지만, 실제로 받은 돈은 없고 전쟁으로 공장이 무너졌는데 무슨 돈이냐는 말만 듣고 쫓겨나듯 고향으로 돌아와야 했습니다. 이제 내 나이 94살, 먼저 간 친구들처럼 언제 죽을지 모릅니다. 공장에서 일하다 허리도 다쳐 평생 불편하게 지내야 했습니다. 일본은 이제라도 정의와 양심에 따라 피해자들에게 사과하고 위자료를 보상하는 데 적극적으로 임해야 합니다.

1. 위 자료를 바탕으로 일본 정부에 보내는 탄원서를 작성해 보자.

| 읽기 자료 |

공존의 도시, 튀르키예 이스탄불

"동양과 서양, 기독교와 이슬람교가 공존하는 곳"

오스만 제국의 수도였던 이스탄불은 1453년 메흐메트 2세가 점령하기 전까지는 콘스탄티노폴리스라고 불렸다. 330년 로마 제국의 황제였던 콘스탄티누스가 흑해와 지중해 사이의 바닷길과 유럽과 아시아를 연결하는 육지 길이 교차하는 고대 비잔티움으로 수도를 옮기면서 자신의 이름을 따서 콘스탄티노폴리스라고 명명했기 때문이다. 395년 로마 제국이 동서로 분리된 이후 천여 년 동안 그리스 정교회 국가, 비잔티움 제국의 수도였고, 오스만 제국에 함락된 뒤에는 이슬람 국가의 수도가 되었으며 지금까지 유럽과 아시아를 잇는 교두보로서 번영하고 있다.

성 소피아 대성당

비잔티움 제국의 황제였던 유스티니아누스의 명에 따라 성당으로 건립되었다. 로마의 바실리카 양식과 페르시아의 돔 양식이 결합된 비잔티움 양식의 대표적인 성당이다. 오스만 제국의 지배를 받게 되면서 이슬람 사원, 즉 모스크로 개조되었다. 네 개의 미너렛도 모스크로 개조되면서 세워진 것이다.

튀르키예 음식 맛보기

❶ 케밥 Kebab 쇠고기, 양고기, 닭고기 등 작게 썬 고기 조각을 양념하여 불에 구워 채소와 함께 먹는 튀르키예의 전통 요리이다. 케밥을 먹을 때는 주로 필라프(볶음밥)를 곁들이며, 피데(튀르키예 빵)에 싸먹기도 한다.

❷ 쾨프테 Köfte 다진 고기와 양파, 향신료를 함께 갈아 둥글게 빚거나 긴 막대 모양으로 만들어 구운 음식이다. 기원전 페르시아에서 먹기 시작했으며, 이후 아랍인들이 정복한 지역을 따라 전파되었다.

톱카프 궁전

메흐메트 2세가 오스만 제국의 위용을 과시하고 안정된 제국을 통치하기 위해서 건설하였다. 오랜 기간 동안 이슬람 세계의 지배자인 술탄들이 거처하였던 곳으로 유럽의 궁전들과는 구분되는 이색적인 양식을 지니고 있다.

술레이마니예 모스크

술레이만 대제의 후원으로 오스만 제국의 건축 명장인 미마르 시난이 세운 모스크이다. 우상 숭배를 피하기 위해 기하학적 무늬인 아라베스크를 정교하고 아름답게 장식하였다.

그랜드 바자르

동서 교통의 요충지답게 오스만 제국 시기 세계 각지의 물품이 모여 들었던 곳이다. 상업의 중심지였을 뿐 아니라 환전소, 은행까지 있었던 경제 활동의 중심지였다.

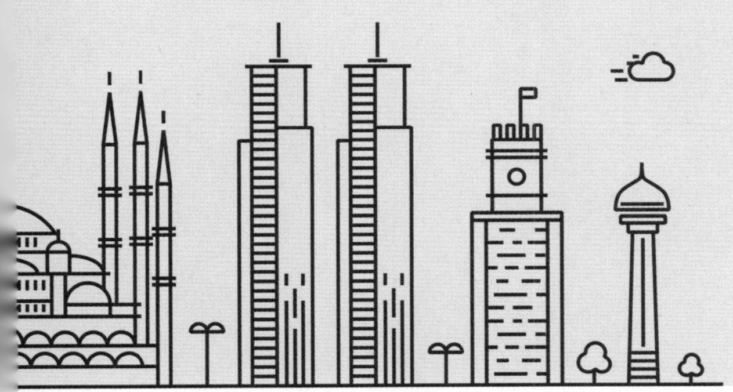

❸ 시미트 Simit 가운데 구멍이 뚫린 원형 모양의 빵으로 대개 빵 위에 참깨가 촘촘하게 뿌려져 있으며, 간혹 양귀비씨나 해바라기씨를 뿌리기도 한다. 1525년 오스만 제국 시기 이스탄불에서 먹기 시작하였다고 전해진다.

❹ 로쿰 Lokum 튀르키예 과자의 일종으로, 설탕에 장미수나 레몬즙을 넣고 전분과 견과류를 넣어 만든다. 식감은 젤리와 유사하나 젤라틴을 사용하지 않고 전분과 설탕으로 쫄깃한 식감을 만든다는 점이 다르다.

VI

현대 세계의 전개와 과제

이 단원의 구성

중단원	소단원	핵심 미리 보기
1 냉전 체제와 제3 세계의 형성	❶ 냉전 체제의 대두 ❷ 아시아·아프리카의 새로운 국가 건설 ❸ 제3 세계의 성립과 데탕트	냉전 체제, 제3 세계, 데탕트
2 세계화와 경제 통합	❶ 경제의 글로벌화 ❷ 신자유주의의 대두 ❸ 경제 개방과 새로운 세계의 탄생	브레턴우즈 협정, 케인스주의, 신자유주의, 고르바초프, 덩샤오핑, 유럽 연합
3 탈권위주의 운동과 대중문화의 발달	❶ 민권 운동과 민주주의의 성숙 ❷ 여성 운동의 대두 ❸ 대중문화의 확산	마틴 루서 킹, 맬컴 엑스, 여성 운동, 대중문화, 히피 운동, 68 운동
4 현대 세계의 문제 해결을 위한 노력	❶ 반전 평화 운동 ❷ 현대 세계의 여러 문제	반전 운동, 리우 선언, 교토 의정서, 난민

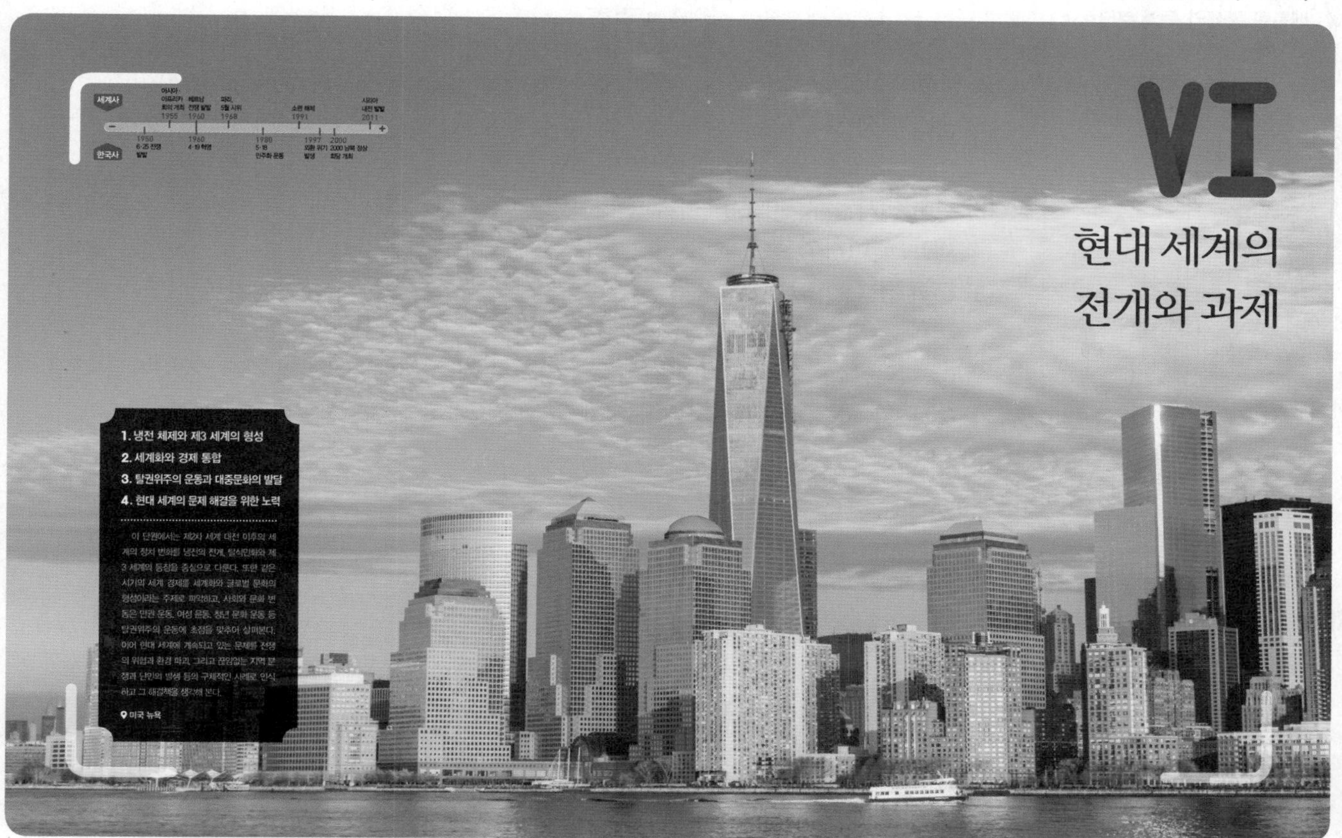

세계사
아시아·아프리카 회의 개최 1955
베트남 전쟁 발발 1960
파리, 5월 시위 1968
소련 해체 1991
시리아 내전 발발 2011
한국사
1950 6·25 전쟁 발발
1960 4·19 혁명
1980 5·18 민주화 운동
1997 외환 위기 발생
2000 2000 남북 정상 회담 개최
VI
현대 세계의 전개와 과제
1. 냉전 체제와 제3 세계의 형성
2. 세계화와 경제 통합
3. 탈권위주의 운동과 대중문화의 발달
4. 현대 세계의 문제 해결을 위한 노력
이 단원에서는 제2차 세계 대전 이후의 세계의 정치 변화를 냉전의 전개, 탈식민화와 제3 세계의 등장을 중심으로 다룬다. 또한 같은 시기의 세계 경제를 세계화와 글로벌 문화의 형성이라는 주제로 파악하고, 사회와 문화 변동은 인권 운동, 여성 운동, 청년 문화 운동 등 탈권위주의 운동에 초점을 맞추어 살펴본다. 이어 현대 세계에 계속되고 있는 문제를 전쟁의 위협과 환경 파괴, 그리고 끊임없는 지역 분쟁과 난민의 발생 등의 구체적인 사례로 인식하고 그 해결책을 생각해 본다.
미국 뉴욕

사진으로 살펴보기

사진은 미국의 경제적 중심 도시인 뉴욕의 전경입니다. 뉴욕은 미국에서 인구가 가장 많은 도시로, 국제 연합(UN)과 국제 통화 기금(IMF) 본사가 위치하는 등 전 세계의 정치·경제 중심지로 성장하였습니다. 또한 도시 성장과 관련하여 많은 이민자가 유입되어 다민족 도시로 발전하였습니다.

단원 열기

이 단원에서는 냉전의 전개, 탈식민화와 제3 세계, 세계화와 경제 통합, 민주주의와 여성 운동으로 대표되는 탈권위주의와 대중문화의 확산, 전쟁을 비롯한 현대 세계의 여러 문제들을 다룹니다.

교과서 214~223쪽

냉전 체제와 제3 세계의 형성

01 냉전 체제의 대두

1. 냉전의 시작

(1) 배경: 제2차 세계 대전 이후 독일과 동유럽 문제를 둘러싼 미국과 소련의 입장 차이
└ 소련은 동유럽에 친소 국가가 들어서기를 원하였지만, 미국은 동유럽을 자유 무역 지대에 포함시키려 함

(2) 전개: 1947년 중반 미국과 소련의 적대 관계 성립 → 자유주의와 사회주의 이념 차이로 냉전 공고화
└ 자유주의: 미국 중심 진영 / 사회주의: 소련 중심 진영
└ 동유럽이 공산화되자 미국은 서유럽에 공산화가 진행되는 것을 막고자 마셜 계획을 수립함

자유주의의 진영	북대서양 조약 기구(NATO) 창설(1949) → 소련 포위	⟷	• 동유럽 공산화 • 중화 인민 공화국을 사회주의 동맹국으로 받아들임 • 바르샤바 조약 기구(WTO) 결성(1955)	사회주의의 진영

(3) 양상
① 독일: 동독과 서독으로 분단
└ 베를린 봉쇄 이후 동독과 서독으로 분단됨
② 한국: 분단 후 6·25 전쟁 발발(1950)

2. 냉전의 심화

(1) 군비 경쟁: 소련이 스푸트니크호 발사 성공 후 대륙 간 탄도 미사일 실용화, 미국이 수소 폭탄 등 대량 학살 무기 개발 노력
└ 대륙 간 탄도 미사일 기술이 실용화되면서 미국 본토에 미사일 발사가 가능해짐

(2) 쿠바 미사일 위기(1961): 미국이 튀르키예에 소련을 향한 미사일 배치 → 소련은 쿠바로 핵미사일 수송

(3) 문화 경쟁: 유학생 유치 경쟁, 이미지 전쟁 등 지속 → 자유주의와 공산주의 각 진영에 속해 있던 다른 나라들에서도 나타남
└ 이미지 전쟁: 미디어 등을 통해 사실보다 과장되거나 왜곡된 형태로 상대방에 대한 부정적 이미지를 형성함
① 미국: 소련을 억압적인 전체주의 국가로 정의하며 반공주의 강화, 침략자로 규정
② 소련: 미국을 돈이 지배하는 제국주의 국가로 묘사, 침략자로 규정

냉전
냉전은 '무기를 사용하지 않는 전쟁'이라는 뜻으로, 제2차 세계 대전 이후에 초강대국으로 부상한 미국과 소련을 주축으로 전개된 동서 진영의 정치, 군사, 이념, 문화 등의 대립을 의미한다.

보충 마셜 계획
동유럽의 공산주의화가 급속도로 진행되자 미국은 트루먼 독트린을 발표하고, 서유럽의 경제 재건을 돕기 위해 대규모 경제 원조 기금을 제공하는 마셜 계획을 수립하였다.

보충 베를린 봉쇄와 독일 분단

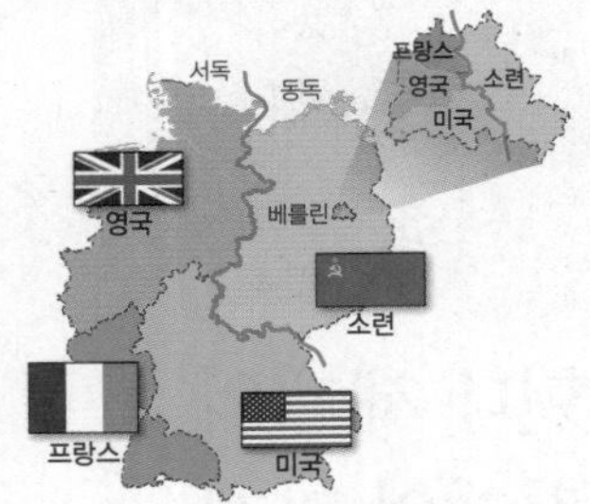

미국, 영국, 프랑스가 자신들의 독일 내 관할 구역을 하나의 경제 단위로 만들려고 하자, 소련은 베를린을 봉쇄하여 물자 공급을 차단하였다.

자료 이해하기 냉전의 심화

교과서 215쪽

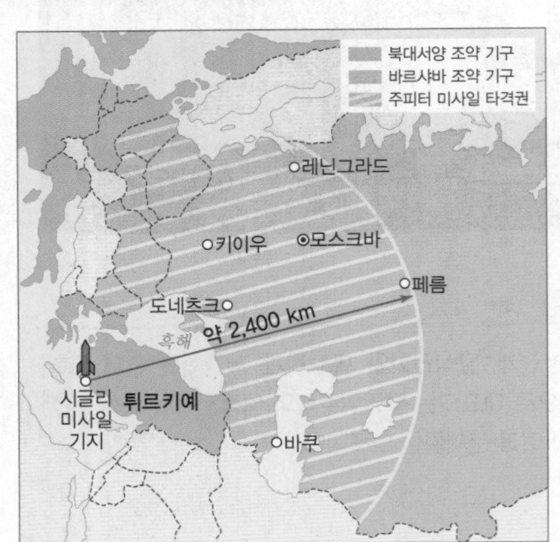

◀ 튀르키예에 배치된 미국 미사일의 소련 영토 타격권

| 내용 알기 | 냉전 체제가 강화되는 가운데 1961년 미국은 튀르키예에 소련을 향한 미사일을 배치하여 소련을 압박하였다. 이 미사일의 사정거리에는 소련의 수도 모스크바와 제2 도시 레닌그라드(현 상트페테르부르크)가 모두 포함되었다. 이에 소련은 막 공산화된 쿠바 정권을 보호한다며 쿠바에 핵미사일을 수송하여 미국 본토를 압박하였다.

그러자 이를 자국에 대한 직접적인 위협이라고 여긴 미국은 소련의 즉각적인 핵미사일 철수를 요구하였다. 이로 인해 두 나라 사이에는 핵전쟁의 위기가 극도로 고조되었고, 이후 소련이 쿠바에서 핵미사일 철수를 약속하면서 위기는 해소되었다.

02 아시아·아프리카의 새로운 국가 건설

1. 과거 식민지들의 독립

(1) 배경: 제2차 세계 대전 이후 미국과 소련의 제국주의 질서 해체 동의, 피식민지 국가들의 독립 열망 분위기 고조 등

(2) 아시아 국가들의 독립: 한국(일본의 지배로부터 독립, 1945), 인도(영국으로부터 독립, 1947) 등
└ 필리핀(1946), 인도네시아(1949), 말레이시아(1957) 등

(3) 아프리카 국가들의 독립

① 아프리카의 해(1960): 1951년 리비아 독립 이후 아프리카의 17개 국가 독립

② 알제리: 제1차 세계 대전 이후 민족 자결주의의 영향으로 독립 운동 전개 → 1945년 이후 더욱 활발히 전개 → 민족 해방 전선 주도의 봉기(1954) → 프랑스의 군대 투입 → 유혈 사태 발생 → 프랑스로부터 독립 쟁취(1962)
└ 1830년부터 프랑스의 지배를 받아온 알제리는 8년에 걸친 프랑스와의 전쟁 끝에 독립을 달성함

2. 과거 식민지 국가들의 경제 근대화를 위한 노력

(1) 식민지 국가들의 상황

① 유리한 조건: 경제 발전에 유리한 여러 지하자원과 많은 인구 보유

② 불리한 조건: 식민지 시대의 왜곡된 경제 구조, 독립 이후에도 계속된 과거 제국주의 국가들의 영향으로 자원의 효율적 활용 불가(예: 이집트가 영국으로부터 독립(1922) → 수에즈 운하 관리의 주도권은 영국과 프랑스가 차지 → 나세르의 수에즈 운하 국유화 선언(1956) → 수에즈 전쟁 발발)
└ 유럽에서 인도로 가는 항로를 약 6,400 km 단축시켰기 때문에 전략적으로 매우 중요함

(2) 경제 개발: 서양 국가들의 원조나 다국적 기업의 투자에 의존하여 경제 근대화와 국토 개발 추진

(3) 경제 근대화의 명암

① 성공 사례: 아시아의 신흥 공업국(한국, 타이완, 싱가포르, 홍콩) → 서양의 원조 및 자본 투자를 바탕으로 공업화와 경제 성장 달성

② 실패 양상: 환경 파괴 및 과거 제국주의 국가에 의존 → 오늘날까지도 만성적인 빈곤, 기아, 전염병 창궐 등의 어려움 지속
└ 서양 국가들의 원조나 다국적 기업들의 투자에 의존하였기 때문에 자원이나 토지를 서양 기업에 헐값에 넘기는 사례가 발생함

보충 인도의 독립과 분열

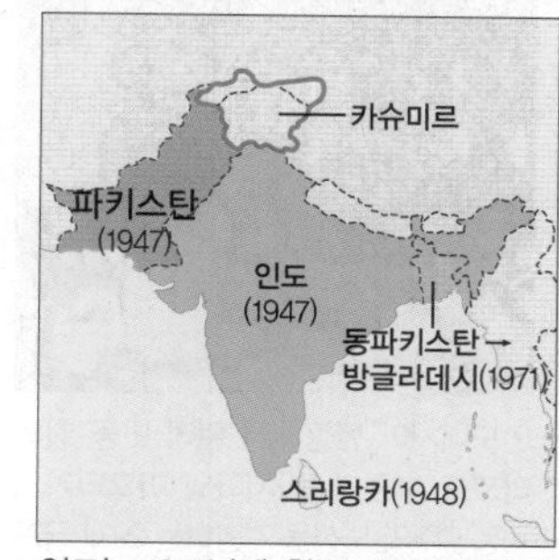

인도는 1947년에 힌두교도 중심의 인도 연방, 이슬람교도 중심의 파키스탄으로 분리 독립하였다. 이후 1971년 동파키스탄이 방글라데시로 독립하여 인도는 3개의 나라로 분할되었다.

아프리카의 해
제2차 세계 대전 이후 유럽 국가의 아프리카 식민지 해방은 1951년 리비아가 이탈리아로부터 독립하면서 시작되었다. 특히 1960년에 나이지리아를 비롯한 아프리카 17개 국가가 독립하였다. 이때를 '아프리카의 해'라고 부른다.

자료 이해하기 아시아·아프리카의 독립

교과서 216쪽

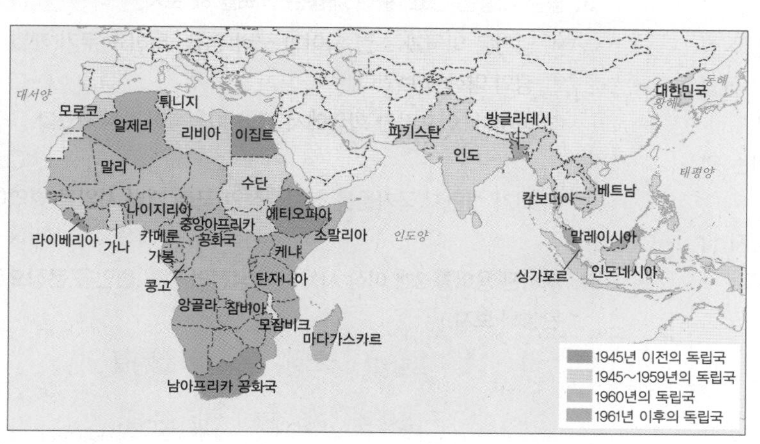

| 내용 알기 | 제2차 세계 대전 이후 아시아와 아프리카의 여러 나라는 서구 열강의 식민 지배에서 벗어날 수 있었다. 오랫동안 독립 운동을 벌인 인도는 영국의 지배에서 벗어났다. 동남아시아에서는 필리핀이 미국의 간섭에서 벗어났고, 미얀마는 영국과 협상을 통해 독립을 이루었다. 베트남은 프랑스와 싸워 독립하였으나 남북으로 분단되어 전쟁을 통해 북베트남이 통일을 이루었다. 그리고 라오스와 캄보디아는 프랑스, 인도네시아는 네덜란드로부터 독립하였다.

아프리카에서도 많은 나라가 독립하였는데, 알제리, 케냐처럼 치열한 투쟁 끝에 독립을 이룬 나라도 많았다. 그러나 식민 지배 시기에 서구 열강의 이해관계에 따라 기존 부족들의 기존 영역을 무시한 채 국경선을 임의로 그었기 때문에 독립 이후 종족 간 갈등을 야기하여 잦은 영토 분쟁이 발생하였다. 아프리카는 오늘날까지도 종교, 인종, 지역, 자원을 둘러싼 갈등 등으로 많은 어려움을 겪고 있다.

아시아·아프리카 회의

인도네시아 반둥에서 열려 반둥 회의라고도 부른다. 아시아와 아프리카의 비동맹주의 노선을 지향하는 29개 국가가 참가해 평화 10원칙을 채택하였다.

보충 베트남 전쟁의 배경

베트남은 프랑스로부터 독립하는 데 크게 기여한 공산당의 집권이 유력해 보였다. 그러나 미국이 이를 견제하기 위해 자본주의 계열의 남베트남 정부를 수립하였고, 이는 베트남 전쟁의 배경이 되었다.

보충 미국과 소련의 군비 축소

1972년 미국과 소련 사이에 전략 무기 제한 협정(SALT)을 체결하며 양국은 전략 무기의 규제 및 수량 제한에 대해 잠정 합의하였다.

동방 정책

서독이 추진한 동독, 소련 및 동유럽 사회주의권 국가와의 관계 개선 노력을 말한다. 1972년에는 동독과 '기본 조약'을 체결하며 서독과 동독은 '동등한 기반 위에서 정상적인 이웃 관계'를 유지할 것과 상호 국경선을 침범하지 않을 것을 합의하였다.

03 제3 세계의 성립과 데탕트

1. 비동맹주의의 등장

(1) 비동맹주의: 1950년대 미국과 소련의 어느 진영에도 속하지 않고 독자적 행보를 추구하던 움직임(제3 세계)으로 대개 아시아와 아프리카의 신생국들이 주도
- 제3 세계: 제1 세계(미국 진영), 제2 세계(소련 진영) 중 어느 쪽에도 속하지 않는 비동맹주의 국가들을 의미함

(2) 활동

① 아시아·아프리카 회의(반둥 회의, 1955): 평화 10원칙 발표, 냉전 비판
- 평화 10원칙: 1954년 인도의 네루와 중국의 저우언라이가 발표한 평화 5원칙을 중심으로 작성됨

② 제1차 비동맹 정상 회담: 미소 군사 동맹 불참, 외국군에 군사 기지 제공 불가 천명
- 제1차 비동맹 정상 회담: 1961년 유고슬라비아의 티토, 인도의 네루, 이집트의 나세르 중심

(3) 한계: 제3 세계 간의 단결력 부족 → 미국과 소련에 다시 의지하는 사례 발생

2. 냉전 속 열전의 발생

(1) 배경: 신생 독립국들의 민주주의 사회 건설 실패, 가혹한 독재와 부정부패, 인종 및 종교 갈등, 주변 국가와의 영토 분쟁, 내부의 인종 및 종교 갈등 등

(2) 발생 사례: 베트남 전쟁, 인도네시아의 대학살, 콩고 민주 공화국의 내전 등
- 인도네시아의 대학살: 미국의 지원을 받은 인도네시아 군부가 공산당을 제거하는 과정에서 대규모 학살이 발생함
- 콩고 민주 공화국의 내전: 1960년 벨기에로부터 독립하자마자 내전이 발생하여 미국과 소련이 모두 개입함.

3. 냉전의 다극화

(1) 소련 진영의 위기

① 중국과 소련의 갈등: 스탈린 사후 마오쩌둥이 독자적 사회주의 건설 시도

② 동유럽에서 반소련 운동 발생: 헝가리 봉기(1956), 체코 프라하의 봄(1968)

(2) 미국 진영의 위기

① 미국의 위기: 베트남 전쟁 실패 → 국제 사회에서 이미지 실추, 반정부 시위 지속

② 프랑스의 독자적 행보 전개: 독자적 핵무장, 한때 북대서양 조약 기구 탈퇴

4. 데탕트의 대두
- 데탕트: 프랑스어로 '완화, 휴식'이라는 뜻으로 냉전 체제가 완화되는 분위기를 의미함

(1) 미국과 소련: 군비 축소, 핵무기 확산 금지 동의

(2) 독일: 서독 빌리 브란트 총리의 동방 정책 → 동독과 동유럽에 접근

(3) 중국: 미국과의 관계 개선
- 미국과의 관계 개선: 닉슨 대통령이 아시아에 대해 직접적인 군사 개입을 하지 않겠다는 외교 방침을 정하면서 사회주의 국가인 중국과 관계 개선이 일어남 예 핑퐁 외교

중단원 핵심 확인하기 풀이

교과서 220쪽

1. 빈칸에 들어갈 알맞은 말을 써 보자.

(1) 제2차 세계 대전의 동맹국이었던 미국과 소련은 전후, 직접 전쟁은 벌이진 않지만 긴장 관계를 유지하는 ☐☐에 돌입하였다.

(2) 제2차 세계 대전 이후 아시아와 아프리카의 많은 국가는 과거 ☐☐☐ 상태에서 벗어나 독립을 쟁취하였다.

(3) 1950년대 중반 미국과 소련의 진영 그 어디에도 속하지 않는 새로운 집단인 ☐☐ ☐☐이/가 탄생하였다.

(1) 냉전 (2) 식민지 (3) 제3 세계

2. 관련 있는 내용을 옳게 연결해 보자.

(1) 미국 — ㉡ 북대서양 조약 기구

(2) 소련 — ㉠ 바르샤바 조약 기구

(3) 제3 세계 — ㉢ 비동맹주의

3. 옳은 내용은 ○표, 틀린 내용은 ×표를 해 보자.

(1) 냉전은 미국과 소련 사이의 군비 경쟁, 특히 핵무기 개발 경쟁의 양상을 보였다. (○)

(2) 아시아·아프리카 회의에서 평화 10원칙이 채택되었다. (○)

(3) 과거 식민지 국가들은 친환경적인 국토 개발 사업을 벌였다. (×)

4. 제시된 용어를 3개 이상 사용하여 냉전의 성립 원인을 문장으로 완성해 보자.

스탈린 트루먼 동유럽 데탕트 동맹국 제3 세계 비동맹주의

스탈린과 트루먼은 독일과 동유럽의 미래를 두고 합의할 수 없었고, 이는 미국과 소련의 관계 악화로 이어졌다.

도입 활동 풀이

교과서 도입 01 냉전 체제의 대두

교과서 214쪽

자본주의의 팽창에 맞서야 한다.

공산주의의 위협을 막아야 한다.

소련 지도자 스탈린

미국 대통령 트루먼

위 지도에서 느낄 수 있는 세계정세는 어떠한 것일까?

도입 예시 답안 | 미국과 소련이 세계를 두 진영으로 나누고 있다.

| 도입 보충 |

제2차 세계 대전이 끝난 후 소련은 친소 국가를 수립하여 미래에 혹시나 있을 전쟁에 대비하려 하였다. 한편 대공황의 여파를 겪은 미국은 자유 무역 지대를 확대하여 경제 위기를 사전 예방하려 하였다. 이에 미국을 중심으로 한 자본주의 진영과 소련을 중심으로 한 공산주의 진영 간의 대립이 발생하였는데, 이를 냉전 체제라고 한다.

교과서 도입 02 아시아·아프리카의 새로운 국가 건설

교과서 216쪽

인도에 완전한 독립을!
독일이 패망해서 전쟁이 끝났답니다.
이제 우리도 영국으로부터 완전히 독립해야지요!
그런데 영국이 전승국이니 쉽지 않을 수도 있겠어요.

제2차 세계 대전이 끝났을 때, 식민지 사람들은 어떤 미래를 꿈꿨을까?

도입 예시 답안 |
- 제2차 세계 대전이 끝나면서 독립을 이루고자 하였다.
- 독립하려는 열망이 강하였지만 한편으로 전승국이 독립을 인정할지에 대해 걱정하기도 하였다.

| 도입 보충 |

많은 아시아·아프리카의 식민지 국가들은 다양한 형태의 독립 운동을 추진하였다. 전쟁이 끝나고 국제 정세가 급변하면서 패전국의 식민지는 즉각적인 독립이 가능하였지만 영국, 프랑스 등 승전국의 지배를 받는 식민지는 그렇지 못하였다. 식민지는 열강에게 중요한 원료와 노동력 공급처이자 상품 시장이었기 때문이었다.

교과서 도입 03 제3 세계의 성립과 데탕트

교과서 218쪽

산타로 꾸며진 미국과 소련이 제3 세계의 지도자들에게 각자 엄청난 선물 꾸러미를 들고 크리스마스 선물을 전달하려다가, 서로 마주보고 있다.

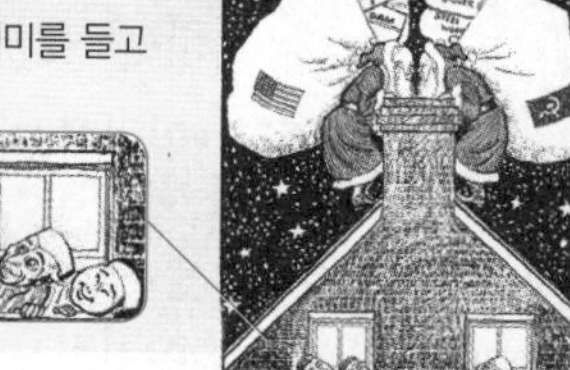

제3 세계 지도자들

미국과 소련이 제3 세계에 많은 물자를 제공하려 했던 까닭은 무엇일까?

도입 예시 답안 | 냉전이라는 대립 구도 속에서 더 많은 국가를 각자의 진영으로 끌어들이고자 하였기 때문이다.

| 도입 보충 |

냉전 체제는 전쟁은 없지만 미국 진영과 소련 진영이 대립하고 있던 시기였다. 자신의 진영에 더 많은 국가가 가담할수록 영향력이 세진다고 판단했기에, 미국과 소련은 제3 세계의 국가들에게 많은 물자를 제공하여 자국에 우호적인 정부를 만들고자 하였다.

역사 탐구 풀이 및 보충

교과서 215쪽

역사 탐구 전체주의론

친절한 활동 길잡이

이 활동의 핵심은 냉전 체제 시기 문화 경쟁의 사례임을 알고 이것이 사실인지를 확인하는 것이다. 주어진 글을 통해 전체주의가 미국의 정치학자들이 냉전 시대에 반공이라는 특정 목적을 가지고 고안된 것이라는 점을 유념해서 살펴보도록 한다.

1950년대 미국의 정치학자들은 전체주의 국가의 특징을 국가의 사회 통제, 일당 독재, 감시 체제, 지도자 숭배 등으로 규정하였다. 이러한 관념은 나치 체제를 비판하기 위해 이미 제2차 세계 대전 이전에 등장하였으나, 이후 냉전의 시작과 함께 소련과 중국에도 적용되면서 반공의 도구로 사용되었다.

- 마이클 가이어 외, 『전체주의론을 넘어서』

나치와 소련을 하나의 이미지로 연결하는 미국의 포스터

자료 이해 확인 문제

1. 냉전은 미국과 소련 사이에서 전개된 군사적 경쟁만을 일컫는다. (○ / ×)
2. 경제 체제의 관점에서 소련, 중국은 나치 독일과는 큰 차이가 있었다. (○ / ×)

>> 정답 1. × 2. ○

1. 미국이 나치 독일과 소련을 같은 체제로 묶고자 한 까닭은 무엇일까?

정답 풀이 | 제2차 세계 대전의 적국인 나치의 모습을 소련에 투영하여 소련에 대한 비판이 쉽게 연상될 수 있게 하기 위함이다.

2. 공산주의 국가 소련과 파시즘 국가 나치 독일이 실제로 비슷하였는지 알아보자.

정답 풀이 | 자본주의를 유지하였던 나치 독일과 사회주의를 실시하였던 소련은 경제생활 면에서 근본적인 차이가 있었다.

탐구 plus 냉전 체제 시기의 문화 전쟁

헬싱키 올림픽에 참가하였던 소련 여자 체조 선수들(1952)

모스크바 올림픽 아이스하키 결승전 소련 대 미국의 경기(1980)

냉전 체제하에서 미국과 소련은 군비 경쟁 이외에 이미지, 문화, 스포츠 분야에서도 경쟁을 하였다. 양 진영은 과장되거나 왜곡된 선전용 이미지를 만들어 상대국을 비난하였다. 이러한 이미지 전쟁은 미국과 소련 진영에 속한 많은 사람의 반공과 반미 의식을 강화시켰다.

또한 올림픽을 비롯한 국제 스포츠 대회에서 미국과 소련은 경기 결과에 따라 진영의 승부가 결정된다고 생각하였다. 단순히 실력 경쟁뿐만 아니라 상대 선수에 대한 이미지를 왜곡하기도 하였다. 상대국 선수들은 '비도덕적'이고 '비인간적'인 '이기적' 존재로 표현하는 반면, 자국의 선수들은 올림픽 정신을 구현하는 우애 넘치는 존재로 묘사하였다. 소련이 올림픽에서 우위를 점하자, 미국의 언론들은 좋은 성적을 거둔 소련 여성 운동선수들의 성별에 이의를 제기하여 소련 선수들의 항의를 받기도 하였다.

역사 탐구 도미노 이론과 미국의 베트남 전쟁 개입

교과서 219쪽

1954년 북베트남 정부는 하노이에서 프랑스 군대를 최종적으로 몰아내며 식민지 시대를 끝내는 듯하였다. 하지만 친프랑스적 베트남 남부의 사이공 정부는 반공을 내세워 북베트남 정부를 인정하지 않았다. 그러자 미국이 퇴각한 프랑스를 대신해 남베트남 정부를 위해 군대를 파견하였다. 이 결정에는 한 지역이 공산화되면 인근 지역도 급속도로 공산화된다는 '도미노 이론'이 중요한 역할을 하였다.

도미노의 팻말을 일렬로 세우고 첫 번째 팻말을 넘어뜨렸을 때, 마지막 때까지 도달하는 시간은 금방입니다. 더 많은 사람이 (가) 의 지배를 받게 되었습니다. 인도차이나, 미얀마, 타이, 그 반도 전체 그리고 인도네시아까지 차례로 잃게 되는 상황에 이르게 된다면, 여러분은 자원과 원료의 손실로 인해 가중될 불이익뿐만 아니라 진정 수백만의 삶을 떠올려야 할 것입니다.

- 미국 대통령 아이젠하워의 연설, 1954년

1. (가)에 들어갈 알맞은 말을 써 보자.

정답 풀이 | 공산주의

2. (가)의 지배가 이루어졌을 때, 미국 대통령이 두려워한 것은 무엇일까?

정답 풀이 | 공산화된 지역의 자원과 원료를 더 이상 이용할 수 없게 되고, 그곳에 사는 사람들의 자유를 보장할 수 없게 되는 것을 두려워하였다.

친절한 활동 길잡이

이 활동의 핵심은 베트남 전쟁을 통해 냉전 체제가 심화되는 과정을 살펴보는 것이다. 공산주의 진영의 확대와 이에 대한 미국의 대응책을 살펴보며 그와 같은 정책이 등장하게 된 배경을 이해한다.

자료 이해 확인 문제

1. 1954년 베트남에는 하나의 통일된 정부만 존재하였다. (○ / ×)
2. 미국은 공산주의 진영의 확대를 막기 위해 베트남에 군대를 파병하였다. (○ / ×)

>> 정답 1. × 2. ○

탐구 plus 베트남 전쟁

▲ 베트남 전쟁의 전개

▲ 베트남을 탈출하는 미국과 베트남 사람들

제2차 세계 대전 종결 이후에도 승전국이었던 프랑스의 지배에서 벗어나지 못했던 베트남은 호찌민을 중심으로 프랑스와 전쟁을 벌여 승리하였고 독립을 눈앞에 두게 되었다. 하지만 공산주의자인 호찌민을 못마땅하게 여긴 미국은 베트남과 그 이웃 국가인 캄보디아와 라오스를 비롯한 동남아시아 전체가 공산화될 우려가 있다고 판단하여 친프랑스 성향의 남베트남 정부를 지원하였다. 이에 남베트남 지역을 중심으로 또다시 독립 전쟁이 발생하였고, 여기에 미국과 우방 국가들이 참여하여 전쟁은 국제전으로 발전하였다. 하지만 남베트남 정부는 부정부패와 독재로 민심을 잃었고, 미국 참전에 대한 국제적 비난 여론도 높아졌다. 미국 내에서 반전 시위가 계속해서 일어나고, 전쟁에서 성과를 내지 못하자 미군은 철수를 결정하였다.

실력 확인 문제

중요

01 (가)에 들어갈 내용으로 적절한 것은?

> 수업 주제: 냉전 체제의 시작
> 〈모둠별 탐구 활동〉
> 모둠 1. (가)
> 모둠 2. 북대서양 조약 기구(NATO)의 조직
> 모둠 3. 독일과 한반도의 분단

① 비스마르크와 독일의 통일
② 제국주의를 정당화하는 사상들
③ 사라예보 사건과 제1차 세계 대전
④ 트루먼과 스탈린의 외교 노선 대립
⑤ 만주 지역에서 중국과 소련의 충돌

단답형

02 (가), (나)에 들어갈 국가를 각각 쓰시오.

> 냉전은 군비 경쟁, 특히 핵무기 개발 경쟁을 일으켰다. 1957년 (가) 은/는 인공위성 스푸트니크호 발사에 성공하여 대륙 간 탄도 미사일을 실용화하였고, (나) 은/는 수소 폭탄과 같은 대량 학살 무기를 개발하려고 노력하였다.

(가) ( ), (나) ( )

03 (가), (나) 사이 시기에 있었던 사실로 옳은 것은?

> (가) 냉전 시기에 미국은 유럽에서 군사 동맹인 북대서양 조약 기구를 조직하여 소련을 포위하였다.
> (나) 소련은 미국이 튀르키예에 소련을 향해 미사일을 배치한 것에 대항하여 쿠바에 핵미사일을 수송하였다.

① 마셜 계획이 발표되었다.
② 베트남 전쟁에서 미군이 철수하였다.
③ 한반도에서 6·25 전쟁이 발발하였다.
④ 중국과 미국 사이에 국교가 수립되었다.
⑤ 얄타 회담에서 전후 문제를 논의하였다.

04 (가)에 들어갈 내용으로 옳은 것은?

① 반둥 회의가 개최되었어요.
② 닉슨 독트린이 발표되었어요.
③ 베를린 장벽이 건설되었어요.
④ 파키스탄이 인도에서 독립하였어요.
⑤ 중국과 소련 사이에 분쟁이 심화되었어요.

고난도

05 밑줄 친 ㉠의 사례로 가장 적절한 것은?

> 제2차 세계 대전이 마무리되면서 제국주의 질서가 해체되었다. 또한 식민 지배를 받았던 나라들의 독립에 대한 열망이 커졌다. 그러나 승전국의 ㉠ <u>식민 지배를 받던 국가들 중 일부는 독립을 하는 과정에서 유혈 사태가 발생</u>하였다.

① 미국이 에스파냐와의 전쟁에서 승리하였다.
② 파쇼다에서 영국과 프랑스 사이에 충돌이 발생하였다.
③ 에티오피아가 이탈리아를 격퇴하고 독립을 유지하였다.
④ 일본의 식민 지배를 받던 한국은 즉각 독립에 성공하였다.
⑤ 알제리 민족 해방 전선과 프랑스 정부 간의 전쟁이 발생하였다.

06 (가)의 사례로 가장 적절한 것은?

> 아시아·아프리카의 많은 식민지 국가가 독립 후 경제 근대화와 국토 개발을 추진하였다. 이 과정에서 [(가)]의 사례처럼 일부 국가는 서양 국가에 저항하기도 하였으나 대부분은 서양 국가들의 원조를 받거나 다국적 기업의 투자에 의존하였다.

① 아마존 밀림의 벌목
② 싱가포르의 경제 성장
③ 중국과 미국의 핑퐁 외교
④ 동남아시아의 플랜테이션 농업
⑤ 이집트의 수에즈 운하 국유화 시도

07 그래프의 (가)에 들어갈 국가로 옳은 것은?

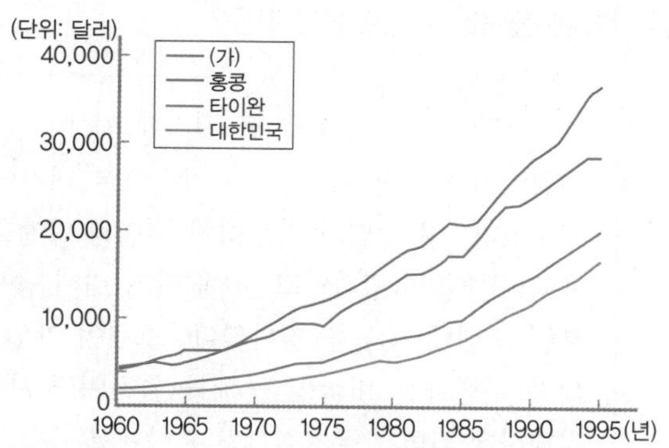

▲ 아시아 신흥 공업국의 1인당 국내 총생산(GDP) 변화

① 중국
② 인도
③ 타이
④ 라오스
⑤ 싱가포르

08 다음 연설을 발표한 인물로 옳은 것은?

> 그들은 우리의 감정, 삶의 희망 혹은 권리에 대해 아무런 관심이 없다. 서양은 철저히 우리를 무시하였고, 아랍 국가들은 서양의 방침을 확인할 수 없었다. 그리고 1956년 수에즈 전쟁이 일어났다. 우리 모두는 그해 1956년 무슨 일이 일어났는지 알고 있다. 우리가 우리의 권리를 요구하자 영국, 프랑스, 이스라엘은 우리를 반대하였고, 우리는 삼국의 침략을 받게 되었다.

① 간디
② 네루
③ 나세르
④ 수하르토
⑤ 무함마드 알리

단답형

09 (가)에 들어갈 알맞은 말을 쓰시오.

> 1950년대 중반부터 미국과 소련 어느 진영에도 속하지 않고 독자적 행보를 추구하는 [(가)] 이/가 등장하였다. 이들을 제3 세계라고도 부른다. 유고슬라비아를 제외하면 대부분 아시아와 아프리카의 신생국들이 이러한 흐름을 주도하였다.

( )

중요

10 (가)에 해당하는 집단에 대한 설명으로 옳은 것은?

(가)

① 북대서양 조약 기구(NATO)에 가입하였다.
② 해당 국가 간의 내부 단결력이 견고하였다.
③ 아시아·아프리카 회의에서 냉전을 비판하였다.
④ 제국주의 정책을 추진하며 식민지를 개척하였다.
⑤ 마셜 계획으로 경제 재건을 위한 원조 기금을 지원받았다.

중요

11 (가), (나)에서 공통으로 주장한 내용으로 가장 적절한 것은?

> (가) 반둥 회의에서 발표된 평화 10원칙
> (나) 제1차 비동맹 정상 회담

① 미·소 양군의 즉각 철수
② 강대국의 군사 동맹 불참
③ 인종주의에 입각한 식민 지배
④ 서독과 서유럽의 경제적 지원
⑤ 공산주의 진영 국가들과의 단결

12 다음 자료와 관련된 사건의 영향으로 적절한 것은?

> 미국 정부는 전쟁 범죄를, 평화와 인류에 대한 범죄를 저지르고 있습니다. 남베트남에서 50만의 미군과 그 위성 국가의 군인들이 민간인을 학살하고, 식량을 파괴하고, 마을을 없애기 위해 네이팜, 화학 물질, 독가스 등의 비인간적 방법으로 악행을 저질렀습니다.

① 일본이 베트남을 침공하였다.
② 냉전 체제가 더욱 강화되었다.
③ 한반도에서 6·25 전쟁이 발발하였다.
④ 베트남에 대한 미국의 간섭이 강화되었다.
⑤ 미국 내부에서 반정부 시위가 등장하였다.

고난도

13 ㉠의 사례로 적절한 것만을 보기에서 고른 것은?

> 아시아와 아프리카의 제3 세계 국가들 중 많은 국가가 민주주의 건설에 실패하였으며, 이웃 나라와의 영토 분쟁이나 내부 인종 및 종교 갈등이 일어났다. 이 과정에서 ㉠군부가 힘을 얻으며 군사 쿠데타가 계속되었고, 이는 종종 내전으로 이어졌다.

보기

ㄱ. 인도에서 힌두교도와 이슬람교도가 충돌하였다.
ㄴ. 콩고 민주 공화국 내전에 미국과 소련이 개입하였다.
ㄷ. 중국에서 국민당과 공산당 간에 권력 투쟁이 발생하였다.
ㄹ. 인도네시아 군부가 공산당을 제거하는 과정에서 대학살이 발생하였다.

① ㄱ, ㄴ ② ㄱ, ㄷ ③ ㄴ, ㄷ
④ ㄴ, ㄹ ⑤ ㄷ, ㄹ

고난도

14 (가)에 들어갈 국가로 옳은 것은?

> (가) 은/는 1960년 벨기에로부터 독립을 쟁취하였으나 곧 종족 간의 갈등으로 내전이 발생하였다. 이에 벨기에는 백인 주민의 안전을 내세워 군대를 파병하였고, 이를 막기 위해 당시 정부는 소련에 도움을 청하였다. 소련이 개입하게 되자 이번에는 미국이 군부를 움직여 쿠데타를 감행하게 되면서 정치적으로 혼란해졌다.

① 가나 ② 알제리
③ 이집트 ④ 베트남
⑤ 콩고 민주 공화국

중요

15 다음 자료와 관련된 탐구 주제로 가장 적절한 것은?

> • 헝가리, 체코에서 대대적인 반소련 운동이 일어났다.
> • 프랑스는 독자적으로 핵무장을 하고 북대서양 조약 기구를 탈퇴하기도 하였다.

① 냉전의 다극화
② 제3 세계의 등장
③ 이념 대립의 심화
④ 제2차 세계 대전의 배경
⑤ 민족 자결주의와 독립 운동

16 다음 사건들을 일어난 순서대로 바르게 나열한 것은?

> ㄱ. 미국의 베트남 전쟁 참전 시작
> ㄴ. 바르샤바 조약 기구(WTO) 결성
> ㄷ. 전략 무기 제한 협정(SALT) 체결

① ㄱ－ㄴ－ㄷ ② ㄱ－ㄷ－ㄴ
③ ㄴ－ㄱ－ㄷ ④ ㄴ－ㄷ－ㄱ
⑤ ㄷ－ㄴ－ㄱ

고난도

17 다음 담화가 발표된 시기를 연표에서 옳게 고른 것은?

> 현 시점에서는 이 위협이 미국으로부터 시작되었는지, 또는 중국으로부터 비롯되었는지는 상대적으로 작은 문제입니다. 미국과 중국 사이에 전쟁 상황이 존재하지 않기 때문입니다. …… 미국과 중국의 관계는 지난 22년간 거의 만남이나 논의가 없었기 때문에 어색합니다. 저희가 탁구 경기를 기점으로 이야기를 나눈 지는 고작 10개월도 채 안 되었죠.

(가)	(나)	(다)	(라)	(마)

중화 인민 공화국 수립 | 6·25 전쟁 | 쿠바 미사일 위기 | 체코의 반소련 운동

① (가) ② (나) ③ (다)
④ (라) ⑤ (마)

서술형

정답과 해설 320쪽

18 자료의 두 입장이 국제적으로 대립한 체제를 무엇이라고 부르는지 쓰고, 이것이 심화된 사례 두 가지를 서술하시오.

> • 미국은 서유럽 각국의 경제를 재건하려는 마셜 계획을 추진하였다. 그리고 서유럽 각국과 상호 군사 원조 집단 방어를 목표로 북대서양 조약 기구(NATO)를 창설하였다.
> • 소련은 사회주의 국가의 결속을 강화하기 위해 국제 공산당 정보 조직을 창설하였다. 또 동유럽 공산주의 국가에 대한 경제 원조를 위한 단체를 조직하였다.

19 다음 내용이 발표된 회의를 쓰고, 참여한 국가들의 공통된 외교 정책의 특징을 서술하시오.

> 1. 기본 인권과 국제 연합 헌장의 목적 및 원칙 존중
> 2. 주권과 영토 보전의 존중
> 3. 인종 및 국가 사이의 평등
> 4. 내정 불간섭
> 5. 국제 연합 헌장에 입각한 개별적·집단적 자위권의 존중
> 6. 강대국의 이익을 위한 집단적 군사 동맹에의 불참
> 7. 상호 불가침
> 8. 평화적 수단을 통한 국제 분쟁 해결
> 9. 상호 이익과 협력의 촉진
> 10. 정의와 국제 의무 존중

교과서 224~231쪽

세계화와 경제 통합

블록 경제
1929년에 발생한 대공황 이후 영국, 프랑스 등의 일부 국가는 자국과 식민지를 하나의 경제권으로 만들고 그 안에서만 교류를 하도록 하였다. 영국의 파운드 블록, 프랑스의 프랑 블록, 미국의 달러 블록이 대표적이다.

관세 및 무역에 관한 일반 협정(GATT)
23개국의 회원국들 간에 다각적인 무역 교섭을 통해 관세를 인하함으로써 무역을 확대하는 것을 목표로 하였다. 그러나 강대국들이 자국의 무역 이익을 위해 취하는 각종 불공정한 무역 행위를 효율적으로 규제할 수 없다는 한계가 있었다.

석유 파동
1973년 아랍·이스라엘 전쟁에서 패배한 아랍 국가들은 석유 생산을 제한하고 유가를 인상하였다. 그 결과 수입 석유에 의존하던 많은 국가에서 물가가 치솟는 반면 소비는 위축되었으며, 그에 따라 생산 설비에 대한 투자가 감소하고 실업률이 상승하였다. 이후 1979년 이란의 석유 생산 축소와 수출 중단으로 또 한 차례의 석유 파동이 일어났다.

01 경제의 글로벌화

1. 세계 경제 통합을 위한 노력

(1) 배경
① 미국의 전후 계획: 자유 무역의 확대(1930년대 대공황 시기 블록 경제 체제의 등장과 같은 상황 재발 방지 의도) — 블록 경제 체제가 경제 위기를 장기화하고 제2차 세계 대전을 초래하였다고 생각했기 때문임
② 교통과 통신의 발전: 제트 여객기·컨테이너·트럭 트레일러 도입 → 대량의 물자 수송 가능, 전화·컴퓨터·인터넷의 발달 → 판매자·유통업자·소비자 간 거리 단축

(2) 전개
① 미국의 경제 통합 의지: 브레턴우즈 협정(1944), 세계은행(IBRD)과 국제 통화 기금(IMF) 설립
└ 미국의 달러화를 국제 통화로 지정
② 관세 인하와 무역 확대 촉진: 관세 및 무역에 관한 일반 협정(GATT) 체결(1947)

2. 전후의 경제 성장

(1) 배경: 자유 무역의 확대, 국가 경제 정책의 근간으로 케인스주의 적용 → 전후 서방 세계에서 널리 채택
└ 복지 예산의 확대, 국가의 시장 규제, 공공 부문에 대한 투자 증대 등의 정책을 지지함
(2) 경제 정책의 효과: 생산력 증대, 소비 증가, 고용 안정 등
(3) 경제 발전의 사례: 패전국이었던 독일과 일본의 경제 부흥(라인강의 기적, 도쿄 올림픽 개최) → 서방 세계의 대호황을 배경으로 서양 중심주의적 관념 확산
└ 한반도에서 6·25 전쟁이 일어나자 일본은 군수 물자 공급 기지로서 산업 생산량을 늘려 전쟁 특수를 누림

02 신자유주의의 대두

1. 경제 위기의 재개

(1) 배경: 1960년대 말 경기 둔화, 베트남 전쟁 등으로 달러 가치 하락, 1970년대 두 차례의 석유 파동 발생
(2) 경제 위기: 성장률 둔화와 실업자 증가 → 실업 수당 확대, 복지 지출 증가 → 큰 효과 없이 스태그플레이션 발생
└ 물가가 상승하지만 경제 성장은 이루어지지 않는 현상임

자료 이해하기 라인강의 기적 교과서 225쪽

▲ 라인강 기적의 설계자라 불린 독일 수상 에르하르트

▲ 독일의 자동차 제조 회사에서 100만 대째 차량 생산을 기념하는 모습

| 내용 알기 | 제2차 세계 대전의 패전국인 독일의 경제 수준은 거의 폐허와 다름없었다. 그러나 서독은 아데나워 정부의 경제 정책으로 신속한 경제 복구와 부흥을 이룩할 수 있었다. 1950년대 8 %에 육박하는 놀라운 성장률을 보였던 독일의 경제 성장을 '라인강의 기적'이라고 부른다. 이러한 기적적인 경제 성장 뒤에는 서유럽의 공산화를 저지하기 위한 미국의 대규모 경제 원조, 독일의 직업 교육이 만들어낸 우수한 노동력이라는 배경이 있었다. 또한 당시 서독 정부는 복지 확대, 산업 국유화, 국가의 시장 개입을 통한 실질 임금 증가 등의 정책을 펼치며 경제 성장을 이끌어 나갔다.

2. 세계 경제 통합의 가속화

(1) 배경: 1970년대 경제 위기의 심화 → 세계 경제의 통합 강화

(2) 세계 경제 통합의 양상

① 서방 선진 7개국 정상회담(G7)의 정례화: 환율과 무역 수지 등 경제 현안을 논의하며 세계 경제 통합을 위한 노력 전개 (소련 해체 이후 러시아가 참여해 G8로 불리기도 함)

② 한국과 타이완 등 동아시아 국가들이 상품 수출을 통해 국제 무역 활성화에 이바지

③ 1980년대 중남미 국가들이 경제 위기 속에 국제 통화 기금(IMF)의 구제 금융을 받아들이며 시장 개방 → 세계 경제 규모 더욱 확대

(3) 결과: 자본과 물자의 이동 급증, 이민과 이주의 형태로 노동력의 유동성 증가 (1965년 7,500만 명이었던 이주민의 수가 2000년에는 1억 2,000만 명까지 증가함)

3. 신자유주의의 등장

(1) 배경

① 1970년대 경제 위기 대응 과정에서 국가 역할에 관한 의심 제기

② 국가의 역할을 강조하였던 케인스주의에 대한 비판 증가

(2) 신자유주의의 적용

① 주장: 시장의 기능을 최대한 신뢰, 기업과 민간의 경제 활동 자유 보장

② 정책 사례: 정부 규제 최소화, 기업 과세 감축, 국·공영 기업 민영화, 복지 예산 및 공공 부문 지출 감축 등

03 경제 개방과 새로운 세계의 탄생

1. 사회주의권의 붕괴

(1) 배경: 사회주의 체제의 한계, 소련과 중국의 경제적 어려움

(2) 사회주의권의 개혁

① 소련: 고르바초프가 주도(고르바초프가 실시한 정책을 페레스트로이카(개혁)·글라스노스트(개방) 정책이라고 함), 서방 자본 유치 노력과 군비 축소 → 냉전의 종식, 동유럽 국가들이 소련의 영향권에서 이탈 → 소련의 해체, 독립 국가들로 분리

② 중국: 덩샤오핑의 시장 경제 요소 수용을 골자로 한 실용주의 경제 정책(시장 개방, 경제 특구 설치)(흑묘백묘론) → 공산당 정권 유지

서방 선진 7개국 정상회담(G7)

G7은 미국, 독일, 일본, 영국, 프랑스, 이탈리아, 캐나다를 가리키며, 1975년 이후 매년 정기적인 정상회담을 개최하고 있다. 세계 경제, 외교, 통화 등 다양한 주요 경제 현안을 비공식적으로 논의하는 회담이다.

보충 신자유주의를 이끈 정치인

1980년대 신자유주의를 이끈 대표적 인물에는 영국의 대처 총리와 미국의 레이건 대통령이 있다. 대처 총리는 정부의 재정 지출 축소, 공기업 민영화, 각종 정부 규제 완화 등 공공 부문의 개혁을 진행하였다. 레이건은 세금을 인하하고 정부 규제를 축소하여 기업의 투자 의욕을 활성화시키고자 하였다.

흑묘백묘론

1970년대 말 중국의 실권자가 된 덩샤오핑이 한 말로 '검은 고양이든 흰 고양이든 쥐를 잘 잡으면 좋은 고양이'라는 뜻이다. 이 말 속에는 공산주의 계획 경제든, 자본주의 시장 경제든 중국의 경제 발전을 가져온다면 그것이 가장 유용하다는 의미가 담겨 있다.

자료 이해하기 고르바초프의 개혁 개방 정책 교과서 228쪽

고르바초프(1931~)

페레스트로이카(러시아어로 재건, 재편을 뜻함) 정책은 소련과 같은 사회주의 국가가 새로운 질적 상태로의 전환, 즉 권위주의적이고 관료주의적인 체제에서 인간적이고 민주적인 사회로 평화롭게 이행하는 유일한 길이라고 생각합니다. 나는 개혁의 모든 과정을 민주주의의 원칙에 의거하여 결단력 있게 추진할 것입니다.

– 고르바초프의 대통령 취임 연설

| 내용 알기 | 고르바초프는 소련의 경제를 발전시키고 비효율적 정치 및 행정 체제를 개선하기 위해 개혁을 실시하였다. 우선 미국 및 서방과의 관계 개선을 위해 군비 감축을 선언하고, 아프가니스탄에서 소련군을, 동유럽에서 바르샤바 조약군을 철수시켰다. 그는 공산당 일당 독재 체제를 완화시키고 자유주의 시장 경제 체제를 일부 도입하려 하였다. 또한 언론을 자유화하고, 예술 작품에 대한 각종 검열을 폐지하였다.

동남아시아 국가 연합(ASEAN)
1967년에 창설되었으며 필리핀, 말레이시아, 싱가포르, 인도네시아 등을 포함한 10개국이 참여하고 있다. 초기에는 주로 경제·문화 등 비정치적 분야에서 협력하였으나 냉전 종식 이후 정치·경제 분야의 협력을 강화하였다.

유럽 연합(EU)
1993년 마스트리흐트 조약에 따라 유럽 연합이 결성되었다. 유럽 연합은 각종 사안을 공동으로 처리하며, 1999년부터 단일 통화인 '유로화'가 유통되면서 경제적으로도 더욱 긴밀해졌다. 그러나 현재의 유럽 연합이 금융 위기, 재정 악화, 난민 문제 등 여러 위기에 직면하자 영국은 유럽 연합에서 탈퇴하였다.

보충 우리나라의 이주민 문제

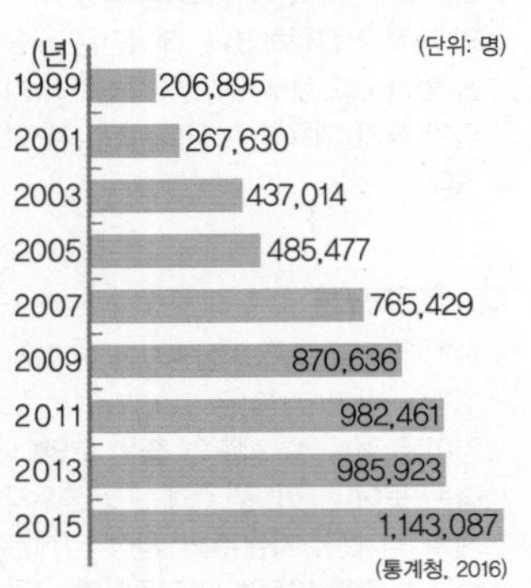

대한민국 등록 외국인 수 변화

(단위: 명)

(년)	
1999	206,895
2001	267,630
2003	437,014
2005	485,477
2007	765,429
2009	870,636
2011	982,461
2013	985,923
2015	1,143,087

(통계청, 2016)

우리나라도 필리핀, 베트남 등의 국가에서 이주민이 꾸준히 증가하면서 다양한 문제가 발생하고 있다.

2. 새로운 경제 권역의 형성

(1) 배경: 사회주의권의 붕괴와 중국의 개혁 개방

(2) 세계 경제의 확대

① 과거 공산주의 진영 국가의 참여: 소련과 동유럽의 과거 공산 진영 국가들, 중국의 세계 경제 참여 → 세계 경제 확장

└ 러시아를 비롯한 몇몇 나라는 자본주의로의 이동을 서두르는 과정에서 혼란을 겪기도 함

② 지역 단위의 경제 통합: 동남아시아 국가 연합(ASEAN) 결성(1967), 북미 자유 무역 협정(NAFTA) 체결(1992), 유럽 연합(EU) 출범(1993), 남미 공동 시장(MERCOSUR) 설립(1995)

경제의 세계화와 경제 블록

(외교부, 2016)

3. 글로벌 문화의 형성

(1) 배경: 세계 경제 통합, 이민과 이주 증가

(2) 글로벌 문화 대두 ─ 전 세계의 문화를 획일화한다는 문제점이 있음

① 미국 대중문화의 세계화: 할리우드 영화, 청바지, 팝 음악, 콜라, 햄버거 등

② 다른 여러 나라 문화의 전파: 중남미 자메이카의 레게, 영국 노동자 계급의 축구, 중남미 출신 미국 이주민의 살사 등이 전 세계적으로 유행

└ 록 음악과 아프리카의 전통 리듬을 결합해 만든 음악으로 자메이카 출신의 가수 밥 말리가 전 세계적으로 유행시킴

(3) 경제 통합과 이주민 증가로 인한 문제점

① 이주민 생활의 문제: 빈곤, 차별, 폭력 등 발생

② 인종주의적 편견: 이주민이 증가하여 실직했다고 믿는 현지 주민들의 적대감

중단원 핵심 확인하기 풀이

교과서 230쪽

1. 빈칸에 들어갈 알맞은 말을 써 보자.

(1) 제2차 세계 대전 이후 미국은 자국의 □□□을/를 국제 통화로 정하고자 노력하였다.

(2) 1970년대 경제 위기와 세계 경제 통합의 배경 속에서 시장의 자유를 주장하는 새로운 경제사상인 □□□□□이/가 등장하였다.

(3) 유럽 국가들의 경제 통합 및 향후의 정치 통합을 목표로 1993년에 □□ □□이/가 출범하였다.

(1) 달러화 (2) 신자유주의 (3) 유럽 연합

2. 관련 있는 내용을 옳게 연결해 보자.

(1) 고르바초프 · · ㉠ 글로벌 문화

(2) 국제 통화 기금 · · ㉡ 세계 경제 통합

(3) 밥 말리 · · ㉢ 냉전 종식

3. 옳은 내용은 ○표, 틀린 내용은 ×표를 해 보자.

(1) 신자유주의자들은 경제의 효율성을 위해 국가의 적극적인 시장 개입을 주장하였다. (×)

(2) 덩샤오핑은 중국에 실용주의 노선을 도입하여 해외 자본을 유치하려고 노력하였다. (○)

(3) 1970년대 석유 파동은 세계적인 경제 위기가 시작되는 중요한 계기였다. (○)

4. 제시된 용어를 4개 이상 사용하여 전후 서방 경제의 번영 원인을 문장으로 완성해 보자.

글로벌 문화 | 케인스주의 | 자유 무역 | 1950년대 | 소득 | 빈곤 | 석유 파동

1950년대 자유 무역의 확대와 케인스주의에 따른 국가 정책은 복지 예산을 확대시켰고, 국민 소득을 증대하여 경제 번영을 이루어 냈다.

도입 활동 풀이

교과서 도입 01 경제의 글로벌화

교과서 224쪽

위 두 그림 중 어느 쪽이 외국에서 돈을 쓰기가 편할까?

도입 예시 답안 | 달러만 가지고 있더라도 바로 거래할 수 있기 때문에 두 번째 그림이 더 편리하다

| 도입 보충 |

브레턴우즈 협정 이전에는 폐쇄적인 경제 체제로 다른 나라와의 화폐 교환이 어려웠다. 그러나 협정에서 미국 달러화를 국제 통화로 결정하면서 다른 나라에서도 달러를 기준으로 화폐를 교환할 수 있게 되었다. 이는 세계 경제 통합의 첫 단추가 되었다.

교과서 도입 02 신자유주의의 대두

교과서 226쪽

두 사람의 주장 중 어느 쪽의 주장이 더 설득력 있는지 이야기해 보자.

도입 예시 답안 |
- 물건을 만드는 사람과 파는 사람이 마음대로 하면 시장이 혼란해질 수 있으므로 적당한 수준의 국가 개입이 필요하다는 주장이 더 설득력이 있다.
- 물건을 만드는 사람과 파는 사람이 시장에서 자유롭게 활동할 때가 가장 효율적이므로 국가가 개입할 필요가 없다는 주장이 더 설득력 있다.

| 도입 보충 |

1929년의 대공황 이후부터 1960년대까지 국가가 경제 활동에 개입하는 케인스주의를 많은 나라에서 채택하였고, 이들은 대공황을 극복하고 경제 부흥을 이루어 냈다. 그러나 1970년대 석유 파동으로 인해 발생한 경제 위기는 기존의 경제 정책으로는 해결할 수 없었다. 이에 시장에서 국가의 역할을 최소화하는 신자유주의 사상이 등장하였다. 두 정책 모두 당시에 처한 문제 상황을 해결하기 위해 등장하였다.

교과서 도입 03 경제 개방과 새로운 세계의 탄생

교과서 228쪽

두 사람의 대화를 듣고 중국에는 그동안 어떠한 변화가 있었다고 상상할 수 있을까?

도입 예시 답안 |
- 외국에 대한 적대적인 감정이 많이 사라졌고, 중국의 경제 발전에 외국과의 관계가 중요하다는 점을 인정하게 되었다.

| 도입 보충 |

중소 분쟁이 일어나면서 중국은 경제에 있어서도 소련의 지원 없이 독자 노선의 길로 나아갔다. 그러나 자급자족적 경제 체제를 구축하려 전개하였던 대약진 운동은 실패하였고, 공산주의 경제 체제에서 생산성이 저하되는 문제도 발생하였다. 이후 1980년대 들어 덩샤오핑이 일부 자본주의 요소를 받아들여 경제 개발을 추진하였다. 그 이후부터 중국 경제는 엄청난 규모로 성장하였다.

역사 탐구 풀이 및 보충

역사탐구 서양 중심주의와 근대화 이론

교과서 225쪽

친절한 활동 길잡이

이 활동의 핵심은 근대화 이론이 서양 중심주의적 세계관의 확대를 가져왔다는 것을 이해하는 것이다. 서양 중심주의가 가진 한계를 스스로 비판해 보며 세계사의 발전 과정을 다양하고 종합적인 관점에서 살펴보도록 한다.

근대화 이론은 세계 여러 사회가 모두 같은 경로를 따라 전통 사회에서 근대 사회로 발전한다고 믿었다. 또 이런 발전을 가장 먼저 이룬 곳이 서양이라고 보는 서양 중심주의적 입장을 취하였다. 따라서 근대화 이론은 (가) 지역의 사회들도 서양의 모델을 따라 발전을 이루어야 한다는 뜻을 전하였다.

근대화 이론의 주창자인 미국의 경제학자 월트 로스토(좌) 미국 정부 기관에서 아시아 지도를 펼쳐 보고 있다.

1. (가)에 들어갈 알맞은 말을 생각하여 써 보자.

정답 풀이 | 비서양, 동양, 아시아, 아프리카 등(서양과 대조를 이루는 말)

2. 서양 중심주의가 지닌 문제점들을 생각해 보자.

정답 풀이 | 서양을 보편적인 모델로 상정하기 때문에 다른 나라와 사회의 다양한 역사적 경험과 전통은 무시되기 쉽다.

자료 이해 확인 문제

1. 근대화 이론은 서양의 발전 과정을 다른 사회에도 적용하였다. (○ / ×)

2. 근대화 이론에 따르면 동양은 서양과 비교해 발전 과정이 느리다. (○ / ×)

>> 정답 1. ○ 2. ○

탐구 plus 근대화 이론

▲ 근대화 이론의 주창자인 월트 로스트(왼쪽)

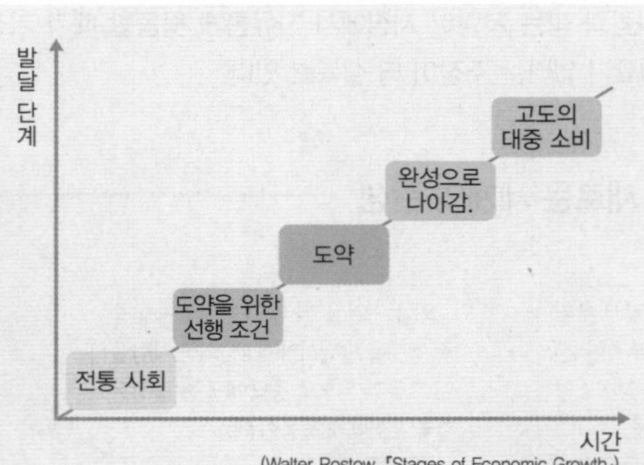

(Walter Rostow, 『Stages of Economic Growth』)

▲ 월트 로스트의 근대화 이론 5단계

근대화 이론에 따르면 근대 사회로 발전한 국가들은 모두 일정한 단계를 거쳤다고 설명한다. 그리고 일정한 단계는 기본적으로 서양 국가들의 공통된 경험이라고 보았다. 근대화 이론을 주장한 사회과학자들은 아직 근대화 사회로 발전하지 못한 국가들이 서양의 발전 모델을 따라야만 근대화 사회로 나아갈 수 있다고 보았다. 이것은 곧 자신의 사회와 전통을 더 이상 따르지 말고 서양의 것으로 바꾸어 나가야 한다는 것을 의미하였다. 근대화 이론의 완성자인 월트 로스트는 비서양 사회 중에서 이론을 가장 잘 따라 자기 개조를 성공으로 이룬 나라로 일본을 꼽았다.

역사 탐구 동유럽 민주화 운동과 그 후 모습

교과서 229쪽

| 자료 1 |

1980년대 동유럽의 민주화 운동

1956년 헝가리 봉기와 1968년 체코슬로바키아 '프라하의 봄'을 통해 동유럽인의 민주화 열망은 이미 드러났었다. 이런 열망은 고르바초프의 정책에 힘입어 1980년대 폭발하였고 그 결과 동유럽 공산당 정권들이 무너졌다.

▲ 루마니아 시위대가 진압을 위해 출동한 탱크를 장악한 모습(1989)

| 자료 2 |

오늘날의 동유럽

공산당 정권이 무너진 이후, 동유럽 사람들은 민주화와 더불어 삶의 질도 나아질 것이라고 믿었다. 하지만 새로이 정권을 잡은 정치인들은 자본주의를 맹신하며 국민의 삶을 살피지 못하였다. 그 결과 빈부 차는 격심해졌다. 경제 위기 속에 최근에는 인종주의가 대두하고 있다.

▲ 폴란드 인종주의자들의 시위 모습

1. 동유럽 사람들이 주장한 민주화 요구에는 어떤 것들이 있었을까?

정답 풀이 | 동유럽 사람들은 언론·출판의 자유 확대, 선거 제도 개혁 등을 요구하였다.

2. 동유럽의 민주화는 왜 삶의 질의 향상을 가져오지 못하였을까?

정답 풀이 | 민주화 이후 동유럽에서는 이른바 반체제 자유주의자들이 정권을 잡았다. 그러나 이들은 급격한 자본주의화와 시장 개방에 몰두하여 국민의 복지와 분배 문제에는 신경을 덜 썼다. 이러한 실패 이후 과거 공산당 지도자들 중 온건파가 정권을 잡았으나 상황은 전과 크게 달라지지 않았다. 그 결과 동유럽은 생활 수준 하락과 빈부 격차 심화 등의 혼란을 겪었고, 국가의 주요 산업이 외국 기업 등에 넘어가면서 외국인에 대한 혐오가 증가하기도 하였다. 최근에는 이런 혼란을 틈타 극우파가 득세하는 상황이 이어지고 있다.

친절한 활동 길잡이

이 활동의 핵심은 동유럽의 공산주의 정권하에서 일어났던 민주화 운동을 살펴보는 것이다. 또한 민주화가 이루어진 이후의 사회 모습을 살펴보고 동유럽 사회가 보완해야 할 점을 스스로 분석해 보도록 한다.

자료 이해 확인 문제

1. 소련 고르바초프의 개혁 개방 정책이 동유럽의 공산당 정권 붕괴에 영향을 주었다. (○ / ×)
2. 빈부 격차 등의 경제 위기는 인종주의의 등장에 영향을 주지 않는다. (○ / ×)

>> **정답** 1. ○ 2. ×

탐구 plus 동유럽의 민주화 운동 – 체코슬로바키아

하벨은 1968년 체코 프라하에서 일어났던 민주화를 위한 개혁 정책의 움직임에 참여하였으나, 소련을 비롯한 바르샤바 조약 기구 군대의 개입으로 실패하였다. 각종 탄압에도 그는 '77 헌장'을 조직하여 정부의 인권 탄압에 정면으로 대항하였다. 그는 '힘없는 사람들의 힘'이라는 글을 통해 정권의 각종 부조리한 사항을 비판하고 이를 타개하기 위해 개인들이 노력할 것을 촉구하였다. 수감 중에도 그는 공산주의 정권에 끊임없이 대항하여 1989년 모든 반체제 단체를 포괄하는 시민 포럼을 조직하여 정치적 혁명에 성공하였다. 이를 평화로운 혁명이라는 뜻으로 '벨벳 혁명'이라고도 부른다. 이후 하벨은 대통령에 선출되어 체코의 민주주의와 시민 사회의 발전을 위해 노력하였다.

▲ 바츨라프 하벨(1936~2011)

▲ 벨벳 혁명에 참가한 수만 명의 시민

실력 확인 문제

01 밑줄 친 ㉠의 사례로 적절하지 않은 것은?

> 제2차 세계 대전이 끝나고 미국은 자유 무역이 이루어질 수 있도록 ㉠세계 경제를 최대한 통합하고자 하였다.

① 블록 경제 실시
② 세계은행의 설립
③ 국제 통화 기금 설치
④ 미국 달러화를 국제 통화로 결정
⑤ 관세 및 무역에 관한 일반 협정 체결

02 밑줄 친 '그'의 주장으로 적절한 것만을 보기에서 고른 것은?

> 그는 영국의 대표적 경제지 『이코노믹 저널』의 편집자, 브레턴우즈 협정 영국 대표, 국제 통화 기금(IMF)과 국제 부흥 개발 은행(IBRD) 총재 등을 지냈다. 제1차 세계 대전 이후 그는 완전 고용을 실현하기 위해서 정부의 경제 개입이 필요하다고 주장하였다.

보기
ㄱ. 복지 예산을 확대해야 한다.
ㄴ. 국영 기업을 민영화해야 한다.
ㄷ. 공공 부문에 대한 투자를 증대시키자.
ㄹ. 기업에 대한 과세를 줄여 자율권을 보장하자.

① ㄱ, ㄴ ② ㄱ, ㄷ ③ ㄴ, ㄷ
④ ㄴ, ㄹ ⑤ ㄷ, ㄹ

단답형

03 (가)에 들어갈 알맞은 말을 쓰시오.

> (가) 은/는 제2차 세계 대전으로 폐허가 되었던 서독의 경제가 다시 일어난 현상을 표현한 말이다. 서독은 복지 정책 확대, 산업 국유화, 국가의 시장 개입을 통한 실질 임금 증가 등의 정책을 펼쳐 거대한 경제 성장을 이룰 수 있었다.

( )

고난도

04 (가) 국가에 대한 설명으로 옳은 것은?

> 근대화 이론의 주창자인 미국의 월트 로스트는 비서양 국가 중에서 이 이론을 가장 잘 따른 국가는 (가) (이)라고 보았다. 이 나라는 제2차 세계 대전의 패전국으로 전쟁 직후 경제 기반이 대부분 파괴되었지만, 1964년에 올림픽을 개최할 정도로 경제 번영의 상징 국가가 되었다.

① 비동맹주의를 주도하였다.
② 베트남 전쟁에 참전하였다.
③ 제2차 세계 대전 이후 분단되었다.
④ 6·25 전쟁으로 전쟁 특수를 누렸다.
⑤ 핑퐁 외교를 통해 미국과의 관계를 개선하였다.

중요

05 다음 상황을 극복하기 위해 세계 각국이 추진한 정책으로 옳은 것은?

> • 제1차 석유 파동이 발생하자 정부는 실업 수당을 확대하는 등 복지 지출을 늘렸으나 효과가 없었다.
> • 베트남 전쟁으로 국제 문제에서 미국의 주도적인 위치가 약화되었고, 개별 국민 국가의 권위가 떨어졌다.

① 제트 여객기를 개발하였다.
② 브레텐우즈 협정을 체결하였다.
③ 신자유주의 정책을 추진하였다.
④ 국제 통화 기금(IMF)을 설립하였다.
⑤ 케인스주의에 입각한 정책을 계획하였다.

06 다음 자료와 관련된 회담에 참여하는 국가로 옳지 않은 것은?

- 1975년 11월 지스카르 드 스탱 프랑스 대통령의 제안으로 처음 개최되었다.
- 서방 국가들이 대공황 때처럼 국제 무역이 사라지는 사태를 막고자 하는 노력으로 탄생하였다.
- G7이라고 불리는 이 회담은 환율과 무역 수지 등 세계 경제의 여러 가지 문제들을 협의하기 위해 개최되었다.

① 독일 ② 미국 ③ 영국
④ 일본 ⑤ 중국

07 다음 학자가 내세웠을 주장으로 적절하지 않은 것은?

국가가 생산과 거래에 끼어들면 경제가 효율적으로 움직일 수 없다. 시장에서는 모두 자기 이익에 따라 잘 움직이므로 그대로 둬야 최적의 결과가 나온다.

① 기업에 대한 과세를 줄이자.
② 국·공영 기업을 민영화하자.
③ 복지 예산에 대한 지출을 삭감하자.
④ 공공 부문에 대한 투자를 증대하자.
⑤ 기업의 경제 활동의 자유를 보장하자.

고난도

08 (가), (나) 경제 정책에 대한 설명으로 옳은 것은?

(가) 국가가 공공 부문에 대한 투자를 더욱 증대시켜야 경제가 발전할 수 있습니다.
(나) 정부가 경제 문제 해결을 위해 여러 제도를 도입했지만 실패했습니다. 시장의 기능을 최대한 신뢰해야 합니다.

① (가)-토지와 주요 산업의 국유화를 주장하였다.
② (가)-1930년대 대공황의 해결책으로 제시되었다.
③ (나)-1970년대 경기 둔화로 폐기되었다.
④ (나)-전후 서독의 주요 경제 성장 정책이었다.
⑤ (가), (나)-사회주의 국가에서 제기되었다.

고난도

09 다음 정책을 실시한 인물에 대한 설명으로 옳은 것은?

- 페레스트로이카: '재편'이라는 뜻으로 정치·경제·사회·이데올로기 등 모든 부문에서의 개혁을 의미한다. 경제 개혁의 일환으로 자유 시장 경제 체제를 일부 도입하려 하였다.
- 글라스노스트: '개방'이라는 뜻으로 체제 비판적이었던 언론을 자유화하였으며, 예술 작품에 대한 검열을 폐지하였다. 또한 이전의 금서들을 출판하는 것을 허용하였으며, 운동의 자유화와 서구 문화에 대한 개방 등을 허용하였다.

① 반둥 회의에 참여하였다.
② 수에즈 운하를 국유화하였다.
③ 베트남 전쟁에서 군대를 철수시켰다.
④ 미국과 소련 간의 냉전을 종식시켰다.
⑤ 북미 자유 무역 협정(NAFTA) 체결을 주도하였다.

중요

10 (가)에 들어갈 내용으로 적절한 것은?

〈소련의 붕괴 과정〉

1970년대	1980년대	1990년대
• 생산성 저하 • 기술 개발 정체	(가)	소련 해체

① 중소 분쟁이 발생하였다.
② 고르바초프가 개혁을 추진하였다.
③ 바르샤바 조약 기구를 결성하였다.
④ 쿠바에 핵미사일 기지를 건설하였다.
⑤ 석유 파동으로 경제 위기를 맞이하였다.

중요

11 다음에서 설명하는 인물로 옳은 것은?

흑묘백묘론을 언급하며, 공산주의 계획 경제든 자본주의 시장 경제든 중국의 경제 발전을 가져온다면 그것이 가장 유용한 것이라는 실용주의 경제 개혁을 추진하였다.

① 하벨 ② 스탈린 ③ 마오쩌둥
④ 덩샤오핑 ⑤ 고르바초프

12 밑줄 친 ㉠의 사례로 가장 적절한 것만을 보기에서 고른 것은?

세계 경제가 확장되면서 ㉠ 지역 단위의 경제 통합도 강화되었다. 예를 들면 미국, 캐나다, 그리고 멕시코는 그들 간의 물자 교류와 자본 투자를 보다 쉽게 할 목적으로 북미 자유 무역 협정(NAFTA)을 체결하였다.

보기
ㄱ. 유럽 연합(EU)
ㄴ. 국제 통화 기금(IMF)
ㄷ. 국제 무역 기구(WTO)
ㄹ. 동남아시아 국가 연합(ASEAN)

① ㄱ, ㄴ ② ㄱ, ㄹ ③ ㄴ, ㄷ
④ ㄴ, ㄹ ⑤ ㄷ, ㄹ

단답형

13 (가)에 들어갈 국제기구를 쓰시오.

미국 주도의 세계 질서가 확립되고 독일이 통일되는 등 변화하는 국제 상황 속에서 유럽 공동체는 정치·외교 분야까지도 통합하려 하였다. 그 결과 마스트리흐트 조약을 맺어 경제 통합의 완성뿐만 아니라 정치적 통합의 실현을 위한 장치도 마련하였다. 유럽 공동체는 (가) (으)로 개칭되었고, 그 결과 유럽 단일 시장이 완성되었다. 이후 일부 동유럽 국가들이 합류하여 그 규모는 더욱 커졌다.

( )

14 다음 사건이 발생했을 시기로 옳은 것은?

체코슬로바키아의 지식층을 중심으로 민주와 자유화의 실현을 위한 조직적인 운동이 전개되었다. 당시 개혁파 정부는 견고한 의회 제도의 확립, 민주적인 선거법 제도의 창설, 언론·출판·집회의 자유 보장 등의 개혁을 추진하였다. 이러한 자유화를 위한 정책적 변화가 있자 온 국민은 '프라하의 봄'이라 하여 공산 체제로부터의 탈바꿈을 환영하였다.

브레턴우즈 협정	(가)	헝가리 봉기	(나)	제1차 석유 파동	(다)	고르바초프 집권	(라)	소련 해체	(마)	유럽 연합 결성

① (가) ② (나) ③ (다)
④ (라) ⑤ (마)

15 다음 자료를 활용한 수업의 주제로 가장 적절한 것은?

> • 미국의 할리우드 영화, 청바지, 팝 음악, 콜라, 햄버거 등이 세계로 널리 퍼졌다.
> • 중남미 자메이카에서 발생한 음악 장르 레게가 북미와 영국에서 전 세계 젊은이들에게 확산되었다.

① 글로벌 문화의 형성
② 다문화 가정의 증가
③ 서양 중심주의의 확대
④ 제3 세계 문화의 확산
⑤ 냉전의 해체와 문화 변동

16 다음 자료와 관련된 탐구 학습의 주제로 가장 적절한 것은?

> • 프랑스로 이주한 알제리 출신 노동자들이 파리 외곽의 낡은 아파트에 모여 살게 되었다.
> • 독일에서 네오나치즘을 신봉하는 한 젊은이가 앙골라 출신의 이민자를 살해하는 사건이 발생하였다.

① 레게 음악 확산의 영향
② 글로벌 문화 형성의 부작용
③ 서양 중심주의가 갖는 한계점
④ 이주민 증가로 나타난 사회 문제
⑤ 단일 문화를 추구하는 세계화에 대한 저항

서술형

정답과 해설 322쪽

17 밑줄 친 '이 협정'의 명칭을 쓰고, 이 협정으로 세계 통화에 나타난 변화를 서술하시오.

> • 이 협정에 따라 국제 통화 기금(IMF)과 국제 부흥 개발 은행(IBRD)을 창설하였다.
> • 이 협정에 따라 고정 환율 제도가 도입되었으며, 결과적으로 세계 경제 통합의 첫걸음을 내딛게 되었다.

18 (가), (나)에 들어갈 인물을 쓰고, 두 개혁의 결과가 각국 체제에 미친 영향을 비교해 서술하시오.

> • 1985년에 소련 공산당 서기장이 된 (가) 은/는 과감한 개혁 정책을 추진하며 군비를 축소하고 서방 자본을 유치하려 하였다.
> • 중국은 1970년대 말부터 (나) 을/를 중심으로 시장 경제 요소 수용을 골자로 하는 실용주의 경제 개혁을 추진하였다.

교과서 232~239쪽

탈권위주의 운동과 대중문화의 발달

미국 대법원 판결(브라운 판결)

대법원은 초중등 공립학교에서 흑인과 백인 학생을 분리하여 교육하는 것이 위헌이라고 판결하였다. 이로써 '흑인들을 백인들과 분리하되 평등하면 된다.'는 원칙이 합헌이라는 기존의 판례가 뒤집혔다.

셀마 – 몽고메리 행진(1965)

마틴 루서 킹 목사가 주도한 흑인의 투표권 쟁취를 위한 운동이다. 당시 흑인들은 셀마에서 몽고메리로 가는 비폭력 거리 행진에 참여하였고, 이 과정에서 무자비한 탄압을 당했다.

여성주의(페미니즘)

여성의 권리 및 기회의 평등을 핵심으로 하는 여러 형태의 사회·정치적 운동과 이론들을 아우르는 용어이다. 여성이 사회 제도 및 관념에 의해 억압당하고 있는 것을 타파하고 여성의 권리를 주장하고 실현하는 것을 목표로 한다.

01 민권 운동과 민주주의의 성숙

1. 민권 문제의 제기

(1) 미국의 상황: 19세기 노예 해방 이후에도 흑인에 대한 차별 지속

- 학교나 공공시설에서 인종 분리, 흑인과 백인 간 결혼 금지 등의 차별이 지속됨

(2) 민권 문제 제기: 제2차 세계 대전 참전 이후 흑인들의 민권 의식 성장, 냉전 시기 소련이 미국 인종주의에 관한 문제 제기

2. 민권 운동의 시작

(1) 배경: 흑인들의 민권 의식 성장, 미국 대법원의 판결(1954)

(2) 전개: 일상 투쟁(버스 보이콧 운동)에서 정치적인 시위 등으로 확산, 민권 운동 지도자의 등장(마틴 루서 킹 목사 – 평화적 저항 운동, 맬컴 엑스 – 흑인의 정체성과 자부심 강조, 전투적인 흑인 저항 운동 전개)

- 버스 보이콧 운동(1955), 워싱턴 평화 행진(1963), 셀마–몽고메리 행진(1965) 등을 지휘함

(3) 민권 운동의 결과: 「민권법」 제정(1964, 공무와 직장에서의 인종 차별 금지), 모든 흑인에게 완전한 참정권 보장, 복지 지원책 강화(1965)

- 공공장소는 물론이고 취업·교육·법률상으로 인종과 피부색, 종교, 성별, 출신 국가에 의한 차별을 금지한다는 내용이 담겨 있음
- 기존 남부의 주들은 문맹 검사와 투표세 제도를 운영하여 흑인의 투표권 행사를 저지하였지만 「투표 권리법」(1965)의 제정으로 모두 폐지됨

3. 인권에 대한 관심 증대: 헬싱키 최종 의정서(1975, 인권과 사상·양심·종교의 자유 존중), 미국 대통령 지미 카터의 인권 외교

02 여성 운동의 대두

1. 여성의 지위 변화

(1) 배경: 제2차 세계 대전에서 여성의 역할 증대, 육아에 대한 부담 감소

- 출산율 하락이 한 원인임

(2) 한계: 여성의 사회 진출이 증가했지만 여성에 대한 고급 교육의 기회 부족

- 주로 저임금의 서비스직에 일자리가 집중됨

2. 여성 운동의 대두

(1) 배경: 여성의 활발한 사회 진출에도 불구하고 직장 내 성차별 문제 심각

- 주요 직책이나 정책 결정 과정에서 배제, 임금 차별 등을 당함

(2) 여성주의(페미니즘) 운동의 전개: 베티 프리단(기존의 여성상 극복, 전미 여성 기구 결성), 슐라미스 파이어스톤(성적 구분 자체 타파 등 근본적 여성 해방 주장)

(3) 여성 운동의 급진화: 1960년대 후반 이후 일상 속 본질적인 여성 문제로의 확산 → 가부장제, 이혼 제도, 낙태 관련 법률, 미혼모 지위, 성폭력 등의 문제 포함

- 인간은 자신의 신체에 대해 스스로 결정할 수 있는 권리가 있기 때문에 낙태를 합법화해야 한다고 주장함

(4) 결과: 여성의 임금 수준 향상, 고급 교육 기회 확대

자료 이해하기 로자 파크스 사건과 버스 보이콧 운동

교과서 233쪽

로자 파크스(1913~2005)

| 내용 알기 | 1955년 당시 몽고메리시는 버스에 흑인과 백인의 좌석을 분리하는 조례를 채택하고 있었다. 로자 파크스는 백인에게 자리를 양보하라는 운전사의 요구를 거부했다는 이유로 수감되었다. 이후 흑인들은 몽고메리시의 버스에서 흑인과 백인의 좌석을 분리 운용하는 것에 저항하면서 버스 보이콧 운동을 시작하였다.

흑인이 경영하는 택시 회사들은 버스 요금만을 받고 흑인들을 택시에 태웠으며 카풀을 조직하여 흑인들을 이동시켰다. 또한 많은 흑인이 직장과 집까지 걸어 다녔다. 1956년 연방 대법원은 몽고메리시의 버스 안 흑백 분리가 위헌이라고 최종 판결을 내렸다. 몽고메리시의 흑인들은 1956년 12월부터 버스 이용을 재개하였다. 평화로운 보이콧 운동은 탄력을 받아 미국 남부 전역으로 확산되었다.

03 대중문화의 확산

1. 대중문화의 대두

(1) 대중 사회의 성립 배경: 전후 탈식민지화와 선거권 확대로 인한 대중의 정치적 영향력 증대, 고등 교육 기회의 확대와 정보 전달 매체 및 기술 발달로 인한 대중의 지식과 정보에 대한 접근성 상승

(2) 대중 사회의 출현: 대중이 사회와 문화의 주체로 성장

(3) 대중문화의 확산: 젊음과 새로움의 가치를 담은 팝 음악, 영화, 스포츠 등 다양한 장르로 확산 → 전후 현대인의 생활에서 큰 비중 차지, 다양한 대중문화 산업 출현

대중문화: 대중 매체에 의해 대량 생산되어 대중이 소비하는 문화 형태를 의미함

2. 청년 문화 운동과 저항의 대중문화

(1) 세대 간 갈등: 전후 세대는 부모 세대와 다른 가치관 소유, 사회주의와 동양 문화에 대한 관심 → 반자본주의와 반물질주의 지향(체 게바라, 마하리시 요기 등), 개인의 자유와 해방 중시

부모 세대: 대공황과 세계 대전을 경험한 부모 세대는 반공주의, 물질적 풍요, 조직과 규율을 보다 중요하게 여김

(2) 청년 문화 운동: 미국 대도시 청년들의 문화 운동 → 가수와 팝 아티스트에 의해 미국 전역과 유럽 및 일부 아시아 지역으로 확산

가수: 밥 딜런은 권위주의에 저항하여 자유를 열망하는 노래를 불렀고, 그의 노래는 세계 각국의 민주화 운동에 영향을 줌

(3) 히피 운동: 개인의 자유와 해방 중시, 기존의 질서에 대한 극단적 저항, 반문명·반자본·반물질주의를 내세우며 공동체 생활 실시

3. 탈권위주의 운동의 확대

(1) 학생 운동의 발전: 전후 대학 증가에 따른 입학생 수 증가, 대학과 교수진의 권위주의적 모습 → 자유 언론 운동(미국 버클리 대학), 비판 대학 운동(독일 베를린 자유 대학) → 신좌파와 교류, 반전 운동과 결합하여 대중 운동으로 발전

비판 대학 운동: 기존 대학에는 없는 제3 세계 운동, 제국주의, 마르크스주의와 같은 새로운 강좌들을 개설하여 학생들의 비판 의식을 키움

(2) 68 운동의 전개(1968. 5.): 파리의 노동자, 시민들이 청년들의 저항에 합류 → 대규모 반권위주의 및 반자본주의 운동 발생 → 전 세계로 확대 → 사회와 일상에서의 탈권위주의화를 이끌어 냄

신좌파: 기존 사회주의와 달리 일상과 문화 혁명에 치중하고 시민과 지식인도 변혁의 주체로 바라보는 사상

체 게바라

아르헨티나의 부유한 가정 출신으로, 라틴 아메리카를 여행하던 중 민중의 어려움과 기아를 목격한 후 사회주의 혁명에 뛰어들었다. 1959년 쿠바 혁명을 성공하였으며, 이후 볼리비아에서 혁명을 꿈꾸었으나 미국에 체포되어 처형당하였다. 이후 전개된 청년 문화 운동과 탈권위주의 운동으로 서양 젊은이들 사이에서 유명해졌다.

보충 버클리 대학의 자유 언론 운동

1964년 미국 경찰이 버클리 대학 내 학생 조직인 인종 평등 회의에 소속된 학생들을 체포하려다가 학생들의 저항에 부딪히면서 발생하였다. 대학 당국은 처음에는 캠퍼스 내 정치적 연설과 활동을 허락할 수 없다고 하였으나 대학생들의 시위로 이를 허락하였다.

68 운동

1968년 프랑스의 대학생들이 '모든 권위에 저항하라.'라는 구호를 외치며 자신들을 억누르는 권위와 권력, 체제에 반대하며 전개한 운동이다. 당시 세계 곳곳에서 벌어지고 있던 저항 운동들과 영향을 주고받으며 전개되었다.

중단원 핵심 확인하기 풀이

교과서 238쪽

1. 빈칸에 들어갈 알맞은 말을 써 보자.

(1) 제2차 세계 대전 이후 미국에서는 흑인에 대한 차별을 비판하는 □□ □□이/가 등장하였다.

(2) 1960년대 후반 이후 □□ □□은/는 급진화하여 여성 차별의 보다 본질적인 문제들을 건드리기 시작하였다.

(3) 탈식민화와 민주주의 확대로 인해 일반인들이 누리고 즐기는 □□□□의 중요성이 더욱 커졌다.

(1) 민권 운동 (2) 여성 운동 (3) 대중문화

2. 관련 있는 내용을 옳게 연결해 보자.

(1) 마틴 루서 킹 ― ㉠ 인종 차별 철폐

(2) 베티 프리단 ― ㉡ 여성 운동

(3) 밥 딜런 ― ㉢ 청년 문화 운동

3. 옳은 내용은 ○표, 틀린 내용은 ×표를 해 보자.

(1) 맬컴 엑스는 마틴 루서 킹 목사보다 온건한 저항 노선을 주장하였다. (×)

(2) 직장 내 차별은 여성 운동이 등장하는 중요한 계기가 되었다. (○)

(3) 1960년대 서양 청년들의 대부분은 부모 세대의 가치관을 충실히 따랐다. (×)

4. 제시된 용어를 3개 이상 사용하여 여성의 사회 진출 배경을 문장으로 완성해 보자.

출산율 1950년대 육아 전후 세대 히피 대중문화 탈권위주의

1950년대 출산율이 감소하면서 육아에서 일찍 해방된 여성들이 사회에 진출할 수 있는 가능성이 높아졌다.

도입 활동 풀이

교과서 232쪽

교과서 도입 01 민권 운동과 민주주의의 성숙

| 도입 보충 |

1863년 링컨이 노예 해방 선언을 발표하였으나, 바로 백인과 흑인이 평등하게 살 수는 없었다. 화장실, 버스 등 공공시설은 흑인과 백인이 사용하는 공간이 분리되어 있었고, 백인과 흑인 사이의 결혼도 사실상 불가능했다. 또한 남부 지방에서는 흑인이 제대로 된 참정권조차 보장받지 못했다. 이러한 상황에서 흑인의 민권을 개선시키려는 움직임이 1950년대부터 본격적으로 등장하였다.

공중 식수대 시설을 백인과 흑인 전용으로 나누어 놓았다.

공공 버스의 좌석을 백인과 흑인이 나누어 앉도록 구분 지어 놓았다.

위 사진들에서 파악할 수 있는 사회 분위기는 무엇일까?

도입 예시 답안 | • 흑인에 대한 차별이 자행되어 공공시설을 백인과 흑인이 분리하여 쓰고 있다.
• 백인과 흑인이 일상에서부터 분리되고 차별적인 삶을 살았다.

교과서 234쪽

교과서 도입 02 여성 운동의 대두

| 도입 보충 |

제2차 세계 대전 전까지만 해도 여성은 대부분 수동적이고 집에서 가사와 양육을 전담하는 모습으로 묘사되었으며, 사회 운동에 참여하거나 참정권을 획득하려 하는 여성들을 부정적인 시각으로 바라보았다. 하지만 전쟁 중 남자들이 전쟁터로 떠나면서 여성들이 공장의 빈 자리를 메꾸며 노동자로 활동하고 여성의 사회 진출이 증가하면서 여성의 사회적 지위가 점차 향상되었다.

제2차 세계 대전 시기와 전쟁 이후에 만들어진 미국의 광고이다. 왼쪽의 광고는 여성을 공장과 일의 이미지로, 오른쪽의 광고는 육아, 가정, 그리고 드레스로 대표되는 아름다움의 이미지로 여성을 표현하고 있다.

위의 두 광고가 만들어진 시기에 여성의 사회적 지위를 상상해 보자.

도입 예시 답안 | • 왼쪽 광고는 여성이 공장에서 일하는 모습이지만, 오른쪽 광고는 아이와 함께 있는 여성의 모습이라 가정 내에서의 역할이 더 중요하였을 것이다.
• 여성이 남성과 함께 일하던 시대에는 상대적으로 성차별이 덜하였을 것이다.

교과서 236쪽

교과서 도입 03 대중문화의 확산

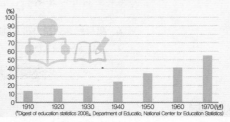

| 도입 보충 |

왼쪽 그래프와 같이 고등학교 졸업자 비율이 증가하면서 문맹률이 크게 떨어지고, 대중들의 지식 수준이 올라가게 되었다. 또한 텔레비전 보급이 증대되면서 많은 사람이 국내외의 상황을 보다 쉽게 접할 수 있게 되었다. 즉 대중의 지식과 정보에 대한 접근성이 향상되면서 대중이 사회와 문화의 주체로 성장하게 되었다.

미국의 총인구 대비 고등학교 졸업자 비율

(%) 0–100 / 1910, 1920, 1930, 1940, 1950, 1960, 1970(년)

(「Digest of education statistics 2008」, Department of Educatio, National Center for Education Statistics)

미국의 텔레비전 보유 가정 비율 변화

(%) 0–100 / 1950, 1953, 1956, 1959, 1962(년)

위와 같은 변화 때문에 일어날 수 있는 일들을 말해 보자.

도입 예시 답안 | 더 많은 사람이 동시대의 사회와 세계를 이해할 수 있고, 이에 관한 정보를 빠르고 쉽게 접할 수 있다.

역사 탐구 풀이 및 보충

역사탐구 마틴 루서 킹과 맬컴 엑스

교과서 233쪽

나에게는 꿈이 있습니다. 언젠가 이 나라가 모든 인간은 평등하게 태어났다는 것을 자명한 진실로 받아들이고, 그 진정한 의미를 신조로 살아가게 되는 날이 오리라는 꿈입니다. 언젠가는 조지아의 붉은 언덕 위에 예전에 노예였던 부모의 자식과 그 노예의 주인이었던 부모의 자식들이 형제애의 식탁에 함께 둘러앉는 날이 오리라는 꿈입니다. …… 나의 자녀들이 피부색이 아니라 인격에 따라 평가받는 그런 나라에 살게 되는 날이 오리라는 꿈입니다.

– 워싱턴 평화 행진 연설, 1963년

나에게는 꿈이 있습니다.

마틴 루서 킹(1929~1968)

우리 모두는 흑인, 이른바 검둥이, 2등 시민, 전직 노예죠. 여러분들은 단지 전직 노예일 뿐입니다. 여러분은 메이플라워호를 타고 미국에 오지 않았습니다. 말, 소, 닭처럼 체인에 묶여 노예선을 타고 이곳에 왔습니다. 여러분은 메이플라워호를 타고 온 사람들에 의해 끌려왔습니다. …… 우리에게는 공동의 적이 있습니다. 우리 모두에게는 공통의 억압자, 착취자, 차별자가 있습니다. 그 적은 바로 백인입니다.

– '민초들에게 보내는 메시지' 연설, 1963년

백인은 우리 모두의 적입니다.

맬컴 엑스(1925~1965)

1. 두 운동가의 연설에서 찾을 수 있는 공통적인 주장은 무엇일까?

정답 풀이 | 흑인이 차별받고 있으며 그 차별을 철폐해야 한다.

2. 두 운동가가 주장하는 민권 운동 방법의 차이를 알아보고, 각자의 의견을 말해 보자.

정답 풀이 | 마틴 루서 킹은 비폭력 평화주의적 공존을 모색하였고, 맬컴 엑스는 폭력도 불사하는 분리 운동을 전개하였다. 마틴 루서 킹의 주장과는 차이가 있지만 여전히 인종 차별이 심각한 것을 보면, 맬컴 엑스의 주장도 무시할 수만은 없다.

친절한 활동 길잡이

이 활동의 핵심은 마틴 루서 킹 목사와 맬컴 엑스의 발표문을 보며 흑인 인권 운동의 특징을 이해하는 것이다. 그리고 두 인물의 활동 방향을 서로 비교 평가해 보며, 문제 해결을 위한 자신만의 바람직한 방향을 이야기하도록 한다.

자료 이해 확인 문제

1. 마틴 루서 킹과 맬컴 엑스는 모두 흑인 차별을 철폐해야 한다고 주장하였다. (○ / ×)

2. 맬컴 엑스는 마틴 루서 킹과 마찬가지로 비폭력 평화주의를 주장하였다. (○ / ×)

>> 정답 1. ○ 2. ×

탐구 plus 흑인들의 민권 쟁취를 위한 노력

싯인 운동

1954년 연방 법원은 공립학교의 인종 차별은 위헌이며 흑백 분리 교육은 잘못된 것이라고 판결하였다. 하지만 남부의 여러 주는 이를 받아들이지 않았고 여전히 흑인들은 흑인 전용 학교에 다녀야 했다. 이러한 흑백 분리에 대한 저항으로 1955년부터 싯인(Sit-in) 운동이 벌어졌다. 이것은 백인 전용 식당에 흑인들이 들어가 음식을 주문하는 것으로, 자칫하면 백인들에게 공격을 받거나 공권력의 탄압을 받을 수 있어 위험한 방법이었다. 그러나 흑인 운동가들과 청년들은 일종의 비폭력 평화 시위의 한 방법으로 목숨을 걸고 싯인 운동에 참여하였다.

흑인의 민권 향상을 위해 일부 백인들도 함께 노력하였다. 1961년 흑백 분리 반대를 위해 흑인과 백인 대학생들을 중심으로 '프리덤 라이더' 운동을 벌이며 미국 남부 지역을 순회하였으며, 1963년에는 마틴 루서 킹 목사 주도의 워싱턴 행진으로 많은 백인 종교 단체들과 노동조합들이 지지 성명을 내기도 하였다. 또한 1965년에는 흑인들의 완전한 참정권 쟁취를 돕기 위해 천여 명의 백인 대학생들이 미시시피로 내려갔는데, 이 과정에서 흑인 인권 운동가뿐만 아니라 흑인을 돕는 백인들까지 살해당하는 사건이 발생하였다. 이로 인해 흑인들의 민권을 위한 투쟁은 더욱 거세졌고, 그 절정이 바로 1965년 셀마–몽고메리 행진이었다.

실력 확인 문제

단답형

01 (가)에 들어갈 인물의 이름을 쓰시오.

> 1955년 당시 몽고메리시는 버스에 흑인과 백인의 좌석을 분리하는 조례를 채택하고 있었다. (가) 은/는 백인에게 자리를 양보하라는 운전사의 요구에 저항했고 수감되었다. 이후 흑인들이 몽고메리시의 버스 흑백 분리에 도전하면서 버스 보이콧 운동이 시작되었다.

( )

02 (가), (나) 사이 시기에 있었던 사실로 옳은 것은?

> (가) 미국 대법원은 교육 시설에 대한 인종 차별은 불평등한 것이라고 판결하였다.
> (나) 공무와 직장에서의 인종 차별을 금지하는 「민권법」이 제정되었다.

① 노예 해방 선언이 발표되었다.
② 버스 보이콧 운동이 발생하였다.
③ 헬싱키 최종 의정서가 합의되었다.
④ 셀마–몽고메리 행진이 전개되었다.
⑤ 흑인들의 완전한 참정권이 보장되었다.

03 다음을 일어난 순서대로 바르게 나열한 것은?

> (가) 로자 파크스의 투옥 후, 몽고메리시 흑백 분리 조례 철폐를 목표로 흑인들의 버스 보이콧 운동이 시작되었다.
> (나) 「투표 권리법」을 제정하여 흑인의 투표권 행사 저지를 위한 문자 해독 능력 테스트와 투표세 제도를 모두 폐지하였다.
> (다) 미국 대법원은 초중등 공립학교에서 흑인과 백인 학생을 분리하여 교육시키는 것을 위헌이라고 판단하였다.

① (가)–(나)–(다) ② (나)–(가)–(다)
③ (나)–(다)–(가) ④ (다)–(가)–(나)
⑤ (다)–(나)–(가)

중요

04 (가) 인물에 대한 설명으로 옳은 것은?

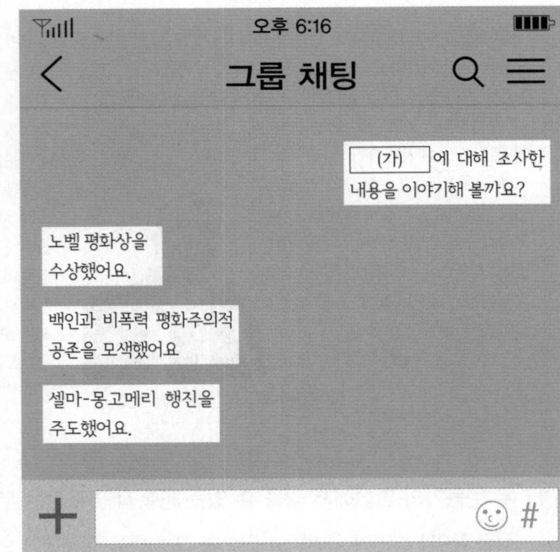

① 민권법을 제정하였다.
② 인권 외교를 추진하였다.
③ 흑인 차별 반대 시위를 전개하였다.
④ 전미 여성 기구(NOW)를 조직하였다.
⑤ 흑인 여성의 임금 인상을 주장하였다.

05 밑줄 친 '의정서'에 실린 내용으로 옳은 것은?

> 1975년 8월 1일 핀란드의 수도 헬싱키에서 알바니아를 제외한 전체 유럽 33개국 및 미국·캐나다 총 35개국의 정상급이 한자리에 모여 의정서에 서명하였다. 이 선언은 참가국의 상호 관계에 관한 10원칙과 신뢰 양성 조치, 경제·과학 기술·환경 분야에서의 협력, 인도 분야에서의 협력이라는 3개의 과제군으로 구성되었다.

① 개인의 자유와 해방을 최대한 중시한다.
② 취업에서 인종 등에 의한 차별을 금지한다.
③ 인권과 사상, 양심, 종교의 자유를 존중한다.
④ 여성의 신체에 대한 자기 결정권을 인정한다.
⑤ 흑인과 백인 학생을 분리하여 교육하지 아니한다.

단답형

06 밑줄 친 '그'의 이름을 쓰시오.

> 기존까지 외교 분야는 정치적·실리적으로 해결해야 한다는 것이 미국 정치의 기조였다. 그러나 그는 정치적·군사적 수단보다 도덕적 원리를 강조했다. 평화와 인권을 외교 정책 수행의 길잡이로 삼았던 것이다. 그의 재임 시기에 체결된 이스라엘과 이집트 사이의 캠프 데이비드 협정은 중동 평화의 기초를 마련한 인권 외교의 중요한 성과였다.

( )

고난도

07 (가) 시기의 상황으로 옳은 것만을 보기에서 고른 것은?

〈미국 여성 노동 인구의 비율〉

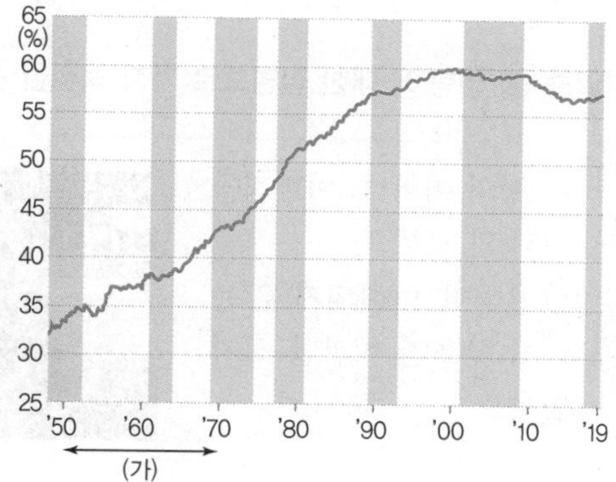

보기
ㄱ. 여성들도 상대적으로 고임금의 전문직에 종사하였다.
ㄴ. 여성도 차별받지 않고 남성과 비슷하게 대학 교육을 받을 수 있었다.
ㄷ. 탁아 시설이 확대되면서 육아에 드는 시간이 이전보다 줄어들었다.
ㄹ. 제2차 세계 대전으로 남성들이 전쟁터로 떠나면서 여성의 사회적 진출이 증가하였다.

① ㄱ, ㄴ ② ㄱ, ㄹ ③ ㄴ, ㄷ
④ ㄴ, ㄹ ⑤ ㄷ, ㄹ

중요

08 다음 자료를 발표한 단체의 활동으로 적절한 것은?

> 흑인 여성 중 약 3분의 2는 최저 임금 직업에 종사하고 있다. 여성들은 직업의 위계 중 가장 아래에 점차, 그러나 분명히 집중되고 있다. 그 결과 오늘날 상근 여성은 남자들이 버는 것의 약 60 % 정도의 임금만을 벌 뿐이며 …… 오늘날 여성은 학사와 석사 학위 수여자 중 3분의 1에 불과하며, 박사 학위의 경우에는 10분의 1을 차지할 뿐이다.

① 흑인들의 참정권을 확보하고자 하였다.
② 헬싱키 최종 의정서의 내용을 합의하였다.
③ 대학생들의 반권위주의 운동을 지원하였다.
④ 단체 생활 속에서 개인의 자유를 추구하였다.
⑤ 성차별 금지를 위한 법과 제도 개선에 나섰다.

중요

09 다음 인물이 주장했을 내용으로 적절한 것만을 보기에서 고른 것은?

여성 해방은 남자의 특권만을 폐지하는 것에 더해, 성적 구분 자체를 없애는 것이다.

보기
ㄱ. 여성에게 참정권을 달라!
ㄴ. 여성은 가사 일에 충실하자!
ㄷ. 직장 내 남녀 차별을 없애자!
ㄹ. 낙태를 금지한 법률을 철폐하라!

① ㄱ, ㄴ ② ㄱ, ㄹ ③ ㄴ, ㄷ
④ ㄴ, ㄹ ⑤ ㄷ, ㄹ

10 (가)에 들어갈 내용으로 적절한 것은?

주제: (가)
보통 선거권이 확대되어 정치 참여의 폭이 넓어졌어.
고등 교육 기회가 넓어져 사람들이 기본적인 교양 수준을 향상시켰어.
TV, 라디오 등의 매체가 널리 확대되어 많은 사람이 지식과 정보를 쉽게 접할 수 있게 되었어.

① 민권의 정의
② 대중문화의 등장 배경
③ 차티스트 운동의 발생 원인
④ 여성들의 참정권 확대 과정
⑤ 신기술이 세계화에 끼친 영향

고난도

11 시대 상황을 고려했을 때 가상 일기의 내용 중 옳지 않은 것은?

> 196○년 ○월 ○일
> 제2차 세계 대전을 겪었던 우리 부모님은 ㉠반공주의는 당연하다고 생각하셨다. 정말 열심히 일하시며 ㉡물질적 풍요와 사회적 출세를 중요하게 생각하셨다. ㉢사회에서 조직, 규율이 매우 중요하다고 여기셨다. 하지만 전후 세대인 나는 이런 것들에 동의할 수 없다. 당연히 ㉣개인의 자유가 가장 중요한 것이 아닌가? 요즘 들어 사회주의와 ㉤서양 문화를 통해 현재의 문제를 해결할 수 있지 않을까 생각해 본다.

① ㉠ ② ㉡ ③ ㉢
④ ㉣ ⑤ ㉤

12 (가)에 들어갈 인물로 옳은 것은?

> (가) 은/는 쿠바 사회주의 혁명의 주역이었으며, 반자본주의의 상징으로 전후 세대 청년들의 대표적인 우상이었다.

① 밥 딜런 ② 맬컴 엑스
③ 체 게바라 ④ 베티 프리단
⑤ 마하리시 요기

13 밑줄 친 '영향'에 대한 설명으로 가장 적절한 것은?

> 이 땅의 어머니, 아버지들
> 이리 와 보세요.
> 당신들이 이해되지 않는다고 무조건 비판만 하지 말아요.
> ……
> 도와줄 마음이 없다면, 새 길에서 빠져 주세요.
> 시대가 변하고 있기 때문이에요.
>
> 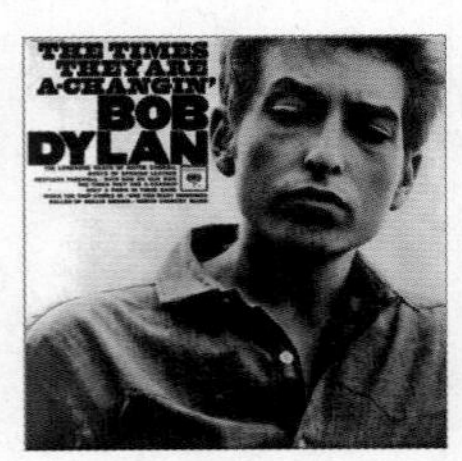
>
>
> [해설] 밥 딜런의 이 노래는 당시 청년 문화의 정신을 가장 잘 보여 주는 노래로 전 세계에 큰 영향을 주었습니다.

① 성차별 문제의 심각성을 널리 알렸다.
② 반권위주의 운동의 확산에 영향을 주었다.
③ 흑인들의 민권 의식 성장에 도움을 주었다.
④ 물질주의에 대한 긍정적 평가가 이루어졌다.
⑤ 많은 국가가 케인스주의 경제 정책을 추진하게 되었다.

14 **다음 자료들을 활용한 탐구 주제로 적절한 것은?**

> • 미국 캘리포니아 버클리 대학 학생들이 캠퍼스 내에서는 정치적 활동이 불가하다는 금지 조항을 철폐할 것을 요구하였다.
> • 베를린 자유 대학의 신좌파 성향의 교수와 학생들이 전통적 강의 주제 대신 제3 세계 운동, 제국주의, 마르크스주의와 같은 강좌들을 개설하였다.

① 탈권위주의 학생 운동의 전개
② 학생 중심의 반제국주의 운동
③ 히피 운동과 기존 문화와의 충돌
④ 다양성 유지를 위한 세계화 반대
⑤ 차티스트 운동과 청년의 참정권 확대

중요

15 **다음 운동의 영향으로 옳은 것은?**

> 1968년 5월, 20세기 하반기의 중요한 사건 중 하나가 파리에서 발생하였다. 프랑스는 전국의 노동자들이 함께 참여한 학생 시위로 인해 사실상 정국이 폐쇄되었다.

① 냉전 체제가 심화되었다.
② 지역 간 경제 통합이 강화되었다.
③ 대중문화가 확산되는 계기가 되었다.
④ 일상에서 탈권위주의화를 이끌어 냈다.
⑤ 여성들의 정치 참여의 폭이 확대되었다.

서술형

정답과 해설 323쪽

16 **(가), (나)를 주장한 인물의 이름을 각각 쓰고, 그들이 전개한 민권 운동의 차이점을 서술하시오.**

> (가) 나에게는 꿈이 있습니다. 언젠가 이 나라가 모든 인간은 평등하게 태어났다는 것을 자명한 진실로 받아들이고, …… 나의 자녀들이 피부색이 아니라 인격에 따라 평가받는 그런 나라에 살게 되는 날이 오리라는 꿈입니다.
> (나) 우리 모두는 흑인, 이른바 검둥이, 2등 시민, 전직 노예죠. …… 우리에게는 공동의 적이 있습니다. 우리 모두에게는 공통의 억압자, 착취자, 차별자가 있습니다. 그 적은 바로 백인입니다.

17 **밑줄 친 '그들'을 부르는 표현을 제시하고, 이들이 추구하는 목표를 서술하시오.**

> 반체제 세력 가운데에는 기존 사회를 변혁시키기보다는 그것으로부터 조용히 '이탈'하려는 이들도 있었다. <u>그들</u>은 긴 머리와 긴 수염을 기르고 방랑 생활을 하였으며, 주로 캘리포니아 지역에서 활동하였다.
> <u>그들</u>은 경찰과 같은 박해자들에게 평화의 상징인 꽃을 주는 습관을 가지고 있었기 때문에 자신들을 '꽃의 자녀들', 또는 '꽃의 세력'이라 불렀다.

교과서 240~245쪽

현대 세계의 문제 해결을 위한 노력

미국의 반전 운동

미국 내 청년들은 정부의 베트남 전쟁 개입에 대한 비판의 목소리를 높였다. 청년들은 '이 전쟁이 과연 누구를 위한 것인가?'라는 물음을 던지며 반전 운동을 펼쳤다. 이러한 반전 요구는 독일, 프랑스 등지로 퍼져 나갔다.

미국의 이라크 침공

2003년 이라크의 사담 후세인 정권이 불법으로 대량 살상 무기를 개발하고 테러를 지원함으로써 세계 평화를 위협한다는 명분으로 미국이 이라크를 공격한 사건이다. 그러나 당시 미국이 이라크 침략을 감행한 것은 자국의 실리와 국제 정치, 군사 무대에서의 우위를 장악하기 위해서였다는 주장이 끊임없이 제기되었다.

01 반전 평화 운동

1. 반전 평화 운동의 확대

(1) 배경

① 전쟁 경험: 두 차례의 세계 대전을 거치면서 전쟁의 참혹성을 직접 체험 → 전쟁이 다시는 일어나서는 안 된다는 믿음이 생김

(두 차례의 세계 대전: 신무기의 개발로 전방과 후방의 구분이 사라져 많은 인명 피해가 발생함)

② 핵무기 위협: 냉전 시기 강대국 간에 핵무기 개발 경쟁이 지속되면서 핵전쟁에 대한 공포 확산

③ 인권 유린: 제2차 세계 대전 이후에도 이권을 유지하기 위한 전쟁 지속(알제리 내전, 베트남 전쟁 등) → 인권 유린 사태 발생

(2) 전개 및 확산

① 반전 운동: 전 세계 수많은 지역(미국, 프랑스, 독일, 일본 등)에서 반전 평화 운동 전개

② 1960년대: 반전 운동이 청년 문화 운동이나 여성 운동 등의 탈권위주의 운동과 결합

(탈권위주의 운동과 결합: 기존의 질서에 저항하던 청년, 여성 운동과 결합하여 더 큰 파급 효과를 냄)

③ 2000년대: 미국의 이라크 침공을 반대하는 대규모 시위 진행

2. 반전 평화 운동의 메시지 전파

(1) 방법: 다양한 매체 및 예술 작품으로 반전 메시지 전달

(2) 사례

이미지	그림, 사진, 포스터 등으로 반전을 표현
노래	존 레넌과 플라스틱 오노 밴드의 「평화를 이루자(Give Peace a Chance)」
책	『절멸주의와 냉전』 – 「문명의 최종 단계, 절멸주의에 대한 단상」에서 미국과 소련의 군비 경쟁을 깊이 있게 비판함
영화	「지옥의 묵시록」(1979) – 베트남 전쟁을 배경으로 전쟁의 파괴력과 추악함, 인간의 광기를 그려 냄
애니메이션	미야자키 히야오의 「미래 소년 코난」(1978) – 반전·반핵 애니메이션의 기념비적 작품으로 평가받음

자료 이해하기 존 레넌의 반전 음악

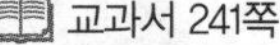

교과서 241쪽

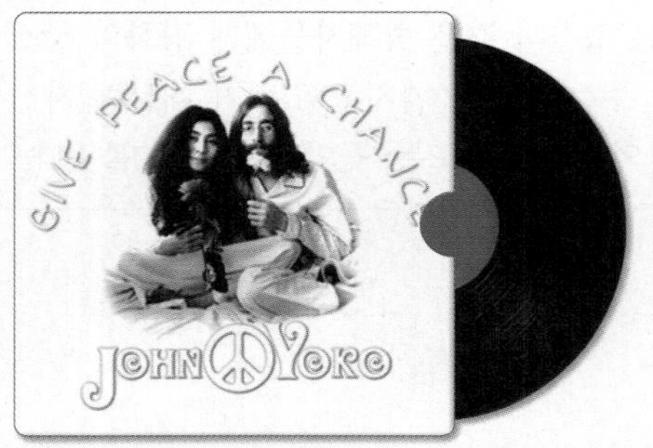

▲ 존 레넌과 플라스틱 오노 밴드의 「평화를 이루자」(1969)

| 내용 알기 | 존 레넌은 반전의 메시지를 음악에 담아 표현한 가수였다. 1964년 그는 미국에 도착해 최초로 가진 기자회견에서 "우리의 모든 노래는 전쟁을 반대한다."라고 발언했으며, 1969년에는 영국의 비아프라(나이지리아로부터 독립한 국가) 합병과 미국의 베트남 전쟁에 항의하는 뜻으로 이전에 영국 왕실로부터 받았던 훈장을 반납하기도 하였다. 그는 1969년에 「평화를 이루자(Give peace a chance)」를 발표하였다. 이 노래는 직설적으로 반전의 내용을 담고 있으며, 당시 베트남 전쟁 반대 시위에서 많이 불렸다. 또한 그는 1971년 신곡 '이매진(imagine)'을 발표하였는데, 이 곡은 시적인 가사로 반전과 평화의 메시지를 전하고 있다.

02 현대 세계의 여러 문제

1. 환경 문제 해결을 위한 노력

(1) 배경: 제2차 세계 대전 이후 탈식민화 진행 → 새로 독립한 국가들이나 저개발 국가들의 공업 발전 추진 → 환경 문제가 전 지구적으로 대두

(2) 다양한 환경 문제 발생

① 자원 고갈: 석유, 석탄, 천연가스 등의 에너지 자원 고갈

② 환경오염: 하천·해양·대기 오염 심화, 오존층 파괴, 지구 온난화 → 기상 이변 발생

③ 기후 이주민의 발생: 아프리카 일부 지역, 남태평양 섬, 알래스카 일부 지역 등

(기후 이주민: 지구 온난화에 따른 해수면 상승이나 기후 이변으로 삶의 터전을 다른 곳으로 옮기는 사람들을 말함)

(남태평양 섬: 투발루, 키리바시 등)

(3) 환경 문제 해결을 위한 국제적 노력

① 환경과 개발에 관한 공동 선언(리우 선언, 1992): 공동의 차별화된 책임 원칙

② 교토 의정서(1997): 온실가스 배출량 감축 협약

③ 파리 기후 협약(2015): 선진국·개발 도상국 구분 없이 의무 감축 대상 확대

2. 내전과 빈곤, 질병, 난민 문제의 심화

(1) 내전의 배경: 신자유주의·세계화에 따른 국가 간의 빈부 격차 심화 → 가난한 국가의 자원을 둘러싼 내전 발생

(국가 간의 빈부 격차 심화: 무역 장벽이 낮아지면서 국가 간 경제 교류가 증대되었지만, 높은 기술과 자본을 가진 선진국에게만 부가 집중되는 현상이 나타남)

(2) 내전의 사례: 시리아 내전(시아파 정부군 대 반정부군 수니파의 대립, IS 개입 이후 전 세계적 테러 자행 → 다수 난민이 유럽으로 이주)

(3) 내전의 결과

① 기아 문제: 식량 사정 악화, 영양 부족으로 인한 질병 확산 → 기아로 인한 사망률 증가

② 난민 발생: 인종과 종교 차별, 전쟁, 빈곤, 자연재해 등으로 인해 고향을 떠나 다른 나라나 지역으로 피한 난민 증가 → 난민 수용에 관한 논란 발생

(난민 수용에 관한 논란: 인도주의적 관점 VS 인종주의적 편견)

교토 의정서

1997년 선진국 중심으로 이산화탄소를 비롯한 온실 가스 배출량 감축을 목표로 체결하였다. 각국은 지구 온난화 방지를 위해 2008~2012년 온실 가스의 총 배출량을 1990년 수준에서 적어도 5 % 감축할 것을 결의하였다. 그러나 자국의 이익을 앞세운 선진국들의 욕심으로 잘 지켜지지 않았다.

이슬람 국가(IS)

국제 테러 조직인 알카에다 이라크 지부에서 출발한 급진 수니파 무장 테러 단체이다. 초기에는 반군으로 활동하였으나 2014년부터 유전 지역을 점령하면서 독자적인 세력으로 성장하였고, 중동과 유럽 지역에서 테러를 자행하였다.

보충 세계의 내전

내전	내용
아프가니스탄 내전	친소련 정부와 이슬람 반군과의 대립, 이슬람 반군 내 파벌 내전
소말리아 내전	부족 간 세력 다툼
르완다 내전	다수 민족인 후투족과 소수 민족인 투치족 간의 분쟁
콩고 내전	정부와 반정부 세력, 그리고 르완다 투치족의 침략으로 내전 지속

중단원 핵심 확인하기 풀이

교과서 243쪽

1. 빈칸에 들어갈 알맞은 말을 써 보자.

(1) 제1, 2차 세계 대전 이후에도 무기 개발이나 전쟁이 계속되자 많은 사람은 이를 막고자 □□ □□ □□을/를 전개하였다.

(2) 급속한 산업화로 전 세계에서는 대기 오염, 지구 온난화 현상과 같은 □□ □□이/가 발생하고 있다.

(3) 시리아 내전이 한창이던 당시 유럽으로 들어오는 □□의 숫자가 급증하였다.

(1) 반전 평화 운동 (2) 환경 문제 (3) 난민

2. 관련 있는 내용을 옳게 연결해 보자.

(1) 교토 의정서 · · ㉠ 반전 평화 운동

(2) 시리아 내전 · · ㉡ 난민 문제

(3) 군비 축소 운동 · · ㉢ 환경 문제 해결을 위한 노력

(연결: (1)-㉢, (2)-㉡, (3)-㉠)

3. 옳은 내용은 ○표, 틀린 내용은 ×표를 해 보자.

(1) 제1, 2차 세계 대전이 끝나고 실제 교전은 없는 냉전이 시작되면서부터 사람들은 전쟁에 대한 공포심을 잊었다. (×)

(2) 환경 문제는 전 세계적인 문제인 만큼 세계 각국이 함께 이를 해결하고자 노력해야 한다. (○)

(3) 난민 수용에 관한 국가적 논란도 있었다. (○)

4. 제시된 용어를 3개 이상 사용하여 반전 운동의 등장 배경을 문장으로 완성해 보자.

베트남 전쟁 | 환경 문제 | 시위 | 핵무기 | 온실가스 | 지구 온난화

• 핵무기로 인한 위협이나 베트남 전쟁 등으로 인해 반전 운동 시위가 일어났다.

도입 활동 풀이

교과서 도입 01 반전 평화 운동

교과서 240쪽

| 도입 보충 |

1960년대 후반 미국에서 베트남 전쟁 반대 시위가 벌어졌다. 당시에 시위에 참여한 많은 사람은 이 전쟁이 정당성이 없음을 느꼈으며, 무자비하게 학살당한 사례들을 접하며 분노하였다. 이에 전쟁을 멈추기 위해 반전 평화 운동이 전개되었다. 전쟁을 상징하는 군인들은 총을 들고 있지만, 시위대는 꽃을 건네며 평화의 메시지를 전달하고자 하였다.

한 학생이 반전 시위 현장에서 무기를 겨눈 진압 군인들에게 다가가 꽃을 건네고 있다. 1967년 당시 미국의 워싱턴에서 벌어진 베트남 전쟁 반대 시위 현장에서 포착된 순간이다.

마크 리부, 「꽃을 든 여인」(1967)

위 학생이 꽃을 든 까닭은 무엇일까?

도입 예시 답안 | 총검과 대비되는 꽃을 군인들에게 건네면서 평화의 메시지를 전하고 있다.

교과서 도입 02 현대 세계의 여러 문제

교과서 242쪽

| 도입 보충 |

난민은 인종 차별, 종교 차별, 빈곤, 전쟁, 자연재해 등으로 살고 있던 지역을 떠나 다른 나라나 지역으로 피하는 사람들을 말한다. 이들이 이주하려는 지역은 기존에 자신들이 살았던 환경과 너무 다르기에, 문화적 충돌이 발생한다며 배척하는 사람들도 있다. 그러나 이들도 우리와 같은 인간이므로 이들을 존중하고 함께 지낼 수 있는 방법을 고민해야 할 것이다.

어제 뉴스 봤어? 요즘 난민이 엄청나게 늘었대.
갈 곳 잃은 난민 급증
맞아. 그래서 일부 국가에서는 난민에 관한 논란도 있어.

난민에 대해 어떤 태도를 가져야 할까?

도입 예시 답안 | 난민이 생기게 된 배경을 이해하고, 그들 문화의 다양성을 인정하는 가운데 공존할 수 있는 방법을 모색한다.

도입 plus 반전 평화 운동을 전한 작품들

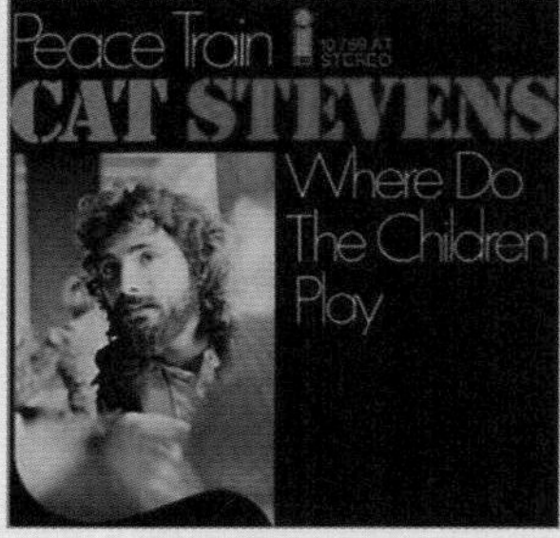

캣 스티븐스의 「평화를 향한 열차(Peace Train)」

베트남 전쟁 시기의 많은 음악과 마찬가지로 평화에 대한 열망을 담은 노래이다. 한편으로는 불행한 현재의 삶 속에서도 미래의 낙관주의적 태도를 취한 가사 때문에 히피족들이 즐겨 듣는 음악이기도 했다.

다카하타 이사오의 「반딧불의 묘」(1988)

이 작품은 태평양 전쟁에서 패한 일본의 상황을 그리고 있다. 반전의 메시지를 과거에만 국한하지 않고 물질 문명으로 소외되어 가는 현대 인간의 문제에까지 접근시켰다.

실력 확인 문제

정답과 해설 325쪽

01 다음 작품들이 공통적으로 다루고 있는 사건으로 옳은 것은?

▲ 지옥의 묵시록　▲ 플래툰

① 쿠바 위기
② 르완다 내전
③ 베트남 전쟁
④ 시리아 내전
⑤ 제2차 세계 대전

02 밑줄 친 '이 전쟁'에 대한 설명으로 옳은 것은?

나라가 없다고 상상해 봐요.
죽거나 죽일 일은 아무것도 없어요,
종교도 없어요. 모든 사람이 평화롭게
살아가는 세상을 상상해 봐요.
– 존 레넌의 이매진(imagine)

존 레넌은 「평화를 이루자(Give peace a chance, 1969)」와 「이매진(imagine, 1971)」을 통해 이 전쟁을 비판하며 반전과 평화의 메시지를 전달하였다.

① 후세인 정권의 붕괴를 목적으로 하였다.
② 알제리의 독립을 무마시키기 위해 발생하였다.
③ 미국이 공산주의의 확산을 막으려고 시작하였다.
④ 일본의 식민지들이 즉각 독립하는 계기가 되었다.
⑤ 콩고 민주 공화국 내 백인들의 안전 보장을 목적으로 하였다.

중요

03 밑줄 친 '이 나라'에서 있었던 사실로 옳은 것은?

2000년대 이 나라는 이라크의 후세인 정부가 대량 살상 무기를 개발하고 테러를 지원함으로써 세계 평화를 위협한다고 보고 전쟁을 선포하였다. 하지만 이라크 침공으로 전 세계적으로 반전 운동이 펼쳐지기도 했다.

① 콩고를 식민 지배하였다.
② 베트남 전쟁에 참여하였다.
③ 68 혁명이 처음으로 시작되었다.
④ 최근 유럽 연합에서 탈퇴하려 하고 있다.
⑤ 흑묘백묘론에 따른 경제 개방을 추진하였다.

중요

04 다음 자료의 배경이 된 사건으로 가장 적절한 것은?

톰슨은 「문명의 최종 단계 절멸주의에 대한 단상(1982)」을 통해 핵 위험의 원인을 분석하였다. 당시의 갈등과 대결의 원인을 행위자들의 권력 욕구나 주관적 의도가 아니라, 국가 내부의 다양한 요소들이 지속되는 방향들의 충돌로 발생한다고 보았다. 그리고 이것은 결국 그 국가의 파멸을 가져올 수 있다고 보았다. 톰슨은 다양한 사회 세력이 연대하여 평화 운동을 추진하는 것이 필요하다고 주장하였다.

① 미국의 베트남 전쟁 참전
② 프랑스의 알제리 독립 운동 세력 진압
③ 중국을 둘러싼 국민당과 공산당의 대립
④ 제2차 세계 대전 중 히로시마 원폭 투하
⑤ 냉전 체제하의 미국과 소련의 군비 경쟁

05 (가)와 관련된 내용으로 옳지 않은 것은?

> 제2차 세계 대전 이후 제국주의 시대가 사실상 끝나면서 산업화가 비로소 전 세계적으로 확산되었다. 새롭게 독립국이 된 나라들과 저개발 상태에 머물렀던 국가들이 공업 발전을 추진할 수 있었기 때문이었다. 그러나 이 같은 산업화는 전 지구적인 (가) (이)라는 부작용을 낳았다.

① 하천과, 해양, 대기가 오염되고 있다.
② 석유, 석탄 등 에너지 자원이 고갈되고 있다.
③ 온실가스 배출로 온난화 현상이 지속되고 있다.
④ 홍수와 가뭄 등 각종 기상 이변이 나타나고 있다.
⑤ 각국은 국제 연합을 결성해 이 문제를 해결하려 하고 있다.

06 다음 교사의 질문에 대한 학생의 대답으로 옳은 것만을 보기에서 고른 것은?

세계 각국은
이런 상황을 해결하기
위해 어떠한 노력을
기울이고 있을까요?

보기

ㄱ. 은재: 파리 기후 협약을 체결하였어요.
ㄴ. 철호: 국가 간 온실가스 감축을 협약하였어요.
ㄷ. 미영: 석탄과 천연가스를 더 많이 사용하였어요.
ㄹ. 준하: 동남아시아 국가 연합(ASEAN)을 결성하였어요.

① ㄱ, ㄴ　② ㄱ, ㄷ　③ ㄴ, ㄷ
④ ㄴ, ㄹ　⑤ ㄷ, ㄹ

07 (가)에 들어갈 내용으로 옳은 것은?

〈기후 변화 협상 전개 과정〉

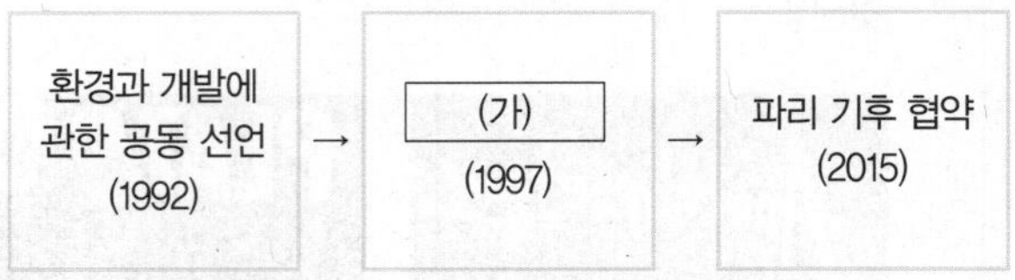

① 리우 선언
② 교토 의정서
③ 닉슨 독트린
④ 북미 자유 무역 협정(NAFTA)
⑤ 서방 선진 7개국 정상회담(G7)

중요

08 (가)에 들어갈 협약에 대한 설명으로 옳은 것은?

> 미국은 2015년 파리에서 체결된 (가) 에서 탈퇴하기로 유엔에 공식 통보하였다. 세계 각국의 기후 변화 대응에 큰 영향이 불가피해졌다. (가) 탈퇴는 트럼프 대통령이 이미 지난 2017년 밝힌 정책 목표이자 대선 공약이다. 트럼프 대통령은 기후 위기와 이와 관련한 지구 온난화를 허구로 규정하고, 이에 관한 대응이 미국 경제에 악영향을 미친다고 꾸준히 주장해 왔다.
>
> – 2019. 11. 05. ○○ 신문

① 브라질의 리우에서 발표되었다.
② 군비 제한의 항목을 함께 포함되었다.
③ 개발 도상국은 협약에 참가하지 않았다.
④ 최초로 전 세계 온실가스 감축을 협약하였다.
⑤ 온실가스 감축 대상으로 선진국과 개발 도상국이 모두 포함되었다.

정답과 해설 325쪽

09 다음 자료들을 활용할 수 있는 탐구 주제로 가장 적절한 것은?

> • 코로아 타라케 투발루 총리는 해수면 상승으로 투발루가 침수될 위기에 처했다면서 호주와 뉴질랜드에 투발루 주민 이주 허용을 호소하였다.
> • 미국 항공 우주국(NASA)은 아랄해의 수량이 2000년보다 10분의 1 이하로 줄었으며, 올해 건조 상태가 극심해져 아랄해의 얕은 동쪽이 근래 처음으로 완전히 바닥을 보였다면서 '이에 따라 어업과 그에 기반을 둔 공동체도 무너졌다.'라고 밝혔다.

① 반전 운동의 전개
② 기후 이주민의 발생
③ 제3 세계의 근대화 정책
④ 바르샤바 조약 기구의 결성 배경
⑤ 반둥 회의와 평화 10원칙의 내용

10 (가)에 들어갈 내용으로 가장 적절한 것은?

> 시리아 국민은 2011년 독재 정권을 타도하고자 시위를 벌였다. 하지만 이는 곧 종교 갈등으로 번져 나갔고, 수니파 테러 조직인 IS를 비롯한 이웃 국가들의 무장 종교 단체들이 개입하게 되었다. 그 결과 (가)

① 유럽에 난민 문제가 발생하였다.
② 두 차례의 석유 파동이 일어났다.
③ 미국과 소련의 냉전이 심화되었다.
④ 후투족이 투치족을 대량 학살하였다.
⑤ 미국에서 탈권위주의 운동이 확대되었다.

11 밑줄 친 ㉠의 원인을 서술하시오.

> 제2차 세계 대전 이후에도 전쟁은 끊이지 않았다. 알제리 내전, 베트남 전쟁에서와 같이 과거 식민지에 대한 이권을 유지하려는 과정에서 전쟁이 일어나기도 하였다. 이에 ㉠ 미국, 프랑스, 독일, 일본 등에서는 대대적인 반전 운동이 일어나기도 하였다.

12 (가)에 들어갈 협약을 쓰고, ㉠의 구체적인 내용을 한 가지 서술하시오.

지구 온난화로 인한 이상 기후 현상, 해수면 상승 등의 문제가 계속 발생하고 있어.
맞아. 이러한 환경 변화는 굉장히 심각해서 투발루와 같은 나라들은 영토의 많은 부분이 물에 잠기기도 하였어.
그래서 전 세계의 국가들이 모여 (가) 을/를 체결했지. 이것은 2020년 종료되는 교토 의정서를 대체하는 협약이자, 더 ㉠ 강력한 조치를 포함하고 있어.

대단원 마무리

교과서 246~247쪽

한눈에 정리하기

○ 현대 세계의 정치와 경제

구분	내용
정치	• 미국과 소련 진영의 ① 심화 – 군비 및 ② 경쟁 지속
정치	• 탈식민화의 전개 – 아시아와 아프리카 국가들의 독립
정치	• 제3 세계의 등장 – 비동맹주의 운동 전개
경제	• 세계 경제 통합의 가속화 – 새로운 경제 권역 탄생
경제	• 자본과 물자의 이동 급증 – 노동력(이주·이민)의 유동성 증대
경제	• 선진국과 ③ 사이의 격차 발생

○ 현대 세계의 사회와 문화

구분	내용
민권 운동의 성장	• 미국 ④ 지위 향상 • 세계 인권 외교
여성 운동의 대두	• 베티 프리단과 여성 차별 철폐 운동 전개 • 급진적 여성 운동
탈권위주의 운동의 확산	• 청년 문화 운동 전개 • 68 운동
대중과 글로벌 문화의 등장	• 세계의 미국화 발생 • 세계 각국의 문화 융합
현대 사회의 여러 가지 문제 발생	• ⑤ 문제 발생 • 문명, 종교, 인종 갈등 지속 • 테러, 분쟁, 내전 발생 • 질병, 빈곤, 난민 문제 발생

○ 현대 세계의 전개

시기	주요 사건	정치	경제 변화	사회 및 문화 변동
1945년~1970년대 초반	• 브레턴우즈 협정 • 북대서양 조약 기구 성립 • 6·25 전쟁 발발 • 아시아·아프리카 회의 • 수에즈 운하 국유화 • 쿠바 미사일 위기 • 버스 보이콧 운동 • 미국의 ⑥ 전쟁 참전 • 68 운동	• 냉전의 시작과 심화 • 탈식민화 전개 • 제3 세계의 등장	• 자유 무역 지대 확장 • ⑦ 확대 적용 • 1950~60년대 대호황	• ⑧ 운동, 반전 운동, 청년 문화 운동, 여성 운동의 대두
1970년대 초반~1990년대 초반	• 미국과 소련 군비 축소 협상 • 핑퐁 외교 • 제1, 2차 석유 위기 • 서방 선진 7개국 정상회담(G7) 시작 • 중국, 덩샤오핑 집권 • 소련, ⑨ 집권	• 데탕트 • 미국과 중국 관계 개선 • 동유럽의 민주화 운동 전개	• 경제 위기와 스태그플레이션의 시작 • ⑩ 대두 • 노동력과 자본 이동 심화	• 여성 운동의 급진화
1990년대 초반~현재까지	• 소련 해체 • 유럽 연합 결성	• 냉전 종식 • 지역 분쟁과 내전 심화 • 테러 발생	• 세계 경제의 확장	• 글로벌 문화 전파

246 VI. 현대 세계의 전개와 과제

수행 평가

반전 평화 예술 작품 만들기

| 역사 정보 활용 및 의사소통 |

○ 현대 세계에서 여전히 전쟁이 계속되고 있음을 생각하면서, 반전 운동과 평화의 메시지를 담은 예술 작품을 만들어 보자.

| 활동 단계 |

1단계 전 세계의 다양한 반전 평화 예술 작품을 알아본다. 책, 신문, 인터넷 등을 활용하여 자료를 찾아볼 수 있다.

2단계 수집한 자료를 참고하여, 모둠별로 어떤 예술 작품을 만들 것인지 정한다. 그림, 노래, 우표, 포스터, 공예품 등 다양하게 표현한다.

3단계 각자의 역할을 나누고 반전 운동과 평화의 메시지를 가장 잘 나타낼 수 있는 방식으로 작품을 만든다.

| 활동 예시 |

모두를 위한 평화

◎ 반전 평화 포스터

◎ 평화 그림 그리기

СОВЕТСКОМУ ФОНДУ МИРА 25 ЛЕТ
ПОЧТА СССР · 10к

◎ 평화 우표 만들기

| 활동 정리 |

점검 내용	자기 평가
기존의 반전 평화 예술 작품을 잘 찾아보았나요?	☺ ☺ ☹
반전 운동과 평화의 메시지를 잘 표현하였나요?	☺ ☺ ☹
모둠 구성원별로 역할 분담이 적절하였나요?	☺ ☺ ☹

대단원 마무리 247

한눈에 정리하기

| 예시 답안 |

① 냉전
② 핵무기
③ 개발 도상국
④ 흑인
⑤ 환경
⑥ 베트남
⑦ 케인스주의
⑧ 민권
⑨ 고르바초프
⑩ 신자유주의

수행 평가

이것이 핵심

전 세계에서 나타나는 반전 평화 예술 작품을 먼저 확인한 후, 어떤 평화의 메시지를 전달할지 조원들과 논의하고 이를 가장 적절한 방식으로 표현해 본다. 역사 수업에서 배운 내용을 토대로 개인의 사회에 대한 가치를 정립하도록 한다.

| 예시 답안 |

아래는 1962년 피트 시거가 부른 반전 노래 가사이다. 이를 참고하여 자신만의 반전 시를 만들어볼 수도 있다.

그 꽃 모두는 어디로 갔나요?
한참 시간이 흘렀네요.
소녀들이 하나씩 다 따갔죠.

그 소녀들은 다 어디로 갔나요?
한참 시간이 흘렀네요.
각자 남편과 함께 갔죠.

그 남자들은 다 어디로 갔나요?
한참 시간이 흘렀네요.
모두 군대로 갔죠.

그 군인들은 다 어디로 갔나요?
한참 시간이 흘렀네요.
모두 묘지로 갔죠.

그 묘지들은 다 어디로 갔나요?
한참 시간이 흘렀네요.
모두 꽃들로 덮였죠.

대단원 마무리 문제

정답과 해설 326쪽

❶ 냉전 체제와 제3 세계의 형성

01 다음 내용들과 관련된 탐구 주제로 가장 적절한 것은?

> • 동독 주민들이 서독으로 넘어가는 문제가 발생하자 동독 정부는 베를린 장벽을 건설하였다.
> • 미국이 튀르키예에 소련을 향한 미사일을 배치하자, 소련은 쿠바로 핵미사일을 수송하였다.

① 냉전 체제의 심화
② 반전 운동의 대두
③ 제2차 세계 대전의 원인
④ 국제 연합(UN)의 등장 배경
⑤ 지역 단위 경제 블록의 성립

02 (가) 국가에 대한 설명으로 옳은 것은?

> • 19세기 후반 (가) 은/는 인도차이나 반도 일대를 식민지로 만들었다. 이러한 식민 지배에 저항하여 베트남에서 호찌민을 중심으로 독립 운동을 전개하였다.
> • 알제리에서 (가) 의 식민 지배에 저항하여 1954년 민족 해방 전선 주도로 봉기가 발생하였다.

① 비동맹주의를 주도하였다.
② 세계 최초로 인공위성 발사에 성공하였다.
③ 국민당과 공산당 사이에 내전이 발생하였다.
④ 라인강의 기적이라 불리는 경제 성장을 이루었다.
⑤ 북대서양 조약 기구(NATO)에서 한때 탈퇴하였다.

03 다음 원칙을 발표한 회의에 대한 설명으로 옳은 것은?

> • 인종 및 국가 사이의 평등
> • 내정 불간섭
> • 국제 연합 헌장에 입각한 자위권의 존중
> • 강대국의 이익을 위한 집단적 군사 동맹 불참
> • 평화적 수단을 통한 국제 분쟁 해결
>
> – 평화 10원칙의 일부 내용, 1955

① 대공황을 극복하기 위한 방안을 논의하였다.
② 제2차 세계 대전 이후 독립한 국가들만 참여하였다.
③ 경제 협력을 위해 자유 무역 협정(FTA)을 체결하였다.
④ 동남아시아 국가 연합(ASEAN)을 결성하는 계기가 되었다.
⑤ 미국과 소련 주도의 국제 질서에 반대하는 성명을 발표하였다.

❷ 세계화와 경제 통합

04 경제 정책이 (가)에서 (나)로 변화한 배경으로 옳은 것은?

(가)
국가가 시장에 개입해야 합니다. 또한 복지 예산을 확대하여야 경제를 발전시킬 수 있습니다.
(나)
더 이상 국가의 개입으로 경제를 성장시키는 것은 불가능합니다. 이제 복지 예산을 감축하고, 시장의 기능을 신뢰해야 합니다.

① 대공황의 발생
② 제1차 석유 파동
③ 파운드 블록의 형성
④ 국제 통화 기금(IMF) 설립
⑤ 관세 및 무역에 관한 일반 협정(GATT) 체결

❸ 탈권위주의 운동과 대중문화의 발달

05 **(가), (나) 사이 시기에 발생한 사건으로 옳은 것은?**

> (가) 나고야 세계 탁구 선수권 대회가 끝날 무렵 중국이 미국 선수단을 초청하였고, 미국이 이에 응하여 핑퐁 외교가 전개되었다.
> (나) 연방 내 각 공화국이 독립을 선포하면서 소련이 해체되고, 독립 국가 연합(CIS)이 출범하였다.

① 국제 연합이 창설되었다.
② 6·25 전쟁이 발발하였다.
③ 중화 인민 공화국이 성립되었다.
④ 바르샤바 조약 기구(WTO)가 결성되었다.
⑤ 덩샤오핑이 실용주의 경제 개혁에 나섰다.

06 **그래프를 보고 학생들이 추론한 내용으로 적절한 것만을 보기에서 고른 것은?**

대한민국 등록 외국인 수 변화

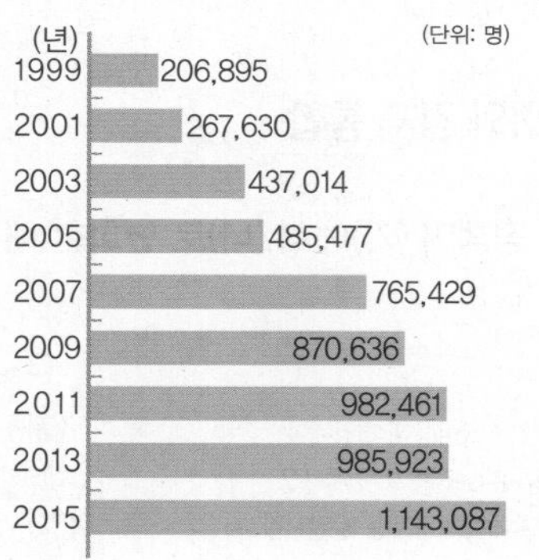

보기

> 갑: 이주민들의 삶의 수준이 높아졌을 거야.
> 을: 다양한 국가의 문화가 우리 사회에 전파되었을 거야.
> 병: 이주민에 대한 편견 등으로 충돌이 많이 늘어났을 거야.
> 정: 대공황으로 경제 블록이 형성되면서 나타난 결과일 거야.

① 갑, 을 ② 갑, 병 ③ 을, 병
④ 을, 정 ⑤ 병, 정

07 **밑줄 친 '상황'에 대한 탐구 활동으로 가장 적절한 것은?**

> 이 영화는 흑인 여성 3명이 1960년대 미 항공 우주국(NASA)에서 근무했던 실화를 바탕으로 만들어진 영화이다. 걸핏하면 자리를 비운다는 직장 상사의 꾸짖음에 주인공인 캐서린은 가까이 있는 화장실을 쓰지 못하고 800 m나 떨어진 흑인 전용 화장실을 가야했다며 화를 내는 장면이 나온다. 이를 통해 당시의 흑인들이 처한 <u>상황</u>을 상상할 수 있다.

① 교토 의정서의 내용을 살펴본다.
② 히피 운동이 끼친 영향을 조사한다.
③ 비판 대학 운동의 전개 과정을 탐구한다.
④ 전미 여성 기구(NOW)의 활동을 알아본다.
⑤ 셀마–몽고메리 행진이 전개된 배경을 파악한다.

08 **밑줄 친 '이 운동'에 대한 설명으로 옳은 것은?**

> 1968년 베트남 전쟁 반대를 외치던 학생 8명이 파리 아메리칸 익스프레스를 점거한 사건에서 시작된 <u>이 운동</u>은 당시 프랑스의 여러 문제를 지적하였다.

① 신자유주의 경제 정책에 반대하였다.
② 전투적인 흑인 저항 운동을 동반하였다.
③ 직장 내 성차별 문제를 해결하려 하였다.
④ 기성 체제에 대항하려는 문화 운동이었다.
⑤ 프랑스의 북대서양 조약 기구 탈퇴에 영향을 주었다.

④ 현대 세계의 문제 해결을 위한 노력

09 밑줄 친 '전쟁'의 영향으로 옳은 것만을 보기에서 고른 것은?

> 1964년 8월 2일 통킹만 해상에서 미 해군이 북베트남의 해군에 선제 공격을 가했다. 이에 북베트남 어뢰정이 미 해군 구축함 매독스호에 반격했고, 미 해군은 항공 모함과 함재기를 동원해 북베트남의 어뢰정에 손상을 입히고 4명의 사망자와 6명의 부상자를 냈다. 미국은 이 사건을 북베트남의 도발로 뒤집어 씌워 독립국인 북베트남을 공격하고 전쟁을 확대했다.

보기
ㄱ. 냉전 체제가 성립되었다.
ㄴ. 대규모 인권 유린이 자행되었다.
ㄷ. 독립 국가 연합(CIS)이 출범하였다.
ㄹ. 미국 내에서 반전 운동이 전개되었다.

① ㄱ, ㄴ ② ㄱ, ㄷ ③ ㄴ, ㄷ
④ ㄴ, ㄹ ⑤ ㄷ, ㄹ

10 다음 자료를 활용한 학생들의 보고서 주제로 적절한 것만을 보기에서 고른 것은?

▲ 수몰 위기에 처한 키리바시

▲ 파리 기후 협약 타결에 기뻐하는 세계 정상들

보기
ㄱ. 기후 이주민의 개념과 사례
ㄴ. 냉전 속 열전의 발생 원인 분석
ㄷ. 온실가스 배출 규제를 위한 국제적 노력
ㄹ. 과거 식민지 국가의 경제 개발 성공 사례

① ㄱ, ㄴ ② ㄱ, ㄷ ③ ㄴ, ㄷ
④ ㄴ, ㄹ ⑤ ㄷ, ㄹ

서술형

정답과 해설 326쪽

11 다음 발표문이 냉전 체제에 어떤 영향을 주었는지 서술하시오.

> 1. 미국은 앞으로 베트남 전쟁과 같은 군사적 개입을 피한다.
> 2. 강대국의 핵에 의한 위협의 경우를 제외하고는 내란이나 침략에 대하여 아시아 각국이 스스로 협력하여 그에 대처하여야 할 것이다.
>
> – 닉슨 독트린

12 밑줄 친 부분의 이유를 기술의 발달, 교육과 정치 제도의 변화와 연관 지어 서술하시오.

> 산업화를 거치면서 등장한 불특정 다수를 대중이라고 한다. 도시화 과정을 통해 대중들은 비슷한 생각이나 행동·욕구를 추구하는 사람들이 모여 간접적인 형태의 조직을 구성하여 활동하는 경우가 많아졌다.
> 현대 사회에서 <u>대중의 역할과 영향력이 매우 커지면서</u> 대중이 사회와 문화의 주체로 성장하게 되었다.

핵심 수행 평가

01 가상 일기 작성하기

다음 제시어를 활용하여 시대 상황을 반영한 가상 일기를 작성해 보자.

베를린 봉쇄, 쿠바 미사일 위기, 수에즈 전쟁, 반둥 회의, 베트남 전쟁, 브레턴우즈 협정, 제1차 석유 파동, 고르바초프의 개혁, 유럽 연합(EU)의 성립, 로자 파크스와 버스 보이콧 운동, 전미 여성 기구의 활동, 68 운동, 히피 운동, 존 레넌, 교토 의정서

1. 위의 제시어 중에서 1968년에 볼 수 있는 모습을 찾아보자.

2. 1968년에 볼 수 있는 사건들 중 두 개를 활용하여 가상 일기를 작성해 보자. 작성 시 아래의 유의 사항을 준수하자.

유의 사항: 주인공이 사건의 직간접적 영향을 받도록 작성한다.
인터넷으로 충분히 자료를 검색한 후 당시의 시대적 상황을 잘 반영할 수 있도록 작성한다.

정답과 해설 328쪽

02 논평 작성하기

◦ 다음 자료를 읽고 물음에 답해 보자.

(가) 세 살 난 쿠르디는 아버지, 어머니, 형과 함께 고향인 시리아 코바니를 떠나, 시리아 수도 다마스쿠스와 알레포를 거쳐 튀르키예에 도착했다. 4년 넘게 지속된 시랑 내전과 IS의 학살을 피해 그의 가족은 그리스로 가는 작은 보트에 몸을 실었었다. 하지만 그리스 해변에 발을 디디기 전, 세차게 몰아치는 파도에 배가 뒤집혔고, 쿠르디의 형 갈립, 그리고 어머니까지 함께 목숨을 잃고 말았다. 쿠르디가 세상을 떠난 그 날, 그 일대에는 12명의 주검이 동시에 발견되었고, 그중 5명은 쿠르디와 같은 아이들이었다. "고무보트에 매달려 아내와 마주 보고 있었는데, 어느 순간 갑자기 아이들이 내 손에서 빠져 나갔어요. …… 아내와 아이들 곁으로 돌아가 생을 마감하고 싶습니다."

2016년 50만 명이 목숨을 걸고 지중해를 건넜고, 그중에 1/5은 어린이였다. 지금 이 순간에도 제2의 쿠르디가 유럽으로 건너가지 못하고 차디찬 지중해에서 목숨을 잃고 있다.

(나) 유럽 내에서 반(反)난민 정서가 높아지고 있다. 이에 난민 보호 정책을 축소하거나, 반(反)난민 정책의 시행을 주장하는 극우 정당의 인기는 점점 높아지고 있다. 이는 프랑스, 벨기에, 튀르키예, 독일에서 일어난 테러, 집단 성폭행 사건 등으로 생긴 불안과 경제 위기가 큰 원인을 차지하고 있다.

유럽으로 유입되는 난민의 수가 늘어나면서 유럽 연합(EU)은 각 회원국에 분산 이주시키는 난민 할당제를 실시하고 있다. 그러나 헝가리의 빅토르 오르반 총리는 "앞으로 한 명의 난민도 헝가리에 들어올 수 없다."라는 강경한 입장을 고수하며 남쪽 세르비아와의 국경에 높이 4 m, 길이 175 km의 3중 철조망으로 된 장벽을 설치하였다.

1. (가)와 관련된 자료를 검색하여 다음 내용을 정리해 보자.

시리아 내전의 원인	
내전에 참여하고 있는 세력들	

2. (나)의 내용을 활용하여 난민 문제에 대한 본인의 견해를 담은 논평을 작성해 보시오.

| 읽기 자료 |

냉전의 격돌지, 독일 베를린

"베를린, 전쟁의 상처를 넘어 평화의 도시로 나아가리라"

독일 통일의 중심이었던 '브란덴부르크문', 파괴된 모습 그대로 보존되어 평화를 상징하는 '카이저 빌헬름 교회', 독일의 전쟁과 독재 속에서 희생당한 사람들을 추모하는 공간인 '노이에 바헤' 등을 살펴보자. 베를린 장벽 위의 그림들로 미술관을 이루게 된 '이스트 사이드 갤러리', 나치 독일 당시 희생되었던 유대인들을 기리는 '홀로코스트 메모리얼' 등도 찾아보자.

브란덴부르크문

베를린 중심가 파리저 광장에 있는 건축물로 프리드리히 빌헬름 2세에 의해 만들어졌다. 독일 분단 시절 동서 베를린의 경계로 이 시기에도 일반인들이 동서 베를린을 왕래하는 것이 가능하였으나, 1961년 베를린 장벽이 세워지면서 허가받은 사람들만이 이 문을 통해 동서 베를린을 왕래할 수 있었다. 1989년 11월 약 10만여 명의 인파가 이 문 앞에 모인 가운데 베를린 장벽이 허물어졌다.

독일 음식 맛보기

❶ 아이스바인 eisbein 돼지 정강이를 절인 뒤 삶아서 먹는 음식으로 주로 맥주를 섞은 물에 조리한다. 육질이 쫄깃하면서도 부드럽다.

❷ 브레첼 brezel 짙은 나뭇가지 색과 가운데 엮은 매듭에서 갈라져 나온 두 개의 팔과 같은 모양이 특징이다. 바삭바삭한 짙은 색 표면과는 달리 황금빛이 도는 속살의 식감은 부드럽고 쫄깃쫄깃하다.

카이저 빌헬름 교회

독일의 첫 번째 황제였던 빌헬름 1세의 영광을 기념하기 위해 건설되어 1895년에 완공되었다. '썩은 이빨'이라고 불리며 제2차 세계 대전의 폭격으로 입은 상처를 고스란히 간직한 채 자리를 지키고 있는데, 이 때문에 교회는 평화와 화합의 상징으로 사람들에게 기억되고 있다. 현재는 교회 옆에 육각형으로 된 교회를 새로 지었다.

베를린 TV탑

동독 정부가 사회주의 체제의 기술과 발전을 보여 주고 베를린의 상징으로 삼기 위해 건설하였다. 구 형태의 탑 상단은 소비에트 연방이 1957년 쏘아올린 스푸트니크 인공위성을 상징하며, 사회주의의 상징 색인 붉은 빛을 발한다.

노이에 바헤

'새로운 초소'라는 뜻으로 프로이센 시기에 지어진 왕의 경비소였다. 나치 집권기에는 나치 군대와 전투를 찬양하는 의식을 치루는 공간으로, 동독 시절에는 파시즘과 군국주의의 희생자를 위한 경고비로 이용되었다. 통일 이후 전쟁과 폭정의 희생자들을 위한 중앙 추모소의 기능을 하게 되었다.

❸ 브라트부르스트 bratwurst 일반적으로 돼지고기 간 것에 소금, 후추 등 다양한 향신료를 섞은 다음 케이싱(소시지의 외피)에 채워 만든 독일식 소시지이다.

❹ 자우어크라우트 sauerkraut 잘게 썬 양배추를 발효시켜 만든 시큼한 맛이 나는 독일식 양배추 절임이다.

역사 ①
자습서

정답과 해설

I 문명의 발생과 고대 세계의 형성

❶~❷ 역사의 의미와 역사 학습의 목적/ 세계의 선사 문화와 고대 문명

실력 확인 문제 16~19쪽

01 ②	02 ②	03 ⑤	04 ④
05 ③	06 ②	07 ①	08 ⑤
09 ①	10 ②	11 ①	12 ④
13 ④	14 (가): 카스트제 (나): 브라만교		15 ②
16 봉건제	17 ④	18~20 해설 참조	

01 | 정답 ② | '사실로서의 역사'는 과거의 사실 그 자체로 '객관적'인 역사이고, '기록으로서의 역사'는 역사가가 중요하다고 생각하는 사실을 선택하고 정리한다는 점에서 '주관적'인 역사라고 할 수 있다.

02 | 정답 ② | 역사 연구의 자료로 기록물과 유물, 유적을 포함하는 개념은 '사료'이다.

03 | 정답 ⑤ | '통감'은 거울(본보기)로 삼는다는 뜻이다. 역사를 본보기로 삼는다는 것은 과거의 역사적 사실을 교훈으로 삼아 보다 올바른 결정을 내릴 수 있다는 의미이다.

오답 피하기

① 역사 학습을 통해 현재를 바르게 이해한다는 것은 현재는 과거에서 이어져 온 것이기 때문에 역사를 배움으로 현재를 보다 바르게 이해할 수 있다는 의미이다.
② 역사 학습을 통해 비판적 사고력을 키운다는 것은 역사적 자취를 논리적으로 탐구하고 상황을 유추하는 과정에서 비판적 사고력을 키울 수 있다는 의미이다.
③ 역사 학습을 통해 상호 존중의 인류애를 갖출 수 있다는 것은 다른 나라나 민족의 역사를 배우면서 우리 역사와 마찬가지로 소중하고 중요하다는 마음을 갖출 수 있다는 의미이다.
④ 역사 학습을 통해 소속 집단의 정체성을 파악할 수 있다는 의미는 역사를 배우면서 '우리가 누구인가'에 대한 답을 얻을 수 있다는 의미이다.

04 | 정답 ④ | 사진은 빌렌도르프의 비너스와 주먹도끼로 구석기 시대를 대표하는 유물이다.

오답 피하기

① 신석기 시대에는 돌낫, 돌보습 등의 간석기로 된 농기구를 사용하였다.
② 신석기 시대에 움집을 짓고 정착 생활을 시작하였다.
③ 청동기 시대에 청동기로 무기를 만들어 전쟁하였다.
⑤ 청동기 시대에 신관, 전사들로 구성된 지배층이 등장하였다.

05 | 정답 ③ | ㄱ. (가)는 토기로 흙으로 만들어졌으며 음식을 조리하거나 식량을 보관하는 용도로 사용하였다.
ㄴ. (나)는 가락바퀴로 실을 뽑아내는 데 사용한 도구였다. 이를 활용하여 옷이나 그물을 만들었음을 알 수 있다.
ㄷ. (다)는 돌낫으로 신석기 시대를 대표하는 간석기 농기구이며 주로 추수하는 데 사용되었다.
ㄹ. (라)는 뼈작살로 물고기를 잡을 때 사용했던 도구이다.

06 | 정답 ② | 기후 환경이 변화함에 따라 생태계가 변하는 모습과 사람들이 식량을 구하는 과정에서 새로운 도구를 만드는 과정을 설명한 글이다. 작고 빠른 짐승을 사냥하기 위해서 사람의 걸음보다 빠르게 날아갈 수 있는 도구가 필요해 창과 화살을 만들었고, 물고기를 잡을 때 쓸 수 있는 낚시바늘과 작살을 만들었다.

07 | 정답 ① | 수메르인들은 메소포타미아 문명을 건설하고 쐐기 문자를 사용했으며, 지구라트라는 신전을 건축하였다.

오답 피하기

② 아리아인에 대한 설명이다.
③ 아무르인이 세운 바빌로니아에 대한 설명이다.
④ 이집트 문명에 대한 설명이다.
⑤ 바빌로니아에 대한 설명이다.

08 | 정답 ⑤ | 바빌로니아는 아무르인이 건국하고 함무라비왕 때 메소포타미아 지역을 통일하는 등 전성기를 누렸으나, 히타이트에 의해 멸망하였다.

09 | 정답 ① | 문명 발생지는 모두 북위 20°~40° 사이의 큰 강 유역에 위치하여 토지가 비옥하고 기후가 온화하다는 공통점을 갖고 있다. 이러한 지역은 농사짓기에 유리하여 일찍부터 사람이 모여 살았다. 따라서 ㄱ, ㄴ이 맞는 내용이다.

10 | 정답 ② | 문명 발생 단계의 특징으로는 신관과 전사와 같은 지배층의 형성, 신전과 궁전 등 지배층의 권위와 관련된 건축물의 축조, 지배층의 통치와 관련되어 필요한 문자 사용과 기록, 신관과 전사의 권위를 보여 주는 제사 도구와 무기를 청동기로 제작한 점 등이 있다.

11 | 정답 ① | 자료는 「사자의 서」의 내용이다. 사자(죽은 자)는 육체는 죽었으나 영혼은 살아서 오시리스의 심판을 받고 다시 부활할 수 있다는 점을 통해 영혼 불멸 사상이 있음을 알 수 있다.

12 | 정답 ④ | 자료는 메소포타미아 지역은 국가의 흥망과 민족의 교체가 빈번한 반면, 이집트는 오랫동안 통일이 유지되고 있음을 보여 준다. 두 지역의 이러한 차이가 나타나는 이유는 메소포타미아는 개방적 지형으로 민족의 교류와 이동이 활발한 반면, 이집트는 사막과 바다로 둘러싸여 이민족의 침략을 덜 받았기 때문이다. 따라서 지형적 특징을 비교한다는 ④가 정답이다.

13 | 정답 ④ | 밑줄 친 '이 지역'은 인더스강 유역으로, 이 지역에서는 하라파와 모헨조다로 중심으로 인더스 문명이 일어났으며 대표적으로 모헨조다로 유적이 있다.

오답 피하기

①은 함무라비 법전 돌기둥에 새겨진 쐐기 문자로 메소포타미아 문명과 관련 있다.
②는 투탕카멘의 황금관으로 이집트 문명과 관련 있다.
③은 스핑크스와 피라미드로 이집트 문명과 관련 있다.
⑤는 갑골문으로 중국 문명과 관련 있다.

14 | (가): 카스트제, (나): 브라만교 | 아리아인들은 카스트제라는 엄격한 신분제를 만들고, 브라만교라는 복잡한 제사 의식을 특징으로 하는 종교를 만들었다.

15 | 정답 ② | 황허강 유역에서 성장하였고 마지막 도읍지가 은허인 나라는 상이다.

16 | 봉건제 | 주가 왕이 수도와 그 주변을 다스리고 나머지 지역은 제후를 임명하여 다스리게 한 제도는 봉건제이다.

17 | 정답 ④ | ㄱ. 메소포타미아 문명은 쐐기 문자를 사용하였는데, 사진은 인장 문자로 인도 문명과 관련 있다.
ㄴ. 이집트 문명은 사진과 같은 상형 문자를 사용하였다.
ㄷ. 인도 문명은 그림 문자(인장 문자)를 사용하였는데, 사진은 쐐기 문자로 메소포타미아 문명과 관련 있다.
ㄹ. 중국 문명은 사진과 같은 갑골문을 사용하였다.

18 | 예시 답안 | 들소와 같은 동물 사냥에 성공하여 풍족하게 음식을 먹을 수 있기를 원하였기 때문이다.

| 채점 기준 |

상	사냥의 성공 또는 식량의 풍족함 기원의 의미를 제대로 서술한 경우
중	사냥의 대상, 식량의 의미만 있고 성공과 풍족함을 원한다는 의미를 서술하지 못한 경우
하	사냥의 대상이나 식량으로서의 의미를 서술하지 못한 경우

19 예시 답안 귀족이 같은 신분인 귀족의 눈을 멀게 했을 때보다 하층 신분인 평민의 눈을 멀게 했을 때 처벌이 관대한 것으로 보아 신분적 차별이 존재하는 사회였다.

| 채점 기준 |

상	처벌의 차이를 근거로 제시하고 신분적 차별을 사회의 특징으로 서술한 경우
중	처벌의 차이를 근거로 제시하였으나 사회의 특징을 서술하지 못한 경우
하	처벌과 신분이 있다고만 서술한 경우

20 예시 답안 상에서는 왕이 점괘를 보고 신의 뜻을 빌려 나라를 다스리는 신정 정치를 하였다.

| 채점 기준 |

상	왕이 점괘를 통해 신의 뜻을 묻고 있다고 서술한 경우
중	신의 뜻을 물어 정치하고자 한다고만 서술한 경우
하	왕이 점을 보았다는 사실만 서술한 경우

❸ 고대 제국들의 특성과 주변 세계의 성장

실력 확인 문제 28~31쪽

01 아시리아	02 ③	03 ②	04 ⑤
05 에게 문명	06 ③	07 ②	08 ⑤
09 ①	10 ②	11 ②	12 ①
13 ④	14 ②	15 ④	16 군국제
17 ①	18~20 해설 참조		

01 | 아시리아 | 서아시아 지역을 최초로 통일한 국가는 아시리아이다.

02 | 정답 ③ | (가)에 들어갈 왕은 다리우스 1세이다. 그는 페르시아 제국의 통치력 강화를 위해 '왕의 눈'과 '왕의 귀'를 파견하였고, '왕의 길'을 건설하여 정보와 물자의 유통을 촉진하였다.

오답 피하기

ㄱ. 페르시아 제국은 다리우스 1세 때 전성기를 맞았고, 이후 그리스를 통일한 알렉산드로스에 의해 정복당하였다.
ㄹ. 페르시아 제국은 피정복민들에게 고유의 문화와 종교 등을 유지할 수 있도록 하는 관용적인 정책을 시행하였다.

03 | 정답 ② | 페르시아는 정복지의 문화를 억압하지 않아 다양한 문화가 교류하며 조화를 이루었고, 다른 지역과도 활발히 교류하며 국제적인 문화를 발달시켰다.

04 | 정답 ⑤ | 페르시아 제국의 부흥을 추구하며 건설되었고, 중계 무역으로 번영하다가 이슬람 세력에 정복된 나라는 사산 왕조 페르시아이다.

05 | 에게 문명 | 에게 문명은 크레타섬, 에게해의 여러 섬, 그리스 본토 등에서 발전한 청동기 문명으로, 기원전 2000년경부터 다른 문명과 교류하며 발전하였으나 기원전 1200년경에 파괴되었다.

06 | 정답 ③ | (가)에 들어갈 말은 폴리스이다. 폴리스에서는 시민이 정치권력을 가졌으며, 각 폴리스는 통합을 이루지 못하고 다투는 경우도 많았다.

오답 피하기

ㄱ. 폴리스에서는 왕이 정치권력을 독점하지 못하였다.
ㄹ. 폴리스들은 올림푸스의 신들을 숭배하는 다신교 신앙을 공유하였다.

07 | 정답 ② | (가)에 들어갈 사람은 아테네 민주정의 전성기를 이끈 페리클레스이며, (나)에 들어갈 제도는 아테네에서 권력의 독점을 막고 많은 사람에게 정치 참여 기회를 보장하기 위해 실시하였던 추첨이다.

08 | 정답 ⑤ | 페르시아 전쟁 이후 그리스는 번영한 한편, 아테네와 스파르타 간의 경쟁이 심화되는 가운데 펠로폰네소스 전쟁이 일어났다.

오답 피하기

① 그리스는 이후 북방에서 강성해진 마케도니아에 정복되었다.
② 폴리스 간의 대립이 지속되는 가운데 그리스는 마케도니아에 정복되었다.
③ 헬레니즘 시대는 알렉산드로스의 원정 이후 이집트가 로마에 정복당할 때까지이며, 이 시기에 발달한 문화를 헬레니즘 문화라고 한다.
④ 페르시아 전쟁 이후 아나톨리아 서해안 지역의 그리스인이 건설한 많은 폴리스를 통해 문화의 교류가 더욱 촉진되었다.

09 | 정답 ① | (가)에 들어갈 내용은 헬레니즘 문화에 대한 설명이다. 그리스 문화에 비해 문학 분야에서는 개인적인 측면이 강조되고 철학 분야에서는 본질에 대한 탐구 보다는 잘 사는 법에 집중하는 경향으로 변화하였다.

오답 피하기

ㄷ. 종교는 다신교의 전통이 유지되고 있었다.
ㄹ. 그리스의 조각과 건축은 균형과 비례를 강조한 반면 헬레니즘 시대의 조각과 건축은 감정을 격정적으로 표출하였다.

10 | 정답 ② | (가)는 로마 공화정의 성립, (나)는 로마 제정의 성립을 나타낸다. 공화정 시기에 있었던 사실로는 ㄱ. 지중해 영토 장악, ㄷ. 그라쿠스 형제의 개혁 시도가 있다.

오답 피하기

ㄴ, ㄹ. 군대에 의한 황제 교체와 게르만족의 침입은 제정 시기에 대한 설명이다.

11 | 정답 ② | 옥타비아누스는 공화정의 전통을 깨고 제정을 수립하면 반발이 심할 것이라 생각하여 끝내 황제의 자리에 오르지 않았다. 그러나 그는 군대와 재정을 장악하였고, 양자 상속을 통해 후계자에게 지위를 세습했다는 점에서 사실상 제정을 수립했다고 볼 수 있다.

12 | 정답 ① | 크리스트교가 로마 제국 초기에 박해를 받았던 이유는 로마는 다신교를 믿는 것에 반해 크리스트교는 유일신 신앙을 내세웠고, 크리스트교인들이 로마 제국이 요구하는 황제 숭배와 병역을 거부했기 때문이다.

13 | 정답 ④ | (가)는 춘추 전국 시대이다. 이 시기 중국은 정치적으로는 분열과 대립이 있었지만, 철제 농기구와 소가 농사에 활용되면서 농업 생산력이 발달하였고, 수공업과 상업이 발달하면서 시장과 도시가 성장하였다. 또한 제후국들이 부국강병을 추진하는 과정에서 제자백가라 불리는 다양한 사상가들이 등장하였다.

14 | 정답 ② | (가)는 시황제이다. 시황제가 실시한 정책으로는 군현제 실시, 도량형·화폐·문자 통일, 법치주의 시행, 만리장성 축조 등이 있다.

오답 피하기

ㄴ, ㄹ. 비단길을 개척하고 유교를 통치 이념으로 채택한 때는 한 무제 시기이다.

15 | 정답 ④ | 진의 시황제가 만리장성을 쌓고 한 무제가 장건을 서역에 파견한 것은 흉노의 침입에 대비하고 전쟁을 준비하기 위함이었다.

16 | 군국제 | 한 고조가 봉건제와 군현제를 절충하여 실시한 제도는 군국제이다.

17 | 정답 ① | 한 무제가 유교를 통치 이념으로 채택한 이유는 유가(유교)가 지위에 따른 역할과 규범을 강조하였으므로, 황제에 대한 충성을 요구하여 황제의 권력 강화를 뒷받침할 수 있었기 때문이다.

18 예시 답안 아테네 민주정은 대표자에게 권한을 위임하지 않는 직접 민주정이고, 시민에게만 참정권을 부여하는(여성, 외국인, 노예에게 참정권을 부여하지 않는) 제한된 민주 정치이다.

| 채점 기준 |

상	직접 민주정과 제한된 민주 정치의 의미를 모두 서술한 경우
중	직접 민주정과 제한된 민주 정치의 의미 중 한 가지만 서술한 경우
하	직접 민주정과 제한된 민주 정치의 의미를 서술하지 못한 경우

19 예시 답안 로마 제국은 민족을 초월한 사랑을 내세우는 크리스트교의 교리가 로마 제국 통합에 기여할 수 있을 것이라고 생각하였기 때문이다.

| 채점 기준 |

상	민족을 초월한 사상을 내세운 크리스트교의 교리와 제국의 통합을 적절히 연결하여 서술한 경우
중	로마 제국을 통합하고자 했다고만 서술한 경우
하	크리스트교의 교리와 제국 통합의 의도를 서술하지 못한 경우

20 예시 답안 재정 수입을 늘리고자 소금과 철에 대한 전매 정책을 실시하였다.

| 채점 기준 |

상	재정 수입의 증대를 목적으로 소금과 철에 대한 전매 정책을 실시했다고 서술한 경우
중	재정 수입의 증대 시도 또는 전매 정책이라고만 서술한 경우
하	경제 정책의 목적과 내용을 모두 서술하지 못한 경우

대단원 마무리 문제

33~35쪽

01 ⑤	02 ⑤	03 ④	04 ①	05 ⑤
06 ②	07 ⑤	08 ②	09 ③	10 ④
11 ④	12 ②	13 ④	14 ⑤	

15~17 해설 참조

01 | 정답 ⑤ | 역사 서술은 역사가가 사료를 선택하고 재구성하는 과정을 거치며, 사실의 선택과 평가는 역사가의 가치관이나 시대에 따라 변할 수 있다.

오답 피하기

ㄱ. 사료에는 문자 기록뿐만 아니라 유물, 유적 등도 포함된다.
ㄴ. 역사가 다르게 서술되는 이유는 과거 사실이 변하기 때문이 아니라 사실 선택과 평가가 가치관이나 시대 상황에 따라 달라지기 때문이다.

02 | 정답 ⑤ | 역사 학습 과정에서 역사적 자취를 논리적으로 탐구하고 당시 상황을 유추하며 사고력과 비판력을 키울 수 있다.

03 | 정답 ④ | 구석기 시대에는 동굴이나 바위 그늘, 강가에 막집을 짓고 살았다.

오답 피하기

① ㉠ 토기는 신석기 시대를 대표하는 유물이다.
② ㉡ 농경과 목축은 신석기 시대에 시작되었다.
③ ㉢ 채집과 사냥은 구석기 시대에 시작되었다.
⑤ ㉤ 신석기 시대에 정착 생활이 시작되면서 움집을 짓고 살았다. 막집은 구석기 시대 주거의 예이다.

04 | 정답 ① | 메소포타미아 지역을 통일하고 재위 기간에 동해 보복주의 원칙이 포함된 법전을 만든 왕은 함무라비이다.

05 | 정답 ⑤ | 피라미드와 스핑크스는 이집트 문명의 대표적 유적이다. 고대 이집트 지배자인 파라오는 태양신의 아들로 숭배되었다.

06 | 정답 ② | 〈보기〉에서 고대 인도 문명과 관련된 단어는 브라만교 경전인 『베다』와 인더스 문명의 유적지인 모헨조다로이다.

오답 피하기

ㄴ. 아무르인은 메소포타미아 지역에서 바빌로니아 왕국을 세웠다.
ㄹ. 유프라테스강은 메소포타미아 지역을 흐르는 강이다.

07 | 정답 ⑤ | 상이 신의 뜻을 빌려 나라를 다스리는 신정 정치를

펼친 것에 대한 심화 학습으로는 신의 뜻을 점을 통해 알아보고 그 내용을 기록한 갑골문의 내용을 분석하는 활동이 가장 적절하다.

08 | 정답 ② | 유일신 아후라 마즈다를 믿는 종교는 조로아스터교로 페르시아 제국의 중심 종교였다.

09 | 정답 ③ | 아테네 민주정은 직접 민주 정치로 다수 시민의 정치 참여를 보장하기 위해 대부분의 공직자와 배심원을 추첨으로 선출하고 공직자와 배심원에게 수당을 지급하였다. 그러나 여성, 외국인 등에게 참정권을 부여하지 않는 제한된 민주 정치라는 한계가 있다.

10 | 정답 ④ | 엄격한 교육과 생활 방식을 바탕으로 공동체 의식을 키운 폴리스는 스파르타이다.

11 | 정답 ④ | 고대 그리스의 조각과 건축은 균형과 비례를 강조하여 고전적 아름다움의 기준이 되었고, 문학, 역사, 철학 등은 합리적 정신의 모범을 제시하여 서양 학문의 토대가 되었다.

오답 피하기

ㄱ. 그리스인들은 올림푸스의 신들을 숭배하는 다신교를 공유하고 있었다.
ㄷ. 실용적 분야가 크게 발달한 것은 로마 문화의 특징이다.

12 | 정답 ② | 로마는 왕정~공화정~제정으로 변화하였다. 공화정 시기에는 영토의 팽창 과정에서 몰락한 자영농 계층을 복원하기 위한 그라쿠스 형제의 개혁 시도가 있었다. 옥타비아누스가 아우구스투스라는 칭호를 받으며 제정이 수립되었고, 제정 시기에 크리스트교는 박해를 받기도 하였으나 결국 국교로 선포되었다.

13 | 정답 ④ | (가)는 한 무제이다. 한 무제는 유교를 통치 이념으로 채택하여 유학 교육을 위해 태학을 설립하였고, 대외 원정으로 고갈된 국고를 회복하고자 전매 정책을 실시하였다.

14 | 정답 ⑤ | (가)는 만리장성 건설에 동원된 백성들의 고통을, (나)는 진의 엄격한 처벌을 통한 강압적 지배에 대한 반발을 보여 준다. 이를 통해 진은 무리한 토목 공사와 강압적 통치에 대한 불만으로 멸망했음을 알 수 있다.

15 예시 답안 공통점은 북위 20°~40° 사이의 큰 강 유역이라는 점이다. 이 지역은 기후가 온난하고 토지가 비옥하여 일찍부터 사람이 모여 살면서 도시가 발전할 수 있었다.

| 채점 기준 |

상	문명 발생지의 공통점을 서술하고 농사에 유리한 면과 도시의 발전을 연관 지어 서술한 경우
중	문명 발생지의 공통점을 서술하고 농사짓기에 편리했다는 정도만 서술한 경우
하	문명 발생지의 공통점만 서술한 경우

16 예시 답안 중앙의 통치력이 각 지방에 미칠 수 있도록 중앙 집권적인 통치 체제를 강화하면서도 정복지 주민에게 관용적인 정책을 시행하여 피정복민들의 반발을 예방하였기 때문이다.

| 채점 기준 |

상	중앙 집권적 통치 체제의 강화와 정복지 주민에 대한 관용적인 정책의 시행의 의미를 제대로 서술한 경우
중	중앙 집권적 통치 체제의 강화와 정복지 주민에 대한 관용적인 정책의 시행 중 하나만 서술한 경우
하	'강력했다', '관용적이었다'는 의미 정도만 서술한 경우

17 예시 답안 봉건제에서 제후는 왕으로부터 토지를 지급받고 토지에 대한 자치적 지배권을 인정받았다. 군현제에서 관리는 황제의 임명을 받아 파견되었으며, 해당 지역에 대한 자치적 지배권은 없었다.

| 채점 기준 |

상	제후와 관리의 권한과 자치적 지배권 유무 두 가지 모두 제대로 서술한 경우
중	제후와 관리의 권한과 자치적 지배권 유무와 세습 가능 여부 중 한 가지만 서술한 경우
하	봉건제는 왕과 제후의 관계, 군현제는 황제가 관리를 임명하는 관계라고만 서술한 경우

핵심 수행 평가 예시 답안

36~37쪽

01 4대 문명 마인드맵 그리기

예시 답안

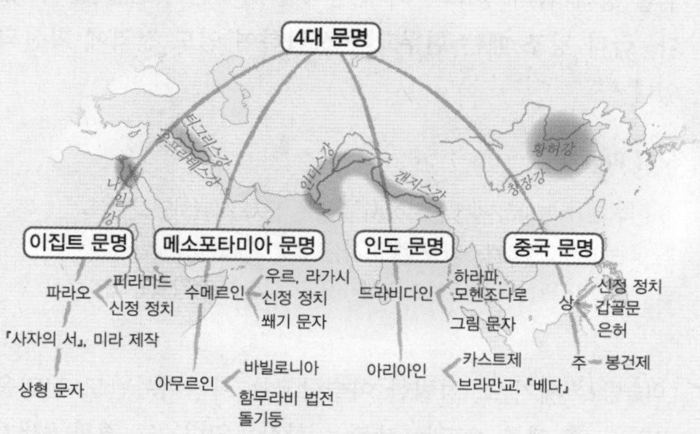

02 고대 제국의 통치 제도(정책) 알아보기

1 예시 답안

아테네 민주정을 더욱 발전시키려면 시민 모두에게 공직자로 일할 기회를 주어야 한다. 그러나 가난한 시민은 생업에 종사할 시간이 부족해 어려움을 겪을 텐데 이 문제를 어떻게 해결할까?

공직자와 배심원들에게 수당을 지급하여 가난한 사람들도 국정에 참여할 수 있는 기회를 실질적으로 보장하라.

2 예시 답안

로마 제국 안에는 다양한 민족이 서로 다른 종교적 전통을 가지고 있는데, 하나의 제국으로 정신적 통합을 이룰 수 있는 방법은 무엇일까?

민족과 신분을 초월한 신의 사랑을 강조하는 크리스트교에 대한 박해를 중단하고 종교로 인정하도록 하라.

3 예시 답안

주는 제후들에게 세습적 자치권을 주는 봉건제를 실시했는데 시간이 흐르면서 주의 통제력은 약화되고 제후국들이 성장해 망하고 말았다. 이 제국 전체를 효율적으로 통치할 수 있는 방법은 무엇일까?

전국을 군현으로 나누어 태수, 현령 등의 관리를 임명하도록 하겠다. 태수, 현령은 정해진 임기 동안 내 명에 따라 맡은 지역을 다스리도록 하라.

4 예시 답안

북방의 흉노와 지방의 제후국들로 인해 황제의 권위가 위협당하는데, 어떻게 하면 황제의 권위를 높일 수 있을까?

황제의 권력은 하늘로부터 나온 것이며 절대적임을 강조하는 유교를 통치 이념으로 삼겠다. 수도 장안에 태학을 세워 유가 경전을 교육하도록 하라.

Ⅱ 세계 종교의 확산과 지역 문화의 형성

❶ 불교 및 힌두교 문화의 형성과 확산

실력 확인 문제

48~51쪽

01 ②	02 ⑤	03 카니슈카왕	04 ④
05 ③	06 ⑤	07 이슬람	08 ②
09 ①	10 ③	11 ⑤	12 헬레니즘
13 ④	14 ②	15 ②	16 ④
17 ②	18 ⑤	19~21 해설 참조	

01 | 정답 ② | 알렉산드로스의 원정은 인더스강 유역을 더욱 혼란하게 하였는데, 마우리아 왕조를 세운 찬드라굽타 마우리아는 혼란을 틈타 인더스강 유역을 차지하여 최초로 북인도 지역을 통일하였다.

02 | 정답 ⑤ | 아소카왕은 마우리아 왕조의 3대 왕으로, 남부를 제외한 인도 대부분을 통일하여 전성기를 열었다. 아소카왕은 불교 포교를 적극 지원하여 실론 등 동남아시아에 상좌부 불교가 전파되었다. 또한 아소카왕은 중앙 집권 체제를 강화하고자 전국의 도로망을 정비하고, 각 지방에 감찰관을 파견하였다.

오답 피하기

ㄱ. 이슬람교는 7세기 초 서아시아에서 성립된 종교로, 서아시아의 이슬람 세력이 8세기 무렵 인도 서북부 지역까지 세력을 확대하였다.
ㄴ. 굽타 왕조의 왕들은 자신을 힌두교의 주요한 신 중 하나인 비슈누의 화신이라 주장하며, 통치의 정당성과 권위를 확보하고자 하였다.

03 | 카니슈카왕 | 쿠샨 왕조의 전성기를 이끈 카니슈카왕은 인도 중부에서 중앙아시아에 이르는 넓은 영토를 차지하였다. 이를 통해 쿠샨 왕조는 한(漢), 페르시아, 로마를 잇는 중계 무역으로 번영하였다.

04 | 정답 ④ | 인도인들이 숫자 '영(0)'과 10진법을 사용한 때는 굽타 왕조 시대이다.

05 | 정답 ③ | 에프탈은 5세기 중엽 이후 약 1세기 동안 중앙아시아와 서북 인도를 장악한 페르시아계 유목 민족으로, 이들의 침입으로 굽타 왕조가 붕괴하였다.

오답 피하기

④ 사산 왕조 페르시아의 침략을 받아 쇠퇴한 것은 쿠샨 왕조이다.
⑤ 알렉산드로스의 원정군이 인더스강 유역을 침략한 것은 기원전 4세기 후반의 일이다.

06 | 정답 ⑤ | 지도에 표시된 영역이 북인도 지역을 중심이라는 점을 통해 굽타 왕조의 최대 영역을 표시한 것임을 알 수 있다. 굽타 왕조 때는 힌두교가 성립하여 인도 전역에 확산되었다.

오답 피하기

① 힌두교가 확산하면서 인도에서 불교는 점차 쇠퇴하였다.
②, ④는 마우리아 왕조와 관련된 사실이다.
③ 힌두교가 확산되면서 카스트제가 인도 사회에 정착되었다.

07 | 이슬람 | 7세기 초 성립한 이슬람교는 아라비아반도 전역을 장악한 후 빠른 속도로 세력을 확장하였다. 그 결과 8세기 무렵 인도 서북부 지역에 진출하였고, 이후 북인도 지역에서 이슬람 왕조가 이어져 인도에도 이슬람교 신자인 무슬림이 늘어났다.

08 | 정답 ② | 중앙아시아를 거쳐 중국, 한반도와 일본으로 전파되는 경로를 통해 (가)는 쿠샨 왕조 시기 등장한 대승 불교임을 확인할 수 있다. 실론을 거쳐 동남아시아의 여러 지역으로 전파되는 경로를 통해 (나)는 마우리아 왕조의 지원을 받은 상좌부 불교임을 확인할 수 있다.

09 | 정답 ① | 개인의 해탈을 중시하는 상좌부 불교는 아소카왕의 적극적인 지원을 통해 실론 등 동남아시아 지역으로 전파되었다.

오답 피하기

ㄷ. 앙코르 와트는 현재의 캄보디아에 위치한 사원으로 처음에는 힌두교 사원으로 세워졌으나, 14세기 이후에는 불교 사원으로 사용되었다.
ㄹ. 쿠샨 왕조 때 등장한 대승 불교는 중생의 구제를 통해 깨달음을 얻는 것을 중시하였다.

10 | 정답 ③ | 마우리아 왕조의 아소카왕이 세운 산치 대탑에 대한 설명이다. 여기서 스투파는 원래 '무덤'이라는 뜻이다.

오답 피하기

① 아잔타 석굴로 이곳의 불상과 벽화는 굽타 양식의 특징을 잘 보여 준다.
② 아소카왕의 돌기둥으로 부처의 가르침을 바탕으로 나라를 다스리겠다는 방침이 돌기둥과 암벽에 새겨 있다.
④ 찬드라굽타 2세의 쇠기둥으로 굽타 왕조의 전성기를 이끈 그의 업적을 기리고자 만든 것이다.
⑤ 이슬람 사원인 모스크로 둥근 돔과 높고 뾰족한 탑이 특징이다.

11 | 정답 ⑤ | 지도에는 쿠샨 왕조의 최대 영역이 표시되어 있다. 쿠샨 왕조 때 등장한 대승 불교는 개인의 수행을 중시한 상좌부 불교와 달리 중생의 구제를 통한 깨달음의 획득을 중요하게 여겼다. 대승 불교는 중앙아시아를 거쳐 동아시아로 전해졌는데, 이는 같은 시기 등장한 간다라 미술의 전파 경로와 동일하다.

12 | 헬레니즘 | 간다라 미술은 헬레니즘 문화와 인도의 불교문화가 융합한 것이다. 간다라 지방에서 신을 사람의 모습으로 표현하는 헬레니즘 문화의 영향을 받아 본격적으로 제작된 불상은 그리스 조각상과 생김새가 유사하였다.

13 | 정답 ④ | 마우리아 왕조 시기에는 개인의 해탈을 중시하는 상좌부 불교가 유행하였고, 쿠샨 왕조 시기에는 중생의 구제를 중시하는 대승 불교가 등장해 확산되었다. 굽타 왕조 시기에는 브라만교를 중심으로 여러 민간 신앙과 불교가 융합된 힌두교가 형성되어 굽타 왕조의 보호를 받으며 성장하였다. 8세기 무렵 인도 서북 지방에 이슬람 세력이 진출하면서 이슬람교가 전래되었다.

14 | 정답 ② | 힌두교가 확산하면서 인도 사회에는 브라만 중심의 카스트제가 정착되어 갔다.

15 | 정답 ② | 힌두교는 창시자가 없으며 다양한 신을 숭배의 대상으로 삼는데, 그중에서 창조의 신 브라흐마, 유지의 신 비슈누, 파괴의 신 시바가 가장 주된 숭배의 대상이다.

16 | 정답 ④ | 마누는 인도에서 인류의 시조로 여겨지는 존재로, 『마누 법전』은 그가 신의 계시를 받아 만들었다고 전해진다. 고대 인도의 법률은 오늘날의 법률 개념보다 넓어 종교, 도덕, 관습을 포함하였고, 『마누 법전』은 지켜야 할 규범이자 종교 성전으로 존중받았다.

17 | 정답 ② | 힌두교는 불교의 부처뿐만 아니라 여러 토속 신앙의 신들도 힌두교의 신으로 받아들였는데, 이러한 토착적 성격 덕분에 백성들에게 쉽게 수용될 수 있었다. 또한 굽타 왕조의 왕들은 통치의 권위를 확보하고자 자신을 힌두교의 주요 신인 비슈누의 화신이라고 주장하며 힌두교를 적극 후원하였다.

오답 피하기

ㄴ. 힌두교가 확산될수록 브라만 중심의 카스트제는 인도 사회에 정착하였다.

ㄹ. 힌두 문화는 동남아시아 지역과의 교류 활성화로 인해 동남아시아 지역에 영향을 미쳤다.

18 | 정답 ⑤ | 산스크리트어는 인도의 고대어로 '순수한 언어'라는 의미이다. 문장 언어인 산스크리트어는 『마하바라타』 등의 서사시나 불교 경전 등에 많이 쓰였으며, 불교의 전파와 함께 주변 지역으로 전파되었다.

19 **예시 답안** 쿠샨 왕조는 동서 무역로의 중심을 차지하여 주변을 잇는 중계 무역으로 경제적 번영을 이루었다.

| 채점 기준 |

상	주변 지역을 잇는 중계 무역을 통해 경제적 번영을 이루었다고 서술한 경우
중	단순히 주변 지역과의 무역이나 교류를 통해 경제적 번영을 이루었다고만 서술한 경우
하	주변 지역과의 무역 또는 교류와 관련 없는 내용을 서술한 경우

20 **예시 답안** (가)는 고타마 싯다르타이고 불교를 창사하였다. 불교는 브라만교의 권위주의와 신분 차별에 반대하고, 생명에 대한 자비를 강조하였다.

| 채점 기준 |

상	(가)는 불교를 창시한 고타마 싯다르타라고 쓰고, 불교의 특징으로 신분 차별에 대한 반대와 자비의 강조 두 가지를 모두 서술한 경우
중	(가)는 불교를 창시한 고타마 싯다르타라고 쓰고, 불교의 특징으로 신분 차별에 대한 반대와 자비의 강조 중 한 가지만 서술한 경우
하	(가)는 불교를 창시한 고타마 싯다르타라고 썼으나, 불교의 특징을 서술하지 못한 경우

21 **예시 답안** 굽타 왕조 시기의 유산으로 인도 고유의 색채가 강하게 드러났다.

| 채점 기준 |

상	굽타 왕조 시기의 유산이고 인도 고유의 색채가 강하다는 특징을 모두 서술한 경우
중	굽타 왕조 시기의 유산이라고만 쓰거나 인도 고유의 색채가 강하다는 특징만 서술한 경우
하	고대 인도의 유산이라고만 서술한 경우

❷ 동아시아 문화의 형성과 확산

실력 확인 문제

58~61쪽

01 ③	02 ③	03 ③	04 ⑤
05 ④	06 과거제	07 ③	08 ③
09 ⑤	10 ②	11 책봉	12 ②
13 ③	14 ⑤	15 ①	16 ④
17 야마토	18 ③	19~20 해설 참조	

01 | 정답 ③ | (가)는 서진, (나)는 동진이다. 진(서진)은 위를 계승하여 중국을 통일하였지만, 곧 황실의 내분으로 혼란을 겪었다. 이때 북방의 유목 민족이 화북 지역에 내려와 여러 왕조를 세웠고, 화북 지역을 빼긴 진은 강남 지역으로 이주하여 동진을 세웠다.

오답 피하기

ㄱ. 화북 지역을 장악한 북방의 다섯 유목 민족이 세운 나라들이 흥망을 거듭하는 시기는 5호 16국 시대이다.
ㄹ. 5호 16국 시대를 끝내고 화북 지역을 통일한 북위는 한화 정책을 추진하여 북방 민족과 한족 간의 융합을 이루고자 하였다.

02 | 정답 ③ | 남조에서는 불교가 널리 성행하여 황제와 귀족을 비롯한 지배층이 불교를 믿었다.

오답 피하기

① 대운하는 수 양제 때 완공되었다.
② 안사의 난 이후 당의 상황이다.
④ 수 양제는 대규모 고구려 원정을 시도하였지만 실패하였다.
⑤ 당의 수도인 장안에는 네스토리우스교를 비롯하여 다양한 외래 종교의 사원이 세워졌다.

03 | 정답 ③ | 화북 지역을 장악한 북방의 다섯 유목 민족은 흉노, 선비, 저, 갈, 강이며 이 중에서 선비족이 세운 북위가 화북 지역을 통일하였다.

오답 피하기

② 돌궐은 6세기 무렵 몽골 고원을 중심으로 활약한 북방 유목 민족으로 당과 충돌하였다.
⑤ 소그드인은 조로아스터교를 믿었고, 6세기 이후 국제 상인으로서 크게 활동하였다.

04 | 정답 ⑤ | 제시된 자료는 북위 효문제가 시행한 한화 정책에 대한 내용이다. 선비족의 근거지였던 평성에서 남쪽의 뤄양으로 수도를 옮긴 효문제는 한족과의 갈등을 줄이고자 북방 민족인 선비족과 한족 간의 민족 융합 정책을 적극적으로 펼쳤다. 구체적으로 선비족의 언어와 복장 금지, 선비족에게 한족의 성씨 부여, 선비족과 한족의 결혼 장려 등이 있다. 이러한 한화 정책은 선비족의 반발을 사기도 하였으나, 선비족이 한족의 문화를 수용하는 데 큰 역할을 하였다.

05 | 정답 ④ | 노장사상은 도가에 속한 노자와 장자의 사상을 가리키는 말로 유교의 형식적 의례에 비판적이었다. 죽림칠현은 위진 시대에 유행한 노장사상을 대표하는 인물들로, 유교의 의례에 얽매이지 않고 관직에 진출하는 것을 꺼려하였다.

06 | 과거제 | 시험을 통해 관리를 선발하는 과거제는 수 문제 때 최초로 시행되었다. 이후 중국에서는 20세기 초까지 과거제가 꾸준히 시행되었다.

07 | 정답 ③ | 수의 제2대 황제인 양제는 남과 북을 수로로 잇는 대운하를 건설하였다. 그러나 토목 공사에 동원된 백성들의 불만이 커지고, 대규모 고구려 원정에 실패하면서 수는 점차 쇠퇴하였다. 결국 수는 각지에서 일어난 반란으로 38년 만에 멸망하였다.

오답 피하기

① 위를 계승한 진이 후한 이후 중국의 분열을 통일하였다.
④ 원강 석굴 불상은 북위 때 만들어졌다.

08 | 정답 ③ | 당의 제2대 황제인 태종은 당의 전성기를 이룬 군주로, 그가 통치했던 시기는 '정관의 치'라 불리며 중국 역사상 가장 번영했던 시기 중 하나로 손꼽힌다. 그는 안으로는 유능한 재상들의 보좌를 받으며 다양한 제도를 정비하였고, 밖으로는 돌궐을 제압하는 등 많은 업적을 이루었다.

09 | 정답 ⑤ | 당은 토지 제도인 균전제, 조세 제도인 조용조, 군사 제도인 부병제를 활용해 백성을 통치하였는데, 이 제도들은 수의 제도를 계승·발전시킨 것이다.

오답 피하기

ㄴ. 봉건제는 주에서 실시한 제도로 왕이 직할지를 직접 다스리고, 나머지 지역은 왕족이나 공신을 제후로 임명하여 다스리게 하는 제도였다. 진 시황제가 통일한 이후 군현제로 대체되었다.

10 | 정답 ② | 대운하의 완성으로 강남과 화북의 경제가 통합되었으나, 무리한 토목 공사와 침략 전쟁으로 백성들의 불만이 쌓여 일어난 반란으로 수가 멸망하였다. 안사의 난 이후 절도사가 난립하는 등 혼란에 빠진 당은 황소의 난으로 더욱 쇠퇴하다가 결국 절도사 세력에 의해 멸망하였다.

11 | 책봉 | 책봉은 왕이 제후에게 벼슬을 주고 영토의 지배를 인정해 주는 것이다. 처음에는 주의 왕과 제후들 사이에서, 한 대 이후에는 중국과 주변국 사이의 관계에서 이루어졌다. 주변국은 책봉을 통해 중국과 문화·경제적 교류할 수 있었다.

12 | 정답 ② | 당의 중앙 통치 제도인 3성 6부제는 주현제, 과거제, 균전제, 조용조, 부병제 등과 마찬가지로 수의 제도를 계승하여 정비한 것이다.

13 | 정답 ③ | 당은 주변 국가의 세력이 강할 경우에는 황제 또는 황족의 딸을 시집보내어 우호 관계를 맺는 일종의 혼인 정책을 펼치기도 하였다. 대표적으로 당 태종 때 토번 왕 송첸캄포와 결혼한 문성공주가 있다.

14 | 정답 ⑤ | 신라, 발해, 일본 등은 당에 사신이나 유학생을 파견하는 등 당의 제도, 문물을 수용하여 자국의 통치 체제를 정비하는 데 적극적으로 활용하였다. 반면 돌궐, 토번, 위구르 등은 경제적 이익을 얻지 못할 때에는 당과 전쟁을 벌이기도 하였다.

15 | 정답 ① | 당의 문화는 지배층인 귀족을 중심으로 발전하였다. 특히 문학 분야에서는 귀족적 성격을 지닌 시가 발전하였는데, 이백, 두보, 백거이 등이 대표적인 시인이다.

16 | 정답 ④ | 제시된 자료는 유교 경전인 『논어』가 쓰인 목간(일정한 모양으로 깎아 만든 나무 조각)이 한국, 중국, 일본 등 동아시아 지역에서 공통적으로 출토되고 있다는 내용이다. 이를 통해 동아시아 전역에서 유교가 확산하였고, 문자를 기록하기 위한 한자가 널리 쓰였음을 확인할 수 있다.

17 | 야마토 | 4세기에 등장한 야마토 정권은 점차 주변 지역으로 세력을 넓히면서 일본 최초로 통일 국가를 이루었으며, 중국과 한반도로부터 적극적으로 문화를 받아들였다.

18 | 정답 ③ | (가) 시기는 7세기 중엽의 다이카 개신이 일어난 시점부터 헤이조쿄(나라)로 수도를 옮긴 나라 시대까지이다. 당의 제도를 모방하여 추진된 개혁인 다이카 개신을 통해 중앙 집권 체제를 확립한 후, 7세기 말에는 '일본' 국호와 '천황'의 칭호가 사용되기 시작하였다. 나라 시대에는 당, 신라와의 교류가 활발하였고, 도다이사를 비롯하여 많은 사찰을 건립하는 등 불교가 융성하였다.

오답 피하기

ㄱ. 8세기 말 수도를 헤이안쿄로 옮긴 후 중국, 한국과의 교류가 줄어들면서 일본 고유의 문화인 국풍 문화가 발달하였다.
ㄹ. 3세기 무렵 일본 열도에서는 수많은 소국들이 모여 소국 연합체를 형성하였는데, 그 중심에는 야마타이국이 있었다.

19 **예시 답안** 다양한 외래 종교 사원이 장안성에 세워진 사실을 통해 당 문화의 국제성을 확인할 수 있다. 이와 같은 당 문화의 특징은 비단길과 바닷길을 통한 동서 교역이 활발히 이루어졌기 때문이다.

| 채점 기준 |

상	당의 문화적 특징과 문화적 특징의 등장 배경 두 가지를 모두 서술한 경우
중	당의 문화적 특징 또는 문화적 특징의 등장 배경 중 한 가지만 서술한 경우
하	당의 문화적 특징 또는 문화적 특징의 등장 배경과 관련 없는 내용을 서술한 경우

20 **예시 답안** 일본의 고유 문자인 '가나'로, '가나' 문자가 만들어진 나라 시대는 일본 고유의 문화인 국풍 문화가 발달하였다.

| 채점 기준 |

상	'가나'라고 문자의 명칭을 쓰고, 국풍 문화의 발달과 관련 있는 내용을 서술한 경우
중	'가나'라고 문자 명칭을 썼으나, 국풍 문화와 관련 없는 내용을 서술한 경우
하	'가나'라고 문자 명칭을 쓰지 못한 경우

3 이슬람 문화의 형성과 확산

실력 확인 문제 68~71쪽

01 ⑤	02 ④	03 쿠란	04 ②
05 ②	06 ⑤	07 ①	08 수니파
09 ②	10 ⑤	11 ③	12 ④
13 ②	14 ④	15 ④	16 모스크
17 ⑤	18 ②	19~21 해설 참조	

01 | 정답 ⑤ | 아라비아반도에 대한 설명이다. 6세기 이 지역에서는 비잔티움 제국과 사산 왕조 페르시아 간의 전쟁이 계속되면서 기존의 비단길을 통한 동서 교역이 어려워지고, 아라비아 사막을 가로지르는 육상 교역로가 활성화되었다. 이 과정에서 메카와 메디나가 성장하고, 교역로를 둘러싼 부족 간의 갈등이 심해지면서 사회 혼란이 가중하였다.

02 | 정답 ④ | 메카에서 이슬람교를 성립한 무함마드는 메카 귀족의 탄압을 피해 이주한 메디나에서 종교와 정치가 하나 된 이슬람 공동체를 성립시켰다. 그의 언행은 『하디스』로 전해져 모든 무슬림이 따라야 할 모범으로 여겨진다.

03 | 쿠란 | 이슬람교 최고의 경전인 『쿠란』은 크게 메카에서의 계시와 메디나에서의 계시로 나뉜다. 주로 신앙과 관련된 메카에서의 계시와 달리 메디나에서의 계시는 사회 문제에 대한 구체적인 해답을 다수 포함하고 있다.

04 | 정답 ② | 무슬림이라면 지켜야 할 의무인 5행 중 첫 번째인 신앙 고백은 알라를 유일신으로 믿고 무함마드를 신이 보낸 이임을 믿고 따르겠다는 다짐이다.

05 | 정답 ② | 하람은 좁게는 이슬람 율법에 따라 먹을 수 없는 음식을 가리키며, 넓게는 이슬람 율법에 의해 금지된 모든 것을 말한다. 반대로 할랄은 '허용된 것'이라는 의미로, 이슬람 율법에 의해 사용이나 행동이 허용된 것을 말한다.

06 | 정답 ⑤ | (가)는 무함마드의 후계자로서 이슬람 공동체를 이끄는 종교 지도자이자 정치적 통치자인 칼리프가 이슬람 공동체에 의해 선출되던 '정통 칼리프 시대'이다. 이 시기에 이슬람 공동체는 아라비아반도를 넘어 활발한 정복 활동을 펼쳐 비잔티움 제국을 물리치며 시리아와 이집트를 차지하고, 사산 왕조 페르시아를 멸망시켰다.

오답 피하기

ㄱ. 중앙아시아 지역에서 이슬람 세력이 당의 군대와 맞붙은 전투로, 아바스 왕조 시대의 일이다.
ㄴ. 비잔티움 제국은 1453년 이슬람 세력인 오스만 제국에 의해 멸망하였다.

07 | 정답 ① | 이슬람 세력은 기존의 기득권 세력을 통해 정복지를 통치하는 방식을 선택하여 정복지와의 갈등을 피하였다. 또한 이슬람의 우월성과 이슬람 국가의 지배를 인정하고 지즈야를 내는 조건으로 기존의 신앙을 인정하는 관용 정책을 펼치기도 하였다.

오답 피하기

ㄷ. 우마이야 왕조의 아랍인 중심 정책은 아랍인 지배층과 비아랍인 무슬림 간의 갈등을 키웠다.
ㄹ. 이슬람 세력은 정복지에서 비무슬림들이 소속된 종교 공동체의 자치권을 상당 부분 보장하였다.

08 | 수니파 | 이슬람의 양대 세력인 수니파와 시아파는 이슬람 공동체의 지도자 선출 문제를 둘러싼 정치적 갈등으로 갈라졌다. 무함마드의 혈통인 제4대 칼리프 알리만이 정당한 계승자라고 여긴 일부 세력이 기존의 공동체를 이탈하며 시아파를 형성하였고, 자격과 능력을 중시하는 기존 공동체의 주류 세력이 수니파가 되었다.

09 | 정답 ② | ㄱ. 헤지라는 메카 귀족들의 탄압을 피해 무함마드와 그의 추종자들이 메디나로 이주한 사건으로, 종교적·정치적 성격의 이슬람 공동체가 만들어진 계기이다. ㄴ. 메디나에서 세력을 키운 이슬람 공동체는 무함마드 생전에 메카를 점령하고 아라비아반도 대부분을 통합하며 세력을 키워 갔다. ㄹ. 무함마드가 사망한 후 무함마드의 후계자로서 이슬람 공동체를 이끌어 갈 칼리프를 선출하였다. ㄷ. 제 4대 칼리프가 암살되자, 이슬람 공동체의 지도자를 어떻게 뽑을 것인지를 두고 갈등이 충돌하면서 제4대 칼리프 알리를 따르는 세력이 기존의 공동체를 이탈하며 시아파를 형성하였다.

10 | 정답 ⑤ | 우마이야 왕조는 광대한 영토를 효율적으로 통치하기 위해 아랍인 중심 정책을 펼치며 중앙 집권을 추진하였다. 그러자 수적으로 다수인 비아랍인 무슬림의 불만이 커졌고, 이들을 중심으로 반란이 일어나 멸망하였다.

11 | 정답 ③ | 아바스 왕조의 수도인 바그다드는 당시 당의 장안, 비잔티움 제국의 콘스탄티노폴리스와 어깨를 견줄 대도시로 동서양의 다양한 문물이 유입되는 세계적인 도시였다.

오답 피하기

① 메카는 이슬람교 최고의 성지이다. 무슬림은 메카 방향을 향해 예배를 올리고, 평생에 한 번 메카를 방문하여야 한다.
② 메디나는 무함마드가 메카 귀족들의 박해를 피해 이주하여 종교적·정치적 성격의 이슬람 공동체를 만들어낸 곳이다.
④ 예루살렘은 무함마드가 천사와 함께 하늘로 올랐다는 전승이 전해지는 곳으로 이슬람교에서도 주요 성지 중 하나로 여겨진다.
⑤ 다마스쿠스는 시리아 지역의 중심지로 우마이야 왕조의 수도였다.

12 | 정답 ④ | 비아랍인 무슬림을 중심으로 일어난 반란으로 우마이야 왕조가 무너지고 아바스 왕조가 들어섰다. 아바스

왕조는 아랍인과 비아랍인 간의 융합을 추구하여 페르시아 지역에 새 수도인 바그다드를 세우고, 비아랍인에게도 개방적인 태도를 보였다.

오답 피하기

①, ② 무함마드 시대의 사실이다.
③ 무함마드 사후인 정통 칼리프 시대의 사실이다.
⑤ 6세기 비잔티움 제국과 사산 왕조 페르시아의 전쟁이 지속되면서 육상 교역로가 활성화되었다.

13 | 정답 ② | 아바스 왕조와 당의 군대가 충돌한 탈라스 전투로 이슬람 세계에 중국의 제지술이 전해졌고, 이슬람교가 중앙아시아에서 지배적인 종교로 자리 잡게 되었다.

오답 피하기

ㄴ. 11세기에 셀주크 튀르크가 바그다드를 점령한 이후의 상황이다.
ㄹ. 7세기 우마이야 왕조 설립 이전의 상황이다.

14 | 정답 ④ | 11세기에 바그다드를 점령한 셀주크 튀르크는 아바스 왕조 칼리프에게 '술탄(이슬람 세계의 군주)'의 지위를 부여받았다. 이로써 아바스 왕조의 칼리프는 종교적 권위만 이어가게 되었고, 13세기 몽골의 침략을 받고 마침내 멸망하였다.

15 | 정답 ④ | 무슬림에게는 이슬람 율법에 따라 먹을 수 없는 식품인 하람이 정해져 있으며, 대표적으로 돼지고기가 있다.

16 | 모스크 | 모스크의 원형은 메디나에 있던 무함마드의 집으로 알려져 있다. 예배 공간인 모스크는 이슬람교의 성지인 메카를 향하도록 지어졌다.

17 | 정답 ⑤ | 아라베스크 문양은 우상 숭배를 철저히 금지하는 이슬람 교리로 나타난 식물과 자연 현상을 아랍어 서체와 결합한 기하학적 문양으로 이슬람 세계의 문화 양식 중 하나이다.

18 | 정답 ② | ㄱ. 이슬람 세계에서는 국가 차원에서 고대 그리스의 철학과 과학 분야의 서적들을 아랍어로 번역하였다.
ㄹ. 이슬람 세계에서는 정복지가 넓어지면서 아랍어를 이해하지 못하는 무슬림이 늘어나 이들을 대상으로 종교 교육을 하기 위한 세밀화가 발전하였다.

19 **예시 답안** 우상 숭배를 비판하고 유일신인 알라에게 복종할 것과 모든 인간이 신 앞에서 평등함을 주장하였다.

| 채점 기준 |

상	유일신 사상과 신 앞의 인간 평등 두 가지를 모두 서술한 경우
중	유일신 사상과 신 앞의 인간 평등 중 한 가지만 서술한 경우
하	유일신 사상과 신 앞의 인간 평등과는 관련 없는 내용을 서술한 경우

20 **예시 답안** 이슬람의 우월성과 이슬람 국가의 지배를 인정하고 지즈야를 내면 됩니다.

| 채점 기준 |

상	이슬람 우월성 인정과 지즈야 납부 두 가지를 모두 서술한 경우
중	이슬람 우월성 인정과 지즈야 납부 중 한 가지만 서술한 경우
하	이슬람 우월성 인정과 지즈야 납부와는 관련 없는 내용을 서술한 경우

21 **예시 답안** (가)는 아라베스크 문양이다. 우상 숭배를 철저히 금지한 이슬람교 교리의 영향으로 등장하였다.

| 채점 기준 |

상	(가)의 명칭을 옳게 쓰고, 우상 숭배 금지의 내용을 서술한 경우
중	(가)의 명칭만 옳게 쓰거나, 우상 숭배 금지의 내용만을 서술한 경우
하	(가)의 명칭을 쓰지 못하고, 우상 숭배 금지와 관련 없는 내용을 서술한 경우

❹ 크리스트교 문화의 형성과 확산

실력 확인 문제 78~81쪽

01 프랑크	02 ④	03 ⑤	04 ①
05 ①	06 스콜라	07 ④	08 ②
09 ⑤	10 ⑤	11 길드	12 ②
13 ⑤	14 ④	15 ③	16 ③
17 ④	18 ②	19~21 해설 참조	

01 | 프랑크 | 프랑크 왕국은 5세기 말에 로마 가톨릭으로 개종하여 옛 로마 지역에 살던 사람들과의 종교적 갈등을 피할 수 있었고, 로마 교회의 지지를 확보하여 여러 게르만족 국가들 중에서 가장 오랫동안 왕국을 유지하였다.

02 | 정답 ④ | 로마의 교황은 비잔티움 제국 황제의 간섭에서 벗어나고자 하였다. 특히 비잔티움 제국 황제가 실시한 성상 숭배 금지령은 황제와 교황 간의 갈등을 키웠고, 결국 1054년에 동서 교회가 분열하였다.

03 | 정답 ⑤ | 자료는 중세 서유럽 봉건제의 구조를 정리한 것이다. 봉건제는 9세기 말 이민족의 침입으로 인해 사회가 혼란해진 상황에서 형성되었다. 이민족의 침략에 맞서 각 지역에서 힘을 가진 세력이 스스로 외적의 침입에 대비하며 지역을 실질적으로 지배하게 되었고, 이들이 힘의 우열에 따라 주군과 봉신의 주종 관계를 맺으면서 지방 분권화된 봉건제가 서유럽 사회에 확산되었다.

04 | 정답 ① | (가)는 영주, (나)는 농노이다. 봉토는 봉신이 주군에 대한 충성의 대가로 받은 토지로, 한 개 또는 여러 장원으로 구성되었다. 봉신은 영주로서 주군의 간섭 없이 독자적으로 장원을 지배할 수 있었는데, 이를 통해 봉건제가 지방 분권적인 성격을 가지고 있음을 확인할 수 있다.

오답 피하기

ㄷ. 농노는 영주의 토지에 묶여 있는 존재로, 영주의 허락 없이는 장원을 떠날 수 없었다.

ㄹ. 주군과 봉신의 주종 관계는 서로 간에 의무를 수행할 것을 맹세한 계약 관계로 한쪽에서 의무를 수행하지 않을 경우 계약의 파기가 가능하였다. 한편 영주와 농노는 지배와 피지배 관계로, 농노는 영주의 토지를 경작하고 영주에게 세금과 노동력을 바쳐야 했다.

05 | 정답 ① | 로마 가톨릭 교회의 세력이 커지면서 성직자의 결혼, 성직 매매 등의 문제가 심해졌다. 또한 교회가 세속 권력의 보호를 받으면서 세속 권력이 성직을 임명하는 경우도 많아졌다. 클뤼니 수도원은 이러한 교회의 세속화에 반대하며 세속 권력의 지배로부터 교회가 벗어나야 함을 주장하였다.

06 | 스콜라 | 신앙과 이성의 조화를 강조하는 스콜라 철학은 십자군 전쟁 이후 본격적으로 전해진 아리스토텔레스 철학의 영향을 받았다. 대표적인 학자로는 『신학대전』을 편찬한 토마스 아퀴나스가 있다.

07 | 정답 ④ | 콘스탄티노폴리스가 수도이며, 이탈리아반도와 북아프리카 연안을 차지하여 지중해 대부분을 장악하고 있다는 사실을 통해 지도에 표시된 영역이 비잔티움 제국의 전성기인 6세기 초 유스티니아누스 황제 때 지도임을 알 수 있다.

08 | 정답 ② | 유스티니아누스 황제 때 세워진 성 소피아 대성당은 비잔티움 양식을 대표하는 건축물이다. 사진에서 확인할 수 있는 높고 뾰족한 탑은 오스만 제국이 비잔티움 제국을 점령한 후 세운 것이다.

오답 피하기

① 그리스 아테네의 파르테논 신전
③ 프랑스의 샤르트르 대성당
④ 사우디아라비아 메카의 카바 성전
⑤ 인도의 산치 대탑

09 | 정답 ⑤ | 비잔티움 제국에서는 그리스·로마 고전 연구가 활발하게 이루어져 이후 이탈리아 르네상스 발전에 영향을 주었다. 또한 비잔티움 문화는 유럽 동북부 지역에 살던 슬라브족에게 전해져 오늘날 러시아와 동유럽 문화 발전에 큰 영향을 주었다.

오답 피하기

ㄱ. 비잔티움 제국에서는 교황권과 황제권이 분리된 서유럽 세계와 달리 세속의 황제가 교회의 수장보다 더 높은 권위를 갖는 황제 교황주의가 발전하였다.

ㄴ. 비잔티움 제국에서는 그리스어가 공용어로 사용되었다.

10 | 정답 ⑤ | ㄷ. 한자는 독일어로 조합·동료라는 뜻으로 13세기 북유럽의 도시 동맹을 말한다. 한자 동맹은 발트해와 북해 연안의 무역을 독점하였다. ㄹ. 북유럽 교역권과 지중해 무역권이 발전하면서 프랑스 상파뉴 지방에는 정기 시장이 개설되어 두 무역권을 연결하였다.

오답 피하기

ㄱ. (가)는 지중해 교역권이다. 십자군 전쟁을 계기로 동방과의 교역이 활발해지면서 베네치아, 피렌체 등 이탈리아 북부 도시가 이를 주도하였다.

ㄴ. 지중해 교역권은 지중해를 통해 동방과 교역하는 원거리 무역을 중심으로 발전하였다.

11 | 길드 | 길드는 공동의 이익과 안전 보장을 위해 만든 동업 조합으로, 상인 길드가 처음 조직된 뒤에 수공업자들이 따로 수공업 길드를 조직하였다.

12 | 정답 ② | 모스크는 이슬람교의 사원을 이르는 말이다.

13 | 정답 ⑤ | 제시된 작품은 중세 서유럽 사회의 지배층인 성직자나 기사도 여지없이 해골에게 끌려가는 모습을 통해 흑사병이 중세 사회의 모든 계층을 강타하였음을 보여 주고 있다. 흑사병으로 당시 유럽 인구의 3분의 1 정도가 사망하였다. 이로 인해 노동력이 부족해지자 지방 세력가들은 농민의 처우를 개선해 주었고, 그 결과 농노의 신분에서 벗어나는 경우가 많아지면서 농민의 지위가 상승하였다.

오답 피하기

② 종교 개혁은 16세기 초 루터가 면벌부의 판매를 비판한 「95개조 반박문」을 발표하며 시작되었다.
③ 비잔티움 제국은 1453년에 이슬람 세력인 오스만 제국의 공격을 받아 멸망하였다.

14 | 정답 ④ | 십자군 전쟁의 실패로 교황과 지방 세력가의 힘이 약화되자, 점차 국왕을 중심으로 한 중앙 집권 체제가 확립되었다. 단, 독일과 이탈리아의 경우 지방 세력에 의한 분열이 지속되었다.

15 | 정답 ③ | 에스파냐의 대표적인 문학가인 세르반테스에 대한 설명이다.

16 | 정답 ③ | 신학자인 에라스뮈스에 대한 설명으로, 그의 활동은 종교 개혁에 큰 영향을 주었다.

17 | 정답 ④ | 종교 개혁을 이끈 루터와 칼뱅의 주장은 성서를 토대로 한 신앙 생활을 강조하고 기존 로마 가톨릭 교회와의 결별을 추구하였다는 공통점이 있다.

18 | 정답 ② | 면벌부의 판매를 비판한 「95개조 반박문」 발표로 시작된 종교 개혁은 구교와 신교 세력 간의 전쟁으로 이어졌다. 그 결과 아우크스부르크 화의에서 루터파가 공식적으로 인정받았으며, 낭트 칙령으로 프랑스의 제한된 지역에서 신교도에게 예배의 자유가 주어졌다. 30년 전쟁 이후 베스트팔렌 조약이 체결됨으로써 칼뱅파도 공식적으로 인정받았다.

19 예시 답안 카노사의 굴욕 사건은 성직자를 임명할 수 있는 권리를 둘러싼 교황과 황제의 갈등으로 인해 벌어졌다.

| 채점 기준 |

상	사건의 명칭과 원인을 모두 바르게 서술한 경우
중	사건의 명칭과 원인 중 하나만 바르게 서술한 경우
하	사건의 명칭을 쓰지 못하고, 사건의 원인과 관련 없는 내용을 서술한 경우

20 예시 답안 '이 싸움'은 십자군 전쟁이고, 셀주크 튀르크가 예루살렘을 점령하고 비잔티움 제국을 위협하자 교황이 성지 회복을 주장하며 시작되었다.

| 채점 기준 |

상	'이 싸움'의 명칭과 주장의 배경을 옳게 서술한 경우
중	'이 싸움'의 명칭만 옳게 쓴 경우
하	'이 싸움'의 명칭을 쓰지 못하고, 십자군 전쟁의 배경과 관련 없는 내용을 서술한 경우

21 예시 답안 수장법은 이혼 문제를 둘러싼 교황과의 갈등으로 인해 발표한 것으로, 국왕이 영국 교회의 수장임을 선포한 것입니다.

| 채점 기준 |

상	수장법 발표의 배경과 수장법의 주요 내용을 모두 서술한 경우
중	수장법 발표의 배경과 수장법의 주요 내용 중 한 가지만 서술한 경우
하	수장법과 관련 없는 내용을 서술한 경우

대단원 마무리 문제

83~85쪽

01 ①	02 ②	03 ③	04 ③	05 ②
06 ③	07 ⑤	08 ⑤	09 ③	10 ②
11 ①	12~14 해설 참조			

01 | 정답 ① | 마우리아 왕조의 전성기를 이끌었던 아소카왕에 대한 설명이다. 불교의 가르침에 따라 인도를 다스릴 것을 선언한 아소카왕은 인도 전역과 실론에 포교단을 보내 상좌부 불교 전파에 큰 역할을 하였다.

02 **| 정답 ② |** 제시된 자료는 인도 고전 문화가 융성한 굽타 왕조 시대를 대표하는 작품으로, 인체의 윤곽을 그대로 드러내어 인도 고유의 색채를 보여 준다. 굽타 왕조 시대는 브라만교를 중심으로 민간 신앙과 불교 등이 융합된 힌두교가 성립하였고, 굽타 왕조의 왕들은 자신을 힌두교의 주요 신인 비슈누의 화신이라 주장하며 왕권을 정당화하였다.

오답 피하기

ㄴ. 간다라 지방을 중심으로 정복 활동에 나선 것은 쿠샨 왕조 때이다.
ㄷ. 개인의 해탈을 강조하는 상좌부 불교는 아소카왕의 지원에 힘입어 마우리아 왕조 시대에 발전하였다.

03 **| 정답 ③ |** 제시문은 쿠샨 왕조 시대에 간다라 지방을 중심으로 발달한 간다라 미술에 대한 설명이다. 간다라 미술은 당시 유행하던 대승 불교와 함께 중앙아시아를 거쳐 동아시아 지역까지 확산되었다.

04 **| 정답 ③ |** 세속을 떠나 은둔하면서 형식적 예절을 비판했던 죽림칠현은 위진 시대에 유행한 노장 사상을 대표하는 인물들이다. 위진 시대에는 기존의 통치 질서가 무너지면서 한 대 이래로 통치 이념으로 자리 잡은 유교에 대한 반발이 일어났고, 그 영향으로 지배층 사이에 노장사상이 널리 퍼졌다. ㄴ. 이 시기에 화북 지역에서는 5호라 불리는 북방 유목 민족이 세력을 확장하여 여러 나라를 세웠다. ㄷ. 이 시기 황제들은 거대한 석굴 사원을 세우는 등 불교를 동원해 자신의 권위를 강화하고자 하였다.

오답 피하기

ㄱ. 당 후반기 상황이다.
ㄹ. 당 태종에 대한 설명이다.

05 **| 정답 ② |** 균전제, 조용조, 부병제를 기반으로 백성을 지배하던 당의 통치 체제는 8세기 중반 이후 점차 운영의 문제점이 불거지기 시작하였고, 안녹산과 사사명이 일으킨 반란을 계기로 완전히 붕괴되었다. 그 결과 당 후반기에는 장원제를 바탕으로 양세법과 모병제가 시행되었다.

오답 피하기

① 수 양제와 관련된 설명으로, 수의 멸망 원인 중 하나이다.
④ 왕망의 신 왕조를 기준으로 전한과 후한을 구분한다.
⑤ 대운하 공사는 수 양제 때 마무리된다.

06 **| 정답 ③ |** 빈공과, 당삼채, 외래 종교의 유입 등은 당 문화의 국제적인 특징을 보여 주는 대표적인 사례이다. 빈공과는 외국인을 대상으로 하는 과거 시험이다. 당삼채는 당 시대에 만들어진 대표적인 도자기로 낙타나 서역인의 형상 등 이국적인 소재가 많이 제작되었다. 또한 당 시대에는 조로아스터교, 네스토리우스교(경교), 마니교 등의 외래 종교가 많이 유입되었는데, 이는 당의 수도인 장안성에 세워진 종교 시설의 분포도를 통해 확인할 수 있다.

오답 피하기

①, ②, ④ 유교와 도교는 대표적인 중국의 전통 사상이다.

07 **| 정답 ⑤ |** 아랍어로 기록된 『쿠란』은 원칙적으로 번역이 금지되었기에, 이슬람교가 교세를 확장할수록 아랍어를 사용하는 지역과 인구 또한 계속 증가하였다. 그 결과 아바스 왕조 시대에는 아랍어를 쓰고 이슬람교를 믿으며, 스스로 아랍인이라 생각하는 문화적 개념의 아랍인 또한 보편화되어 하나의 이슬람 문화권이 형성되었다.

08 **| 정답 ⑤ |** 제시문은 정통 칼리프 시대가 끝나고 우마이야 왕조가 출현할 당시의 상황을 설명하고 있다. 제4대 칼리프인 알리가 암살된 후, 칼리프의 자리를 두고 이슬람 공동체 내부에서 갈등이 벌어졌다. 무함마드의 혈통인 알리만이 무함마드의 정당한 계승자라고 여긴 일부 세력은 우마이야 가문의 무아위야가 칼리프의 자리에 오른 것을 인정하지 않고 기존의 공동체에서 이탈하였는데, 이들을 시아파라 한다. 한편 기존 공동체에 남은 주류 세력이 수니파를 형성하면서 이슬람 세력은 분열하였다.

09 **| 정답 ③ |** 카노사의 굴욕에 대한 자료이다. 교황 그레고리우스 7세와 신성 로마 제국의 황제 하인리히 4세는 성직자 임명권을 둘러싸고 대립하였다. 갈등 중에 하인리히 4세가 교황의 폐위를 선언하자, 그레고리우스 7세는 이에 대응하여 황제의 파문을 선언하였다. 파문을 당한 이후 하인리히 4세는 제후들로부터 지지를 받지 못하게 되자, 당시 교황이 머무르고 있던 카노사성에 찾아가 직접 용서를 빌었다. 그림은 교황을 만나게 해 줄 것을 카노사의 성주인 마틸다와 클뤼니 수도원장인 후고에게 교황과의 만남을 요청하는 하인리히 4세를 묘사한 것이고, 글은 당시 상황을 그레고리우스 7세가 회고한 것이다.

오답 피하기

① 다수의 게르만족 왕국 중에서 프랑크 왕국이 가장 오랫동안 왕국을 유지할 수 있었던 배경에 대한 설명이다.
② 동서 교회의 대립이 심해지게 된 배경이다.
④ 크리스트교 국교화에 대한 설명으로 로마 제국 시기의 사건이다.

자료 분석하기

마침내 하인리히 4세가 두어 명의 수행원만 거느리고 내가 머물고 있던 카노사에 찾아왔소. 그는 적대적이거나 오만한 기색이 전혀 없이 성문 앞에서 사흘 동안 빌었다오.

→ 성직자 임명권을 둘러싼 교황과 황제 간의 대립에서 우선은 교황이 승리를 거두었음을 확인할 수 있다. 이후에도 성직자 임명권을 둘러싼 대립이 이어지다가 1122년에 맺어진 보름스 협약을 통해 종결되었다.

10 **| 정답 ② |** 제시된 지도는 십자군 원정의 전개 과정을 나타낸 것이다. 십자군 원정은 원래 목표로 했던 성지의 탈환에는 실패하지만, 이후 유럽 사회에 큰 변화를 가져왔다. 교황과 지방 세력가의 힘이 약화되면서 왕권이 강해졌고, 동방과의 교역이 활발해지면서 교역을 주도한 이탈리아 북부 도시들이 성장하였다.

오답 피하기

ㄴ. 대서양 무역이 활성화되는 것은 신항로 개척 이후의 일이다.
ㄷ. 한자 동맹이 주도한 북유럽 무역권은 발트해와 북해 연안 지역의 무역을 기반으로 성장하였다.

11 **| 정답 ① |** 제시된 지도는 종교 개혁 이후 로마 가톨릭 교회에서 이탈한 신교 세력이 확산되는 양상을 나타낸 것으로, (가)는 루터파, (나)는 칼뱅파이다. 루터파와 칼뱅파 등 신교 세력은 기존 교회의 타락과 부패를 비판하며 등장하였다.

12 **예시 답안** 대운하의 완공으로 경제적으로는 화북과 강남 간의 물자 유통이 활발해지고 강남 개발이 촉진되었다. 한편 대운하 건설 과정에서 무리한 토목 공사에 동원된 농민의 반발로 수가 멸망하는 원인이 되기도 하였다.

| 채점 기준 |

상	대운하 완공의 긍정적·부정적 영향을 모두 서술한 경우
중	대운하 완공의 긍정적·부정적 영향 중 한 가지만 서술한 경우
하	대운하 완공과 무관한 내용을 서술한 경우

13 **예시 답안** 고대 그리스 철학과 과학 연구의 성과가 유럽에 전달되어 중세 유럽 학문이 발전하였고, 아랍어를 매개로 한 국제적 규모의 학문 발전이 이루어졌다.

| 채점 기준 |

상	중세 유럽에 끼친 영향과 국제적 규모의 학문 발전 두 가지를 모두 서술한 경우
중	중세 유럽에 끼친 영향과 국제적 규모의 학문 발전 중 한 가지만 서술한 경우
하	중세 유럽에 끼친 영향과 국제적 규모의 학문 발전에 대한 내용을 서술하지 못한 경우

14 **예시 답안** (가)에 들어갈 말은 '주종'이다. 주종 관계는 농노가 영주의 영지에 예속되어 지배받는 장원제와는 달리 어느 한쪽이 의무를 지키지 않으면 깨지는 쌍무적 계약 관계를 특징으로 하였다.

| 채점 기준 |

상	(가)의 명칭과 주종 관계의 특징을 모두 서술한 경우
중	(가)의 명칭과 주종 관계의 특징 중 한 가지만 서술한 경우
하	(가)의 명칭과 주종 관계의 특징을 모두 서술하지 못한 경우

핵심 수행 평가 예시 답안

86~87쪽

01 문화권 소개 글쓰기

1 예시 답안

소개할 문화권		이슬람 문화권
소개받을 문화권		크리스트교 문화권
소개할 내용	특징	유일신 신앙, 우상 숭배 금지
	주요 인물	무함마드
	주요 사건	헤지라, 십자군 전쟁
	주요 유적 유물	술탄 아흐메트 모스크
	기타	할랄 음식

2 예시 답안 이슬람교를 믿는 사람들에게는 다섯 가지의 의무가 있으며, 그중 첫 번째가 바로 '알라 외에 다른 신은 없고, 무함마드는 알라의 사도이다.'라는 신앙을 고백하는 것입니다. 이슬람교는 크리스트교와 마찬가지로 유일신을 믿는 일신교라는 특징을 갖고 있습니다. 크리스트교와 공유하는 내용이 참 많은데, 크리스트교에서 구세주로 여기는 예수를 이슬람교에서도 예언자이자 선지자로 여기고 존경합니다. 다만 크리스트교에서처럼 예수를 신성시하지는 않고, 마지막 예언자인 무함마드를 통해 신의 계시가 마침내 완성되었다고 생각하는 등의 차이가 있습니다. 이슬람의 역사에서 가장 중요한 사건은 무함마드가 메디나로 이주한 '헤지라'라고 생각합니다. 이 사건을 통해 메디나에서 드디어 이슬람교를 중심으로 한 공동체가 만들어졌다고 보고, 이슬람 달력은 이때를 기준으로 연도를 세고 있기 때문입니다. 십자군 전쟁의 경우 크리스트교 문화권에서 보기에는 성지인 예루살렘을 탈환하기 위한 싸움이었겠지만, 그곳에 살고 있던 무슬림들 입장에서는 당황스러운 일이었습니다. 왜냐하면 예루살렘은 메카, 메디나에 이어서 이슬람교의 3대 성지로 꼽히는 곳이기 때문입니다.

02 역사적 인물 SNS 만들기

1 예시 답안

2 예시 답안
#불교 #부처 #불교 통치
#잊지 말자 칼링가 전투 #반성 또 반성
#돌기둥 #사자 수레바퀴 나의 상징
이제부터 불교의 가르침에 따라 인도를 다스리기로 다짐한다. 이 다짐을 꾹꾹 새긴 돌기둥을 전국에 세울 것이다. 모두 이 돌기둥을 보며 부처님의 말씀을 되새겨 봅시다.

Ⅲ 지역 세계의 교류와 변화

1 몽골 제국과 문화 교류

실력 확인 문제

98~101쪽

01 문치주의	02 ①	03 ①	04 ⑤
05 ④	06 시박사	07 ①	08 ①
09 ③	10 ①	11 ④	12 ⑤
13 수시력	14 ②	15 ①	16 ⑤
17 ③	18~19 해설 참조		

01 | 문치주의 | 당 말의 혼란이 절도사들 때문이라고 생각했던 송 태조는 문관을 우대하는 문치주의를 실시하여 절도사의 권한을 약화시키고 황제의 권력을 강화하였다.

02 | 정답 ① | 여진족의 아구타가 세운 금은 북송의 수도를 점령하고 화북 지역을 통치하였다. 이후 금은 몽골과 남송의 협공으로 멸망하였다.

오답 피하기

② 5대 10국 시대를 통일한 것은 송 태조(조광윤)이다.
③ 탕구트족이 세운 나라는 서하이다.
④ 몽골의 바투 원정대는 러시아와 동부 유럽까지 진출했다.
⑤ 3성 6부 체제는 당나라 때 완성된 중앙 행정 체제이다.

03 | 정답 ① | 거란족의 야율아보기가 세운 요나라는 만리장성 이남의 연운 16주를 차지하여 송과 대립하였고, 이후 송으로부터 물자를 받았다. 또한 요는 발해를 공격하여 멸망시켰으며, 고구려를 세 차례에 걸쳐 침입하기도 하였다. 한편 자신들의 문화를 지키기 위해 거란 문자를 제작하여 사용하기도 하였다.

04 | 정답 ⑤ | 카이펑을 수도로 삼고, 「청명상하도」의 배경이 되는 나라는 송이다. 송대에는 창장강 하류 지역이 벼농사의 중심지가 되었다.

05 | 정답 ④ | 제시된 자료에서 북방 민족이 비단길과 초원길을 장악하였다는 점으로 보아 송대의 상황임을 추론할 수 있다. 송대에는 해상 무역을 담당하는 관청인 시박사가 수입 물품에 세금을 징수하였다.

06 | 시박사 | 당나라 때 대외 무역 관련 사무를 담당했던 시박사는 광저우에만 설치되었다. 하지만 송대 이후부터는 취안저우, 항저우 등 여러 지역에 설치되어 수속 검사, 세금 징수 등의 역할을 담당하였다.

07 | 정답 ① | 세계에서 가장 넓은 영토를 기병을 중심으로 운영했던 국가는 몽골 제국이다. 칭기즈 칸의 정복 활동에 이어 후손들은 금과 아바스 왕조를 멸망시키고 동부 유럽 일대까지 영역을 확대하였다. 몽골 제국은 여러 울루스들의 연합체로 이루어져 있었다. 이 시기의 최하 계급은 남인이라 불렸던 남송 출신의 한인들이었다. 몽골은 고려와 연합하여 두 차례의 일본 원정을 추진하였으나 실패하였다.

자료 분석하기

이 제국의 군대는 보급부대가 따로 없는 전원 기병이었다. 기병 한 사람이 말을 4~5마리씩 몰고 다니면서 짐을 나르는 데뿐 아니라 비상식량이나 물통을 운반하는 데 활용하였다. 뛰어난 기동성을 바탕으로 이 제국의 군대는 역사상 세계에서 가장 넓은 제국을 건설하였다.
(기병 → 말을 타고 활약하는 병사)
(역사상 세계에서 가장 넓은 제국 → 몽골 제국)

08 | 정답 ① | 몽골 제국의 제5대 칸은 쿠빌라이 칸이다. 쿠빌라이는 국호를 원으로 고치고, 수도를 대도(베이징)로 천도하였다. 몽골 제일주의 원칙에 따라 몽골인을 주요 요직에, 색목인을 행정 실무를 담당하는 자리에 앉히며 우대하였다. 또한 그는 중통, 지원이라는 연호를 사용하였다. ① 칭기즈 칸은 서하와 금을 정벌하였다.

09 | 정답 ③ | 몽골 제국의 쿠빌라이 칸은 국호를 원으로 고치고 남송 일대를 정복하였다. 이는 북방 민족이 중국을 통일한 최초의 사례이다.

10 | 정답 ① | 원대에는 몽골인 제일주의의 원칙에 따라 최고 계층은 몽골인이었다. 두 번째 계층은 색목인으로 위구르, 페르시아 등 서역 출신이었으며, 이들은 주로 국가의 행정 실무를 전담하였다. 세 번째 계층은 한인으로 화북인, 고려인, 거란인, 여진인들이고, 최하층은 남인으로 남송의 지배하에 있던 사람들이었다.

11 | 정답 ④ | 몽골 제국의 쇠퇴 원인으로는 황실 내의 분열과 갈등, 티베트 불교(라마교)에 대한 황실의 과도한 지원, 교초의 남발로 인한 경제 위기 등이 있다.

오답 피하기

① 고구려 원정을 단행하였던 국가는 수와 당이다.
② 지방에서 절도사가 난립하며 쇠퇴하였던 국가는 당이다.

③ 펠로폰네소스 전쟁에서 아테네가 스파르타에 패배하였다.
⑤ 만리장성 등의 대규모 토목 공사를 실시하였던 국가는 진이다.

12 | 정답 ⑤ | 14세기 중엽 제작되었으며, 서아시아에서 유행한 코발트가 중국에 수입되면서 새롭게 등장한 도자기라는 점에서 동서 문물 교류가 활발했던 원대임을 추론할 수 있다. 원대에는 곽수경이 수시력을 제작하였다. 또한, 종교에 대해 비교적 관대하여 다양한 사원이 수도에 있었다.

13 | 수시력 | 원대의 학자 곽수경이 쿠빌라이 칸 때 이슬람 역법을 참조하여 수시력을 제작하였다.

14 | 정답 ② | 쿠빌라이 칸을 만났던 베네치아 출신의 상인은 마르코 폴로이다. 그는 쿠빌라이 칸의 궁정에서 관리로 일한 후 귀국하여 자신이 겪었던 일을 구술하였는데, 이것이 『동방견문록』으로 편찬되었다.

15 | 정답 ① | 라시드웃딘은 중국, 아랍, 튀르크, 페르시아 등 몽골 제국 안 다양한 민족의 역사를 정리해 『집사』를 저술하였다.

16 | 정답 ⑤ | 송과 원 시기에 중국의 화약, 나침반, 인쇄술 등이 유럽으로 전파되었다. 또한 이슬람의 천문학, 수학, 역법, 의학 등이 중국으로 들어오면서 동서 문물 교류가 활발하게 이루어졌다.

오답 피하기

ㄱ. 종이 제작 기술은 당과 아바스 왕조 간의 탈라스 전투(751)에서 전달되었다.
ㄴ. 율령 체제는 당대 한반도와 일본 등 동아시아 국가들로 전파되었다.

17 | 정답 ③ | 몽골 제국 시기 이탈리아 선교사 카르피니는 교황의 사절로 몽골에 다녀왔다. 모로코 출신의 이븐 바투타는 아시아, 아프리카, 유럽에 다녀온 여행 경험을 『여행기』에 기록하였다.

18 **예시 답안** 송대에는 북방 민족이 기존 교역로인 비단길과 초원길을 장악하였으며, 조선술과 항해술, 나침반, 지도 제작 기술이 발달하여 해상 교역이 활발하게 이루어졌다.

| 채점 기준 |

상	송대에 북방 민족의 기존 교역로 장악과 다양한 기술의 발달로 해상 교역이 활발하게 이루어졌다는 내용을 모두 서술한 경우
중	송대에 북방 민족의 기존 교역로 장악과 다양한 기술의 발달로 해상 교역이 활발하게 이루어졌다는 내용 중 한 가지만 서술한 경우
하	지도에 나타난 시기를 송대라고만 서술한 경우

19 **예시 답안** (가)는 역참이고, 이를 통해 관리의 파견과 물자 수송이 체계적으로 이루어졌으며 지방에 대한 통치력을 강화할 수 있었다. 또한 국가가 이를 안전하게 관리하면서 상업 활동이 활성화될 수 있었다.

| 채점 기준 |

상	역참이라 쓰고, 관리 파견과 물자 수송을 통한 지방 통치력 강화, 상업 활동 활성화의 내용을 모두 서술한 경우
중	역참이라 쓰고, 관리 파견과 물자 수송을 통한 지방 통치력 강화, 상업 활동 활성화의 내용 중 한 가지만 제대로 서술한 경우
하	역참이라 쓰지 못하고, 관리 파견과 물자 수송을 통한 지방 통치력 강화, 상업 활동 활성화의 내용을 제대로 제시하지 못한 경우

2 동아시아 지역 질서의 변화

실력 확인 문제 108~111쪽

01 ③	02 이갑제	03 ⑤	04 ②
05 ④	06 ③	07 ③	08 ④
09 ③	10 팔기	11 ⑤	12 ⑤
13 ②	14 ⑤	15 ④	16 ①
17~19 해설 참조			

01 | 정답 ③ | (가)는 명 태조 주원장(홍무제)이다. 그는 명을 건국하고 난징을 수도로 정하였으며, 재상을 없애고 6부를 직접 장악하면서 황제 독재 체제를 강화하였다. 또한, 원 통치 기간 동안 흐트러진 한족의 풍속을 바로잡기 위해 육유를 반포하였다.

오답 피하기

① 발해를 멸망시킨 나라는 요이다.
② 서하를 정복한 사람은 몽골 제국의 칭기즈 칸이다.
④ 군기처는 청 옹정제가 설치한 기관이다.
⑤ 수도를 베이징으로 옮긴 것은 명나라 영락제 때이다.

02 | 이갑제 | 이갑제는 명 태조 주원장(홍무제)이 실시한 제도로, 촌락을 통치하기 위해 이장호와 갑수호로 나누어 편제한 제도이다. 이 제도는 연대 책임의 성향을 지니고 있었다.

03 | 정답 ⑤ | 정화의 항해를 명한 것은 명 영락제이다. 영락제는 수도를 난징에서 베이징으로 옮겼고, 자금성을 건설하였다.

또한 대외 원정을 추진하여 몽골을 물리치고 왜구를 토벌하며 베트남을 점령하기도 하였다.

04 | 정답 ② | 제시된 지도는 정화의 원정 항로를 표시한 것이다. 환관인 정화는 영락제의 명을 받들어 대외 원정을 떠났다. 이로 인해 명 중심의 조공 체제가 확대되었고, 화교가 동남아시아에 진출하는 계기가 되었다.

오답 피하기

ㄴ. 타이완의 반청 세력을 진압한 것은 청 강희제 때의 일이다.
ㄷ. 화약, 나침반, 인쇄술이 유럽으로 전파된 것은 원대의 일이다.

05 | 정답 ④ | 북로남왜의 상황과 이자성의 농민 반란으로 명이 멸망한 상황 사이에 있었던 사실을 확인하는 문제이다. 임진왜란의 배경이 되는 도요토미 히데요시의 일본 통일, 임진왜란의 발발, 그리고 일본의 에도 막부의 수립과 만주 지역의 후금 건국은 (가)에 들어갈 수 있다.

06 | 정답 ③ | 자료의 '이 전쟁'은 임진왜란이다. 명은 임진왜란 중 조선에 지원군을 파병하였다. 그러나 이 과정에서 명의 재정 상태가 악화되었고, 명이 멸망하는 경제적 배경이 되었다.

자료 분석하기

아! 이 전쟁은 참혹하였다. 수십 일 사이에 삼도(서울, 개성,
→ 임진왜란
평양)를 지키지 못하였고, 온 나라가 산산이 부서져 임금께서는 한성을 떠나 피난길에 오르셨다. 그럼에도 불구하고 오늘이 있게 된 것은 하늘이 도운 까닭이다. 또한 임금께서 지극한 정성으
→ 조선 선조
로 명나라 황제의 마음을 움직여 구원병이 도착했기 때문이다.
→ 명 만력제의 군대 파견은 결국 조선을 구해 주었지만 명의 재정이 악화되는 원인이 되었다.

07 | 정답 ③ | 중국 한족 중심의 질서는 명이 멸망하고 청이 새롭게 중국의 지배자가 되면서 변화하기 시작하였다. 조선은 청에 사대하면서도 관념적으로는 조선이 중화를 계승하였다는 '조선 중화 의식'이 발달하였다. 일본은 태양신의 후손인 천황이 다스리는 나라라는 생각에서 주변 국가보다 우월감이 강화되었다.

08 | 정답 ④ | 명 신종 때의 재상 장거정은 관리 근무 평가법을 실시하여 중앙의 기강을 바로잡았다. 또 복잡한 조세를 토지세와 인두세 두 항목으로 정리하고, 은으로 납부하도록 하는 일조편법을 실시하였다.

09 | 정답 ③ | (가) 신분은 신사로, 명·청 시대에 학교 제도와 과거 제도가 결합되어 나타난 신분 계층이다. 주로 향촌에서 조세 부담 등의 행정을 보조하였다.

오답 피하기

ㄱ. 에도 시대에 상공업 발달에 따라 조닌(상공업자)이 성장하였다.
ㄹ. 일본 봉건 사회에서 무사는 쇼군에게 충성과 봉사의 의무를 수행하였다.

10 | 팔기 | 팔기는 청 태조 누르하치가 여진족을 통합하면서 새롭게 고안한 조직 체제로서 8개의 깃발에 따라 부대를 편성한 것에서 유래한 명칭이다. 만주 팔기, 한인 팔기, 몽골 팔기 등 민족에 따라 부대를 운영하였다.

11 | 정답 ⑤ | 조설근의 『홍루몽』은 청대의 대표적인 구어체 소설이다. 청은 중요 관직에 만주족과 한족 모두를 임명하는 만한 병용제를 실시하며 한족에 대한 회유책을 추진하였다.

12 | 정답 ⑤ | 청 건륭제 때 서양 상인의 무역항을 광저우 한곳으로 제한하였다. 이에 불만을 갖고 있던 영국은 매카트니 사절단을 보내 무역 확대를 요구하였다.

13 | 정답 ② | 공행은 청대 광저우에서 서양과의 무역을 독점했던 상인이며, 세관 등의 업무를 담당하기도 하였다.

오답 피하기

① 몽골 제국 시기에 지폐인 교초가 유통되었다.
③ 명이 무로마치 막부에 발급한 입항 허가서를 감합이라고 한다.
④ 당대부터 송, 명대에 이르기까지 해상 무역을 담당한 관청을 시박사라고 한다.
⑤ 몽골 제국이 도로 곳곳에 설치하여 이동의 편리성을 제공한 장소는 역참이다.

14 | 정답 ⑤ | 밑줄 친 '이 제도'는 다이묘를 통제하기 위해 실시한 산킨코타이 제도이다. 이를 통해 에도 막부는 중앙 집권적 봉건 체제를 유지할 수 있었다. 에도 막부 시기 나가사키에 데지마라는 인공 섬을 만든 후 네덜란드와 교역하였다.

자료 분석하기

이 제도는 다이묘의 처자들을 에도에 거주하게 하여 인질로
→ 산킨코타이 제도
삼으면서 다이묘들에게 영지와 에도를 주기적으로 왕복하도록
→ 쇼군이 다이묘를 통제함
한 것이다. 이 제도의 실시로 문물 교류가 활발하게 이루어졌으며, 다이묘가 오가는 길목에 도로망이 정비되고 여관업이 발달하였다.

15 | 정답 ④ | 우키요에는 에도 시대에 유행했던 목판화로, 가부키와 더불어 조닌 문화를 대표하는 작품이다. 이 시기의 에도 막부는 나가사키의 데지마에서 네덜란드 상인들과 교역을 하였으며, 그 과정에서 난학이 발달하였다.

16 | 정답 ① | 감합은 일종의 무역 허가서로, 명은 무로마치 막부에 감합을 발행하여 이를 가진 무역선만 명과 교역할 수 있도록 하였다.

17 예시 답안 변발과 호복을 강요하고, 엄격한 검열로 청에 대한 비판 여론을 탄압하였다.

| 채점 기준 |

상	변발과 호복 강요, 청에 대한 비판 여론 탄압 내용을 모두 서술한 경우
중	변발과 호복 강요, 청에 대한 비판 여론 탄압 내용 중 한 가지만 서술한 경우
하	변발과 호복 강요, 청에 대한 비판 여론 탄압 내용을 서술하지 못한 경우

18 예시 답안 강희제 시기 타이완의 반청 세력을 진압하며 국내 정세가 안정되었다.

| 채점 기준 |

상	강희제 시기 타이완의 반청 세력을 진압하여 국내 정세가 안정되었다고 구체적으로 서술한 경우
중	강희제 시기 타이완의 반청 세력을 진압했다고만 서술한 경우
하	강희제 시기 타이완의 반청 세력을 진압한 내용을 서술하지 못한 경우

19 예시 답안 (가)는 산킨코타이 제도이며, 이 제도를 통해 문물 교류가 활발히 이루어졌으며 도로망이 정비되고 여관업이 발달하였다.

| 채점 기준 |

상	산킨코타이 제도라 쓰고 문물 교류와 도로망 정비, 여관업 발달 내용을 모두 서술한 경우
중	산킨코타이 제도라 쓰고, 문물 교류와 도로망 정비, 여관업 발달 내용 중 일부만 서술한 경우
하	산킨코타이 제도라 썼으나, 문물 교류와 도로망 정비, 여관업 발달 내용을 서술하지 못한 경우

❸ 서아시아·북아프리카 지역 질서의 변화

실력 확인 문제 116~119쪽

01 술탄	02 ①	03 ①	04 ④
05 ②	06 사파비 왕조	07 ②	08 ⑤
09 ②	10 ③	11 ①	12 ⑤
13 ④	14 ⑤	15 ②	16 ④
17 ⑤	18~19 해설 참조		

01 | 술탄 | 이슬람교의 지배자 중에 칼리프는 종교의 지배자를, 술탄은 정치의 지배자를 의미한다. 10세기 중반 셀주크 튀르크가 부와이 왕조를 무너뜨리고 바그다드에 입성했을 때 아바스 왕조의 칼리프로부터 술탄의 칭호를 받았다.

02 | 정답 ① | 티무르는 칭기즈 칸의 후예라고 칭하며 몽골 제국의 부활을 내세워서 국가를 수립하였다.

03 | 정답 ① | 16세기 초 이스마일 1세는 페르시아 전통의 계승을 내세우며 사파비 왕조를 세웠다. 사파비 왕조는 고대 페르시아 왕의 칭호인 '샤'를 사용하였다.

04 | 정답 ④ | 티무르 왕조는 몽골 제국의 부활을 내세우며 티무르가 건국하였다. 유럽과 중국을 연결하는 동서 무역을 독점하여 번영하였으며, 페르시아 문화와 튀르크 문화를 융합하여 이슬람 문화 발달에 이바지하였다.

오답 피하기

① 몽골군의 침공으로 멸망한 국가는 아바스 왕조이다.
② 폴리스 단위로 생활한 국가는 고대 그리스이다.
③ 페르시아의 영광을 내세우며 사파비 왕조가 세워졌다.
⑤ 예루살렘을 점령하여 십자군 전쟁을 유발한 것은 셀주크 튀르크이다.

05 | 정답 ② | 이스파한을 수도로 삼았던 국가는 사파비 왕조이다. 사파비 왕조는 아바스 1세 때 유럽 각국과 통상 관계를 체결하였다. 수도인 이스파한은 유럽 상인 및 크리스트교 선교사의 체류가 허용되고 신앙의 자유가 인정되면서 국제 무역 도시로 성장하였다.

06 | 사파비 왕조 | 사파비 왕조는 페르시아 민족의 부흥을 내세우며 건국되었다. 아바스 1세는 이스파한으로 수도를 천도하여 국제 무역 도시로 발전시켰다.

07 | 정답 ② | 자료에 제시된 인물은 오스만 제국의 술레이만 1세이

다. 그는 헝가리, 이라크, 아나톨리아 동부 등의 영토를 정복하면서 동부 지중해의 해상권을 장악하였다.

오답 피하기

① 아바스 1세는 이스파한을 수도로 삼고 주변국과 활발히 교류하였다.
③ 티무르는 칭기즈 칸의 후예임을 자처하였다.
④ 이베리아반도까지 영토를 확장했던 때는 우마이야 왕조 시대이다.
⑤ 메흐메트 2세는 콘스탄티노폴리스를 이스탄불로 개칭하였다.

08 | 정답 ⑤ | 오스만 제국의 셀림 1세는 아시아, 아프리카 지역으로 영토를 확대하였다. 한편, 이집트에서 아바스 왕조의 마지막 칼리프로부터 칼리프의 칭호를 받게 되었다. 오스만 제국의 지배자는 술탄 칼리프로서 이슬람 세계의 정치적·종교적 최고 권위를 누렸다.

09 | 정답 ② | 예니체리 군단은 오스만 제국의 최고 지배자 술탄의 친위 부대이다. 오스만 제국은 아시아, 유럽, 아프리카에 걸친 대제국을 건설하였으며, 다양한 민족들을 포용하는 정책을 실시하였다. 대표적으로 밀레트 제도는 각 종교별 자치권을 인정하여 민족 고유의 관습과 문화를 유지할 수 있게 하였다.

오답 피하기

① 티무르가 건국한 나라는 티무르 제국이다.
③ 만한 병용제는 청에서 시행된 제도로 고위 관직에 만주족과 한족을 같이 임명하는 제도이다.
④ 오스만 제국의 기본적인 종교는 이슬람교이다.
⑤ 탈라스 전투에서 이슬람 세력의 아바스 왕조가 당에 승리하였다.

자료 분석하기

술탄의 군대가 나팔과 북소리를 울리며 총공격을 시작하였다. 예니체리 군단은 물밀 듯이 수도의 성벽을 치고 들어가 마침내
→ 오스만 제국 술탄의 친위대
성벽 탑에 이 제국의 깃발을 꽂았다. 콘스탄티누스 11세 팔라이
→ 오스만 제국
올로구스는 망토를 비롯해 로마 황제의 온갖 상징을 벗어 놓은 채 전장 속으로 사라졌다.
→ 오스만 제국이 비잔티움 제국의 수도인 콘스탄티노폴리스를 함락하고 있는 상황이다.

10 | 정답 ③ | (가) 국가는 십자군 전쟁의 발생 배경이 되는 국가로 셀주크 튀르크이고, (나) 국가는 술탄 칼리프라는 지배자를 두고 있다는 점에서 오스만 제국임을 알 수 있다. 두 국가는 튀르크족을 중심으로 건국된 국가이며, 모두 비잔티움 제국을 공격하였다.

11 | 정답 ① | 오스만 제국의 메흐메트 2세는 비잔티움 제국을 멸망시켰다(1453). 셀림 1세는 아바스 왕조의 칼리프로부터 칼리프의 지위를 양도받았다(1517). 술레이만 1세는 헝가리 군대를 격파하고 오스트리아 빈을 공격하였다(1529).

12 | 정답 ⑤ | 오스만 제국은 튀르크족이 건립하였다. 비잔티움 제국을 점령하였으며, 서아시아 지역을 통치하면서 페르시아의 문화를 수용하여 세 문화가 융합되어 발달할 수 있었다.

13 | 정답 ④ | 오스만 제국은 지중해를 중심으로 대제국을 건설하였고, 이 과정에서 많은 민족을 포섭해야 했다. 이에 제국은 밀레트라는 종교 공동체 성격의 자치 조직을 운영하였다. 또한 비이슬람교도에게 인두세를 거두는 대신 병역의 의무를 면제하여 다른 종교와 풍습을 지닌 민족에게 관대한 정책을 실시하였다.

14 | 정답 ⑤ | 메흐메트 2세는 비잔티움 제국의 수도인 콘스탄티노폴리스를 점령하고 이곳을 이스탄불로 개칭하여 새로운 수도로 삼았다.

15 | 정답 ② | 이스탄불을 수도로 하며 영토를 확장하고 있는 국가는 오스만 제국이다. 오스만 제국은 비잔티움, 페르시아, 튀르크 문화가 융합되어 발전하였다. 건축에서는 비잔티움 양식이 이슬람 사원에 적용되었고, 미술에서는 페르시아 세밀화가 유행하였다.

16 | 정답 ④ | 술탄 아흐메드 사원은 오스만 제국의 대표적인 유적이다. 오스만 제국은 제국 내 다양한 민족들을 포용하기 위해 비이슬람교도들이 인두세를 내면 병역을 면제해 주었다.

17 | 정답 ⑤ | 술탄의 친위대라는 점에서 (가)는 오스만 제국의 예니체리임을 알 수 있다. 예니체리는 오스만 제국에 정복당한 발칸반도의 크리스트교 소년 중에서 선발되었고 이들은 군사 교육을 받았다. 또한 이들은 전쟁이 발생하면 주력 군대로 활동했기에 오스만 제국의 팽창에 기여하였다.

18 예시 답안 밀레트 제도를 두어 종교와 민족에 따른 자치제를 실시하였고, 비이슬람교도에게 인두세(지즈야)를 부과하는 대신 병역을 면제해 주었다.

| 채점 기준 |

상	밀레트와 인두세(지즈야) 관련 내용을 모두 서술한 경우
중	밀레트와 인두세(지즈야) 관련 내용 중 한 가지만 서술한 경우
하	밀레트와 인두세(지즈야) 관련 내용을 모두 서술하지 못한 경우

19 예시 답안 오스만 제국이 지중해 해상 무역권을 장악하여 아시아 국가와의 무역에 어려움이 생기자, 유럽의 국가들은 지중해 대신 다른 항로를 찾아 나서게 되었다.

| 채점 기준 |

상	오스만 제국의 지중해 해상 무역권 장악과 유럽 국가의 항로 개척 내용을 구체적으로 연관지어 서술한 경우
중	오스만 제국의 지중해 해상 무역권 장악과 유럽 국가의 항로 개척 내용을 개략적으로 연관지어 서술한 경우
하	오스만 제국의 지중해 해상 무역권 장악과 관련한 내용을 서술하지 못한 경우

4 신항로 개척과 유럽 지역 질서의 변화

실력 확인 문제 125~127쪽

01 ①	02 콜럼버스	03 ③	04 ④
05 ⑤	06 ④	07 ④	08 왕권신수설
09 ⑤	10 ④	11 ②	12 ④
13~14 해설 참조			

01 | 정답 ① | 십자군 전쟁 이후 아시아의 물품이 이탈리아와 이슬람 상인들을 통해 유럽에 수입되면서 비싼 값에 거래되자 유럽인들은 아시아와 직접 교역하여 더 많은 이익을 얻고자 하였다. 또한, 중국에서 전파된 나침반 기술로 원거리 항해가 가능해졌으며, 크리스트교를 전파하려는 종교적 열정까지 더해지면서 신항로 개척은 더욱 활기를 띠게 되었다.

02 | 콜럼버스 | 콜럼버스는 1492년 에스파냐 왕실의 후원을 받아 아메리카 해안에 도착하였다. 하지만 그는 그곳이 인도라고 믿었고, 이에 이 지역을 오늘날까지도 '서인도 제도'라고 부른다.

03 | 정답 ③ | 신항로 개척으로 유럽의 무역 중심지가 지중해에서 대서양으로 이동하였다. 이에 따라 유럽, 아메리카, 아프리카를 연결하는 삼각 무역이 발달하였으며, 아메리카 식민지들로부터 대량의 금과 은이 유입되어 유럽의 물가가 폭등하였다. 또한, 노동력이 부족한 라틴 아메리카에 아프리카 노예를 공급되었으며, 아스테카 문명과 잉카 문명이 파괴되었다.

04 | 정답 ④ | 그래프에서 원주민들의 수가 급격하게 줄었는데, 이는 코르테스가 아스테카 문명을, 피사로가 잉카 문명을 파괴하였기 때문이었다. 또한 유럽에서 들여온 천연두 등의 질병으로 원주민의 숫자가 크게 감소하였다.

05 | 정답 ⑤ | (가)는 멕시코 고원에서 발전한 아스테카 문명, (나)는 안데스 산맥에서 발전한 잉카 문명이다. 아스테카 문명은 에스파냐의 코르테스, 잉카 문명은 에스파냐의 피사로의 침략을 받고 멸망하였다.

오답 피하기

① 잉카 문명의 대표적인 유적지는 마추픽추이다.
② 간다라 미술은 헬레니즘 문화가 인도의 쿠샨 왕조로 넘어오면서 발생하였다.
③ 지구라트는 메소포타미아 문명 때 만들어진 신전이다.
④ 모헨조다로와 하라파는 인도 문명의 대표적인 계획도시이다.

06 | 정답 ④ | 유럽, 아프리카, 아메리카 간의 교역을 통해 신항로 개척 이후의 상황임을 추론할 수 있다. 또한, 아프리카에서는 아메리카와 유럽에 노예를 수출하고 있어 노예 무역이 성행하였다는 것을 알 수 있다. 아메리카의 은과 아프리카의 금이 유럽으로 유입되면서 물가가 상승하였다.

07 | 정답 ④ | 밑줄 친 '그'는 루이 14세이다. 그는 베르사유 궁전을 건설하였고, 콜베르를 등용하여 국가 재정을 확충하였다.

오답 피하기

① 북부 독일의 함부르크, 뤼베크 등의 도시들은 한자 동맹을 결성하여 발트해와 북해의 무역을 주도하였다.
② 성상 숭배 금지령은 비잔티움 제국의 레오 3세가 발표하였고, 동서 교회의 분열 계기가 되었다.
③ 러시아의 표트르 대제는 북방 전쟁에서 승리하여 발트해로 진출한 후 상트페테르부르크로 수도를 옮겼다.
⑤ 에스파냐의 펠리페 2세가 레판토 해전에서 오스만 제국에 승리하면서 에스파냐의 해군은 무적 함대라는 별명을 얻게 되었다.

자료 분석하기

프랑스의 절대 군주인 그는 거의 매일 자신이 지은 베르사유 궁전에서 무도회를 개최하였다. 그는 무도회에서 태양신 아폴론으로 분장하고 춤추는 모습을 자주 보여 줌으로써 사람들의 마음속에 태양왕의 이미지를 각인시키고자 하였다.
→ 루이 14세
→ 루이 14세가 건설한 바로크 양식의 대표적인 궁전

08 | 왕권신수설 | 왕권신수설은 왕의 권력은 하늘이 부여했다는 뜻으로 절대 왕정의 사상적 기반이 되었다.

09 | 정답 ⑤ | 절대 왕정은 국왕을 중심으로 중앙 집권적 통치를 강화하며 나타난 정치 체제였다. 상대적으로 귀족들의 힘이

약화되었고, 시민들이 국왕을 재정적으로 지원하면서 귀족과 시민의 세력이 균형을 이루게 되었다. 그 결과 왕이 강력한 권한을 갖게 되었으며, 국왕은 왕권신수설을 사상적 배경으로 관료제와 상비군을 운영하였다.

오답 피하기

ㄱ. 절대 왕정은 국가의 부를 늘리기 위한 방법 중 하나로 식민지 개척에 적극적이었다.
ㄴ. 서유럽의 절대 왕정 등장 시기보다는 늦지만 동유럽에서도 절대 왕정이 등장하였다. 대표적으로 프로이센의 프리드리히 2세, 러시아의 표트르 대제 등이 있다.

10 **| 정답 ④ |** 상수시 궁전을 축조한 왕은 프로이센의 프리드리히 2세이다. 그는 계몽 사상의 영향을 받아 국가 제일의 공복임을 자처하고 내정 개혁을 추진하였다.

11 **| 정답 ② |** 펠리페 2세와 루이 14세는 각각 에스파냐와 프랑스의 절대 왕정을 확립하였던 왕이라는 공통점이 있다.

오답 피하기

① 에스파냐와 포르투갈을 중심으로 신항로 개척이 이루어졌다.
③ 백년 전쟁은 프랑스 왕위 계승권을 둘러싸고 영국과 프랑스 사이에서 발생했던 전쟁이다.
④ 라틴 아메리카를 정복하여 식민지로 삼았던 국가는 에스파냐와 포르투갈이다.
⑤ 작센 등 독일의 일부 영방 국가들이 루터의 종교 개혁을 지지하였다.

12 **| 정답 ④ |** 절대 왕정 국가들은 중국에 들어온 화약을 사용하여 화승총으로 무장한 상비군을 편성하였다. 또한 대포 공격의 방어에 유리한 별 모양의 성채를 건축하기도 하였다.

오답 피하기

ㄱ. 기관총은 1883년에 발명되어 사용되었다.
ㄷ. 참호를 파서 적군의 공격에 대비하는 방식은 제1차 세계 대전의 특징이다.

13 **예시 답안** 신항로 개척 이후 아메리카 대륙의 원주민에게 전염병이 유행하면서 인구가 급감하자, 아프리카 노예를 아메리카로 데려와 노동력으로 쓰면서 노예 무역이 발달하였다.

| 채점 기준 |

상	신항로 개척으로 인한 원주민의 인구 급감과 노예 무역의 발달을 노동력 보충과 관련하여 구체적으로 서술한 경우
중	신항로 개척으로 인한 원주민의 인구 급감과 노예 무역의 발달을 노동력 보충과 관련하여 개략적으로 서술한 경우
하	신항로 개척으로 인한 원주민의 인구 급감과 노예 무역의 발달을 연관지어 서술하지 못한 경우

14 **예시 답안** (가)는 중상주의로, 상공업을 중시하고 국가의 보호와 통제 아래 수입을 억제하고 수출을 장려하여 국가의 부를 증대시키는 경제 정책이다. 또한 해외 식민지를 개척하며 국가의 부를 증대시키려 하였다.

| 채점 기준 |

상	(가)에 들어갈 단어가 중상주의임을 제시하고 수입 억제, 수출 장려, 식민지 개척의 내용을 모두 서술한 경우
중	(가)에 들어갈 단어가 중상주의임을 제시하고 수입 억제, 수출 장려, 식민지 개척의 내용 중 일부만 서술한 경우
하	(가)에 들어갈 단어가 중상주의임을 제시했으나, 수입 억제, 수출 장려, 식민지 개척의 내용을 서술하지 못한 경우

대단원 마무리 문제

129~131쪽

01 ④	02 ⑤	03 ②	04 ②	05 ④
06 ③	07 ⑤	08 ①	09 ④	10 ②
11 ③	12 ⑤	13~15 해설 참조		

01 **| 정답 ④ |** (가)는 거란족이 세운 요, (나)는 여진족이 세운 금이다. 거란은 연운 16주를 차지하였고, 송과 대립 관계에 있었다. 금은 북송의 수도 카이펑을 점령한 후 화북 지역을 통치하였다. 그리고 두 나라 모두 송으로부터 막대한 물자를 받았다. ④ 송의 서북쪽에서 탕구트족이 서하를 세우고 송을 압박하였다.

02 **| 정답 ⑤ |** 송 태조 조광윤은 문치주의 정책을 실시하였다. 그러나 이는 국방력을 약화시켜 이민족의 침략이 계속되는 결과를 가져왔고, 결국 송은 주변 국가들에게 막대한 물자를 제공하여 재정난에 시달렸다.

자료 분석하기

송을 건국한 조광윤은 군대 지휘관에 문관을 임명하고, 과거를 강화하여 전시를 설치하고 급제자를 주요 공직에 등용하는 정책을 실시하였다.
→ 기존 2단계의 과거 시험에 한 단계를 추가하여, 2차 시험을 통과한 자들을 모아두고 순위를 매기는 시험이다. 이때 황제가 직접 시험을 감독했으며, 황제와 과거 급제자 사이의 군신 관계를 형성하였다.

03 **| 정답 ② |** 대도를 수도로 하며 초원길, 비단길, 바닷길을 활용해 동서 교류가 활발한 국가는 원이다. 이 시기에 화약,

활판 인쇄술 등이 유럽으로 전달되었고, 이슬람 천문학이 도입되어 이를 바탕으로 곽수경이 수시력을 제작하였다.

04 | 정답 ② | 역참을 설치하였고, 마르코 폴로의 『동방견문록』에 기록된 국가임을 통해 (가) 국가는 '원'임을 알 수 있다. 원의 행정 실무는 색목인이 주로 담당하였다.

오답 피하기

① 우마이야 왕조는 아랍 제일주의를 내세워 피지배 민족의 반발을 받았다.
③ 시아파 이슬람교가 국교였던 나라는 페르시아 지역의 사파비 왕조이다.
④ 3성 6부제는 당나라의 중앙 행정 제도이다.
⑤ 아케메네스 왕조 페르시아는 '왕의 눈' 혹은 '왕의 귀'라는 감찰관을 지방에 파견하였다.

자료 분석하기

몽골에서는 각 지방으로 가는 주요 도로들에 약 40 km마다 역참을 설치하였다. 여기에는 사신을 위해 300~400마리의 말
→ 넓은 제국을 효율적으로 연결해 준 교통 행정 체제
이 대기하고 있다. …… 이러한 방식으로 군주의 전령들이 온 사방으로 파견되며, 그들은 하루 거리마다 숙박소와 말들을 찾을 수 있다. 이것은 지상의 어떤 사람, 어떤 국왕, 어떤 황제도 할 수 없었던 위대함을 보여주는 빛나는 증거이다.

– 마르코 폴로, 『동방견문록』

→ 몽골 제국을 방문했던 내용을 쓴 이 책은 이후 서양의 동양에 대한 호기심을 자극하였고 신항로 개척의 배경이 되었다.

05 | 정답 ④ | 베이징은 금이 중도(베이징)로 천도하면서 국가의 수도로 처음 등장하였다. 이후 원의 쿠빌라이 칸 때에 이곳이 대도로 개칭되었고, 원 제국의 수도가 되었다. 명은 초기 난징을 도읍으로 삼았으나 영락제가 황제가 된 후 수도를 베이징으로 옮겼고 자금성을 축조하였다.

오답 피하기

ㄱ. 청대 공행이 설치되어 서양과의 무역을 주도했던 장소는 광저우이다.
ㄷ. 카이펑이 함락된 후 송이 새로운 수도를 건설한 곳은 임안(항저우)이다.

06 | 정답 ③ | 명의 영락제는 수도를 베이징으로 천도하고 적극적인 대외 팽창을 추진하였다. 또한 정화의 항해를 지원하면서 명 중심의 책봉·조공 체제가 확대되었다.

오답 피하기

① 원나라 때 교초라는 지폐를 사용하였다.
② 이갑제는 명 태조 홍무제(주원장)이 실시한 지방 통제 제도였다.
④ 장건을 서역에 파견한 것은 한 무제이다.
⑤ 군사 조직으로 팔기군이 정비된 것은 청 태조(누르하치)이다.

07 | 정답 ⑤ | 청은 소수의 만주족이 건립한 국가로 다수의 한족을 지배하는 데 강경책만으로는 한계가 있었다. 이에 만주족과 한족을 요직에 함께 임명하는 만한 병용제를 실시하거나, 신사들의 특권을 그대로 인정하는 등의 온건책을 병행하여 실시하였다.

08 | 정답 ① | 도쿠가와 이에야스가 수립한 막부는 에도 막부이다. 에도 막부는 산킨코타이 제도를 실시하며 지방의 다이묘를 통제하였다. 또한 나가사키에 데지마라는 인공섬을 만들고, 여기에서 네덜란드와 교역하였다. 이 시기에는 조닌이라는 상공업자의 지위가 크게 향상되었고, 문화적으로 가부키와 우키요에가 유행하였다. ① 무로마치 막부는 감합 무역(조공 무역)을 통해 대외 무역의 이익을 독점하였다.

09 | 정답 ④ | 셀주크 튀르크가 비잔티움 제국을 압박하고 크리스트교의 성지인 예루살렘을 점령하자, 유럽 세계는 성지 회복을 목표로 십자군 전쟁을 일으켰다.

10 | 정답 ② | 1453년 콘스탄티노폴리스를 점령했던 국가는 오스만 제국이다. 오스만 제국은 크리스트교 청소년들을 이슬람교로 개종시키고 군사 훈련을 받도록 하여 술탄의 친위대인 예니체리로 편성하였다.

11 | 정답 ③ | 바스쿠 다 가마는 포르투갈의 지원을 받아 아프리카 남단의 희망봉을 돌아 인도 캘리컷으로 가는 항로를 처음으로 발견하였다.

오답 피하기

① 마젤란은 최초의 세계 일주를 시행하였다.
② 콜럼버스는 서인도 제도에 도달하였다.
④ 아메리고 베스푸치는 아메리카 대륙에 도달하였다.
⑤ 바르톨로메우 디아스는 아프리카의 희망봉까지 진출하였다.

12 | 정답 ⑤ | (가)는 '짐이 곧 국가'라는 표현을 보았을 때 프랑스의 루이 14세, (나)는 '국가 제일의 공복'이라는 표현을 보았을 때 프로이센의 프리드리히 2세가 주장한 내용이다. 두 국왕은 모두 절대 왕정을 구축하였고, 중상주의 경제 정책을 실시하였다.

오답 피하기

① 잉카 문명을 정복한 것은 에스파냐의 피사로였다.
② 에스파냐의 펠리페 2세는 레판토 해전에서 오스만 제국에 승리하였다.

③ 프랑스의 루이 14세가 베르사유 궁전을 건축하였다.
④ 러시아의 표트르 대제는 상트페테르부르크를 수도로 삼아 러시아를 근대화하려 하였다.

자료 분석하기

(가) 짐이 곧 국가이다. …… 우리가 신민으로부터 받는 복종과 존경은 공짜로 얻어지는 것이 아니다.
→ 루이 14세의 대표적 표현으로, 절대 왕정의 상징적인 표현이다.

(나) 국민의 행복은 군주의 어떤 이익보다 중요하다. 생각건대 군주는 결코 자기 백성의 절대적 주인이 아니라 국가 제일의 공복에 지나지 않기 때문이다.
→ 계몽사상의 영향을 받은 프로이센의 프리드리히 2세는 자신을 국가 제일의 공복이라 칭하였다.

13 예시 답안 명이 멸망하고 청이 새롭게 중국의 지배자가 되면서 중국 한족 중심의 질서가 변화하였고, 자국을 우월하게 바라보기 시작하였다.

| 채점 기준 |

상	명청 교체로 인해 중국 한족 중심의 질서가 변화했다는 내용을 구체적으로 서술한 경우
중	명청 교체로 인해 중국 한족 중심의 질서가 변화했다는 내용을 개략적으로 서술한 경우
하	명청 교체로 인해 중국 한족 중심의 질서가 변화했다는 내용을 서술하지 못한 경우

14 예시 답안 청과 대등한 외교를 맺고 자유 무역을 관철하기 위한 교섭을 시도하였다. 대표적인 사례가 매카트니 사절단이다.

| 채점 기준 |

상	자유 무역을 관철시키기 위한 교섭의 내용과 매카트니 사절단의 이름을 모두 서술한 경우
중	자유 무역을 관철시키기 위한 교섭의 내용과 매카트니 사절단의 이름 중 일부만 서술한 경우
하	자유 무역을 관철시키기 위한 교섭의 내용과 매카트니 사절단의 이름을 모두 서술하지 못한 경우

15 예시 답안 신항로 개척으로 아메리카에 식민지를 건설하였고 아메리카에서 생산한 은을 유럽으로 보내면서 유럽 내 물가가 크게 상승하는 가격 혁명이 발생하였다.

| 채점 기준 |

상	신항로 개척으로 아메리카에 식민지를 건설하고 이곳에서 생산한 은이 유럽으로 유입되면서 가격 혁명이 발생했다는 내용을 모두 서술한 경우
중	신항로 개척으로 아메리카에 식민지를 건설하고 이곳에서 생산한 은이 유럽으로 유입되면서 가격 혁명이 발생했다는 내용 중 일부만을 서술한 경우
하	가격 혁명을 신항로 개척과 연관지어 서술하지 못한 경우

핵심 수행 평가 예시 답안

132~133쪽

01 역사 신문 만들기

1 예시 답안

선정 인물	쿠빌라이 칸
정치	• 몽골인 제일주의 정책 • 국호를 원으로 바꿈 • 수도 천도(대도)
경제	• 교초 발행
문화	• 티베트 불교(라마교 신봉) • 다양한 종교의 인정
국제 관계	• 남송 멸망시킴, 일본 원정 • 동서 교역이 활발히 전개됨(역참 설치)

2 예시 답안 **[특집] 교초의 발행**

재정 담당 관리가 올해 말 연호가 들어간 새로운 교초를 발행한다고 발표하였다. 금속 주화보다 지폐가 가볍고 편리하나 위조의 가능성도 있어 이번에 새로운 교초 10종류로 대체한다고 정부는 밝혔다. 기존의 화폐와 교체하도록 조만간 방침을 밝힐 예정이며, 이제부터 새로운 교초는 주화폐의 기능을 담당할 것이라고 한다.

02 역사적 인물 평가하기

1 예시 답안

인물	콜럼버스
인물의 활동	• 4차례에 걸친 신대륙(서인도 제도) 발견 • 금을 찾으러 갔으나 실패하고 이후 원주민들을 노예로 잡아 유럽에 팔기도 함

2 예시 답안 백인들에게는 콜럼버스가 새로운 지역을 찾아낸 위대한 탐험가라고 평가받을 수도 있다. 그러나 사실 서인도 제도를 포함한 아메리카 대륙은 그의 탐험 이전부터 존재했고, 그들 나름의 방식으로 사회를 이루어 살아왔었다. 콜럼버스의 항해 이후 섬에 살던 많은 원주민이 질병으로 사망하거나, 유럽으로 노예로 팔려갔던 점을 보았을 때 '콜럼버스의 날'이라며 그를 기리는 것을 좋게 볼 수 없다.

3 예시 답안 원주민들에게는 불행한 사건의 시작을 가져온 콜럼버스가 원망스러웠겠지만 콜럼버스는 애초에 원주민들을 희생하고 탄압하려는 생각으로 신항로 개척에 앞장섰던 것은 아니다. 이는 원주민들에게 사랑과 평화라는 기독교적 가치로 그들을 품으려는 모습을 보였다는 점에서 알 수 있다. 또한 이후에 아메리카 대륙으로 진출하게 되면서, 아메리카도 진정한 세계사의 흐름에 포함될 수 있었다는 점에서 큰 의미가 있다.

IV 제국주의 침략과 국민 국가 건설 운동

1 유럽과 아메리카의 국민 국가 체제

실력 확인 문제

144~147쪽

01 사회 계약설 02 ⑤ 03 ② 04 ①
05 ⑤ 06 ② 07 ② 08 ②
09 ③ 10 차티스트 운동 11 ④
12 ⑤ 13 ④ 14 ③ 15 ②
16 ② 17~18 해설 참조

01 | 사회 계약설 | 16~17세기 과학의 발달은 인간과 사회를 보는 방식에도 영향을 끼쳤다. 영국의 홉스와 로크는 법 위에 존재하는 보편타당한 원리가 있다는 자연법사상을 토대로 사회 계약설을 주장하였다. 사회 계약설은 국가와 사회는 개인들의 합의와 계약에 근거한다고 보는 학설이다.

02 | 정답 ⑤ | 제시된 자료에서 영국이 인지세 폐기, 식민지의 반대, 차에 대한 세법, 동인도 회사에 아메리카 식민지에서 차를 독점적으로 판매할 수 있는 권리 부여 등을 통해 영국과 식민지 사이에 긴장이 고조되던 상황임을 알 수 있다. 영국 정부의 지나친 과세에 항의하며 식민지인들은 보스턴 차 사건을 일으켰다.

03 | 정답 ② | 영국 정부의 인지세법 실시 등 과세 정책에 반발하여 일어난 보스턴 차 사건은 1773년, 대륙 회의에서 조지 워싱턴의 총사령관 임명은 1775년, 독립 선언서 발표는 1776년 7월 4일의 일이다.

04 | 정답 ① | 밑줄 친 '이것'은 성직자, 귀족, 평민 대표가 함께 모여 국가의 중요한 일을 논의하는 기구인 삼부회이다. 삼부회는 절대 왕정 시기에 유명무실해졌고 1614년 이후 소집되지 않고 있었으나, 귀족은 재정 위기를 이용하여 왕권을 제한하고자 소집을 요구하였다. 1789년 삼부회가 소집되자 제3 신분 대표들은 자신들이 국민의 대표임을 주장하였으나 이는 받아들여지지 않았다. 이에 따라 국민 의회를 구성하고 헌법의 제정을 요구하였다.

05 | 정답 ⑤ | 국민 공회는 공화정을 선포하고 국외로 도피하려 했던 루이 16세를 반역죄로 처형하였다. 그러자 유럽의 군주들이 동맹하여 프랑스를 공격하였다. 이에 국민 공회의 지도자였던 로베스피에르는 공포 정치를 통해 반혁명 세력

을 처형하고 혁명전쟁을 수행하여 위기를 극복하고자 하였다.

06 | 정답 ② | 제시된 연표에서 바스티유 감옥 습격은 1789년 7월 14일, 인권 선언 발표는 1789년 8월 26일, 국민 공회 개원은 1792년 9월 21일, 로베스피에르의 몰락은 1794년 7월 27일, 총재 정부 구성은 1795년 10월 31일의 일이다. 봉건제 폐지 선언(ㄱ)은 1789년 8월 4일, 루이 16세의 처형(ㄷ)은 1793년 1월 21일이다.

오답 피하기

ㄴ. 테니스 코트의 선언은 삼부회 소집(1789. 5.) 이후인 1789년 6월에 일어났다. ㄹ. 나폴레옹의 쿠데타는 1799년 11월 9일의 일이다.

07 | 정답 ② | 제시된 자료에서 (가) 인물은 나폴레옹이다. 쿠데타를 일으켜 총재 정부를 무너뜨리고 통령 정부를 수립한 나폴레옹은 혁명의 성과를 이어받아 내정 개혁에도 힘썼다. 시민 사회의 규범을 담은 『나폴레옹 법전』을 편찬하여 법 앞에 국민의 평등을 보장하였고, 프랑스 은행을 설립하여 산업 보호 정책을 펼쳤다. 또한 능력에 따른 출세의 기회를 보장하기 위해 국민 교육 제도를 정비하였다. 1805년 프랑스 해군이 트라팔가르에서 넬슨의 영국 함대에 패한 이후, 나폴레옹은 영국을 굴복시키기 위해 베를린에서 대륙 봉쇄령을 발표하였다. 그러나 대륙 봉쇄령을 어긴 러시아를 원정하러 떠났다가 실패하면서 몰락하였다.

오답 피하기

ㄴ. 나폴레옹은 1799년 쿠데타로 권력을 장악한 뒤 통령 정부를 세우고 제1 통령이 되었다.
ㄹ. 가리발디에 대한 설명이다.

08 | 정답 ② | 나폴레옹이 몰락한 뒤 유럽 각국의 지배권과 영토를 프랑스 혁명 이전의 상태로 되돌리려는 빈 체제가 오스트리아의 주도로 성립되었다. 빈 체제는 보수주의를 표방하고 세력 균형을 강조하여 약 40년간 유럽에서 열강 사이의 전쟁을 막았다. 7월 혁명과 2월 혁명을 거치며 프랑스에 새로운 공화정이 수립되었으며, 빈 체제가 붕괴되었다. ② 빈 체제는 유럽 각국의 자유주의와 민족주의 운동을 탄압하였다.

09 | 정답 ③ | 제시된 자료에서 7월 혁명은 1830년 7월, 제2 공화국 수립은 1848년 12월의 사실이다. 1830년 7월 혁명은 샤를 10세의 보수적 전제 정치를 배경으로 발생하였으며, 프랑스의 자유주의자와 파리 시민이 혁명을 주도하였다. 7월 혁명의 결과 샤를 10세가 추방되고 입헌 군주정이 수립되었다. 그러나 정부가 여전히 선거권을 제한하는 등 보수적인 정책을 펼치자 1848년 2월 파리의 노동자와 시민은 선거권 확대를 요구하며 혁명을 일으켰다. 그 결과 프랑스에서는 제2 공화정이 수립되었다.

10 | 차티스트 운동 | 영국에서는 산업 혁명으로 인구 이동이 늘어나자 선거구의 재조정을 요구하는 목소리가 커졌다. 이에 의회는 1832년 선거법 개정을 통해 부패 선거구를 폐지하고 도시의 신흥 상공업자에게 선거권을 부여하였다. 하지만 이 선거법 개정에서 유권자가 되지 못한 노동자는 보통 선거와 비밀 선거 등을 주장하며 인민헌장을 발표하고 차티스트 운동을 전개하였다.

11 | 정답 ④ | 러시아의 알렉산드르 2세는 오스만 제국 및 유럽 열강의 연합군과 대결한 크림 전쟁에서 패배한 이후 국가 개혁을 위해 1861년 농노 해방령을 발표하였다. 농노 해방령으로 농민들은 신분적으로 자유민이 되어 재산을 소유할 수 있었으나 경제적인 면에서는 막대한 상환금을 지불하여야 했기 때문에 실질적으로 해방되지는 못하였다.

12 | 정답 ⑤ | 제시된 자료에서 군비(軍備), 독일, 프로이센의 힘, 철과 피에 의해서만 문제 해결 등을 통해 비스마르크의 주장임을 알 수 있다. 독일의 통일은 프로이센에 의해 주도되었는데, 프로이센의 재상 비스마르크는 철혈 정책을 내세우며 군사력을 바탕으로 통일 정책을 추진하였다. 프로이센·오스트리아 전쟁에서 승리한 비스마르크는 프로이센 중심의 북독일 연방을 결성하여 통일을 향한 첫걸음을 내디뎠다.

13 | 정답 ④ | 미국은 독립 이후 영토를 확장하여 1840년대에는 태평양에 이르렀다. 미국 북부는 상공업이 발달하여 자유 노동력이 중요하였으며, 남부는 대농장이 발달하여 노예 노동이 중요하였다.

오답 피하기

ㄱ. 대륙 횡단 철도는 남북 전쟁 이후에 개통되었다.
ㄷ. 노예 해방 선언은 남북 전쟁 중에 이루어졌다.

14 | 정답 ③ | 아이티는 본래 에스파냐의 식민지였으나 프랑스의 식민지가 되어 아프리카 출신 노예들이 사탕수수 농장에서 혹사당하였다. 투생 루베르튀르는 노예 제도 폐지에 앞장섰으며, 아이티의 독립운동을 이끌었다. 이로써 라틴 아메리카에서 최초로 독립을 쟁취(1804)하는 결과를 가져왔다.

15 | 정답 ② | 볼리바르는 에스파냐의 식민 지배에 맞서 라틴 아메리카의 독립을 이끌었다. 그 결과 베네수엘라, 콜럼비아,

볼리비아 등이 해방되었고, 볼리바르는 '해방자'라는 별명을 얻기도 하였다.

오답 피하기

① 링컨, ③ 산마르틴, ④ 카보우르, ⑤ 비스마르크에 해당하는 설명이다.

16 | 정답 ② | 포르투갈의 식민지였던 브라질은 나폴레옹을 피해 망명 온 포르투갈 황태자를 국왕으로 세워 혁명 없이 독립국이 되었다.

오답 피하기

①, ⑤ 라틴 아메리카 남부에 있던 칠레와 아르헨티나는 '페루의 보호자'로 불리는 산마르틴이 에스파냐에 맞서 독립을 이끌어 내었다.
③, ④ 에콰도르와 베네수엘라 등은 '라틴 아메리카 독립의 아버지'라 불리는 시몬 볼리바르의 활약으로 독립을 이루었다.

17 예시 답안

우리는 다음과 같은 사항을 자명한 진리로 믿는다. 모든 사람은 평등하게 창조되었으며, 신으로부터 생명, 자유 및 행복을 포함하여 누구도 침범할 수 없는 권리를 부여받았다.
→ 천부 인권
인간은 이러한 권리를 확보하고자 정부를 조직하였다. 따라서 정부의 정당한 권력은 국민의 동의에서 생겨난 것이다.
→ 주권 재민
어떠한 형태의 정부라도 이러한 목적을 침해한다면, 그 정부를 개혁하거나 폐지하고 민중의 안녕과 복지를 가져올 수 있다고 생각하는 새로운 정부를 조직하는 것은 진정한 국민의 권리이다.
→ 저항권

| 채점 기준 |

상	민주주의 원리 세 가지를 모두 정확히 찾고 개념을 쓴 경우
중	민주주의 원리 두 가지를 찾고 개념을 쓴 경우
하	민주주의 원리를 한 가지만 찾아 개념을 쓴 경우

18 예시 답안 ㉠ 대농장이 발달하여 노예 노동이 중요하였다. ㉡ 상공업이 발달하여 자유 노동력이 중요하였다.

| 채점 기준 |

상	㉠, ㉡의 입장 차이를 경제적 측면에서 모두 정확하게 서술한 경우
중	㉠과 ㉡의 입장 중 하나만 정확하게 서술한 경우
하	㉠과 ㉡의 입장 차이를 경제적 측면과 무관하게 서술한 경우

② 유럽의 산업화와 제국주의

실력 확인 문제 154~157쪽

01 산업 혁명	02 ④	03 ②	04 ⑤
05 ①	06 ⑤	07 ③	08 러다이트 운동
09 ③	10 ①	11 ⑤	12 사회 진화론
13 ①	14 ①	15 파쇼다	16 ③
17 ④	18~19 해설 참조		

01 | 산업 혁명 | 산업 혁명은 기계의 발명과 기술의 혁신을 바탕으로 발생하였다. 공장제 기계 공업으로 생산 양식이 바뀌면서 나타난 산업상의 대변혁을 뜻하며, 18세기 후반 영국에서 시작되었다.

02 | 정답 ④ | 영국은 시민 혁명을 거치며 정치가 안정되었고, 철·석탄 등의 풍부한 지하자원을 보유하고 있었다. 도로와 운하의 건설 등으로 국내 시장이 발달하였으며, 해외 식민지 건설로 시장을 확보하였다. 토지를 잃은 농민이 도시로 몰려들어 노동력이 풍부하였으며, 일찍부터 모직물 공업이 발달하여 자본이 축적되어 있었다.

오답 피하기

④ 신항로의 개척을 주도한 국가는 포르투갈과 에스파냐이다.

03 | 정답 ② | 영국에서는 면직물의 수요가 증가하면서 방적기와 방직기가 발명되었다. 또한 교통과 통신의 발달로 시장이 확대되고 세계 교역량이 크게 늘어 산업 혁명이 확산되었다.

오답 피하기

ㄴ, ㄹ. 제임스 와트가 증기 기관을 개량하여 기계의 새로운 동력으로 사용하였으며, 이는 공장제 기계 공업의 발달을 가져왔다.

04 | 정답 ⑤ | 산업 혁명으로 공장제 기계 공업이 발달하면서 대규모 공장이 들어서는 지역을 중심으로 도시가 성장하고 도시 인구가 급격하게 증가하였다. 특히 영국의 리버풀은 무역항, 맨체스터는 면직물 공업, 버밍엄은 제철·기계 공업으로 발전하면서 산업화와 도시화가 급진전되었고 다른 도시들과의 격차를 벌려나갔다.

05 | 정답 ① | 와트가 증기 기관을 개량하면서 시작된 동력 혁명은 교통·통신 혁명으로 이어졌다. 영국의 스티븐슨이 제작한 증기 기관차가 등장한 후 각지에 철도가 부설되었고, 미국의 풀턴은 증기선을 실용화하였다. 통신에서는 미국의 모

스가 유선 전신을, 벨이 전화를 발명하였다. 이러한 교통·통신 혁명으로 산업화가 전 세계로 급속히 퍼져 나갔다.

오답 피하기

① 신항로 개척은 산업 혁명 이전인 15세기 말경에 시작되었다.

06 | 정답 ⑤ | 18세기 후반 영국에서 시작된 산업 혁명은 19세기에 여러 나라로 확산되었다. 프랑스는 섬유 공업을, 독일은 제철 공업을 중심으로 추진되었으며, 러시아와 일본에서는 국가 주도로 산업화를 추진하였다. ⑤ 미국은 남북 전쟁 이후 산업화가 빠르게 전개되었다.

07 | 정답 ③ | 산업 혁명으로 다양한 상품이 대량 생산되어 물자가 풍부해지고, 이동이 자유로워지면서 도시 생활이 편리해졌다. 또한, 생산과 소비가 시장에 의해 결정되는 자본주의 경제 체제가 자리잡았다. 그러나 산업 혁명의 혜택이 모두에게 골고루 돌아가지 못하면서 빈부 격차가 커졌다. 또한 급속한 도시화로 환경오염, 주택 부족, 교통 혼잡, 상하수도 미비, 불결한 위생, 범죄 등 많은 문제가 발생하였다.

오답 피하기

ㄱ. 공장에서 내뿜는 매연으로 인해 공해 문제가 발생하였다.
ㄹ. 산업화와 도시화를 통해 농촌 중심의 농업 사회가 공업 중심의 산업 사회로 바뀌어 갔다.

08 | 러다이트 운동 | 산업 혁명 초기에 노동자들이 자신들의 실업과 비참한 생활의 원인을 기계 탓으로 돌려 기계를 파괴하는 기계 파괴 운동을 전개하였다. 이 운동은 비밀 조직이 만든 가공의 인물 네드 러드의 이름을 따서 '러다이트 운동'이라고 불렸다.

09 | 정답 ③ | 제시된 자료는 19세기 전반 영국의 아동 노동 문제를 보여 주는 새들러 위원회 보고서이다. 산업 혁명 시기 자본가들은 생산비를 절감하고자 임금이 싼 아동을 고용하였다. 아동들은 항상 위험에 노출되어 있었으며 적은 임금을 받으면서 고된 노동에 시달렸다.

10 | 정답 ① | 제시된 자료는 1833년 왕립 위원회 보고서의 일부이다. 1833년 구성된 왕립 위원회는 공장주에 대한 설문 조사, 노동자와의 인터뷰 등을 통해 공장 실태를 객관적으로 기술한 보고서를 제출하였다. 보고서의 내용을 통해 19세기 전반 영국의 노동 현실을 알 수 있다. 산업 혁명 이후 노동자들은 열악한 작업 환경에서 저임금을 받으며 장시간 노동을 하였고 여성과 아동까지 일터로 내몰리는 상황이 심화되었다. 이에 영국에서는 「공장법」이 제정되어 하루 12시간 이상의 노동과 심야 작업을 제한하고 여성과 아동을 보호하고자 하였다.

자료 분석하기

아일랜드 사람들이 무수하게 맨체스터로 왔어요. 그들이 자식을 데리고 온 유일한 목적은 그 애들을 공장에 집어넣어 임금 덕을 보려는 데 있지요. 춘궁기에 건너온 아일랜드 이민 부모들은 자식의 노동에서 거두어들인 것 외에는 아예 생계 수단이 없거나 있다고 하더라도 보잘 것 없습니다. 어느 경우든지 어린이의 노동은 가계에 큰 보탬이 됩니다. 나는 자식이 아홉인데 이런 식의 보탬이 되기를 바라고 있답니다. 자식들을 공장에 집어넣지 않았다면 또 다른 직종으로 보냈을 겁니다.

– 왕립 위원회 보고서

산업 혁명으로 기계가 생산을 담당하게 되면서 단순 노동에 종사하는 인력이 필요하였다. 이에 자본가들은 생산비 절감을 위해 저임금으로 고용할 수 있는 인력을 선호하였다. 결국 노동자들은 열악한 작업 환경에서 저임금을 받으며 장시간 노동을 하였고, 여성과 아동까지 일터로 내몰리는 상황이 심화되었다. 위의 자료를 통해 19세기 전반 영국의 아동 노동 실태의 심각함을 알 수 있다.

11 | 정답 ⑤ | 산업 혁명 이후 갈수록 커지는 빈부 격차와 비참한 노동 현실을 배경으로 사회주의 사상이 확산되었다. 특히 '과학적 사회주의'를 주창한 마르크스와 엥겔스는 노동자들이 단결하여 자본가 계급을 타도하고 권력을 쟁취하여 평등한 사회주의 사회를 건설할 수 있다고 주장하였다.

오답 피하기

ㄱ. 오언 등 영국의 초기 사회주의 사상가들은 자본가와 노동자의 타협을 모색하였다. 협동과 빈부 격차가 없는 이상적인 공동체를 실현하려고 하였으나 마르크스는 이를 '공상적 사회주의'라고 비판하였다.
ㄴ. 스펜서는 사회 진화론을 제시하였다. 사회 진화론은 다윈의 생물학적 진화론에 기초한 사회 이론으로, 적자생존을 강조하여 제국주의를 합리화하였다.

12 | 사회 진화론 | 인간 사회에도 자연 세계와 같이 생존 경쟁과 적자생존의 원칙이 작용한다는 이론이다. 백인종이 유색 인종보다 문화적·생물학적으로 우월하다는 믿음에 기초하였다. 이러한 사회 진화론의 영향을 받아 식민지를 문명화한다는 명분을 내세우며 제국주의가 전개되었다.

13 | 정답 ① | 인도, 이집트, 캐나다 등 세계 곳곳에 식민지를 차지하고 있던 영국을 문어로 표현하여 제국주의를 풍자하고 있다.

14 | 정답 ① | 그림은 영국의 식민지 지배를 풍자하고 있다. 산업 혁명이 확산되면서 19세기 후반 유럽과 미국에서는 독점 자본주의가 출현하였다. 서양 열강이 상품 시장, 자본 투자처, 원료 공급지를 확보하기 위해 월등한 경제력과 군사력을 앞세워 더 많은 식민지를 건설하고자 적극적인 대외 팽창을 시도한 것을 제국주의라고 한다. 선진 공업국인 영국과 프랑스를 필두로 독일, 이탈리아, 미국 등이 제국주의 정책을 추진하였다.

오답 피하기

ㄷ. 제국주의 정책은 주로 유럽과 미국이 주도하였다. 아시아·아프리카 국가들은 제국주의 국가들에 침략당하는 입장이었다.
ㄹ. 제국주의 열강은 약소국에 대한 침략을 사회 진화론과 백인 우월주의를 내세워 식민 지배를 정당화하였다.

15 | 파쇼다 | 영국은 북쪽의 이집트와 최남단의 케이프 식민지를 잇는 아프리카 종단 정책을 추진하였다. 반면 프랑스는 아프리카 횡단 정책을 펼쳐 서부의 알제리, 모로코, 세네갈 등을 기점으로 동쪽으로 진출하여 영국과 대립하였다. 영국과 프랑스는 1898년 파쇼다에서 충돌하여 양국 간의 관계가 긴장되었으나, 영국이 이집트를, 프랑스가 모로코를 각 세력 안에 두기로 타협하면서 마무리되었다.

16 | 정답 ③ | 19세기 들어 아프리카 내륙의 지하자원이 알려지자 서양 열강들이 아프리카에 진출하기 시작하였다. 제시된 지도는 제국주의 열강의 아프리카 분할을 보여 주는데, (가)는 영국, (나)는 프랑스이다. 영국은 이집트의 카이로에서 케이프타운을 잇는 아프리카 종단 정책을, 프랑스는 알제리부터 마다가스카르섬을 연결하는 횡단 정책을 추진하였다. 두 국가는 수단의 파쇼다에서 충돌하였으나 영국이 이집트를, 프랑스가 모로코를 각각 세력 안에 두기로 타협하였다. 이후 20세기 초에는 에티오피아와 라이베리아를 제외한 아프리카 전 지역이 분할·점령되었다. ③ 영국과 프랑스는 파쇼다에서 충돌하였다.

17 | 정답 ④ | 제시된 지도는 제국주의 열강의 아시아·태평양 침략을 보여 주고 있다. A는 영국령, B는 프랑스령, C는 미국령, D는 네덜란드령이다. 프랑스는 베트남, 캄보디아 등 인도차이나 반도에서 세력을 확대하였다. 네덜란드는 17세기에 동인도 회사를 앞세워 포르투갈을 밀어내고 자와섬을 장악하였으며, 이후 인도네시아 대부분을 식민지로 삼았다.

오답 피하기

ㄱ. A는 영국령이다. 영국은 17세기 초 동인도 회사를 앞세워 인도에 진출한 뒤 19세기 중엽에 인도 대부분 지역을 점령하고 싱가포르, 말레이반도, 미얀마 등지로 세력을 넓혔다.
ㄷ. C는 미국령이다. 미국은 에스파냐와의 전쟁에서 승리한 후 필리핀을 식민지로 삼았다.

18 **예시 답안** 그림의 윗 부분에는 부유한 계급의 편안한 생활을, 아랫 부분에는 탄광에서 일하는 굶주린 노동자를 묘사하였다. 한 공간에 있지만 엄격히 구분되는 계급 사회의 모습을 통해 산업 혁명의 혜택이 골고루 돌아가지 못하면서 빈부 격차가 심화되었음을 알 수 있다.

| 채점 기준 |

상	그림의 상황을 정확히 파악하고 관련 사회 문제와 발생 원인을 모두 바르게 서술한 경우
중	그림의 상황과 관련 사회 문제를 파악했으나, 원인을 서술하지 못한 경우
하	그림의 상황만 서술한 경우

19 **예시 답안** (가)는 제국주의이다. 상품 수출 및 국내 자본을 투자할 수 있는 새로운 시장과 공업 발전에 필요한 값싼 원료 공급지가 필요해지면서 제국주의가 등장하였다.

| 채점 기준 |

상	제국주의의 명칭과 제국주의 입장에서 팽창 정책의 필요성을 구체적으로 서술한 경우
중	제국주의의 명칭을 쓰고 다소 추상적으로 정책이 등장한 이유를 서술한 경우
하	제국주의의 명칭만 서술한 경우

3 서아시아와 인도의 국민 국가 건설 운동

실력 확인 문제 164~167쪽

01 ⑤	02 ②	03 청년 튀르크당	04 ②
05 ⑤	06 ④	07 ④	08 와하브 운동
09 ⑤	10 ①	11 세포이	12 ①
13 ②	14 ⑤	15 ②	16 ③
17 ②	18~19 해설 참조		

01 | 정답 ⑤ | 19세기 영국과 러시아 사이에서 위축되고 있는 국가는 오스만 제국이다. 17세기부터 시작된 오스만 제국의 쇠퇴는 19세기에 들어 가속화되었다. 그리스가 독립하면서 소수 민족들의 독립운동 열기가 높아졌고, 세르비아와 이집

트 등이 자치권을 획득하였다. 오스만 제국의 영향력이 약해진 틈을 타서 영국과 러시아가 그 공백을 차지하고자 압박해 왔다.

02 | 정답 ② | 제시된 자료는 술탄 압둘 마지드 1세가 1839년 탄지마트 칙령을 발표하는 장면이다. 오스만 제국의 개혁 세력은 대내외적인 위기를 극복하고 부국강병을 이루기 위해 탄지마트를 단행하였다. 1839년부터 1876년 헌법이 제정될 때까지 추진된 개혁 내용은 행정·과세 제도 개선, 철도 도입, 유럽식 교육 시행, 의회 제도 실시, 군대 조직의 근대화, 청년의 유럽 파견 등이다.

오답 피하기

② 오스만 제국 붕괴 이후 튀르키예 공화국에서 공화제를 실시하였다.

03 | 청년 튀르크당 | 오스만 제국의 술탄은 미드하트 파샤의 노력으로 1876년에 제정된 헌법을 무시하고 전제 정치를 펼쳤다. 이에 따라 근대화를 열망하는 젊은 장교와 관료, 지식인이 중심이 되어 청년 튀르크당을 결성하였다. 1908년 청년 튀르크당은 무장 봉기를 통해 정권을 장악하고 헌법을 부활시켜 입헌 정치를 실시하였다. 아울러 언론 자유 보장, 산업 육성, 교육과 조세 제도의 개혁 등을 추진하였다.

04 | 정답 ② | 제시된 자료를 통해 (가) 인물이 무스타파 케말임을 알 수 있다. 제1차 세계 대전 종전 이후 강대국의 분할 점령에 맞서 오스만 제국의 개혁에 나선 무스타파 케말은 튀르크인의 공화국 수립을 추진하여 1923년 튀르키예 공화국을 수립하였다.

05 | 정답 ⑤ | 튀르키예 공화국을 수립한 무스타파 케말은 초대 대통령으로 취임한 뒤 다양한 분야의 개혁을 추진하였다. 특히 여성에게 동등한 교육과 사회 참여 기회를 보장하였고, 여성의 복장에 자유를 주었으며, 일부일처제를 확립하는 등 여성 인권을 높이고자 하였다.

오답 피하기

① 인도, ②, ③ 이집트, ④ 오스만 제국에서 발생한 사실이다.

06 | 정답 ④ | 제시된 그래프는 수에즈 운하의 건설로 런던에서 아시아에 이르는 항로가 크게 감축되었음을 보여 준다. 이러한 변화의 원인은 수에즈 운하 건설이었다. 이집트 수에즈 운하의 개통으로 유럽에서 아시아까지 평균 30일 걸리던 시간도 3일 정도로 단축되었다.

07 | 정답 ④ | 이란에서는 18세기 카자르 왕조가 성립되었으나 19세기부터 영국과 러시아 등 열강의 침입에 시달리게 되었다. 19세기 말 영국은 담배 제조 및 판매 독점권을 획득하면서 이란의 카자르 왕조에 영향력을 확대하였다. 이에 이란인들 사이에 반영 감정이 고조되었고, 상인과 이슬람 지도자가 주도하는 담배 불매 운동이 전국에서 일어났다. 이후 반영 운동 세력은 다시 입헌 정치와 내정 개혁을 요구하였고, 마침내 이란은 국민 의회를 수립하고 헌법을 제정하였다.

오답 피하기

ㄱ. 와하브 운동은 18세기에 아라비아반도에서 이슬람교 초기의 순수함을 되찾자는 신앙 운동으로 시작되었다. 운동의 창시자인 압둘 와하브의 이름에서 유래하였다.
ㄷ. 오스만 제국에서는 대내외적 위기를 타개하기 위해 서양 문물을 적극적으로 받아들이고 부국강병을 추구하는 탄지마트가 단행되었다.

08 | 와하브 운동 | 아라비아 일대는 오랫동안 오스만 제국의 지배를 받았으나 오스만 제국이 쇠퇴하자 서양 열강이 진출하여 영향력을 확대하였다. 이러한 상황에 아라비아반도에서는 이슬람교 초기의 순수함을 되찾자는 와하브 운동이 일어났다. 와하브 운동은 '『쿠란』으로 돌아가자.'라며 이슬람교의 근본 원리에 충실할 것을 강조하였고 술, 담배, 도박 등을 철저히 금하였다. 이후 20세기 들어 아랍 세계의 단결과 통일을 고취하는 아랍 민족주의의 기반이 되었다.

09 | 정답 ⑤ | 카자르 왕조의 지배자들이 러시아와 영국에 의지하자 이란에서는 담배 불매 운동과 같은 민족주의 운동이 전개되었고, 새로운 헌법을 도입하였다. 그러나 러시아와 영국이 이란에 무력으로 개입하여 개혁을 좌절시켰다. 결국 러시아와 영국이 이란을 각자의 세력권으로 분할하여 지배하였다.

10 | 정답 ① | 인도에 진출한 영국은 플라시 전투(1757)에서 프랑스 세력을 물리치고 벵골 지역의 통치권을 장악하였다. 이후 19세기 중엽에는 영국이 인도의 거의 모든 지역을 점령하고 동인도 회사에 무역 독점권을 주었다. 동인도 회사는 사실상 통치권을 행사하면서 인도에 영국산 면직물을 대량으로 수출하고 인도인에게 면화와 아편을 강제로 재배시키는 등 인도를 상품 시장이자 원료 공급지로 삼았다. 기계로 대량 생산된 영국의 값싼 면직물은 인도 시장을 잠식하여 인도의 면직물 산업이 급격히 몰락하였다.

11 | 세포이 | 페르시아어로 '병사'라는 뜻으로, 영국의 인도 지배 시기 영국의 동인도 회사가 인도인 중에서 뽑은 용병을 의

미한다.

12 | 정답 ① | 제시된 자료는 「인도 통치 개선법」이다(1858). 영국은 세포이의 항쟁을 계기로 무굴 황제를 폐위시키고 인도를 직접 통치하기 위해 「인도 통치 개선법」을 제정하고 뒤이어 동인도 회사를 해체시켰다.

자료 분석하기

제1조 현재 동인도 회사가 점유·지배하고 있는 영역에 대한 통치와, 통치와 관련하여 위 회사에 부여된 모든 권리는 더 이상 행사되거나 부여되지 않는다.
→ 동인도 회사를 통한 간접 통치 폐지
제2조 인도는 폐하에 의하여, 폐하의 이름으로 통치된다.
→ 무굴 제국 황제의 통치권 상실
제3조 별도의 규정이 없는 한, 폐하의 주요 국무장관 중 한명이 동인도 회사가 수행하였던 모든 권력과 의무를 수행한다.
→ 영국의 직접 통치 실시

13 | 정답 ② | 플라시 전투의 발발은 1757년, 벵골 분할령의 선포는 1905년이다. 세포이의 항쟁은 1857년에 일어난 반영 투쟁으로, 영국 동인도 회사의 용병이었던 세포이들이 영국의 침략과 수탈 정책에 반발하면서 봉기한 사건이다. 세포이의 항쟁을 진압한 영국은 인도 통치 개선법을 제정하였고, 동인도 회사의 인도 지배권을 박탈하고 폐지하였다.

오답 피하기

ㄴ. 로울라트법은 제1차 세계 대전 종전 후에 시행되었다.
ㄹ. 간디는 「로울라트법」의 폐지와 자치를 요구하며 불복종 운동을 전개하였고, 1930년에는 소금 행진을 단행하였다.

14 | 정답 ⑤ | 스와데시(국산품 애용) 운동 및 외국 상품 불매 운동, 국민 교육 운동, 자치 운동 등의 활동을 전개한 단체는 인도 국민 회의이다. 영국의 인도인에 대한 차별이 심해지자 지식인 계층은 인도인을 대표할 정치 기구를 만들고자 하였다. 이에 영국은 인도 지식인 계층을 협력자로 끌어들이기 위해 협조하였고 인도 국민 회의가 성립되었다. 이후 벵골 분할령 발표를 계기로 급진파가 주도하여 반영 민족 운동을 전개하였다.

오답 피하기

ㄱ. 인도 국민 회의는 동인도 회사가 해체된 후에 결성되었다.
ㄴ. 초기 인도 국민 회의는 완전 자치나 독립보다는 지식인 계층의 이익과 정치적 권리의 확대를 위해 노력하였다.

15 | 정답 ② | 제시된 자료에서 소금 행진을 주도한 (가) 인물은 간디이다. 제2차 세계 대전이 터지자 영국은 인도인의 의사도 묻지 않고 인도의 참전을 선언하였다. 인도는 영국에 협력하는 대가로 완전한 독립을 요구하였지만 영국은 이를 무시하였다. 그러자 간디는 네루와 함께 영국이 인도에서 즉시 물러날 것을 주장하는 인도 철수 운동을 전개하였다.

16 | 정답 ③ | 인도는 자치권을 약속한 영국을 도와 제1차 세계 대전에 협력하였으나 영국은 약속을 지키지 않고 「로울라트법」을 제정하여 인도의 민족 운동을 억압하였다. 간디는 영국의 탄압에 맞서 불복종 운동을 시작하였다. 작위와 상장·훈장 반납, 관직 사퇴, 정부가 주관하는 접견과 공식 행사 참석 거부, 지방 의회 선거 거부, 식민 정부 법정의 재판 거부, 국공립 학교 학생 자퇴 및 교사 사직, 토지세 납부 거부, 외국 상품 불매 운동 등의 불복종 운동에 많은 인도인이 동참하였다.

오답 피하기

③ 간디는 제2차 세계 대전이 끝난 뒤 영국이 인도에서 즉시 물러날 것을 주장하는 인도 철수 운동을 전개하였다(1942).

17 | 정답 ② | 제시된 지도에서 (가)는 프랑스령 인도차이나, (나)는 네덜란드령 동인도 지역이다. (가) 지역에서는 호찌민이 1930년 베트남 공산당을 결성하였고, 민족의 독립을 최우선으로 내세우며 다양한 세력과 협력하였다. (나) 지역에서는 수카르노가 1927년 인도네시아 국민당을 결성하고 다양한 세력과 연합하여 민족 운동을 이끌었다.

오답 피하기

ㄴ. 라마 5세는 시암(타이)의 군주이다. 시암은 라마 5세의 근대적인 개혁과 영국과 프랑스의 세력 균형 덕분에 동남아시아에서 유일하게 독립을 유지하였다.
ㄹ. 필리핀에 대한 설명이다. 에스파냐에 이어 필리핀의 새로운 지배국으로 미국이 등장하자 1935년 미국에 대항하여 필리핀 연방 정부를 수립하였다.

18 **예시 답안** 여성의 복장에 자유를 주고 일부일처제를 확립하였으며, 남녀 평등 교육을 시행하는 등 여성 인권을 높이고자 하였다. 튀르크어를 표기하기 어려운 아랍 문자를 라틴 문자로 대체하고, 아랍어에서 유래한 단어들을 없애 튀르크 의식을 강화하였다.

| 채점 기준 |

상	무스타파 케말의 개혁 내용 두 가지를 정확하게 서술한 경우
중	무스타파 케말의 개혁 내용 중 한 가지만 서술한 경우
하	무스타파 케말이 개혁을 했다고만 서술한 경우

19 예시 답안 밑줄 친 '봉기'는 세포이의 항쟁이며, 이를 계기로 동인도 회사를 통한 간접 지배를 폐지하고 영국 국왕이 인도 제국의 황제로서 인도를 직접 지배하게 되었다.

| 채점 기준 |

상	세포이의 항쟁과 이로 인한 변화를 모두 서술한 경우
중	세포이의 항쟁을 쓰고, 영국이 인도를 지배하였다라고 서술한 경우
하	세포이의 항쟁만 쓴 경우

4 동아시아의 국민 국가 건설 운동

실력 확인 문제 174~177쪽

01 삼각 무역 02 ⑤ 03 ② 04 ④
05 ④ 06 ⑤ 07 ④ 08 ③
09 ③ 10 시모노세키 조약 11 ②
12 ① 13 ① 14 ④ 15 5·4 운동
16 ③ 17 ④ 18 ④
19~20 해설 참조

01 | 삼각 무역 | 18세기 공행을 통한 무역 체제 속에서 영국의 은이 대량으로 유출되자, 영국은 무역 적자를 메우기 위해 인도산 아편을 중국으로 밀수출하는 삼각 무역을 실시하였다.

02 | 정답 ⑤ | 제시된 지도에서 (가) 전쟁은 제1차 아편 전쟁, (나) 전쟁은 제2차 아편 전쟁이다. 제1차 아편 전쟁에서 패배한 청은 5개 항구 개항, 홍콩 할양, 배상금 지불, 공행 무역 폐지 등을 내용으로 하는 난징 조약을 체결하였다. 또한, 제2차 아편 전쟁의 결과 베이징 조약이 체결되었는데, 이는 영토 할양, 영사 재판권, 최혜국 대우 등이 허용된 불평등 조약이었다.

오답 피하기

① 제2차 아편 전쟁, ②, ④ 청일 전쟁, ③ 제1차 아편 전쟁에 해당하는 설명이다.

03 | 정답 ② | 난징 조약에서는 상하이 등 5개 항구 개항, 영국에 홍콩 할양, 공행 무역 폐지, 협정 관세, 배상금 지불 등이 결정되었다. 한편 베이징 조약에서는 외교 사절의 베이징 주재, 11개 항구 추가 개항, 외국인의 내지 여행과 통상 그리고 크리스트교 포교 등이 허용되었다.

04 | 정답 ④ | 제시된 자료는 1853년 일본 항구에 미국의 페리 함대가 도착한 사실을 보여 주고 있다. 일본은 통상을 요구하는 페리 함대의 무력 시위에 굴복하여 미일 화친 조약을 체결하고 2개 항구를 개항하였다.

오답 피하기

⑤ 미일 화친 조약 체결 이후에도 미국의 계속된 압력으로 에도 막부는 1858년 미일 수호 통상 조약을 체결하고 추가 개항, 협정 관세, 영사 재판권 인정 등을 허용하였다.

05 | 정답 ④ | 양무운동을 통해 길러온 중국의 군사력이 청일 전쟁으로 그 허약함을 드러내자, 중국에서는 서양의 과학 기술뿐만 아니라 서양의 정치 체제와 교육 제도까지 도입하자는 변법자강 운동이 전개되었다. 캉유웨이와 량치차오 등은 의회 제도 도입까지 포함한 정치 제도의 개혁을 주장하며 상공업 육성, 신식 군대 양성, 근대 교육 확대 등을 목표로 하는 개혁(무술변법)을 시도하였다.

06 | 정답 ⑤ | 에도 막부가 무너지고 새롭게 메이지 천황을 앞세워 수립된 메이지 정부는 다이묘의 영지(번)를 취소하고 현을 설치했으며, 현에는 중앙에서 지방관을 파견하였다. 그 결과 에도 시대까지의 봉건제는 사라지고 메이지 시대의 중앙 집권적 체제로 개편되었다. 메이지 정부는 토지 제도와 조세 제도를 개혁하고, 징병제를 시행해 신식 군대를 육성하였다. 또한 신식 공장을 설립하고 상공업을 장려하며 근대 산업의 발전을 지원하였고, 신식 학교를 설립하고 유학생을 파견하는 등 서구의 문물을 적극적으로 도입하였다.

07 | 정답 ④ | 밑줄 친 '그'는 쑨원이다. 쑨원은 중국 동맹회를 조직하였고, 혁명파를 이끌고 청 타도와 공화국 수립을 추진하였다.

오답 피하기

① 캉유웨이, 량치차오 등에 해당하는 설명이다.
② 임칙서에 대한 설명이다. 아편 밀수입으로 어려움을 겪던 청은 광저우에 임칙서를 파견하여 아편 무역을 단속하였다. 영국은 이 사건을 빌미로 제1차 아편 전쟁을 일으켰다.
③ 이와쿠라 사절단은 1871년에 일본 메이지 정부가 구미에 파견한 사절단으로 불평등 조약의 개정 협상, 서구 문물 시찰을 목적으로 파견되었다.
⑤ 메이지 정부는 운요호 사건을 일으켜 조선에 수교를 요구하였다.

08 | 정답 ③ | 제시된 연표에서 미일 화친 조약은 1854년, 메이지

유신은 1868년, 메이지 헌법 제정은 1889년, 청일 전쟁은 1894년, 러일 전쟁은 1904년의 일이다. 조일 수호 조규는 일본이 일으킨 운요호 사건을 계기로 1876년 체결되었다. 또한, 19세기 말 메이지 정부는 산업화를 추진하면서 대외 침략에 나섰다. 한반도를 두고 청과 경쟁하던 일본은 동학 농민 운동을 빌미로 청일 전쟁(1894~1895)을 일으켰다.

오답 피하기

(가) 1871년 메이지 정부는 중앙 집권 체제를 강화하기 위해 번을 없애고 현을 설치하는 폐번치현을 실행하였다.
(라) 1937년 일본이 중일 전쟁을 도발하였다.

09 | 정답 ③ | 제시문에서 (가)는 대일본 제국 헌법이고, (나)는 흠정 헌법 대강이다. 동아시아 각국에서는 의회 설립을 통한 근대 국민 국가 수립을 위한 노력을 전개하였다. 일본에서는 메이지 정부가 서양식 입헌 제도 도입과 헌법 제정을 요구하는 자유 민권 운동을 탄압하고 정부 주도로 1889년 대일본 제국 헌법을 제정하였다. 중국에서는 변법자강 운동에서 의회 설립을 시도하였고, 1908년에는 흠정 헌법 대강이 발표되었다.

오답 피하기

① 신해혁명은 1911년에 발발하였다.
② 광무개혁은 1897년에 수립된 대한 제국에서 추진한 개혁이다.
④ 대일본 제국 헌법과 흠정 헌법 대강에서는 민권보다 천황권이나 황제권을 우선시하였다.
⑤ 대일본 제국 헌법에만 해당하는 내용이다.

10 | 시모노세키 조약 | 청일 전쟁에서 승리한 일본은 타이완과 랴오둥반도의 할양, 막대한 배상금의 지불 등을 내용으로 하는 시모노세키 조약을 체결하였다(1895).

11 | 정답 ② | 제2차 아편 전쟁은 1859~1860년, 의화단 운동은 1899~1901년의 일이다. 1898년 캉유웨이, 량치차오 등 개혁적 성향의 지식인들이 청일 전쟁 패배로 양무운동의 한계가 드러나자, 일본의 메이지 유신을 본떠 입헌 군주제를 도입하는 등 정치 제도를 개혁해야 한다는 무술변법을 추진하였다. 이에 따라 변법자강 운동을 전개하였지만 서태후 등 보수파의 반격으로 실패하였다.

오답 피하기

① 제1차 세계 대전 이후 열린 파리 강화 회의에서 일본이 산둥반도에 대한 독일의 이권을 차지한 것이 인정되었다. 이에 베이징의 학생들 주도로 1919년 5월 4일 대규모 반일 시위가 일어나 전국적으로 확산되었다(5·4 운동).
③ 중국 국민당과 중국 공산당은 제1차 국공 합작을 통해 국민 혁명(1924~1927)을 일으켰다. 중국 국민당의 장제스는 국민 혁명군을 결성하여 군벌 타도를 위한 북벌을 추진하여 난징 정부를 수립하였다.
④ 제1차 아편 전쟁에서 승리한 영국은 청과 난징 조약을 체결하였다(1842).
⑤ 쑨원은 1905년 일본에서 중국 동맹회를 결성하였다.

12 | 정답 ① | 제시된 자료에서 러일 전쟁 발발은 1904년, 중일 전쟁 발발은 1937년의 일이다. 1931년 만주 사변을 계기로 이듬해 만주국이 수립되었으며, 1919년 한반도에서는 일본의 식민 지배에 저항하는 3·1 운동이 전개되었다.

오답 피하기

ㄷ. 1941년 일본은 하와이를 습격하며 태평양 전쟁을 일으켰다.
ㄹ. 청일 전쟁의 결과 1895년 시모노세키 조약이 체결되었다.

13 | 정답 ① | 밑줄 친 '조선의 독립운동'은 3·1 운동이다. 3·1 운동은 일제 강점기 최대 규모의 항일 운동으로 우리 민족의 독립 의지와 열망을 전 세계에 알렸다. 천두슈 등은 5·4 운동의 주도 계층인 청년과 학생들에게 큰 영향을 미친 신문화 운동의 지도자였다.

14 | 정답 ④ | 제시된 자료에서 갑신정변은 1884년, 광무개혁은 1897년, 임오군란은 1882년, 동학 농민 운동은 1894년, 조일 수호 조규는 1876년의 일이다.

15 | 5·4 운동 | 제1차 세계 대전 중 일본은 산둥반도의 이권을 포함한 21개조 요구를 중국에 강요하였다. 전후 열린 파리 강화 회의에서 일본의 21개조 요구가 연합국의 승인을 받자, 베이징 학생들이 중심이 되어 반일본·반군벌 시위를 벌였다. 이 시위는 전국으로 퍼져 도시의 상인과 노동자들이 참여하는 항일 구국 운동으로 발전하였다.

자료 분석하기

일본은 파리 강화 회의에서 …… 산둥의 모든 권리를 관리하는 데 성공하려 한다. …… 이는 곤 중국 영토가 파괴되는 것이며, 중국이 망하는 것을 뜻한다. …… 밖으로는 주권 수호를 위해 싸우고, 안으로는 국적을 제거하는 것이 오로지 이번 일에 달려 있다. (→ 군벌을 의미함)

– 톈안먼 선언문

산둥반도의 권리는 원래 독일이 차지하고 있었으나 제1차 세계 대전이 독일의 패배로 끝나자 승전국이었던 일본은 산둥반도에 대한 권리를 차지하려고 하였다.

16 | 정답 ③ | 중국 국민당의 쑨원은 제국주의 및 군벌 타도를 목

표로 소련의 지원을 받아들이면서 중국 국민당과 중국 공산당이 제1차 국공 합작을 결성하였다. 쑨원이 죽은 이후 정권을 장악한 장제스는 1926년부터 군벌 타도를 위한 북벌을 시작하였으나 국민 혁명군이 북벌을 진행하면서 국공 간의 갈등이 심화되어 제1차 국공 합작이 결렬되었다.

17 | 정답 ④ | 제시된 자료에서 (가) 군대는 조선 의용군, (나) 군대는 한국 광복군이다. 조선 의용군은 중국 공산당의 팔로군과 더불어 활동하면서 대일 항전을 수행하였다. 한국 광복군은 대한민국 임시 정부가 중국 국민당 정부의 지원을 받아 창설한 부대이다(1940).

18 | 정답 ④ | 제시된 자료에서 국권 회복 투쟁을 전개하였으며, 중국의 항일 전쟁이 조선 민족 해방 운동과 불가분의 관계라는 내용을 통해 밑줄 친 '공동 작전'이 일제 강점기에 전개된 한중 연대 활동임을 알 수 있다. 중국 국민당의 지원을 받아 한국 광복군이 창설되었으며, 한국과 중국 사회주의 세력이 연대하여 만주 지역에서 동북 항일 연군이 무장 투쟁을 전개하였다.

19 예시 답안 (가) 조약은 미일 수호 통상 조약, (나) 조약은 조일 수호 조규이다. 두 조약 모두 항구의 개항을 요구하였으며 영사 재판권을 인정하였다.

| 채점 기준 |

상	(가), (나) 조약을 적고, 공통점 두 가지를 모두 서술한 경우
중	(가), (나) 조약을 적고, 공통점 중 한 가지만 서술한 경우
하	(가), (나) 조약과 이들의 공통점을 서술하지 못한 경우

20 예시 답안 의회의 설립을 주장하였다.

| 채점 기준 |

상	의회의 설립을 정확하게 서술한 경우
중	정치 제도의 개혁이라고만 서술한 경우
하	공통 주장을 파악하지 못하고 제시문의 내용을 그대로 서술한 경우

대단원 마무리 문제

179~181쪽

01 ①	02 ①	03 ④	04 ④	05 ⑤
06 ⑤	07 ②	08 ④	09 ④	10 ⑤

11~12 해설 참조

01 | 정답 ① | 홉스는 1651년에 『리바이어던』이라는 책을 냈다. '리바이어던'이라는 이름은 성경의 '욥기'에서 딴 것으로, 욥기에 보면 거대한 괴물인 리바이어던이 '교만한 자들에 대한 임금'이라고 불린다. 홉스는 인간 본성이 이기적이므로 사람들은 자연권을 제한하고 사회 계약을 맺어 자연권을 군주에게 양도한 것이라고 설명했으나, 결국 그의 주장은 절대 왕권을 옹호한 것이었다.

오답 피하기

ㄷ. 영국의 홉스와 로크는 법 위에 존재하는 보편타당한 원리가 있다는 자연법사상를 토대로 사회 계약설을 주장하였다.

ㄹ. 로크에 대한 설명이다. 로크는 홉스와 달리 자연 상태는 자연법이 지배하는 평화로운 상태로, 중재자가 없고 재산을 보호받지 못하므로 정부를 세운 것이라고 설명하였다. 자연권은 어떤 경우에도 절대 양도될 수 없고 정부에는 통치권을 위탁한 것뿐이므로, 자연권이 침해당하면 시민은 계약을 파기하고 저항해야 한다고 주장하였다.

자료 분석하기

> 정치권력이 존재하지 않는 자연 상태에서 인간은 …… 서로 싸우는 전쟁 상태에 있다. …… (이를) 벗어나기 위해 강력한 정부가 요구되므로, 인간은 개인 행동의 자유를 지배자의 손에 맡기기 위한 일종의 합의나 계약을 하게 된다(→ 자연권 양도). 그러나 이 경우 지배자에게 무제한의 절대적 권력을 줘야 한다(→ 절대 왕정 체제 옹호). 그렇지 않으면 …… 사회는 또다시 '만인의 만인에 대한 투쟁'인 자연 상태로 돌아가기 때문이다.
>
> –『리바이어던』

02 | 정답 ① | 자료는 프랑스 국가 '라 마르세예즈'와 프랑스 국기 '삼색기'이다. 라 마르세예즈는 프랑스가 오스트리아에 선전 포고를 한 직후 만들어져, 혁명전쟁에 참여하려는 마르세유의 의용병들에 의해 퍼져 나갔다. 파리 시민들도 루이 16세의 퇴위를 요구하며 이 노래를 불렀고, 이후 이 노래는 프랑스의 국가로 지정되었다. 프랑스 국기는 프랑스 혁명 시기에 국민군이 사용했던 휘장에서 비롯되어 1794년에 국기로 제정되었다. 세 가지 색깔은 프랑스 혁명의 정신인 자유, 평등, 우애를 나타낸다.

03 | 정답 ④ | 제시된 자료에서 (가) 보스턴 차 사건은 1763년, (나) 요크타운 전투는 1781년의 일이다. 독립 선언서는 1776년 대륙 회의에서 발표되었다.

오답 피하기

① 1688~1689년, ② 1765년, ③ 1787년, ⑤ 1789년의 일이다.

04 | 정답 ④ | 제시된 자료를 통해 (가) 국가는 이탈리아, (나) 국가는 독일임을 알 수 있다. 프로이센은 독일 내 나라들 사이의 관세를 없애는 관세 동맹을 주도하여 경제 통합을 먼저 이루었다(1834).

오답 피하기

① 영국, ② 미국, ③ 러시아, ⑤ 프랑스에 해당하는 내용이다.

05 | 정답 ⑤ | 산업 혁명 초기에 지식인들은 노동자들의 비참한 삶을 보고 큰 충격을 받았다. 그들은 노동자들의 불행이 자유 경쟁 체제 때문이라고 생각하였다. 그리하여 협동과 공동체를 강조하는 초기 사회주의 사상이 출현하였다. 영국의 공장주 오언은 직접 영국과 미국에 협동촌을 건설하였다.

06 | 정답 ⑤ | 제시된 자료는 1876년에 벨기에의 국왕 레오폴드 2세의 주관으로 중앙아프리카의 문명화와 분할을 목적으로 열린 열강들 간 회의의 개회 연설이다. 서구 열강은 미개한 비서양인을 문명화시켜야 한다는 사명감을 내세우며 식민지 쟁탈전에 참여하였다. 제국주의 열강의 대외 침략 정책은 사회 진화론으로 정당화되었다. 사회 진화론은 19세기 후반 스펜서가 발표한 이론으로, 적자생존의 원칙을 내세우며 인간 사회는 열등 상태에서 우월 상태로 진보해 왔다고 정의하였다. 사회 진화론을 바탕으로 유럽 국가들은 아프리카, 아시아, 아메리카 지역의 원주민들을 미개한 인종으로 취급하면서 이들을 문명화시키는 것이야말로 자신들의 의무라고 주장하였다.

07 | 정답 ② | 제시된 자료는 1858년 11월 1일에 발표된 '인도의 번왕, 수장, 인민에 대한 여왕의 선언'이다. 세포이 항쟁이 일어나자 영국 동인도 회사는 군대를 정비하여 1858년 후반에 북인도의 봉기군을 거의 진압하였다. 1858년 8월에는 인도 통치 개선법을 발표하여 동인도 회사의 인도 지배를 끝내고 영국 왕(빅토리아 여왕)이 인도를 직접 통치하기로 하였다.

오답 피하기

① 영국은 인도인을 분열시켜 반영 민족 운동을 약화하고자 벵골 분할령을 시행하였다(1905). 그러나 인도 국민 회의의 급진파가 주도권을 잡아 스와데시 운동 등의 적극적인 활동을 전개하자, 결국 영국은 벵골 분할령을 취소하고 명목상의 자치를 인도인에게 허용하였다.

③ 1869년 이집트는 수에즈 운하를 건설하려 하였지만 건설 과정에서 재정난이 발생하여 운하 운영권을 영국에 양도하였다.

④ 제2차 세계 대전 당시 영국은 인도의 의사도 묻지 않고 인도의 참전을 선언하였다. 이에 인도 국민 회의는 항의하였고, 간디는 영국이 인도에서 즉시 물러날 것을 주장하는 인도 철수 운동을 전개하였다.

⑤ 플라시 전투는 인도 벵골 지방의 지배권을 놓고 영국과 벵골·프랑스 연합군 사이에서 벌어진 전투이다(1757).

08 | 정답 ④ | 밑줄 친 '우리들'은 청년 튀르크당이다. 이들은 무력으로 정권을 장악한 뒤 헌법을 부활하였다. 여성 차별이 철폐되고 언론의 자유가 보장되었으며, 경제와 교육 개혁이 추진되었다. 그러나 청년 튀르크당은 아랍어 사용을 금지하는 등 극단적인 튀르크 민족주의를 내세워 내부의 다른 민족들의 반발을 샀다.

09 | 정답 ④ | 제시된 지도에서 (가) 전쟁은 제2차 아편 전쟁, (나) 전쟁은 청일 전쟁이다. 양무운동은 '중체서용(중국의 전통 질서를 유지하면서 서양 문물을 수용)'을 내세우며 군수 공업 육성, 서양식 군대의 창설, 회사와 공장의 설립 등을 추진하였다. 그러나 청일 전쟁(1894~1895)에서 청이 일본에 패배하면서 양무운동의 한계가 드러나게 되었다.

오답 피하기

① 의화단 운동은 변법자강 운동이 별다른 성과를 거두지 못하고 열강의 이권 침탈이 심화되자 1899년 산둥을 중심으로 확산되었다. 이들은 '청을 도와 서양 세력을 멸하자(부청멸양).'라는 구호를 내걸고 반크리스트교, 반제국주의 운동을 전개하였으나 열강의 연합군에 의해 진압되었다.

② 청은 아편 무역을 통한 은 유출로 인하여 재정 위기를 맞이하였다. 이에 임칙서를 광저우에 파견하여 영국 상인이 밀수한 아편을 몰수하자, 영국이 함대를 파견하면서 제1차 아편 전쟁이 일어났다.

③ 1924년 군벌 타도와 제국주의에 대항하기 위해 제1차 국공 합작이 결성되었다.

⑤ 제1차 세계 대전 이후 열린 파리 강화 회의에서 일본이 산둥반도에 대한 독일의 이권을 차지한 것이 인정되었다. 이에 베이징의 학생들 주도로 1919년 5월 4일 대규모 반일 시위가 일어나 전국적으로 확산되었다(5·4 운동).

10 | 정답 ⑤ | 밑줄 친 '새로운 정부'는 메이지 정부이다. 일본은 1868년 일본은 메이지 유신을 추진하여 서양의 근대 문물과 제도를 수용하였다. 폐번치현을 단행하여 중앙 정부가 지방에 관료를 파견하도록 하였고, 이를 통해 중앙 집권 체제를 강화하였다.

오답 피하기

① 야마토 정권 시기인 7세기 중반에는 당의 율령 체제를 도입하여 중앙 집권 국가를 수립하려는 다이카 개신이 단행되었다.

② 미일 화친 조약은 메이지 유신이 추진되기 이전인 1854년에 체결되었다.

③ 산킨코타이 제도는 다이묘들을 정기적으로 에도에서 머물게 한 것으로 에도 막부 때 실시되었다.

④ 중국과 감합 무역이 이루어진 시기는 무로마치 막부 때로, 메이지 유신과는 관련이 없다.

11 예시 답안 제1조에서는 자유와 평등, 제2조에서는 저항권, 제3조에서는 국민 주권, 제17조에서는 재산권 보호를 천명하고 있다.

| 채점 기준 |

상	각 조항과 천명한 이념의 연결을 세 개 이상 정확하게 서술한 경우
중	각 조항과 천명한 이념의 연결을 두 개만 서술한 경우
하	각 조항과 천명한 이념의 연결을 한 개만 서술한 경우

12 예시 답안 (가) 조약은 난징 조약이며, 5개 항구 개항, 영국에 홍콩 할양, 공행 무역 폐지, 배상금 지불 등을 규정하였다.

| 채점 기준 |

상	조약의 명칭과 조약 내용 세 가지를 모두 포함하여 정확하게 서술한 경우
중	조약의 명칭을 쓰고, 조약 내용을 두 가지만 서술한 경우
하	조약의 명칭을 쓰고, 조약 내용을 한 가지만 서술한 경우

핵심 수행 평가 예시 답안 182~183쪽

01 프랑스 혁명 갤러리

1 예시 답안

삼부회의 소집(1789. 5.)

테니스 코트의 서약(1789. 6.)

바스티유 감옥 습격(1789. 7.)

루이 16세의 처형(1793. 1.)

테르미도르의 반동(1794. 7.)

나폴레옹의 쿠데타(1799. 11.)

2

바스티유 감옥 습격

예시 답안 프랑스 혁명 당시 바스티유는 범죄를 저지른 사람들, 종교적 이유로 투옥된 사람, 금지된 책을 쓰거나 출판한 사람들이 수감되어 있었습니다. 1789년 7월 14일 제3 신분 대표들이 결성한 국민 의회의 탄압 소식을 들은 파리의 군중들은 폭동을 일으켰고 절대 왕정을 상징인 바스티유를 습격하였습니다. 당시 바스티유에는 7명의 죄수밖에 없었다고 하지만 바스티유의 습격은 정부군과 민병대 간의 시가전으로 확대되었고 구체제를 붕괴시키는 발단이 되었습니다. 프랑스는 이 날을 프랑스 혁명 기념일로 삼아 오늘날까지 기억하고 있습니다.

02 동아시아의 개항과 불평등 조약

1 예시 답안 중국과 일본의 개항 과정에서 체결한 조약은 공통적으로 항구의 개항을 약속했다. 또한, 미일 화친 조약의 제9조, 미일 수호 통상 조약의 제4조와 제6조 그리고 난징 조약의 제3조, 제8조 등 불평등한 조항이 포함되어 있다는 공통점이 있다.

2 예시 답안 조선은 개항 과정에서 일본과 조일 수호 조규를 체결하였다. 조일 수호 조규는 해안 측량권(제7관 조선국 연해를 일본국의 항해자가 자유롭게 측량하도록 허가한다.)과 영사 재판권(제10관 일본국 인민이 조선국 항구에서 죄를 지었거나 조선국 인민에게 관계되는 사건은 모두 일본국 관원이 심판한다.)을 허용한 불평등 조약이었다.

V 세계 대전과 사회 변동

1 제1차 세계 대전과 이후의 세계

실력 확인 문제 194~197쪽

01 3국 협상	02 ④	03 ④	04 ②
05 ②	06 ①	07 ④	08 ⑤
09 ④	10 레닌	11 ⑤	12 ②
13 신경제 정책(NEP)		14 ③	15 ②
16 ②	17 ⑤	18 ④	
19~20 해설 참조			

01 | 3국 협상 | 독일이 1882년 오스트리아·헝가리 제국, 이탈리아와 삼국 동맹을 맺자 1894년 프랑스가 러시아와 동맹을 체결하였다. 이후 영국이 독일의 세력 확장과 팽창 정책에 대응하여 1904년 프랑스와 협상을 맺었으며, 1907년에는 러시아와 협정을 체결하여 영국, 프랑스, 러시아의 3국 협상이 이루어졌다.

02 | 정답 ④ | 제시된 자료는 3국 동맹과 3국 협상을 보여 준다. 3국 동맹과 3국 협상으로 나누어진 1910년대 유럽의 동맹 체제는 세르비아와 오스리아·헝가리 제국 사이의 국지전을 제1차 세계 대전으로 확대시켰다.

03 | 정답 ④ | 1888년 독일 황제에 오른 빌헬름 2세는 현상 유지 정책을 주장하는 비스마르크를 해임하고 오스만 제국과 철도 부설 조약을 맺어 베를린-비잔티움-바그다드를 잇는 팽창 정책을 추진하였다(3B 정책).

오답 피하기

① 1917년 10월 레닌이 중심이 되어 일어난 볼셰비키 혁명으로 임시 정부가 타도되고 소비에트 정부가 수립되었다.
② 미국의 대통령 윌슨은 14개조 평화 원칙을 제시하였다. 여기에는 비밀 외교 금지, 민족 자결주의, 군비 축소, 국제 평화를 위한 국가 간 연합 기구(국제 연맹) 창설 등의 내용이 포함되어 있었다. 이 원칙은 1919년에 열린 파리 강화 회의에서 채택되었다.
③ 19세기 말 독일의 비스마르크는 자국의 안정적인 발전을 위해 오스트리아·헝가리 제국, 이탈리아와 3국 동맹을 결성(1882)하여 프랑스를 외교적으로 고립시키고 유럽 여러 나라의 세력 균형을 유지하고자 노력하였다.
⑤ 영국의 엘리자베스 1세는 에스파냐의 무적함대를 격파하고 동인도 회사를 설립하여 아시아 진출을 본격화하였다.

04 | 정답 ② | 자료는 오스트리아·헝가리 제국이 세르비아에 보낸 요구이다. 오스만 제국으로부터 독립한 세르비아는 발칸 전쟁 전후 처리 과정에서 영토를 더욱 확장하려 하였으나 오스트리아·헝가리 제국의 방해로 실패하였다. 이로 인해 긴장이 더욱 고조되는 가운데 1914년 6월 28일에 세르비아계의 청년 민족주의자가 보스니아의 사라예보를 방문한 오스트리아·헝가리 제국의 황태자 부부를 암살한 사라예보 사건이 발생하였다. 이 사건을 계기로 오스트리아·헝가리 제국이 세르비아에 선전 포고를 하면서 제1차 세계 대전이 발발하였다(1914).

05 | 정답 ② | 영국, 프랑스, 러시아의 3국 협상국을 중심으로 구성된 연합국 측에 동맹국이었던 이탈리아가 가담하였으며, 후에 독일의 무제한 잠수함 작전을 계기로 미국도 합류하였다.

오답 피하기

ㄴ, ㄹ. 독일과 오스만 제국은 동맹국 측으로 참전하였다.

06 | 정답 ① | 제1차 세계 대전 중에 독일은 영국의 해상 봉쇄에 맞서 영국과 서유럽으로 향하는 모든 선박에 대한 무제한 잠수함 작전을 전개하였는데, 이 과정에서 피해를 입은 미국은 협상국 측에 가담하여 참전하였다.

07 | 정답 ④ | 지도에서 동맹국, 연합국, 오스트리아·헝가리 제국, 세르비아 등의 내용으로 보아 제1차 세계 대전의 형세임을 알 수 있다. 사라예보 사건을 계기로 시작된 제1차 세계 대전은 참호전, 총력전의 형태로 진행되었으며, 이후 국제 연맹이 창설되는 계기가 되었다.

08 | 정답 ⑤ | 러일 전쟁의 불리함과 차르의 전제 정치에 대한 국민의 불만이 고조되어 러시아에서는 1905년에 생존권 보장, 입헌 정치 등을 요구하는 시위가 일어났다. 당시 군대가 이를 무력 진압하면서 많은 사상자가 발생하였다(피의 일요일 사건).

자료 분석하기

폐하! 저희 상트페테르부르크의 노동자와 주민들 …… 정의와 보호를 구하러 당신께 갑니다. …… 러시아의 모든 계급과 신분의 대표자를 선출하고, 또 모든 사람에게 평등한 선거권을 부여하며, 자유롭게 선거하도록 배려해 주십시오.
→ 니콜라이 2세
→ 러시아가 차르에 의한 전제 정치를 고수하였기 때문임

09 | 정답 ④ | ㄴ. 2월 혁명 발발(1917) - ㄷ. 10월 혁명 발발(1917) - ㄹ. 신경제 정책 시작(1921) - ㄱ. 소련 수립(1922)

10 | **레닌** | 자료는 2월 혁명 이후 수립된 임시 정부가 전쟁을 계속하는 등 혁명 세력의 요구를 반영하지 않은 채 혼란을 거듭하자, 스위스에 망명 중이던 레닌이 귀국하여 혁명 전술로 내세운 것이다. 이 내용은 제7차 러시아 전당 대회에서 '모든 권력은 소비에트로'라는 슬로건과 함께 당의 기본 방침으로 받아들여져 10월 혁명을 일으키는 계기가 되었다.

자료 분석하기

제1항 계속되는 제국주의 전쟁에 단호히 반대하고 즉각 평화를 실현해야 한다.
→ 제1차 세계 대전
제4항 소비에트의 권력을 확대해야 한다.
→ 임시 정부를 없애고 모든 권력을 소비에트로 이전하려 함
제5항 의회제 공화국에 반대하고 소비에트 공화국을 수립해야 한다.
제8항 생산과 분배를 소비에트가 통제해야 한다.
→ 토지 국유화, 은행 및 소비에트 장악 등 사회주의 경제 체제를 목표로 함

11 | **정답 ⑤** | 제시된 자료는 제1차 세계 대전 중인 1917년 2월 혁명 이후 수립된 임시 정부에 반대하며 나온 주장이다. 피의 일요일 사건은 1905년에 일어났다.

12 | **정답 ②** | 1917년 2월 페트로그라드(상트페테르부르크)에서 노동자·병사 소비에트 중심의 혁명이 발생하여 임시 정부가 수립되고 차르는 퇴위하였다(제정 붕괴). 같은 해 10월에 모든 권력의 소비에트 이양을 주장하는 레닌 중심의 볼셰비키 혁명으로 임시 정부가 타도되고 소비에트 정부가 수립되었다. 반혁명 세력과의 내전을 수습한 레닌은 주변 소비에트 정부를 묶어 소비에트 사회주의 공화국 연방(소련)을 수립하였다(1922).

오답 피하기

ㄴ. 1924년 레닌 사후 권력을 장악한 스탈린은 경제 개발 5개년 계획을 추진하고 독재 체제를 강화하였다.
ㄹ. 1917년 10월 혁명으로 임시 정부를 타도하고 소비에트 정부를 수립한 레닌은 1918년 독일을 비롯한 동맹국들과 단독 강화 조약을 맺고 제1차 세계 대전에서 이탈하였다.

13 | **신경제 정책(NEP)** | 러시아 혁명 이후 레닌은 급격한 공산화에 따른 경제적 혼란을 극복하기 위해 1921년 신경제 정책(NEP)을 시행하여 농업·소매업·소규모 경공업 분야에서 자본주의적 요소를 일부 도입하였다.

14 | **정답 ③** | 1924년 레닌 사후 권력을 장악한 스탈린은 급속한 산업화를 목표로 1928년부터 5개년 경제 개발 계획을 시작하였다. 군수 산업을 포함한 중공업 육성 정책을 추진한 결과 다른 선진국들이 대공황으로 고전을 면치 못하고 있을 때 소련의 공업 생산은 빠른 속도로 증가하였다.

오답 피하기

①, ②, ④, ⑤는 레닌에 대한 설명이다.

15 | **정답 ②** | 미국의 대통령 윌슨이 제시한 14개조 평화 원칙은 제1차 세계 대전이 끝나고 1919년에 열린 파리 강화 회의에서 채택되었다. 여기에는 비밀 외교 금지, 민족 자결주의, 군비 축소, 국제 평화를 위한 국가 간 연합 기구의 창설 등의 내용이 포함되어 있다. 파리 강화 회의에서 성립된 베르사유 체제의 결과로 평화 체제 구축을 목표로 한 국제 연맹이 창설되었다(1920).

오답 피하기

①, ⑤ 독일은 국제 연맹 창립 당시에 가입이 허용되지 않다가 1925년 체결된 로카르노 조약으로 가입이 허용되었다. ③ 켈로그·브리앙 조약, ④ 워싱턴 회의에 대한 설명이다.

16 | **정답 ②** | 제1차 세계 대전 종전 이후 1919년 6월 전승국과 독일 간에 체결된 베르사유 조약에 따라 독일은 모든 식민지를 상실하고 알자스·로렌을 프랑스에 양도하였으며, 막대한 배상금을 지불해야 하였으므로 불만이 컸다. 유럽 사회의 불안을 원치 않았던 국제 사회는 도스안, 영안, 로잔 회의를 차례로 거치면서 독일의 배상금을 감축해 주었다. 또한 독일은 국제 연맹 창립 당시에는 가입이 허용되지 않다가 1925년 체결된 로카르노 조약으로 가입이 허용되었다.

17 | **정답 ⑤** | 제시된 자료는 워싱턴 회의에 대한 설명이다. 워싱턴 회의는 제1차 세계 대전 이후 중국과 태평양에 대한 열강의 이해관계를 조정하고, 해군력을 제한하고자 미국 주도로 워싱턴에서 열렸다. 회의 결과 일본은 산둥반도에 대한 권익을 중국에 반환하고, 21개조 요구 중 일부를 철회하였다.

18 | **정답 ④** | (가) 조약은 제1차 세계 대전 이후 전승국과 패전국 독일 사이에 맺어진 베르사유 조약이다. 이 조약에 따라 독일은 영토 축소, 해외의 모든 식민지 상실, 군비 감축 등의 굴욕적인 조건을 받아들여야 했다. 전승국의 이익 수호와 패전국에 대한 응징은 베르사유 체제의 한계로 지적되고 있다.

19 **예시 답안** 제5조 민족 자결주의는 식민 지배를 받고 있던 아시아와 아프리카 등의 여러 나라에 독립에 대한 희망을 주어 민족 운동이 활발해지는 계기가 되었다. 제14조 국가 간 연합 기구는 국제 연맹의 창설로 이어졌다.

| 채점 기준 |

상	제5조와 제14조의 영향 두 가지를 모두 서술한 경우
중	제5조와 제14조의 영향 중 한 가지만 서술한 경우
하	제5조와 제14조의 영향을 서술하지 못한 경우

20 예시 답안 (나) 조약은 베르사유 조약으로 제1차 세계 대전 종전 이후 전승국과 패전국 독일 간에 체결되었다. 베르사유 체제는 전쟁 방지와 민족 자결 원칙 구현 등의 목표를 내세웠다. 그러나 실제로는 승전국의 이익이 우선시되고 패전국에 대해서는 철저한 응징의 성격을 띠고 있었으며, 러시아에 대한 견제의 목표도 갖고 있었다.

| 채점 기준 |

상	베르사유 조약을 쓰고, 베르사유 체제의 한계를 모두 서술한 경우
중	베르사유 조약을 썼으나 베르사유 체제의 한계 중 일부만 서술한 경우
하	베르사유 조약만 쓴 경우

2 파시즘의 등장과 제2차 세계 대전

실력 확인 문제 204~207쪽

01 대공황	02 ①	03 ④	04 ③
05 ⑤	06 ②	07 ⑤	08 ③
09 공산주의	10 ⑤	11 ⑤	12 ③
13 스탈린그라드 전투		14 ③	15 ①
16 ④	17~18 해설 참조		

01 | 대공황 | 1929년 10월 미국 뉴욕 증권 거래소의 주가 폭락으로 시작되어 수많은 은행과 기업의 도산, 국제 무역의 급감, 세계적인 실업률 폭증 등 세계적인 불황으로 이어진 현상을 대공황이라고 한다.

02 | 정답 ① | 자료에서 화폐 가치 폭락, 국민의 지불 여력 하락, 보호 무역, 산업 침체, 은행 파산 등의 내용을 통해 대공황 시기의 사실임을 알 수 있다. 루스벨트는 대공황 극복을 공약으로 내세워 대통령에 당선되었다.

03 | 정답 ④ | 1929년 미국에서 대공황이 발생하여 전 세계로 확산되자 세계 각국은 보호 무역주의를 내세워 자국의 산업을 보호하려 하였다. 이에 국제 무역이 급감하자 식민지 보유국들에서는 본국과 식민지 사이의 교역으로 이를 대체하려는 경제 블록이 등장하였다.

오답 피하기

①, ② 제1차 세계 대전 이후 베르사유 체제하에서 이탈리아와 독일의 파시즘, 일본의 군국주의 등 권위주의 체제가 확산되었다.
③ 뉴딜 정책은 대공황을 극복하고자 미국 루스벨트 대통령이 시행한 정책이다.
⑤ 산업 혁명은 기계와 기술의 발전으로 나타난 산업상의 큰 변화이다.

04 | 정답 ③ | 자료는 1920~1930년대 독일, 미국, 영국의 실업률을 보여 주고 있다. (가) 시기에 실업률이 급격히 증가한 것은 대공황 시기의 세계적인 경제 침체를 잘 보여 준다. ③ 애덤 스미스는 1776년 출간된 『국부론』에서 사익을 추구하는 개인들의 경제 활동이 '보이지 않는 손'의 조절 작용에 의해서 국가의 개입 없이도 시장의 균형을 유지할 수 있다고 주장하였다. 이러한 자유주의 경제 이론은 고전 경제학의 기틀이 되었다. 미국 루스벨트 대통령은 대공황의 위기를 극복하고자 자유방임주의 원칙을 포기하고 뉴딜 정책을 시행하였다.

05 | 정답 ⑤ | 자료에서 밑줄 친 '조치'는 뉴딜 정책을 뜻한다. 뉴딜 정책을 통해 주요 농산물의 생산을 제한하여 농산물 가격 하락을 방지하고 농민에 대한 자금을 원조하는 「농업 조정법」, 각 산업 부문마다 공정 경쟁 규약 작성, 노동자의 단결권 및 단체 교섭권 인정, 최저 임금과 최고 노동 시간 등을 규정한 「전국 산업 부흥법」, 그리고 노인·유족·실업자에게 수당 지급, 의료 서비스 지원 등 공공 부조 체제를 규정한 「사회 보장법」 등이 마련되었다.

오답 피하기

ㄱ. 식민지 건설은 산업 혁명 이후 원료와 상품 시장 확보를 위해 이루어졌다.
ㄴ. 경제 블록을 형성한 것은 영국, 프랑스 등이었다.

06 | 정답 ② | 제시된 자료는 무솔리니의 『파시즘 독트린』의 일부이다. 파시즘은 개인보다 '집단의 강함'을 강조하였으며, 국가 지상주의와 군국주의를 강화하였다.

오답 피하기

① 무솔리니가 제기하였다.
③ 파시즘은 개인보다 집단을 우선시하였다.
④ 인종주의는 히틀러의 파시즘이 가진 특징이다.
⑤ 파시즘의 원류는 유럽이다.

07 | 정답 ⑤ | 제시된 자료는 히틀러의 저서 『나의 투쟁』 중 일부로, '최고의 순수한 인종적 요소를 배양', '인종적으로 개인을 감염' 등을 통해 인종주의와 결부된 파시즘임을 알 수 있다. 히틀러는 독일 아리아인의 순수성을 유지하기 위해 유대인을 절멸시켜야 한다고 주장하였다. 히틀러는 베르사유 체제를 전면 부정하고 재무장을 시작하였으며, 그 과정에서 국제 연맹도 탈퇴하였다.

자료 분석하기

가장 최고의 순수한 인종적 요소를 배양하는 데 헌신하는 국가는 어느 날 세계를 제패하는 국가가 되어 있을 것이다. ……
→ 인종주의
(그러나) 유대인들은 인종적으로 개인을 감염시켜, 인종적 순수성을 없애려는 체계적 시도를 하고 있다. …… 이 모든 것에 있어 유대인들에 대한 생각은 명확하다. 독일의 볼셰비키화, 즉
→ 독일인을 무산 계급으로 만들려 함
유대인들의 세계 경제 금융의 명에 아래, 독일 민족 지식인들을 파괴하고 독일 노동을 착취하는 것이다. -『나의 투쟁』

08 | 정답 ③ | (가)에 들어갈 인물은 히틀러이다. 그는 독일 총통으로서 독일, 이탈리아, 일본 3국의 방공 협정 체결을 주도하였다.

09 | 공산주의 | 독일은 1933년 국제 연맹을 탈퇴하고 무장해제를 선언하였다. 1936년 비무장 지대 라인란트에 진군한 데 이어 1938년 오스트리아를 강제로 합병하였다(아래 지도 참조). 이후 체코슬로바키아의 수데텐란트 지방까지 요구하자, 영국과 프랑스는 독일을 이용하여 공산주의의 확산을 막고자 하는 의도에서 소련과 상의 없이 독일의 요구를 들어주었다. 그러나 독일은 이듬해 체코슬로바키아 전역을 병합하고 폴란드의 단치히까지 요구하였다. 영국과 프랑스가 거부하자 독일은 소련과 독소 불가침 조약을 맺고(1939) 폴란드를 기습 침공하였다.

10 | 정답 ⑤ | ㄱ. 일본의 진주만 기습은 1941년, ㄴ. 독일의 폴란드 침공은 1939년 9월, ㄷ. 독소 불가침 조약 체결은 1939년 8월, ㄹ. 이탈리아의 에티오피아 침공은 1935년의 일이다. 독소 불가침 조약 체결로 소련에 대한 걱정이 없어진 독일은 폴란드를 기습 공격하였다.

11 | 정답 ⑤ | 제시된 자료는 독소 불가침 조약의 일부이다. 독일은 폴란드의 단치히 요구가 영국, 프랑스에 의해 거부되자 영국, 프랑스와의 전면전을 각오하고 무력 침공을 결정하였다. 그리고 이에 앞서 동부 전선의 안전을 확보하기 위해 소련과 불가침 조약을 맺고(1939. 8.) 폴란드를 기습 침공하였다(1939. 9.).

오답 피하기

사라예보 사건 발생은 1914년, 베르사유 조약 체결은 1919년, 대공황 시작은 1929년, 독일의 국제 연맹 탈퇴는 1933년, 중일 전쟁 발발은 1937년, 독일의 폴란드 기습 침공은 1939년 9월의 일이다.

12 | 정답 ③ | 제2차 세계 대전 발발 직전인 1939년 8월에 독일과 소련은 불가침 조약을 체결하였다. 그러나 독일은 1941년에 이 조약을 파기하고 소련의 영토로 진격하였다.

오답 피하기

만주 사변은 1931년, 중일 전쟁은 1937년, 독일의 폴란드 침공은 1939년, 미드웨이 해전은 1942년, 노르망디 상륙 작전은 1944년, 나가사키에 원자 폭탄 투하는 1945년의 일이다.

13 | 스탈린그라드 전투 | 제시된 자료는 단일 전투 사상 최고의 사상자를 기록한 스탈린그라드 전투이다. 이 전투에서 독일이 패하면서 전쟁의 주도권이 연합국에게 넘어가게 되었다.

14 | 정답 ③ | 제시된 자료는 제2차 세계 대전의 전개 과정을 보여 주고 있다. 1939년 9월 독일의 폴란드 침공부터 1945년 5월 독일의 항복 사이에 있었던 사실을 고르는 문항이다. 쿠르스크 전투는 1943년 7월, 노르망디 상륙 작전은 1944년 6월에 있었다.

오답 피하기

ㄱ. 미국의 원자 폭탄 투하는 1945년 8월, ㄹ. 독소 불가침 조약 체결은 1939년 8월에 있었던 사실이다.

15 | 정답 ① | 제시된 자료는 1945년 8월 일본 제국의 쇼와 천황이 무조건 항복을 알리는 「대동아 전쟁 종결의 조서」 중 일부이다. 1943년 9월 이탈리아 항복, 1945년 5월 독일의 항복 이후 항전을 계속하던 일본을 상대로 종전을 도모하던 미국은 1945년 8월 6일 히로시마, 8월 9일 나가사키에 연달아 원자 폭탄을 투하하였다. 그 사이 소련군의 참전까지 더해지자 일본은 무조건 항복하였다.

자료 분석하기

실로 짐은 일본의 자존과 동아시아의 안정을 확보하려는 진심
→ 쇼와 천황
어린 바람에서 미국과 영국에 전쟁을 선포했을 뿐 다른 나라의 주권을 침해하거나 영토를 확장하려는 생각은 추호도 없었다. …… 더욱이 적은 잔인하기 짝이 없는 폭탄을 새로이 사용해 무
→ 히로시마와 나가사키에 투하된 원자 폭탄
고한 생명을 무시로 빼앗기 시작했으니 그 피해가 실로 어디까지 갈지 헤아릴 수 없구나. 이 이상 교전을 계속한다면 일본 한 나라의 파괴와 소멸로만 끝나는 것이 아니라 인류 문명 전체의 절멸로 이어질 것이니라.

16 | 정답 ④ | 제시된 자료에서 소련, 중국, 폴란드, 프랑스, 영국, 미국이 연합국으로, 독일, 일본, 이탈리아가 추축국으로 구성된 것으로 보아 이 전쟁은 제2차 세계 대전임을 알 수 있다. 제2차 세계 대전은 독일의 폴란드 침공으로 시작되었으며, 스탈린그라드 전투, 미드웨이 해전 등을 통해 연합국에 유리한 방향으로 전개되었다. 연합국의 노르망디 상륙 작전 성공 이후 독일이 항복하였으며, 미국의 원자 폭탄 투하 이후 일본이 항복하여 제2차 세계 대전은 종결되었다. ④ 미국은 일본의 진주만 기습을 계기로 제2차 세계 대전에 참전하였다. 독일의 무제한 잠수함 작전이 미국 참전의 계기가 되었던 것은 제1차 세계 대전이다.

17 예시 답안 테네시강 유역에 초대형 댐을 건설하여 많은 인력을 고용하였으며, 완공 이후에는 홍수 조절, 수력 발전 등에 기여하였다.

| 채점 기준 |

상	적합한 사례와 그에 따른 성과를 모두 서술한 경우
중	적합한 사례와 그에 따른 성과 중 한 가지만 서술한 경우
하	적합한 사례와 그에 따른 성과를 모두 서술하지 못한 경우

18 예시 답안 • 처지: 자본주의적 경제 기반이 취약하고 식민지가 적거나 없었다.
• 대응책: 식민지를 확보하여 경제 블록을 만들고자 침략 전쟁을 단행하였다.

| 채점 기준 |

상	이탈리아, 독일의 처지와 대응책을 모두 서술한 경우
중	이탈리아, 독일의 처지와 대응책 중 일부만 서술한 경우
하	이탈리아, 독일의 처지나 대응책과는 관련 없는 내용을 서술한 경우

3/4 민주주의의 확산~인권 회복과 평화 확산을 위한 노력

실력 확인 문제 216~219쪽

01 바이마르 공화국		02 ④	03 ⑤
04 ③	05 차티스트 운동		06 ②
07 ⑤	08 ⑤	09 수권법	10 ②
11 ④	12 ⑤	13 ⑤	14 홀로코스트
15 ⑤	16 ③	17⑤	18 ②
19~20 해설 참조			

01 | 바이마르 공화국 | 1918년 킬 군항의 수병들이 반란을 일으키면서 독일에서는 제정이 붕괴되고 임시 정부가 들어섰다. 이후 바이마르에서 소집된 의회가 기초한 헌법에 따라 바이마르 공화국이 수립되었다.

02 | 정답 ④ | 바이마르 헌법은 남녀 보통·직접 선거와 내각제를 규정하고, 노동자의 단결권과 단체 교섭권 등을 인정한 당시로서는 매우 민주적인 헌법이었다. 20세기 헌법의 전형이 되었다는 평가를 받는 바이마르 헌법은 우리나라를 비롯한 여러 나라의 헌법에 영향을 끼쳤다. ④ 제1차 세계 대전 이후 제정되었다.

자료 분석하기

제1조 독일은 공화국이다. 국가 권력은 국민으로부터 나온다.
→ 빌헬름 2세가 퇴위하면서 독일 제국 붕괴
제109조 모든 독일 인민은 법률 앞에 평등하다. 남녀는 동일한 권리를 가지며 의무를 진다. 출생 또는 신분에 의한 특권 또는 불이익은 폐지한다.
제159조 노동 조건의 유지 및 개선을 위한 단체를 만들 자유는
→ 노동자의 단체 교섭권 인정
모든 사람과 직업에 보장된다.

03 | 정답 ⑤ | 오스만 제국은 제1차 세계 대전에 참여하였다가 패전국이 되었다. 이에 청년 튀르크당의 당원이었던 무스타파 케말이 청년 장교들과 함께 오스만 제국을 무너뜨리고 튀르키예 공화국을 선포하였다(1923). 대통령에 취임한 무스타파 케말은 술탄 제도를 폐지하고 근대화와 서구화를 추진하였다.

04 | 정답 ③ | 지도는 제1차 세계 대전 이후의 유럽 정세를 보여 주는 것으로 (가)는 신생 독립국들이다. 패전국 독일과 오스트리아, 오스만 제국의 식민지들이 민족 자결주의 원칙에 따라 독립하였다.

오답 피하기

① 제1차 세계 대전 이후 유럽에서 독립한 나라들은 대부분 공화정을 채택하였다.
② 제1차 세계 대전의 결과로 등장하였다.
④ 제1차 세계 대전 이후 유럽에서 독립한 나라들은 대부분 패전국의 식민지였다.

05 | 차티스트 운동 | 영국에서는 1832년 제1차 선거법 개정을 통해 산업 자본가와 중산층에게 선거권을 주었다. 그러나 노동자들을 유권자에서 배제함으로써 혜택을 받지 못한 노동자들의 불만이 생겨났다. 결국 이들은 노동자들의 선거권과 참정권을 요구하며 차티스트 운동을 벌였다.

06 | 정답 ② | 독일 제국은 독일 공화국(바이마르 공화국), 오스만 제국은 튀르키예 공화국, 오스트리아·헝가리 제국은 오스트리아 공화국으로 바뀌었으며, 핀란드는 러시아로부터 독립하여 공화국을 선포하였다. ② 미국은 1876년 영국으로부터 독립하여 민주 공화정 체제인 아메리카 합중국을 수립하였다.

07 | 정답 ⑤ | 에밀리 데이비슨은 에멀린 팽크허스트가 결성한 여성 사회 정치 동맹(WSPU)의 조직원으로 여성들의 참정권을 요구하는 활동을 하다가 사망하였다. 이를 계기로 여성 참정권에 대한 사회적 관심과 의식이 높아졌다.

08 | 정답 ⑤ | 제1차 세계 대전이 총력전으로 진행되면서 여성은 전선에서는 간호 인력으로, 후방에서는 물자 공급 등으로 전쟁에 참여하였다. 이를 기회로 여성들은 참정권을 요구하는 목소리를 높여 나갔다. 그 결과 제1차 세계 대전 후 미국에서는 여성의 참정권을 인정하기 시작하였다.

09 | 수권법 | 「수권법」은 행정부에 법률을 정립할 수 있는 권한을 위임하는 법률로서, 1933년 독일의 나치는 의사당 방화 사건을 계기로 「수권법」을 통과시켰다.

10 | 정답 ② | 인민 전선은 유럽에서 파시즘 단체의 활동이 활발해지자 이에 대항하여 파시즘에 반대하는 다양한 세력이 연합하여 만든 것이다.

오답 피하기

「수권법」 통과 이후 독일에서는 나치 이외의 정당을 금지하고 노동조합을 해산하였으며, 노동자의 직업과 배치도 국가가 통제하였다. 국가는 개인의 편지 검열, 전화 도청은 물론 사생활까지 조사하였으며, 정권에 반대하는 사람은 처벌하였다.

11 | 정답 ④ | 지도에서 (가) 체제는 파시스트 체제이다. 해당 국가는 이탈리아와 독일로 모두 파시스트 일당 독재가 이루어졌다.

오답 피하기

① 독일, ② 영국, ⑤ 공산주의 체제에 해당한다.

12 | 정답 ⑤ | 유럽에서 파시즘 단체의 활동이 활발해지자 이에 대항하여 파시즘에 반대하는 다양한 세력이 연합하여 인민 전선을 형성하였다. 특히 프랑스의 인민 전선은 1936년 총선에서 승리하여 정치와 경제의 안정을 이루고자 노력하였다.

13 | 정답 ⑤ | 그래프에서 (가) 전쟁은 제2차 세계 대전이다. 제2차 세계 대전에서는 단일 전투 사상 최대의 사상자를 초래한 스탈린그라드 전투를 비롯하여 미드웨이 해전, 노르망디 상륙 작전 등이 전개되었으며, 이를 통해 엄청난 규모의 사망자가 발생하였다.

오답 피하기

ㄱ. 난징 대학살은 1937년 시작된 중일 전쟁 당시의 피해이다.
ㄴ. 피의 일요일 사건은 1905년에 일어났다.

14 | 홀로코스트 | 제2차 세계 대전 중 나치스는 유럽 각지에 강제 수용소를 만들고 그곳에 유대인, 공산주의자, 집시 등을 가두어 가혹한 노동을 시키고 그들을 학살하였다. 이러한 일이 자행된 대표적인 곳이 폴란드에 있는 아우슈비츠 수용소이다. 1940년부터 1945년까지 아우슈비츠 수용소에서는 약 250만 명에서 400만 명의 수용자가 학살되었다.

15 | 정답 ⑤ | 제시된 지도에서 연해주 한인이 중앙아시아 각 지역으로 이동하여 집단 거주지를 형성하고 있음을 알 수 있다. 1937년 소련의 스탈린은 소련과 일본 간에 전쟁이 일어나면 한인들이 일본을 지원할 것이라는 명분을 내세워 한국인 17만여 명을 중앙아시아에 강제로 이주시켰다. 한인들은 강제 이동 및 정착 과정에서 추위와 굶주림 등 갖은 괴로움을 당하였다.

16 | 정답 ③ | 제시된 자료는 난징 대학살 기념관에 있는 조각상이다. 중국은 난징 대학살의 유골 발굴 현장인 '만인 갱'에 건축물을 조성하고 제시된 어머니와 아이 조각상을 비롯하여 대학살의 끔찍함을 보여 주는 여러 조각상을 전시하였다.

17 | 정답 ⑤ | 미국의 루스벨트와 영국의 처칠은 1941년에 대서양 함상에서 만나 전후 처리, 평화 유지, 새로운 질서에 관해 논의하고 대서양 헌장을 발표하였다. 이를 통해 국제 연합 창설의 기초가 마련되었다. 이후 1945년에 50개 나라의 대표가 참가하여 샌프란시스코 회의가 열렸으며, 여기서 국제 연합 헌장을 채택하면서 국제 연합이 창설되었다.

18 | 정답 ② | ㄱ. 1945년 10월 국제 연합이 공식 출범하였다. ㄹ. 1945년 11월부터 1946년 10월까지 뉘른베르크에서 국제 군사 재판이 진행되었다. ㄷ. 극동 군사 재판은 1946년 5월부터 1948년 11월까지 열렸다. ㄴ. 1948년 「세계 인권 선언」이 발표되었다.

19 예시 답안 재산에 따른 선거권 제한이 사라지기 시작하였다. 그러나 남자와 여자 사이에 차별을 두었다.

| 채점 기준 |

상	4차 선거법 개정의 특징과 한계를 모두 서술한 경우
중	4차 선거법 개정의 특징과 한계를 한 가지만 서술한 경우
하	4차 선거법 개정의 특징과 한계를 서술하지 못한 경우

20 **예시 답안** 안전 보장 이사회의 결의가 총회보다 우선하였고, 국제 분쟁에 개입할 수 있는 제재 수단으로 평화 유지군을 두었다.

| 채점 기준 |

상	국제 연합의 특징을 자료 속 단서를 활용하여 두 가지 모두 서술한 경우
중	국제 연합의 특징을 자료 속 단서를 활용하여 한 가지만 서술한 경우
하	국제 연합의 특징과 관련 없는 내용을 서술하거나 자료 속 단서를 활용하지 않은 경우

대단원 마무리 문제

221~223쪽

01 ② 02 ④ 03 ③ 04 ② 05 ⑤
06 ④ 07 ① 08 ③ 09 ④ 10 ⑤
11~12 해설 참조

01 **| 정답 ② |** 사라예보 사건은 1914년 6월, 미국의 제1차 세계 대전 참전은 1917년 4월, 독일 킬 군항 수병들의 반란은 1918년 11월의 일이다. 1917년 사회주의 혁명이 일어난 러시아는 1918년 3월 동맹국 측과 단독 강화 조약을 맺고 제1차 세계 대전에서 이탈하였다.

오답 피하기

① 독일 킬 군항에서 수병들이 반란을 일으키자 빌헬름 2세는 퇴위하여 네덜란드로 망명하였다(1918년 11월).
③ 독소 불가침 조약 체결은 제1차 세계 대전 이후 발생하였다(1939년 8월).
④ 이탈리아의 에티오피아 침공은 제1차 세계 대전 이후 발생하였다(1935년).
⑤ 오스만 제국의 동맹국 측 참전은 1914년의 일이다.

02 **| 정답 ④ |** 제시된 자료에서 '소비에트가 권력을 잡으면', '교전 국가와 강화', '전쟁을 연장하려는 정부 타도' 등을 통해 글이 발표된 시기는 1917년 2월 혁명 이후 수립된 임시 정부 시기임을 알 수 있다. 2월 혁명이 일어나 임시 정부가 수립되고 니콜라이 2세가 퇴위함으로써 로마노프 왕조가 붕괴되었다. 그러나 임시 정부는 소비에트가 요구하는 각종 개혁을 달성하지 못하였고, 제1차 세계 대전에 지속적으로 참전하였으며, 토지 제도에 대한 개혁을 연기하였다. 이로 인해 노동자·병사 소비에트와 임시 정부의 대립이 커져 갔고, 결국 10월 혁명이 일어났다.

자료 분석하기

만약 소비에트가 권력을 잡으면 …… 러시아에 노동자와 농민의 정부가 생겨날 것입니다. 그 정부는 지체 없이, 단 하루도 잃지 않고, 모든 교전 국가의 인민들에게 공정한 강화를 제안할 것입니다. …… 농민을 억누르고 농민에게 총을 쏘고 전쟁을 연장하려고 코르닐로프류의 지주 출신 장군들과 협상을 벌이고 있는 케렌스키 정부를 타도하십시오! 모든 권력을 노동자·병사 대의원 소비에트로! - 레닌

→ 교전 국가: 제1차 세계 대전에 참전한 국가들
→ 케렌스키 정부: 2월 혁명 이후 차르가 퇴위하면서 들어선 임시 정부

03 **| 정답 ③ |** 자료는 극단적인 국가주의와 인종주의를 표방한 히틀러의 주장이다. 1934년 총통의 자리에 오른 히틀러는 1939년 8월에 소련과 불가침 조약을 체결하고 다음 달 폴란드를 침공하여 제2차 세계 대전을 시작하였다. 그러나 독일은 1941년에 이 조약을 파기하고 소련의 영토로 진격하였다.

오답 피하기

① 1929년 미국에서 대공황이 발생하여 전 세계로 확산하자 영국은 파운드 블록, 프랑스는 프랑 블록을 형성하여 대응하였다.
② 히틀러가 이끄는 나치당은 1932년 총선에서 승리하여 제1당이 되었고, 이를 바탕으로 히틀러가 1934년 총통의 자리에 올랐다.
④ 독일 킬 군항의 수병들이 반란을 일으키자 황제 빌헬름 2세는 퇴위하여 네덜란드로 망명하였다.
⑤ 무솔리니는 '파시스트 손으로 조국의 정치와 경제 조직을 질서 있게 발달시킬 수 있는 기초를 만들 필요가 있다.'라고 주장하였다. 그는 검은 셔츠단에게 로마로 진군할 것을 명하여 파시스트 정권을 수립하였다.

04 **| 정답 ② |** 자료에서 '진주만의 복수'라는 내용 등을 통해 밑줄 친 '이 전쟁'은 태평양 전쟁임을 알 수 있다. 1941년 일본의 진주만 기습으로 시작된 태평양 전쟁은 미드웨이 해전으로 전세가 미국에게 유리하게 바뀌었으며, 미국의 원자 폭탄 투하로 종결되었다.

오답 피하기

ㄴ. 제1차 세계 대전에 해당한다.
ㄹ. 제1차 세계 대전 이후 1939년의 일이다.

05 | 정답 ⑤ | 1832년에 시행된 제1차 선거법 개정에서는 산업 자본가와 중산층에게만 선거권을 부여하였을 뿐 노동자들은 이에서 배제되었다. 이에 선거권을 받지 못한 노동자들은 선거권 등 참정권을 얻기 위해 1838년 런던 노동자 협회에서 자신들의 요구 사항을 담은 인민 헌장을 작성하여 의회에 제출하고자 하였으나 거절당하였다.

06 | 정답 ④ | 제시된 자료는 바이마르 헌법이다. 제1조에 국민 주권의 원칙을 채택하고 있으며, 제109조에서는 남녀평등과 법 앞의 평등을 명시하였다. 또한 제159조에서는 노동자의 단결권을 인정하였다. ④ 바이마르 헌법은 제1차 세계 대전으로 패전한 독일에서 마련된 헌법이다.

07 | 정답 ① | 제2차 세계 대전은 인류 역사상 최대의 희생자 수를 기록하였다. 엄청난 물적·인적 자원을 동원한 전쟁으로 군인의 희생이 컸을 뿐만 아니라 민간인의 피해도 컸다. 대표적인 사례가 홀로코스트, 난징 대학살, 연합군의 드레스덴 폭격 등이다.

08 | 정답 ③ | 일본은 중일 전쟁 발발 이후 「국가 총동원령」을 통해 징용령과 징병제 등을 실시하여 수많은 식민지인을 노동자와 군인으로 동원하였다. 특히 여성들은 군수 공장 노동자, 일본군 '위안부' 등으로 희생되었다. 이 중 일본군 '위안부' 문제를 해결하고자 1992년 수요 시위가 시작되었다.

09 | 정답 ④ | 1945년 11월부터 독일의 뉘른베르크에서 열린 국제 군사 재판에서는 제2차 세계 대전의 주동자에게 '인도에 반한 죄'의 죄목을 처음 적용하여 처벌하였다.

오답 피하기

① 인도는 제1차 세계 대전 중 영국 정부로부터 자치를 약속받고 적극 협조하였다. 그러나 전쟁이 끝나자 영국은 약속을 지키지 않고, 오히려 1919년 「로울라트법」을 제정하여 언론의 자유를 탄압하고 인도인들을 재판 없이 투옥할 수 있게 만들었다. 이에 간디는 「로울라트법」의 폐지와 완전 자치를 주장하면서 비폭력 반영 운동을 전개하였다.
② 1948년 국제 연합 총회에서 「세계 인권 선언」을 채택하여 모든 국가와 국민이 성취해야 할 기본적 인권, 인간의 존엄성과 가치, 남녀의 동등한 권리를 제시하였다.
③ 1946년에 열린 극동 국제 군사 재판에 해당하는 내용이다.
⑤ 국제 군사 재판은 제2차 세계 대전 당시의 범죄를 처리하고자 열렸다.

10 | 정답 ⑤ | 제시된 자료는 국제 연합 헌장으로 (가)는 국제 연합이다. 국제 연합에서 안전 보장 이사회의 결의는 총회보다 우선하였으며, 국제 연맹과 달리 국제 분쟁에 개입할 수 있는 제재 수단을 보유하였다.

11 예시 답안 제2차 세계 대전이 총력전으로 진행되면서 여성은 전선에서는 간호 인력으로, 후방에서는 물자 공급 등으로 전쟁에 참여하였고, 이를 기회로 참정권을 획득할 수 있었다.

채점 기준	
상	전쟁에서 여성의 역할과 그 결과로서 참정권의 획득을 논리적으로 서술한 경우
하	전쟁에서 여성의 역할과 그 결과로서 참정권의 획득에 대해 관련없는 내용을 서술한 경우

12 예시 답안 일본 천황은 재판에 넘겨지지 않았고, 731 부대의 생체 실험과 같은 범죄를 제대로 밝히지 않았다는 한계가 있었다.

채점 기준	
상	재판의 한계점 두 가지를 모두 정확하게 서술한 경우
중	재판의 한계점을 한 가지만 서술한 경우
하	재판의 한계점과 상관없는 내용을 서술한 경우

핵심 수행 평가 예시 답안 224~225쪽

01 전쟁 범죄자에 대한 처벌

1 예시 답안 아이히만에 대한 판결은 다음과 같다. 우리의 형법 제23조에 따라 그의 행동들을 표현하자면, 그들은 타인에게 범죄적 행위를 하도록 돕거나 사주한 사람이거나, 또는 자문이나 충고를 함으로써 유혹한 사람이라고 말해야만 한다. 하지만 우리가 현재 고민하고 있는 범죄의 경우처럼 엄청나고 복잡한 경우, 즉 수많은 사람이 다양한 차원에서 그리고 다양한 행동 방식(그들의 다양한 지위에 따라 입안자, 기획자, 실행자)으로 참여한 경우 범죄를 저지르도록 자문하고 유혹했다는 일상적 개념을 사용하는 것은 의미가 없다. 이러한 범죄들이 희생자 수의 측면에서 뿐만 아니라 범죄에 개입한 사람들 숫자의 측면에서도 집단적으로 이루어졌기 때문에, 이 수많은 범죄자 가운데 희생자를 실제로 죽인 것에서 얼마나 가까이 또는 멀리 있었던가 하는 것은, 그의 책임의 기준과 관련된 한에서는 아무런 의미가 없다. 그와 반대로, 일반적으로 살상도구를 자신의 손으로 사용한 사람으로부터 멀리 떨어져 있을수록 책임의 정도는 증가한다.

02 인권 회복을 위한 탄원서 작성

1 예시 답안 이춘식 할아버지 일행은 1945년 일본이 패전한 뒤에 귀국했습니다. 이들은 1997년 일본 오사카 지방 재판소에 미지급 임금과 손해 배상금 소송을 냈으나 패소하자 2003년 다시 국내 소송을 시작했습니다. 13년 만에 승소 판결을 받았지만 그 사이 세 분 할아버지가 돌아가시고 이춘식 할아버지만이 이 소식을 들을 수 있었습니다. 일본 제국주의가 시행한 국가 총동원령의 명분 아래 징용, 징병, 일본군 '위안부'의 이름으로 끌려가 최소한의 인간다운 삶도 보장받지 못한 채 고난의 시간을 보내야 했고, 또 그로 인해 이후에도 가족과 온전하게 행복하고 편안한 시간을 가질 수 없어 평생을 아프고 외롭게 지내야 했던 분들은 이제 고령으로 앞으로의 시간이 얼마 남지 않았습니다. 일본 정부는 시간을 지체하지 말고 국제 사회에서 일본이 가지는 위상에 걸맞은 지도력과 책임감을 보여 주겠다는 약속을 지켜주길 바랍니다.

VI 현대 사회의 전개와 과제

1 냉전 체제와 제3 세계의 형성

실력 확인 문제

236~239쪽

01 ④	02 (가): 소련, (나): 미국		03 ③
04 ③	05 ⑤	06 ⑤	07 ⑤
08 ③	09 비동맹주의	10 ③	11 ②
12 ⑤	13 ④	14 ⑤	15 ①
16 ③	17 ⑤	18~19 해설 참조	

01 | 정답 ④ | 냉전 체제는 제2차 세계 대전이 끝난 후 미국 중심의 자본주의 진영과 소련 중심의 공산주의 진영이 대립하는 것으로, 동유럽 문제를 둘러싸고 트루먼과 스탈린의 외교 노선이 대립하면서 전개되었다.

02 | (가): 소련, (나): 미국 | 소련이 인공위성 스푸트니크호 발사에 성공하자 미국은 대륙 간 탄도 미사일의 발사가 실용화되었다는 불안감을 갖게 되었다. 이에 미국이 수소 폭탄과 같은 대량 학살 무기를 개발하면서 미국과 소련 사이의 군비 경쟁이 심화되었다.

03 | 정답 ③ | (가) 북대서양 조약 기구는 1949년에 조직되었다. (나)는 1961년의 쿠바 미사일 위기이다. 6·25 전쟁은 1950년에 발생하였다.

오답 피하기

① 마셜 계획은 1947년 발표되었다.
② 베트남 전쟁에서 미군 철수는 1973년 이루어졌다.
④ 미중 수교는 1979년 이루어졌다.
⑤ 얄타 회담은 1945년의 일이다.

04 | 정답 ③ | 동독 사람들이 서독 국경으로 넘어가지 못하도록 베를린 장벽을 건설하였다. 이것은 냉전의 대표적 사례로 들 수 있다.

05 | 정답 ⑤ | 제2차 세계 대전이 끝난 이후 전쟁의 승전국으로 알제리를 식민 지배했던 프랑스는 알제리의 독립을 허락하지 않았다. 이에 1954년 알제리 민족 해방 전선과 프랑스 정부 간의 전쟁이 8년 동안 벌어졌고, 결국 1962년에 알제리는 독립하게 되었다.

06 | 정답 ⑤ | 아시아·아프리카의 많은 식민지 국가가 독립하였다. 하지만 이들 국가들은 농업 중심 경제 구조의 한계로 결국 과거의 제국주의 국가에 의존하는 경우가 많았다. 이집트는 영국과 프랑스가 통제하고 있었던 수에즈 운하의 운영권을 국유화하여 여기에서 발생할 수익으로 경제를 발전시키고자 하였다.

07 | 정답 ⑤ | 싱가포르, 홍콩, 타이완, 대한민국은 독립 이후 서양의 원조 및 자본 투자를 발판으로 급속한 경제 성장을 이루었다.

08 | 정답 ③ | 제시문에는 수에즈 전쟁으로 영국, 프랑스, 이스라엘의 침입을 받았다는 내용을 담고 있다. 1956년 이집트 대통령이었던 나세르의 수에즈 운하 국유화 선언과 관련이 있는 내용이다.

자료 분석하기

그들은 우리의 감정, 삶의 희망 혹은 권리에 대해 아무런 관심이 없다. 서양은 철저히 우리를 무시하였고, 아랍 국가들은 서양의 방침을 확인할 수 없었다. 그리고 1956년 수에즈 전쟁이
→ 이집트 vs 영국, 프랑스, 이스라엘
일어났다. 우리 모두는 그해 1956년 무슨 일이 일어났는지 알고 있다. 우리가 우리의 권리를 요구하자 영국, 프랑스, 이스라엘
→ 수에즈 운하의 국유화
은 우리를 반대하였고, 우리는 삼국의 침략을 받게 되었다.

09 | 비동맹주의 | 미국과 소련의 어느 진영에도 속하지 않고 독자적 행보를 추구했던 집단을 비동맹주의 혹은 제3 세계라고 한다.

10 | 정답 ③ | 그림에서 (가)는 비동맹주의, 혹은 제3 세계라고 부르는 집단이다. 이들은 아시아·아프리카 회의(반둥 회의)에서 냉전을 비판하고 어느 노선에도 들어가지 않겠다고 선언하였다.

오답 피하기

① 미국 진영의 자유주의 국가들이 북대서양 조약 기구(NATO)에 가입하였다.
② 제3 세계 국가들의 단결력은 약한 편이었다.
④ 서구 열강과 일본이 제국주의를 추진하였다.
⑤ 마셜 계획으로 지원받은 국가는 서유럽 16개 국가였다.

11 | 정답 ② | (가), (나) 모두 제3 세계가 발표한 것으로, 모두 미국과 소련 어느 진영에도 들지 않겠다는 원칙을 발표하였다. 이는 강대국의 군사 동맹에 불참하겠다는 것으로 이해할 수 있다.

12 | 정답 ⑤ | 자료는 베트남 전쟁과 관련이 있다. 많은 사람이 전쟁의 목적에 대한 의문을 제기하면서, 미국 내부에서도 반정부 평화 시위가 등장하였다.

오답 피하기

① 베트남 전쟁에는 미국이 참여하였다.
② 냉전 체제가 약화되는 계기가 되었다.
③ 6·25 전쟁은 1950년, 베트남 전쟁은 1964년 이후에 발생하였다.
④ 미국은 전쟁 중 닉슨 독트린을 발표하고 전쟁에서 철수하였다.

13 | 정답 ④ | 아시아와 아프리카의 제3 세계 국가들 중 군사 쿠데타와 관련된 사례로는 콩고 민주 공화국과 인도네시아가 있다. 콩고 민주 공화국에서 분쟁이 일어나자 정부는 소련에 지원을 요청하였고, 미국은 군부 세력을 지원하며 내전이 더욱 심화되었다. 인도네시아 군부 역시 공산당을 소탕하는 과정에서 대규모 학살이 발생하였다.

오답 피하기

ㄱ. 인도에서 힌두교도와 이슬람교도의 충돌로 인도, 파키스탄으로 분열된 것은 종교 갈등 문제 때문이었다.
ㄷ. 중국의 국민당과 공산당의 갈등은 두 정치 세력 간의 대립으로 군사 쿠데타와는 관련이 없다.

14 | 정답 ⑤ | 국가의 내전 과정에서 소련과 미국이 참여하여 대립하였던 국가는 콩고 민주 공화국이다.

15 | 정답 ① | 동유럽의 헝가리와 체코에서 반소련 운동이 전개되면서 소련 중심의 사회주의 진영이 흔들리기 시작하였다. 또한 프랑스가 북대서양 조약 기구(NATO)에서 탈퇴하면서 미국 중심의 자유주의 진영 역시 흔들리기 시작하였다. 이러한 상황을 통틀어 냉전의 다극화라 한다.

16 | 정답 ③ | 냉전 체제가 성립되며 소련을 중심으로 한 공산주의 진영은 1955년 일종의 군사 동맹인 바르샤바 조약 기구(WTO)를 조직하였다. 미국은 1964년 통킹만 사건을 구실로 베트남 전쟁에 참전하였는데, 이 시기에 냉전 체제가 심화되었다. 1960년대 후반부터 냉전 체제가 완화되기 시작하였고, 1972년 미국과 소련은 전략 무기 제한 협정(SALT)을 체결하였다.

17 | 정답 ⑤ | 자료는 1971년 미국과 중국의 핑퐁 외교 이후 국교 개선을 위한 대화의 내용이다. 체코의 반소련 운동이 1968년에 있었으므로 (마) 시기에 해당한다.

18 예시 답안 두 입장이 대립한 사례를 냉전 체제라고 부르며,

이것이 심화되어 나타난 사례로는 베를린 봉쇄, 6·25 전쟁, 베를린 장벽 건설, 쿠바 미사일 사태 등이 있다.

| 채점 기준 |

상	냉전 체제를 제시하고, 베를린 봉쇄, 6·25 전쟁, 베를린 장벽 건설, 쿠바 미사일 사태 중 두 가지 내용을 서술한 경우
중	냉전 체제를 제시하였으나, 베를린 봉쇄, 6·25 전쟁, 베를린 장벽 건설, 쿠바 미사일 사태 중 한 가지만 서술한 경우
하	냉전 체제를 제시하지 못하고 냉전의 심화 사례를 서술하지 못한 경우

19 예시 답안 이 회의의 이름은 아시아·아프리카 회의(반둥 회의)이며, 아들은 미국 진영, 소련 진영 어느 쪽에도 참여하지 않는 비동맹주의 노선을 추구하였다.

| 채점 기준 |

상	아시아·아프리카 회의(반둥 회의), 비동맹주의 노선 두 가지를 모두 서술한 경우
중	아시아·아프리카 회의(반둥 회의), 비동맹주의 노선 중 한 가지만 서술한 경우
하	아시아·아프리카 회의(반둥 회의), 비동맹주의 노선의 내용을 서술하지 못한 경우

❷ 세계화와 경제 통합

실력 확인 문제 246~249쪽

01 ①	02 ②	03 라인강의 기적	
04 ④	05 ③	06 ⑤	07 ④
08 ②	09 ④	10 ②	11 ④
12 ②	13 유럽 연합(EU)		14 ②
15 ①	16 ④	17~18 해설 참조	

01 | 정답 ① | 제2차 세계 대전 이후 미국은 자유 무역이 이루어질 수 있도록 세계 경제를 최대한 통합하려 하였다. 1944년 브레턴우즈 협약을 통해 미국 달러화를 국제 통화로 결정하였으며, 세계은행과 국제 통화 기금을 설립하였다. 또한 관세 및 무역에 관한 일반 협정을 체결하여 국가 간 관세를 낮추도록 하였다. ① 블록 경제는 1929년 대공황의 피해를 막기 위해 실시되었다.

02 | 정답 ② | 브레턴우즈 협정 영국 대표, 국제 통화 기금의 총재로 지냈던 인물은 케인스이다. 그는 국가의 경제 개입 필요성을 강조하였으며, 이에 따라 복지 예산을 확대하고, 공공 부문에 대한 투자를 증대시켜야 한다고 주장하였다.

03 | 라인강의 기적 | 제2차 세계 대전의 패전국으로 전쟁 과정에서 산업 기반이 파괴되었던 독일은 복지 정책의 확대, 국가의 시장 규제, 공공 부문에 대한 투자 증대 등 국가가 경제에 개입하는 정책을 펼쳐 경제 성장을 이루어냈다. 이를 '라인강의 기적'이라고 부른다.

04 | 정답 ④ | 월트 로스트가 본 근대화 이론을 가장 잘 따른 비서양 국가는 일본이었다. 일본은 6·25 전쟁 중 미국 등에 군사 물자를 공급하며 경제 성장을 이룩하였다.

오답 피하기

① 비동맹주의를 주도한 것은 주로 아시아와 아프리카의 식민지에서 해방된 국가들이었다.
② 베트남 전쟁에 참전한 주요 국가는 미국이다.
③ 제2차 세계 대전 이후 분단된 나라는 독일, 대한민국, 베트남이다.
⑤ 핑퐁 외교를 통해 미국과 관계를 개선한 국가는 중국이다.

05 | 정답 ③ | 석유 파동으로 인한 경제 위기 상황에서 각국 정부는 복지 지출을 늘렸지만 효과가 없었다. 그리고 베트남 전쟁에서 미국의 주도적 지위가 약화되고, 세계 경제의 통합으로 개별 국민 국가의 권위가 떨어지게 되자 국가보다는 시장 자체를 신뢰하는 신자유주의 사상이 등장하게 되었다.

06 | 정답 ⑤ | 서방 선진 7개국 정상회담(G7)을 구성하는 국가는 미국, 독일, 일본, 영국, 프랑스, 이탈리아, 캐나다이다. 소련 해체 이후 러시아가 참여해 G8으로 불리기도 한다.

07 | 정답 ④ | 제시문의 학자는 국가의 경제 개입을 줄이고, 시장 자체를 신뢰하는 입장을 보이고 있어 신자유주의를 주장한다는 것을 추론할 수 있다. 신자유주의자에 따르면 국·공영 기업을 민영화하고, 기업에 대한 과세를 줄이며, 복지 예산에 대한 지출을 줄이고, 기업의 경제 활동의 자유를 보장해야 한다고 본다. ④ 공공 부문에 대한 투자를 증대하는 주장은 케인스주의와 관련이 있다.

08 | 정답 ② | (가)는 국가가 공공 부문에 대한 투자를 증대시켜야 한다는 점에서 케인스주의, (나)는 시장의 기능을 최대한 신뢰해야 한다는 점에서 신자유주의이다. 케인스주의는 경제 대공황 당시의 문제 해결책으로 제시되었다.

오답 피하기

① 토지와 주요 산업의 국유화를 주장한 것은 공산주의 경제이다.
③ 신자유주의는 1970년대 경제 위기로 등장한 경제 정책이다.
④ 전후 서독의 주요 경제 성장 정책은 케인스주의였다.
⑤ 케인스주의와 신자유주의는 모두 자본주의 국가에서 제기된 사상이다.

09 | 정답 ④ | 페레스트로이카와 글라스노스트라는 개혁 개방을 추진하였던 인물은 고르바초프이다. 고르바초프는 미국과 소련 간의 냉전을 종식시키는 데 큰 역할을 하였다.

10 | 정답 ② | 1970년대 소련의 경제 침체 상황에서 1980년대 고르바초프의 개혁(페레스트로이카)·개방(글라스노스트) 정책을 추진하였다. 그 결과 1990년대 들어 기존의 질서가 흔들려 소련이 해체되었다.

11 | 정답 ④ | 흑묘백묘론은 '검은 고양이든 흰 고양이든 쥐만 잡으면 된다.'라는 뜻으로 덩샤오핑의 실용주의 경제 노선을 잘 표현하는 단어이다.

자료 분석하기

흑묘백묘론을 언급하며, 공산주의 계획 경제든 자본주의 시장 경제든 중국의 경제 발전을 가져온다면 그것이 가장 유용한 것이라는 실용주의 경제 개혁을 추진하였다.
→ 덩샤오핑은 4대 근대화 정책(농업, 공업, 과학 기술, 국방의 근대화)을 추진하였는데, 인민 공사에 의한 통제적 농업 대신 자율적 농업 및 잉여 농산물의 시장 판매를 허용하면서 농업의 자족화를 이끌어냈다. 농업에서의 성공을 계기로 그는 선전을 비롯한 경제 특구를 설치하였고, 일부 자본주의적 요소를 받아들여 경제를 발전시켰다.

12 | 정답 ② | 지역 단위의 경제 통합으로 자료에서는 북미 자유 무역 협정(NAFTA)을 제시하였다. 그 외에도 유럽 국가 간의 정치·외교·경제 공동체인 유럽 연합(EU), 동남아시아 국가 연합(ASEAN) 등이 있다.

13 | 유럽 연합(EU) | 기존에 경제 공동체를 운영하던 유럽은 미국 주도의 세계 질서에서 더 큰 힘을 발휘하기 위해 정치·외교 분야까지도 통합하려 하였다. 그리하여 유럽 공동체는 1993년 마스트리흐트 조약을 통해 유럽 연합(EU)으로 발전하였다.

14 | 정답 ② | 자료는 체코슬로바키아에서 발생했던 '프라하의 봄(1968)'과 관련이 있다. 헝가리 봉기는 1956년, 제1차 석유 파동은 1973년으로 프라하의 봄은 (나) 시기에 발생했다. 브레턴우즈 협정은 1944년, 고르바초프의 집권은 1985년, 소련의 해체는 1991년, 유럽 연합의 결성은 1994년이다.

15 | 정답 ① | 미국의 문화가 전 세계로 퍼졌으며, 중남미의 음악 역시 전 세계로 확대되었음을 보여 준다. 이들 내용을 통해 전 세계 사람들이 다른 나라의 문화를 즐길 수 있다는 점에서 '글로벌 문화의 형성'이라는 주제를 설정할 수 있다.

16 | 정답 ④ | 첫 번째 자료는 프랑스로 이주한 알제리 노동자들의 주거 문제, 두 번째 자료는 앙골라 출신의 이민자에 대한 인종주의 문제와 관련이 있다. 이들을 통해 이주민 증가로 나타난 사회 문제라는 탐구 학습 주제를 설정할 수 있다.

17 예시 답안 이 협정은 브레턴우즈 협정이며, 협정의 결과 미국의 달러화가 국제 통화로 지정되었다.

| 채점 기준 |

상	브레턴우즈 협정을 쓰고, 미국 달러가 국제 통화로 지정되었다는 내용을 서술한 경우
중	브레턴우즈 협정과 미국 달러가 국제 통화로 지정되었다는 내용 중 한 가지만 서술한 경우
하	브레턴우즈 협정과 미국 달러가 국제 통화로 지정되었다는 내용을 모두 서술하지 못한 경우

18 예시 답안 (가) 고르바초프, (나) 덩샤오핑이다. 모두 시장 경제 체제를 일부 받아들였으나 소련의 경우 소련이 해체되었고, 중국은 공산당 체제를 유지하였다.

| 채점 기준 |

상	고르바초프, 덩샤오핑의 이름과 소련의 해체, 중국의 공산당 체제 유지를 모두 서술한 경우
중	고르바초프, 덩샤오핑의 이름과 소련의 해체, 중국의 공산당 체제 유지 중 일부만을 서술한 경우
하	고르바초프, 덩샤오핑의 이름과 소련의 해체, 중국의 공산당 체제 유지를 서술하지 못한 경우

❸ 탈권위주의 운동과 대중문화의 발달

실력 확인 문제 254~257쪽

01 로자 파크스	02 ②	03 ④	04 ③
05 ③	06 (지미) 카터	07 ⑤	08 ⑤
09 ⑤	10 ②	11 ⑤	12 ③
13 ②	14 ①	15 ④	

16~17 해설 참조

01 | 로자 파크스 | 로자 파크스는 1955년 몽고메리시에서 흑백 분리 조례에 저항하다 수감되었다. 이에 흑인들은 흑백 분리 조례에 저항하면서 버스 보이콧 운동을 전개하였다.

02 | 정답 ② | (가)는 미국 대법원의 판결(브라운 판결)로 1954년에 있었으며, (나)의 「민권법」은 1964년에 발표되었다. ② 몽고메리시에서 발생했던 버스 보이콧 운동은 1955년에 일어났다.

오답 피하기

① 노예 해방 선언은 링컨 대통령이 1863년에 발표하였다.
③ 헬싱키 최종 의정서는 1975년에 합의되었다.
④ 셀마-몽고메리 행진은 1965년에 전개되었다.
⑤ 흑인들의 완전한 참정권이 보장된 것은 1965년 「투표 권리법」의 제정 이후이다.

03 | 정답 ④ | (가) 버스 보이콧 운동은 1955년에 발생하였다. (나) 「투표 권리법」 실시로 인한 흑인들의 완전한 참정권 보장은 1965년 이후에 가능해졌다. (다) 흑백 분리 교육을 위헌이라 판단한 미국 대법원 판결(브라운 판결)은 1954년에 있었다.

04 | 정답 ③ | 백인과 비폭력 평화주의적 공존을 모색했다는 점, 셀마-몽고메리 행진을 주도했다는 점에서 (가)는 마틴 루서 킹 목사임을 알 수 있다. 비폭력 평화주의 운동을 추진했던 그는 1955년 몽고메리시에서 발생한 버스 보이콧 운동을 지휘하기도 하였다.

05 | 정답 ③ | 1975년 채택된 헬싱키 의정서의 내용을 묻는 문제이다. 여기에는 인권과 사상, 양심, 종교의 자유를 존중한다는 내용이 들어 있다.

06 | (지미) 카터 | 미국의 지미 카터 대통령은 인권 외교를 전개하였다. 소련과 전략 무기 제한 협정(SALT)을 체결하여 냉전의 완화를 위해 노력하기도 하였고, 이집트와 이스라엘 사이의 평화를 위해 애쓰기도 하였다.

07 | 정답 ⑤ | 제시된 그래프에서 미국 내 여성 노동 인구의 비율이 증가하고 있음을 알 수 있다. (가) 시기에 여성의 사회 참여율이 높아질 수 있었던 것은 탁아 시설의 확대로 육아에 드는 시간이 줄어들었기 때문이었다. 또한 제2차 세계 대전으로 남성들이 전쟁터로 떠나면서 여성의 사회적 진출이 증가하였는데, 이들은 전쟁 후에도 가정으로 돌아가기보다는 사회에서 활동하였다.

오답 피하기

ㄱ. 여성들은 당시 상대적으로 저임금의 서비스직에 종사하였다.
ㄴ. 여성들이 대학 교육을 받을 수 있게 된 것은 거의 1970년대부터였다. 그 당시 고급 교육의 기회를 받는 여성들의 숫자는 매우 적었다.

08 | 정답 ⑤ | 제시된 자료는 여성들의 임금과 교육 수준의 불평등 문제를 제시하고 있다. 따라서 여성 운동과 관련된 자료임을 알 수 있다. 실제로 이 자료는 전미 여성 기구(NOW)의 창립 선언문 중 일부이다. 이들은 성차별적 구인 광고 금지, 항공사의 기혼 여성 해고 철폐 등의 소송을 이끌기도 하였다.

자료 분석하기

흑인 여성 중 약 3분의 2는 최저 임금 직업에 종사하고 있다. 여성들은 직업의 위계 중 가장 아래에 점차, 그러나 분명히 집중되고 있다. 그 결과 오늘날 상근 여성은 남자들이 버는 것의 약 60 % 정도의 임금만을 벌 뿐이며 …(중략)… 오늘날 여성은 학사와 석사 학위 수여자 중 3분의 1에 불과하며, 박사 학위의 경우에는 10분에 1을 차지할 뿐이다.

→ 1960년대 미국에서 여성들은 남성들에 비해 임금이 낮으며, 고등 교육 기회도 부족하다는 것을 언급하고 있다. 이러한 상황을 극복하기 위해 전미 여성 기구(NOW)가 설립되었다.

09 | 정답 ⑤ | 자료에 제시된 인물은 슐라미스 파이어스톤으로 근본적 여성 해방을 주장했던 여성주의 운동가이다. 이 당시의 여성 운동은 가부장제, 이혼 제도, 낙태, 미혼모 지위, 성폭력 등의 문제를 다루며 보다 급진적인 성격을 지녔다.

오답 피하기

ㄱ. 여성 참정권은 세계 1차 대전을 전후로 이미 많은 국가에서 부여하였다.
ㄴ. 여성주의 운동은 여성이 가정뿐 아니라 사회에서 차별없이 대우받는 사회를 추구한다.

10 | 정답 ② | 보통 선거권의 확대로 정치 참여의 폭이 확대되고, 고등 교육 기회의 확대와 매체의 확대로 인해 지식과 정보에 대한 접근이 쉬워지면서 대중이 중심이 된 문화가 등장하게 되었다.

11 | 정답 ⑤ | 제시된 내용은 기성 세대와 전후 청년 세대의 갈등을 보여 준다. 전쟁을 겪었던 부모 세대는 반공을 당연시하였고, 물질적 풍요와 사회적 출세를 중요하게 생각하였다. 또한 조직과 규율이 엄격하게 지켜져야 한다고 여겼다. 그런 반면 전후 세대 청년들은 개인의 자유가 가장 중요하며, 지금 사회에서 발생하는 문제들을 해결하기 위해 사회주의와 동양 문화에 대한 이해가 필요하다고 주장하였다.

12 | 정답 ③ | 체 게바라는 쿠바 사회주의 혁명의 주역으로 1960~1970년대 젊은층에게는 반자본주의의 상징이자 우상이 되었다.

13 | 정답 ② | 밥 딜런은 권위주의에 저항하여 자유를 열망하는 노래를 불렀고, 그의 노래는 세계 각국의 민주화 운동, 반권위주의 운동 확산에 영향을 주었다.

14 | 정답 ① | 제시된 자료에서 버클리 대학 학생들은 기존 대학의 금지 조항에 저항하였다. 또한 베를린 자유 대학의 경우 전통적 강의 주제 대신 새로운 강좌를 개설하였다. 이는 모두 학생들이 기존의 권위에서 벗어나려는 목적으로 전개한 운동임을 알 수 있다.

15 | 정답 ④ | 제시된 자료는 프랑스에서 전개된 68 운동의 내용이다. 68 운동은 반권위주의 및 반자본주의 운동으로, 사회와 일상에서의 탈권위주의화를 이끌어 냈다.

16 예시 답안 (가)는 마틴 루서 킹, (나)는 맬컴 엑스이다. 두 인물 모두 흑인 인권을 위해 노력하였으나, 마틴 루서 킹은 백인에 대한 비폭력 평화주의적 공존을 모색한 반면, 맬컴 엑스는 경우에 따라 폭력도 불사한다는 분리 운동을 전개하였다.

| 채점 기준 |

상	마틴 루서 킹과 맬컴 엑스의 이름을 제시하고, 마틴 루서 킹은 비폭력주의 운동을 전개한 반면 맬컴 엑스는 경우에 따라 폭력 사용도 필요하다는 내용을 모두 서술한 경우
중	마틴 루서 킹과 맬컴 엑스의 이름을 제시하였으나, 두 사람이 전개한 투쟁 방법 중 일부만 서술한 경우
하	마틴 루서 킹과 맬컴 엑스의 이름은 제시하였으나 두 사람이 전개한 투쟁 방법을 서술하지 못한 경우

17 예시 답안 그들을 부르는 표현은 '히피'이다. 그들은 기존의 질서에 대해 극단적으로 저항하고, 반문명·반자본·반물질주의를 내세우며 공동체 생활을 실시하였다.

| 채점 기준 |

상	히피를 쓰고, 기존 질서에 저항하고 반문명·반자본·반물질주의를 내세우며 공동체 생활을 한다는 내용을 모두 서술한 경우
중	히피를 썼으나 기존 질서에 저항하고 반문명·반자본·반물질주의를 내세우며 공동체 생활을 한다는 내용 중 일부만을 서술한 경우
하	히피를 썼으나 기존 질서에 저항하고 반문명·반자본·반물질주의를 내세우며 공동체 생활을 한다는 내용을 모두 서술하지 못한 경우

4 현대 세계의 문제 해결을 위한 노력

실력 확인 문제

261~263쪽

01 ③	02 ③	03 ②	04 ⑤
05 ⑤	06 ①	07 ②	08 ⑤
09 ②	10 ①	11~12 해설 참조	

01 | 정답 ③ | 「지옥의 묵시록(1979)」은 베트남 전쟁을 배경으로 극한의 상황에 놓인 인간의 이성과 광기를 그린 전쟁 영화이다. 「플래툰(1986)」 역시 한 젊은 병사의 눈을 통해 베트남전의 실상을 보여 주는 작품이다.

02 | 정답 ③ | 존 레넌은 「평화를 이루자」, 「이매진」을 통해 베트남 전쟁을 비판하며 반전과 평화의 메시지를 전달하였다. 베트남 전쟁은 미국이 공산주의의 확산을 막으려고 한데서 시작되었다.

오답 피하기

① 후세인 정권의 붕괴를 위해 미국이 이라크를 침공하였다.
② 알제리의 독립을 무마시키기 위해 프랑스군이 진압하였다.
④ 제2차 세계 대전의 결과 일본의 식민지들이 즉각 독립하였다.
⑤ 콩고 민주 공화국 내 백인들의 안전 보장을 목적으로 벨기에가 침공하였다.

03 | 정답 ② | 2000년대 이라크의 후세인 정부에 대해 전쟁을 선포한 국가는 미국이다. 미국은 1964년부터 베트남 전쟁에 참여하였다.

오답 피하기

① 콩고를 식민 지배한 나라는 벨기에이다.
③ 68 혁명이 처음으로 시작된 나라는 프랑스이다.
④ 최근 유럽 연합에서 탈퇴하려는 움직임이 등장한 나라는 영국이다.
⑤ 흑묘백묘론에 따른 경제 개방을 추진한 나라는 중국이다.

04 | 정답 ⑤ | 역사학자 E. P. 톰슨은 「문명의 최종 단계 절멸주의에 대한 단상(1982)」에서 냉전 체제에서 미국과 소련 사이의 군비 경쟁과 핵 위험의 원인을 분석하고, 반전 평화 운동의 필요성을 주장하였다. 톰슨은 냉전 체제하에서 이루어진 미국과 소련의 군비 경쟁과 핵무기 개발은 단순히 지도자들의 의도를 넘어 적을 인식하면서 내재적 공격성이 계속 증가했기 때문이라고 보았고, 이를 절멸주의라 칭하였다. 그는 절멸주의 중독에서 벗어난 사회 세력의 진영을 초월한 평화 운동의 연대가 필요하다고 주장하였다.

05 | 정답 ⑤ | (가)에는 산업화로 인한 환경 파괴가 들어갈 수 있다. 전 세계는 환경과 개발에 관한 공동 선언, 교토 의정서, 파리 기후 협약 등을 맺어 환경 파괴를 막고자 노력하고 있다. ⑤ 국제 연합은 제2차 세계 대전 이후 국제 평화를 위해 조직되었다.

06 | 정답 ① | 제시된 사진은 공장에서 매연을 뿜어내는 모습이다. 이러한 환경 파괴로 인한 기상 이변을 막기 위해 전 세계는 파리 기후 협약을 체결하여 국가 간 온실가스 감축을 협약하였다.

07 | 정답 ② | 기후 변화 협상으로 1992년에 환경과 개발에 관한 공동 선언이 발표되었다. 그리고 1997년 전 세계 최초로 온실가스 감축을 협약한 교토 의정서가 체결되었다. 그리고 이를 보완하여 2015년에 파리 기후 협약이 체결되었다.

08 | 정답 ⑤ | 미국이 최근 탈퇴하겠다고 결정한 협약은 파리 기후 협약이다. 이 협약은 온실가스 감축 대상으로 선진국과 개발 도상국 모두를 포함하고 있다.

오답 피하기

① 브라질의 리우에서 발표된 것은 환경과 개발에 관한 공동 선언이다.
② 군비 제한의 항목은 기후 변화 협상에는 들어가지 않았다.
③ 파리 기후 협약에는 선진국과 개발 도상국 모두 참여하였다.
④ 최초로 전 세계 온실가스 감축을 협약한 것은 교토 의정서이다.

09 | 정답 ② | 첫 번째 자료에서 지구 온난화로 인한 해수면 상승으로 투발루의 주민들이 자국에서는 살 수가 없게 되어 호주나 뉴질랜드로 이주할 수 있도록 요청하는 자료이다. 두 번째는 아랄해의 수량이 줄어들어 어업에 기반을 둔 공동체가 붕괴되었고, 이들은 생계를 위해 다른 곳으로 이주해야 한다는 내용을 담고 있다. 이 두 자료를 통해 기후 이주민의 발생이라는 주제를 설정할 수 있다.

10 | 정답 ① | 2011년 시리아에서 국민들이 독재 정권을 타도하고자 시위를 벌였다. 이 과정에서 정부군과 반정부군 사이에 내전이 발생하였다. 그리고 수니파 테러 조직인 IS를 비롯한 무장 종교 단체들이 개입하여 내전이 길어지게 되었고, 수많은 시리아인이 전쟁을 피해 유럽으로 넘어가면서 난민 문제가 발생하게 되었다.

11 예시 답안 많은 사람이 전쟁에 정당성이 없다고 느꼈고, 그 속에서 자행되는 인권 유린에 분개하였기 때문이다.

| 채점 기준 |

상	전쟁에 정당성이 없다고 느끼고, 인권 유린에 분개하였기 때문이라고 서술한 경우
중	전쟁에 정당성이 없다고 느끼고, 인권 유린에 분개하였기 때문이라는 내용 중 일부만 서술한 경우
하	전쟁에 정당성이 없다고 느끼고, 인권 유린에 분개하였기 때문이라는 내용을 서술하지 못한 경우

12 예시 답안 (가)는 파리 기후 협약이며, 이 협약은 이전 교토 의정서와는 달리 선진국과 개발 도상국 구분 없이 온실가스 의무 감축 대상국을 크게 확대하였다.

| 채점 기준 |

상	파리 기후 협약을 쓰고, 선진국과 개발 도상국 구분 없이 온실가스 의무 감축 대상국으로 확대되었다는 내용을 서술한 경우
중	파리 기후 협약과 선진국과 개발 도상국 구분 없이 온실가스 의무 감축 대상국으로 확대되었다는 내용 중 일부만 서술한 경우
하	파리 기후 협약과 선진국과 개발 도상국 구분 없이 온실가스 의무 감축 대상국으로 확대되었다는 내용을 서술하지 못한 경우

대단원 마무리 문제

265~267쪽

01 ①	02 ⑤	03 ⑤	04 ②	05 ⑤
06 ③	07 ⑤	08 ④	09 ④	10 ②

11~12 해설 참조

01 | 정답 ① | 첫 번째 내용은 베를린 장벽 건설, 두 번째 내용은 쿠바 미사일 위기의 상황이다. 이들은 모두 냉전 체제가 심화되는 과정에서 나타난 사건들이다.

02 | 정답 ⑤ | 인도차이나 반도와 알제리를 식민 지배했다는 점에서 (가)는 프랑스임을 알 수 있다. 프랑스는 1966년 북대서양 조약 기구(NATO)를 탈퇴했다가 2009년에 재가입하였다.

03 | 정답 ⑤ | 제시된 자료의 평화 10원칙은 아시아·아프리카 회의(반둥 회의)에서 비동맹주의 국가(제3 세계)들이 발표한 내용이다. 이들은 미국과 소련 주도의 국제 질서에 반대하는 성명을 내고, 실제로도 강대국의 이익을 위한 집단적 군사 동맹 불참이라는 원칙을 발표하기도 하였다.

04 | 정답 ② | (가)는 국가가 시장에 개입해야 한다는 케인스주의이고, (나)는 국가의 개입 대신 시장의 기능을 신뢰해야 한다는 점에서 신자유주의임을 알 수 있다. 케인스주의는 대공황에 대한 해결책으로 등장하였으나 1970년대 제1차 석유 파동으로 경제 불황이 계속되면서 기존의 경제 운영 방식으로는 문제를 해결할 수 없었기에 신자유주의가 등장하게 되었다.

05 | 정답 ⑤ | (가)는 미국과 중국 사이의 핑퐁 외교에 대한 설명이기 때문에 1970년대 상황임을 추론할 수 있다. (나)는 소련 해체에 관한 내용으로 독립 국가 연합 출범은 1991년이다. 이 시기에는 냉전 체제가 완화되고, 소련의 개혁·개방 정책을 계기로 동유럽 각국에서 민주화 운동이 일어났다. 중국은 1970년대 말부터 덩샤오핑을 중심으로 시장 경제 요소를 일부 수용하는 실용주의 경제 개혁에 나섰다.

오답 피하기

① 국제 연합의 창설은 1945년이다.
② 6·25 전쟁의 발발은 1950년이다.
③ 중화 인민 공화국의 성립은 1949년이다.
④ 바르샤바 조약 기구(WTO)는 1955년에 결성되었다.

06 | 정답 ③ | 그래프를 통해 대한민국 등록 외국인의 수가 증가하고 있음을 알 수 있다. 이에 다양한 국가의 문화가 우리 사회에 전파되었을 것이라 추정할 수 있다. 또한 이주민에 대한 편견 등으로 충돌 가능성도 늘어났을 것이라 추론할 수 있다.

07 | 정답 ⑤ | 영화에서 흑인 전용 화장실이 등장한다는 것으로 보아 일상생활에서 흑백 분리 제도가 실시되고 있었음을 알 수 있다. 흑인들의 민권을 향상시키기 위한 여러 운동이 전개되었고, 마틴 루서 킹의 셀마-몽고메리 행진은 그 대표적 사례였다.

08 | 정답 ④ | 자료는 1968년 프랑스에서 시작된 68 운동에 대한 설명이다. 68 운동은 기성 체제에 대항하는 문화 운동이었으며, 자본주의에 반대하는 성향을 지니기도 하였다.

오답 피하기

① 신자유주의는 1970년대 이후에 등장한 경제 이론이다.
② 전투적인 흑인 저항 운동을 주장하였던 인물은 맬컴 엑스이다.
③ 직장 내 성차별 문제를 해결하기 위해 전미 여성 기구(NOW)가 조직되었다.
⑤ 프랑스의 북대서양 조약 기구 탈퇴는 프랑스의 독립 방어 구축을 위해서였다.

09 | 정답 ④ | 제시된 자료는 통킹만 사건에 대한 설명을 담고 있다. 이 사건을 계기로 미국이 북베트남을 공격하면서 베트남 전쟁이 발생하게 되었다. 베트남 전쟁 당시 대규모 인권 유린 사태가 발생하였다. 또한 미국 내에서 전쟁의 당위성에 대한 의문을 제기하며 반전 시위가 등장하였다.

10 | 정답 ② | 첫 번째 사진은 지구 온난화로 인한 해수면 상승으로 수몰 위기에 처한 키리바시 공화국으로, 수많은 사람이 삶의 터전을 버리고 이주해야만 했다. 두 번째 사진은 온실가스 배출 규제를 위해 열린 파리 기후 협약 타결에 기뻐하는 세계 정상들로 기후 문제에 대한 국제적인 노력의 사례이다.

11 예시 답안 닉슨 독트린으로 미국 진영과 소련 진영의 충돌에서 미국이 물러나게 되면서 냉전이 완화되는 계기가 마련되었다.

| 채점 기준 |

상	미국 진영과 소련 진영의 충돌에서 미국이 물러나면서 냉전이 완화되는 계기가 마련되었다는 내용을 구체적으로 서술한 경우
중	단순히 냉전이 완화되었다라고만 서술한 경우
하	냉전의 완화 내용을 제시하지 못한 경우

자료 분석하기

1. 미국은 앞으로 베트남 전쟁과 같은 군사적 개입을 피한다.
→ 베트남 전쟁에서 미군의 철수를 의미함
2. 강대국의 핵에 의한 위협의 경우를 제외하고는 내란이나 침략에 대하여 아시아 각국이 스스로 협력하여 그에 대처하여야 할 것이다.

– 닉슨 독트린

→ 소련과 충돌하는 사례가 줄어들게 되어 냉전 체제가 완화되는 계기가 마련됨

12 예시 답안 참정권의 확대, 고등 교육 기회의 확대, TV와 라디오 등 매체의 발달 때문에 대중의 역할과 영향력이 매우 커졌다.

| 채점 기준 |

상	참정권 확대, 고등 교육 기회 확대, 매체의 발달 세 가지를 모두 서술한 경우
중	참정권 확대, 고등 교육 기회 확대, 매체의 발달 중 두 가지만 서술한 경우
하	참정권 확대, 고등 교육 기회 확대, 매체의 발달 중 한 가지만 서술한 경우

핵심 수행 평가 예시 답안 268~269쪽

01 가상 일기 작성하기

1 예시 답안 베트남 전쟁, 전미 여성 기구의 활동, 68 운동, 히피 운동, 존 레넌

2 예시 답안 베트남 전쟁에 우리 형이 동원되어 간 지 몇 년이 지났다. 많은 노인과 여성, 아이를 무차별 학살하는 군 동료들을 보며 미쳐버릴 것 같다는 형의 편지를 보며, 도대체 전쟁이 왜 있어야 하는지 많은 고민을 하게 되었다. 계속해서 반전 시위를 벌이고 있는 사람들이 나와 같은 생각을 하고 있을지 궁금해졌다. 텔레비전에 나왔던 존 레넌의 노래 가사가 너무나도 크게 와 닿았다. 많은 사람이 시위에서 그의 노래를 부르는 이유를 알 것 같았다.

02 논평 작성하기

1 예시 답안

시리아 내전의 원인	• 아사드 가문의 독재에 따른 민주화 시위 • 시아파와 수니파의 종교 갈등, 이란·사우디아라비아·IS의 개입
내전에 참여한 세력들	정부군(시아파), 반정부군(수니파), IS, 쿠르드족

2 예시 답안 난민을 반대하는 사람들은 자신들의 세금이 난민을 위해 사용된다는 점, 난민들이 들어오면서 발생하게 될 노동 문제, 치안의 악화 등을 이유로 든다. 물론 일부는 사회 문제를 일으키기도 하였지만, 그렇다고 해서 모든 난민을 위험한 존재로 일반화하기는 어렵다. 또한 난민들도 인간이기에 인간다운 삶을 보장받을 필요가 있다고 생각한다.

유엔 난민 기구의 협력 아래 일부 국가에서는 난민 고등 교육 프로그램이 운영된다. 이들 나라들이 난민과 난민 아동에게 관심과 지원을 쓰는 이유는 간단하다. 누구나 난민이 될 수 있고, 난민은 어디에나 있기 때문이다. 그들이 난민이 되기를 능동적으로 선택했다기보다 그가 처한 상황에서 살기 위해 선택했다는 것을 우리는 다시 한 번 고민해 보아야 할 것이다.

이에 헝가리의 반(反)난민 정책은 정당하지 못하며, 난민을 포용하되 발생할 수 있는 문제가 있다면 다른 방식으로 접근해야 할 것이다.